Yves Huguenin-Bergenat

Kulturgüter bei Staatensukzession

Schriften zum Kulturgüterschutz

Cultural Property Studies

Schriften zum Kulturgüterschutz
Cultural Property Studies

Herausgegeben von
Edited by

Professor Dr. Wilfried Fiedler, Saarbrücken
Professor Dr. Dr. h.c. Erik Jayme, Heidelberg
Professor Dr. Kurt Siehr, Hamburg

Yves Huguenin-Bergenat

Kulturgüter bei Staatensukzession

Die internationalen Verträge Österreichs nach dem Zerfall der österreichisch-ungarischen Monarchie im Spiegel des aktuellen Völkerrechts

De Gruyter

Dr. iur. *Yves Huguenin-Bergenat*, Zürich.

Publiziert mit Unterstützung des Schweizerischen Nationalfonds
zur Förderung der wissenschaftlichen Forschung.

Abdruck der von der Rechtswissenschaftlichen Fakultät
der Universität Zürich genehmigten Dissertation.

Titelbild: Peter Paul Rubens, Ausschnitt aus dem Ildefonso-Altar,
Kunsthistorisches Museum, Wien.

ISBN 978-3-89949-765-6
e-ISBN 978-3-89949-766-3

Bibliografische Information der Deutschen Nationalbibliothek
Die Deutsche Nationalbibliothek verzeichnet diese Publikation in der Deutschen Nationalbibliografie; detaillierte bibliografische Daten sind im Internet über http://dnb.d-nb.de abrufbar.

Datenkonvertierung: Werksatz Schmidt & Schulz GmbH, Gräfenhainichen
Druck: Hubert & Co. GmbH & Co. KG, Göttingen
∞ Gedruckt auf säurefreiem Papier

Printed in Germany

www.degruyter.com

Meiner lieben Stina

und unseren Kindern Emma und Valentin

Vorwort

Die vorliegende Arbeit wurde im September 2008 fertig gestellt und von der Rechtswissenschaftlichen Fakultät der Universität Zürich im November 2008 als Dissertation abgenommen.

Meinem Doktorvater Prof. Dr. Kurt Siehr möchte ich besonderen Dank aussprechen. Er brachte mir das Themengebiet des Kulturgüterrechts nahe, motivierte mich stets von neuem und begleitete meine Arbeit mit viel Geduld und wertvollen Hinweisen. Die von ihm ins Leben gerufenen Tagungen zum Kunstrecht ermöglichten zudem einen anregenden Austausch und hilfreichen Kontakt innerhalb des Fachgebietes.

Frau Prof. Dr. Kerstin Odendahl danke ich für ihre Stellungnahme aus völkerrechtlicher Sicht sowie für die spontane und unkomplizierte Zusammenarbeit.

Ein herzlicher Dank gebührt ebenso den Weggefährten, die das einsame Arbeiten in der Bibliothek erträglich machten und mir mit ihrer Diskussionsbereitschaft über manche Schreib- und Sinnkrise hinweghalfen. Genannt seien hier Dr. Michael Bütler, Dr. Jürg Frick, Dr. Marc Morant und Dr. Michael Noth sowie im Besonderen PD Dr. Beat Schönenberger für seine vielfältige Unterstützung.

Wichtige Ergebnisse für die Dissertation konnte ich im Archiv der Republik in Wien gewinnen. Dem Institut und insbesondere Frau Mag. Susanne Fröhlich sei an dieser Stelle für die freundliche und kompetente Unterstützung gedankt. Zum vorliegenden Ergebnis beigetragen hat auch Hofrat Honorarprofessor Dr. Leopold Auer, ehemaliger Direktor des Haus-, Hof- und Staatsarchivs. Für seine spontane Einladung zum Gespräch und die Anregungen zum vorliegenden Thema möchte ich mich herzlich bedanken.

Danken möchte ich auch Herrn Max Flückiger für das hervorragende, speditive Lektorat sowie Caroline Thonger und Dr. Antoinette Maget Dominicé für die schöne englische und französische Übersetzung des letzten Kapitels.

Dem Schweizerischen Nationalfonds sei für die grosszügige finanzielle Unterstützung der Drucklegung gedankt.

Inniger Dank gilt meiner Familie, die über all die Jahre Verständnis und viel Geduld hatte für meine Arbeit. Meine Eltern brachten mir stets grosses Vertrauen entgegen, unterstützten mich grosszügig und gewährten mir jegliche Freiheiten. Der grösste Dank gebührt schliesslich meiner Frau Dr. phil. MA theol. Stina Schwarzenbach. Sie war mir in jeder Hinsicht eine unentbehrliche Stütze. Ohne ihr Mitdenken und den Diskurs zwischen uns wäre die Arbeit nicht in dieser Form entstanden. Ihr und unseren Kindern Emma und Valentin sei das Buch gewidmet.

Zürich, im Februar 2010

Inhaltsverzeichnis

Abkürzungsverzeichnis

A/-	General Assembly
AdR	Archiv der Republik in Wien
AFDI	Annuaire Français de Droit International
a.M.	anderer Meinung
BGBl	Bundesgesetzblatt für die Republik Österreich
CIA	Conseil International des Archives
CITRA	Conférence Internationale de la Table Ronde des Archives
-/CN. .../-	Commission
-/CONF. .../-	Conference
Dép.	Département
ders.	derselbe
doc.	document
Fasz.	Faszikel
Fn.	Fussnote
GAOR	General Assembly Official Records
GUS	Gemeinschaft Unabhängiger Staaten
HabsbG	Gesetz der Republik Österreich vom 3. April 1919 betreffend die Landesverweisung und die Übernahme des Vermögens des Hauses Habsburg-Lothringen (Habsburgergesetz)
HLKO	Abkommen betreffend die Gesetze und Gebräuche des Landkriegs vom 18. Oktober 1907 (Haager Landkriegsordnung)
Hrsg.	Herausgeber
hrsg.	herausgegeben
HS	Halbsatz
ICA	International Council on Archives / Internationaler Archivrat
IDI	Institut de Droit International
IGHSt	Statut des Internationalen Gerichtshofes
ILC	International Law Commission
ILM	International Legal Materials
Inv.-Nr.	Inventar-Nummer
IPRax	Praxis des Internationalen Privat- und Verfahrensrechts
lit.	litera
m.w.H.	mit weiteren Hinweisen
No.	number
Nr.	Nummer
PCIJ	Permanent Court of International Justice
Prot. Nr.	Protokoll Nummer
-/RES/-	Resolutions
RGBl	Reichs-Gesetz-Blatt für das Kaiserthum Österreich (04.01.1853–28.12.1869) bzw. Reichsgesetzblatt für die im Reichsrath vertretenen Königreiche und Länder (01.01.1870–12.11.1918)

Rz.	Randziffer
Sb. ČR	Sbírka zákonů České republiky (Sammlung der Gesetze der Tschechischen Republik)
Sb. ČSFR	Sbírka zákonů ČSFR (Sammlung der Gesetze der Tschechischen und Slowakischen Föderativen Republik)
SK	Schatzkammer
Sp.	Spalte
SR	Systematische Sammlung des Bundesrechts der Schweiz
StGBl	Staatsgesetzblatt für den Staat Deutschösterreich (15.11.1918–23.10.1919) bzw. für die Republik Österreich (23.10.1919–09.11.1920)
SWB	Summary of World Broadcasts
u.a.	unter anderem
UN	United Nations
UNESCO	United Nations Educational, Scientific and Cultural Organization
UNTS	United Nation Treaty Series
Vol./vol.	volume
WK 78	Wiener Konvention über Staatennachfolge in völkerrechtliche Verträge vom 23. August 1978
WK 83	Wiener Konvention über Staatennachfolge in Staatsvermögen, Staatsarchive und Staatsschulden vom 8. April 1983
Z.	Zahl
z.B.	zum Beispiel
Ziff.	Ziffer
zit.	zitiert
ZVölkR	Zeitschrift für Völkerrecht

Einleitung

> «Die Friedenskonferenz kann sie [die Entscheidung] nicht fällen, denn die Politik hat dabei nicht mitzureden, es geht nur um ein am Recht zu messendes Mein und Dein.»
>
> *(Bemerkungen der deutschösterreichischen Delegation zur Gesamtheit der «Friedensbedingungen» mit Deutschösterreich, der Friedenskonferenz am 6. August 1919 überreicht, in: Bericht Friedensdelegation II, S. 160)*

Im Zentrum dieser Arbeit steht die Problematik der kulturgüterrechtlichen Zuordnung von beweglichen staatlichen Kulturgütern bei Staatensukzession. Was geschieht mit Kulturgütern eines Staates, wenn dieser Teile seines Staatsgebietes verliert oder es diesen Staat nicht mehr länger gibt? Wem gehören sie, und unter welchen Bedingungen müssen sie herausgegeben werden?

War das Recht der Staatensukzession lange Zeit ein wenig beachtetes Gebiet des Völkerrechts, änderte sich dies mit dem Ende des kalten Krieges, als mit dem Zerfall der Tschechoslowakei und Jugoslawiens sowie mit dem Zusammenbruch der UdSSR die Problematik der Staatensukzession mitten in Europa ins Blickfeld der völkerrechtlichen Diskussion rückte. Dabei zeigte es sich, dass die theoretische Grundlage dieses Rechtsbereichs dürftig war und man auf wenig Praxiserfahrung zurückgreifen konnte. Dies gilt in besonderem Mass für Kulturgüter, weil diese nur selten Gegenstand von besonderen Zuordnungsbestimmungen in Sukzessionsverträgen sind.

Hierzu möchte die vorliegende Arbeit einen Beitrag leisten, indem sie einen bedeutenden historischen Fall von Staatensukzession aufgreift. Als exemplarisches Beispiel bietet sich der Zusammenbruch der österreichisch-ungarischen Monarchie am Ende des Ersten Weltkrieges an, da er eine Vielzahl vertraglicher Regelungen für Kulturgüter nach sich zog. Das Auseinanderbrechen eines Staatsgebildes von vorher ungekannter Dimension führte zu vielen Interessenkonflikten und Herausgabeansprüchen in Bezug auf Kulturgüter und stellte die betroffenen Staaten dadurch vor neue Herausforderungen. Am Beispiel von Wien als Mittelpunkt des Habsburgerreiches lässt sich die Zuordnungsproblematik anschaulich darstellen. Am Anfang steht die Verschiebung von Kulturgütern, meist aus den Randgebieten eines Staates, in die Hauptstadt als politisches und kulturelles Zentrum. Die Beweggründe dazu sind unterschiedlich, nicht zuletzt geht es um Repräsentation und Prestige. Die berühmten Wiener Kunstsammlungen zum Beispiel sind das Ergebnis jahrhundertelanger Sammeltätigkeit der Habsburger, die hier Kunstwerke aus allen Teilen ihrer immensen Herrschaftsgebiete zusammentrugen. Auf der Gegenseite stehen die Randgebiete, für deren Bevölkerung diese Kulturgüter oft identitätsstiftende Bedeutung haben. Völkerrechtlich ist eine Verschiebung so lange unproblematisch, als beide Orte zum gleichen Staat gehören. Das ändert sich aber, wenn das Randgebiet durch eine Sukzession von der Hauptstadt getrennt wird.

Die juristische Aufarbeitung der durch die Staatensukzession aufgeworfenen kulturgüterrelevanten Fragen war im Fall des Habsburgerreiches besonders komplex und zog zum Teil jahrelange Verhandlungen nach sich. Diese führten jedoch im Bereich der Kulturgüter zu Lösungen, die zukunftsweisend wurden für den späteren Umgang mit dem Problem. Allerdings drohen diese Erkenntnisse durch die epochemachenden Ereignisse seit Ende des Ersten Weltkrieges – ein weiterer Weltkrieg, der weltweite Prozess der Entkolonialisierung und die Staatenneuordnungen in Europas Osten am Ende des 20. Jahrhunderts – zunehmend in Vergessenheit zu geraten.

Um die Betrachtung des historischen Falls fruchtbar zu machen für die aktuelle Diskussion, wird der Frage nachgegangen, inwiefern diese Regelungen in die spätere rechtliche Entwicklung eingeflossen sind oder für die Bewältigung künftiger Sukzessionen genutzt werden können. Anders gefragt: Sind die dahinterstehenden Erwägungen heute noch brauchbar, oder sind sie durch neue Ansätze überholt?

Um die Auseinandersetzung um Kulturgüter nach dem Ersten Weltkrieg in ihre juristischen und historischen Rahmenbedingungen einzubetten, werden in einem ersten Kapitel (Ausgangslage) die entscheidenden Entwicklungen der österreichisch-ungarischen Monarchie nachgezeichnet. Im Zentrum stehen dabei die staats- und völkerrechtliche Einordnung der Habsburgermonarchie sowie ein Überblick über die Verschiebungen von Kulturgütern innerhalb ihres Herrschaftsbereichs. Das Kapitel schliesst mit einer Darstellung des Zerfalls der Monarchie und liefert so die Grundlage für die Frage nach dem Umgang mit dem Problem der Zuordnung und Rückführung von Kulturgütern, wie sie im zweiten Kapitel behandelt wird.

Die Grundsätze der Auseinandersetzungen um die Kulturgüter der untergegangenen Doppelmonarchie sind im Friedensvertrag von Saint-Germain-en-Laye vom 10. September 1919 festgehalten. Das zweite Kapitel bietet eine Auslegung der einzelnen Vertragsbestimmungen vor dem Hintergrund ihrer Entstehungsgeschichte und ihre Konkretisierung in den bilateralen Ausführungsabkommen.

Das dritte Kapitel führt zunächst weg von diesem konkreten Fall einer historischen Staatensukzession und hin zum gültigen Völkerrecht; es stellt so die aktuelle Rechtslage für Kulturgüter bei Staatensukzession dar.

Das vierte und letzte Kapitel schliesslich führt die vorangegangenen Teile zusammen, indem es das historische Beispiel im Spiegel der aktuellen Rechtslage beurteilt.

1. Kapitel
Ausgangslage

§ 1 Habsburgerdynastie und Österreich

Wer sich mit der Monarchie Österreich-Ungarn genauer auseinandersetzen will, kommt nicht darum herum, den Begriff Österreich und damit eng verbunden die dynastischen Entwicklungen der Habsburger zu klären.

I. Habsburgerdynastie

In Österreich nahm die Herrschaft des Habsburgergeschlechts ihren Anfang im Jahre 1282, als der römisch-deutsche König Rudolf I. von Habsburg seine beiden Söhne Albrecht I. und Rudolf II. mit Österreich und der Steiermark belehnte.[1] Von da an stellten die Habsburger die Herzöge Österreichs (1282–1453) und, als dieses zum Erzherzogtum erhoben wurde, die Erzherzöge bis zum Ende der Monarchie (1453–1918). 1526 dehnten sie ihre Herrschaft auf die Länder Böhmens und Teile Ungarns aus und erreichten damit die dauernde Vereinigung dieser Länder mit den österreichischen Ländern unter dem Haus Habsburg.

Auf europäischer Ebene markiert die Wahl des Habsburgers Albrecht II. zum römisch-deutschen König im Jahre 1438 den Beginn einer jahrhundertelangen Ära, in der die Habsburger bis zum Niedergang des Heiligen Römischen Reiches Deutscher Nation (1806) mit einer Ausnahme alle Könige und Kaiser stellten. Den Aufstieg zur Weltmacht verdankten die Habsburger ihrer geschickten Erb- und Heiratspolitik. Diese brachte der Dynastie in der ersten Hälfte des 16. Jahrhunderts die spanisch-burgundischen Herrschaften samt ihren amerikanischen Kolonien, niederländischen und italienischen Besitztümern ein. 1556 wurden die enormen Habsburgerherrschaften schliesslich in eine spanische und eine österreichische Linie aufgeteilt. Das Geschlecht der spanischen Habsburger erlosch im Jahr 1700, die österreichische Linie starb im Jahr 1740 männlicherseits aus. Durch die Ehe der Habsburgerin Maria Theresia mit Herzog Franz Stephan von Lothringen entstand das Haus Habsburg-Lothringen, dessen Herrschaft mit dem Zusammenbruch der österreichisch-ungarischen Monarchie nach dem Ersten Weltkrieg endete.

---

1 Vgl. zum Folgenden insbesondere Wandruszka, S. 17 ff., 201 f.; Hoke, S. 80 f.; Baltl/Kocher, S. 83; vgl. ferner Zöllner, Perioden der österreichischen Geschichte, S. 55 ff. Vgl. auch die Übersicht in Taddey, Lexikon der Deutschen Geschichte, S. 498 f.

II. Österreich

Die Bedeutung des Begriffs Österreich und der zugehörigen Komposita veränderte sich im Laufe der Geschichte fortwährend und zum Teil erheblich.[2] Österreich stand ursprünglich als Bezeichnung für ein Gebiet östlich der Enns, das im Jahre 996 erstmals urkundlich als Ostarrîchi bezeichnet wurde. Daraus entwickelten sich während der folgenden Jahrhunderte weitere Bezeichnungen mit territorialer Bedeutung, wie etwa Österreich ob und unter der Enns, Innerösterreich, Vorderösterreich, Oberösterreich und Niederösterreich oder österreichische Erbländer bzw. österreichische Kronländer. Mit zunehmender Gesamtstaatsbildung fand die Bezeichnung *Monarchia Austriaca* oder Österreichische Monarchie und später Kaisertum Österreich Anwendung für den Länder- und Herrschaftskomplex der österreichischen Linie der Habsburger. Der 1867 durch den Ausgleich mit Ungarn gegründete Doppelstaat wurde als Österreich-Ungarn bzw. österreichisch-ungarische Monarchie bezeichnet.[3] Die offizielle Bezeichnung Österreichs war alsdann die «im Reichsrat vertretenen Königreiche und Länder»;[4] gemeinhin wurden sie als österreichische Reichshälfte bezeichnet.[5] Erst 1915 wurde diese offizielle Bezeichnung in «Österreich» umgewandelt. Bis dahin hatte Österreich vergeblich versucht, mit der Bezeichnung österreichische Monarchie oder «Österreich» über Cisleithanien hinaus den Gesamtstaat zu erfassen. Die nach Ende des Ersten Weltkrieges gegründete Republik nannte sich Deutschösterreich, musste diese Bezeichnung jedoch auf Anordnung der Siegermächte auf Republik Österreich abändern.[6]

Daneben hat der Begriff auch eine dynastische Ausprägung, weil die Dynastie der Habsburger sich samt ihren damals bekannten Linien zuweilen als Herrschaft zu Österreich (*dominium Austriae*) oder als Haus Österreich (*domus Austriae*) bezeichnete.

---

[2] Vgl. dazu LHOTSKY, Ostarrîchi, S. 221; ders., Haus Österreich, S. 344 ff.; ZÖLLNER, Formen und Wandlungen, S. 13 ff.; HOKE, S. 198 ff.; BRAUNEDER, S. 17 f.; LEHNER, Verfassungs- und Verwaltungsgeschichte, S. 22 f.

[3] Die offiziellen Bezeichnungen der Doppelmonarchie lauteten seit dem Ausgleich von 1867 Österreichisch-Ungarische Monarchie oder Österreichisch-Ungarisches Reich, wobei sich letzterer Begriff in Ungarn nicht durchzusetzen vermochte (vgl. ZÖLLNER, Perioden der österreichischen Geschichte, S. 82; BIHL, S. 12). Neben diesem offiziellen Namen der österreichisch-ungarischen Monarchie kursierten weitere Bezeichnungen wie Doppelmonarchie oder Donaumonarchie (vgl. BIHL, Einleitung, S. 11 und 14).

[4] Vgl. § 1 des Gesetzes vom 21. Dezember 1867 betreffend die allen Ländern der österreichischen Monarchie gemeinsamen Angelegenheiten und die Art ihrer Behandlung (RGBl 146/1867).

[5] Daneben wurde Österreich auch Cisleithanien genannt, weil es den diesseits des Flusses Leitha gelegenen Teil der Habsburgermonarchie umfasste (vgl. ZÖLLNER, Perioden der österreichischen Geschichte, S. 83).

[6] Vgl. Artikel 1 des Gesetzes vom 21. Oktober 1919 über die Staatsform (StGBl 484/1919).

Im Folgenden verwende ich den Begriff österreichische Monarchie und Kaisertum bzw. Kaiserreich Österreich für die Herrschaft Österreichs bis zum Jahr 1867 und für die österreichische Hälfte der österreichisch-ungarischen Monarchie ab 1867, österreichisch-ungarische Monarchie, Österreich-Ungarn und Doppelmonarchie für beide Reichshälften in der Zeit zwischen 1867 und 1918 sowie Österreich für das Staatsgebiet nach dem Friedensvertrag von St-Germain.

§ 2 Kulturgüter als Gegenstand von Sukzessionsverträgen

I. Kulturgüter

Kulturgüter gehören regelmässig zum Anwendungsbereich von Sukzessionverträgen. In den meisten Fällen werden sie aber nicht explizit erwähnt, sondern fallen unter die Kategorie Staatsvermögen und teilen dessen rechtliches Schicksal. In einigen Fällen unterwerfen aber die Sukzessionsverträge die Kulturgüter eigenen Regeln. Sie sprechen von «Kulturgütern» oder «Kulturerbe», ohne dass zwischen diesen Begriffen ein Unterschied erkennbar ist. Der Begriff Kulturgut im Völkerrecht ist relativ jung. Erst nachdem er 1954 mit dem Haager Abkommen für den Schutz von Kulturgut bei bewaffneten Konflikten erstmals in einem weltweiten internationalen Vertrag verwendet wurde, hat er sich im Völkerrecht etabliert.[7] Jedoch definiert bzw. verwendet jeder internationale Vertrag oder jede internationale Willenserklärung den Begriff dem jeweiligen Anwendungsbereich entsprechend autonom.[8] Eine universell gültige Definition von Kulturgut existiert nicht.[9]

Dies gilt umso mehr für die internationalen Verträge bezüglich Staatensukzession. Ein allgemeingültiges Abkommen in diesem Rechtsbereich gibt es nicht[10], und in den bestehenden Sukzessionsverträgen kommt der Begriff Kulturgut

---

[7] Boguslavsky, Begriff des Kulturguts, S. 5; Siehr, Kulturgüterschutz, S. 106 Rz. 1. Vgl. auch die Bestandesaufnahme des Begriffs Kulturgut in internationalen Verträgen bei Odendahl, Kulturgüterschutz, S. 375 ff.

[8] Boguslavsky, Begriff des Kulturguts, S. 5; Siehr, Kulturgüterschutz, S. 106 Rz. 2; Nieć, S. 205 f.

[9] Statt vieler vgl. v. Schorlemer, S. 82. Ein Teil der Literatur führt eine fehlende einheitliche Definition darauf zurück, dass der Begriff Kulturgut von Zeit und Ort und damit vom sozialen Kontext abhängig sei (z.B. Müller, S. 260; Gornig, S. 28 ff.; Roellecke, S. 33). Vgl. dagegen den Versuch von Odendahl, S. 387, den Begriff normübergreifend zu erfassen.

[10] Die Wiener Konvention über Staatennachfolge in Staatsvermögen, Staatsarchive und Staatsschulden vom 8. April 1983 (ILM 22 [1983], S. 306–329, nachfolgend WK 83) verwendete den Begriff Kulturgut nicht und ist ohnehin nicht in Kraft getreten. Zur Konvention vgl. hinten S. 193 ff.

selten vor.[11] Dort, wo er zur Anwendung kommt, beziehen ihn die betroffenen Staaten auf ihre jeweilige Situation, ohne ihn zu definieren. Einig ist sich die Literatur, dass der Begriff ein subjektives Kriterium enthält im Sinne von Wertschätzung, die einem Objekt entgegengebracht wird. Die Bestimmung der konkret betroffenen und zu übergebenden Kulturgüter erfolgt in der Regel durch gemeinsame Gremien.

In den Sukzessionsverträgen nach dem Zerfall der österreichisch-ungarischen Monarchie sucht man den Begriff des Kulturguts daher vergeblich. Stattdessen umschrieben die Staaten die Güter nach Kategorien wie «Gegenstände künstlerischen, archäologischen, wissenschaftlichen oder historischen Charakters»[12]. Diese Kategorien entsprechen weitgehend der heutigen inhaltlichen Füllung des Begriffs. Jedenfalls gibt es keine Hinweise darauf, dass mit den explizit erwähnten Kategorien anderes gemeint gewesen wäre als gemeinhin mit dem heutigen Begriff «Kulturgut».

Für die vorliegende Arbeit kann darum weder bei den Sukzessionsverträgen nach dem Zerfall der österreichisch-ungarischen Monarchie noch bei den übrigen erwähnten Sukzessionsverträgen ein einheitlicher Kulturgutsbegriff zu Grunde gelegt werden. Der jeweilige Gegenstand eines Sukzessionsvertrages ist jedes Mal neu festzustellen.

Für den Rechtsbereich der Staatensukzession ist auf zwei Besonderheiten hinzuweisen, die neben dem Vermögen allgemein auch auf die Kulturgüter zutreffen. Gegenstand von Sukzessionsverträgen sind nur Kulturgüter, die dem Staat gehören.[13] Kulturgüter im privaten Eigentum werden durch die Staatensukzession nicht berührt bzw. von den Verträgen ausgenommen.[14] Zudem unterschei-

---

[11] Vgl. jedoch beispielsweise den Begriff *cultural heritage* in Art. 3 Abs. 2 des Sukzessionsvertrages zwischen den fünf Nachfolgestaaten des ehemaligen Jugoslawiens (ILM 41 [2002], S. 3–36) oder *items of cultural and historical value* in Agreement on the return of items of cultural and historical value to their states of origin vom 14. Februar 1992 zwischen den neuen Mitgliedern der Gemeinschaft Unabhängiger Staaten (GUS) (abgedruckt in: Summary of World Broadcasts (SWB), Third series SU/1307, C.2./1, 18. Februar 1992).

[12] Art. 196 des Friedensvertrages von Saint-Germain-en-Laye vom 10. September 1919. Zum Friedensvertrag von Saint-Germain-en-Laye vgl. hinten Fn. 332.

[13] So z.B. ausdrücklich in Art. 192 St-Germain oder Art. 8 WK 83: «*For the purposes of the articles in the present Part, ‹State property of the predecessor State› means property, rights and interests which, at the date of the succession of States, were, according to the internal law of the predecessor State, owned by that State.*»

[14] Vgl. TURNER, S. 77; FISCHER/KÖCK, Rz. 308. Eine Ausnahme bildet der Vertrag von Riga vom 18. März 1921 zwischen Polen, Russland und der Ukraine (vgl. Art. XI Abs. 2; abgedruckt in: DE MARTENS, 3ème Série, XIII, S. 141). Vgl. dazu ENGSTLER, S. 262. Im Einzelfall kann es aber schwierig sein, eine Abgrenzung vorzunehmen wie zum Beispiel bei Unternehmen, die hoheitliche Aufgaben zu erfüllen haben (vgl. SEIDL-HOHENVELDERN, Staatennachfolge, S. 730 f. mit Beispielen aus der Praxis). Das Privatvermögen und damit die privaten

det sich der Begriff des Staatsvermögens vom weiter gefassten öffentlichen Vermögen. Vermögensbestände von hierarchisch tieferen öffentlichen Rechtsträgern wie z.B. Gemeinden, deren territoriale Integrität durch die Sukzession nicht tangiert ist, gehören zwar zum öffentlichen Vermögen, nicht aber zum Staatsvermögen und sind darum von der Staatensukzession in der Regel nicht betroffen.[15]

Soweit Sukzessionsverträge kulturgüterspezifische Regeln aufweisen, beziehen sie sich implizit nur auf bewegliche Kulturgüter. Unbewegliche Kulturgüter werden wie das übrige Staatsvermögen behandelt. In der vorliegenden Arbeit wird auf sie nicht weiter eingegangen.

II. Archive

Archive erfahren im Sukzessionsrecht oftmals eine vom Staatsvermögen und von den Kulturgütern unterschiedliche Behandlung, sofern letztere denn explizit geregelt werden.[16] Auf ihre besondere Stellung gegenüber dem Staatsvermögen und den Kulturgütern wird im folgenden Abschnitt kurz eingegangen. Ebenfalls eingeführt werden zwei wichtige archivwissenschaftliche Prinzipien, die eng mit der Sukzessionsproblematik verbunden und grundlegend sind für das Verständnis der Archivzuordnungen.[17]

Kulturgüter des Sukzessionsgebietes fallen jedoch unter die neue völkerrechtliche Territorialhoheit. Aufgrund dieser Territorialhoheit kann der das Sukzessionsgebiet erwerbende Staat seine innerstaatliche Rechtsordnung auf die privatrechtlichen Beziehungen innerhalb dieses Gebietes ausdehnen (vgl. DOEHRING, S. 76 Rz. 176; TURNER, S. 77). Aus diesem Grund kann der neue Staat private Kulturgüter im Rahmen des Völkerrechts enteignen oder öffentlichrechtlichen Beschränkungen unterwerfen (vgl. TURNER, S. 77; MALANCZUK, S. 170).

15 Vgl. SILAGI, Staatsuntergang und Staatennachfolge, S. 206; TURNER, S. 78; WATTS, S. 417 ff.; O'CONNELL, Vol. I, S. 201. In den Vorbereitungen zur Wiener Konvention 1983 wurde der ursprünglich gewählte Begriff «öffentliches Vermögen – public property» durch «Staatsvermögen» ersetzt (vgl. UN Doc. A/CONF.117/16, Vol. II, S. 42; SILAGI, Staatsuntergang und Staatennachfolge, S. 228).

16 Trotz den heutigen technischen Möglichkeiten, Archive zu reproduzieren (z.B. Mikrofilm), bleibt die Problematik der Archivnachfolge nach wie vor aktuell (vgl. SILAGI, Eigentumsproblematik, S. 152; v. SCHORLEMER, S. 345, wonach verbesserte Technologien kein «Allerheilmittel» zur Ausräumung von Archivstreitigkeiten sind; in diesem Sinne vgl. auch FIEDLER, State Succession, S. 648; KECSKEMETI, Les contentieux archivistiques, S. 6. AUER, Staatennachfolge, S. 57 f., und ENGSTLER, S. 236, mögen dagegen eine Entschärfung der Problematik erkennen).

17 Vgl. auch MEYER-LANDRUT, S. 91, wonach das Verständnis für die Restitutionsforderungen und späteren Vertragsbestimmungen ohne Kenntnis moderner archivalischer Praxis nicht möglich ist.

1. Archive als besondere Kulturgüter

Gegenstand der Staatensukzession sind wie bei den Kulturgütern nur dem Staat gehörende Archive, und auch sie sind Teil des Staatsvermögens.[18] Aufgrund ihres besonderen Charakters werden die Archive aber regelmässig eigenen Sukzessionsregeln unterstellt.[19]

Ebenso wie der Begriff Kulturgut wird auch der Begriff Archiv im Völkervertragsrecht unterschiedlich benutzt, sodass ein allgemein akzeptierter völkervertragsrechtlicher Archivbegriff fehlt.[20] Dies hängt damit zusammen, dass die Archivwissenschaft keinen international einheitlichen Archivbegriff kennt.[21] Vielmehr stehen sich zwei archivwissenschaftliche Ansätze gegenüber, die auf unterschiedliche Entwicklungen im Archivwesen in Europa zurückzuführen sind.

Im deutschsprachigen und im angelsächsischen Raum wird zwischen Registraturgut und Archivgut unterschieden.[22] Als Registraturgut bezeichnet man das gesamte Schrift-[23], Bild- und Tongut[24], das bei einer Institution oder Person anfällt, soweit es noch gebraucht wird.[25] Wird Registraturgut für den laufenden Geschäftsgang nicht mehr benötigt, wird es entweder vernichtet (kassiert) oder

---

18 Statt vieler vgl. v. Schorlemer, S. 317.

19 Vgl. Seidl-Hohenveldern, Wiener Übereinkommen, S. 175; Silagi, Staatsuntergang und Staatennachfolge, S. 267 f.; Fiedler, Konventionen, S. 35; v. Schorlemer, S. 317 f.

20 Vgl. Fitschen, Rechtliches Schicksal, S. 38; ders., «Archive» im modernen Völkervertragsrecht, S. 259. Ausführlich zum Begriff des Archivs vgl. Fitschen, Rechtliches Schicksal, S. 27 ff. Vgl. auch Kownatzki, S. 148 ff.; Silagi, Staatennachfolge und Archive, S. 15. Zu den verschiedenen Bedeutungen, vgl. Brenneke, S. 7.

21 Der Archivbegriff wird hier in seiner Bedeutung als Archivgut (Archivalie) verstanden. Daneben hat er auch andere Bedeutungen wie Archivgebäude oder Institution. Zu den unterschiedlichen Bedeutungen des Ausdrucks Archiv vgl. Walne, S. 22, Ziff. 36; Brenneke, S. 7; Schreckenbach, S. 157 ff. Zu den nationalen und internationalen Bemühungen, die Archivterminologie zu standardisieren, vgl. Auer, Standardizing Archival Terminology, S. 180 ff.

22 Vgl. Enders, S. 9 ff. Im angelsächsischen Sprachraum wird zwischen *«Records»* und *«Archiv»* unterschieden (vgl. Fitschen, Rechtliches Schicksal, S. 29 m.w.H.).

23 Das Schriftgut wiederum wird in Urkunden, Akten (einschliesslich Briefe) und Amtsbücher aufgeteilt (vgl. Franz, S. 49; Brenneke, S. 7 f.; a.M. Meisner, S. 26 f., wonach Amtsbücher keine eigene Archivaliengattung darstellen).

24 Hierzu gehören auch Karten, Pläne, Bilder, Filme, Phonogramme, aber auch zunehmend die Produkte der elektronischen Datenverarbeitung (wie elektronische Datei, Magnetband, Diskette, Festplatte) (vgl. Franz, S. 60 ff.; vgl. auch Brenneke, S. 7 f., und Meisner, S. 55).

25 Enders, S. 10; Meisner, S. 21 f., 26 f. Vgl. ferner Franz, S. 2. Damit umfasst das Registraturgut das gesamte Verkehrsschriftgut, nämlich die Doppel der ausgehenden sowie die eingehenden Schriftstücke. Hinzu kommt das interne Schriftgut, d.h. diejenigen Schriftstücke, die ihre Provenienzstelle nicht verlassen, einschliesslich der zu ihrer Benutzung geschaffenen Hilfsmittel (vgl. Fitschen, Rechtliches Schicksal, S. 29).

weiter aufgehoben (archiviert).[26] Als archivwürdig befunden und zur dauernden Aufbewahrung bestimmt wird das Archivgut wegen seiner rechtlich-verwaltungsmässigen, seiner politischen, seines historischen, aber auch wegen seines wissenschaftlich-technischen oder kulturellen Quellenwertes.[27] Es wird dann als Archivgut oder Archivalie[28] bezeichnet und in der Regel an einen anderen Ort gebracht – das «Archiv» als Lokalität.[29]

In der französischen Archivterminologie hingegen umfasst der Begriff *«archive»* sämtliches Aktengut, unabhängig davon, ob es von den Behörden noch gebraucht wird oder bereits archiviert wurde. Das Registraturgut heisst dann *archives courantes* oder *archives administratives*, das Archivgut wird als *archives historiques* bezeichnet.[30]

Beide Ansätze sind in den völkerrechtlich verwendeten Archivbegriffen wiederzufinden, wo je nach Vertrag das Registraturgut mitgemeint ist oder eben nicht.[31] Bei Übereinkommen, die Archive als Untergruppe von Kulturgut verstehen, tritt der administrative Gebrauchszweck hinter diejenige Funktion zurück, die das Archivgut als Kulturgut charakterisiert. Mithin gehört nur dasjenige Archivgut zum Kulturgut, dem historischer, künstlerischer, wissenschaftlicher oder sonstiger kultureller Wert zukommt.[32] Dies trifft regelmässig nur bei

---

26 Fitschen, Rechtliches Schicksal, S. 29; Enders, S. 10, 85 ff.; Brenneke, S. 13 f., 38 ff. Der Lebensweg eines Schrift-, Bild- oder Tongutes beginnt damit in der Kanzlei und bleibt so lange dort, als es im Geschäftsgange benötigt wird. Wenn es den Geschäftsgang durchlaufen hat und abgelegt wird («zu den Akten»), kommt das Objekt in die Registratur. Wenn es für den Geschäftsgang keine Bedeutung mehr hat, endet es im Archiv oder wird vernichtet (vgl. Brenneke, S. 21 f.).

27 Vgl. Franz, S. 2; Meisner, S. 24; Brenneke, S. 96 f.; Enders, S. 11. Zu den Funktionen des Archivs vgl. Fitschen, Rechtliches Schicksal, S. 39 ff.

28 Brenneke, S. 7 f.; Meisner, S. 21. Vgl. die entsprechende Bedeutung des englischen Begriffs *«archives»* in Walne, S. 22 Ziff. 36. Als Archivalien werden in der Regel die im Archiv aufbewahrten Akten bezeichnet. Zum Begriff Akten wiederum vgl. Fitschen, Rechtliches Schicksal, S. 27.

29 Dies können Zentralarchive oder behördeneigene Archive sein (vgl. Franz, S. 2).

30 Walne, S. 22 Ziff. 36, S. 47 Ziff. 107, S. 52 Ziff. 122 und S. 128 Ziff. 371; Fitschen, Rechtliches Schicksal, S. 29 f. In Anlehnung an die französische Terminologie ist deshalb auch von «laufenden Akten» oder von «lebender Registratur» bzw. von «historischen» oder «toten» Archiven oder Akten die Rede (vgl. Silagi, Eigentumsproblematik, S. 132 f.).

31 So umfasst zum Beispiel der (deutsche) Archivbegriff des Wiener Übereinkommens über diplomatische und konsularische Beziehungen sinngerecht sowohl die laufenden wie auch die historischen Akten (vgl. Fitschen, Rechtliches Schicksal, S. 31 f.). Auch in der Wiener Konvention über die Staatensukzession in Bezug auf Staatsvermögen, Staatsarchive und Staatsschulden ist mit dem Begriff «Archive» sowohl Registratur- wie auch Archivgut gemeint (vgl. Fitschen, Rechtliches Schicksal, S. 35 f.).

32 Vgl. v. Schorlemer, S. 319 f.; Odendahl, Das Normensystem, S. 24. Auch Silagi, Eigentumsproblematik, S. 136 ff., spricht sich gegen eine undifferenzierte Gleichstellung von Archivgut und Kulturgut aus.

den «historischen» Archiven zu, nicht aber bei Registraturen oder «laufenden» Akten, weshalb diese nur selten in den Anwendungsbereich von internationalen Kulturgüterabkommen fallen.[33] Aus kulturgüterrechtlicher Sicht ist deshalb die Unterscheidung von Registratur- und Archivgut von Bedeutung.[34] Besondere Aufmerksamkeit ist diesen Begriffen vor allem dort zu zollen, wo die deutsche Version eines multilateralen Vertrages nur als Übersetzung vorliegt, weil Deutsch nicht zu den offiziellen Vertragssprachen gehört.[35]

Weil die Archive meistens eigenen Sukzessionsregeln unterstehen, ist ihre Abgrenzung gegenüber anderen Kulturgütern ebenso wichtig. Im Einzelfall kann die Unterscheidung schwierig sein. Vor allem zum Bibliotheksgut ergeben sich häufig Überschneidungen. Bibliotheken unterscheiden sich von Archiven vor allem durch ihre Entstehung. Während Bibliotheken ihre Bestände durch Sammeltätigkeit vermehren, wachsen die Archive auf «natürliche» Weise, indem ihnen der archivwürdige Teil der Registraturen zufällt. Im Unterschied zu Bibliotheken sind Archive daher einmalig und in der Regel auch nicht käuflich.[36]

2. Betreffsprinzip und Provenienzprinzip

Wenn archivwürdige Registraturen ausgesondert werden, stellt sich dem Archivar die Frage, nach welchem System er diese ordnen und archivieren soll. Bis ins 19. Jahrhundert war es üblich, dass er die Archivkörper unterschiedlicher Herkunft vermengte und sie nach ihrem Inhalt neu ordnete. Dieses Ordnungsprinzip, bei dem die Akten ohne Rücksicht auf ihre Herkunft und ihre Registraturordnung nach Sachinhalt oder Betreff (Pertinenz) neu geordnet und archiviert werden, wird als Pertinenz- oder Betreffsprinzip bezeichnet.[37]

Es waren in erster Linie praktische Notwendigkeiten, die im 19. Jahrhundert dazu führten, dass die Akten vermehrt in ihrem Bestand beisammen gelassen wurden, wie sie entstanden waren.[38] Dieses Vorgehen wird als Herkunfts- oder

---

33 Vgl. die Untersuchung der Verträge bei Fitschen, Rechtliches Schicksal, S. 33 ff.

34 Vgl. v. Schorlemer, S. 318 ff.; Engstler, S. 228.

35 Vgl. Fitschen, «Archive» im modernen Völkervertragsrecht, S. 255.

36 Vgl. Meisner, S. 108; Fitschen, Rechtliches Schicksal, S. 45.

37 Vgl. Enders, S. 98 f.; v. Brandt, S. 112 f.; Fitschen, Rechtliches Schicksal, S. 44; Walne, S. 121 Ziff. 351. Zu den historischen Hintergründen dieses Prinzips vgl. Brenneke, S. 25 ff.; Posner, Archival Development, S. 30 f.

38 Vgl. Enders, S. 100 f.; Uhl, S. 104 f.; Fitschen, Rechtliches Schicksal, S. 44. Nachdem die Berliner Akademie der Wissenschaften im Jahre 1819 davon abgeraten hatte, Archivkörper verschiedenen Ursprungs nach einer materiellen Anordnung durcheinander zu mengen (vgl. Bittner, Zwischenstaatliche Verhandlungen, S. 65), wurde das Prinzip 1841 erstmals in einem französischen Ministererlass definiert (vgl. Enders, S. 100). Zur Entstehung des Provenienzprinzips vgl. Posner, Archival Development, S. 31 ff.; Enders, S. 99 ff.

Provenienzprinzip bezeichnet.[39] Es besagt, dass Archivkörper in dem Zusammenhang verbleiben, in dem sie «erwachsen» sind, und nicht mit anderen vermischt werden.[40] Weil alle Akten einer Registratur von gleicher Herkunft sind, bildet der Archivkörper einen geschlossenen Bestand.[41] Dies entsprach auch den modernen Anforderungen der (Geschichts-)Wissenschaft des 19. Jahrhunderts, für die nicht nur der Inhalt eines Dokumentes, sondern auch dessen Entstehung und Überlieferung von Bedeutung waren.[42] Ende des 19. Jahrhunderts setzte sich das Provenienzprinzip in der Archivwissenschaft weltweit durch[43] und bildet als archivalisches Grundprinzip bis heute einen Fundamentalgrundsatz des modernen Archivwesens.[44]

---

[39] Auf französisch wird das Prinzip *principe du respect des fonds* oder *principe de provenance* bezeichnet (Walne, S. 121 Ziff. 352). Der Ausdruck Provenienz bzw. Herkunft bezieht sich dabei nicht auf die Herkunft des einzelnen Schriftstücks, sondern auf jene des gesamten Archivkörpers (Enders, S. 100; Bittner, Zwischenstaatliche Verhandlungen, S. 65; Auer, Staatennachfolge, S. 54).

[40] Vgl. Enders, S. 100; Schellenberg, S. 90 f.; Uhl, S. 97; v. Brandt, S. 114; Beck, S. 76. Vgl. auch die Definition der UNESCO im Zusammenhang mit dem Problem der Übergabe von Archiven an die Ursprungsländer: *«In accordance with this principle* [of provenance or respect for the integrity of archives groups] *all archives accumulated by an administrative authority should be maintained as a single, indivisible, and organic unity in the custody of that authority or its legally designated successor»* (Bericht des Generaldirektors der UNESCO über die Probleme bei der Übergabe von Archiven an Ursprungsländer von 1978, UNESCO Doc. 20 C/102, Ziff. 23).

[41] Vgl. Brenneke, S. 22.

[42] Vgl. Beck, S. 76 f.; Fitschen, Rechtliches Schicksal, S. 43 f.; Enders, S. 100 f.; Muller/Feith/Fruin, S. 15 f.; Schellenberg, S. 91. Jeder Verlust von Archivalien beeinträchtigt darum den Informations- und Gebrauchswert der verbleibenden Teile des Archivs (vgl. Fitschen, Rechtliches Schicksal, S. 44).

[43] Vgl. Kownatzki, S. 154 f.; Franz, S. 46; Auer, Staatennachfolge, S. 54. Seit dem Archivkongress in Brüssel von 1910 gilt das Provenienzprinzip als allgemeine Richtschnur für die Ordnung und Inventarisierung von Archiven (vgl. Bittner, Zwischenstaatliche Verhandlungen, S. 65). Die niederländischen Autoren Muller, Feith und Fruin legten mit ihrer klassischen Studie 1898 *«Handleiding vor het ordenen en beschrijven van archieven»* («Anleitung zum Ordnen und Beschreiben von Archiven») das wissenschaftliche Fundament für das Provenienzprinzip. Z.B. bestimmte das preussische Geheime Staatsarchiv 1881: «Die Aufstellung des Geheimen Staatsarchivs erfolgt nach der Provenienz seiner Bestände» (zitiert nach Enders, S. 109).

[44] Vgl. Enders, S. 100; Beck, S. 76 m.w.H.; Brenneke, S. 70; v. Brandt, S. 113 f. Vgl. auch die an der XVII Conférence de la Table ronde des archives (Cagliari 1977) verabschiedete Resolution: *«La Table ronde souligne que le principe du respect de l'intégrité des fonds doit intervenir en tant que régulateur archivistique fondamental dans la liquidation des contentieux»* (abgedruckt in: CITRA 1993–1995, S. 239–242). Vgl. auch UNESCO Doc. 20 C/102, Ziff. 23: *«Le respect de ce principe est indispensable à la préservation de l'intégrité et de la valeur des archives en tant que titres, en tant que preuves et en tant que témoignages, à la fois juridiques et historiques.»* Zu den heutigen Schwierigkeiten im Zusammenhang mit dem Provenienzprinzip vgl. Enders, S. 101 ff.; Klasinc, S. 89.

Die Praxis zur Staatensukzession hat auf beide Prinzipien zurückgegriffen und sie inhaltlich neu ausgestaltet. Die konsequente Anwendung des älteren Betreffsprinzips bewirkt, übertragen auf die sukzessionsrechtliche Zuordnung von Archiven, dass die zentralen Archivkörper zwar im Eigentum des Vorgängerstaates bzw. des Sitzstaates der jeweiligen Archiveinrichtung bleiben.[45] Doch werden dem Archivkörper all diejenigen Dokumente entrissen und dem Nachfolgerstaat übertragen, die ausschliesslich oder hauptsächlich dessen Gebiet betreffen. Diese Dokumente werden als dem abgetretenen Territorium verbunden betrachtet, ihm als Pertinenzen zugerechnet.[46]

Nach dem Provenienzprinzip hingegen werden Archivkörper derselben Behörde nicht auseinandergerissen, sondern werden unter Wahrung des Registraturzusammenhangs in ihrer Gesamtheit einem Sukzessionsstaat zugeordnet.[47]

Bei der Übertragung der archivwissenschaftlichen Prinzipien auf das Sukzessionsrecht zeigen sich zwei Eigenheiten, die in der Literatur umstritten sind und die zuweilen zu Missverständnissen führen. Ein Teil der Lehre geht über die unbestrittene Grundbedeutung des sukzessionsrechtlichen Provenienzprinzips hinaus. Sie geht davon aus, dass das Prinzip auch den Ort bestimmt, an dem die historischen Archivkörper aufzubewahren seien. So müssten die historischen Archive als geschlossene Einheiten dem Territorium zugeordnet werden, auf dem sie gebildet oder eben erwachsen sind.[48]

Richtig ist, wie dies die Gegner dieser erweiterten Begriffsbedeutung festhalten, dass das archivalische Provenienzprinzip als Prinzip der Bestandsbildung und -abgrenzung keine Aussage über den Aufbewahrungsort des Archivkörpers macht.[49] Für die Wahrung der geschlossenen Einheit eines Archivkörpers ist der Ort, an dem das Archiv nach einer Staatensukzession aufbewahrt werden soll, unerheblich. Es ist jedoch zu beachten, dass das archivalische Provenienzprinzip mit dem völkerrechtlichen Provenienzprinzip nicht identisch ist.[50] Das archivali-

---

45 Vgl. dazu v. SCHORLEMER, S. 323 ff.

46 Vgl. SILAGI, Staatsuntergang und Staatennachfolge, S. 270; ENGSTLER, S. 231.

47 Vgl. ENGSTLER, S. 234 ff.; FITSCHEN, Rechtliches Schicksal, S. 335 Ziff. 18; DE VISSCHER, S. 271 f.

48 Vgl. ENGSTLER, S. 235; MEYER-LANDRUT, S. 94. Vgl. auch die österreichische Schrift «Nähere Erläuterungen über das Provenienzprinzip» zu Handen der Friedenskonferenz in St-Germain 1919 (AdR, St-Germain, Karton 13, Fasz. III/6, Anhang zum Gutachten des Archivbevollmächtigten des deutschösterreichischen Staates zu Artikel 189 des Friedensvertragsentwurfes). Vgl. dazu auch SILAGI, Eigentumsproblematik, S. 154.

49 Vgl. TURNER, S. 83 f.; FITSCHEN, Rechtliches Schicksal, S. 44. Unklar v. SCHORLEMER, S. 326 f. m.w.H.

50 Vgl. MEYER-LANDRUT, S. 92 f. A.M. TURNER, S. 90 Fn. 74. Im Übrigen kennt die Archivwissenschaft das Prinzip der territorialen Provenienz (Standortprinzip). Als Ausfluss des Provenienzprinzips besagt es, dass Archivkörper in den Archivräumlichkeiten desjenigen Territoriums aufzubewahren sind, in deren Zuständigkeit sie «erwachsen» sind (vgl. WALNE, S. 157 Ziff. 454).

sche Provenienzprinzip wurde ins völkerrechtliche Sukzessionsrecht übertragen und den besonderen Bedürfnissen und Problemen der Sukzessionspraxis angepasst. Der Entstehungsort widerspiegelt die historisch-kulturelle Beziehung des Archivkörpers zu einem Gebiet.[51] Diese Auslegung findet sich zum Beispiel im Friedensvertrag von St-Germain.[52]

Eine zusätzliche Ausweitung des Provenienzprinzips bedeutet dessen Verständnis als innere Ordnung im Sinne des Registraturprinzips.[53] Dieses besagt, dass bei einem Archivkörper die vom Registraturbildner vorgenommene Ordnung beizubehalten ist.[54] Das Registraturprinzip als inneres Ordnungsprinzip hat sich in der archivalischen Lehre nicht durchgesetzt.[55] Trotzdem haben einige Völkerrechtler

---

[51] Vgl. MEYER-LANDRUT, S. 111; AUER, Staatennachfolge, S. 54 f. und 60 f. Der Archivkörper ist Zubehör des Gebiets, des Vermögens oder der Gebäude, auf das er sich bezieht (vgl. v. SCHORLEMER, S. 314 f. mit Bezug auf Max Huber, Die Staatensuccession, völkerrechtliche und staatsrechtliche Praxis im XIX. Jahrhundert, Leipzig 1898, S. 46 Rz. 62). Genau genommen steht der Entstehungsort für eine territorial-institutionelle Beziehung, weil der Archivkörper das Produkt einer (Verwaltungs-)Institution ist. Auch wenn diese in der Regel sesshaft ist, handelt es sich nicht um eine unbewegliche Verwaltungseinrichtung, wie das Beispiel des Umzuges von Teilen der deutschen Bundesverwaltung von Bonn nach Berlin eindrücklich zeigt. SILAGI, Eigentumsproblematik, S. 154, spricht dagegen von der Zuordnung der Dokumente zu einer unbeweglichen Verwaltungseinrichtung. Zur Verlagerung der Bundesverwaltung von Bonn nach Berlin vgl. das Gesetz zur Umsetzung des Beschlusses des Deutschen Bundestages vom 20. Juni 1991 zur Vollendung der Einheit Deutschlands (Berlin/Bonn-Gesetz) BGBl I S. 918.

[52] Der Österreicher LUDWIG BITTNER hat offenbar diese Auslegung des Provenienzprinzips anlässlich der Verhandlungen Österreichs mit Italien eingeführt. BITTNER war ab 1924 Archivbevollmächtigter der Republik Österreich, von 1926 bis 1940 Direktor des Haus-, Hof- und Staatsarchives und danach Leiter des auf seine Initiative geschaffenen Reichsarchivs (vgl. LHOTSKY, Verteidigung der Wiener Sammlungen, S. 643 Fn. 101; WEILGUNI, S. 99). Vgl. auch RILL/SPRINGER/THOMAS, S. 292, mit Hinweis auf das Archivabkommen zwischen Österreich und Italien vom 26. Mai 1919. Dieser Aufsatz wurde im Auftrag der Generaldirektion des Österreichischen Staatsarchivs geschrieben.

[53] In der älteren Archivwissenschaft wurde unter dem Begriff Provenienzprinzip vereinzelt auch die innere Ordnung nach dem (strengen) Registraturprinzip verstanden (vgl. z.B. MULLER/FEITH/FRUIN, S. 23 ff.; POSNER, Principle of Provenance, S. 36 Fn. 2; BRENNEKE, S. 61 ff.; vgl. dazu ENDERS, S. 109 f.). Diese Auffassungen sind im Wesentlichen überwunden (ENDERS, S. 101). Zur unerwünschten Gleichsetzung des Provenienzprinzips und der Beibehaltung der «vorarchivischen» Ordnung vgl. UHL, S. 105 f.

[54] Vgl. ENDERS, S. 110; v. BRANDT, S. 114; BRENNEKE, S. 20 f. Fn. 17; SCHELLENBERG, S. 90 und 100 ff.; MULLER/FEITH/FRUIN, S. 26 ff., die die theoretische Begründung für das strenge Registraturprinzip lieferten.

[55] Vgl. ENDERS, S. 113, wonach das Provenienzprinzip im Gegensatz zur inneren Ordnung starr und grundsätzlich unbestritten ist; UHL, S. 106; vgl. auch SCHELLENBERG, S. 100 ff., insbesondere 105. Das Registraturprinzip setzt voraus, dass die überlieferte Registraturordnung auch wirklich eine brauchbare Ordnung darstellt. Schwierigkeiten ergaben sich darum stets in den Fällen, wo nur eine schlechte oder gar keine Registraturordnung vorlag (ENDERS, S. 110; UHL, S. 105 f.). Es besteht kein Grund, sich streng an die Registraturordnung zu halten, wenn sie Mängel aufweist (ENDERS, S. 113). Zum Werdegang der unterschiedlichen Ord-

diese Interpretation übernommen.[56] Als Prinzip der Bestandsbildung besagt das Provenienzprinzip jedoch nur, wie der Einheitsbestand nach aussen gegen andere Bestände abzugrenzen, nicht aber, nach welcher inneren Ordnung dieser Bestand gegliedert ist.[57] Dies hat auch für das völkerrechtliche Verständnis des Provenienzprinzips zu gelten. Für die Frage der Zuordnung von Archiven ist die innere Ordnung eines Archivkörpers irrelevant.

§ 3 Staats- und völkerrechtliche Einordnung von Österreich-Ungarn

I. Rechtliche Grundlagen der österreichisch-ungarischen Monarchie

1. Pragmatische Sanktion von 1713

Im Jahre 1713 erliess Kaiser Karl VI. die pragmatische Sanktion.[58] Es handelt sich um eine feierliche Deklaration, die für alle Königreiche und Länder einheitliche Grundsätze für eine lückenlose Thronfolgeordnung vorsah. Auch bestimmte die pragmatische Sanktion, dass die habsburgischen Länder unter einem gemeinsamen Herrscher zu stehen hatten und eine gemeinsame, unteilbare und untrennbare Einheit bilden sollten.[59]

Als pragmatische Sanktion werden aber auch die später eingeholten genehmigenden Beschlüsse der Stände der einzelnen Länder bezeichnet. In Ungarn erfolgte die Genehmigung der pragmatischen Sanktion im Jahre 1723 durch die Gesetzesartikel I und II des Landtages.[60] Gesetzesartikel II wich allerdings von

nungsprinzipien im 19. Jahrhundert ausführlich Brenneke, S. 61 ff.; Enders, S. 110 ff. Freilich setzen sämtliche Regeln der inneren Ordnung das Provenienzprinzip voraus, beziehen sich also auf Einheitsbestände (Enders, S. 109).

56 Z.B. Fitschen, Rechtliches Schicksal, S. 43 f.; Engstler, S. 235. Anders Meyer-Landrut, S. 110, der auf die innere Ordnung nicht eingeht.

57 Vgl. Enders, S. 101; Uhl, S. 105 f.; v. Brandt, S. 114; Walne, S. 121 Ziff. 352; Franz, S. 45 f.

58 Das hierüber aufgenommene Protokoll ist abgedruckt bei Bernatzik, S. 15 ff. Zur pragmatischen Sanktion vgl. Ulbrich, Das österreichische Staatsrecht, S. 25 ff.; Bernatzik, S. 1 ff.; Kelsen, Österreichisches Staatsrecht, S. 69; Hellbling, Österreichische Verfassungs- und Verwaltungsgeschichte, S. 276 ff.; Baltl/Kocher, S. 134; Lehner, Verfassungs- und Verwaltungsgeschichte, S. 123; Brauneder, S. 183.

59 Darin sieht Hellbling, Österreichische Verfassungs- und Verwaltungsgeschichte, S. 280, die staatsrechtliche Bedeutung der pragmatischen Sanktion.

60 Abgedruckt bei Bernatzik, S. 24 ff.

der Thronfolgeordnung, wie sie in der österreichischen pragmatischen Sanktion von 1713 geregelt war, ab.[61] Theoretisch bestanden damit verschiedene Erbfolgeregelungen, die eine spätere Trennung der Staaten nicht ausschlossen.[62]

Als der Reichstag 1732 der pragmatischen Sanktion zustimmte, wurde sie auch zu Reichsrecht und blieb durch ein Familienstatut von 1839 für die habsburgischen Länder bis 1918 in Kraft. Sie war Voraussetzung und wesentliche Rechtsgrundlage des Ausgleichs zwischen Österreich und Ungarn von 1867.[63]

2. Ausgleich zwischen Österreich und Ungarn von 1867

Mit dem Ausgleich vom 15. März 1867 wurde die österreichisch-ungarische Monarchie geschaffen und damit das verfassungsrechtliche Verhältnis zwischen der österreichischen Reichshälfte («im Reichsrat vertretenen Königreichen und Ländern»)[64] und der ungarischen Reichshälfte («Ländern der ungarischen Krone»)[65] neu begründet.[66] Der Ausgleich schlug sich in zwei parallelen, je sepa-

---

[61] Dies betrifft die Beschränkung der Thronfolge auf die Deszendenten von Leopold I. (Vater von Karl VI.) und die Bedingung der römisch-katholischen Konfession für die Thronfolgefähigkeit (§ 7 und 11 des Gesetzesartikels II). Vgl. dazu Ulbrich, Das österreichische Staatsrecht, S. 27 f.; Bernatzik, S. 31 ff.; Kelsen, Österreichisches Staatsrecht, S. 69; Hellbling, Österreichische Verfassungs- und Verwaltungsgeschichte, S. 278 f.; Hoke, S. 227; Silagi, Staatsuntergang und Staatennachfolge, S. 33.

[62] Vgl. Kelsen, Österreichisches Staatsrecht, S. 69; Silagi, Staatsuntergang und Staatennachfolge, S. 30 f.

[63] Die Präambel sowie §§ 1–3 des ungarischen Gesetzesartikels XII beriefen sich ausdrücklich auf die Gesetzesartikel I und II von 1723 (zum Gesetzesartikel XII sogleich bei Fn. 67).

[64] Vgl. § 1 des Gesetzes vom 21. Dezember 1867 betreffend die allen Ländern der österreichischen Monarchie gemeinsamen Angelegenheiten und die Art ihrer Behandlung (RGBl 146/1867). Die österreichische Reichshälfte, auch Cisleithanien genannt, umfasste die Königreiche Böhmen, Dalmatien, Galizien und Lodomerien mit dem Grossherzogtum Krakau, die Erzherzogtümer Österreich unter und ob der Enns (Niederösterreich mit Wien und Oberösterreich), die Herzogtümer Salzburg, Steiermark, Kärnten, Krain, Bukowina und Ober- und Niederschlesien, die Markgrafschaften Mähren und Istrien, die gefürsteten Grafschaften Tirol, Görz und Gradiska, das Land Vorarlberg und die Stadt Triest mit ihrem Gebiet (§ 1 des Gesetzes über die Reichsvertretung vom 21. Dezember 1867, RGBl 141/1867).

[65] Vgl. die Präambel und § 1 des ungarischen Gesetzesartikels XII. Die ungarische Reichshälfte wurde auch Transleithanien genannt und umfasste im Wesentlichen das Königreich Ungarn samt Siebenbürgen und den Königreichen Kroatien und Slawonien (Region im Osten Kroatiens) (vgl. Baltl/Kocher, S. 219).

[66] Genau genommen schuf der Ausgleich nicht ein vertragliches Verhältnis zwischen Österreich und Ungarn, sondern bloss ein einseitiges, nämlich zwischen der Krone und der ungarischen Volksvertretung (Landtag) (vgl. Ulbrich, Das österreichische Staatsrecht, S. 101; Bernatzik, S. 329 Fn. 1; Hoke, S. 386). Zum Ausgleich vgl. Ulbrich, Das österreichische Staatsrecht, S. 101 ff.; Kelsen, Österreichisches Staatsrecht, S. 69 ff.; Hellbling, Österreichische Verfassungs- und Verwaltungsgeschichte, S. 396 ff.; ders., Österreichisches Gesetz, S. 80; Hoke, S. 386 ff.; Brauneder, S. 181 ff.; Lehner, Verfassungs- und Verwaltungsgeschichte, S. 224 ff.; Adamovich/Funk, S. 62 ff.; Eisenmann, S. 403 ff.

rat in Österreich und Ungarn ausgearbeiteten Ausgleichsgesetzen nieder. Ungarn regelte den Ausgleich am 19. Mai 1867 im Gesetzesartikel XII,[67] die Länder der österreichischen Reichshälfte zogen nach mit dem Delegationsgesetz vom 21. Dezember 1867.[68]

Während die pragmatische Sanktion von 1713 einen gemeinsamen Monarchen garantierte,[69] bestimmten die beiden Gesetze von 1867 die sog. gemeinsamen Angelegenheiten beider Reichshälften.[70] Diese umfassten die auswärtigen Angelegenheiten, das Kriegswesen und das Finanzwesen in diesen Angelegenheiten.[71] Als vierte gemeinsame Angelegenheit kam die Verwaltung der Provinzen Bosnien und Herzegowina hinzu, nachdem Österreich-Ungarn diese 1878 okkupiert hatte.[72] Die Verwaltung der gemeinsamen Angelegenheiten wurde vom Monarchen durch gemeinsame Ministerien besorgt.[73] Für die Gesetzgebung in den ge-

---

[67] Gesetzesartikel XII «über die zwischen den Ländern der ungarischen Krone und den übrigen unter der Regierung Seiner Majestät stehenden Ländern obschwebenden gemeinsamen Angelegenheiten und über den Modus ihrer Behandlung». Entgegen dem Wortlaut handelt es sich beim Gesetzesartikel XII nicht um einzelne Artikel, sondern um ein Gesetz. Der offizielle deutsche Text ist abgedruckt in der Landesgesetz-Sammlung für 1865–1867, 2. amtl. Ausgabe, Pest 1872. Vgl. auch Bernatzik, S. 329 ff.; Garamvölgyi, S. 195 ff.; Radvánszky, S. 111 ff.

[68] Gesetz «betreffend die allen Ländern der österreichischen Monarchie gemeinsamen Angelegenheiten und die Art ihrer Behandlung» (RGBl 146/1867). Das Delegationsgesetz trat mit anderen Staatsgrundgesetzen (RGBl 141–145/1867) gemeinsam am 21. Dezember 1867 in Kraft und bildete mit diesen die neue verfassungsrechtliche Grundlage der österreichischen Reichshälfte (sog. Dezemberverfassung; die Gesetze sind abgedruckt bei Bernatzik, S. 390 ff., und Gosewinkel/Masing, S. 1524 ff.). Einen Überblick zur Dezemberverfassung geben Adamovich/Funk, S. 63 ff.; Walter/Mayer, S. 20 ff. Rz. 47 ff.; Brauneder, S. 155 ff.; Funk, S. 56 Rz. 66 ff.; Lehner, Verfassungs- und Verwaltungsgeschichte, S. 228 ff.; Hoke, S. 387, 389 ff.; Hellbling, Österreichische Verfassungs- und Verwaltungsgeschichte, S. 375 ff. Zum Delegationsgesetz im Besonderen vgl. Hellbling, Österreichisches Gesetz, S. 64 ff.

[69] So wurde am 8. Juni 1867 Kaiser Franz Joseph I. in Budapest zusätzlich zum Apostolischen König von Ungarn gekrönt (vgl. Apponyi, S. 39). Vgl. auch § 7 Gesetzesartikel XII.

[70] Weil die gemeinsamen Angelegenheiten angeblich auf die pragmatische Sanktion von 1713 zurückgingen, wurden sie auch pragmatische Angelegenheiten bezeichnet (vgl. § 18 Gesetzesartikel XII; Kelsen, Österreichisches Staatsrecht, S. 69; Adamovich/Funk, S. 62).

[71] § 1 Delegationsgesetz sowie schwer verständlich formuliert in §§ 8 bis 16 Gesetzesartikel XII.

[72] Im Berliner Kongress von 1878 wurde Österreich-Ungarn für berechtigt erklärt, die beiden Provinzen zu besetzen und zu verwalten. Sie blieben aber weiterhin unter osmanischer Souveränität. Als die österreichisch-ungarische Monarchie die Provinzen 1908 annektierte und über dem Gebiet ein Kondominium ausübte, blieb die gemeinsame Verwaltung aufrecht (vgl. Kelsen, Österreichisches Staatsrecht, S. 71; Kunz, S. 278 f. und 411; Hoke, S. 387).

[73] §§ 26 ff. Gesetzesartikel XII, § 5 Delegationsgesetz. K.u.k. steht für kaiserlich und königlich und ist die übliche Titelbezeichnung der Österreich-Ungarn gemeinsamen Ministerien und Behörden. Was die Kompetenzbereiche der einzelnen Staaten betrifft, so wurden die Ministerien und Behörden in Österreich kaiserlich-königlich (k.k.) bezeichnet, diejenigen in Ungarn königlich (k.) (vgl. Hoke, S. 387 f.; Auer/Thomas, S. 169).

meinsamen Angelegenheiten waren von Österreich und Ungarn je eigene Delegierte vorgesehen.[74]

Neben diesen gemeinsamen Angelegenheiten wurden zusätzlich dualistische Angelegenheiten bestimmt, die *zwar nicht gemeinsam verwaltet, jedoch nach gleichen von Zeit zu Zeit zu vereinbarenden Grundsätzen behandelt werden*.[75] Diese Grundsätze wurden regelmässig für die Dauer von zehn Jahren in übereinstimmenden, sog. paktierten Gesetzen festgelegt.[76] Zu den dualistischen Angelegenheiten gehörten kommerzielle Angelegenheiten, namentlich die Zollgesetzgebung, das Münz- und Geldwesen, bestimmte Abgaben, Teile des Eisenbahnwesens und das Wehrsystem.

II. Zur Rechtsnatur der österreichisch-ungarischen Monarchie

Die Verfassung der österreichisch-ungarischen Monarchie war juristisch komplex und staatsrechtlich verschieden auszulegen.[77] Dies ergibt sich aus der Uneinheitlichkeit der genannten Gesetze. Bereits die ungarischen Gesetzesartikel I und II von 1723 wichen im Einzelnen von der pragmatischen Sanktion von 1713 ab. Vor allem aber waren die vorgenannten Ausgleichsgesetze, das österreichische Delegationsgesetz und der ungarische Gesetzesartikel XII, völlig eigenständig formuliert und unterschieden sich auch inhaltlich teilweise deutlich.[78] Anlass zu diesen Differenzen gaben die unterschiedlichen Auffassungen von Österreich und Ungarn über die rechtliche Natur des Ausgleichs und in der Konsequenz der österreichisch-ungarischen Monarchie.

---

[74] §§ 6 und 13 Delegationsgesetz. Da ihnen der ungarische Gesetzesartikel XII keine Gesetzgebungsbefugnisse einräumte, beschränkte sich die Tätigkeit der ungarischen Delegierten auf andere, weniger bedeutende Aufgaben (vgl. §§ 28 ff. Gesetzesartikel XII). Zu einer Tätigkeit der Delegationen als gemeinsamer Gesetzgeber Österreichs und Ungarns kam es nie (vgl. HELLBLING, Österreichische Verfassungs- und Verwaltungsgeschichte, S. 396 f.).

[75] §§ 52 ff. Gesetzesartikel XII, § 2 Delegationsgesetz.

[76] Vgl. ADAMOVICH/FUNK, S. 62 f.

[77] Vgl. WALTER/MAYER, S. 19 Rz. 46; BRAUNEDER, S. 183.

[78] Vgl. BERNATZIK, S. 451 f.; KELSEN, Österreichisches Staatsrecht, S. 72 f.; HELLBLING, Österreichische Verfassungs- und Verwaltungsgeschichte, S. 397 f.; LEHNER, Verfassungs- und Verwaltungsgeschichte, S. 225; BRAUNEDER, S. 183; RADVÁNSZKY, S. 118 ff.; EISENMANN, S. 595 und S. 659 ff., gibt dem ungarischen Gesetzesartikel XII als Referenztext den Vorzug, weil dieser früher entstanden sei und damit als quasi authentisch gelte, während der österreichische Text nur Nachvollzug sei. Vgl. die Gegenüberstellung der beiden Gesetze bei HELLBLING, Österreichisches Gesetz, S. 79 ff.

1. Sicht Österreichs

Was die rechtliche Qualifizierung der österreichisch-ungarischen Monarchie betraf, ging Österreich von einem Bundes- oder gar Einheitsstaat aus, in dem die bisherige österreichische Monarchie in leicht modifizierter Form als einheitlicher, den beiden Reichshälften Österreich und Ungarn übergeordneter Gesamtstaat fortbestehe,[79] während Ungarn in der bestehenden Monarchie lediglich eine neue, bessere Stellung erhalten habe.[80] Die österreichisch-ungarische Monarchie habe, so die Argumentation Österreichs, eine eigene, von den Regierungen beider Staaten verschiedene Regierung gehabt. Auch habe es in den gemeinsamen Angelegenheiten über eine eigene Gesetzgebung verfügt. Aus internationalen Verträgen sei der Gesamtstaat berechtigt und verpflichtet worden, und zwar auch dann, wenn der Staatsvertrag nur in einem Teilstaate seine Wirksamkeit äussern sollte. Daher sei die österreichisch-ungarische Monarchie das einzige Völkerrechtssubjekt gewesen; die Staaten Österreich und Ungarn hätten keine eigene Völkerrechtspersönlichkeit gehabt. Dem Ausgleich komme Vertragscharakter zu, der einer einseitigen Änderung entgegenstünde.[81]

2. Sicht Ungarns

Ungarn dagegen bestritt die Identität des österreichischen Kaisertums mit der österreichisch-ungarischen Monarchie.[82] Es begründete dies damit, dass das österreichische Kaisertum sich infolge des Ausgleichs auf den Staat Österreich beschränkte, der mit dem gleichermassen souveränen und selbständigen Staat Ungarn lose verbunden gewesen sei.[83] Aus ungarischer Sicht war der im österreichischen Delegationsgesetz und im ungarischen Gesetzesartikel XII niedergelegte Ausgleich kein Vertrag, sondern konnte durch einseitiges Gesetz abgeändert oder aufgelöst werden. Österreich und Ungarn hätten je über ein eigenes Staatsgebiet, eine einander gleichgestellte Gesetzgebung, Regierung und Justiz

---

79 Vgl. den Betreff des Delegationsgesetzes (RGBl 146/1867).

80 Vgl. dazu Ulbrich, Das österreichische Staatsrecht, S. 60 ff.; Kelsen, Österreichisches Staatsrecht, S. 72 f.; Hoke, S. 386; Hellbling, Österreichische Verfassungs- und Verwaltungsgeschichte, S. 398; Brauneder, S. 154, 179 ff.

81 Die einzige Garantie, dass nicht einer der beiden Staaten durch Gesetzesbeschluss die 1867 geschaffene Verbindung doch plötzlich auflöste, bildete daher nach dem Verfassungsrecht beider Staaten der gemeinsame Monarch, ohne dessen Sanktion weder ein österreichisches noch ein ungarisches Gesetz zustande kommen konnte (vgl. hierzu Kelsen, Österreichisches Staatsrecht, S. 73; Lehner, Verfassungs- und Verwaltungsgeschichte, S. 227 f.; Hellbling, Österreichische Verfassungs- und Verwaltungsgeschichte, S. 398).

82 Vgl. Apponyi, S. 41 f.; Brauneder, S. 183 ff.; Silagi, Staatsuntergang und Staatennachfolge, S. 33 m.w.H.

83 Vgl. z.B. § 3 Gesetzesartikel XII, wonach die verfassungsmässige staatsrechtliche und administrative Selbständigkeit Ungarns unversehrt aufrecht erhalten wird.

verfügt. Bezüglich der gemeinsamen Angelegenheiten komme stets ein materiell übereinstimmender Doppelwille beider Staaten zutage. Auch hätten die Bewohner der österreichisch-ungarischen Monarchie entweder die österreichische oder die ungarische Staatsbürgschaft inne; eine österreichisch-ungarische Staatsangehörigkeit habe nicht bestanden. Die Verbindung der beiden Staaten habe auf dem gemeinsamen Monarchen basiert, er sei Kaiser und König zugleich gewesen. Einen Kaiser der österreichisch-ungarischen Monarchie habe es jedoch nicht gegeben. Auch Staatsverträge hätten die beiden Staaten separat abgeschlossen. Die österreichisch-ungarische Monarchie sei kein Staat, sondern eine Art Realunion zweier selbständiger Staaten gewesen, denen der Herrscher sowie in bestimmten Angelegenheiten die Verwaltung gemeinsam gewesen sei.[84]

3. Völkerrechtliche Beurteilung

In der Literatur ist die österreichisch-ungarische Monarchie regelmässig als völkerrechtliche Staatenverbindung bezeichnet worden.[85] Innerhalb der Staatenverbindungen wurde sie entsprechend der ungarischen Auffassung meist als Realunion,[86] zuweilen als Personalunion klassifiziert.[87] Von manchen Autoren wurde bereits das Staatengebilde unter der pragmatischen Sanktion von 1713 als Realunion erfasst.[88]

Allerdings lässt sich – wie die meisten historischen Beispiele von Staatenverbindungen – die österreichisch-ungarische Monarchie aufgrund ihrer einmaligen

---

[84] Zuweilen wurde die österreichisch-ungarische Monarchie von ungarischen Theoretikern gar nur als Staatenbund charakterisiert (vgl. hierzu Ulbrich, Das österreichische Staatsrecht, S. 62; Brauneder, S. 183).

[85] Statt vieler vgl. Berber, Bd. 1, S. 138 und Ulbrich, Staatsrecht der österreichisch-ungarischen Monarchie, S. 12 ff. Eine völkerrechtliche Staatenverbindung unterscheidet sich von einer staatsrechtlichen dadurch, dass die Beziehung zwischen den Staaten ganz oder teilweise durch das Völkerrecht erfolgt, während bei der staatsrechtlichen Staatenverbindung die Verfassung des Gesamtstaates die Beziehungen zwischen den Gliedstaaten erschöpfend regelt (Verdross/Simma, § 945). A.M. Steinacker, S. 90, wonach die Doppelmonarchie ein Bundesstaat sei.

[86] Vgl. Jellinek, Allgemeine Staatslehre, S. 757; Kunz, S. 409 ff.; Nawiasky, S. 315; Berber, Bd. 1, S. 138; Dahm, S. 128; Adamovich/Funk, S. 62; Marek, S. 205; Walter/Mayer, S. 19 Rz. 46; Liszt, S. 99; Hummer, Internationaler Status, S. 562 Rz. 3020. Von einer Realunion besonderer Art sprechen Brauneder, S. 183, und Lehner, Verfassungs- und Verwaltungsgeschichte, S. 228.

[87] Vgl. Silagi, Staatsuntergang und Staatennachfolge, S. 31 f. Zur rechtlichen Einordnung der Monarchie vgl. ferner ausführlich Jellinek, Lehre von den Staatenverbindungen, S. 226 ff.; Ulbrich, Staatsrecht der österreichisch-ungarischen Monarchie, S. 61; Silagi, Staatsuntergang und Staatennachfolge, S. 30 ff.; vgl. ferner Andrássy, S. 171 ff.

[88] Vgl. Lehner, Verfassungs- und Verwaltungsgeschichte, S. 123; Ulbrich, Lehrbuch des österreichischen Staatsrechts, S. 736; ders., Das österreichische Staatsrecht, S. 25; Dahm, S. 128 (von 1723 bis 1849).

Erscheinung nur annäherungsweise in abstrakte Kategorien einordnen.[89] Dies gilt umso mehr, als die Definition von Realunion und damit die Begriffsunterscheidung zur Personalunion uneinheitlich erfolgt.[90] Ganz allgemein entzieht sich der Begriff der Staatenverbindung der dogmatischen Klarheit.[91] Im Fall der österreichisch-ungarischen Monarchie erschweren die divergierenden verfassungsrechtlichen Grundlagen eine Klassifizierung. Entsprechend befand der zeitgenössische Staatsrechtler EDMUND BERNATZIK im Jahre 1911 treffend:

> *«Da die beiden Gesetze in dem springenden Punkte so stark differieren, so ist der endlose Streit über die ‚rechtliche Natur' des Verbandes beider Staaten fruchtlos und eigentlich auch wertlos.»* [92]

4. Judikatur und Staatenpraxis

Im Laufe der Jahre nach Abschluss der Ausgleichsgesetze 1867 entwickelten sich die beiden Staaten schrittweise auseinander, was sich unter anderem darin zeigte, dass sich die Verhandlungen über die dualistischen Angelegenheiten von Mal zu Mal schwieriger gestalteten.[93] Ungarns Auffassung der Rechtsnatur der österreichisch-ungarischen Monarchie wurde nach und nach nicht nur von internationalen Schiedsgerichten, sondern auch von Österreichs Staatsorganen geteilt. Beispielsweise schloss Österreich 1903 entgegen den Regelungen in den Ausgleichsgesetzen selbständig einen Staatsvertrag mit einem Drittstaat ab.[94] 1907 wurde Ungarn von Österreich im Vertrag über Handels- und Verkehrsbeziehungen erstmals als Subjekt internationaler Verträge anerkannt.[95] Auch der österreichische Verwaltungsgerichtshof behandelte im Fall der Leitha-Ver-

---

89 Vgl. dazu ULBRICH, Das österreichische Staatsrecht, S. 63; BALTL/KOCHER, S. 214.

90 Der Hauptunterschied wird in der Lehre darin gesehen, dass bei der Realunion die Gemeinsamkeit des Monarchen nicht eine rechtlich zufällige ist wie bei der Personalunion, sondern bewusst durch staats- oder völkerrechtlichen Willensakt geschaffen wurde. Im Detail gehen die Ansichten aber auseinander. Vgl. etwa BERBER, Bd. 1, S. 135 ff.; KIMMINICH/HOBE, S. 122; NAWIASKY, S. 315; SILAGI, Staatsuntergang und Staatennachfolge, S. 30 f.; MAREK, S. 204 ff.; ROSS, S. 109.

91 Vgl. DOEHRING, S. 57 Rz. 126; SILAGI, Staatsuntergang und Staatennachfolge, S. 30; vgl. auch VERDROSS/SIMMA, § 944; BERBER, Bd. 1, S. 134 ff.; JELLINEK, Lehre von den Staatenverbindungen, S. 83 Fn. 1; ENGSTLER, S. 213; KUNZ, S. 419; WALTER/MAYER, S. 19 Rz. 46; ULBRICH, Staatsrecht der österreichisch-ungarischen Monarchie, S. 12 ff.; ders., Das österreichische Staatsrecht, S. 63.

92 BERNATZIK, S. 452.

93 Vgl. LEHNER, Verfassungs- und Verwaltungsgeschichte, S. 227 f.

94 So etwa die Brüsseler Zuckerkonvention (RGBl 25/1903), zit. bei LEHNER, Verfassungs- und Verwaltungsgeschichte, S. 228.

95 Vgl. KUNZ, S. 413; BERBER, Bd. 1, S. 138; vgl. auch BRAUNEDER, S. 185. Zu den drei Kategorien von internationalen Verträgen der österreichisch-ungarischen Monarchie vgl. VEROSTA/SEIDL-HOHENVELDERN, S. 84 ff.

schmutzung im Jahre 1913 Ungarn als Ausland.[96] Bereits 1902 entschied ein internationales Schiedsgericht unter dem Vorsitz des Schweizer Bundesgerichtspräsidenten den Streit zwischen den beiden Reichshälften um die Grenzziehung an der Meeraugenspitze im Tatragebirge ausschliesslich aufgrund völkerrechtlicher Erwägungen.[97] Im Jahre 1915 schliesslich schloss sich der Kaiser angesichts der politischen Realität der ungarischen Ansicht an, wonach das österreichische Kaisertum nur Cisleithanien betraf und die Verbindung demnach eine Realunion darstellte.[98]

Auch nach dem Zerfall der Monarchie blieb ihre Rechtsnatur im Zusammenhang mit der Frage des rechtlichen Status der Republik Österreich Gegenstand von Diskussionen. Beispielsweise beurteilte 1923 der Ständige Internationale Gerichtshof rückblickend die Grenze zwischen Ungarn und dem österreichischen Galizien 1914 als

> *«an international frontier. (...) Although Austria und Hungary had common institutions based on analogous laws passed by their legislatures, they were none the less distinct international units.»*[99]

§ 4 Verbringung von Kulturgütern nach Österreich während der Herrschaft der Habsburger

Viele der in Österreich und Wien zusammengetragenen Kulturgüter oder einzelne Sammlungen stammten aus Ländern, die zum Zeitpunkt des Transfers der österreichischen Monarchie zugehörig waren oder zumindest vom Haus Habsburg beherrscht wurden.[100] Mit Blick auf den späteren Zerfall der österreichisch-ungarischen Monarchie und die damit einhergehenden Forderungen der Nachfolgestaaten ist die Verbringung von Kulturgütern aus diesen Gebieten und ihre Rahmenbedingungen von Interesse. Die folgende Darstellung zeichnet diese exemplarisch nach.

---

[96] Entscheidung des Österreichischen Verwaltungsgerichtshofs vom 1. März 1913, ZVölkR 7 (1913), S. 56 (vgl. dazu Silagi, Staatsuntergang und Staatennachfolge, S. 34).

[97] Vgl. dazu Silagi, Staatsuntergang und Staatennachfolge, S. 34; Seidl-Hohenveldern, Überleitung von Herrschaftsverhältnissen, S. 5; Ulbrich, Das österreichische Staatsrecht, S. 141.

[98] Vgl. Brauneder, S. 183 ff.

[99] PCIJ Ser. B. Nr. 8, S. 42 f. Der Gerichtshof nahm dabei ausdrücklich auf den Meeraugenspitzeentscheid Bezug. Vgl. hierzu Silagi, Staatsuntergang und Staatennachfolge, S. 34.

[100] Die österreichischen Habsburger wiesen die österreichische Hauptlinie dem Erstgeborenen (Primogenitur), bestimmte Nebenlinien wie etwa die Toskana dem Zweitgeborenen (Sekundogenitur) und weitere Gebiete als Abfindung dem Drittgeborenen zu (Tertiogenitur). Die Sekundo- und Tertiogenituren gehörten daher nicht zur österreichischen Monarchie, sondern waren mit ihr lediglich dynastisch verbunden (vgl. Zöllner, Perioden der österreichischen Geschichte, S. 79).

Wo es für die rechtliche Zuordnung von Bedeutung ist, wird zudem zwischen der Verbringung vor und während des Ersten Weltkrieges unterschieden.[101]

I. Die Habsburger und ihre Sammlungen

Die enorme und über Jahrhunderte andauernde Machtfülle der Habsburgerdynastie und die Grossmachtstellung der österreichischen Monarchie innerhalb Europas blieben nicht ohne Wirkung auf die österreichischen und besonders auf die Wiener Kulturinstitutionen. Während Jahrhunderten betätigten sich die Habsburger als Mäzene und Sammler von Kunstgegenständen.[102] Dabei kann, so Wandruszka, auch ein echtes Kunstverständnis festgestellt werden, das die meisten Angehörigen jener habsburgischen Generationen auszeichnete.[103]

Sichtbar wurde dieses Kunstverständnis vor allem in den Wiener Bibliotheken und kultur- und naturhistorischen Sammlungen, die sich bis zu Beginn des Ersten Weltkrieges zu Kollektionen von Weltruf entwickelten. Gesammelt wurden Werke antiker, mittelalterlicher und zeitgenössischer, italienischer, spanischer, deutscher und niederländischer Künstler, Schöpfungen verschiedener Stilrichtungen und Epochen sowie aller Kunstarten, von der Malerei bis zur Harnischkunst und von der Plastik bis zum Instrumentenbau. Gemäss dem Historiker Alphons Lhotsky unterscheiden sie sich von anderen Museen grundsätzlich durch ihre Entstehungsweise;

> *«sie sind nämlich keineswegs mehr oder weniger ‚systematisch' aus verschiedenen Provenienzen und etwa gar erst im 19. Jahrhundert zusammengekauft, sondern aus innerer Notwendigkeit von den Sammlern, deren persönlichste Qualitäten sie widerspiegeln, geschaffen worden (...). So stellen diese Sammlungen über die Summe der einzelnen Objekte (...) hinaus allein schon in ihrer organisch-sinnvollen Zusammengehörigkeit auch eine intellektuelle Leistung dar, die gleichnislos und einzig ist.»*[104]

---

[101] Diese Unterteilung nahm bereits das österreichische Staatsamt für Äusseres vor (vgl. dessen Schreiben an den Staatsnotar, das Staatsamt für Unterricht sowie an das Staatsamt für öffentliche Arbeiten vom 8. Februar 1919 (AdR, St-Germain, Karton 13, Z. I-1327/2 1919, Beil. zu Prot. Nr. 459).

[102] Besonders hervorgetan haben sich Kaiser Friedrich III. (1415–1493), Kaiser Maximilian I. (1459–1519), Kaiser Rudolf II. (1552–1612), Erzherzog Leopold Wilhelm (1614–1662) und Erzherzog Ferdinand II. von Tirol (1529–1595). Das 16. und das 17. Jahrhundert markieren den Höhepunkt des habsburgischen Mäzenatentums und Sammeleifers. Vgl. zum Folgenden Kugler, Habsburger, S. 57 ff.; Klauner, S. VII ff.

[103] Wandruszka, S. 135 f. Vgl. auch die Ausführungen der Republik Österreich in der Klageantwort gegen Ungarn vom 18. April 1931, S. 157 f. (AdR, St-Germain, Karton 26).

[104] Lhotsky, Verteidigung der Wiener Sammlungen, S. 615 f. Zum selben Urteil kommt Zimmermann, Kunsthistorisches Museum, S. 28. Vgl. auch die Ausführungen der Republik Österreich in der Klageantwort gegen Ungarn vom 18. April 1931, S. 157 f. (AdR, St-Germain, Karton 26).

Viele der von den Habsburgern zusammengetragenen Kunstschätze fanden früher oder später ihren Weg nach Österreich und vor allem nach Wien, das parallel zu seiner politischen Bedeutung innerhalb der österreichischen Monarchie auch als kulturelles Zentrum an Einfluss gewann.[105] Begünstigt wurden Bildung und Erhalt der habsburgischen Sammlungen durch eine Neuregelung der habsburgischen Vermögensverhältnisse Ende des 15. und Anfang des 16. Jahrhunderts, derzufolge Hauskleinodien und Kunstschätze nicht mehr an Land und Leute gebunden waren, sondern nach der Primogeniturerbfolge als unveräusserliches Eigentum dem Erzhaus gehörten.[106]

Die kunst- und kulturhistorischen Sammlungen des ehemaligen habsburgischen Kaiserhauses sind heute im Kunsthistorischen Museum beherbergt, das bis zum Zerfall der österreichisch-ungarischen Monarchie Kunsthistorisches Hofmuseum hiess. Es zählt heute zu den grössten und bedeutendsten Museen der Welt. Es beherbergt eine Vielzahl von Sammlungen, deren Spannbreite von der Ägyptisch-Orientalischen Sammlung über die Hofjagd- und Rüstkammer bis zur Sammlung historisch rekonstruierter Antiken in Schloss Ambras reicht. Von besonderem Rang ist die Gemäldegalerie mit ca. 7400 inventarisierten Objekten, insbesondere aus der venezianischen (Tizian, Veronese, Tintoretto) und flämischen (van Eyck, Rubens, van Dyck) Renaissance- und Barockmalerei.[107] Ihre Basis bilden die von Erzherzog Leopold Wilhelm (1614–1662), dem Statthalter in den Spanischen Niederlanden, und von Kaiser Rudolf II. in Prag (1552–1612) gesammelten Werke.[108] Schloss Ambras bei Innsbruck gilt als eines der ältesten in loco erhaltenen Museen und beherbergt die sog. Ambraser Sammlungen, die unter Erzherzog Ferdinand II. von Tirol (1529–1595) entstanden sind.[109] Auch die Weltliche Schatzkammer verwahrt Gegenstände von höchstem kulturellem Rang, darunter die Insignien und Kleinodien des Heiligen Römischen Reiches, u.a. mit der Reichskrone, der Heiligen Lanze und dem Reichsschwert.[110]

---

[105] Vgl. ERBE, S. 123 f. Wien war ab 1438 zeitweise und ab dem frühen 17. Jahrhundert ständige Residenzstadt der deutschen Könige und römischen Kaiser, ausserdem Sitz des Reichhofrates und der Zentralbehörden des Habsburgerreichs (vgl. HOKE, S. 147).

[106] Vgl. SCHEICHER, S. 21; ZIMMERMANN, Kunsthistorisches Museum, S. 17.

[107] Vgl. SCHÜTZ, Vorwort, S. 9. Zur Geschichte der Gemäldegalerie vgl. SCHÜTZ, Gemäldegalerie, S. 53 ff.; KLAUNER, S. VII ff.; PROHASKA, S. 11 ff.

[108] Weitere Habsburger wie Kaiser Leopold I. (1640–1705) und Vertreter der tirolischen Linie trugen zum Bestand der Gemäldegalerie bei (vgl. PROHASKA, S. 12).

[109] Zur Ambraser Kunstkammer vgl. SCHEICHER, S. 13 ff.; LHOTSKY, Geschichte der Sammlungen, S. 182 ff.

[110] Die Schatzkammer wurde im 17. und 18. Jahrhundert mit denjenigen von Prag (Kaiser Rudolf II.) und von Graz (Erzherzog Karl von Innerösterreich) vereinigt und laufend ergänzt (vgl. FILLITZ, Katalog der Schatzkammer, S. 4 ff.; ders., Weltliche und Geistliche Schatzkammer, S. 111).

II. Verbringung von Kulturgütern aus der Tschechoslowakei

1. Dynastisch-territoriale Verbindungen

Der Staat Tschechoslowakei, wie er im Zuge des Zerfalls der österreichisch-ungarischen Monarchie Ende des Ersten Weltkrieges gegründet wurde, setzte sich im Wesentlichen aus dem Königreich Böhmen, der Markgrafschaft Mähren und dem Gebiet der Slowakei im Norden Ungarns zusammen.[111] Die Länder Böhmen und Mähren waren im Jahr 1526 als Teil der böhmischen Krone unter der Herrschaft der österreichischen Habsburger mit den österreichischen Erbländern vereinigt worden,[112] und es bestanden überaus enge Beziehungen zu den Ländern der österreichischen Monarchie.[113] Das Gebiet der Slowakei stand als integraler Teil Ungarns ebenfalls seit 1526 unter habsburgischer Herrschaft, woran sich bis 1918 nichts änderte.[114]

2. Verbringungen vor dem Ersten Weltkrieg

Die engen Verbindungen zwischen den österreichischen Ländern und denjenigen zu Böhmen und Mähren hatten zur Folge, dass auch zahllose Kunstgegenstände und andere Kulturgüter nach Österreich und vor allem nach Wien gebracht wur-

---

[111] Zum Staatsgebiet gehörte auch ein Grossteil des österreichischen Herzogtums Schlesien (vgl. BRANDES, S. 174). Zur Entstehung der Tschechoslowakei vgl. hinten bei Fn. 227.

[112] Vgl. BALTL/KOCHER, S. 88, 130 f.; HOKE, S. 196 f., 220 f.; KÜPPER, S. 262 f.; ausführlich HELLBLING, Österreichische Verfassungs- und Verwaltungsgeschichte, S. 210 ff. Neben Böhmen und Mähren umfasste die böhmische Krone Lausitz (bis 1635) und Schlesien, wovon ein gewichtiger Teil 1742 an die Preussen verloren ging (vgl. HELLBLING, Österreichische Verfassungs- und Verwaltungsgeschichte, S. 221, 284; BALTL/KOCHER, S. 160; KÜPPER, S. 251).

[113] In politischer Hinsicht wechselten die böhmischen Kronländer erst 1627 vom Wahl- zum Erbkönigreich der Habsburgerstaaten und hatten – trotz allmählich territorial verstärkter Einheit der österreich-habsburgischen Länder und der Eingliederung der Verwaltung in die habsburgische Zentralverwaltung – noch bis ins 18. Jahrhundert eine eigene Verfassung und Landesordnung (vgl. ZÖLLNER, Perioden der österreichischen Geschichte, S. 70). Dies änderte sich erstmals mit der von Kaiser Karl VI. im Jahr 1713 erlassenen pragmatischen Sanktion, die das erste gemeinsame Staatsgrundgesetz aller Länder der Monarchie bedeutete. Zur pragmatischen Sanktion vgl. vorne S. 14 f. Die verschiedenen Verfassungen und Verfassungsentwürfe nach 1848 umfassten stets auch die Länder der böhmischen Krone, ohne ihnen einen besonderen Status einzuräumen (vgl. ZÖLLNER, Perioden der österreichischen Geschichte, S. 81). Nach dem Ausgleich mit Ungarn 1867 gehörten die böhmischen Kronländer zu den im Reichsrat vertretenen Königreichen und Ländern (Cisleithanien) und damit zur österreichischen Reichshälfte (vgl. § 1 Gesetz vom 21. Dezember 1867, RGBl 141/1867). Zur staatsrechtlichen Stellung der Länder vgl. KÜPPER, S. 262 ff.

[114] Vgl. BALTL/KOCHER, S. 88, 130 f.; HOKE, S. 196 f., 220 f.; HELLBLING, Österreichische Verfassungs- und Verwaltungsgeschichte, S. 210 f., 214 ff.; KÜPPER, S. 301. Zum staatsrechtlichen Verhältnis Ungarns mit Österreich seit dem Ausgleich von 1867 vgl. vorne S. 15 ff.

den. In diesem Zusammenhang ist vor allem eine Person von herausragender Bedeutung, nämlich der Habsburgerkaiser Rudolf II. (1552–1612), zu dessen Regierungszeit Prag zur Residenz der römisch-deutschen Könige und Kaiser und der zentralen Habsburgerbehörden wurde.[115] Kaiser Rudolf II. war ein grosser Förderer von Kunst und Wissenschaft und ein leidenschaftlicher Sammler.[116]

Mit der Ergänzung seiner Kunst- und Wunderkammer sowie seiner Gemäldegalerie durch die Ambraser Kunstkammer seines Onkels, Erzherzog Ferdinand II. von Tirol, entstand wohl der grösste Sammlungskomplex, der je im Besitz einer Familie war. Die von ihm in seiner Hofwerkstatt in Auftrag gegebene und 1602 fertiggestellte Rudolfskrone wurde 1804 zur Krone des Kaisertums Österreich.[117] Nach seinem Tod im Jahre 1612 verlegte sein Bruder und Nachfolger Kaiser Matthias gemeinsam mit der Kaiserresidenz auch die besonders kostbaren Schätze der Rudolfinischen Kunstkammer nach Wien (1612 und 1619), um damit die Wiener Schatzkammer zu begründen.[118] Die in Prag verbleibenden Sammlungen wurden sukzessive zerstreut oder geplündert,[119] und nur wenige Teile der Sammlungen konnten später durch andere Familienmitglieder nach Wien gebracht werden.[120] Einige der geplünderten Bilder erwarb Erzherzog Leopold Wilhelm, Statthalter der Spanischen Niederlande,[121] und brachte sie nach Brüssel, von wo aus sie mit einigen Überresten der Rudolfinischen Sammlung im 18. Jahrhundert nach Wien gelangten.[122]

---

115 Vgl. TRUNZ, S. 57; EVANS, S. 29.

116 An seinem Hof in Prag beschäftigte er hervorragende Künstler, u.a. begründete er eine Prager Schule der Malerei. Für Akquisitionen im Ausland setzte er auch seine Diplomaten ein. Laut TRUNZ, S. 58, hat Rudolf II. für seine Kunst immer bezahlt und niemals Gewalt oder List angewendet. Einen Überblick über die Sammlungen gibt KUGLER, Rudolf II., S. 10; vgl. ferner LHOTSKY, Geschichte der Sammlungen, S. 237 ff.

117 Die Krone wird heute in der Wiener Schatzkammer des Kunsthistorischen Museums aufbewahrt (vgl. FILLITZ, Weltliche und Geistliche Schatzkammer, S. 113 f.).

118 Diesen Beständen verdankt das Wiener Kunsthistorische Museum, speziell aber dessen Kunstkammer, seinen weltweit hervorragenden Rang (vgl. FILLITZ, Katalog der Schatzkammer, S. 3 ff.; ders., Weltliche und Geistliche Schatzkammer, S. 111 f.).

119 So zum Beispiel 1648, als schwedische Truppen Teile von Prag besetzten. Doch auch unverantwortliche Verkäufe im 18. Jahrhundert verringerten den in Prag übrig gebliebenen Bestand (vgl. KUGLER, Rudolf II., S. 14).

120 Etwa von Ferdinand II., Karl VI. (um 1718, 1723 und 1737) und Franz Joseph I. (vgl. Bericht über die Generalinventur vom Jahre 1875 und über die juristische Natur von vier einstigen Hof-Sammlungen vom 4. April 1919, S. 23 [AdR, St-Germain, Karton 13, Teilfasz. III/6]; Ziff. 2 der Anlage IV. zu Art. 195 St-Germain; vgl. ferner PROTT/O'KEEFE, S. 805).

121 Zur eigenen Sammlung von Erzherzog Leopold Wilhelm vgl. hinten S. 34.

122 Vgl. auch Bericht über die Generalinventur vom Jahre 1875 und über die juristische Natur von vier einstigen Hof-Sammlungen vom 4. April 1919, S. 23 (AdR, St-Germain, Karton 13, Teilfasz. III/6). Zur Rudolfinischen Bildersammlung gehörten Werke der italienischen

3. Verbringungen während des Ersten Weltkriegs

Die Gebiete der Tschechoslowakei blieben von direkten Kriegseinwirkungen verschont, mit der Folge, dass aus diesen Gebieten während des Krieges kaum Kulturgüter nach Österreich verbracht wurden. Ausnahmen bildeten historisch oder künstlerisch wertvolle Glocken und Orgeln sowie aus Kupfer, Bronze, Messing oder Zinn verarbeitete Gegenstände, die im Rahmen der allgemeinen Metallrequisition zwecks Herstellung von Kriegsmaterial nach Österreich gebracht wurden.[123]

III. Verbringung von Kulturgütern aus Ungarn

Wie mit den Ländern Böhmens bestand zwischen Österreich und Ungarn ebenfalls eine lange politische und kulturelle Verbundenheit, die auch einen Austausch von Kulturgütern bedeutete.

1. Dynastisch-territoriale Verbindungen

Der politische Zusammenschluss geht auf das Jahr 1526 zurück, als den österreichischen Habsburgern die Länder der ungarischen Krone zufielen.[124] Seither blieben Österreich und Ungarn in verfassungsmässig unterschiedlichen Konstellationen unter der Herrschaft des Hauses Habsburg vereinigt.[125]

2. Verbringungen von Kulturgütern

Ein wichtiges Beispiel von nach Österreich verbrachten Kulturgütern stellt die Stephanskrone dar, die sich seit 1551 bei den Habsburgern, die seither auch die

---

Renaissancemaler sowie der niederländischen und der deutschen Künstler des 16. Jahrhunderts, die sich heute in der Gemäldegalerie des Kunsthistorischen Museums in Wien befinden. Auch Stücke der Antikensammlung des Kunsthistorischen Museums wie etwa die Gemma Augustea gehen auf die Rudolfinischen Sammlungen zurück (vgl. KUGLER, Rudolf II., S. 14).

[123] Allein in Mähren (Olmütz und Brünn) wurden von insgesamt 1088 Orgeln bloss 140 Stück wegen ihres kunsthistorischen oder musikalischen Wertes von der Beschlagnahmung verschont (dazu und zur Metallbeschlagnahmung in Österreich vgl. v. SCHUBERT-SOLDERN, Metallbeschlagnahme in Österreich, S. 215 ff.). Vgl. ferner HENSE, S. 230 ff.

[124] Das Königreich Ungarn fiel zu diesem Zeitpunkt mit Oberungarn (Slowakei) und Westungarn (Burgenland), Kroatien und Slawonien nur teilweise an Österreich. Erst nach endgültiger Zurückdrängung der Türken konnten die Habsburger Ende des 17. Jahrhunderts auch die Herrschaft über Ostungarn und Siebenbürgen dazu gewinnen (vgl. KÜPPER, S. 301, 305; BALTL/KOCHER, S. 130 f.; HOKE, S. 196 f.; HELLBLING, Österreichische Verfassungs- und Verwaltungsgeschichte, S. 214 ff.; VEROSTA, S. 207 ff.).

[125] Vgl. hierzu KÜPPER, S. 303 ff.; ausführlich RADVÁNSZKY, S. 59 ff., 81 ff. Vgl. auch oben S. 14 ff.).

ungarischen Könige stellten, befand.[126] Sie wurde auf Befehl von Joseph II. in die Wiener Schatzkammer überführt.[127] Daneben wurden offenbar weniger Kunstwerke, sondern vor allem Akten und Archive aus Ungarn nach Wien verbracht.[128]

IV. Verbringung von Kulturgütern aus Italien

Die einmalige kulturelle Bedeutung Italiens hat auch das Interesse kunstsinniger Habsburgerherrscher geweckt. Besonders enge Kontakte bestanden ab dem 18. Jahrhundert, als italienische Gebiete der österreichischen Monarchie zugehörig waren bzw. von Habsburgern regiert wurden. In dieser Zeit wurden zahlreiche Kulturgüter aus Italien für Wien erworben.[129]

1. Dynastisch-territoriale Verbindungen

Die österreichisch-habsburgische Hausmacht kam im Jahre 1714 in den Besitz der italienischen Gebiete Mailand, Mantua, Neapel und Sardinien.[130] Sardinien wurde 1720 mit Sizilien getauscht und musste zusammen mit Neapel bereits 1735 wieder abgetreten werden.[131] Als Entschädigung für diese Gebietsverluste erhielt Österreich Parma zugesprochen.[132]

---

[126] 1945 wurde sie in Mattsee den amerikanischen Truppen übergeben und dann in die USA gebracht. 1978 wurde sie an Ungarn zurückgestellt (vgl. DEÉR, S. 28 f.). Die ursprüngliche Stephanskrone, mit der 1001 der heilige Stephan zum ersten König von Ungarn gekrönt wurde, ist seit 1279 verschollen (vgl. DEÉR, S. 266).

[127] Vgl. BALTL/KOCHER, S. 171.

[128] Vgl. die Klagebeantwortung der österreichischen Regierung an das Hohe Schiedsgericht in Lausanne auf die Klageschrift der königlich-ungarischen Regierung, in welcher die königlich-ungarische Regierung «ihre aus der vermögensrechtlichen Liquidation der österreichisch-ungarischen Monarchie sich ergebenden Ansprüche geltend macht» (Wien, 18. April 1931), S. 171 (AdR, St-Germain, Karton 26, Rechtsschriften der österreichischen Bundesregierung). Zum Schiedsgerichtsverfahren zwischen Österreich und Ungarn vgl. hinten bei Fn. 823.

[129] Vgl. RAINER, Rückführung italienischer Kulturgüter, S. 105.

[130] Bis zu ihrem Aussterben im Jahre 1700 gehörten diese Gebiete den spanischen Habsburgern. Im danach folgenden Spanischen Erbfolgekrieg kämpften die österreichischen Habsburger gegen die Bourbonen um das spanische Erbe mitsamt den italienischen und niederländischen Besitztümern. Im Frieden von Rastatt (1714) verzichteten die österreichischen Habsburger auf Spanien und dessen Kolonien, erhielten dafür u.a. die bezeichneten italienischen Gebiete zugesprochen (vgl. dazu BALTL/KOCHER, S. 131; HOKE, S. 223 f.; HELLBLING, Österreichische Verfassungs- und Verwaltungsgeschichte, S. 273 ff.; ERBE, S. 125 ff.).

[131] Vgl. HOKE, S. 224; LEHNER, Verfassungs- und Verwaltungsgeschichte, S. 119.

[132] Vgl. BALTL/KOCHER, S. 160.

Das Grossherzogtum Toskana gehörte den Habsburgern ab 1738 und wurde 1765 zu einer Sekundogenitur.[133] Das Herzogtum Modena wurde im Jahr 1771 zu einer habsburgischen Tertiogenitur.[134] Österreichs Kriege gegen Frankreich von 1792 bis 1814 führten vorübergehend zu grossen territorialen Verlusten des Hauses Habsburg in Italien,[135] jedoch wurde nach der Niederlage Napoleons anlässlich des Wiener Kongresses 1814/15 die Ordnung, wie sie 1805 bestanden hatte, weitgehend wieder hergestellt.[136]

Alle genannten Herrschaftsgebiete verlor Österreich bzw. das Haus Habsburg jedoch Mitte des 19. Jahrhunderts endgültig.[137] Es handelte sich durchgehend um Länder, die ohne geographischen oder ethnischen Zusammenhang mit Österreich nur auf Grund des der Zeit eigenen dynastischen Sammelprinzips erworben worden waren.[138]

---

[133] Die Toskana wurde dem zweitältesten Sohn von Maria Theresia, Leopold, übertragen (vgl. Hellbling, Österreichische Verfassungs- und Verwaltungsgeschichte, S. 286). Zu den Habsburgern in Italien im 19. Jahrhundert vgl. Erbe, S. 217 ff.

[134] Der drittälteste Sohn von Maria Theresia, Ferdinand, heiratete die Erbtochter des Hauses Este, Maria Beatrice (vgl. Hellbling, Österreichische Verfassungs- und Verwaltungsgeschichte, S. 286).

[135] Im Frieden von Campo Formio (auch Campoformido) im Jahre 1797 musste Österreich u.a. Mailand, Modena und Mantua abtreten und erhielt dafür Teile der Republik Venetien mit Istrien und Dalmatien. Die im Austausch neu erworbenen Gebiete mussten aber schon 1805 im Frieden von Pressburg (Bratislava) wieder abgetreten werden. Im Frieden von Schönbrunn (1809) schliesslich verlor Österreich u.a. die Gebiete von Görz und Triest. Vgl. hierzu Baltl/Kocher, S. 160 ff.; Hellbling, Österreichische Verfassungs- und Verwaltungsgeschichte, S. 323 f.; Taddey, Lexikon der Deutschen Geschichte, S. 197, 998, 1134 f.

[136] Vgl. hierzu Baltl/Kocher, S. 160 ff.; Hellbling, Österreichische Verfassungs- und Verwaltungsgeschichte, S. 323 f.; Brauneder, S. 80 f.; Hoke, S. 307 ff. Mailand wurde mit anderen norditalienischen Gebieten zum Lombardo-Venezianischen Königreich zusammengeschlossen (vgl. Erbe, S. 181; Taddey, Lexikon der Deutschen Geschichte, S. 794).

[137] Neben Parma im Jahre 1847 gingen dem Haus Habsburg auch seine anderen italienischen Nebenlinien in Modena und in der Toskana verloren. Auslöser dafür waren die militärischen Niederlagen gegen Frankreich im Jahr 1859, die zum Verlust der Lombardei an das Königreich Sardinien führten (Vorfrieden von Villafranca vom 11. Juli 1859 und Friede von Zürich vom 10. November 1859). Vgl. dazu Hellbling, Österreichische Verfassungs- und Verwaltungsgeschichte, S. 345 f.; Walter/Mayer, S. 16 Rz. 35. Schliesslich unterlag Österreich 1866 im Zweifrontenkrieg gegen den Rivalen Preussen sowie gegen Italien, worauf es auch Venetien an Italien übergeben musste (Frieden von Wien vom 3. Oktober 1866). Vgl. hierzu Baltl/Kocher, S. 206, 211 f.; Walter/Mayer, S. 19 Rz. 45. In der Zwischenzeit erfolgte die Gründung des italienischen Königreichs (1861), allerdings noch ohne Venetien und den Kirchenstaat, die erst 1866 bzw. 1870 dazu kamen (vgl. Baltl/Kocher, S. 206; Hoke, S. 366; Hellbling, Österreichische Verfassungs- und Verwaltungsgeschichte, S. 345 f.; Erbe, S. 208 f.).

[138] Vgl. Baltl/Kocher, S. 131. Die Bevölkerung dieser Gebiete stand Österreich vielfach ablehnend gegenüber, was letztere zu Unruheherden und Ansatzpunkten nationalistischer Bewegungen machte. Zu Österreich und der Revolution 1848/49 vgl. Baltl/Kocher, S. 195 ff.; Funk, S. 54 f.

Anders verhielt es sich jedoch bei einigen Territorien, die Italien erst im Zuge des Zerfalls der österreichisch-ungarischen Monarchie zufielen.[139] Das deutschsprachige Südtirol beispielsweise war wesentlicher Bestandteil der Gefürsteten Grafschaft Tirol, die ihrerseits 1363 habsburgisch geworden und seither in die österreichische Monarchie integriert war. Lediglich die im Kronland Tirol gelegenen Reichsbistümer Brixen und Trient gehörten erst seit der Aufgabe der geistlichen Fürstentümer 1803 zur österreichischen Monarchie.[140] Auch das an Italien abgetretene sog. Küstenland, das Görz, Triest und die Markgrafschaft Istrien vereinigte, war über Jahrhunderte lang mit der österreichischen Monarchie verbunden.[141]

2. Verbringungen vor dem Ersten Weltkrieg

Als Österreich mit italienischen Gebieten dynastisch verbunden war, wurden zahlreiche Kulturgüter aus Italien für Wien erworben.[142] Im Jahr 1718 wurden beispielsweise dem habsburgischen Kaiser Karl VI., der gleichzeitig König von Neapel war, mehr oder minder freiwillig 97 wertvolle Handschriften aus neapolitanischen Klöstern überlassen, die anschliessend nach Wien verbracht wurden.[143]

Ein Bildertausch zwischen Wien und Venedig, der Lücken an beiden Orten schliessen sollte, brachte 1816 aus der venezianischen Akademie und einem Bil-

---

[139] Zur Abtretung gemäss Friedensvertrag von St-Germain vgl. hinten S. 64 ff.

[140] Im Wiener Kongress 1814/15 wurde die Zugehörigkeit Tirols wie auch der ehemaligen Bistümer zur österreichischen Monarchie bestätigt. Vgl. dazu Baltl/Kocher, S. 86 f., 160 f.; Hoke, S. 81 ff., 308 f. Der 1919 an Italien abgetretene Teil von Tirol teilte Italien in die Provinzen Trentino mit der Hauptstadt Trient und Südtirol mit der Hauptstadt Bozen (heute autonome Region Trentino-Südtirol).

[141] So war ein Teil von Istrien den österreichischen Habsburgern mittels Erbvertrag im Jahre 1374 zugefallen, die Stadt Triest hatte sich 1382 freiwillig der Habsburgerherrschaft unterworfen, und die Grafschaft Görz kam im Jahre 1500 auf Grund älterer Erbverträge an die Habsburger (vgl. Hellbling, Österreichische Verfassungs- und Verwaltungsgeschichte, S. 32 f.; Baltl/Kocher, S. 88; Zöllner, Perioden der österreichischen Geschichte, S. 63). Görz wurde 1754 mit Gradisca d'Isonzo zur Gefürsteten Grafschaft Görz-Gradisca vereinigt (vgl. Zöllner, Perioden der österreichischen Geschichte, S. 63). Im Gegensatz zum Südtirol waren die Gebiete des Küstenlands hauptsächlich italienischsprachig und strebten in der zweiten Hälfte des 19. Jahrhunderts eine Vereinigung mit dem neuen italienischen Staat an, die nach dem Zerfall Österreich-Ungarns erfüllt wurde.

[142] Vgl. Rainer, Rückführung italienischer Kulturgüter, S. 105.

[143] Vgl. Schreiben der Direktion der Hofbibliothek an das Staatsamt für Äusseres vom 15. März 1919, S. 5 ff. (AdR, St-Germain, Karton 13, Teilfasz. von III/6); Tietze, Entführung, S. 30 ff. und die Auflistung auf S. 47 ff.

derdepot vierzehn Gemälde nach Wien.[144] Rund zwanzig Jahre später (1838) wurden nochmals ca. 140 Gemälde aus Venedig nach Wien gebracht.[145] Diese waren unter der französischen Herrschaft mit anderen Kunstschätzen in riesigen Depots in Venedig angehäuft worden und stammten aus privaten Palästen, Schulen, Klöstern und Kirchen, die Napoleon Ende 18. und Anfang 19. Jahrhundert aufgehoben hatte. Aus dem Privatbesitz des Erzherzogs von Toskana, Ferdinand III. (1769–1824), kamen im Jahre 1800 175 Bilder über Ferrara nach Wien.[146]

Als der Habsburger Franz V. 1859 aus Modena fliehen musste, nahm er die kostbarsten Kunstschätze mit, die Este-Kollektion.[147]

Zu den Kulturgütern, die von Italien nach Österreich gelangten, gehörten auch Archive. So traf im Jahr 1805 das venetianische Archiv fast vollständig im Wiener Haus-, Hof- und Staatsarchiv ein.[148]

Aus den Gebieten, die erst nach dem Ersten Weltkrieg an Italien abgetreten wurden und kulturell enger mit Österreich verbunden waren, sind ebenfalls einige Kulturgüter nach Österreich und Wien verbracht worden. Beispielsweise sind die 45 Handschriften anzuführen, die 1806 aus der fürstbischöflichen Bibliothek in Trient im Südtirol in die Wiener Hofbibliothek[149] gelangten, darunter sechs Musikkodizes, ein Purpurevangeliar aus dem 5. Jahrhundert und ein Sakramentar aus dem 10. Jahrhundert mit Elfenbeinband aus dem 9. Jahrhundert.[150] Ein Bild von Alvise Vivarini, das Kaiser Franz II. in der kaiserlichen Gemäldegalerie

---

144 Bildersendung von 1816. Nachdem Venedig 1815 an Österreich abgetreten worden und Teil des neuen Königreiches Lombardo-Venetien war, wurden die 14 Gemälde in das Belvedere in Wien gebracht, von wo sie 1890 in das Kunsthistorische Hofmuseum gelangten (vgl. Tietze, Entführung, S. 20 ff.).

145 Bildersendung von 1838. Mit dieser zweiten Bildersendung gelangten rund 51 Gemälde von Venedig erneut ins Belvedere und dann 1890 in die kaiserliche Gemäldegalerie. Weitere 89 Bilder wurden der Akademie der bildenden Künste in Wien geschenkt (vgl. dazu den Bericht des Direktors der Gemäldegalerie Wien, Gustav Glück (AdR, St-Germain, Karton 13, Fasz. III/6, Beil. zu Prot. Nr. 459); Ludwig, S. I; Tietze, Entführung, S. 22 ff. und die Auflistung auf S. 41 ff.).

146 Vgl. Bericht über die Generalinventur vom Jahre 1875 und über die juristische Natur von vier einstigen Hof-Sammlungen vom 4. April 1919, S. 24 (AdR, St-Germain, Karton 13, Teilfasz. von III/6).

147 Vgl. den Bericht des österreichischen Staatsamtes für Inneres und Unterricht über die neuerlichen Forderungen der italienischen Waffenstillstandskommission an deutschösterreichischem Kunstbesitz, undatiert, S. 33 (AdR, St-Germain, Karton 13, Fasz. III/6, Prot. Nr. 780). Zu den italienischen Ansprüchen auf die estensischen Sammlungen vgl. auch Hefel, S. 7 ff. Zur Linie Österreich-Este vgl. Bocchi, S. 27 f., und vorne Fn. 134.

148 Vgl. Fitschen, Rechtliches Schicksal, S. 70.

149 Heute Österreichische Nationalbibliothek.

150 Vgl. hierzu Tietze, Entführung, S. 38 f.

aufstellte, kam im Jahre 1802 aus der Kirche San Bernardino bei Pirano.[151] Weiter wurden antike Funde aus Aquileia[152] nach Wien verkauft, wie etwa 1878 Wandmalereien, oder verschenkt, so z.B. 1890 der Kopf einer weiblichen pantheistischen Gottheit, 1889 das Relief Mithras.[153] Ein 1860 in Pola entdeckter frühchristlicher Reliquienbehälter gelangte 1888 nach Wien.

3. Verbringungen während des Ersten Weltkriegs

Nebst der Tatsache, dass vor allem in frontnahen Gebieten Kulturgüter sowohl auf österreichischer als auch auf italienischer Seite durch Kriegseinwirkungen beschädigt oder zerstört wurden,[154] wurden während des Ersten Weltkrieges auch zahlreiche Kulturgüter von ihrem ursprünglichen Aufbewahrungsort weggebracht.[155] Besonders nach der italienischen Kriegserklärung im Mai 1915 gelangten unzählige Kulturgüter aus Gebieten der österreichischen Monarchie, die

---

[151] Vgl. Bericht des österreichischen Staatsamtes für Inneres und Unterricht über die neuerlichen Forderungen der italienischen Waffenstillstandskommission an deutschösterreichischem Kunstbesitz, undatiert, S. 10 (AdR, St-Germain, Karton 13, Fasz. III/6, Beil. zu Prot. Nr. 780). Das Gebiet um Pirano ging nach dem Zweiten Weltkrieg an Jugoslawien. Heute gehört die Stadt Piran/Pirano zu Slowenien.

[152] Die Stadt gehörte damals zur gefürsteten Grafschaft Görz und Gradisca, heute gehört sie zur italienischen Provinz Udine.

[153] Vgl. Bericht des österreichischen Staatsamtes für Inneres und Unterricht über die neuerlichen Forderungen der italienischen Waffenstillstandskommission an deutschösterreichischem Kunstbesitz, undatiert, S. 13 (AdR, St-Germain, Karton 13, Fasz. III/6, Beil. zu Prot. Nr. 780).

[154] Insgesamt waren die Schäden in diesen Gebieten jedoch verhältnismässig gering (vgl. Bericht des österreichischen Staatsamtes für Inneres und Unterricht über die neuerlichen Forderungen der italienischen Waffenstillstandskommission an deutschösterreichischem Kunstbesitz, undatiert, S. 25 [AdR, St-Germain, Karton 13, Fasz. III/6, Prot. Nr. 780]). Vgl. auch Tietze, Österreichischer Kunstschutz, S. 52; Dvořák, S. 9, demzufolge es dem österreichischen Kunstschutz zu verhindern gelang, dass wirklich wichtige Kulturgüter in den besetzten Gebieten Italiens durch den Krieg zerstört wurden. Aus ihrer Entstehungssituation heraus – es dürfte sich um Verteidigungsschriften im Zusammenhang mit der Kriegsschuldfrage handeln – sind die für diese Zeit zur Verfügung stehenden Quellen teilweise propagandistisch gefärbt (vgl. insbesondere die von Paul Clemen herausgegebenen Bände «Kunstschutz im Kriege, Berichte über den Zustand der Kunstdenkmäler auf den verschiedenen Kriegsschauplätzen und über die deutschen und österreichischen Massnahmen zu ihrer Erhaltung, Rettung, Erforschung»). Zu schwerwiegenden Zerstörungen von Kulturgütern kam es im Ersten Weltkrieg vor allem in Nordwesteuropa (vgl. Buhse, S. 13 ff.; Jenschke, S. 137 f.). Anders Gornig, S. 34, wonach der Erste Weltkrieg Kulturgüter weitestgehend verschont liess.

[155] Vgl. Rainer, Rückführung italienischer Kulturgüter, S. 108 f. Allerdings fanden im Ersten Weltkrieg deutlich weniger systematische Raubzüge oder Plünderungen von Kulturgütern statt als in den Kriegen von Napoleon I. oder im Zweiten Weltkrieg (vgl. hierzu Buhse, S. 18 Fn. 66; Engstler, S. 122 Fn. 34; Hartung, S. 20; Fitschen, Rechtliches Schicksal, S. 107, wonach systematische Aktenbeschlagnahmungen grösseren Umfangs ausgeblieben sind).

nach Ende des Krieges an Italien abgetreten werden mussten, wie etwa Görz-Gradisca, Triest, Istrien und Südtirol, nach Wien.[156] Sie wurden entweder vor Ort, im Hinterland oder in entfernteren Städten wie Wien, Linz, Salzburg, Innsbruck und Graz in Sicherheit gebracht.[157] Beispielsweise gelangten die im südtirolischen Rovereto, Riva und Arco gelegenen Kulturgüter nach Innsbruck. Die sieben niederländischen, im fürstbischöflichen Diözesanmuseum von Trient (Südtirol) beherbergten Gobelins (Wandteppiche) wurden hingegen in ein lokales geheimes, feuer- und bombensicheres Doppelgewölbe gebracht, weil ihr ursprünglich geplanter Abtransport ins österreichische Hinterland nicht durchgeführt werden konnte.[158] Aus dem Landesmuseum Görz wurden über 1000 Pergamenturkunden nach Wien gebracht. In Aquileia wurden die wertvollsten archäologischen Objekte des Staatsmuseums, wie Goldmünzen, Gemmen, Juwelen und Bernstein, schon in den Ostertagen 1915 verpackt und nach Wien gebracht.[159]

Nicht nur aus den Gebieten der ehemaligen österreichischen Monarchie wurden während des Krieges Kulturgüter nach Österreich verlegt, sondern auch aus italienischen Gebieten, die während der kriegerischen Auseinandersetzungen von österreichisch-ungarischen Truppen besetzt waren. Dabei handelte es sich insbesondere um Gebiete der heutigen Provinzen Udine und Pordenone (Region Friaul-Julisch Venetien/Friuli-Venezia Giulia), Belluno, Treviso und Venedig/Venezia (alle Region Venetien/Veneto).[160] Die österreichischen Behörden ent-

---

[156] Die Bergung der mobilen Kunstwerke war eine von verschiedenen Massnahmen, die die österreichische Denkmalpflege im eigenen Land vorzunehmen hatte (Dvořák, S. 1 f.). Zu den denkmalschützerischen Massnahmen im Isonzogebiet (Gefürstete Grafschaft Görz-Gradisca) und Südtirol vgl. die Aufsätze der Landeskonservatoren Gnirs, S. 11 ff., und von Wieser, S. 23 ff.

[157] Vgl. von Wieser, S. 33. Vgl. auch das allgemeine Programm des österreichischen Denkmalschutzdienstes an der Südwestfront, wonach bewegliche Denkmäler mit Kunst- und Alterswert des kirchlichen wie profanen öffentlichen Besitzes eingesammelt, in die Bergungsstelle Laibach gebracht, dort verpackt und nach Wien und Graz geschickt wurden. In den dortigen Zentralbergestellen wurden die Objekte wiederum ausgepackt und der musealen Verwahrung übergeben. Nur ein kleiner Teil des geborgenen Materials verblieb bis zum Kriegsende bei der Bergestelle im Krainischen Landesmuseum Laibach (vgl. Gnirs, S. 13 und 15 f.). Laibach war die damalige deutsche Bezeichnung für die heutige Hauptstadt Sloweniens, Ljubljana, die nach dem Krieg Jugoslawien zugeschlagen wurde. Kulturgüter aus Italien gelangten aber auch in deutsche Museen, wie der Italiener Gerola, S. 4, am Beispiel von Trient zeigt.

[158] Vgl. dazu von Wieser, S. 23.

[159] Vgl. Gnirs, S. 12.

[160] Vgl. Promemoria über die italienischen Forderungen an österreichischen und deutschen Kunstbesitz von Hans Tietze, II. Vorstand des Kunsthistorischen Institutes des Staatsdenkmalamts, vom 28. Januar 1919, S. 4 f. (AdR, St-Germain, Karton 13, Fasz. III/6, Beil. zu Prot. Nr. 459, Z. 154).

sandten eine Kommission aus Sachverständigen in die besetzten Gebiete, um dort den Schutz der Kulturgüter zu gewährleisten.[161] Wenn auch viele und vielleicht die wertvollsten Kulturgüter zu diesem Zeitpunkt von den italienischen Behörden bereits in südlichere Gebiete in Sicherheit gebracht worden waren,[162] wurden gleichwohl zahlreiche Kulturgüter nach Österreich gebracht.[163] Als Beispiel für aus besetzten Gebieten nach Wien verbrachte Kulturgüter sei das Altarbild von Giovanni Antonio Pordenone in der Kirche San Leonardo von Moriago (in Treviso beim Piave) genannt. Die Kirche wurde zerstört, doch konnte das Kunstwerk in der Biblioteca Communale von Udine in Sicherheit gebracht werden. Nicht bekannt ist, weshalb und wann es nach Wien gelangte.[164] Ebenso wurde ein Altarbild von Tiepolo aus der Purità-Kirche in Udine in das Heeresmuseum nach Wien gebracht.[165] Aus Belluno wurden insgesamt 512 Kisten mit Bibliotheksbeständen weggebracht.[166]

Neben diesen offiziellen Kulturgütertransporten nach Österreich wurden aber auch viele Kulturgegenstände aus den besetzten Gebieten durch österreichisch-

---

[161] Die Kommission arbeitete eng mit der ebenfalls vor Ort tätigen und zum gleichen Zwecke entsandten deutschen Kunsttruppe zusammen (vgl. Tietze, Österreichischer Kunstschutz, S. 50). Zum deutschen Kunstschutz in Italien allgemein vgl. Mannowsky, S. 39 ff. Zu den österreichischen Massnahmen, die zum Schutz der Kulturgüter im besetzten Gebiet getroffen wurden, vgl. Bericht des österreichischen Staatsamtes für Inneres und Unterricht über die neuerlichen Forderungen der italienischen Waffenstillstandskommission an deutschösterreichischem Kunstbesitz, undatiert, S. 26 ff. (AdR, St-Germain, Karton 13, Fasz. III/6, Prot. Nr. 780) sowie Tietze, Österreichischer Kunstschutz, S. 50 ff.

[162] Vgl. Tietze, Österreichischer Kunstschutz, S. 52, und Mannowsky, S. 40 und 44.

[163] Grundsätzlich galt die vom Heeresgruppenkommando erlassene Instruktion, wonach Denkmäler der Kunst und Wissenschaft ohne schriftlichen Befehl des Heeresgruppenkommandos aus dem besetzten Gebiete nicht entfernt werden durften (abgedruckt in: Bericht des österreichischen Staatsamtes für Inneres und Unterricht über die neuerlichen Forderungen der italienischen Waffenstillstandskommission an deutschösterreichischem Kunstbesitz, undatiert, S. 27 f. [AdR, St-Germain, Karton 13, Fasz. III/6, Prot. Nr. 780] und bei Dvořák, S. 7 f.). Zu den Verordnungen betreffend Ausfuhr- und Verkaufsverbot vgl. Tietze, Österreichischer Kunstschutz, S. 57. Offenbar wurde aber von diesem Grundsatz abgewichen, wo Objekte als Faustpfand für die aus dem österreichischen Gebiet von den Italienern mitgeführten Kunstgegenstände dienen sollten. Auch wurden im Rahmen der allgemeinen Metallrequisition in Italien Kirchenglocken offiziell eingesammelt, um sie nach Österreich in die Schmelze zu bringen. Schliesslich wurden Kulturgüter auch zum Zweck des wissenschaftlichen Studiums nach Wien gebracht (vgl. dazu Tietze, Österreichischer Kunstschutz, S. 61 ff.).

[164] Bekannt ist, dass das Altarbild nach Anweisung des österreichischen Kunstsachverständigen Prof. Thomaset von deutschen Artilleristen geborgen wurde (vgl. Tietze, Österreichischer Kunstschutz, S. 60; Mannowsky, S. 43).

[165] Gemäss Tietze, Österreichischer Kunstschutz, S. 62, wurde dieses Bild nicht aus Sicherheitsgründen nach Österreich gebracht, sondern diente als Faustpfand für die von den Italienern aus österreichischem Gebiet mitgeführten Kunstgegenstände.

[166] Vgl. Rainer, Rückführung italienischer Kulturgüter, S. 108 f.

ungarische Armeeangehörige geplündert und verschleppt, wie der Landeskonservator des Südtirols, von Wieser, einräumt.[167]

V. Verbringung von Kulturgütern aus Belgien

1. Dynastisch-territoriale Verbindungen

Mit den spanischen Besitztümern erwarb das Haus Habsburg zu Beginn des 16. Jahrhunderts auch die niederländischen Territorien. Vorerst waren die niederländischen Gebiete den spanischen Habsburgern zugeteilt (sog. Spanische Niederlande) und umfassten die heutigen Staaten Belgien und Luxemburg.[168] Nach dem Aussterben der spanischen Linie der Habsburger im Jahre 1700 und dem anschliessenden Spanischen Erbfolgekrieg[169] fielen 1714 neben den italienischen Gebieten auch die Spanischen Niederlande an die österreichische Linie des Habsburgerhauses.[170] Das nunmehr mit Österreichische Niederlande benannte Gebiet musste dann 1797 den französischen Revolutionstruppen überlassen werden.[171]

2. Verbringungen von Kulturgütern

In den Österreichischen Niederlanden gelang den künstlerisch versierten Habsburgerherrschern der Aufbau von bedeutenden Kunstsammlungen, die teilweise nach Wien gebracht wurden.[172] Allen voran sei Erzherzog Leopold Wilhelm (1614–1662) genannt, der während seiner Amtszeit als Statthalter der Spanischen Niederlande (1646–56) mit Unterstützung durch seinen flämischen Hof-

---

[167] Von Wieser, S. 38. Vgl. Tietze, Österreichischer Kunstschutz, S. 51, der die schwer erschütterte Disziplin der Armee auf die wirtschaftliche Notlage zurückführt.

[168] Gemäss den Verträgen zu Worms und Brüssel von 1521/22 erhielt der Sohn von Karl V., Philipp II., die spanischen Länder samt den amerikanischen Kolonien und den Niederlanden. Ferdinand I., der jüngere Bruder von Karl V., erbte neben der Reichskrone auch die österreichischen Länder (Erzherzogtum Österreich [Land ob und unter der Enns], die Herzogtümer Steiermark, Kärnten und Krain, die Grafschaften Görz und Tirol sowie Vorderösterreich). Als Kaiser Karl V. im Jahr 1556 abdankte, wurde die Teilung der Habsburgerherrschaften in die unabhängigen Linien der spanischen und österreichischen Habsburger vollzogen (vgl. Hellbling, Österreichische Verfassungs- und Verwaltungsgeschichte, S. 273; Zöllner, Perioden der österreichischen Geschichte, S. 68).

[169] Darin kämpfte die österreichische Linie der Habsburger gegen Frankreich um das spanische Erbe (vgl. Hellbling, Österreichische Verfassungs- und Verwaltungsgeschichte, S. 274).

[170] Vgl. Frieden von Utrecht (1713) und Rastatt (1714). Spanien selber fiel an die Bourbonen (vgl. Hellbling, Österreichische Verfassungs- und Verwaltungsgeschichte, S. 273 f.; Hoke, S. 223 f.).

[171] Friede von Campoformio (vgl. Baltl/Kocher, S. 160).

[172] Vgl. hierzu Wandruszka, S. 135; Klauner, S. IX f.

maler und Galeriedirektor David Teniers rund 1400 Gemälde, vorwiegend venezianische Malerei der Renaissance (u.a. Tizian, Veronese, Tintoretto) sowie Hauptwerke flämischer Meister des 15. bis 17. Jahrhunderts (u.a. Van Eyck, Brueghel, Rubens und Van Dyck), daneben Skulpturen, Bronzen und Tapisserien erwarb.[173] Nach Ende seiner politischen Laufbahn 1656 verliess er Brüssel und nahm die Kunstwerke mit nach Wien. Er vererbte sie Kaiser Leopold I. (1640–1705), wodurch sie in kaiserlichen Besitz kamen und bis heute den Grundstock der Gemäldegalerie des Kunsthistorischen Museums bilden.[174]

VI. Verbringung von Kulturgütern aus Jugoslawien, Polen und Rumänien

1. Dynastisch-territoriale Verbindungen

Das Königreich Serbien, Kroatien und Slowenien (nachfolgend Jugoslawien genannt) wurde im Zuge der Auflösung der österreichisch-ungarischen Monarchie 1918 gegründet und setzte sich hauptsächlich aus Serbien, Montenegro und den österreichisch-ungarischen Ländern Kroatien, Slawonien, Dalmatien, Bosnien und Herzegowina zusammen.[175]

Während das Königreich Serbien weder den österreichischen Erbländern angehörte, noch von den Habsburgern je beherrscht worden war,[176] stand das mit Ungarn verbundene Königreich Kroatien seit 1526 unter Habsburgerherrschaft und gehörte nach dem Ausgleich mit Ungarn 1867 zu den Ländern der ungarischen Krone (Transleithanien).[177] Wie die Slowakei ist auch Slowenien als Staat

---

[173] Leopold Wilhelm profitierte auch vom Zusammenbruch der englischen Monarchie und von der Konfiszierung und Versteigerung von namhaften Kunstobjekten (vgl. PROHASKA, S. 11).

[174] Vgl. PROHASKA, S. 11; SCHÜTZ, Gemäldegalerie, S. 53. Kaiser Leopold I. überführte die Bilder in die Gemäldesammlung des Kunsthistorischen Hofmuseums in Wien (vgl. Bericht über die Generalinventur vom Jahre 1875 und über die juristische Natur von vier einstigen Hof-Sammlungen, S. 23 [AdR, St-Germain, Karton 13, Teilfasz. III/6]). Das Kunsthistorische Hofmuseum wurde nach dem Ersten Weltkrieg in Kunsthistorisches Museum umbenannt, wie es bis heute heisst.

[175] Offiziell abgekürzt als SHS-Staat (vgl. VERDROSS, S. 479 Fn. 1). Am 3. Oktober 1929 wurde das Königreich in Jugoslawien umbenannt (vgl. HIRSCHFELD, S. 836). Zur Entstehung von Jugoslawien vgl. hinten S. 45.

[176] Serbien wurde 1526 dem osmanischen Reich einverleibt, bis es ab 1817 etappenweise und 1878 völlige Unabhängigkeit erlangte. Im Jahr 1882 wurde Serbien zum Königreich (vgl. KÜPPER, S. 388 f.).

[177] Das Königreich Kroatien setzte sich historisch aus Kroatien, Slawonien und Dalmatien zusammen. Davon erlangten die Habsburger 1526 jedoch nur einen Teil; das übrige Gebiet stand unter türkischer Oberhoheit. Es fiel erst nach den gewonnenen Türkenkriegen 1699 an die Habsburger und wurde nach dem Ausgleich mit Ungarn 1867 den Ländern der Stephanskrone zugeteilt (vgl. KÜPPER, S. 323, 329). Dalmatien wurde schon im 15. Jahrhun-

ohne historische Vorläufer und war bis 1918 auf die österreichischen Herzogtümer Kärnten, Steiermark und Krain aufgeteilt.[178] Bosnien-Herzegowina, das seit dem 15. Jahrhundert dem osmanischen Reich einverleibt war, wurde 1878 durch Österreich-Ungarn besetzt und 1908 schliesslich von der österreichisch-ungarischen Monarchie annektiert.[179]

Polen wurde im Rahmen der ersten Teilung 1772 auf Preussen, Russland und Österreich aufgeteilt.[180] Einige der erworbenen Gebiete vereinte Österreich mit dem Königreich Ungarn, andere wurden als «Königreich Galizien und Lodomerien» an Österreich angegliedert.[181] Nach der dritten Teilung Polens 1795 konnte Österreich das Gebiet von Galizien erheblich vergrössern,[182] musste diese Erwerbungen jedoch bereits 1809 wieder abtreten.[183] Der unabhängige Freistaat Krakau stand seit 1815 unter dem Schutz Russlands, Österreichs und Preussens, bis er im Jahre 1846 Österreich zugeschlagen wurde.[184]

---

dert zur Gänze an die Republik Venetien abgetreten und fiel mit dieser 1797 an die österreichische Monarchie. Seit dem Ausgleich mit Ungarn 1867 gehörte es, anders als Kroatien und Slawonien, der österreichischen Reichshälfte an. Zur Entwicklung der Staatlichkeit von Kroatien und Slawonien als ungarische Nebenländer vgl. Küpper, S. 320 ff.

[178] Eine Ausnahme bildete der äusserste Osten Sloweniens, der zum Königreich Ungarn gehörte und damit eine andere Entwicklung nahm (vgl. Küpper, S. 237 f.). Die Steiermark selber wurde zusammen mit Österreich seit 1282 von den Habsburgern beherrscht. Kärnten und Krain erwarb das Haus Habsburg im Jahr 1335 (vgl. Küpper, S. 239; Lehner, Verfassungs- und Verwaltungsgeschichte, S. 82 ff.; Hellbling, Österreichische Verfassungs- und Verwaltungsgeschichte, S. 28 ff.; Hoke, S. 76 ff., 83 f.). Zur Entwicklung der Staatlichkeit von Kärnten, Krain und Steiermark vgl. Küpper, S. 238 ff.

[179] Anlässlich des Berliner Kongresses 1878 erhielt Österreich-Ungarn neben dem Okkupationsrecht ein Verwaltungsmandat, das die Souveränitätsrechte der Türkei an Bosnien-Herzegowina nicht tangierte. Bosnien-Herzegowina wurde gemeinsames Verwaltungsgebiet Österreichs und Ungarns. Die Annexion 1908 führte zu grossen Spannungen mit der Türkei, aber auch mit Serbien und anderen Nachbarstaaten (vgl. Küpper, S. 388 f; Hellbling, Österreichische Verfassungs- und Verwaltungsgeschichte, S. 374).

[180] Zum ersten Teilungsvertrag vom 5. August 1772 zwischen Russland, Preussen und Österreich und den Teilungen Polens im Allgemeinen vgl. Rhode, S. 306 ff. und 312.

[181] Ungarisch wurden 13 Städte des Gebietes Zips, wogegen der südliche Teil Polens mit den Gebieten von Auschwitz, Zator und den westlichen Teilen Podoliens an Österreich gelangten (vgl. Baltl/Kocher, S. 160; Hellbling, Österreichische Verfassungs- und Verwaltungsgeschichte, S. 286). Nach dem Ende der napoleonischen Kriege wurde das Kronland in Königreich Galizien umbenannt und gehörte nach dem Ausgleich mit Ungarn 1867 zur österreichischen Reichshälfte (vgl. Küpper, S. 282). Heute gehört der östliche Teil Galiziens zur Ukraine.

[182] Vertrag vom 3. Januar/24. Oktober 1795 zwischen Österreich und Russland (vgl. Rhode, S. 325 f.).

[183] 1814/15 verzichtete Österreich endgültig auf diese Westgalizien genannten Gebiete und konnte dafür die Erwerbungen von 1772 mehrheitlich behalten (vgl. Hellbling, Österreichische Verfassungs- und Verwaltungsgeschichte, S. 324). Zur polnischen Frage auf dem Wiener Kongress vgl. Rhode, S. 338 ff.

[184] Vgl. Küpper, S. 289.

Die Gebiete der Bukowina und Siebenbürgen waren während langer Zeit in der österreichisch-ungarischen Monarchie eingebunden, bis sie nach dem Ersten Weltkrieg Rumänien zugeschlagen wurden.[185] Die Bukowina war der österreichischen Monarchie im Jahre 1775 von den Türken vertraglich übertragen worden und war vorerst mit dem Kronland Galizien vereinigt, bis es 1849 zu einem eigenen Kronland der österreichischen Monarchie wurde. Nach dem Ausgleich 1867 mit Ungarn wurde es der cisleithanischen (österreichischen) Reichshälfte zugeteilt.[186] Siebenbürgen wurde seit der dauernden Zurückdrängung der Türken Ende des 17. Jahrhunderts habsburgisch.[187]

2. Verbringungen vor dem Ersten Weltkrieg

Der Kulturgütertransfer aus diesen ehemaligen österreichisch-ungarischen Gebieten beinhaltet vor allem Antiken, wie der Helm mit Harigast-Inschrift aus der späten Hallstattkultur (5. Jh. v. Chr.), der 1811 im Gebiet von Slowenien gefunden worden war und heute in der Antikensammlung des Kunsthistorische Museum in Wien ausgestellt ist.[188]

Aus Gebieten, die nach dem Zerfall Rumänien zugeschlagen wurden, stammt z.B. der einzigartige Goldschatz von Nagyszentmiklós (heute Sînicolaul Mare, Rumänien)[189], der zu den prachtvollsten frühmittelalterlichen Ensembles gehört, die das Kunsthistorische Museum in Wien besitzt. Er wurde 1799 gefunden und besteht aus 23 Goldgefässen, die zusammen nahezu 10 Kilogramm wiegen. Im Gebiet der Bukowina wurde 1814 der bedeutende Silberschatz von Kuczurmare entdeckt, der heute ebenfalls in der Antikensammlung des Kunsthistorischen Museums ausgestellt ist.[190]

3. Verbringungen während des Ersten Weltkriegs

Grosse Teile Galiziens bildeten Kriegsschauplätze und waren mehrmals von russischen Truppen besetzt.[191] Gleich zu Beginn des Krieges wurden Massnah-

---

[185] Heute verteilt sich das Gebiet der Bukowina auf Rumänien und die Ukraine.

[186] Vgl. HELLBLING, Österreichische Verfassungs- und Verwaltungsgeschichte, S. 286; BALTL/KOCHER, S. 160; TADDEY, Lexikon der Deutschen Geschichte, S. 176.

[187] Vgl. BALTL/KOCHER, S. 131; KÜPPER, S. 301. Zu den andauernden Kämpfen um Siebenbürgen vgl. HELLBLING, Österreichische Verfassungs- und Verwaltungsgeschichte, S. 216 ff. Siebenbürgen war seit 1768 ein Grossfürstentum, bis es 1848 mit dem Königreich Ungarn vereinigt wurde (vgl. RADVÁNSZKY, S. 88, 99 f.).

[188] Antikensammlung des Kunsthistorischen Museums Wien (AS Inv.-Nr. VI 1660).

[189] Antikensammlung des Kunsthistorischen Museums Wien (AS Inv.-Nr. VII B 33).

[190] Antikensammlung des Kunsthistorischen Museums Wien (AS Inv.-Nr. VII A 95).

[191] Ausführlich zum Kriegsverlauf der österreichisch-ungarischen Armee in Galizien vgl. RAUCHENSTEINER, S. 66 ff.; v. SCHUBERT-SOLDERN, Kunstdenkmäler und Denkmalpflege, S. 133 f.

men zur Sicherung von Kunstwerken eingeleitet, wie etwa die Bergung von mobilen Kunstwerken. Dem war aufgrund des schnellen Kriegsverlaufs nur in Westgalizien Erfolg beschieden, während in Ostgalizien die Kunstwerke nicht mehr rechtzeitig in Sicherheit gebracht werden konnten.[192] Wie in den anderen österreichischen Kronländern fielen auch in Galizien künstlerisch oder historisch wertvolle Kirchenglocken und Orgeln der Metallbeschlagnahmung zum Opfer.[193]

Aber auch aus Gebieten, die die österreichisch-ungarische Armee zeitweise besetzt hielt, gelangten Kulturgüter nach Wien. Dies war im russisch-polnischen Gebiet Lublin der Fall.[194] Auch Serbien wurde nach verschiedenen erfolglosen Invasionen der Mittelmächte 1914 anfangs 1916 schliesslich nahezu vollständig besetzt und zwischen Österreich-Ungarn und Bulgarien aufgeteilt.[195] Dabei wurde das Land fast vollständig verwüstet, wobei nicht bekannt ist, wie viele Kulturgüter zerstört bzw. nach Österreich verbracht wurden.[196] Die von österreichisch-ungarischen und deutschen Truppen besetzten Gebiete Walachei und Dobrudscha (Süden von Rumänien mit der Hauptstadt Bukarest) waren verhältnismässig arm an beweglichen Kunstwerken. Über Verbringungen von Kunstdenkmälern aus diesen Gebieten nach Österreich ist nur sehr wenig bekannt, abgesehen von den Metallbeschlagnahmungen, die vereinzelt auch Kirchenglocken mit künstlerischem oder historischem Wert betrafen.[197]

§ 5 Der Zerfall von Österreich-Ungarn

I. Politisch-historischer Überblick

Die Auflösung der österreichisch-ungarischen Monarchie im Herbst 1918 fiel mit der militärischen Niederlage der österreichisch-ungarischen Armee im Ersten Weltkrieg zusammen. Die Ursachen, die hauptsächlich zum Zerfall der Doppelmonarchie geführt haben, sind aber nicht in erster Linie auf den Ersten

---

192 Vgl. v. SCHUBERT-SOLDERN, Kunstdenkmäler und Denkmalpflege, S. 129 f., demzufolge Kunstschätze an Ort und Stelle gesichert oder ins Hinterland befördert wurden. Nach DVOŘÁK, S. 1 f. und 9, fiel in Westgalizien «von den beweglichen Kunstwerken nichts wirklich Wichtiges dem Kriege zum Opfer» (Hervorhebungen übernommen).

193 Vgl. v. SCHUBERT-SOLDERN, Metallbeschlagnahme in Österreich, S. 218 ff.

194 Zu den österreichischen Bemühungen um Kunstschutz in Lublin vgl. v. SCHUBERT-SOLDERN, Kunstdenkmäler und Denkmalpflege, S. 127 ff.; vgl. auch DVOŘÁK, S. 2, 4 ff.

195 Vgl. HIRSCHFELD, S. 833 ff.

196 Vgl. HIRSCHFELD, S. 836.

197 Vgl. BRAUNE, S. 137, 139, 144. Zur deutschen Denkmalpflege in besetzten Gebieten vgl. SPEITKAMP, Denkmalspflege im Kaiserreich, S. 190 ff.

Weltkrieg und dessen Folgen zurückzuführen, sondern gehen auf unbewältigte innenpolitische Probleme der Monarchie des 19. Jahrhunderts zurück. Im Zeitalter des Nationalismus und der aufkommenden Selbstbestimmung der Völker war der Vielvölkerstaat Österreich-Ungarn ein überholtes Modell. Die militärische Niederlage Österreich-Ungarns und die damit einhergehende kritische wirtschaftliche Lage liessen diese Probleme aber ungehindert ausbrechen und die Monarchie innert weniger Wochen auseinanderfallen.[198]

I. Unbewältigte Probleme des 19. Jahrhunderts

Eine Hauptursache des Zusammenbruchs liegt in der Nationalitätenfrage, die die Existenz des Vielvölkerstaates bereits im 19. Jahrhundert in Frage stellte und bis 1918 ungelöst blieb.[199] So setzte sich die österreichisch-ungarische Bevölkerung aus verschiedensten Völkern zusammen, wie etwa Deutsche, Magyaren, Tschechen, Slowenen, Kroaten, Polen, Rumänen, Slowaken, Serben, Ukrainer und Italiener.[200] Gegenüber den Forderungen der nichtdeutschen Völker nach mehr Selbstbestimmung und Autonomie war die Monarchie zu keinen Zugeständnissen bereit[201] und hielt auch nach den Revolutionsjahren 1848/49, als die nationalistischen Bewegungen eskalierten,[202] an der Vorherrschaft der Deut-

---

[198] Vgl. MAYR-HARTING, S. 738 ff., 751 ff.; BRAUNEDER, S. 154; WALTER/MAYER, S. 24 Rz. 54; KELSEN, Österreichisches Staatsrecht, S. 74 f.; HANÁK, Zeitalter des Dualismus, S. 493 ff.; KLEINWAECHTER, S. 18 f.; GALÁNTAI, S. 384; MAREK, S. 200; HAAS, Ende der Habsburgermonarchie, S. 18 f. A.M. SUPPAN, Nationalitäten, S. 75, laut dem der Zerfall der Habsburgermonarchie eine Konsequenz von Strategie und Politik der Grossmächte im Verlauf des Ersten Weltkrieges war. Ähnlich BÉRENGER, S. 732 ff. Vgl. auch ZEMAN, S. 1 ff.

[199] Vgl. LEHNER, Verfassungs- und Verwaltungsgeschichte, S. 251; SUPPAN, Nationalitäten, S. 75. Vgl. auch HAAS, Ende der Habsburgermonarchie, S. 23 f.

[200] Die territoriale Ausbreitung änderte sich nach dem Wiener Kongress 1815 mit Ausnahme der Okkupation und späteren Annexion der Länder Bosnien und Herzegowina 1878 bzw. 1908 nicht mehr. Gemäss Statistiken von 1910 lebten in der österreichischen Reichshälfte (Cisleithanien) 35,5 % Deutschsprachige (im Gesamtgebiet 19,12 %), in der ungarischen Reichshälfte (Transleithanien) 48 % Magyaren (im eigentlichen Ungarn 54,5 %, im Gesamtstaat 19,12 %), Tschechen und Slowaken stellten 16,5 %, Serben und Kroaten 10,5 %, Polen 10 %, Ukrainer 8 %, Rumänen 6,5 %, Slowenen 2,5 %, Italiener und andere 2 % der Einwohner (vgl. SUPPAN, Nationalitäten, S. 77, mit Bezug auf die Ergebnisse der Volkszählung vom 31. Dezember 1910 in den im Reichsrate vertretenen Königreichen und Ländern [Österreichische Statistik 1/1, Wien 1912]).

[201] Bis zur Märzrevolution 1848 wurden die nationalistischen, aber auch die liberalen und demokratischen Bewegungen durch eine polizeistaatlich geführte Reaktionspolitik unter der Leitung von Metternich unterdrückt (Zeitperiode des Vormärz, vgl. BRAUNEDER, S. 90 f.).

[202] Die Revolutionsjahre 1848/49 erschütterten die Herrschaft der Monarchie der Habsburg-Lothringer nur kurzfristig. Die Unruhen in Lombardo-Venetien (Risorgimento) und die ungarischen Unabhängigkeitsbewegungen schlugen die österreichischen Truppen unter Graf Radetzky, in Ungarn gemeinsam mit den verbündeten Russen, mit teilweise ausgesprochen repressiven Mitteln nieder. So wurden auch der Prager Pfingstaufstand in Böhmen und darauf in Wien die Septemberunruhen niedergeschlagen (WALTER/MAYER, S. 12 Rz. 28; HELLB-

schen weitgehend fest.[203] Die von der Regierung nur zögerlich an die Hand genommenen Reformen entsprachen den Forderungen nach nationaler Autonomie nur bruchstückhaft, wodurch sich der Widerstand der nichtdeutschen Nationalitäten des Habsburgerreiches verstärkte.[204] Mit dem österreichisch-ungarischen Ausgleich im Jahre 1867 wurden zwar die Unabhängigkeitsbestrebungen Ungarns grösstenteils befriedigt, dagegen blieben die Forderungen anderer Völker und Minderheiten innerhalb des Reiches nach Autonomie und Föderalismus unberücksichtigt.[205] Damit stand der Ausgleich einer umfassenden Lösung der nationalen Frage im Gesamtreich im Weg.

Neben diesen gewichtigen nationalen Spannungen verschärfte der österreichisch-ungarische Ausgleich auch die wirtschaftlichen und sozialen Probleme innerhalb der österreichisch-ungarischen Monarchie.[206] Mangels entscheidender Zugeständnisse und durchdringender Reformen wurden die föderalistischen, nationalen und sozialen Spannungsherde in den Ersten Weltkrieg hineingetragen.

LING, Österreichische Verfassungs- und Verwaltungsgeschichte, S. 345 f.). Nationalistische Unruhen entstanden im Jahr 1848 auch in Galizien (vgl. BRAUNEDER, S. 121). Zu Österreich und der Revolution 1848/49 vgl. BALTL/KOCHER, S. 195–204; FUNK, S. 54 f.

203 Die im Zuge der Revolutionsjahre errungenen liberalen und demokratischen Zugeständnisse, wie sie in verschiedenen Verfassungen und Verfassungsentwürfen zum Ausdruck kamen, setzte die Regentschaft durch veränderte politische Verhältnisse allmählich wieder ausser Kraft und kehrte nochmals für rund ein Jahrzehnt zur monarchisch-absolutistischen Herrschaft zurück (Zeitperiode des Neoabsolutismus, 1849–1859). Vgl. dazu HOKE, S. 360; WALTER/MAYER, S. 14 Rz. 33 f.; ADAMOVICH/FUNK, S. 60; FUNK, S. 55; BALTL/KOCHER, S. 204. Zur Pillersdorffschen Verfassung vgl. ADAMOVICH/FUNK, S. 57 f.; WALTER/MAYER, S. 10 Rz. 24; BALTL/KOCHER, S. 196 ff.; FUNK, S. 54 Rz. 63; ausführlich HOKE, S. 343–346. Zum Kremsierer Entwurf vgl. WALTER/MAYER, S. 12 Rz. 28 ff.; BALTL/KOCHER, S. 200 ff.; ADAMOVICH/FUNK, S. 58 f.; HOKE, S. 347–352; FUNK, S. 54 f. Zu einzelnen Zugeständnissen gegenüber Polen vgl. HOKE, S. 408.

204 Der verlorene Krieg gegen Italien 1859 und die damit einhergehende finanzielle Notlage des Staates erzwangen eine etappenweise Rückkehr zur konstitutionellen Monarchie. Damit wurde auch das Prinzip der Volkssouveränität wieder stärker betont. Dies wiederum bewirkte, dass der mit der konstitutionellen und der demokratischen Ideologie verbundene Nationalismus wirksamer wurde (vgl. HOKE, S. 406).

205 Vgl. hierzu BALTL/KOCHER, S. 214 f., 220 f. und 227 ff.; HOKE, S. 406 f.; BRAUNEDER, S. 163; ULBRICH, Das österreichische Staatsrecht, S. 55 ff. Der Ausgleich hatte denn auch nicht zum Ziel, das Nationalitätenproblem der Habsburgermonarchie zu lösen. Vielmehr sollte dadurch die Macht der in Österreich und Ungarn herrschenden Dynastie bei einem Minimum an Zugeständnissen konserviert werden (vgl. HANÁK, Die bürgerliche Umgestaltung, S. 346 f.; ders., Ungarn in der Donau-Monarchie, S. 92; KANN, Geschichte des Habsburgerreiches, S. 24 f.; ders., Nationalitätenproblem, S. 177; EISENMANN, S. 661). Reformbestrebungen scheiterten nicht zuletzt auch an Ungarn, das gegenüber den völkischen Minderheiten, wie z.B. Slowaken, Rumänen, Sachsen, Szeklern und Kroaten, eine äusserst intolerante Magyarisierungspolitik betrieb (vgl. SUPPAN, Nationalitäten, S. 76).

206 Vgl. BALTL/KOCHER, S. 220, mit Kritik an der positiven Hervorhebung dieser Epoche im Allgemeinen und an der rechtlichen und politischen Staatskonstruktion im Besonderen. Vgl. auch EISENMANN, S. 659.

2. Erster Weltkrieg

Nach Ausbruch des Ersten Weltkriegs und besonders in den letzten Kriegsjahren war die Aussenpolitik kaum mehr von der Innenpolitik zu unterscheiden.[207] Österreich-Ungarn bildete zusammen mit dem Deutschen Reich, der Türkei und Bulgarien die Mittelmächte, die gegen die verbündeten Staaten der Entente kämpften.[208] Für kurze Zeit vermochten die Kriegserklärung an Serbien, die daraufhin erfolgte Generalmobilmachung und die allgemeine Kriegsbegeisterung die Nationalitätenfrage in den Hintergrund zu drängen und die Völker unter dem Dach der österreichisch-ungarischen Monarchie nochmals zu vereinigen.[209] Auch regte sich vorerst kaum Widerstand gegen die österreichische Regierung, als diese im März 1914 den Reichsrat aufhob und kurz nach Kriegsausbruch die verfassungsrechtliche Gesetzgebung mit Notverordnungsrecht aushebelte und damit den Weg frei machte für die Etablierung eines autoritär-diktatorischen Regimes.[210] Schon die ersten Offensiven der Mittelmächte aber, die als Blitzkriege geplant waren, kamen früh ins Stocken und zerstörten die Hoffnungen auf einen schnellen Sieg.[211] Mit dem Kriegseintritt der Italiener 1915 auf der Seite der Alliierten sah sich Österreich-Ungarn mit einer neuen Front an den südlichen Grenzen konfrontiert. Hinzu kam, dass Österreich-Ungarn durch die militärischen Misserfolge und Versorgungsengpässe zunehmend in militärische, finanzielle und wirtschaftliche Abhängigkeit vom Deut-

---

[207] Vgl. Kann, Geschichte des Habsburgerreiches, S. 420; Temperley, Vol. IV, S. 89 ff.

[208] Vgl. hierzu Kann, Geschichte des Habsburgerreiches, S. 420 ff.; Rauchensteiner, S. 65 ff. Zum Ersten Weltkrieg vgl. Zöllner, Geschichte Österreichs, S. 478 ff. Der Begriff Entente bezeichnet gemeinhin die im Ersten Weltkrieg verbündeten Staaten, die gegen die Mittelmächte kämpften. Ausgegangen ist das Bündnis vom Abkommen zwischen Grossbritannien und Frankreich im Jahr 1904 (sog. *Entente cordiale*), das im Jahr 1907 um Russland erweitert wurde (sog. *Triple entente*). Nach 1915 kam Italien dazu. Seit Kriegsbeginn wurden die Entente-Staaten durch alliierte Staaten wie Serbien und Belgien unterstützt. Später schlossen sich Rumänien und die Vereinigten Staaten von Amerika als assoziierte Mächte an. Russland trat nach der Roten Revolution Ende 1917 wieder aus dem Bündnis aus (vgl. Lehner, Verfassungs- und Verwaltungsgeschichte, S. 249).

[209] Am 26. Juni 1914 verübte in Sarajevo ein serbischer Nationalist ein Attentat auf den habsburgischen Thronfolger Erzherzog Franz Ferdinand, was die österreichisch-ungarische Führung zu einem Ultimatum an die serbische Regierung veranlasste und die sog. Julikrise verursachte (vgl. Mayr-Harting, S. 720 f.). Obwohl die serbische Regierung den drastischen Forderungen weitgehend nachkam, bezeichnete Wien die Antwort als ungenügend. Gestärkt durch bedingungslose militärische Zusicherungen des Deutschen Reichs, erklärte Österreich-Ungarn am 28. Juli 1914 Serbien den Krieg und entfesselte damit den Ersten Weltkrieg (vgl. Verosta, S. 473 ff.; Rauchensteiner, S. 64 f. Ausführlich zur diplomatischen Hektik dieser Tage vgl. Mayr-Harting, S. 721 ff. Zur Voraussehbarkeit eines Ersten Weltkrieges und der schweren Verantwortung von Österreich vgl. Mayr-Harting, S. 704 ff. und 736 ff.

[210] Beispiele kaiserlicher Notverordnungen finden sich in RGBl 153 ff./1914, 199/1914. Vgl. dazu Lehner, Verfassungs- und Verwaltungsgeschichte, S. 249 f.; Rauchensteiner, S. 66; Mayr-Harting, S. 738 ff.

[211] Vgl. Galántai, S. 381 ff.

schen Reich geriet. Die Folgen waren in militärisch-strategischer, aber auch in politischer Hinsicht fatal.[212] Karl I., der dem verstorbenen Kaiser Franz Joseph im November 1916 auf den Thron folgte, versuchte mehrmals vergeblich Friedensverhandlungen mit den Ententestaaten aufzunehmen.[213] Auch der von den Mittelmächten dem revolutionären Russland Ende 1917 aufgezwungene Waffenstillstand und Friedensvertrag konnte den Niedergang der österreichisch-ungarischen Armee nicht mehr aufhalten.[214] Die militärische Lage der österreichisch-ungarischen Monarchie verschlechterte sich schliesslich mit dem Zusammenbruch der bulgarischen Front im Spätsommer 1918 entscheidend.[215] Mit den militärischen Rückschlägen, den opferreichen Stellungskriegen und der dadurch verursachten katastrophalen Versorgungs- und Wirtschaftslage radikalisierten sich die Nationalbewegungen zunehmend und steigerten sich zur Forderung nach einem eigenständigen Staat.[216] Zwar bemühten sich die politischen Vertreter der slawischen Nationen teilweise bis ins letzte Kriegsjahr um eine Föderalisierung der Habsburgermonarchie und um die Herstellung verfassungsrechtlicher Gleichberechtigung aller Nationen.[217] Ihre Forderungen stiessen jedoch bei den deutschen und magyarischen Herrschaften auf völlige Ablehnung. Deren Verbohrtheit und mangelnde Kompromissbereitschaft verhalf denjenigen

---

[212] Zum einen waren die Kriegsziele beider Staaten verschieden (vgl. hierzu Bridge, S. 340 f.), zum anderen sank die Kriegsbereitschaft der nichtdeutschen Armeeangehörigen Österreich-Ungarns unter deutscher Oberleitung, weil letztere für die demographisch schwierigen Verhältnisse kein Verständnis hatte und darum auch keine Rücksicht nahm. Damit begann der Zusammenhalt innerhalb der multinationalen Armee mehr und mehr zu bröckeln (vgl. Suppan, Nationalitäten, S. 78).

[213] Die Entente verlor gegenüber Österreich-Ungarn jede Flexibilität in Friedensverhandlungen, als sie im Geheimvertrag von London vom 26. April 1915 Italien als Bündnispartner aufnahm. In diesem Abkommen garantierte die Entente Italien Gebietsansprüche zu Lasten der österreichisch-ungarischen Monarchie (Trentino, Südtirol bis zum Brenner, die Grafschaften Görz und Gradiska, Istrien und Dalmatien; vgl. Curato, S. 119). Zum Geheimvertrag vgl. Temperley, Vol. IV, S. 278 ff.

[214] Auf der Basis des Waffenstillstandes wurde am 3. März 1918 in Brest-Litowsk der Friedensvertrag zwischen dem Deutschen Reich und Österreich-Ungarn einerseits und Russland andererseits geschlossen (vgl. Rauchensteiner, S. 80).

[215] Vgl. Rauchensteiner, S. 84; Mayr-Harting, S. 877; Walter/Mayer, S. 24 Rz. 54.

[216] Die Situation wurde bereits 1916 immer prekärer. Arbeitslosigkeit, Hungersnöte und verbreitete Krankheiten in der österreichisch-ungarischen Monarchie zermürbten die Zivilbevölkerung. Die innenpolitischen Spannungen eskalierten 1916 in der Ermordung des österreichisch-ungarischen Ministerpräsidenten Karl Graf Stürgkh durch den österreichischen Sozialisten Friedrich Adler. Mit dem Tod von Kaiser Franz Joseph I. im November 1916 ging eine Symbol- und Identifikationsfigur verloren, so dass die Bindung der Bevölkerung an das Reich weiter abnahm. Zum verstärkten Nationalismus während des Ersten Weltkrieges vgl. ausführlich Kann, Geschichte des Habsburgerreiches, S. 445 ff.

[217] Zu den verschiedenen Voten der nichtdeutschen Abgeordneten und Parteien bei Wiederaufnahme der österreichischen Reichratsverhandlungen im Mai 1917 vgl. Mayr-Harting, S. 811 ff.

Kräften zum Durchbruch, die die Gründung eines eigenen Staates und die völlige Loslösung von der österreichisch-ungarischen Monarchie anstrebten.[218]

Entscheidenden Auftrieb erhielten die Separationsbestrebungen durch das Verhalten der Ententemächte. Diese unterstützten zunehmend die Unabhängigkeitsbestrebungen der nichtdeutschen Nationen in der Monarchie und anerkannten 1918 einzelne Exilorganisationen als nationale Regierungen.[219] Das bedeutete eine entscheidende Kursänderung in der Kriegspolitik der Ententemächte. War man bis anfangs Januar 1918 vom Erhalt der Monarchie ausgegangen,[220] wurde nun deren Zerschlagung zum Kriegsziel.[221] Damit hatte eine militärische Niederlage Österreich-Ungarns zwingend den Zusammenbruch der Monarchie zur Folge.[222]

Im letzten Kriegsjahr kam es zu Meutereien, Massendesertionen und ausgedehnten Rebellionen der Soldaten, aber auch die Zivilbevölkerung antwortete auf die unhaltbaren Lebensbedingungen mit Streiks, Plünderungen und Aufständen in den Städten. Kaiser Karl I. reagierte auf die Zeichen des Zerfalls mit einem Manifest vom 16. Oktober 1918, das die Umgestaltung der österreichischen Monarchie in einen Bundesstaat vorsah.[223] Dieser letzte Rettungsversuch

---

218 Vgl. LEHNER, Verfassungs- und Verwaltungsgeschichte, S. 243; MAYR-HARTING, S. 808 ff.; HANÁK, Ungarn in der Donau-Monarchie, S. 493.

219 So wurde z.B. Ende Juni 1918 der tschechoslowakische Nationalrat in Paris von den Franzosen als Regierung eines verbündeten Staates anerkannt (vgl. ZÖLLNER, Geschichte Österreichs, S. 489). Am 18. Januar 1919 wurden Polen und die Tschechoslowakei zur Vollversammlung der Friedenskonferenz zugelassen. Jugoslawien wurde dieses Recht am 1. Mai erteilt. Vgl. dazu TEMPERLEY, Vol. IV, S. 171 ff. und 390 Fn. 1; ders., Vol. V, S. 12 Fn. 2, S. 158; HANÁK, Ungarn in der Donau-Monarchie, S. 493; MAYR-HARTING, S. 876; CURATO, S. 124.

220 Vgl. etwa eine Note der Alliierten vom 12. Januar 1917, die lediglich die Befreiung einzelner Nationalitäten von der österreichisch-ungarischen Herrschaft, nicht aber die Zerschlagung letzterer vorsah. Das im Januar 1918 vom amerikanischen Präsidenten vorgestellte 14-Punkte-Programm sah noch den Erhalt der Monarchie vor, insbesondere Punkt 10 (vgl. dazu LEHNER, Verfassungs- und Verwaltungsgeschichte, S. 251). Vgl. dazu HAAS, Österreich-Ungarn als Friedensproblem, S. 63 f.

221 Die Zerschlagung des habsburgischen Reiches wurde festgelegt, nachdem die Verhandlungen über einen Separatfrieden mit Österreich-Ungarn im April 1918 endgültig gescheitert waren (vgl. BRANDES, S. 174). Offen als Kriegsziel benannt wurde sie am 20. Oktober 1918 (vgl. LEHNER, Verfassungs- und Verwaltungsgeschichte, S. 251). Vgl. dazu SUPPAN, Nationalitäten, S. 78; MAYR-HARTING, S. 865; PELINKA, S. 203 f.

222 Vgl. LEHNER, Verfassungs- und Verwaltungsgeschichte, S. 251 f.

223 Vgl. BERCHTOLD, S. 6 ff.; ADAMOVICH/FUNK, S. 66 f.; MAYR-HARTING, S. 882; HELLBLING, Österreichische Verfassungs- und Verwaltungsgeschichte, S. 401. Nachfolgend vgl. hierzu BRAUNEDER, S. 168 f., und BALTL/KOCHER, S. 224 f. Ein wichtiges Problem des Manifestes war, dass es die Grenze der ungarischen Krone einschliesslich der Slowaken und der ungarisch beherrschten Südslawen als nicht abänderbar erklärte. Dies machte das Manifest für die slawischen Nationen in Österreich unannehmbar (vgl. LEHNER, Verfassungs- und Verwaltungsgeschichte, S. 252; MAREK, S. 200 f.). Zum Scheitern des kaiserlichen Manifestes vgl. KELSEN, Österreichisches Staatsrecht, S. 75 f.

kam jedoch zu spät. Die staatliche Autorität war bereits zu einer leeren Hülle verkommen, und die nichtdeutschen Nationen hatten begonnen, selbständige Staaten zu bilden oder sich bestehenden Nachbarstaaten anzuschliessen.[224] Der kaiserlichen Regierung blieb angesichts der katastrophalen Versorgungslage, der aussichtslosen militärischen Situation und des innenpolitischen Auflösungsprozesses letztlich nichts anderes übrig, als am 3. November 1918 mit den Alliierten den Waffenstillstand zu schliessen.[225]

3. Gründung der nichtdeutschen Staaten[226]

Ende Oktober 1918 verbanden sich das Königreich Böhmen, die Markgrafschaft Mähren und das slowakisch bewohnte Gebiet im Norden Ungarns zum neuen Staat der Tschechoslowakei.[227] Einige Tage darauf, am 11. November 1918, proklamierte die polnische Nationalversammlung den unabhängigen polnischen Staat, der sich neben preussischen und russischen Territorien aus dem österreichisch-ungarischen Kronland Galizien zusammensetzte.[228] Am 28. November

---

[224] Vgl. Baltl/Kocher, S. 224; Funk, S. 59; Adamovich/Funk, S. 67.

[225] Vgl. Rauchensteiner, S. 84 f. Neben der Demobilisierung der österreichisch-ungarischen Armee sah der Waffenstillstand vor, dass Österreich-Ungarn alle seit Kriegsbeginn besetzten Gebiete räumen und seine Armee weit ins Landesinnere zurückziehen musste. Demgegenüber wurden die alliierten Mächte dazu berechtigt, sich ungehindert auf dem österreichisch-ungarischen Territorium zu bewegen und strategische Punkte zu besetzen, um die Ausführung und Einhaltung der Waffenstillstandsbedingungen zu überwachen. Der Vertrag ist abgedruckt bei Niemeyer, S. 706 ff., und in: Supplement to the American Journal of International Law 13 (1919), S. 80 ff.

[226] Zur Anerkennung der Nachfolgestaaten durch die Hauptmächte vgl. Temperley, Vol. IV, S. 131; Haas, Österreich-Ungarn als Friedensproblem, S. 65 ff. Zur politischen Entwicklung der Nachfolgestaaten vgl. Zeman, S. 177 ff.

[227] Die Bildung der Tschechoslowakei ging auf eine seit Ende 1914 bestehende Exilorganisation zurück, die sich für die Bildung eines gemeinsamen unabhängigen tschecho-slowakischen Staates einsetzte, der die Länder Böhmen, Mähren und die Slowakei vereinigen würde. In Prag wurde im Juli 1918 der Tschechoslowakische Nationalausschuss gegründet und später mit dem im Exil befindlichen Nationalrat vereinigt. Am 21. Oktober 1918 konstituierten Abgeordnete eine provisorische Nationalversammlung. Am 28. Oktober 1918 beschloss der Nationalausschuss in Prag ein Gesetz über die Gründung eines unabhängigen tschechoslowakischen Staates. Zwei Tage später bekannte sich auch der Slowakische Nationalrat zum gemeinsamen Staat von Tschechen und Slowaken (vgl. hierzu Brandes, S. 174 f.; Pelinka, S. 205 ff.; Hadler, S. 929 f.). Zur Gründung der nichtdeutschen Staaten allgemein vgl. Lehner, Identity of Austria, S. 79 Fn. 82.

[228] Polen, das vor dem Krieg auf das Deutsche Reich, Russland und Österreich-Ungarn aufgeteilt war, wurde in seiner formellen Wiederherstellung als Königreich sowohl von den Alliierten als auch von den Mittelmächten unterstützt (vgl. dazu Hecker, S. 779). Nur während weniger Monate gehörte der östliche Teil Galiziens mit Lodomerien (heute Wolhynien genannt) zur Westukrainischen Volksrepublik, die am 18. Oktober 1918 beschlossen und am folgenden Tag proklamiert wurde. Die polnische Bevölkerungsmehrheit erreichte jedoch sukzessive die Oberhand in diesen Gebieten, bis im Juli 1919 das gesamte Gebiet der Westukrainischen Volksrepublik an Polen fiel (vgl. Mayr-Harting, S. 885).

1918 vereinigte sich das österreichische Kronland Bukowina mit Rumänien. Drei Tage später, am 1. Dezember 1918, proklamierte die rumänische Bevölkerung Siebenbürgens ihren Anschluss an Rumänien, das Siebenbürgen bereits militärisch besetzt hielt. Ebenfalls am 1. Dezember 1918 rief der serbisch-kroatisch-slowenische Nationalausschuss das Königreich der Serben, Kroaten und Slowenen aus,[229] wobei der Status Istriens vorerst ungewiss war und erst 1920 mit Italien vertraglich geklärt werden konnte.[230]

Das Königreich Ungarn, das gemeinsam mit dem Kaisertum Österreich die österreichisch-ungarische Monarchie gebildet hatte, wurde Ende Oktober 1918 von einer Revolution erfasst, die König Karl IV. (Kaiser Karl. I.) dazu veranlasste, am 13. November 1918 seinen Rücktritt aus allen staatlichen Geschäften bekannt zu geben und im Voraus Ungarns Entscheidung über seine zukünftige Staatsform anzuerkennen. Der aus der Revolution hervorgegangene Nationalrat rief am 16. November 1918 die unabhängige Republik Ungarn aus.[231]

4. Gründung von Deutschösterreich

Die deutschsprachigen Abgeordneten des Reichsrates traten am 21. Oktober 1918 im Sinne des kaiserlichen Manifestes vom 16. Oktober 1918 zusammen und konstituierten sich als «Provisorische Nationalversammlung des selbständigen deutschösterreichischen Staates».[232] Als neu gegründete Nationalversammlung fasste sie am 30. Oktober 1918 den Beschluss über die grundlegenden Einrichtungen der Staatsgewalt.[233] Ohne die Monarchie und die geltende Dezem-

---

229 Bereits am 6. Oktober 1918 formierten die Südslawen einen serbisch-kroatisch-slowenischen Nationalausschuss (vgl. Hirschfeld, S. 836).

230 Erst durch den Vertrag von Rapallo vom 12. November 1920 zwischen Jugoslawien und Italien wurde Istrien mit Ausnahme von einigen Gemeinden Italien zugesprochen (vgl. Dahlmann, S. 195; Suppan, Jugoslawien und Österreich, S. 234).

231 Am 21. März 1919 wurde die Rätediktatur durch Bela Khun errichtet. Vgl. dazu Baltl/Kocher, S. 224; Funk, S. 59; Radvánszky, S. 133; Mayr-Harting, S. 890; Hanák, Zeitalter des Dualismus, S. 493. Zu Kaiser Karls vergeblichen Restitutionsversuchen in Ungarn vgl. Mayr-Harting, S. 901 ff.

232 Mit diesem Beschluss sollte entsprechend dem kaiserlichen Manifest ein «Nationalrat» gebildet werden (vgl. Adamovich/Funk, S. 66; a.M. Marek, S. 201 f.). Nicht beabsichtigt war jedoch, damit die Gründung eines neuen Staates auf einer neuen Verfassungsgrundlage einzuleiten. Noch hielt die Mehrheit der Abgeordneten an der Monarchie fest (vgl. Berchtold, S. 14 und 20). Zur Gründung der Republik eingehend Berchtold, S. 2 ff.; Baltl/Kocher, S. 224 f. und ausführlich S. 246–259. Zum historischen Hintergrund vgl. auch Marek, S. 200 ff.

233 StGBl 1/1918. Demzufolge wurde die oberste Staatsgewalt Deutschösterreichs, einschliesslich der Gesetzgebung, einstweilen durch die Provisorische Nationalversammlung ausgeübt. Die obersten Vollzugsorgane bestellte sie aus ihrer Mitte (§§ 1 und 2). Vgl. dazu Adamovich/Funk, S. 67.

berverfassung formell abzuschaffen, wurde damit eine neue republikanische Verfassung erlassen, die ohne rechtlichen Zusammenhang mit der Verfassung der österreichischen Monarchie, mithin auf revolutionärem Wege, entstanden war.[234] Daraufhin, am 11. November 1918, verzichtete Kaiser Karl I. auf eine Beteiligung an den Staatsgeschäften und erklärte, jede Entscheidung, die Deutschösterreich über seine künftige Staatsform treffen würde, anzuerkennen.[235] Am folgenden Tag, dem 12. November 1918, proklamierte die Provisorische Nationalversammlung die demokratische Republik Deutschösterreich und verabschiedete das Gesetz über die Staats- und Regierungsform von Deutschösterreich.[236] Das neue Staatsterritorium sollte das geschlossene Siedlungsgebiet der Deutschen innerhalb der bisherigen österreichischen Reichshälfte umfassen.[237] Bemerkenswert in diesem Zusammenhang ist, dass die damalige österreichische Regierung gegenüber den alliierten und assoziierten Mächten den 12. November 1918 als Geburtsstunde des österreichischen Staates bezeichnete.[238] Die Lehre dagegen geht fast einheitlich vom 30. Oktober 1918 als Errichtungsdatum aus.[239]

---

[234] Vgl. ADAMOVICH/FUNK, S. 67; KADGIEN, S. 25 f.

[235] Die Erklärung stellte einen Kompromiss dar, weil der Kaiser nicht förmlich abdankte und nicht auf den Thron verzichtete (vgl. BERCHTOLD, S. 32 ff.; FUNK, S. 59; a.M. BALTL/KOCHER, S. 247). Vgl. auch die staatsrechtlichen Ausführungen von KELSEN, Österreichisches Staatsrecht, S. 78 f. Ausführlich zum Regierungsverzicht vgl. BERCHTOLD, S. 31 ff.

[236] StGBl 5/1918 (abgedruckt auch in GOSEWINKEL/MASING, S. 1534 f.). Der Staatsname Deutschösterreich wurde bewusst gewählt, um sich von der alten, vielsprachigen und multinationalen Monarchie zu distanzieren. Zugleich wurde aber auch die Nähe zum Deutschen Reich geschaffen, die das politische Ziel eines Anschlusses antizipieren sollte. Gemäss diesem Gesetz war Deutschösterreich Bestandteil der Deutschen Republik (Art. 2). Zu den politischen Hintergründen dieser Bestimmung vgl. BERCHTOLD, S. 82 ff.; BALTL/KOCHER, S. 247.

[237] Gesetz vom 22. November 1918 über Umfang, Grenzen und Beziehungen des Staatsgebietes von Deutschösterreich (StGBl 40/1918). Damit waren Konflikte mit den Nachbarstaaten unvermeidlich, weil diese auf bestimmte deutschsprachige Gebiete ebenfalls Anspruch erhoben und teilweise auch besetzt hielten. Beispiele dafür waren Deutschböhmen, Sudetenland (ehemaliges Herzogtum Schlesien bzw. Österreich-Schlesien), der Süden von Kärnten und der Steiermark. Nicht zum Staatsgebiet sollten die deutschsprachigen Gebiete der ungarischen Reichshälfte, wie etwa das Burgenland, gehören (vgl. KLEINWAECHTER, S. 325 Fn. 121).

[238] Vgl. die Rede von Staatskanzler Renner vom 2. Juni 1919, in: Bericht Friedensdelegation I, S. 40 ff. Zur Rechtsauffassung Deutschösterreichs über die Staatennachfolge der Republik Deutschösterreich vgl. hinten S. 54 ff.

[239] Vgl. LEHNER, Identity of Austria, S. 78; MAREK, S. 202 m.w.H. auch auf die Gerichtspraxis; ADAMOVICH/FUNK, S. 67; WALTER/MAYER, S. 25 Rz. 54; KADGIEN, S. 25 f. Nach LEHNER, Identity of Austria, S. 78, dürfte Österreich den 12. November 1918 als Entstehungsdatum Deutschösterreichs gewählt haben, weil man unter allen Umständen eine Verbindung zwischen Deutschösterreich und dem Waffenstillstand vom 3. November 1918 vermeiden wollte.

Am 16. Februar 1919 wurde die Konstituierende Nationalversammlung gewählt.[240] Bevor sie ihre eigentliche Aufgabe, die Ausarbeitung einer definitiven Verfassung, an die Hand nehmen konnte, musste sie die Klärung verfassungsrechtlicher Fragen, wie sie im Rahmen der Friedensgespräche zwischen der Republik Deutschösterreich und den alliierten Mächten noch ausgehandelt werden sollten, abwarten.[241] Bis dahin begnügte sich die Konstituierende Nationalversammlung damit, das bestehende Verfassungswerk zu ergänzen und zu modifizieren.[242] In diesem Sinn erliess sie die Märzverfassung[243], die später durch weitere wichtige Gesetze ergänzt wurde.[244] Eines dieser Gesetze war das Habsburgergesetz vom 3. April 1919.[245] Es verwies die Habsburger-Lothringer unter Aberkennung aller Herrscher- und sonstigen Vorrechte aus dem Land[246] und bestimmte die Übernahme ihres Vermögens durch die Republik.

Nach Unterzeichnung des Friedensvertrages von St-Germain vom 10. September 1919 zwischen der Republik Österreich und den Siegermächten wurde die definitive Verfassung der Republik von der Konstituierenden Nationalversammlung am 1. Oktober 1920 als Bundesverfassungsgesetz einstimmig verabschiedet.[247] Sie trat am 10. November 1920 in Kraft.[248]

---

[240] Vgl. BERCHTOLD, S. 140 f. Weil die Tschechoslowakei, Italien und Jugoslawien deutschösterreichische Gebiete besetzt hatten, konnte nicht die vorgesehene Anzahl Abgeordneter gewählt werden (vgl. BERCHTOLD, S. 140; WALTER/MAYER, S. 26 Rz. 57).

[241] Vgl. ADAMOVICH/FUNK, S. 69.

[242] Vgl. ADAMOVICH/FUNK, S. 69.

[243] Bestehend aus Gesetz über die Staatsform vom 12. März 1919 (StGBl 174/1919), Gesetze über die Volksvertretung sowie über die Staatsregierung, beide vom 14. März 1919 (StGBl 179 und 180/1919). Zur Märzverfassung und ihrer Bedeutung vgl. BERCHTOLD, S. 147 ff.

[244] Vgl. die Auflistung dieser Gesetze bei LEHNER, Verfassungs- und Verwaltungsgeschichte, S. 269.

[245] Gesetz vom 3. April 1919 betreffend die Landesverweisung und die Übernahme des Vermögens des Hauses Habsburg-Lothringen (StGBl 209/1919, abgedruckt bei GOSEWINKEL/MASING, S. 1543 f.), ergänzt am 30. Oktober 1919 (StGBl 501/1919). Eine Entschädigungsregelung sieht das Gesetz nicht vor. Zum Habsburgergesetz allgemein vgl. KADGIEN, S. 33 ff.

[246] Dies galt unbedingt für den Kaiser Karl, während die übrigen Mitglieder des ehemaligen kaiserlichen Hauses zurückkehren konnten, wenn sie auf ihre Mitgliedschaft zu diesem Haus und daraus allenfalls gefolgerte Herrschaftsrechte verzichteten und sich als «getreue Staatsbürger der Republik» bekannten (BALTL/KOCHER, S. 251). Der Landesverweis wurde damit begründet, dass der Monarch keine Thronverzichtserklärung abgegeben habe, weshalb seine Anwesenheit eine ständige Gefahr für die junge Republik bedeute (vgl. BERCHTOLD, S. 153 f.; HOKE, S. 465). Vgl. in diesem Zusammenhang auch das Adelsgesetz (StGBl 211/1919).

[247] Zu den verfassungsrechtlichen Auswirkungen des Friedensvertrages vgl. BERCHTOLD, S. 187; LEHNER, Verfassungs- und Verwaltungsgeschichte, S. 267 f.; BRAUNEDER, S. 195 ff.

[248] Vorerst StGBl 450/1920, dann BGBl 1/1920. Zwei Novellen von 1925 und 1929 änderten die Verfassung wesentlich, doch galt sie bis 1934 und wurde nach 1945 wieder in Geltung

II. Der Zerfall als Tatbestand der Staatensukzession und Identitätsfrage der Republik Österreich

1. Zum Begriff und Tatbestand der Staatensukzession

Mit dem völkerrechtlichen Begriff der Staatensukzession oder Staatennachfolge[249] wird in der Lehre der Übergang der territorialen Souveränität und Gebietshoheit von einem Staat auf einen anderen umschrieben.[250] Vergleichbar definierten die Wiener Konventionen zur Staatensukzession von 1978 (WK 78) und 1983 (WK 83) die Staatensukzession als *«the replacement of one State by another in the responsibility for the international relations of territory»*.[251]

Dieselbe Definition wurde in Art. 2 (a) der Draft Articles der International Law Commission on Nationality in Relation to Succession to States übernommen.[252] Ebenso stützen sich die Resolution des Institut de Droit International betreffend Staatensukzession in den Bereichen des Vermögens und der Schulden[253] sowie die Europäische Konvention über Staatsangehörigkeit auf diese Definition bzw. verweisen darauf. Und mittlerweile wurde sie von der internationalen (Schieds-) Gerichtsbarkeit in verschiedenen Fällen übernommen.[254] Vor diesem Hintergrund gilt sie als völkergewohnheitsrechtlich verankert.[255]

---

gesetzt. Einen verfassungsgeschichtlichen Überblick über die erste Republik Österreichs gibt Baltl/Kocher, S. 253 ff. Siehe auch Walter/Mayer, S. 26 f. Rz. 60 f.; Funk, S. 60 Rz. 71 ff.; Lehner, Verfassungs- und Verwaltungsgeschichte, S. 289 ff.; Hoke, S. 468 ff., sowie ausführlich Berchtold, S. 11 ff., im Besonderen zur Bundesverfassung, S. 247 ff.

249 Die beiden Begriffe werden in der vorliegenden Arbeit als Synonyme verwendet.

250 Vgl. dazu Seidl-Hohenveldern/Hummer, S. 157 Rz. 810; Fastenrath, Recht der Staatensukzession, S. 9 m.w.H.; Schweisfurth, Recht der Staatensukzession, S. 54; ders., Völkerrecht, S. 334; O'Connell, Vol. I, S. 3; Malanczuk, S. 161; Fiedler, State Succession, S. 641; Brownlie, S. 649. Zum Begriff der Staatennachfolge vgl. Zimmermann, Staatennachfolge, S. 9 ff.; Zemanek, Gegenwärtige Fragen der Staatensukzession, S. 58.

251 Art. 2 Abs. 1 lit. b WK 1978 (zum Vertrag vgl. hinten Fn. 863) und Art. 2 Abs. 1 lit. a WK 1983 (zum Vertrag vgl. hinten Fn. 860). Mit «*responsibility*» ist nicht die Verantwortlichkeit der Staaten im technischen Sinn gemeint, sondern die Verantwortlichkeit für die territoriale Zuständigkeit, die sich aus der Souveränität des Staates ableitet (vgl. UN Doc. A/36/10, S. 21 f. Ziff. 3; Fiedler, Konventionen, S. 30; Poeggel/Meissner, S. 33 f.).

252 A/CN.4/L.539/Add.1, S. 3. Vgl. auch UN-Resolution 55/153, Nationality of natural persons in relation to the succession of States vom 12. Dezember 2000.

253 Abgedruckt in: AVR, 40 (2002), S. 355–364. Zu den Resolutionsbestimmungen im Einzelnen vgl. hinten S. 242 ff.

254 Vgl. z.B. das Urteil des Schiedsgerichts vom 31. Juli 1989 bezüglich der Bestimmung der Meeresgrenze zwischen Guinée-Bissau und Senegal (abgedruckt in: Revue Générale de Droit International Public, 1990, S. 227). Vgl. Zimmermann, Staatennachfolge, S. 12, mit weiteren Beispielen. In Sinne dieser Definition äusserte sich auch die EG-Schiedskommission der Londoner Jugoslawien-Konferenz in Opinion Nr. 1 Ziff. 1 lit. e) vom 29. November 1991 (ILM 31 [1992], S. 1495).

255 Vgl. Zimmermann, Staatennachfolge, S. 15 f.; Hammer, S. 22 m.w.H.

Dieser Begriff der Staatensukzession umfasst nur die Tatbestandsebene, d.h. die territoriale Veränderung als solche; über die an den Tatbestand der Staatensukzession anknüpfenden Rechtsfolgen sagt der Begriff Staatensukzession nichts aus.[256] Erst wenn klar ist, dass eine Staatensukzession vorliegt, kann darüber nachgedacht werden, ob die einzelnen Rechtsverhältnisse, die im Vorgängerstaat bestanden, auch im Nachfolgestaat Geltung haben sollen.[257] Diese Frage des Übergangs von völkerrechtlichen Rechten und Pflichten vom Gebietsvorgänger auf den Gebietsnachfolger (Nachfolgestaat) ist Gegenstand des Rechts der Staatensukzession.[258]

Die Tatbestände der Staatensukzession lassen sich in verschiedene Typen gliedern.[259] Es sind dies üblicherweise (1.) die Zession, bei der ein Gebietsteil auf einen anderen Staat übergeht. Geschieht dies unfreiwillig, spricht man von (2.) Teilannexion. Weiter (3.) die Separation, bei der sich das vom Vorgängerstaat abgetrennte Gebiet als neuer Staat konstituiert, wovon der Altstaat in seiner Existenz nicht tangiert wird. Geschieht dies gegen den Willen des Altstaates, liegt eine (4.) Sezession vor. Bei (5.) der Dismembration dagegen zerfällt der Vorgängerstaat in zwei oder mehrere Staaten und hört als Völkerrechtssubjekt auf zu existieren. Bei (6.) der Fusion schliessen sich zwei oder mehrere Staaten zu einem neuen Staat zusammen, wobei die ursprünglichen Staaten untergehen. Wird beim Zusammenschluss der Staaten ein Staat einem anderen einverleibt, sodass der aufnehmende Staat weiterexistiert, so liegt (7.) eine Inkorporation vor. Geschieht dies wiederum nicht einvernehmlich, spricht man von (8.) Annexion.

Bei allen diesen Typen liegt in Bezug auf ein bestimmtes Gebiet Staatensukzession, d.h. Rechtsnachfolge vor.[260] Staatennachfolge bedeutet daher Gebiets-

---

256 Vgl. ZIMMERMANN, Staatennachfolge, S. 9 ff. Einige Autoren unterscheiden zwischen den Begriffen Staatensukzession und Staatennachfolge. Danach bedeute Staatensukzession den vollständigen Übergang von territorialer Souveränität und Gebietshoheit über ein Staatsgebiet, während Staatennachfolge die rechtlichen Folgen dieses Übergangs bezeichne (vgl. SCHWEITZER, S. 387). Anders wiederum HAMMER, S. 23, der eine bereits früher vorgenommene begriffliche Unterscheidung zwischen Staatenfolge für die Tatbestandsebene und Staatennachfolge für die rechtlichen Konsequenzen wieder aufnimmt. Zu den einzelnen Tatbestandsmerkmalen der völkerrechtlichen Staatensukzession vgl. EBENROTH, S. 240 ff.

257 Vgl. HAMMER, S. 21; LEHTO, S. 198 f.

258 Vgl. VERDROSS/SIMMA, § 972. Vgl. auch SEIDL-HOHENVELDERN/HUMMER, S. 157 Rz. 810; FASTENRATH, Recht der Staatensukzession, S. 9; SCHWEISFURTH, Völkerrecht, S. 334; O'CONNELL, Vol. I, S. 3; IPSEN, S. 343 Rz. 1. Zu den Schwierigkeiten der allgemeinen Theorie zur Staatensukzession im Sinne des Übergangs vgl. HUMMER, Probleme der Staatennachfolge, S. 425 f.

259 Vgl. zum Folgenden ZIMMERMANN, Staatennachfolge, S. 17 ff., und HAMMER, S. 24 ff. Zu den rechtstheoretischen Problemen der Kategorisierung vgl. FASTENRATH, Recht der Staatensukzession, S. 16 ff.

260 Allerdings bedeutet nicht jede kleinste Territorialverschiebung auch Staatensukzession. Handelt es sich ausschliesslich um eine Grenzbereinigung, liegt keine Staatensukzession vor (vgl. HAMMER, S. 32; ZIMMERMANN, Staatennachfolge, S. 18).

nachfolge.[261] Ist das gesamte Staatsgebiet eines Staates von der Sukzession betroffen, geht also der Vorgängerstaat unter, spricht die Lehre von vollständiger oder totaler Staatensukzession, ansonsten von partieller Staatensukzession oder Teilstaatensukzession.[262] Der im Zuge einer Sukzession gebietsabtretende Staat wird dabei als Alt- oder Vorgängerstaat bezeichnet. Derjenige Staat, der die Gebietshoheit vom Vorgängerstaat übernimmt, ist der Nachfolge- oder Sukzessionsstaat.[263] Die Bezeichnungen gelten unabhängig davon, ob der Vorgängerstaat in territorial verkleinerter Form weiterexistiert oder ganz untergeht.

Die Subsumtion bereitet in der Theorie keine Probleme, wogegen sie in der Praxis sehr umstritten sein kann.[264] Dies trifft namentlich auf die Abgrenzung der Dismembration von der Sezession oder der Fusion von der Inkorporation zu.[265] Entscheidendes Kriterium zur Unterscheidung dieser Sukzessionstypen ist die völkerrechtliche Subjektsidentität, d.h. die Frage, ob ein Vorgängerstaat im Zuge der Staatensukzession untergeht und damit seine völkerrechtliche Identität verliert oder nicht.[266]

2. Zum Verhältnis von Staatensukzession und völkerrechtlicher Identität eines Staates

Ein Staat, der mit dem Vorgängerstaat subjektidentisch ist, führt dessen Völkerrechtsidentität fort.[267] Der Vorgängerstaat geht in diesem Fall nicht unter, sondern existiert weiterhin. Geht jedoch ein Staat unter, hört auch seine Identität auf zu existieren. Zum Staat, der an seine Stelle tritt, besteht Diskontinuität.

---

[261] Vgl. HAMMER, S. 32. Vgl. auch DÖRR, S. 26 f.

[262] Vgl. REINISCH/HAFNER, S. 33.

[263] Vgl. statt vieler SCHWEISFURTH, Völkerrecht, S. 335.

[264] Vgl. FASTENRATH, Recht der Staatensukzession, S. 18; SCHWEISFURTH, Völkerrecht, S. 335; SILAGI, Staatsuntergang und Staatennachfolge, S. 22.

[265] Vgl. CANSACCHI, S. 28; LEHNER, The identity of Austria, S. 66; FASTENRATH, Recht der Staatensukzession, S. 18 ff.

[266] Vgl. SCHWEISFURTH, Recht der Staatensukzession, S. 54; FIEDLER, Staatskontinuität, S. 25; FASTENRATH, Recht der Staatensukzession, S. 18 ff.; BAER, S. 61 ff.; MULLERSON, Continuity, S. 475 ff.; MALANCZUK, S. 161. Im Zusammenhang mit den jüngsten Fällen in Europa vgl. BOKOR-SZEGÕ, S. 95 ff.

[267] Vgl. dazu MAREK, S. 1 ff. FASTENRATH, Recht der Staatensukzession, S. 18, weist hinsichtlich der Kontinuität darauf hin, dass aus völkerrechtlicher Sicht nicht die gleichbleibende Identität des Staates in allen Facetten notwendig ist. Entscheidend sei vielmehr die Frage, ob die Staatensukzession Änderungen hervorgerufen habe, die die Eigenschaft als Völkerrechtssubjekt, als Träger völkerrechtlicher Rechte und Pflichten, berühre. Zum Themenkomplex Identität und Kontinuität vgl. auch CANSACCHI, S. 7 ff.; FIEDLER, Kontinuitätsproblem, S. 21 ff. und 34 ff.; SCHWEISFURTH, Recht der Staatensukzession, S. 164.

Identität bzw. Kontinuität liegt bei den Tatbeständen der partiellen Staatensukzession vor.[268] Im Fall der Zession bleiben beide Vorgängerstaaten bestehen, nur verringert sich die Gebietsgrösse des einen Staates zu Gunsten des anderen. Auch bei der Sezession ändert sich die Subjektidentität des Vorgängerstaates nicht.

Bei den Tatbeständen der totalen Staatensukzession hingegen besteht zum Vorgängerstaat stets Diskontinuität. So geht im Fall der Dismembration der Vorgängerstaat als Staat und Völkerrechtssubjekt unter. Die Nachfolgestaaten treten in die Rechtsnachfolge des Vorgängerstaates.

Um die Dismembration von der Sezession abzugrenzen und die Fusion von der Inkorporation, muss vorab die Frage nach staatlicher Identität bzw. Diskontinuität geklärt werden.[269] Wann ein bestimmter Staat mit einem früheren identisch ist respektive wann ein Staat untergeht, kann im Einzelfall wiederum schwierig zu beantworten sein.[270] Die Lehre hat jedoch mit Blick auf die Staatenpraxis einige subjektive und objektive Kriterien herausgearbeitet, die für die Bestimmung der Identität relevant sind.[271] Zu erwähnen sind als objektive Faktoren etwa die Grösse der beteiligten Rechtssubjekte (v. a. Bevölkerungszahl; wirtschaftliches oder militärisches Potential), historische Anknüpfungspunkte, die Beibehaltung der Rechts- und Verfassungsordnung des Vorgängerstaates so-

---

[268] Vgl. SCHWEISFURTH, Recht der Staatensukzession, S. 54 f. Einige Autoren schliessen Identität bei Staatensukzession aus, weil nach ihrem Begriffsverständnis Staatensukzession nur beim Untergang des Vorgängerstaates vorliegt und nicht als Wechsel der Gebietshoheit verstanden wird (vgl. etwa MAREK, S. 9 f.; FIEDLER, Kontinuitätsproblem, S. 21 ff.; KREUZER, S. 35).

[269] Insofern überschneiden sich die Anwendungsbereiche der Staatensukzessionslehre und der Identitätslehre (vgl. HAMMER, S. 38).

[270] Vgl. FASTENRATH, Recht der Staatensukzession, S. 18 ff.; KREUZER, S. 38; BAER, S. 61; MAREK, S. 7; LEHTO, S. 199 f.; BOTHE/SCHMIDT, S. 814 f.; SCHWEISFURTH, Völkerrecht, S. 335. Vgl. den Überblick der Staatenpraxis bei LEHNER, Identity of Austria, S. 66 ff. und 72. Zum Zerfall der UdSSR und Jugoslawiens vgl. CZAPLINSKI, Continuité, S. 383 ff.; OETER, S. 83 f. sowie hinten Fn. 1023 und 1031. Gemäss FIEDLER, Konventionen, S. 28 f., sind die Haltung des betroffenen Staates und die Positionen der Staatengemeinschaft von politischen Überlegungen geprägt und nicht selten kontrovers. Das Problem der Staatskontinuität führt damit in Grenzbereiche, in denen Völkerrecht, Staatsrecht, Politik, Geschichte und nationales Selbstverständnis aufeinander stossen.

[271] Vgl. ZIMMERMANN, Staatennachfolge, S. 69 ff.; SCHWEISFURTH, Recht der Staatensukzession, S. 165; LEHTO, S. 199; FASTENRATH, Recht der Staatensukzession, S. 18 ff.; MAREK, S. 15 ff.; IPSEN, S. 346 Rz. 7; FIEDLER, State Succession, S. 652 ff.; MULLERSON, Continuity, S. 475; ausführlich dazu vgl. GRUBER, S. 255 ff. Die Praxis wird durch beträchtliche Flexibilität und wenig starre Regeln gekennzeichnet (vgl. SEIDL-HOHENVELDERN/HUMMER, S. 158 Rz. 813).

wie der Verlauf des konkreten Sukzessionsfalles[272]. Als subjektive Faktoren gelten der Wille des oder der betroffenen Staaten und schliesslich der Wille von Drittstaaten.[273] Die Kriterien schliessen sich nicht aus, sondern sind im Einzelfall zu werten und zu gewichten. Einig sind sich heute Literatur und Praxis, dass revolutionäre Umwälzungen, kriegerische Besetzungen, die Bildung blosser De-facto-Regime und die sog. *failed states* die Identität eines Staates nicht berühren.[274] Auch reine Gebietsveränderungen wirken sich in der Regel nicht auf die Identität des Staates aus.[275]

Die Frage, ob Identität gegeben ist oder nicht, ist nicht nur von akademischer Bedeutung, sondern kann sich auf die Rechtspositionen der beteiligten Staaten erheblich auswirken.[276] Subjektsidentität impliziert grundsätzlich Rechtskontinuität. Das heisst, dass die Rechte und Pflichten des Vorgängerstaates beibehalten werden. Die Frage von sukzessionsrechtlichen Folgen stellt sich damit nicht. Umgekehrt ist im Falle der Diskontinuität ein Nachfolgestaat in der Regel nicht für das verantwortlich, was vor seiner Entstehung auf seinem Territorium geschehen ist.[277] Dennoch ist Diskontinuität im Völkerrechtssubjekt nicht mit Diskontinuität des Rechts gleichzustellen. Folgt ein Staat einem alten in einem bestimmten Gebiet, ist die Völkerrechtslehre und -praxis bestrebt, die bestehenden Rechtspositionen zu wahren und damit Kontinuität herzustellen. Durch möglichst wenige Veränderungen sollen mittels bestehender Rechtspositionen die Staatennachfolge erleichtert und der Rechtsfriede zwischen Neu- und Vorgängerstaat gewahrt werden.[278] Möglich ist daher, dass sich unabhängig von der Frage, ob Kontinuität oder Diskontinuität eines Völkerrechtssubjektes vorliegt, ähnliche oder gar dieselben Rechtsfolgen ergeben.[279]

---

272 Vollzieht sich der Zerfall des Vorgängerstaates uno actu, etwa indem alle Landesteile einheitlich und gleichzeitig ihre Unabhängigkeit erklären, dürfte nur im Ausnahmefall davon auszugehen sein, dass gerade einer dieser Landesteile die Völkerrechtspersönlichkeit des Vorgängerstaates fortzusetzen vermag (vgl. ZIMMERMANN, Staatennachfolge, S. 74).

273 Zum wachsenden Einfluss der völkerrechtlichen Anerkennung im Recht der Staatensukzession vgl. FIEDLER, Entwicklungslinien, S. 139 ff.; FASTENRATH, Recht der Staatensukzession, S. 20.

274 Vgl. FIEDLER, Kontinuitätsproblem, S. 45 ff.; ders., State Succession, S. 643; JENNINGS/WATTS, S. 234; CANSACCHI, S. 27; MENZEL, Staatensukzession, S. 306; VERDROSS/SIMMA, § 972; LEHNER, Identity of Austria, S. 67 f.; BERBER, Bd. 1, S. 249; DAHM/DELBRÜCK/WOLFRUM, Bd. I/1, S. 160; ZEMANEK, Gegenwärtige Fragen der Staatensukzession, S. 58. A.M. Autoren der ehemals sozialistischen Staaten (so etwa POEGGEL/MEISSNER, S. 37 f.).

275 Vgl. MAREK, S. 15.

276 Vgl. ZIMMERMANN, Staatennachfolge, S. 67 f.; BOTHE/SCHMIDT, S. 814 f.; O'CONNELL, Law of State Succession, S. 4 f.; MAREK, S. 1.

277 Vgl. MAREK, S. 1.

278 Vgl. dazu GRUBER, S. 265 ff.

279 Vgl. FASTENRATH, Recht der Staatensukzession, S. 23; HAMMER, S. 152; MAREK, S. 13 f.; KOSKENNIEMI, S. 120 ff.

3. Staatensukzession und Identität beim Zerfall der österreichisch-ungarischen Monarchie

a. Tatbestand einer Staatensukzession

Der Zerfall des Vielvölkerstaates Österreich-Ungarn hatte gewaltige Auswirkungen auf das Staatenbild in ganz Osteuropa. Das Gebiet der österreichisch-ungarischen Monarchie wurde nach Ende des Ersten Weltkrieges zunächst auf sieben Staaten aufgeteilt.[280] Das Gebiet der österreichischen Reichshälfte (Cisleithanien) wurde neben der Republik Österreich auf die neu gegründeten Staaten Tschechoslowakei, Polen und Jugoslawien bzw. auf die bereits existierenden Staaten Italien und Rumänien verteilt. Betrug die Fläche der österreichischen Reichshälfte vor Beginn des Ersten Weltkriegs noch 300'000 km^2, so blieben der Republik Deutschösterreich nach dem Krieg noch 79'800 km^2.[281]

Damit waren die Voraussetzungen für den völkerrechtlichen Tatbestand einer Staatensukzession gegeben. Denn wo bis zum Ende des Ersten Weltkrieges die österreichisch-ungarische Monarchie bzw. die beiden Reichshälften die Gebietshoheit ausübten, übernahmen neu gegründete Staaten sowie bestehende Nachbarstaaten die Hoheit über diese Gebiete. Strittig blieben jedoch die juristische Einordnung dieses Sukzessionstatbestandes und die vorab zu klärende Frage der Kontinuität der Republik Österreich mit Österreich-Ungarn bzw. der österreichischen Reichshälfte.

Die Streitfrage der Identität der Republik Österreich wurde für die Gestaltung der Beziehungen der Republik Österreich zu den anderen Nachfolgestaaten einerseits und zu den alliierten und assoziierten Staaten andererseits als grundlegend angesehen. Vor allem Österreich machte die Frage der Kriegsschuld und der entsprechenden Rechtsfolgen von der Identität der Republik Österreich mit der alten Monarchie abhängig.[282] Tatsächlich ging die Lehre damals und geht zum Teil noch heute davon aus, dass ein Nachfolgestaat nicht für Verbindlich-

---

280 Es sind dies Österreich, Ungarn, die Tschechoslowakei, Jugoslawien, Italien, Polen und Rumänien. Die Angaben variieren, je nachdem ob die Westukraine, die nur wenige Monate nach dem Zusammenbruch existiert hatte, mitgezählt wird oder nicht. Heute teilen sich bereits dreizehn Staaten dasselbe Gebiet, nämlich Österreich, Tschechien, die Slowakei, Polen, die Ukraine, Ungarn, Rumänien, Bosnien-Herzegowina, Serbien, Montenegro, Kroatien, Slowenien und Italien. Vgl. dazu BALTL/KOCHER, S. 224 f.

281 Vgl. LEHNER, Verfassungs- und Verwaltungsgeschichte, S. 253. Die Republik Deutschösterreich setzte sich im Wesentlichen aus den Ländern Österreich unter der Enns (Niederösterreich), Österreich ob der Enns (Oberösterreich), Salzburg, Steiermark, Kärnten, Tirol, Vorarlberg, Deutschböhmen und Sudetenland zusammen (§ 1 des Gesetzes über Umfang, Grenzen und Beziehungen des Staatsgebietes von Deutschösterreich, StGBl 40/1918).

282 Anders die amerikanische Delegation, nach deren Auffassung die Reparationsansprüche der Alliierten an Österreich ohne Berufung auf die Rechtsnachfolge zu begründen gewesen wären (vgl. BANSLEBEN, S. 95 ff. und 105 ff.).

keiten, die auf einem völkerrechtswidrigen Verhalten des Vorgängerstaates beruhen, belangt werden kann, da die daraus resultierenden Ansprüche höchstpersönlicher Natur sind und deshalb allein den Vorgängerstaat verpflichten.[283] Heute bestehen Tendenzen, die Sonderbehandlung der deliktischen Schulden aufzugeben, sodass Nachfolgestaaten möglicherweise auch Schulden übernehmen müssen, die durch Verstösse gegen das Völkerrecht entstanden sind.[284]

b. Rechtsauffassung Deutschösterreichs

Für die Regierung Deutschösterreichs war es aus wirtschaftlicher und politischer Sicht von enormem Interesse, die These der Diskontinuität und damit die der vollständigen Dismembration der österreichisch-ungarischen Monarchie bzw. der österreichischen Reichshälfte (Cisleithanien) zu vertreten. Sie erhoffte sich, sich damit von der Kriegsschuld und den daraus abgeleiteten politischen und wirtschaftlichen Sanktionen wenigstens teilweise befreien zu können.[285] Die österreichische Regierung begründete ihre These damit, dass die österreichisch-ungarische Monarchie den Krieg verloren habe. Sie sowie das Kaiserreich Österreich hätten mit der Proklamation der Republik Deutschösterreich am 12. November 1918 aufgehört zu existieren. Weil die Republik Deutschösterreich aber erst nach der Waffenruhe gegründet worden sei, habe sie zu keiner Zeit mit einem Staat, schon gar nicht gegen einen neuen, aus dem Zerfall der Monarchie hervorgegangenen Nationalstaat, Krieg geführt.[286] Die Republik Österreich sei da-

---

[283] Ausführlich dazu SILAGI, Staatsuntergang und Staatennachfolge, S. 361 ff.; vgl. ferner VERDROSS/SIMMA, § 1016 Fn. 3; IPSEN, S. 359 f. Rz. 34; MAREK, S. 11; REINISCH/HAFNER, S. 60, 78; MALANCZUK, S. 169.

[284] Vgl. wiederum SILAGI, Staatsuntergang und Staatennachfolge, S. 361 ff. und 403, der sich eingehend mit der Abkehr vom Dogma des Nichtübergangs deliktischer Haftung befasst. Er kommt zum Schluss, dass Verbindlichkeiten aus Staatenverantwortung zumindest insoweit übergehen, als der Sukzessor durch den haftungsbegründenden Tatbestand ansonsten bereichert wäre. Dass die Staatennachfolge nicht von selbst bedeutet, dass ein selbstbestimmtes Volk sich von begangenem Unrecht freizeichnen kann, indem es in ein neues staatliches Gewand schlüpft, zeigen die Beispiele in Zentral- und Osteuropa Ende des 20. Jahrhunderts (vgl. FASTENRATH, in: Neuhold/Simma, S. 71; ders., Recht der Staatensukzession, S. 13 f.; a.M. VERDROSS/SIMMA, § 1016 ff.). Die vom Institut de Droit International (IDI) 2001 verabschiedete Resolution zur Staatensukzession bezüglich des Vermögens und der Schulden sieht keine Sonderbehandlung der deliktischen Schulden im Sinne von höchstpersönlichen Verpflichtungen mehr vor. Nachfolgestaaten müssen gemäss Art. 22 der Resolution auch Schulden übernehmen, die durch Verstösse gegen das Völkerrecht entstanden sind. Dies entspricht gemäss RUFFERT, S. 2235, der zunehmenden Durchsetzung des völkerrechtlichen Gewaltverbots und der Menschenrechte.

[285] Vgl. MAREK, S. 199; LEHTO, S. 200.

[286] Indem Deutschösterreich davon ausging, dass die Republik erst nach dem Untergang der Doppelmonarchie gegründet wurde, versuchte es eine Verbindung zwischen der Republik und der Monarchie zu verhindern. Die Koexistenz von zwei Völkerrechtssubjekten schien der Regierung eine zu komplizierte Angelegenheit, die sie den Alliierten nicht zumuten wollte (vgl. MAREK, S. 212 f., und vorne S. 45 ff.).

her ein von der österreichisch-ungarischen Monarchie unabhängiger Staat, der weder zur österreichisch-ungarischen Monarchie noch zur österreichischen Reichshälfte in Kontinuität stehe.[287] Die österreichische Delegation könne an der Friedenskonferenz nur die am 12. November 1918 gegründete deutschösterreichische Republik vertreten. Einen Friedensvertrag könne die Republik Österreich darum nicht abschliessen. Beim vorliegenden Vertragswerk handle es sich um einen

> *«Entwurf eines internationalen Vertrages (...), der zum Zwecke hat, die Lage dieses neuen Staatswesens, auf dem ein Teil der Erbschaft eines infolge des Krieges zusammengebrochenen Staates lastet, zu regeln».*[288]

Als Folge der Diskontinuität seien die internationalen Rechte und Verpflichtungen der österreichisch-ungarischen Monarchie bzw. des Kaisertums Österreich untergegangen. Gegenüber Deutschösterreich könnten sie daher nicht geltend gemacht werden.[289] In diesem Sinne lehnte es Deutschösterreich ab, durch Verträge der österreichisch-ungarischen Monarchie gebunden zu sein.[290]

Die junge Republik Deutschösterreich habe sich rechtlich in genau derselben Lage befunden wie alle übrigen auf dem Gebiete der ehemaligen Monarchie entstandenen Staaten.[291] Die Republik Österreich sei ein ebenso neu entstandener Nachfolgestaat wie etwa die Tschechoslowakei oder Polen. Zwischen den Suk-

---

[287] Mit dieser Auffassung unterschied sich die Republik Österreich von der Auffassung Ungarns. Ungarn betrachtete sich mit der ungarischen Reichshälfte (Transleithanien) als identisch und in deren Kontinuität stehend (vgl. Hungarian Peace Negotiations I, S. 33). Vgl. ferner MAREK, S. 207; HUMMER, Internationaler Status, S. 563 f. Rz. 3031.

[288] Einleitung zu den Bemerkungen der deutschösterreichischen Delegation zur Gesamtheit der «Friedensbedingungen» mit Deutschösterreich, überreicht am 6. August 1919, in: Bericht Friedensdelegation II, S. 93. Österreich sprach deshalb von einem Staatsvertrag und lehnte die Bezeichnung Friedensvertrag ab (vgl. auch HOKE, S. 467; SILAGI, Staatsuntergang und Staatennachfolge, S. 38; MAREK, S. 218 und LEHNER, Identity of Austria, S. 77, wonach Österreich trotzdem an einigen Stellen von Friedensvertrag sprach).

[289] In diesem Zusammenhang verwies Österreich auf die besondere wirtschaftliche Schwäche des jungen territorial stark verkleinerten Staates (vgl. die deutschösterreichische Delegation zur materiellen Existenz Deutschösterreichs in der Ersten Beantwortung der Friedensbedingungen vom 10. Juni 1919, in: Bericht Friedensdelegation I, S. 74 ff.).

[290] Vgl. Ergänzung der Gegenvorschläge Deutschösterreichs vom 12. Juli 1919 zu den Wirtschaftlichen Bestimmungen, in: Bericht Friedensdelegation I, S. 385. Vgl. dagegen das interne Schreiben des Unterstaatssekretärs für Unterricht, Otto Glöckel, an das österreichische Staatsamt für Äusseres vom 8. Mai 1919, S. 10 (AdR, St-Germain, Karton 13, Fasz. III/5, Beil. zu Prot. Nr. 53): «(...), so wird auf die Wiederherstellung der Vertragsverhältnisse, wie sie vor dem Kriege bestanden, hinzuwirken sein.»

[291] Vgl. insbesondere die Denkschrift der deutschösterreichischen Friedensdelegation über das Verhalten der Nationen des alten Österreich zum Staate und zum Kriege und über ihre Mitverantwortlichkeit für die Kriegsfolgen vom 02.07.1919, in: Bericht Friedensdelegation I, S. 218 ff.

zessionsstaaten rechtlich zu differenzieren sei daher willkürlich.[292] Abgesehen davon, dass die Bevölkerungszahl und die Grösse des Staatsgebietes keine Indikatoren für Staatsidentität seien, sei gerade die Republik diesbezüglich der am wenigsten bedeutende unter allen Nachfolgestaaten. Auch dass die Reichshauptstadt Wien in das Gebiet der Republik falle, könne eine unterschiedliche Behandlung zwischen Österreich und der Nachfolgestaaten nicht rechtfertigen.

Aus der Gleichstellung mit den anderen Sukzessionsstaaten folgerte die österreichische Regierung, dass Kriegsreparationen und übrige Schulden von Gebiet und Bevölkerung der früheren Monarchie insgesamt getragen werden müssten.[293] Unter dieser Bedingung war Österreich bereit, trotz der von ihm verfochtenen These der Diskontinuität, Verantwortung für die Folgen des Weltkrieges zu übernehmen, den die österreichisch-ungarische Monarchie und deren Armee verschuldet hätten.[294]

Unabhängig von der rechtlichen Qualifikation des Zerfalls der Doppelmonarchie betonte Österreich wiederholt, dass die Regelung der komplizierten Verhältnisse zwischen den Nachfolgestaaten eine ganz andere Aufgabe sei als die Wiederherstellung des Friedens zwischen kriegführenden Mächten.[295] Österreich schlug deshalb vor, die politische, wirtschaftliche und finanzielle Auseinandersetzung zwischen den Nachfolgestaaten einer besonderen Kommission zuzuweisen, in der unter dem Vorsitz von Delegierten der alliierten Grossmächte auch Deutschösterreich zur Neuregelung dieser Beziehungen beitragen könne.

Österreichs Argumente und sein Sprachgebrauch waren jedoch nicht widerspruchsfrei. So unterschied die österreichische Regierung die Begriffe Sukzession bzw. Nachfolge und Identität nicht immer klar, auch wenn sie sinngemäss stets von Diskontinuität ausging. Zum Beispiel sprach der Staatskanzler Renner in seiner Rede anlässlich der Überreichung der Friedensbedingungen vom 2. Juni

---

[292] Vgl. insbesondere die Note über die internationale Rechtspersönlichkeit Deutschösterreichs vom 16. Juni 1919, wonach die Deutschen seit 1907 eine Minorität im Abgeordnetenhaus gewesen und seit der Gründung der Doppelmonarchie deren auswärtige Angelegenheiten nie von einem Minister aus dem Gebiet Deutschösterreichs geleitet worden seien. Ebenso sei «die internationale Vertretung von Österreich-Ungarn während der letzten Jahrzehnte fast ausschliesslich in den Händen ungarischer oder slawischer Diplomaten» gewesen (Bericht Friedensdelegation I, S. 168).

[293] Vgl. Einleitung zu den Bemerkungen der deutschösterreichischen Delegation zur Gesamtheit der «Friedensbedingungen» mit Deutschösterreich in der Antwort auf die Friedensbedingungen, überreicht am 6. August 1919, in: Bericht Friedensdelegation II, S. 93 f.

[294] Anders als Deutschland versuchte Österreich nicht, die These von der Hauptkriegsschuld generell zurückzuweisen (vgl. Bansleben, S. 95).

[295] Vgl. dazu die ausführliche Begründung in der Note über die Liquidation Österreich-Ungarns und Österreichs (Nr. 754), in: Bericht Friedensdelegation I, S. 1 ff.

1919 davon, dass die österreichische Republik ebenso wenig wie die anderen neu gegründeten Staaten «Nachfolger» der Monarchie seien.[296]

Nicht nur in der Begriffswahl widersprach Österreich hin und wieder der offiziell vertretenen These der Diskontinuität. So verlangte die Republik Österreich einerseits, dass die Staatsschulden Österreich-Ungarns bzw. der österreichischen Reichshälfte auf alle Nachfolgestaaten einschliesslich Österreichs gleichmässig aufzuteilen seien. Andererseits wehrte sie sich nicht gegen die Idee der Siegerstaaten, das Staatsvermögen der österreichisch-ungarischen Monarchie bzw. der österreichischen Reichshälfte im Sinne der Kontinuitätsthese grundsätzlich bei der Republik Österreich zu belassen.[297] Die österreichische Auffassung schliesslich, wonach die Republik Deutschösterreich am 12. November 1918 errichtet worden sei, also nach dem Waffenstillstand vom 3. November 1918 und genau einen Tag nachdem Kaiser Karl zugunsten Deutschösterreichs auf den Thron verzichtet hatte, legte den Schluss nahe, dass die ehemalige Monarchie in Form einer Republik fortgesetzt werde.[298]

Ferner führte die Republik Österreich von Anfang an die Farben der k.u.k. Kriegsflagge, nämlich rot-weiss-rot, was als Bekenntnis zur Kontinuität mit der Monarchie zu werten ist.[299]

c. Rechtsauffassung der alliierten und assoziierten Hauptmächte

Die alliierten und assoziierten Hauptmächte[300] bzw. in erster Linie die im Rat der Vier vertretenen Mächte[301] waren sich nicht einig, wie die Republik Österreich rechtlich einzuordnen sei. Für sie war die Rechtsnachfolgediskussion vor allem eine politische und finanzielle Frage.[302] In einer ersten Verhandlungsphase plä-

---

[296] Bericht Friedensdelegation I, S. 40. Vgl. hierzu auch Marek, S. 208 f.

[297] Diese Haltung kritisierten die Alliierten und Assoziierten in ihrer Antwort zu den Bemerkungen der österreichischen Delegation über die Friedensbedingungen (Bericht Friedensdelegation II, S. 328). Vgl. auch Temperley, Vol. IV, S. 480; Bansleben, S. 103; Lehner, Identity of Austria, S. 84; Fellner, Vertrag von St-Germain, S. 88 f.

[298] Vgl. Lehner, Identity of Austria, S. 78 f.

[299] Vgl. dazu Silagi, Staatsuntergang und Staatennachfolge, S. 37 f.

[300] Vereinigte Staaten von Amerika, Britisches Reich, Frankreich, Italien und Japan (vgl. Präambel des Vertrages St-Germain; zum Vertrag vgl. Fn. 332).

[301] Die obgenannten Hauptmächte ohne Japan.

[302] Vgl. Bansleben, S. 94; Haas, Österreich-Ungarn als Friedensproblem, S. 83; Marek, S. 214 f., wonach die Alliierten mit keinem einzigen rechtlichen, sondern nur mit politischen Argumenten die These der Identität begründeten. Zu den Diskussionen der Siegermächte über den Rechtsstatus Österreichs vgl. Haas, Österreich-Ungarn als Friedensproblem, S. 83 ff.; Bansleben, S. 95 ff.; Headlam-Morley, S. 127 f.; Silagi, Staatsuntergang und Staatennachfolge, S. 37; Lehner, Identity of Austria, S. 79 f.; Marek, S. 209 und 222 m.w.H.; Temperley, Vol. IV, S. 395 ff.

dierten die britische und die amerikanische Delegation vor dem Hintergrund der Reparationszahlungen für Diskontinuität. Die deutschösterreichische Republik wäre damit gleich den anderen Nachfolgestaaten ein neuer Staat.[303] In Reaktion auf die Stellungnahmen Österreichs zu den Friedensvertragsentwürfen und in Verbindung mit der Kriegsschuldfrage setzte sich dann aber die Kontinuitätsthese durch.[304]

Grundlage und Ausgangspunkt der alliierten und assoziierten Auffassung bildete im Wesentlichen die Überzeugung, dass das österreichische Volk in grossem Umfang gemeinsam mit den Ungarn die Verantwortung für den Ersten Weltkrieg teile.[305] Die habsburgische Politik habe die Hegemonie des deutschen und magyarischen Volkes über die Mehrheit der Einwohner der Monarchie aufrechterhalten und sei dabei vom österreichischen Volk dauerhaft und stark unterstützt worden. Das österreichische Volk solle sich darum nicht von der ehemaligen Regierung distanzieren können und bleibe bis zur Unterzeichnung des Friedensvertrages ein feindliches Volk. Um diese politische Verantwortung für die Kriegsschuld auch auf rechtlicher und vor allem auf wirtschaftlicher Ebene, namentlich die Auferlegung von Reparationszahlungen, umsetzen zu können, setzten sie die Republik Österreich mit dem «alten» Österreich gleich.[306] Die rechtliche Unsicherheit über die sukzessionsrechtlichen Folgen im Falle der Diskontinuität der Republik Österreich mit dem alten Österreich dürfte die Alliierten dazu getrieben haben, auf der These der Kontinuität und damit dem automatischen Übergang aller Rechte und Pflichten zu bestehen. Darauf basierend traten die Hauptmächte mit ihnen in getrennte Friedensvertragsverhandlungen, die sie mit den Verträgen von St-Germain und Trianon abschlossen.

Gleichzeitig wollten die Alliierten, insbesondere die Nachfolgestaaten, unbedingt die Anerkennung der Republik Österreich als gleichberechtigten Nach-

---

[303] Vgl. Haas, Österreich-Ungarn als Friedensproblem, S. 93 ff.; Bansleben, S. 95 ff.; Vgl. ferner Lehner, Identity of Austria, S. 79 f. Anders als der amerikanische Präsident Wilson, der die Rechtsnachfolgefrage aus rein rechtlichen Erwägungen betrachtete, ging es dem britischen Ministerpräsidenten Lloyd George primär um eine Formulierung, die es ihm ermöglichte, von allen Nachfolgestaaten Reparationszahlungen zu fordern (vgl. Haas, Österreich-Ungarn als Friedensproblem, S. 93 f.).

[304] Vgl. Haas, Österreich-Ungarn als Friedensproblem, S. 112 ff.; Bansleben, S. 105 ff.

[305] Vgl. hierzu Begleitnote zur Antwort der alliierten und assoziierten Mächte an den Präsidenten der österreichischen Delegation vom 2. September 1919, in: Bericht Friedensdelegation II, S. 310 f.; Antwort der alliierten und assoziierten Mächte zu den Bemerkungen der österreichischen Delegation über die Friedensbedingungen vom 20. Juli, in: Bericht Friedensdelegation II, S. 337 f.

[306] Vgl. Haas, Österreich-Ungarn als Friedensproblem, S. 87, wonach die Kriegsschuldartikel Deutschlands und Österreichs nicht aus dem Bedürfnis der moralischen Verdammung des ehemaligen Kriegsgegners entstanden sind, sondern als Rechtsgrundlage für die Reparationszahlungen dienten.

folgestaat vermeiden, weil sie befürchteten, gemeinsam mit der Republik Österreich Reparationen zahlen und die alten Staatsschulden tragen zu müssen.[307] Im Gegensatz zur einseitigen Zuordnung der Schulden tendierten die Nachfolgestaaten dazu, das Staatsvermögen gleichmässig untereinander aufzuteilen.[308] Diese Ungleichbehandlung rechtfertigten sie mit der Vorherrschaft, die Österreich in der Monarchie ausgeübt habe, und damit, dass Österreich die anderen Völker der österreichisch-ungarischen Monarchie unterdrückt und schliesslich in den Krieg mitgerissen habe. Gegen Ende des Krieges hätten die nichtdeutschen und nichtungarischen Völker an der Seite der Alliierten gegen die österreichisch-ungarische Monarchie gekämpft, was ihren Status als alliierte Mächte rechtfertige.[309]

Zusätzlich zu ihrem Meinungsumschwung in der Frage der Rechtskontinuität Österreichs waren die Siegerstaaten, ähnlich wie die Republik Österreich selbst, in ihren Aussagen über deren Identität teilweise unklar und widersprüchlich. So unterschieden sie nicht konsequent zwischen der österreichisch-ungarischen Monarchie und der österreichischen Reichshälfte. Als «altes» Österreich bezeichneten die Siegermächte bisweilen die österreichisch-ungarische Monarchie, manchmal die österreichische Hälfte der Doppelmonarchie.[310] Dadurch kam nicht klar zum Ausdruck, ob die österreichisch-ungarische Monarchie oder bloss die österreichische Hälfte der Monarchie als Vorgängerstaat verstanden wurde. So machten die Alliierten im Zusammenhang mit den Wiedergutmachungsklauseln die Republik Österreich für die Politik und für die Taten der österreichisch-ungarischen Monarchie während des Ersten Weltkrieges verantwortlich. Auch erklärten sie Österreich durch die Verträge und vertraglichen Verpflichtungen der ehemaligen österreichisch-ungarischen Monarchie gebunden.[311] An anderer Stelle erwogen die Alliierten, Österreich als «wesentliche[n] Kern des österreichi-

---

[307] Vgl. Haas, Österreich-Ungarn als Friedensproblem, S. 87.

[308] Vgl. Temperley, Vol. IV, S. 479 f.; Marek, S. 199.

[309] Vgl. hierzu Begleitnote zur Antwort der alliierten und assoziierten Mächte an den Präsidenten der österreichischen Delegation vom 2. September 1919, in: Bericht Friedensdelegation II, S. 312 ff.; Antwort der alliierten und assoziierten Mächte zu den Bemerkungen der österreichischen Delegation über die Friedensbedingungen vom 20. Juli, in: Bericht Friedensdelegation II, S. 337 f.

[310] Vgl. Antwort der alliierten und assoziierten Mächte zu den Bemerkungen der österreichischen Delegation über die Friedensbedingungen vom 20. Juli, in: Bericht Friedensdelegation II, S. 344. Vgl. auch die Analyse der Besprechungsprotokolle der Siegerstaaten bei Haas, Österreich-Ungarn als Friedensproblem, S. 111 ff., und Bansleben, S. 104 ff.

[311] Vgl. Antwort der alliierten und assoziierten Mächte zu den Bemerkungen der österreichischen Delegation über die Friedensbedingungen vom 20. Juli, in: Bericht Friedensdelegation II, S. 328 und 339 f.

schen Aggregates»[312] zu betrachten, was für Identität mit der österreichischen Reichshälfte spricht.

Zuweilen bezeichneten sie die Republik Österreich gar als Sukzessionsstaat.[313] Diese Bezeichnung widerspricht der alliierten Absicht, Kontinuität zwischen der Republik Österreich und dem alten Österreich herzustellen.

Sodann wollten die Nachfolgestaaten, wie erwähnt und im Gegensatz zu den Schulden, das Vermögen der österreichisch-ungarischen Monarchie unter allen Nachfolgestaaten aufgeteilt haben.[314]

4. Regelung des Zerfalls im Friedensvertrag von St-Germain

Zwei Staatengruppen befassten sich mit den völkerrechtlichen Folgen des Zerfalls Österreich-Ungarns: Er waren dies die von der Staatensukzession betroffenen Staaten im Rahmen der Gesandtenkonferenz sowie die von den Siegermächten organisierte Pariser Friedenskonferenz.

a. Gesandtenkonferenz

Als sich die Niederlage der Mittelmächte im Herbst 1918 abzeichnete und die Neugründung von Staaten auf dem Boden Österreich-Ungarns vorangeschritten war, begannen die Nachfolgestaaten und Österreich über die Aufteilung des österreichisch-ungarischen Erbes zu verhandeln. Sie organisierten sich in der ständigen Einrichtung der Gesandtenkonferenz.[315] Sie hatte zum Zweck, die

---

[312] Vgl. Antwort der alliierten und assoziierten Mächte zu den Bemerkungen der österreichischen Delegation über die Friedensbedingungen vom 20. Juli, in: Bericht Friedensdelegation II, S. 338.

[313] Vgl. Antwort der alliierten und assoziierten Mächte zu den Bemerkungen der österreichischen Delegation über die Friedensbedingungen vom 20. Juli, in: Bericht Friedensdelegation II, S. 328. Zu weit geht wohl UDINA, S. 202 f., zit. bei MAREK, S. 223, der in verschiedenen Äusserungen der Alliierten eine Anerkennung der österreichischen Republik als neuen Staat sieht. Fraglich ist auch die Aussage von MAREK, S. 213, wonach Präsident Clemenceau die These der Dismembration bestätige. Der vom Präsident verwendetete Begriff *«démembrement»* dürfte die Ablösung der nichtdeutschen Nachfolgestaaten auf untechnische Art umschreiben. Selbst die deutsche Übersetzung durch die Österreicher damals lautet «Zertrümmerung» (Begleitnote zur Antwort der alliierten und assoziierten Mächte an den Präsidenten der österreichischen Delegation vom 2. September 1919, in: Bericht Friedensdelegation II, S. 313).

[314] Vgl. TEMPERLEY, Vol. IV, S. 480. Vgl. auch vorne S. 59.

[315] Es waren dies Deutschösterreich, Ungarn, Tschechoslowakei, Königreich der Serben, Kroaten und Slowenen (Jugoslawien), Polen, die Westukrainische Republik und Rumänien. Einige Tage später kam noch Italien hinzu. Die erste Versammlung fand am 14. November 1918 im deutschösterreichischen Aussenamt statt. Zur Vereinigung dieser Staaten zur Gesandtenkonferenz und die Abwicklung der noch gemeinsamen Angelegenheiten vgl. HAAS, Österreich-Ungarn als Friedensproblem, S. 25 ff. Vgl. ferner RAINER, Italienische Militärmission, S. 269; BITTNER, Zwischenstaatliche Verhandlungen, S. 66; FREISE, S. 59; HUMMELBERGER, S. 44.

österreichisch-ungarische Liquidierungsmasse unter den betroffenen Staaten aufzuteilen und die dazu notwendigen Grundsätze zu bestimmen bzw. sämtliche durch die Staatensukzession entstandenen Probleme zu lösen.[316] Für die Durchführung der Liquidation wurde die Internationale Liquidierungskommission eingerichtet, die am 21. November 1918 zum ersten Mal zusammentraf.[317]

Den Verhandlungen lag die einhellige Auffassung der teilnehmenden Staaten zugrunde, dass alles, was vom Vermögensbestande der Monarchie übrig blieb, eine gemeinsame Erbschaft bilde. Die österreichisch-ungarischen Angelegenheiten waren unter den cisleithanischen und transleithanischen Nationen aufzuteilen, diejenigen der österreichischen Reichshälfte unter den cisleithanischen Nationen.[318] Das Prinzip der Aufteilung somit war unbestritten. Die Republik Österreich wurde als neuer Nachfolgestaat anerkannt und die k.u.k. und k.k. Ministerien wurden aufgelöst.[319] Strittig blieb aber oftmals der Schlüssel dieser Aufteilung.[320]

Mit dem Abschluss des Friedensvertrages von St-Germain am 10. September 1919 wurden die Aktiven und Passiven der österreichisch-ungarischen Monarchie und der Reichshälften abschliessend geregelt. Österreich hat daraufhin die bis anhin zwischenstaatlich besorgte Liquidation als ausschliesslich österreichische Angelegenheit bestimmt und jedes Anordnungs- und Verwaltungsrecht der zwischenstaatlichen Liquidierungsorganisationen als erloschen erklärt.[321] Damit

---

316 Vgl. Freise, S. 59; Haas, Österreich-Ungarn als Friedensproblem, S. 28 f.

317 Vgl. Note über die Liquidation Österreich-Ungarns und Österreichs vom 18. Juli 1919 (Nr. 754), in: Bericht Friedensdelegation I, S. 441. Anhand der bei der Gesandtenkonferenz geführten Diskussionen dürfte die erste Sitzung aber später stattgefunden haben (vgl. Haas, Österreich-Ungarn als Friedensproblem, S. 28 ff.).

318 Vgl. Note über die Liquidation Österreich-Ungarns und Österreichs vom 18. Juli 1919 (Nr. 754), in: Bericht Friedensdelegation I, S. 441; Brief des österreichischen Staatsekretärs für Äusseres, Otto Bauer, vom 14. Juli 1919 (abgedruckt bei Koch/Rauscher/Suppan, S. 348).

319 Vgl. Art. 4 des Gesetzes vom 12. November 1918 über die Staats- und Regierungsform von Deutschösterreich (StGBl 5/1918). Die k.u.k. und k.k. Ministerien bestanden bis zu deren endgültiger Auflösung mit dem Zusatz «in Liquidation» fort (vgl. Note über die Liquidation Österreich-Ungarns und Österreichs vom 18. Juli 1919 (Nr. 754), in: Bericht Friedensdelegation I, S. 438 f.; Brief des österreichischen Staatsekretärs für Äusseres, Otto Bauer, vom 14. Juli 1919 (abgedruckt bei Koch/Rauscher/Suppan, S. 348). Vgl. ferner Bittner, Zwischenstaatliche Verhandlungen, S. 66 Fn. 1; Neck, Archivverhandlungen, S. 437; Hummelberger, S. 44 f.

320 Vgl. Note über die Liquidation Österreich-Ungarn und Österreichs vom 18. Juli 1919 (Nr. 754), in: Bericht Friedensdelegation I, S. 441; Brief des österreichischen Staatssekretärs für Äusseres, Otto Bauer, vom 14. Juli 1919 (abgedruckt bei Koch/Rauscher/Suppan, S. 348).

321 § 1 und 2 des Gesetzes vom 18. Dezember 1919, womit in Abänderung des Artikels 4 des Gesetzes vom 12. November 1918, St. G. Bl. Nr. 5, über die Staats- und Regierungsform Bestimmungen bezüglich der Auseinandersetzung mit den Staaten, zu welchen Gebietsteile der ehemaligen österreichisch-ungarischen Monarchie gehören, getroffen werden (StGBl 577/1919). Vgl. dazu Freise, S. 59.

verlor die Gesandtenkonferenz ihren Zweck, weshalb sie Ende 1919 aufgelöst wurde.[322]

b. Pariser Konferenz und Verhandlungen mit Österreich

Parallel zur laufenden Gesandtenkonferenz begannen die Siegermächte als zweite Staatengruppe im Rahmen der Pariser Friedenskonferenz zu verhandeln. Den Siegermächten ging es nicht nur um die völkerrechtliche Stellung Österreichs und die Friedensbedingungen zwischen Österreich und den kriegführenden Mächten, sondern auch um die politischen, rechtlichen und wirtschaftlichen Fragen im Zusammenhang mit der Staatensukzession. Durch diesen breiten Ansatz sind sie der Gesandtenkonferenz mit dem Abschluss der Pariser Vororteverträge zuvorgekommen.

Die Pariser Konferenz wurde vom 18. Januar 1919 bis 10. August 1920 durchgeführt.[323] Die gesamten Beratungen bis zum Überreichen der ersten Friedensbedingungen im Mai 1919 an Deutschland waren formal eine interalliierte Konferenz zur Vorbereitung der Friedensverhandlungen.[324] Alsdann fand die eigentliche Friedenskonferenz mit den besiegten Mittelmächten Österreich, Deutschland, Bulgarien, der Türkei und Ungarn statt, wobei die interalliierte Konferenz parallel fortgesetzt wurde.

Die österreichische Friedensdelegation wurde am 2. Mai 1919 vom Obersten Rat der alliierten und assoziierten Mächte für Friedensverhandlungen nach St-Germain-en-Laye eingeladen.[325] Als Vertreter der besiegten Streitmacht durfte

---

322 Vgl. Haas, Österreich-Ungarn als Friedensproblem, S. 53 ff.; Freise, S. 59. Davon unberührt blieben die Kommissionen der Alliierten, die weiterhin in Österreich tätig waren, nach der Vertragsunterzeichnung von St-Germain aber zu interalliierten Überwachungsausschüssen umgebildet wurden (vgl. hierzu Freise, S. 60 ff.).

323 Bereits vom 12. bis zum 17. Januar 1919 hielten der Präsident der Vereinigten Staaten von Amerika, Wilson, und die Ministerpräsidenten Lloyd George (Grossbritannien), Clemenceau (Frankreich) und Orlando (Italien) eine informelle Besprechung in Paris ab; weitere solche zwanglose Besprechungen folgten (vgl. hierzu Fellner, Vororteverträge, S. 10 f.; Temperley, Vol. I, S. 247). Zur Organisation und Arbeitsweise der Friedenskonferenz im Allgemeinen vgl. v. Puttkamer, S. 517 f.; Temperley, Vol. I, S. 236 ff.

324 Auch Vorfriedenskonferenz oder Vorbereitungskonferenz genannt. Sie war eine Vollversammlung der alliierten und assoziierten Mächte, jedoch von untergeordneter Bedeutung für den Verlauf der Konferenz, weil die Hauptmächte die Grundsatzfragen unter sich regelten (vgl. v. Puttkamer, S. 518; Fellner, Vororteverträge, S. 13 Fn. 13, mit Verweis auf Tardieu, La paix, Paris 1921, S. 107; Temperley, Vol. I, S. 248 ff.). Indem die Konferenz die Verliererstaaten ausschloss, unterschied sie sich deutlich von früheren Friedenskonferenzen (vgl. Steiger, S. 77). Zur Organisation der Vorfriedenskonferenz vgl. die Rules of the Preliminary Peace Conference at Paris, 1919, abgedruckt in: Supplement to the American Journal of International Law 13 (1919), S. 109 ff.

325 Einladungsschreiben der französischen Republik in Wien vom 2. Mai 1919 an Otto Bauer, Staatssekretär für Äusseres, in: Bericht Friedensdelegation I, S. 17. Die österreichische Frie-

die österreichische Friedensdelegation an den Verhandlungen der Friedenskonferenz jedoch nicht direkt teilnehmen.[326] Die Kontakte zwischen ihr und der Friedenskonferenz beschränkten sich auf schriftlichen Verkehr.[327] Österreich versuchte daher mittels schriftlicher Eingaben (Noten) auf den Vertragstext einzuwirken. Am 2. Juni 1919 übergab die Friedenskonferenz der österreichischen Friedensdelegation einen ersten Entwurf der Friedensbedingungen,[328] wozu die österreichische Friedensdelegation, angeführt von Staatskanzler Renner, erstmals am 10. Juni 1919 und anschliessend laufend bis und mit August mittels diverser Noten und Bemerkungen Stellung nahm.[329] Am 20. Juli 1919 übermittelte die Friedenskonferenz der österreichischen Friedensdelegation den «endgültigen Text der Friedensbedingungen» mit einer zehntägigen Frist, um schriftliche Bemerkungen zum gesamten Vertrag einzubringen.[330] Nach der Gewährung einer Fristverlängerung überreichte die österreichische Delegation am 6. August ihre Bemerkungen und Gegenvorschläge dazu.[331] Am 2. September 1919 schliesslich erhielt sie den definitiven Vertragstext, und am 10. September 1919 wurde im Schloss St-Germain-en-Laye bei Paris der Friedensvertrag zwischen den alliierten und assoziierten Mächten und der Republik Österreich unterzeichnet (Friedens- bzw.

---

densdelegation erreichte St-Germain-en-Laye am 14. Mai 1919 (vgl. Bericht Friedensdelegation I, S. 3; Temperley, Vol. I, S. 272).

[326] Im Folgenden ist daher mit dem Begriff Friedenskonferenz ausschliesslich die interalliierte Konferenz ohne Österreich gemeint.

[327] Vgl. dazu das Schreiben des Präsidenten der Friedenskonferenz, Georges Clemenceau, vom 31. Mai 1919 an die österreichische Friedensdelegation, in: Bericht Friedensdelegation I, S. 36). Unbestritten ist, dass Ton und Verfahrensweise der Pariser Friedenskonferenz dem Zustandekommen einer dauerhaften Friedensregelung unzuträglich waren (vgl. v. Puttkamer, S. 518). Während des fast dreiwöchigen Aufenthaltes der österreichischen Friedensdelegation in St-Germain beschränkte sich der Kontakt mit der Friedenskonferenz auf den Austausch von Vollmachten (vgl. Bericht Friedensdelegation I, S. 3). Vgl. dazu auch Curato, S. 126.

[328] Einen Überblick über die Tätigkeit der österreichischen Friedensdelegation in St-Germain gibt der gleichnamige Bericht in: Bericht Friedensdelegation I, S. 1–15, sowie in: Bericht Friedensdelegation II, S. 1–7.

[329] Der Entwurf des Friedensvertrages war nicht vollständig; es fehlten einige Bestimmungen zu den politischen, militärischen und finanziellen Angelegenheiten sowie zu den Reparationsklauseln (vgl. Bericht Friedensdelegation I, S. 39, 44 ff.; Temperley, Vol. IV, S. 394). Bis Februar 1919 wurden die die Mittelmächte betreffenden Geschäfte gemeinsam beraten. Weil danach dem Vertrag mit Deutschland erste Priorität gegeben worden war, wurde im Rat der Vier der Vertrag mit Österreich erst Ende Mai behandelt (vgl. Temperley, Vol. I, S. 272 f.).

[330] Begleitnote und Friedensbedingungen vom 20. Juli 1919 sind abgedruckt in: Bericht Friedensdelegation I, S. 9 ff.

[331] Vgl. Antwort vom 6. August 1919 auf die Friedensbedingungen vom 20. Juli 1919 (Nr. 914), in: Bericht Friedensdelegation II, S. 78 ff. Zwei Nachträge vom 10. und 11. August 1919 ergänzten die österreichische Antwort (Nr. 997 und 996) (vgl. Bericht Friedensdelegation II, S. 299 ff.).

Staatsvertrag von St-Germain).[332] Das Vertragswerk bildet nach dem Friedensvertrag von Versailles mit Deutschland vom 28. Juni 1919[333] das zweite Friedensabkommen, das die alliierten und assoziierten Mächte nach Abschluss der Waffenstillstandsabkommen mit einer Mittelmacht vereinbart haben. Die Verträge zwischen den Alliierten und den Mittelmächten waren eng miteinander verknüpft und bildeten ein einheitliches System von Friedensschlüssen, das als Pariser Vororteverträge bezeichnet wird.[334] Die Vertragstexte stimmen teilweise wörtlich überein, wobei viele Bestimmungen wörtlich oder sinngemäss dem bereits früher abgeschlossenen Vertrag von Versailles mit Deutschland entnommen wurden.[335]

c. Friedensvertrag von St-Germain

ca. Allgemeines

Der Friedensvertrag von St-Germain wurde zwischen Österreich auf der einen und den alliierten und assoziierten *Haupt*mächten sowie weiteren alliierten und assoziierten Mächten[336] (gemeinsam als Siegermächte bezeichnet) auf der ande-

---

[332] Die unterzeichnete Urkunde enthielt im Vergleich zum Vertragstext vom 2. September 1919 nochmals einige Änderungen (vgl. Mitteilung über textliche Änderungen in den zu unterzeichnenden Urkunden und Verzeichnis der Berichtigungen, in: Bericht Friedensdelegation II, S. 632 ff.). Der Vertrag wurde von Österreich am 16. Juli 1920 ratifiziert und im StGBl 303/1920 publiziert (abgedruckt in: NIEMEYER, S. 250 ff.; DE MARTENS, 3ème Série, XI, S. 691 ff.). Der Friedensvertrag wurde in französischer, englischer und italienischer Sprache abgefasst. Im Falle von Abweichungen ist der französische Text massgebend, mit Ausnahme des Teiles I (Vertrag über den Völkerbund) und des Teiles XIII (Arbeit), in welchen der französische und der englische Text die gleiche Authentizität haben (Art. 381 Abs. 2 St-Germain). Aufgrund der Bestimmungen über den Völkerbund verweigerte der Nationalkongress der Vereinigten Staaten von Amerika die Ratifikation des Vertrages. In einem bilateralen Vertrag von 24. August 1921 beendeten die beiden Staaten den Krieg formell (BGBl 643/1921). Vgl. dazu FELLNER, Vertrag von St-Germain, S. 104, und BLEIBER, S. 46 ff., zu den Widerständen in den Vereinigten Staaten von Amerika. Auszüge aus dem Friedensvertrag finden sich im Anhang hinten S. 301 ff.

[333] Abgedruckt in: NIEMEYER, S. 87 ff.

[334] Dem Vertrag von St-Germain folgte der Vertrag von Neuilly-sur-Seine mit Bulgarien (27. November 1919), von Trianon mit Ungarn (4. Juni 1920) und zuletzt von Sèvres mit der Türkei (10. August 1920) (alle abgedruckt in: NIEMEYER, S. 386 ff., 471 ff. und 589 ff.). Bei den Friedensverträgen handelt es sich in rechtlicher Hinsicht um eine Unterform des mehrseitigen Vertrages, des sog. *traité mi-collectif* (Halbkollektivvertrag). Dieser zeichnet sich dadurch aus, dass auf der einen Seite eine Mehrzahl von Vertragsparteien mit einem übereinstimmenden Regelungsinteresse einer einzelnen Vertragspartei auf der anderen Seite gegenübersteht (vgl. hierzu DAHM/DELBRÜCK/WOLFRUM, Bd. I/3, S. 520; VERDROSS/SIMMA, § 538 Fn. 18 a.E.; KIMMINICH/HOBE, S. 179; FITZMAURICE, S. 259 f.).

[335] Eine Übersicht über die in beiden Verträgen übereinstimmenden Regelungen gibt SCHEUBA-LISCHKA, S. 152. Vgl. auch die direkte Gegenüberstellung der beiden Friedensverträge bei HOFMANNSTHAL, S. 1 ff.

[336] Belgien, China, Cuba, Griechenland, Nicaragua, Panama, Polen, Portugal, Rumänien, der Serbisch-kroatisch-slowenische Staat, Siam und Tschecho-Slowakei (vgl. Präambel des Vertrages St-Germain).

ren Seite abgeschlossen. Mit dem Friedensvertrag von St-Germain beendeten die Siegermächte formell den Kriegszustand mit der Republik Österreich. Daneben bestimmten sie in 381 Artikeln und zahlreichen Anlagen die wirtschaftlichen, finanziellen, militärischen, territorialen und (aussen-)politischen Angelegenheiten Österreichs.[337] Die zentrale Bestimmung enthielt Art. 177, der die Kriegsschuld Österreich-Ungarns zusammen mit Deutschland statuierte. Österreich wurde demzufolge zu hohen Reparationszahlungen verpflichtet, doch hatten auch die Nachfolgestaaten sog. Liberationsbeiträge zu leisten.[338] Auch verpflichtete der Friedensvertrag Österreich zu teilweise umfangreichen Abtretungen deutschsprachiger Gebiete an seine neuen oder bereits bestehenden Nachbarstaaten.[339] An die Tschechoslowakei gingen die industriell starken und wichtigen Gebiete in Südmähren und -böhmen sowie grosse Teile Schlesiens, an Jugoslawien die Südsteiermark und, nach einer Volksabstimmung, Teile des südöstlichen Kärntens (Miestal). Italien schliesslich erhielt das Südtirol bis zum Bren-

---

[337] Der Friedensvertrag enthält aber auch Bestimmungen, die in ihrer Art ein Novum in der Geschichte der Friedensverträge darstellen, nämlich die Satzung des Völkerbundes (I. Teil, Art. 1–26) und die Bestimmungen zur internationalen Organisation der Arbeitsgemeinschaft (XIII Teil, Art. 331–372). Vgl. dazu FELLNER, Vororteverträge, S. 14 f., 103; GUGGENHEIM, Völkerbund, S. 16 ff.). Zu beiden Organisationen wurde Österreich aus politischen Gründen vorerst der Beitritt verweigert (vgl. Art. 283 und 332 St-Germain).

[338] Die Hauptmächte waren sich bewusst, dass die Nachfolgestaaten teilweise auch Mitverantwortung am Krieg trugen, aber nicht auf eine Stufe mit Österreich und Ungarn gestellt werden konnten. Dies befreite die Nachfolgestaaten von der Pflicht, Reparationsleistungen zu zahlen, sie mussten jedoch den Alliierten einen Beitrag an die Kosten für ihre Befreiung (Liberationsbeitrag) leisten (vgl. dazu TEMPERLEY, Vol. V, S. 11 ff. und 30 ff.; HAAS, Österreich-Ungarn als Friedensproblem, S. 93 f.). In der Sache handelte es sich jedoch ebenfalls um Reparationen (vgl. BANSLEBEN, S. 110). Vgl. das Agreement Between the United States of America, Belgium, the British Empire, China, Cuba, France, Greece, Italy, Japan, Nicaragua, Panama, Poland, Portugal, Roumania, the Serb-Croat-Slovene State, Siam and the Czecho-Slovak State, with Regard to the Contributions to the Cost of Liberation of the Territories of the Former Austro-Hungarian Monarchy vom 10. September 1919 (abgedruckt bei TEMPERLEY, Vol. V, S. 374 ff., und in: American Journal of International Law 14 (1920), Supplement: Official Documents, S. 344 ff.). Auch die Aufnahme einer Kriegsschuldbestimmung und die Verpflichtung zur Leistung von hohen Reparationsleistungen, wie dies in den Pariser Vororteverträgen festgelegt wurde, erfolgten erstmals in der Geschichte der Friedensverträge und bedeuteten eine neue Entwicklung im Kriegsrecht (vgl. STEIGER, S. 66, 86). Im Unterschied zu den bisherigen Friedensverträgen fehlten dafür die klassischen Bestandteile wie eine Friedensklausel oder eine Amnestie (vgl. STEIGER, S. 66, 83; SEIDL-HOHENVELDERN/HUMMER, S. 158 Rz. 811; SUPPAN, Nationalitäten, S. 80).

[339] Vgl. Art. 27 bis 35 St-Germain. Von den ursprünglich 10 Millionen deutschsprachigen Bewohnern auf dem Gebiet der alten Monarchie sollte die neue Republik nurmehr 6 Millionen umfassen (vgl. die Zahlen aus dem Protokoll der 21. Sitzung der konstituierenden Nationalversammlung für Deutschösterreich vom 7. Juni 1919 [AdR, St-Germain, Karton 1, Fasz. I/Fr./c, S. 516]). Zu den Territorialabtretungen vgl. ferner BALTL/KOCHER, S. 248 f.; HOKE, S. 463 ff. Vgl. auch SUPPAN, Nationalitäten, S. 80.

ner und das Kanaltal (Kärnten).[340] Als einzigen Gebietszuwachs konnte Österreich den Erwerb Südkärntens und des deutschsprachigen Burgenlandes verzeichnen, dessen Verlust bezeichnenderweise auch nicht auf Kosten eines Siegerstaates, sondern zu Lasten Ungarns ging.[341] Damit bestand Österreich gemäss dem Friedensvertrag von St-Germain und nach verschiedenen Volksabstimmungen aus den Ländern Ober- und Unterösterreich (ohne Südböhmen und -mähren), Salzburg, Tirol (ohne Südtirol), dem Vorarlberg und den verkleinerten Ländern Steiermark und Kärnten.

Um einen Anschluss Österreichs an Deutschland zu verhindern, wurde Österreich dazu verpflichtet, seine Unabhängigkeit zu bewahren (Art. 88 St-Germain).[342] Dieses Anschlussverbot und die Abtretung umfangreicher deutscher Siedlungsgebiete veranlassten die Siegermächte, Österreich den selbst gewählten Staatsnamen Deutschösterreich abzuerkennen und durch den Namen Österreich zu ersetzen.

Schliesslich enthielt der Vertrag auch kulturgüterrechtliche Bestimmungen (Art. 93, 191–196 St-Germain), die weiter hinten besprochen werden.[343]

---

[340] Das Südtirol bis zum Brenner wurde Italien noch während des Krieges im Londoner Vertrag von 1915 versprochen, sofern es an der Seite der Alliierten kämpfen würde. Zum Vertrag von London vgl. TEMPERLEY, Vol. IV, S. 278 ff. Vgl. auch die diesbezüglich von Österreich angeregten Kompromissvorschläge im Protokoll der 21. Sitzung der konstituierenden Nationalversammlung für Deutschösterreich vom 7. Juni 1919 (AdR, St-Germain, Karton 1, Fasz. I/Fr./c, S. 518). Weiter erhielt Italien auch das italienischsprachige und Italien zugewandte Trentino. Die deutschsprachige Bevölkerung des Südtirols hingegen sprach sich klar für den Verbleib bei Österreich aus. Die daraufhin einsetzende Italianisierung der deutschsprachigen Region verschärfte den Konflikt zwischen Österreich und Italien, der erst mit der Streitbeilegungserklärung Österreichs im Jahre 1992 formell beigelegt wurde. Vgl. hierzu TADDEY, Lexikon der Deutschen Geschichte, S. 1230, das fälschlicherweise die Streitbeilegungserklärung Österreichs mit 1982 datiert.

[341] Zu den Volksabstimmungen über die Gebiete der Steiermark und des Burgenlands vgl. HOKE, S. 467, und SUPPAN, Nationalitäten, S. 80. Damit wurden Österreich bei weitem nicht alle deutschsprachigen Siedlungsgebiete Cisleithaniens zuerkannt, wie es der amerikanische Präsident Woodrow Wilson in seinen 14 Punkten ursprünglich vorgesehen hatte (vgl. BERBER, Bd. 2, S. 105; ferner das Memorandum der Vertreter der deutschen Sudentenländer in Erwiderung auf die Friedensbedingungen der alliierten und assoziierten Mächte, in: Bericht Friedensdelegation I, S. 93 f.). Die Rede Wilsons vom 8. Januar 1918 ist in Auszügen abgedruckt bei TEMPERLEY, Vol. I, S. 431 ff. Weil diese Gebietsabtretungen dem von den Siegermächten ursprünglich proklamierten Selbstbestimmungsrecht widersprachen, empfand sie das österreichische Volk als höchst ungerecht (vgl. SUPPAN, Nationalitäten, S. 78).

[342] Art. 80 des Vertrages von Versailles vom 28. Juni 1919 setzt dieses Anschlussverbot zu Lasten von Deutschland explizit fest: «Deutschland anerkennt die Unabhängigkeit Österreichs und wird sie streng in den durch Vertrag zwischen diesem Staate und den alliierten und assoziierten Hauptmächten festzusetzenden Grenzen als unabänderlich beachten, es sei denn mit Zustimmung des Rates des Völkerbundes.».

[343] Vgl. S. 96 ff.

Österreichs (schriftliche) Bemühungen, korrigierend auf den Fiedensvertrag einzuwirken, wurden bei den Siegermächten kaum gehört und blieben im Vertragswerk praktisch unberücksichtigt. Ein kleiner Erfolg, wenn auch nur von formeller Bedeutung, hatte die österreichische Delegation mit der Umbenennung des Friedensvertrages in Staatsvertrag.[344] Der Vertrag trat für Österreich am 16. Juli 1920 in Kraft.[345]

cb. Zur Frage der völkerrechtlichen Identität

Was das völkerrechtliche Verhältnis zwischen der österreichisch-ungarischen Monarchie bzw. der österreichischen Reichshälfte und der neuen Republik Österreich anbelangt, ist der Wortlaut des Friedensvertrages von St-Germain nicht klar.

Die Präambel schreibt fest:

> *«un armistice a été accordé à l'Autriche-Hongrie le 3 Novembre 1918 par les Principales Puissances alliées et associées afin qu'un Traité de Paix puisse être conclu»* (Abs. 1), und *«*[à] *dater de la mise en vigueur du présent Traité, l'état de guerre prendra fin»* (Abs. 8).

Der Friedensvertrag geht somit davon aus, dass mit Österreich-Ungarn Krieg geführt und ein Waffenstillstand vereinbart wurde. Allerdings wurde er mit der Republik Österreich abgeschlossen. Dieses Vorgehen setzt rechtlich Kontinuität zwischen Österreich-Ungarn und der Republik Österreich voraus. Auch was die Reparationszahlungen betrifft, scheint der Vertrag zumindest der Form halber die Kontinuitätsthese vorauszusetzen. Die Republik Österreich wurde zu Reparationszahlungen verpflichtet, während die ganz oder teilweise auf dem Boden der österreichisch-ungarischen Monarchie neu hervorgegangenen Staaten, Tschechoslowakei, Polen und das Königreich Serbien-Kroatien-Slowenien (Jugoslawien), als alliierte und assoziierte Mächte eingestuft und lediglich zur Zahlung von Liberationsbeiträgen verpflichtet wurden.[346] Für eine Interpretation im Sinne der Kontinuitätstheorie sprechen auch die politischen Bestimmungen über Europa, wonach Österreich auf alle Rechte und Ansprüche auf die Gebiete der ehemaligen österreichisch-ungarischen Monarchie verzichtet, die es gemäss Vertrag abzutreten hat (Art. 36 ff.). Desgleichen musste Österreich auf alle Rechte bezüglich der aussereuropäischen Gebiete verzichten

---

[344] Vgl. den weggefallenen Titel der Friedensbedingungen vom 2. und 10. September, in: Bericht Friedensdelegation II, S. 374 Fn. 1. Vgl. auch Silagi, Staatsuntergang und Staatennachfolge, S. 38; Köck, S. 290.

[345] Vgl. StGBl 303/1920. Bis dahin war der Friedensvertrag vom Britischen Reich, Frankreich, Italien, China, Griechenland, Siam, Jugoslawien und der Tschechoslowakei genehmigt worden. Gegenüber Belgien trat der Vertrag am 24. Juli 1920 und gegenüber Polen am 22. August 1924 in Kraft.

[346] Zu den Liberationsbeiträgen vgl. vorne Fn. 338.

(Art. 95 ff.). Einen solchen Verzicht seitens Österreichs setzt Kontinuität voraus, weil es als neuer Staat nicht auf Gebiete verzichten kann, die es niemals besessen hat.[347]

In Sinne der Kontinuitätsthese könnte auch Abs. 3 der Präambel verstanden werden:

> *«(...) l'ancienne monarchie austro-hongroise a aujour-d'hui cessé d'exister et a fait place, en Autriche, à un Gouvernement républicain (...).»*[348]

Dass die österreichisch-ungarische Monarchie *in Österreich* einer republikanischen Regierung Platz gemacht hat, könnte so ausgelegt werden, dass Österreich-Ungarn als Staat nicht untergegangen ist, sondern sich nur der alten Regierung entledigt hat und sich neu auf das Territorium der Republik Österreich beschränkt. Mit dem Wechsel der Regierungsform allein ändert die Identität nicht. Zieht man jedoch die Präambel des Friedensvertrages zwischen den Alliierten und Assoziierten und Ungarn hinzu, ist auch diese Interpretation wieder zu verwerfen.[349] Im Vertrag von Trianon wird nämlich festgehalten:

> *«(...) l'ancienne monarchie austro-hongroise a aujour-d'hui cessé d'exister et a fait place, en Hongrie, à un Gouvernement national hongrois (...)»* (Hervorhebung durch den Autor).

Würde Österreich aufgrund dieses Satzes als mit Österreich-Ungarn identisch qualifiziert, müsste Ungarn gleichermassen mit Österreich-Ungarn identisch sein. Als einzelnes Rechtssubjekt kann die österreichisch-ungarische Monarchie jedoch nicht mit zwei Staaten gleichzeitig subjektidentisch sein.[350]

Liegt dagegen die Betonung auf dem ersten Halbsatz von Abs. 3 der Präambel, wonach die österreichisch-ungarische Monarchie aufgehört hat zu existieren, ist Kontinuität mit ihr auszuschliessen.[351] Auch einige Absätze weiter hinten spricht die Präambel von der Auflösung der österreichisch-ungarischen Monarchie (Abs. 6). Gleichzeitig spricht sie von der Errichtung *«desdits États»* und meint damit offenbar auch Österreich.[352] In den finanziellen Bestimmungen Art. 203[353], 205, 206 und 207 St-Germain wird Österreich ausserdem explizit zu

---

[347] Vgl. Haas, Österreich-Ungarn als Friedensproblem, S. 91 f.

[348] Die deutsche Übersetzung lautet: «(...) in Anbetracht, dass die ehemalige Österreichisch-ungarische Monarchie heute aufgehört hat zu existieren und dass an ihre Stelle in Österreich eine republikanische Regierung getreten ist (...)».

[349] Vgl. Silagi, Staatsuntergang und Staatennachfolge, S. 36 f.

[350] Vgl. auch Silagi, Staatsuntergang und Staatennachfolge, S. 36.

[351] Zum unklaren Wortlaut von Abs. 3 der Präambel vgl. Marek, S. 224.

[352] *«(...) de régler la situation issue de la dissolution de ladite monarchie et l'établissement desdits États (...).»*

[353] In der deutschen Fassung von Art. 203 St-Germain wurde *«l'ancienne monarchie austro-hongroise»* fälschlicherweise mit *«ehemaligen österreichischen Monarchie»* übersetzt.

den aus dem Zerfall[354] der österreichisch-ungarischen Monarchie entstandenen Staaten hinzugezählt.[355] Gegen die Kontinuitätsthese sprechen auch einige der Bestimmungen über die Staatsverträge (Abschnitt II, Art. 234–247). In Art. 241 zum Beispiel heisst es:

> *«Chacune des Puissances alliées ou associées (...) notifiera à l'Autriche les conventions bilatérales de toute nature, passées avec l'ancienne monarchie austro-hongroise, dont elle exigera l'observation.»*

Wäre Österreich mit der österreichisch-ungarischen Monarchie identisch, müsste über die Weitergeltung von Verträgen, die mit der österreichisch-ungarischen Monarchie vereinbart wurden, nicht diskutiert werden.

Allerdings bedeutet der Untergang der österreichisch-ungarischen Monarchie nicht automatisch auch denjenigen der beiden Reichshälften. Österreich und Ungarn könnten mit den beiden Reichshälften identisch sein. Der bereits mehrfach zitierte Satz in Abs. 3 der Präambel – *«a fait place, en Autriche, à un Gouvernement républicain»* – könnte entsprechend ausgelegt werden.[356] Immerhin war das ja die Intention der Siegermächte, wie wir oben gesehen haben.[357] Die weiteren Bestimmungen des Friedensvertrages bestätigen diese These allerdings, soweit ersichtlich, nirgends klar. An einigen Stellen wird lediglich auf die ehemalige österreichische Regierung Bezug genommen, ohne dass daraus die These der Kontinuität mit der österreichischen Reichshälfte herausgelesen werden könnte.[358] Ein wichtiges Indiz aber, wonach die Republik Österreich gemäss Friedensvertrag kein neuer Staat war, zeigt ein in der Endfassung des Friedensvertrages ersatzlos gestrichener Absatz der Präambel. In den Entwürfen vom 2. Juni und 20. Juli 1919 sahen die alliierten und assoziierten Hauptmächte noch ausdrücklich vor, dass unter dem Namen der Republik Österreich ein neuer unabhängiger Staat anerkannt würde.[359] Auch der österreichische Vorschlag für die Präambel, wonach alle Nachfolgestaaten einschliesslich Österreichs als Erben des alten Kaiserstaates angesehen werden sollten, wurde nicht berücksichtigt.[360]

---

354 *«[D]émembrement»* wurde in der deutschen Fassung des Vertrages mit «Zerfall» übersetzt.

355 Inhaltlich geht Art. 205 St-Germain jedoch von der Kontinuitätsthese aus (vgl. Bansleben, S. 110). Zu diesem Widerspruch innerhalb des Vertragswerks vgl. Haas, Österreich-Ungarn als Friedensproblem, S. 85.

356 Vgl. auch Kaufmann, S. 226.

357 Vgl. vorne S. 57 ff.

358 Z.B. Art. 202, 203 Ziff. 1 Abs. 2 St-Germain.

359 Vgl. Haas, Österreich-Ungarn als Friedensproblem, S. 93 und 95 m.w.H. Die Entwürfe stammten aus der Phase, als sich Grossbritannien wie die USA dafür aussprachen, die Republik Österreich als neuen Staat zu klassifizieren (vgl. dazu vorne S. 57 ff.).

360 Vgl. Kaufmann, S. 226.

All diese Interpretationsversuche bleiben Spekulationen, die letztlich zu keinem schlüssigen Ergebnis führen. Man kann den Friedensvertrag drehen und wenden, wie man will. In Bezug auf die Frage der Identität ist sein Wortlaut alles andere als stringent. Diese Widersprüchlichkeit widerspiegelt die unterschiedlichen Auffassungen der Siegermächte zu unterschiedlichen Zeitpunkten der Verhandlungen. Insbesondere gehen die finanziellen Bestimmungen in der Hauptsache von der Diskontinuität aus, während dem Rest des Vertrages, namentlich den politischen, territorialen und wirtschaftlichen Klauseln, Kontinuität zu Grunde liegt. Auch die Präambel wird nur mit Blick auf die Entstehungsgeschichte des Friedensvertrages verständlich. Ursprünglich im Sinne der Diskontinuität entworfen und später gekürzt, trägt sie im definitiven Vertragstext zusätzlich zur Verwirrung bei. Dies erstaunt, war sie doch mit dem Ziel verfasst worden, die einander widersprechenden Bestimmungen des Vertrages besser in Einklang zu bringen.[361]

Die Regelung des österreichischen Rechtsstatus im Friedensvertrag ist als Kompromiss zu sehen, wie er sich aus den Friedensverhandlungen ergab. Sie ist ein Versuch, die politischen und finanziellen Partikularinteressen der beteiligten Staaten zu vereinen.[362] In diesem Sinn war, wie gezeigt, Österreichs völkerrechtlicher Status für die Alliierten kein völkerrechtliches Problem, sondern hauptsächlich ein politisches und finanzpolitisches.[363]

5. Lehre und Staats- und Gerichtspraxis zum Zerfall der Monarchie und zu seiner Regelung im Friedensvertrag von St-Germain

a. Lehre

Der Zerfall der österreichisch-ungarischen Monarchie wirft aus dogmatischer Sicht drei Kernfragen auf: (1.) Welcher Vorgängerstaat ist von der Staatensukzession betroffen?[364] War dies die österreichische Reichshälfte, die österreichisch-ungarische Monarchie oder waren es gar beide zusammen?[365] (2.) Hörte dieser Vorgängerstaat auf zu existieren und wurde mit der Republik Österreich ein neuer Staat und damit ein neues Rechtssubjekt geschaffen (Diskontinuität)?[366]

---

[361] Vgl. Haas, Österreich-Ungarn als Friedensproblem, S. 95 f.

[362] Vgl. Bansleben, S. 95 ff.; Lehner, Identity of Austria, S. 79 f.; Haas, Österreich-Ungarn als Friedensproblem, S. 118 ff.

[363] Vgl. vorne S. 57.

[364] Vgl. auch Marek, S. 204.

[365] Vgl. dazu Silagi, Staatsuntergang und Staatennachfolge, S. 30 ff. Sowohl die österreichisch-ungarische Monarchie als auch die österreichische Reichshälfte hätten nebeneinander Völkerrechtssubjekte sein können (vgl. Marek, S. 203; Fastenrath, Recht der Staatensukzession, S. 14 f., der auf die Möglichkeit doppelter völkerrechtlicher Identität hinweist. Ebenso Ebenroth, S. 240, 243 ff.; Hammer, S. 36 f.).

[366] Vgl. Fastenrath, Recht der Staatensukzession, S. 18; Hammer, S. 38.

Oder war vielmehr die Republik Österreich mit dem Vorgängerstaat subjektidentisch (Identität bzw. Kontinuität)?[367] (3.) Um welchen Typ von Staatensukzession handelte es sich beim Zerfall der österreichisch-ungarischen Monarchie? Wäre die Republik Österreich als neues Rechtssubjekt und damit wie die übrigen Nationen als Nachfolgestaat hervorgegangen, dann wären Österreich-Ungarn bzw. die österreichische Reichshälfte im Rahmen einer Dismembration untergegangen. In der Konsequenz wären auch die Rechtsbeziehungen, insbesondere der Kriegszustand, zu Österreich-Ungarn untergegangen. Ein Friedenschluss könnte nicht mehr abgeschlossen werden, auch nicht mit der neuen Republik Österreich, womit der vorliegende Vertrag in rechtlicher Hinsicht, und wie von Österreich verlangt, kein Friedensvertrag wäre. Sollte dagegen die österreichische Reichshälfte nur territorial und bevölkerungsmässig stark reduziert worden sein, jedoch als Völkerrechtssubjekt unverändert bestehen bleiben, dann würde es sich bezüglich der an bestehende Staaten abgetretenen Gebiete um Abtretungen bzw. Zessionen handeln, bezüglich der neu entstandenen Staaten auf dem Gebiet der ehemaligen Monarchie um Sezessionen bzw. Abspaltungen.

Diese Fragen sind schwer zu beantworten, weil sie direkt mit der komplizierten völker- und staatsrechtlichen Struktur der österreichisch-ungarischen Monarchie zusammenhängen. Oder mit den Worten von TEMPERLEY ausgedrückt:

> *«No political community has ever presented more complex legal problems than Austria-Hungary, and even its death agonies caused infinite difficulties to lawyers and diplomats.»*[368]

So wurde die Frage des Vorgängerstaates in der Literatur unterschiedlich beantwortet. Einmal wird Österreich-Ungarn implizit als Vorgängerstaat bezeichnet, ein andermal die österreichische Reichshälfte.[369] Manche Autoren schliessen die österreichisch-ungarische Monarchie als Vorgängerstaat aus, weil sie ihr zwar als Staatenverbindung völkerrechtliche Persönlichkeit, nicht aber Staatscharakter zuerkennen. Aus diesem Grund sei die österreichisch-ungarische Monarchie als Staatenverbindung in Realunion untergegangen, ohne die Voraussetzungen einer Staatensukzession erfüllt zu haben.[370] So wird mehrheitlich die österreichische Reichshälfte als Vorgängerstaat bezeichnet.

---

[367] Vgl. BERBER, Bd. 1, S. 255 f.; O'CONNELL, Law of State Succession, S. 4.

[368] Vgl. TEMPERLEY, Vol. IV, S. 400. Vgl. ferner MAREK, S. 199.

[369] Vgl. LEHTO, S. 200, die zuerst die Frage *«of the continuity of the Austrian Empire over the First World War»* aufwirft, weiter unten aber davon spricht, dass der Friedensvertrag von St-Germain darauf ausgerichtet war, *«to confirm the continuity between the Austro-Hungarian Empire and the Republic of Austria (…)»*. Gemäss FIEDLER, Staatskontinuität, S. 30 Fn. 155, seien die Siegermächte von der Identität der Republik Österreich mit dem Völkerrechtssubjekt Österreich-Ungarn ausgegangen.

[370] Vgl. SILAGI, Staatsuntergang und Staatennachfolge, S. 30 ff.; MAREK, S. 207; HUMMER, Internationaler Status, S. 562 ff. Rz. 3021, 3031; GUGGENHEIM, Beiträge zur völkerrechtlichen Lehre, S. 189.

Unabhängig von dieser Frage geht die Literatur mehrheitlich davon aus, dass keine Identität zwischen der österreichisch-ungarischen Monarchie bzw. der österreichischen Reichshälfte und der Republik Österreich bestanden hat. Damit lehnt sie die alliierte These der Kontinuität Österreichs mit Österreich-Ungarn bzw. mit der österreichischen Reichshälfte ab.[371] Mit der Bildung der Republik Österreich nach dem Ersten Weltkrieg sei vielmehr ein neuer Staat gegründet worden, während die österreichisch-ungarische Monarchie bzw. die österreichische Reichshälfte untergegangen seien, und zwar durch Dismembration.[372] Begründet wird diese Ansicht mit den revolutionären Ereignissen und dem bedeutenden Territorialverlust Österreichs.[373] Ganz allgemein könne die Frage der Identität nur durch die Regeln des allgemeinen Völkerrechts beantwortet werden, nicht aber durch einen Staatsvertrag.[374]

b. Staats- und Gerichtspraxis

Innerhalb Österreichs fand die österreichische Auffassung der Diskontinuität Ausdruck in diversen Verfassungsbestimmungen (Grundgesetzen), die nach der Gründung 1918 erlassen wurden. Insbesondere übernahm Deutschösterreich gemäss Gesetz über die Staats- und Regierungsform vom 12. November 1918 die Aufträge und Vollmachten der k.u.k. Ministerien und der k.k. Ministerien, jedoch unter ausdrücklicher Ablehnung jeder Rechtsnachfolge.[375]

Der anschliessend in St-Germain ausgehandelte Friedensvertrag wurde in Österreich auf allen politischen und gesellschaftlichen Ebenen heftig kritisiert und als

---

371 Vgl. LEHNER, Identity of Austria, S. 81 f., mit zahlreichen Hinweisen; ders., Verfassungs- und Verwaltungsgeschichte, S. 261; O'CONNELL, Vol. II, S. 88, 164, 178 f.; KELSEN, Österreichisches Staatsrecht, S. 79 ff.; FROEHLICH, S. 402; ANZILOTTI, S. 137 f.; VERDROSS, S. 475 f.; SCHEUBA-LISCHKA, S. 152; HUMMER, Internationaler Status, S. 563 f. Rz. 3030 ff. MAREK, S. 203, 235 f., schliesst Identität selbst für den Fall aus, dass die österreichisch-ungarische Monarchie Staatscharakter gehabt hätte. Dies, weil die Republik Österreich gemäss Lehre schon am 30. Oktober 1918 entstanden, die österreichisch-ungarische Monarchie jedoch erst am 11. bzw. 12. November 1918 untergegangen sei, Kontinuität aber bei zwei völkerrechtlichen Subjekten, die zeitlich nebeneinander bestanden, nicht möglich sei. A.M. KAUFMANN, S. 226.

372 Vgl. KELSEN, Österreichisches Staatsrecht, S. 79 ff. Vgl. ferner SILAGI, Staatsuntergang und Staatennachfolge, S. 31 f., der, wollte man der österreichisch-ungarischen Monarchie den Staatscharakter nicht absprechen, höchstens von einer «modifizierten Dismembration» spricht.

373 Ausführlich dazu vgl. MAREK, S. 210 ff. und 235.

374 Vgl. MAREK, S. 228 ff.; KELSEN, Naissance de l'Etat, S. 633; vgl. auch LEHNER, Identity of Austria, S. 81 f.

375 Art. 4 (StGBl 5/1918). Das Gesetz ist abgedruckt in: GOSEWINKEL/MASING, S. 1534.

höchst ungerecht empfunden.[376] Im Mittelpunkt der Kritik standen die Kriegsschuldthese, die Gebietsabtretungen, die wirtschaftlichen Bedingungen, insbesondere die Reparationszahlungen, sowie das faktische Verbot zum Anschluss an Deutschland.[377] Vor diesem Hintergrund unterwarf sich Österreich dem Friedensvertrag nur so weit, als es dazu verpflichtet war.[378] Art. 1 des Gesetzes vom 21. Oktober 1919 über die Staatsform[379] lautet darum:

> *«Die Republik Österreich übernimmt jedoch – unbeschadet der im Staatsvertrag von St-Germain auferlegten Verpflichtungen – keinerlei Rechtsnachfolge nach dem ehemaligen Staate Österreich (...).»*

Mit diesem Wortlaut machte Österreich auch klar, dass aus seiner Sicht der Friedensvertrag von St-Germain ein Staatsvertrag war.[380]

Auch im Verhältnis zu Drittstaaten, die nicht Partei des Friedensvertrages waren, hielt Österreich an der These der Diskontinuität fest.[381] Auch der Wiener Vertrag zwischen Österreich und den Vereinigten Staaten von Amerika von 1921 scheint von einem neuen Staat Österreich auszugehen.[382]

---

[376] Vgl. zum Beispiel die Rede von Staatskanzler Renner vom 2. Juni 1919 anlässlich der Überreichung der Entwürfe der Friedensbedingungen in St-Germain, in: Bericht Friedensdelegation I, S. 40 ff. Vgl. ferner FELLNER, Vertrag von St-Germain, S. 85 ff., 96; GOLDINGER/BINDER, S. 44 ff.; TEMPERLEY, Vol. IV, zum Protest Österreichs (S. 394 f.) und zur Kritik gegen die harten Vertragsbestimmungen (S. 438 f., 476 f.). Vgl. auch Protokoll der 21. Sitzung der konstituierenden Nationalversammlung für Deutschösterreich vom 7. Juni 1919 (AdR, St-Germain, Karton 1, Fasz. I/Fr./c, S. 515).

[377] Deutschösterreich beklagte sich weniger über die wirtschaftlichen Bedingungen. Als ungleich schlimmer empfand es, dass dieselben Bedingungen auch zugunsten der Sukzessionsstaaten auferlegt würden, mit denen es bis vor kurzem in einem Wirtschaftsgebiet vereinigt gewesen war (vgl. die Note über die Beschlagnahme und Liquidation deutschösterreichischer Vermögenswerte in den Nationalstaaten vom 23. Juni 1919 [Nr. 507], in: Bericht Friedensdelegation I, S. 186 ff.). In politischer Hinsicht wurden diese Vorwürfe in der Nachkriegszeit relativiert bzw. als nicht gerechtfertigt erkannt (vgl. dazu FELLNER, Vorortevertäge, S. 10 ff.; HAAS, Österreich-Ungarn als Friedensproblem, S. 62; LEHNER, Verfassungs- und Verwaltungsgeschichte, S. 266 f.). So beweise entgegen dem damaligen Vorwurf die vor allem in der Nachkriegszeit getätigte Forschung, dass die Pariser Vorortevertäge nicht das Ergebnis leichfertiger und unvorbereiteter Entscheidungen waren. Gleichzeitig sei die Neuordnung der mitteleuropäischen Nachfolgestaaten nicht das Ergebnis wohl geplanter Kriegszielpolitik der Siegermächte gewesen, sondern habe sich aus der Auflösung des Habsburgerreiches in der Schlussphase des Krieges fast natürlich entwickelt. Die während der Kriegsjahre gemachten Zusagen hätten ebenfalls eine zukunftsträchtige Lösung erschwert.

[378] Vgl. FROEHLICH, S. 403 ff. Zu den Wirkungen des Staatsvertrages von St-Germain auf die österreichische Verfassung vgl. KELSEN, Österreichisches Staatsrecht, S. 146 ff.

[379] StGBl 484/1919.

[380] Vgl. vorne Fn. 288.

[381] Vgl. ausführlich dazu MAREK, S. 231 ff. m.w.H.

[382] Vgl. MAREK, S. 232.

Entsprechend gingen die österreichischen Gerichte, die sich mit der Frage der Rechtskontinuität der österreichisch-ungarischen Monarchie befassten, in ihren Entscheidungen konsequent davon aus, dass die Republik Österreich nicht identisch mit dem Kaiserreich war.[383]

Die Staatenwelt folgte in der Regel der Auffassung der Diskontinuität.[384] So hielten die Nachfolgestaaten der österreichischen Reichshälfte an ihrer bereits vor dem Friedensvertrag verfolgten Ansicht fest, dass Österreich ein Nachfolgestaat sei.[385] Auch einem zwischen der Schweiz und Österreich abgeschlossenen Vertrag dürfte die These der Diskontinuität zwischen Österreich und der österreichisch-ungarischen Monarchie zu Grunde liegen. Dieser hält nämlich fest, dass die zwischen der Schweiz und der ehemaligen österreichisch-ungarischen Monarchie geschlossenen Verträge von den Vertragsparteien «angewendet werden».[386]

Gerichte von Drittstaaten wie auch internationale Gerichte äusserten sich zum Status der Republik Österreich in unterschiedlicher Weise.[387] Beispielsweise errachtete das Oberste Gericht in Polen die Republik Österreich entsprechend dem Friedensvertrag von St-Germain als mit der österreichischen Reichshälfte der Monarchie identisch.[388] Eine ähnliche Auffassung zeigt sich in der Stellungnahme der Tripartite Claims Commission 1927 in ihrer Kommissionsverfassung zu Österreich, Ungarn und der österreichisch-ungarischen Monarchie:[389] Die ehemalige österreichische und ungarische Reichshälfte seien unabhängige Staaten gewesen, jedoch ohne völkerrechtlichen Status. Die Kommission folgerte weiter:

---

383 Z.B. österreichischer Verwaltungsgerichtshof vom 11. Februar 1922 (No. 13.021 A.), in: Annual Digest of Public International Law Cases, 1919–1922, Case No. 7, S. 20 f.; deutsch-österreichischer Verfassungsgerichtshof vom 7. Mai 1919 (No. 126), in: Annual Digest of Public International Law Cases, 1919–1922, Case No. 38, S. 66 f. Vgl. dazu eingehend MAREK, S. 230 ff.; SEIDL-HOHENVELDERN, Überleitung von Herrschaftsverhältnissen, S. 26 ff.

384 Beispiele zitiert bei MAREK, S. 232 f. A.M. offenbar die Niederlande (vgl. den Entscheid eines Bezirksgerichtes von Amsterdam vom 29. Oktober 1926 mit Hinweis auf eine entsprechende Stellungnahme der niederländischen Regierung, in: Annual Digest of Public International Law Cases, 1927–1928, Case No. 20, S. 37 f.).

385 Vgl. dazu MAREK, S. 233; NECK, Kulturelle Bestimmungen, S. 355.

386 Vgl. Präambel und Art. 1 des Vertrages über die Anwendung früherer den Rechtsverkehr betreffender Verträge zwischen der Schweiz und Österreich vom 25. Mai 1925 (SR 0.196.116.3, <http://www.admin.ch/ch/d/sr/i1/0.196.116.3.de.pdf> [besucht am 14. Januar 2010]). In diesem Sinne äusserte sich auch das Eidgenössische Justiz- und Polizeidepartement in einer Mitteilung an die Abteilung für Auswärtiges vom 23. Dezember 1920 (zitiert in: GUGGENHEIM, Répertoire suisse, S. 1337 ff.).

387 Beispiele zitiert bei MAREK, S. 233 ff.

388 Vgl. Entscheid des Obersten Gerichts vom 20. Februar 1923, in: Annual Digest of Public International Law Cases, 1923–1924, Case No. 33, S. 64 f.

389 Tripartite Claims Commission, Administrative Decision No. 1, May 25, 1927, in: American Journal of International Law 21 (1927), S. 607.

«It was against the Imperial and Royal Austro-Hungarian Government that the United States waged war (...)» und: *«not only was the Austro-Hungarian Dual Monarchy dismembered but substantial parts of the territories of the former Austrian Empire and of the former Kingdom of Hungary were ceded some to new and some to existing states.»*

Österreich und Ungarn würden sich aber auch von den beiden alten Reichshälften wesentlich unterscheiden, weshalb es gerechtfertigt sei «(...) *[to] ,establish' for the first time such [friendly] relations between Austria and the United States and between Hungary and the United States*». Ein italienisch-österreichisches Arbeitsgericht hingegen erklärte die österreichische Republik mit der österreichisch-ungarischen Monarchie als identisch.[390]

Wie diese Einblicke zeigen, blieb die Unsicherheit bezüglich des völkerrechtlichen Status der Republik Österreich und der Frage der Identität mit dem alten Österreich auch nach dem Friedensvertrag von St-Germain bestehen. Sowohl die Staats- als auch die Gerichtspraxis handhabten die sich daraus ergebenden Probleme zum Teil völlig unterschiedlich. Das Beispiel des Zusammenbruchs der österreichisch-ungarischen Monarchie macht deutlich, dass die Frage der Qualifizierung der konkreten Staatensukzession und damit die Frage der Identität vor allem eine politische Frage ist.[391] Wie es sich mit den Auswirkungen der Staatensukzession in Bezug auf Kulturgüter verhält, soll im Folgenden untersucht werden.

---

[390] Recueil des décisions des tribunaux arbitraux mixtes, vol. IX, S. 553. Dieser Entscheid veranlasste MAREK, S. 234 Fn. 5, zur kritischen Frage, ob die Richter die Existenz des Friedensvertrages von Trianon je in Betracht gezogen hätten.

[391] Vgl. WATTS, S. 399, 401. Dies bestätigen die jüngsten Beispiele Russland und Ex-Jugoslawien (vgl. hinten die Fn. 1023 bzw. 1031).

2. Kapitel
Zuordnung der Kulturgüter nach dem Zerfall der österreichisch-ungarischen Monarchie

Nach dem Zusammenbruch der österreichisch-ungarischen Monarchie forderten die Nachfolgestaaten die Rückgabe von Kulturgütern und Archiven, die einst auf ihrem Staatsgebiet gelegen hatten und während der habsburgischen Herrschaft in das Gebiet der Republik Österreich und insbesondere nach Wien verbracht worden waren. Konkret war die Republik Österreich mit Forderungen von Italien, der Tschechoslowakei, Jugoslawien, Polen, Rumänien und Ungarn konfrontiert. Obwohl kein Nachfolgestaat, stellte auch Belgien, das einst zum Haus Habsburg gehört hatte, im Rahmen der Friedensvertragsverhandlungen Herausgabeforderungen.

Weil der Zerfall der Monarchie mit dem Ende des Ersten Weltkrieges zusammenfiel, stützten sich einzelne Herausgabeforderungen auch auf Ereignisse, die unmittelbar mit dem Ersten Weltkrieg verknüpft waren. Dadurch war Deutschösterreich auch mit Forderungen von Alliierten konfrontiert, die keine Nachfolgestaaten, aber während des Krieges von der österreichisch-ungarischen Armee geschädigt worden waren. Zuweilen bestand auch die Absicht, Kulturgüter als Reparationsleistung für die von Österreich-Ungarn beschädigten oder zerstörten Kulturgüter herauszuverlangen.[392]

Aus völkerrechtlicher Sicht sind die Herausgabeansprüche, die sich auf Verschiebungen während des Ersten Weltkrieges beziehen, von denjenigen abzugrenzen, die bereits früher, unter der gemeinsamen Herrschaft der Habsburger, stattgefunden hatten. Obwohl erstere nicht zum Themenkomplex der Staatensukzession gehören, werden sie in der vorliegenden Arbeit mitberücksichtigt, da die vertraglichen Bestimmungen kaum Unterscheidungen treffen.

392 So z.B. die durch die französische Akademie der schönen Künste im März 1919 angeregte Petition. Danach sollte der französische Staat aus österreichischen und deutschen Herrscherhäusern und öffentlichen Museen dem französischen Genius entstammende Werke auswählen können, die als rechtmässige Entschädigung für beschädigte oder zerstörte französische Kulturgüter, immobile und mobile, gelten sollen. Gleichermassen müssten die in Italien verursachten Zerstörungen aufgewogen werden (vgl. GRAUTOFF, S. 136 f.).

§ 1 Im Vorfeld des Friedensvertrages von St-Germain

I. Gesandtenkonferenz und Liquidierungskommission

Im Rahmen der vorne beschriebenen Institutionen Gesandtenkonferenz und Liquidierungskommission[393] beanspruchten die Nachfolgestaaten Gegenstände aus den Wiener kunsthistorischen Sammlungen, insbesondere aus dem Kunsthistorischen Museum, daneben Objekte aus Bibliotheken und naturhistorischen Sammlungen.[394] Eine Sonderkommission befasste sich mit den Archiven der österreichischen Zentralverwaltung.[395] Dass für alle Beschlüsse der Gesandtenkonferenz die Zustimmung aller angehörigen Regierungen notwendig war, dürfte dazu beigetragen haben, dass sich die Staaten über Rückgaben soweit ersichtlich noch nicht durchringen konnten.[396] Unklar ist, ob die Liquidierungskommission Beschlüsse zur Anwendung des Betreffsprinzips gefasst hat.[397] Obgleich viele Anträge in der Liquidierungskommission auf Aushändigung von Archivbeständen erfolglos blieben, wurden doch einige Archive ausgehändigt.[398]

---

393 Vgl. vorne S. 60 f.

394 Vgl. NECK, Kulturelle Bestimmungen, S. 351. Der Waffenstillstandsvertrag vom 3. November 1918 zwischen den Alliierten und Assoziierten Mächten und Österreich-Ungarn sowie die Ergänzungsbestimmungen vom gleichen Tag enthielten keine Bestimmungen zur Zuordnung von Kulturgütern, sondern nur militärische Klauseln und solche, die sich auf die Kriegsflotte bezogen. Zum Waffenstillstandsvertrag vgl. vorne Fn. 225.

395 Vgl. HUMMELBERGER, S. 45.

396 Zur Organisation der Gesandtenkonferenz vgl. HAAS, Österreich-Ungarn als Friedensproblem, S. 25 ff.

397 Gemäss BITTNER, Haus-, Hof- und Staatsarchiv, S. 156, fasste die Liquidierungskommission am 10. März 1919 den Beschluss, dass jedem gebietserwerbenden Staat alle Archivalien ohne Rücksicht auf den Entstehungszeitpunkt und den innerarchivalischen Zusammenhang zufallen sollten, insofern sie einen inhaltlichen Bezug zu den jeweiligen Gebieten hatten (vgl. auch BITTNER, Zwischenstaatliche Verhandlungen, S. 81 Fn. 1; NECK, Archivverhandlungen, S. 437). Laut HUMMELBERGER, S. 45, jedoch konnte die Liquidierungskommission keine grundsätzlichen und damit auch keine die historischen Archive betreffenden Beschlüsse fassen, weil dies von den Regierungen vorgenommen werden musste. Gemäss RILL/SPRINGER/THOMAS, S. 325, habe es in der 13. Sitzung der Internationalen Liquidierungskommission vom 13. März 1919 einen Antrag gegeben, wonach die Bevollmächtigtenkollegien seitens der Internationalen Liquidierungskommission aufgefordert wurden, «Archivalien, die unstrittig sind, dem Nationalstaat, den sie betreffen, auszufolgen». Dem entspricht ein Schreiben Redlichs vom 17. März 1919, der als Datum des Beschlusses jedoch den 3. März 1919 nennt (AdR, St-Germain, Karton 13, Fasz. III/6, Teilfasz.).

398 So wurde etwa in der Sitzung vom 11. April 1919 die Rückgabe des Archivs des Prager Münzamtes beschlossen, das sich bis 1905 in Prag befunden hatte und damals auf Anordnung des Finanzministeriums nach Wien gebracht worden war (vgl. HUMMELBERGER, S. 45 f.).

II. Italiens Forderungen und Beschlagnahmungen

1. Ausgangslage

Italienische Rückforderungsansprüche auf österreichische Kulturgüter bestanden nicht erst seit Ende des Ersten Weltkrieges, sondern schon seit der zweiten Hälfte des 19. Jahrhunderts.[399] Ausgelöst wurden sie durch die Gebietsabtretungen des Hauses Habsburg an Italien im 19. Jahrhundert, anlässlich deren die Rückstellung von Kulturgütern aus italienischer Sicht nicht oder nur unbefriedigend gelöst worden war.[400] Offenbar war aber für Italien die politische Lage bis zum Ausbruch des Ersten Weltkriegs nicht günstig, um solchen Forderungen mit Nachdruck nachzugehen.[401] Dies änderte sich mit der Niederlage der Mittelmächte und dem Zusammenbruch der österreichisch-ungarischen Monarchie. Die Idee, dass der durch die österreichisch-habsburgische Herrschaft in Italien «widerrechtlich» nach Österreich gebrachte italienische Kulturbesitz zurückgeholt werden müsse, wurde gegen Ende des Ersten Weltkrieges zunehmend zur offiziellen italienischen Auffassung.[402]

2. Italienische Militärmission

Nach Abschluss des Waffenstillstandsvertrages zwischen den Alliierten und Österreich-Ungarn am 3. November 1918 setzte das italienische Oberkommando eine Waffenstillstandskontrollkommission (nachfolgend Militärmission) ein.[403] Als vor Ort handelndes italienisches Organ sollte sie den Waffenstillstandsvertrag ausführen[404] und darüber hinaus den militärischen, politischen und wirtschaftlichen Einfluss Italiens in Österreich und den anderen Nachfolgestaaten

---

[399] Vgl. RAINER, Rückführung italienischer Kulturgüter, S. 105.

[400] Namentlich wurden die Verträge zwischen Österreich und den betroffenen italienischen Regionen in den Jahren 1859, 1866 und 1868 als ungenügend bzw. als von Österreich nicht eingehalten kritisiert (vgl. z.B. Schreiben der italienischen Militärmission an das Staatsamt für Äusseres vom 24. Januar 1919 (AdR, St-Germain, Karton 13, Fasz. III/6, Beil. zu Prot. Nr. 459). Zu den Gebietsabtretungen vgl. vorne S. 27 ff., zu den Verträgen vgl. hinten S. 111 ff.

[401] Vgl. zum Beispiel die Ausführungen des italienischen Aussenministers 1901, wonach der Moment für die Verhandlungen über die Rückstellung der Mantuaner Gobelins noch nicht gekommen sei (vgl. RAINER, Rückführung italienischer Kulturgüter, S. 107).

[402] Vgl. RAINER, Rückführung italienischer Kulturgüter, S. 106. Als widerrechtlich verstand die italienische Regierung auch den seinerzeit durch Rechtsgeschäft wie Tausch oder Schenkung erfolgten Erwerb des Kulturgutes.

[403] Bis zur Unterzeichnung des Vertrages von St-Germain nannte sich die Militärmission Waffenstillstandskontrollkommission, danach Königlich-italienische Militärmission (vgl. FREISE, S. 2).

[404] Die Militärmission stand unter der Leitung von General Roberto Segre und erreichte am 28. Dezember 1918 die österreichische Hauptstadt (vgl. RAINER, Italienische Militärmission, S. 267). Ausführlich zur italienischen Militärmission in Wien vgl. RAINER, Italienische Militärmission, S. 267 ff., und FREISE, S. 2 ff.

wahren.[405] Nach Abschluss des Friedensvertrages von St-Germain musste die Militärmission ihre Tätigkeit auf rein militärische Angelegenheiten beschränken, bis sie schliesslich im Januar 1921 Österreich verliess.[406]

Die Arbeit der italienischen Waffenstillstandskontrollkommission teilte sich in fünf Kommissionen auf, denen zwei weitere Kommissionen beigegeben waren (sog. beigegebene Kommissionen).[407] Die erste der beigegebenen Kommissionen war für zivile Angelegenheiten und damit auch für die Auslieferung der die ehemals österreichischen, nun italienischen Gebiete betreffenden Urkunden und Akten zuständig.[408] Die zweite war die Kunstkommission, bestehend aus qualifizierten Fachleuten wie Bibliothekaren, Archivaren und Kunsthistorikern.[409] Sie traf erst am 19. Januar 1919 in Wien ein und hatte zur Aufgabe, die *während des Krieges* aus den ehemaligen österreichischen, alsdann von Italien beanspruchten, Gebieten und aus den von den österreichisch-ungarischen und deutschen Truppen besetzten italienischen Gebieten weggebrachten Kulturgüter ausfindig zu machen.[410] Für Archivangelegenheiten war ihr eine Unterkommission angeschlossen.[411] Daneben befasste sich die Kommission aber auch mit historischen Restitutionsansprüchen Italiens, dies allerdings ohne entsprechenden Auftrag.[412]

a. Erste Forderungen bis März 1919

Durch die Ereignisse des Ersten Weltkrieges und die dadurch erfolgten Gebietserrungenschaften Italiens kamen neue Rückstellungsforderungen hinzu. Nach dem Waffenstillstandsabkommen stellten italienische Offiziere im Dezember

---

[405] Die Militärmission unterhielt dazu in verschiedenen Städten und Gebieten der ehemaligen österreichisch-ungarischen Monarchie sog. Delegationen (vgl. RAINER, Italienische Militärmission, S. 268, 274; FREISE, S. 2). Wie Italien versuchten auch die anderen Siegermächte über Missionen ihre Interessen in den ehemaligen Gebieten der österreichisch-ungarischen Monarchie durchzusetzen (vgl. ausführlich dazu FREISE, S. 32 ff.).

[406] Vgl. FREISE, S. 30 f. Ihr Leiter, General Segre, wurde schon ein Jahr vor Ende der Tätigkeit der Mission abberufen (vgl. FREISE, S. 3; RAINER, Italienische Militärmission, S. 279).

[407] Vgl. RAINER, Italienische Militärmission, S. 268.

[408] Vgl. RAINER, Italienische Militärmission, S. 269 m.w.H.; NECK, Kulturelle Bestimmungen, S. 352. Auch kümmerte sie sich um die Rückstellung von allen möglichen Sachen, die während des Krieges aus der Operationszone weggeführt worden waren, wie z.B. Bibliotheken (RAINER, Italienische Militärmission, S. 269).

[409] Zum Auftrag der Kommission betr. Kulturgüter und zu den einzelnen Mitgliedern vgl. RAINER, Rückführung italienischer Kulturgüter, S. 107 f.

[410] Bezüglich einzelner Kunstgegenstände handelte General Segre offenbar auf eigene Initiative (vgl. RAINER, Rückführung italienischer Kulturgüter, S. 108).

[411] Vgl. RAINER, Rückführung italienischer Kulturgüter, S. 108.

[412] Vgl. RAINER, Rückführung italienischer Kulturgüter, S. 108; ders., Italienische Militärmission, S. 273.

1918 erste Forderungen[413], welche die Militär- und die Kunstkommission nach Aufnahme ihrer Tätigkeit auf weitere Objekte ausdehnten.[414] Die Rückforderungsansprüche waren umfangreich und betrafen Kunstgegenstände von höchstem Rang,[415] vor allem aus den Beständen der Hofbibliothek und des Kunsthistorischen Hofmuseums.[416]

Gegenstand der italienischen Forderungen waren in erster Linie Kulturgüter, die während des Ersten Weltkrieges in das Gebiet der Republik Österreich gebracht worden waren.[417] Sie lassen sich in zwei Kategorien einteilen. Kulturgüter der ersten Kategorie waren aus besetzten italienischen Gebieten verbracht worden, solche der zweiten Kategorie aus vormals österreichischen, aber seit Kriegsende von Italien besetzten und beanspruchten Gebieten.[418]

Zur ersten Kategorie: Österreichisch-ungarische und deutsche Truppen besetzten während des Ersten Weltkrieges zeitweise italienisches Staatsgebiet und bargen bzw. plünderten dabei auch Kulturgüter.[419] Österreich war mit den Rückforderungen grundsätzlich einverstanden und bemüht, die betroffenen Kulturgüter ausfindig zu machen und zu restituieren.[420] Verbrieft sind beispielsweise

---

413 So verlangte Generalmajor Roffi, Kommandant der 6. Infanteriedivision, am 12. Dezember 1918 in Innsbruck die Herausgabe von Archivalien (vgl. RAINER, Rückführung italienischer Kulturgüter, S. 106).

414 Noch vor Ankunft der eigens für die Kunstforderungen gebildeten Kunstkommission am 19. Januar 1919 in Wien widmete sich General Segre bereits den Herausgabeansprüchen (vgl. z.B. sein Schreiben vom 6. Januar 1919 an das Staatsamt für Äusseres (AdR, St-Germain, Karton 13, Fasz. III/6, Beil. zu Prot. Nr. 459).

415 Vgl. LHOTSKY, Verteidigung der Wiener Sammlungen, S. 617. Vgl. aber das Schreiben des Direktors der Hofbibliothek, der sich weniger wegen Italien, sondern vielmehr wegen der Liquidierungspläne der Nachfolgestaaten Sorgen machte (Schreiben vom 4. Februar 1919 an Staatssekretär [AdR, St-Germain, Karton 13, Fasz. III/6, Beil. zu Prot. Nr. 459, I-1346]).

416 Vgl. das Schreiben des Staatsamtes für Äusseres am 11. April 1919 (AdR, St-Germain, Karton 13, Fasz. III/6, I-2814/2).

417 Die italienischen Behörden waren über die Verluste gut dokumentiert, weil sie gleich nach Abschluss des Waffenstillstands in den befreiten Gebieten Erhebungen anstellen liessen, welche Kulturdenkmäler während des Krieges entfernt, beschädigt oder zerstört worden waren. Auch waren die zuständigen Stellen durch eine Vielzahl von Anzeigen über wirklich oder angeblich von Österreichern weggeschaffte Kunstgegenstände verständigt worden (vgl. RAINER, Rückführung italienischer Kulturgüter, S. 108 f.). Zu den Verbringungen aus Italien während des Ersten Weltkrieges vgl. vorne S. 31 ff.

418 Es handelte sich dabei um Istrien, Görz-Gradisca und um die Gebiete des Südtirols (Trient, Bozen, Brixen, Meran).

419 Vgl. RAINER, Rückführung italienischer Kulturgüter, S. 108 f. Auf diese von italienischem Staatsgebiet entfernten Kulturgüter bezogen sich die ersten Restitutionsansprüche der Italiener. Zu den besetzten Städten vgl. FREISE, S. 29 und 106, die in ihrer Aufzählung jedoch irrtümlicherweise auch Städte anführt, die ehemals zu Österreich gehörten.

420 Vgl. Schreiben (vermutlich) des Staatsamtes für Äusseres an den Staatsnotar vom 27. Januar 1919 (AdR, St-Germain, Karton 13, Fasz. III/6, Beil. zu Prot. Nr. 459, Z. I-981/1) sowie

die Rückgaben von Kulturgütern aus Belluno: 13 Kisten mit Gemälden[421] und 512 Kisten mit Bibliotheksbeständen[422] aus der Universität Wien. Neben weiteren zwei Dutzend Kisten mit Museumsgegenständen wurden der Militärmission auch eine Madonna von Tiepolo aus Udine übergeben[423] sowie sämtliche im Heeresmuseum geborgenen Gegenstände.[424]

Die Kulturgüter der zweiten Kategorie waren vor allem zum Schutz vor Kriegsgefahren aus frontnahen Gebieten ins österreichische Landesinnere gebracht worden.[425] Anders als bei den Kulturgütern der ersten Kategorie machte Österreich die Auslieferung dieser Objekte teilweise von bestimmten Voraussetzungen abhängig.[426] Nur diejenigen Kulturgüter, die einer öffentlichen Körperschaft innerhalb der derzeit von Italien besetzten Gebiete gehörten, würden Italien sofort ausgehändigt. Kulturgüter einer öffentlichen Körperschaft, deren Wirkungskreis sich über die von Italien okkupierten Gebiete hinaus erstreckte, sowie

---

Schreiben des Staatsamtes für Äusseres vom 8. Februar 1919 (AdR, St-Germain, Karton 13, Fasz. III/6, Beil. zu Prot. Nr. 459, Z. I-1327/2). Offenbar wurde die Bevölkerung Österreichs in einem Zeitungscommuniqué dazu aufgefordert, entsprechende Kulturgegenstände freiwillig zurückzustellen (vgl. Schreiben des Staatsamtes für Äusseres vom 8. Februar [AdR, St-Germain, Karton 13, Fasz. III/6, Beil. zu Prot. Nr. 459, Z. I-1327/2]). Mitte März 1919 wurde eine eigene Zentralstelle bei der Polizeidirektion Wien errichtet, deren Aufgabe in der Auffindung und Rückstellung von unrechtmässig erworbenem Kunstgut aus dem italienischen Okkupationsgebiet bestand (vgl. Freise, S. 29).

421 Vgl. Freise, S. 106.

422 Zum Beispiel die Sammlung Da Borso, das Archiv und die Bibliothek der Grafen Miari Fulcis, die Bibliotheken Solero von Pieve di Cadore und Ciani von Domegge (vgl. Rainer, Rückführung italienischer Kulturgüter, S. 108 f.; Freise, S. 106, sowie Schreiben des Staatsamtes für Äusseres vom 8. Februar [AdR, St-Germain, Karton 13, Fasz. III/6, Beil. zu Prot. Nr. 459, Z. I-1327/2]).

423 Weitere Rückgaben betrafen Kulturgüter aus dem Friaul (vgl. Schreiben des Staatsamtes für Äusseres vom 8. Februar [AdR, St-Germain, Karton 13, Fasz. III/6, Beil. zu Prot. Nr. 459, Z. I-1327/2]). Zur Auflistung vgl. Rainer, Rückführung italienischer Kulturgüter, S. 108 f., und Freise, S. 106.

424 Vgl. Schreiben des Staatsamtes für Äusseres vom 8. Februar 1919, S. 2 (AdR, St-Germain, Karton 13, Fasz. III/6, Beil. zu Prot. Nr. 459, Z. I-1327/2) sowie das Verzeichnis als Anhang der Entgegnung über die Forderungen Italiens aus dem Heeresmusem (AdR, St-Germain, Karton 8, Fasz. E I/1/c, Beil. 2 zu Prot. Nr. 263). Die Rückgaben erfolgten auch während der Friedensverhandlungen und über den Abschluss des Vertrages von St-Germain hinaus. Im Jahr 1921 konnte die Angelegenheit endgültig beigelegt werden (vgl. Freise, S. 29).

425 Vgl. vorne S. 32.

426 Vgl. Schreiben des Staaatsamtes für Äusseres an deutschösterreichische Zentralstellen und eine Abschrift davon an die italienische Militärmission vom 8. Februar 1919 (AdR, St-Germain, Karton 13, Fasz. III/6, Beil. zu Prot. Nr. 459, Z. I-1327/2). Mit der Auslieferung des im Tiroler Landesarchiv verwahrten Teils des Archivs des ehemaligen Hochstiftes Trient war Österreich hingegen einverstanden (vgl. Rainer, Rückführung italienischer Kulturgüter, S. 106). Andererseits beabsichtigte das Tiroler Landesarchiv, die Akten der k.k. Delegation in Mantua heimlich zu vernichten, weil sie als politisch sehr heikel und für Österreich kompromittierend eingestuft wurden (vgl. Rainer, Rückführung italienischer Kulturgüter, S. 106 f.).

Kulturgüter aus privatem oder kirchlichem Eigentum hingegen nur mit dem Einverständnis der betroffenen Personen oder Kirchenbehörden.[427] Erst nach der Androhung von Gewaltanwendung durch die italienische Kunstkommission wurden auch solche Objekte ausgehändigt.[428]

Begründungen für seine Forderungen lieferte Italien soweit ersichtlich nicht. Lediglich für die Objekte aus dem Museum in Aquileia wurde Vervollständigung der Sammlung angeführt. Was die im privaten Eigentum stehenden Kulturgüter betraf, verwies die Kunstkommission auf die italienischen Gesetze über Kunstgegenstände, wonach Kulturgüter in privatem Eigentum ebenfalls ganz unter dem Schutz der Regierung stünden.[429]

Italien begehrte aber auch die Rückstellung von Kulturgütern, die teilweise lange vor Ausbruch des Ersten Weltkrieges auf das Territorium der Republik Österreich gelangt waren.[430] Auch diese Forderungen lassen sich in zwei Kategorien unterteilen: erstens Kulturgüter, die sich zum Zeitpunkt der Verbringung in Gebieten befanden, die vom Haus Habsburg beherrscht und schon 1859 bzw. 1866 an Italien abgetreten wurden. Und zweitens solche aus Gebieten, die erst nach dem Ersten Weltkrieg von Italien besetzt und beansprucht wurden und bis dahin zur österreichischen Reichshälfte gehörten.

---

[427] Was mit dem Wirkungskreis gemeint war, kann möglicherweise einem einige Tage zuvor, am 28. Januar 1919, erstellten Promemoria entnommen werden. Darin hielt der Vorsteher des Kunsthistorischen Institutes, Hans Tietze, fest, dass die Gegenstände dieser Museen zwar lokaler Provenienz seien, aber ihre Gewinnung, Erhaltung und Verwahrung auf Kosten des Staates erfolge. Die Überweisung an Italien hätte daher unter den gleichen Bedingungen wie bei sonstigem staatlichem Besitz zu geschehen (vgl. Promemoria über die italienischen Forderungen an österreichischen und deutschen Kunstbesitz von Hans Tietze, II. Vorstand des Kunsthistorischen Institutes des Staatsdenkmalamts, vom 28. Januar 1919 [AdR, St-Germain, Karton 13, Fasz. III/6, Beil. zu Prot. Nr. 459, Z. 154]).

[428] Vgl. das Schreiben von Segre vom 10. Februar 1919 (AdR, St-Germain, Karton 13, Fasz. III/6, Beil. zu Prot. Nr. 459 und Z. I-1744/2). Betroffen war Archiv- und Bibliotheksmaterial aus Görz, wie etwa die 1000 Pergamenturkunden, aus Triest, wie beispielsweise die Petrarca-Sammlung der Kommunalbibliothek und eine Münzsammlung des Museums, ferner historisch wertvolle Glocken aus den Provinzen Trentino, Istrien und Venezia Giulia, Kirchenschätze aus Görz und Triest, der Schatz von San Giusto sowie Gegenstände aus dem Archiv in Pola (Istrien). Vgl. dazu Gnirs, S. 12; Rainer, Rückführung italienischer Kulturgüter, S. 109.

[429] Vgl. das Schreiben von Segre vom 10. Februar 1919 (AdR, St-Germain, Karton 13, Fasz. III/6, Beil. zu Prot. Nr. 459 und Z. I-1744/2).

[430] Solche historische Ansprüche stellte die italienische Militärmission in Wien erstmals am 6. Januar 1919 und dehnte sie mit Schreiben vom 24. Januar 1919 auf eine grosse Anzahl von weiteren Kulturgütern aus (vgl. Schreiben der italienischen Militärmission vom 6. Januar 1919 [AdR, St-Germain, Karton 13, Fasz. III/6, Beil. zu Prot. Nr. 459 und Z. I-429/1 1919] und Schreiben von Segre vom 24. Januar 1919 mit Übersetzung [AdR, St-Germain, Karton 13, Fasz. III/6, Beil. zu Prot. Nr. 459 und Z. I-981/1 1919]). Vgl. auch Freise, S. 21 ff.; Lhotsky, Verteidigung der Wiener Sammlungen, S. 618.

Was die Gebietsabtretungen aus dem 19. Jahrhundert betrifft, beschlagnahmte die italienische Militärmission die meisten der geforderten Objekte bereits im Februar 1919.[431] Daneben verlangte sie unter anderem neun Wandteppiche (Gobelins) von Raffael mit Szenen aus der Apostelgeschichte, die 1866 vom Palazzo Ducale in Mantua nach Wien ins Schloss Schönbrunn gebracht worden waren und deren Rückgabe die Österreicher angeblich vergessen hatten. Österreich händigte sie nach einem kurzen Briefwechsel mit der italienischen Militärmission freiwillig aus.[432] Ferner wurden Österreich drei Listen mit bibliographischem Material übergeben, das entgegen den Bestimmungen des Friedensvertrages von 1866 Italien nicht ausgefolgt worden sei.[433] Im Bestreben, alle seine Geschichte betreffenden Archivalien zu erlangen, forderte Italien auch die Herausgabe von Archivmaterial, das die im 19. Jahrhundert abgetretenen Gebiete betraf.[434]

Ansatzpunkt für Italiens Forderungen bildeten vor allem die 1866 und 1868 mit Österreich geschlossenen Friedensverträge.[435] Italien kritisierte die damals vereinbarten Vertragsbestimmungen dahingehend, dass diese Bestimmungen den

---

[431] Zu den Beschlagnahmungen vgl. hinten S. 86 ff.

[432] Die österreichische Regierung beurteilte die Gobelins zunächst als Privateigentum der königlichen Familie (vgl. Schreiben vom 8. Januar 1919 an die Italienische Militärkommission in Wien [AdR, Karton 13, Fasz. III/6, Beil. zu Prot. Nr. I-429/1]). Nur wenig später, wie der Note (vermutlich) des Staatsamtes für Äusseres vom 27. Januar 1919 zu entnehmen ist (AdR, St-Germain, Karton 13, Fasz. III/6, Beil. zu Prot. Nr. 459, Z. I-981/1), anerkannte sie die Rückstellungspflicht aber als tatsächlich begründet und gab am 7. Februar 1919 ihre Zustimmung zu deren Rückgabe (vgl. Schreiben des Staatsamtes für Äusseres vom 8. Februar 1919, S. 4 [AdR, St-Germain, Karton 13, Fasz. III/6, Beil. zu Prot. Nr. 459, Z. I-1327/2]), die wenige Tage später tatsächlich erfolgte (vgl. Rainer, Rückführung italienischer Kulturgüter, S. 108; Freise, S. 21).

[433] Vgl. die dem Schreiben der italienischen Militärmission an das Staatsamt für Äusseres vom 24. Januar 1919 beigelegten Listen (AdR, St-Germain, Karton 13, Fasz. III/6, Beil. zu Prot. Nr. 459): (1.) Kodizes und Druckwerke (*Codici e libri a stampa*) aus der *Biblioteca nazionale Marciana* (Markusbibliothek) in Venedig, die in den Jahren 1802, 1805, 1829, 1835 und 1866, teilweise heimlich und ohne Spuren in den öffentlichen Aufzeichnungen der Bibliothek ausgeführt worden seien; (2.) fünf (oder drei) berühmte und vereinbarungswidrig ausgeführte Handschriften der Estensischen Bibliothek in Modena, darunter etwa die Bibel des Borso d'Este aus dem 15. Jahrhundert; (3.) 97 Handschriften, die im Jahre 1718 im Auftrag des österreichischen Hofes aus neapoletanischen Klosterbibliotheken weggeschafft worden seien.

[434] Vgl. Schreiben der italienischen Waffenstillstandskommission an das österreichische Staatsamt für Äusseres vom 24. Januar 1919 (AdR, Karton 13, Fasz. III/6, Prot. Nr. 459, Z. I-981/1 mit Übersetzung); Rainer, Rückführung italienischer Kulturgüter, S. 110. Namentlich verlangte Italien die bereits erwähnten Polizeiakten der k.k. Delegation in Mantua von 1815–1866 heraus, die gemäss den italienischen Behörden 1866 entgegen den Weisungen der österreichischen Regierung abtransportiert worden waren (vgl. vorne Fn. 426). Gefordert wurden ferner auch die venezianischen Gesandtschaftsberichte aus Deutschland, deren Originale in Wien blieben (vgl. Rainer, Rückführung italienischer Kulturgüter, S. 106 f., 110).

[435] Zu den Abkommen von Wien und Florenz vgl. hinten S. 111 ff.

italienischen Vertretern aufgezwungen worden und darum für Italien nicht verbindlich seien;[436] ausserdem seien sie nicht oder nicht vollumfänglich erfüllt worden.[437] Nicht alle geforderten Kulturgüter waren jedoch Gegenstand der Abkommen von 1866 und 1868.[438]

Die österreichische Regierung lehnte die italienischen Herausgabeforderungen im Allgemeinen ab und verwies auf die Rechtsverbindlichkeit der früheren Verträge.[439] Sie wollte die lange vor dem Ersten Weltkrieg nach Österreich gebrachten Kulturgüter nur herausgeben, wenn sie aufgrund des auszuhandelnden Friedensvertrages dazu verpflichtet würde.[440] Bei vielen Kulturgütern erklärte sich Österreich ausserdem als nicht zur Herausgabe legitimiert, weil diese Privat-

---

436 Vgl. Schreiben der Hofbibliothek vom 15. März 1919, S. 3 (AdR, St-Germain, Karton 13, Teilfasz. III/6, «ohne Bezeichnung»).

437 So beispielsweise die neun Gobelins von Raffael, deren Rückgabe gemäss dem Wiener Friedensvertrag von 1866 vergessen ging oder als präventive Kriegsbeute nach Wien gebracht worden seien (vgl. Schreiben von Segre vom 6. Januar 1919 [AdR, St-Germain, Karton 13, Fasz. III/6, Beil. zu Prot. Nr. 459 und Z. I-429/1 1919] und Schreiben von Segre vom 24. Januar 1919 [AdR, St-Germain, Karton 13, Fasz. III/6, Beil. zu Prot. Nr. 459 und Z. I-981/1 1919]).

438 So etwa die aus dem Heeresmuseum geforderten Objekte (vgl. Anhang zur Entgegnung über die Forderungen Italiens aus dem Heeresmuseum [AdR, St-Germain, Karton 8, Fasz. E I/1/c, Beil. 2 zu Prot. Nr. 263]).

439 Österreich stützte sich zudem auf eine Erklärung des Direktors des italienischen Zentralarchivs in Florenz, wonach die königlich-italienische Regierung der österreichischen Regierung ihre vollkommene Befriedigung über die getreue Durchführung des Vertrages vom 14. Juli 1868 in Bezug auf die Rückstellung wissenschaftlicher und künstlerischer Gegenstände in aller Form notifizieren liess (erwähnt im Schreiben des Staatsamtes für Äusseres an deutschösterreichische Zentralstellen und einer Abschrift davon an die italienische Militärmission vom 8. Februar 1919 [AdR, St-Germain, Karton 13, Fasz. III/6, Beil. zu Prot. Nr. 459, Z. I-1327/2]).

440 Vgl. Schreiben des Staatsamtes für Äusseres an deutschösterreichische Zentralstellen und eine Abschrift davon an die italienische Militärmission vom 8. Februar 1919 (AdR, St-Germain, Karton 13, Fasz. III/6, Beil. zu Prot. Nr. 459, Z. I-1327/2); Schreiben des Staatsamtes für Äusseres an die italienische Waffenstillstandskommission vom 11. Februar 1919 (AdR, St-Germain, Karton 13, Fasz. III/6, Beil. zu Prot. Nr. 459, Z. I-1447/2); Schreiben des Staatsamtes für Äusseres an die italienische Waffenstillstandskommission vom 25. März 1919 (AdR, St-Germain, Karton 13, Fasz. III/6, Beil. zu Prot. Nr. 459, Z. I-2198). Schreiben (vermutlich) des Staatsamtes für Äusseres an den Staatsnotar vom 27. Januar 1919 (AdR, St-Germain, Karton 13, Fasz. III/6, Beil. zu Prot. Nr. 459, Z. I-981/1). Das Staatsamt für Äusseres holte bei allen von den italienischen Forderungen betroffenen Staatsämtern bzw. Instituten eine Stellungnahme ein. Vgl. die Noten der verschiedenen Museen und Ämter bei Freise, S. 105, sowie Promemoria über die italienischen Forderungen an österreichischen und deutschen Kunstbesitz von Hans Tietze, II. Vorstand des Kunsthistorischen Institutes des Staatsdenkmalamts, vom 28. Januar 1919 (AdR, St-Germain, Karton 13, Fasz. III/6, Beil. zu Prot. Nr. 459, Z. 154).

eigentum des Hauses Habsburg seien.[441] Einige der italienischen Ansprüche waren nach österreichischer Auffassung zudem unerfüllbar, weil die geforderten Kulturgüter gar nicht in Wien oder Österreich vorhanden waren.[442] Andere konnten nicht als Einzelobjekte betrachtet werden, da sie Teil wertvoller Sammlungen waren.[443]

b. Beschlagnahmungen

Nachdem die österreichische Regierung den italienischen Herausgabeansprüchen nicht oder nur teilweise entsprochen hatte, ging die italienische Militärkommission im Februar 1919 dazu über, ihre Rückstellungsforderungen unter Androhung von Gewalt durchzusetzen.[444] Sie tat dies, ohne die rechtlichen und kunsthistorischen Abklärungen ihrer Forderungen seitens Österreichs abzuwarten und noch bevor die offiziellen Friedensgespräche überhaupt aufgenommen wurden, geschweige denn ein Abkommen über Kulturgüter unterzeichnet worden wäre.

---

441 Zum Privateigentum des Hauses Habsburg zählte die österreichische Regierung ursprünglich die im gebundenen und ungebundenen Vermögen befindlichen Kulturgüter. Während die Bestände des Naturhistorischen Museums als hofärarisches Eigentum und damit als Staatseigentum gälten, seien mit wenigen Ausnahmen die Kunsthistorischen Sammlungen, die «weltliche Schatzkammer» und die Estensischen Sammlungen gebundenes oder ungebundenes Privateigentum der Habsburgerdynastie. Die Hofbibliothek enthielt Sammlungen, die sowohl hofärarisches als auch familienfideikommissarisches Eigentum bildeten (vgl. dazu die Denkschrift betreffend die rechtliche Natur des Eigentums an mehreren in Deutschösterreich befindlichen Vermögensmassen des Kaisers und des Erzhauses Habsburg-Lothringen vom 20. Dezember 1918 [AdR, St-Germain, Karton 13, Fasz. III/6, Beil. zu Prot. Nr. 459 und Z. I-2814/2]; LHOTSKY, Verteidigung der Wiener Sammlungen, S. 617). Die Mehrzahl der kostbaren Handschriften waren im Eigentum der Dynastie, die Druckschriften dagegen im Eigentum des Staates Österreich (vgl. LHOTSKY, Verteidigung der Wiener Sammlungen. S. 617). Mit dem Erlass des Habsburgergesetzes im April 1919 und dem Inkrafttreten von Art. 208 St-Germain erübrigte sich die Frage des Privateigentums (vgl. auch Schreiben des Staatsamtes für Äusseres vom 11. April 1919 [AdR, St-Germain, Karton 13, Fasz. III/6, Beil. zu Prot. Nr. 459, Z. I-2814/2]). Zum Habsburgergesetz vgl. vorne bei Fn. 245; zu den Vermögensbegriffen vgl. hinten bei Fn. 481.

442 Z.B. die geforderten Zimelien, die 1797 nach Paris gebracht worden waren und sich nach wie vor dort befanden (vgl. TIETZE, Entführung, S. 28 f.).

443 Vgl. Abschrift des Unterstaatssekretärs für Unterricht an das Staatsamt für Äusseres vom 30. Juni 1919, S. 4 f. (AdR, St-Germain, Karton 13, Fasz. III/6, Beil. zu Nr. 779, Z. 13194). Als Beispiele wurden das Reliquiar des Bessarion oder die Rüstung des Ziani genannt.

444 Vgl. das Schreiben von General Segre vom 10. Februar 1919 an das Staatsamt für Äusseres, worin er bekannt gab, dass er keine weiteren unnützen und aussichtslosen Diskussionen über die verlangten Kunst- und Bibliotheksgegenstände mehr dulde und das österreichische Staatsamt für Äusseres anwies, den Direktoren der betreffenden Institute den Befehl zu erteilen, der italienischen Militärmission die Rücknahme der Objekte ohne Verzug zu ermöglichen, andernfalls – und mit dieser Drohung schliesst das Schreiben – Schritte ergriffen werden müssten, die der Schreibende Segre vermeiden möchte. Im Anhang des Schreibens wurde angekündigt, wann und wo die italienische Militärmission welche Gegenstände abholen würde (AdR, St-Germain, Karton 13, Fasz. III/6, Beil. zu Prot. Nr. 459, Z. I-1744/2).

Im Februar und März 1919 suchten Delegierte der italienischen Militärmission verschiedene Wiener Institute auf und bemächtigten sich der geforderten Kunstwerke und des bibliographischen Materials.[445] Derart wurden beispielsweise dem Kunsthistorischen Hofmuseum[446] und der Akademie der bildenden Künste eine Reliefplastik und rund 154 Gemälde weggenommen, die laut Italien zumeist aus staatlichen Depots in Venedig stammten und im Zuge der sog. Bildersendungen von 1816 und 1838 nach Wien gebracht worden waren.[447] Aus der Waffensammlung des Kunsthistorischen Hofmuseums wurde zudem eine Marmorbüste des Kaisers Franz I. von Antonio Canova abgeholt[448] und aus der Hofbibliothek folgende Objekte beschlagnahmt: 6 Inkunabeln[449], 15 musikalische Drucke aus dem 16. Jahrhundert[450] und 55 Autographe aus der «Biblioteca nazionale Marciana» (Markusbibliothek) in Venedig[451], ferner rund 100 Handschriften aus Neapel[452], 121 aus Mantua stammende Autographe[453] und 45 Handschriften[454], die 1804 infolge der Säkularisierung des Bistums Trient aus der bischöflichen Bibliothek verbracht worden waren.[455] Anstelle der drei geforderten estensischen Handschriften, die die Wiener Hofbibliothek nicht ausliefern konnte, behändigten die italienischen Behörden kurzerhand drei andere äusserst kostbare Handschriften

---

[445] Vgl. Protestnote Österreichs von 11. Februar 1919 (AdR, St-Germain, Karton 13, Fasz. III/6, Beil. zu Nr. 459, ad I-1447); Protestschreiben der Akademie der Wissenschaften in Wien vom April 1919 (AdR, St-Germain, Karton 13, Fasz. III/6, Beil. zu Prot. Nr. 459, I-3570/2). Vgl. ferner Freise, S. 22; Lhotsky, Verteidigung der Wiener Sammlungen, S. 619 ff.; Haupt, S. 66 f.

[446] Heute Kunsthistorisches Museum.

[447] Zur Verbringung nach Wien vgl. vorne S. 29 ff. In der dem Schreiben vom 24. Januar 1919 beigelegten Liste Nr. 3 wurden die geforderten Gemälde einzeln aufgeführt (AdR, St-Germain, Karton 13, Fasz. III/6, Z. I-987). Vgl. ferner Freise, S. 22 Fn. 7.

[448] Vgl. Tietze, Entführung, S. 37 f.

[449] Die Inkunabeln gelangten 1802 nach Wien.

[450] Die Drucke wurden 1835 nach Wien gebracht.

[451] Die Autographe gelangten 1829 nach Wien.

[452] Die Handschriften wurden im Jahre 1718 im Auftrag des österreichischen Hofes aus neapoletanischen Klosterbibliotheken weggeschafft.

[453] Die Beschlagnahmung der Handschriften, die 1830 nach Wien gelangt waren, erfolgte ohne Ankündigung.

[454] Darunter waren ein kostbares Purpurevangeliar aus dem 5. Jahrhundert und ein Sakrementar Gregors des Grossen aus dem 10. Jahrhundert mit Elfenbeineinband aus dem 9. Jahrhundert. Vgl. dazu auch Rainer, Rückführung italienischer Kulturgüter, S. 110. Ursprünglich hat Italien 47 Handschriften gefordert, doch konnte die Hofbibliothek zwei zurückbehalten, weil ihre Herkunft nicht feststellbar war (vgl. Schreiben der Hofbibliothek vom 15. März 1919, S. 12 [AdR, St-Germain, Karton 13, Teilfasz. III/6, «ohne Bezeichnung»]).

[455] Vgl. die dem Schreiben der Hofbibliothek vom 15. März 1919 beigelegten Listen 1–6 (AdR, St-Germain, Karton 13, Teilfasz. III/6, «ohne Bezeichnung»). Vgl. ferner Tietze, Entführung, S. 30 ff., und Auflistung auf S. 47 ff.

als Faustpfand.[456] Die Delegierten der italienischen Militärkommission entnahmen neben in Italien entstandenen Archivalien auch solche, die in den von Italien nach dem Ersten Weltkrieg besetzten Gebieten Österreichs entstanden waren.[457]

Offenbar wollte Italien aus strategischen Gründen nicht die offiziellen Friedensverhandlungen in Paris abwarten, sondern die geforderten Kulturgüter so rasch wie möglich ausfindig machen und zurückbringen lassen. Dieses Fait accompli sollte die anstehenden Verhandlungen über die Zuordnung der Kulturgüter zu Italiens Gunsten vorentscheiden oder wenigstens wesentlich beeinflussen. General Segre befürchtete, dass die anderen Nachfolgestaaten, möglicherweise mit Unterstützung anderer alliierter Hauptmächte, Italien zuvorkommen könnten.[458]

Österreich reagierte mit einer Protestnote, die an die italienische Regierung, die anderen Nachfolgestaaten und die Ententemächten verschickt wurde, um Italien öffentlich blosszustellen.[459] Es wies darauf hin, dass die italienischen Beschlagnahmungen gegen Art. 56 der Haager Landkriegsordnung[460] verstiessen, die zum

---

[456] Es handelte sich um die Wiener Genesis (Theol. graec. 31), die (Wiener) Dioskurides (Med. graec. I) und den Hortulus animae (Cod. 2706). Die Leitung der Hofbibliothek verweigerte der italienischen Militärkommission die Auslieferung der estensischen Handschriften mit dem Argument, dass die Estensischen Sammlungen zum Privateigentum des ehemaligen Kaisers Karl gehörten. Offenbar befanden sich diese aber gar nicht in der Hofbibliothek (vgl. Schreiben der Hofbibliothek vom 15. März 1919, S. 3 und 15 f. [AdR, St-Germain, Karton 13, Teilfasz. III/6, «ohne Bezeichnung»]). Vgl. dazu Hefel, S. 6, 19. Besonders die unsachgemässe Verbringung der sehr fragilen Bücher in einem Auto erregte die Gemüter der österreichischen Verantwortlichen (vgl. Tietze, Entführung, S. 35 f.; Lhotsky, Verteidigung der Wiener Sammlungen, S. 623 f.). Vgl. ferner die Protestschreiben der Akademie der Wissenschaften in Wien vom April 1919 (AdR, St-Germain, Karton 13, Fasz. III/6, Beil. zu Prot. Nr. 459, Z. I-3570/2).

[457] Vgl. auch Rainer, Rückführung italienischer Kulturgüter, S. 110; Bittner, Zwischenstaatliche Verhandlungen, S. 67. Betroffen von diesen bereits am 10. Februar 1919 erfolgten Beschlagnahmungen waren das Haus-, Hof- und Staatsarchiv, das Hofkammerarchiv, Archive des Staatsamtes des Innern und der Finanzen. Vgl. hierzu die Protestschreiben der Akademie der Wissenschaften in Wien vom April 1919 (AdR, St-Germain, Karton 13, Fasz. III/6, I-3570/2).

[458] Vgl. Rainer, Italienische Militärmission, S. 273; ders., Rückführung italienischer Kulturgüter, S. 107.

[459] Protestnote Österreichs von 11. Februar 1919 (AdR, St-Germain, Karton 13, Fasz. III/6, Beil. von Nr. 459, ad Z. I-1447). Vgl. auch entsprechende Ausführungen in den Bemerkungen der deutschösterreichischen Delegation zur Gesamtheit der «Friedensbedingungen» mit Deutschösterreich, überreicht am 6. August 1919, in: Bericht Friedensdelegation II, S. 159 ff.

[460] Art. 56 des Abkommens betreffend die Gesetze und Gebräuche des Landkriegs (Haager Landkriegsordnung) lautet: «Das Eigentum der Gemeinden und der dem Gottesdienste, der Wohltätigkeit, dem Unterrichte, der Kunst und der Wissenschaft gewidmeten Anstalten, auch wenn diese dem Staate gehören, ist als Privateigentum zu behandeln. Jede Beschlagnahme, jede absichtliche Zerstörung oder Beschädigung von derartigen Anlagen, von geschichtlichen Denkmälern oder von Werken der Kunst und Wissenschaft ist untersagt und

damaligen Zeitpunkt sowohl von Österreich-Ungarn als auch von Italien ratifiziert war. Ausserdem würden einige Beschlagnahmungen ältere Friedensverträge zwischen Österreich und Italien verletzen. Obwohl es gelang, die anderen Hauptmächte für das Thema zu sensibilisieren, griffen diese nicht ein.[461] Erst anlässlich der Friedensvertragsverhandlungen sagten sie Österreich die Rückgabe sämtlicher nach dem Waffenstillstand vom 3. November 1918 beschlagnahmten Kunstgegenstände zu, sofern diese nicht durch die Artikel 191 bis 196 St-Germain Italien zugesprochen würden.[462] Gemäss Österreich waren dies die im Februar 1919 beschlagnahmten trientinischen 45 Handschriften aus der Hofbibliothek und die als Pfand entnommenen Handschriften Wiener Genesis, Dioskurides und Hortulus animae.[463]

Aus völkerrechtlicher Sicht waren die Beschlagnahmungen von Kulturgütern im besetzten Österreich unzulässig und nicht zu rechtfertigen, auch wenn die italienischen Forderungen wenigstens zum Teil zu Recht bestanden haben dürften.[464]

---

soll geahndet werden» (SR 0.515.112; vgl. auch <http://www.admin.ch/ch/d/sr/i5/0.515.112.de.pdf> [besucht am 14. Januar 2010]; unter der SR-Nummer finden sich sowohl der französische Originaltext als auch eine deutsche Übersetzung des Übereinkommens).

461 Österreich suchte Unterstützung bei der amerikanischen Kommission unter Prof. Archibald Coolidge sowie beim Chef der britischen Militärmission, Sir Thomas Cunningham (vgl. Freise, S. 33, 49). Obwohl die Britische Militärmission um Bekanntgabe aller Daten über den italienischen Kunstraub ersuchte, schritt sie nicht ein (vgl. Freise, S. 49). In Wien kam es zu Protestkundgebungen von Wissenschaftlern und Künstlern, und die Wiener Künstlerschaft leistete Aufklärungsarbeit im In- und Ausland (vgl. etwa das Protestschreiben der Akademie der Wissenschaften in Wien vom April 1919 [AdR, St-Germain, Karton 13, Fasz. III/6, Beil. zu Prot. Nr. 459, I-3570/2]; vgl. ferner haupt, S. 67). In der Folge kam es zu diversen vor allem österreichischen Protest- und Mahnschreiben an die Adresse der Italiener, was General Segre dazu bewegte, sein Vorgehen in einer kleiner Schrift «Perchè l'Italia reclama oggi dell'Austria opere d'arte e di storia, con 24 illustrazioni» (Wien 1919) zu rechtfertigen.

462 Vgl. Antwort der alliierten und assoziierten Mächte zu den Bemerkungen der österreichischen Delegation über die Friedensbedingungen vom 20. Juli, in: Bericht Friedensdelegation II, S. 343 Fn. 1.

463 Vgl. das österreichische Gutachten vom 24. Juli 1919 über die Artikel 187, 188, 190 bis 192 des Friedensvertrages (AdR, St-Germain, Karton 13, Fasz. III/6, Beil. zu Prot. Nr. 966).

464 In diesem Sinne auch Neck in: Neck, Kulturelle Bestimmungen, S. 474; Scholz, S. 31 und 37. Dies gilt grundsätzlich für jede Form der Beschlagnahmung (Art. 56 Abs. 2 HLKO 1907). In der völkerrechtlichen Literatur wird die Beschlagnahmung zur Durchführung von Restitutionen teilweise als zulässig beurteilt. Einige Autoren wollen sie auf kriegsrechtswidrig angeeignete Güter beschränken (vgl. Baufeld, S. 35 ff.; Turner, S. 39 ff.). Gegen eine ausnahmsweise zulässige Beschlagnahmung durch die italienische Militärmission spricht aber, dass die Beschlagnahmungen nach Abschluss des Waffenstillstandsabkommens stattgefunden haben, die Verbringungen durch Österreich zumeist nicht kriegsbedingt und die Rechtsverhältnisse an diesen Objekten höchst umstritten und komplex waren.

c. Erneute Forderungen im März 1919

Nur kurze Zeit nach den Beschlagnahmungen durch die italienische Militärkommission im Februar 1919 sahen sich die österreichischen Behörden am 14. März 1919 mit neuen Forderungen konfrontiert, die die italienische Militärmission für die anstehenden Friedensverhandlungen mit den Ententemächten in Aussicht stellte. Sie wurden im Wesentlichen in sechs Listen (*elenchi*) zusammengefasst.[465]

Verzeichnis I enthält Kulturgegenstände, auf die Italien ältere Rechtsansprüche geltend macht, bei denen aber deren Nachweis zu einer sofortigen Besitzergreifung nicht ausreicht. Hierzu gehören vor allem Kriegstrophäen, z.B. die Rüstung des Dogen Ziani, und andere historisch wertvolle Rüstungsgegenstände und Waffen (Schwerter, Hellebarden), dann Pläne und Modelle, die 1864 bis 1866 aus dem Arsenal in Venedig weggebracht worden waren, oder auch das Reliquiar des Bessarion und das Kreuz aus der Scuola di San Teodoro in Venedig[466] sowie Teile der Estensischen Kunstsammlung und die Krönungsinsignien Napoleons I. als König von Italien.[467]

Verzeichnis II umfasst jene Gegenstände mit einer besonderen Beziehung zu den nach dem Krieg an Italien abgetretenen Gebieten. Zu nennen sind Wappen und Rüstungen aus Trient, diverse antike Funde aus Aquileia und Dalmatien, die Holzstatue des heiligen Michael aus dem Dom von Monfalcone[468] oder Archivalien aus dem Staatsarchiv in Innsbruck.[469]

Schliesslich verlangten die Italiener ausdrücklich auch Kunstobjekte als Ersatz für Kriegsschäden an italienischen Kunstwerken und als Beitrag an die Kriegskosten (Verzeichnis III).[470] Damit dehnten sie ihre Forderungen auf Objekte aus,

---

[465] Vgl. zum Folgenden den Bericht des österreichischen Staatsamtes für Inneres und Unterricht über die neuerlichen Forderungen der italienischen Waffenstillstandskommission an deutschösterreichischem Kunstbesitz, undatiert (AdR, St-Germain, Karton 13, Fasz. III/6, Beil. zu Prot. Nr. 780). Vgl. ferner Freise, S. 23.

[466] Angeblich seien sie in Widerspruch zum Florentiner Übereinkommen vom 14. Juli 1868 nicht zurückgestellt worden.

[467] Vgl. die Auflistung der von der italienischen Militärmission aus dem Heeresmuseum angeforderten 144 Kriegstrophäen (AdR, Karton 8, Fasz. E I/1/c, Beil. 2 zu Prot. Nr. 263). Die späte Forderung nach diesen Kriegsausrüstungen, die die österreichisch-ungarische Armee im Krieg 1866 erbeutet hatte, dürfte auch damit zusammenhängen, dass sie zum Zeitpunkt der Wegnahme noch keinen historischen Wert hatten und für die italienischen Behörden damals nicht von Interesse waren.

[468] Diese sei 1912 zwecks Restaurierung nach Wien gebracht worden. Über ihren Verbleib nach dem Krieg konnten die Behörden keine Angaben machen.

[469] Weitere Beispiele sind ein Bild von Alvise Vivarini aus der Kirche der Bernardiner bei Pirano, ein Säulenkapitell aus Pola, Goldschmuck und die Büste Maximilians aus Veglia sowie Goldfunde aus Civezzano.

[470] Vgl. auch das Zeitungsinterview mit Direktor Ettore Modigliani, wonach Kulturgüter als Schadenersatz für die Zerstörung von Kunstwerken durch völkerrechtswidrige Handlungen,

die gar nie von italienischem Boden nach Österreich transferiert worden waren. Das entsprechende Verzeichnis III enthält bedeutende Gemälde wie die Madonna im Grünen von Raffael, Ganymed von Correggio, Susanna und die beiden Alten von Tintoretto oder ein Selbstporträt von Rembrandt. Auch griechische Vasen, Statuen, die Gemma Augustea[471] oder Handschriften waren aufgelistet.

Verzeichnis IV und V zählen Kunstobjekte auf, die im Falle einer Aufteilung der österreichischen Kunstsammlungen von Italien beansprucht werden. Diese stehen im Zusammenhang mit den im 19. Jahrhundert abgetretenen Gebieten, beispielsweise die toskanische Erbschaft von Franz von Lothringen oder die weltliche Schatzkammer mit den Kleinodien des alten Deutschen Reiches[472]. Verzeichnis V enthält diejenigen Gegenstände, die wegen ihrer Beziehung zu den neu abgetretenen Gebieten zu Italien gehören würden. Allerdings wurden nur Münzen aus Görz, Aquileia, Triest und Trient aufgelistet. Schliesslich ist das Verzeichnis VI zu nennen, das die Ansprüche Italiens auf Kunstgegenstände aus Albanien auflistet.

Österreichs Regierung lehnte auch diese Forderungen ab mit der Begründung, dass eine Aufteilung des Kunstbesitzes nicht von der allgemeinen Frage der Liquidation des österreichischen öffentlichen Besitzes getrennt werden könne, weshalb die Angelegenheit an eine gesonderte Kommission überwiesen werden müsse.[473] Erneut wies das Staatsamt für Äusseres die Direktoren der Sammlun-

---

namentlich durch das Bombardement von Venedig, Ravenna und Ancona, verlangt wurden; aber auch sämtliche Kunstwerke, die unter Umgehung der bestehenden Ausfuhrverbote aus Italien ausgeführt worden seien, sollen zurückverlangt werden (zit. in: Promemoria über die italienischen Forderungen an österreichischen und deutschen Kunstbesitz von Hans Tietze, II. Vorstand des Kunsthistorischen Institutes des Staatsdenkmalamts, vom 28. Januar 1919 [AdR, St-Germain, Karton 13, Fasz. III/6, Beil. zu Prot. Nr. 459, Z. 154]). Entschädigungen für kriegsrechtswidrige Handlungen setzt Österreich nichts entgegen, ausser, dass zuerst über die Verpflichtung zur Leistung entschieden werden müsse (vgl. S. 23 des Berichts des österreichischen Staatsamtes für Inneres und Unterricht über die neuerlichen Forderungen der italienischen Waffenstillstandskommission an deutschösterreichischem Kunstbesitz, undatiert [AdR, St-Germain, Karton 13, Fasz. III/6, Beil. zu Prot. Nr. 780]).

471 Die Gemma Augustea ist eine der berühmtesten und grössten überlieferten Kameen der Antike. Seit 1619 ist sie in Wien bezeugt (Internet: <http://www.uni-muenster.de/Rektorat/museum/am-158.htm> [besucht am 14. Januar 2010]).

472 Zu den sog. Reichskleinodien gehörten im Wesentlichen die Kaiser- oder Reichskrone, der Reichsapfel, das Reichsschwert und das Szepter (vgl. Fillitz, S. 112). Zu den Ansprüchen verschiedener Staaten darauf vgl. Schiedermair, S. 251.

473 Vgl. Bericht des österreichischen Staatsamtes für Inneres und Unterricht über die neuerlichen Forderungen der italienischen Waffenstillstandskommission an deutschösterreichischem Kunstbesitz, undatiert, S. 41 f. (AdR, St-Germain, Karton 13, Fasz. III/6, Prot. Nr. 780). In seiner ersten Antwort vom 7. April 1919 trat das Staatsamt für Äusseres den Forderungen nicht mit der von Fachleuten gewünschten Entschiedenheit entgegen. Letztere

gen an, für die bevorstehenden Friedensverhandlungen entsprechendes Quellenmaterial zur Begründung des österreichischen Standpunktes vorzubereiten.[474]

Vor dem ersten Entwurf des Friedensvertrages von St-Germain gelang es den Archivfachleuten Italiens und Österreichs noch, wenigstens im Archivbereich eine gemeinsame Erklärung zu verfassen. Weitere vertragliche Einigungen wurden dann erst nach Abschluss der Friedensverhandlungen mit Österreich erzielt.[475]

3. Österreichisch-italienische Erklärung vom 26. Mai 1919

In der gemeinsamen Erklärung vom 26. Mai 1919 definierten italienische und österreichische Archivfachleute Grundsätze für die Aufteilung von Archiven und Registraturen.[476] Statt dem umstrittenen Betreffsprinzip einigten sich die Archivare auf den Herkunftsgrundsatz oder das Provenienzprinzip. Im bemerkenswerten Schlusssatz hielten die Unterzeichner fest, dass «die Archive das Schicksal der Länder teilen, in denen sie erwachsen sind, und dass sie mit ihnen zusammen ein untrennbares Ganzes bedeuten».

Mit dieser Erklärung nahm die Auseinandersetzung um die Archive eine für Österreich günstige Richtung, indem es den österreichischen Archivaren gelang, ihre Version des Provenienzprinzips als Grundlage der künftigen Verhandlungen festzusetzen. Damit hatte Österreich zwar alle Archive und Registraturen an Italien auszuliefern, die in den Italien zugefallenen österreichischen Gebieten entstanden waren,[477] konnte aber alle in Österreich und vor allem in den Wiener Zentralarchiven gewachsenen Archive behalten.

---

warfen der österreichischen Regierung Nachgiebigkeit und Gleichgültigkeit vor, weil sie zuwenig gegen die alten und vor allem die neuen, weit reichenden Forderungen getan und keine Fachleute zu Rate gezogen habe (vgl. Schreiben des Collegiums der wissenschaftlichen Beamten des Kunsthistorischen Museums vom 12. April 1919 [AdR, St-Germain, Karton 13, Fasz. III/6, Beil. zu Prot. Nr. 459 und Z. I.-3161/2]; Denkschrift der Gewerkschaft der wissenschaftlichen Beamten in Deutschösterreich über die Behandlung der auf die heimischen Kunst- und Kulturgüter Bezug habenden Fragen vom 16. April 1919 [AdR, St-Germain, Karton 13, Fasz. III/6, Beil. zu Prot. Nr. 459 und Z. I.-3161/2]). Die Organisation der deutschösterreichischen Kunsthistoriker hat sich der Denkschrift angeschlossen.

474 Dies hatte zunächst zur Folge, dass der Geschichte der Sammlungen erhöhte Aufmerksamkeit zukam und umfangreiche Studien betrieben wurden, die neue Erkenntnisse und Zusammenhänge zu Tage förderten (vgl. LHOTSKY, Verteidigung der Wiener Sammlungen, S. 625).

475 Zur Auseinandersetzung Österreichs mit Italien vgl. hinten 123 ff.

476 Abgedruckt in: Bericht Friedensdelegation II, S. 218. Bereits im Februar 1919 anerkannte Italien das Provenienzprinzip als Grundlage der Archivauseinandersetzungen an (vgl. FREISE, S. 20; BITTNER, Zwischenstaatliche Verhandlungen, S. 67 Fn. 1).

477 Z.B. die Archive der neu abgetretenen Gebiete Trient, Brixen und Triest sowie die noch in Deutschösterreich vorhandenen Teile der Archive Venedigs, der zisalpinischen Republik, des napoleonischen Königreichs Italien, des lombardo-venetianischen Gouvernements und anderer mailändischer, mantuanischer, modenesischer Behörden (vgl. BITTNER, Zwischenstaatliche Verhandlungen, S. 67).

§ 2 Im Friedensvertrag von St-Germain

Der Friedensvertrag von St-Germain zwischen den alliierten und assoziierten Mächten vom 10. September 1919[478] befasst sich in Art. 93 und 191 bis 196 einschliesslich Anlagen ausdrücklich mit der Aufteilung von Kulturgütern. Art. 93 ist bei den «Clauses Politiques Européennes» (III. Teil) eingeordnet, und zwar im Abschnitt VIII («Dispositions Générales»). Die Artikel 191 bis 196 einschliesslich Anlagen finden sich in den «Dispositions Particulières» (Abschnitt II) der «Réparations» (VIII. Teil).

Neben diesen aus kulturgüterrechtlicher Sicht als lex specialis zu bezeichnenden Bestimmungen ist auch Art. 208 («Clauses Financières», IX. Teil) näher zu betrachten, der das staatliche Vermögen im Allgemeinen aufteilt.

I. Artikel 208 St-Germain

Art. 208 St-Germain im Kapitel «Clauses Financières» (IX. Teil) bestimmt, dass die Staaten, denen ein Gebiet der ehemaligen österreichisch-ungarischen Monarchie übertragen wurde oder die aus dem Zerfall dieser Monarchie entstanden sind, alles Gut und Eigentum erwerben, das der ehemaligen oder gegenwärtigen österreichischen Regierung gehört und auf ihren Gebieten gelegen ist (Abs. 1). Abs. 3 regelt sodann den Umkehrschluss, wonach die Nachfolgestaaten auf die ausserhalb ihrer Gebiete befindlichen Vermögenschaften und Eigentumsobjekte der ehemaligen oder gegenwärtigen österreichischen Regierung keinerlei Anspruch erheben können. Soweit für die vorliegende Arbeit von Interesse wird auf andere Absätze weiter hinten eingegangen.

Im Unterschied zu den vorhergehenden Artikeln wird Österreich nicht explizit als aus dem Zerfall der Monarchie entstandener Staat bezeichnet. Auch sinngemäss wendet sich Art. 208 nur an die Nachfolgestaaten und damit nicht an die Republik Österreich, weil sie auf das in Drittstaaten gelegene Vermögen keinen Anspruch erhalten. Somit verbleibt das übrige Vermögen im Sinne der These der Staatskontinuität der Republik Österreich. Dazu zählt das auf dem Boden der Republik Österreich, aber eben auch das in Drittstaaten gelegene Vermögen.

Art. 208 bezieht sich auf *«tous biens et propriétés appartenant au Gouvernement autrichien, ancien ou actuel»*. Dazu gehören gemäss Definition in Abs. 2 das Vermögen[479] des ehemaligen österreichischen Kaiserreiches (Cisleithanien), dessen Anteil am gemeinsamen Besitz der österreichisch-ungarischen Monarchie, alle

---

[478] Vgl. vorne Fn. 332. Auszüge aus dem Friedensvertrag finden sich im Anhang hinten S. 301 ff.

[479] In der deutschen Übersetzung von Art. 208 wird *«biens»* sowohl mit «Besitz» als auch mit «Vermögen» übersetzt. Soweit ersichtlich wurden die Begriffe als Synonyme verwendet.

Krongüter sowie das Privatvermögen der ehemaligen österreichisch-ungarischen Herrscherfamilie. Diese Regelung weicht vom österreichischen Habsburgergesetz von 1919 in mehrfacher Weise ab.[480]

Das Habsburgergesetz unterscheidet drei Vermögensgruppen:[481] Neben dem hofärarischen[482] Vermögen (auch «Krongut»)[483], das im staatlichen Eigentum steht, gibt es das für das Herrscherhaus (inkl. Zweiglinien) gebundene Vermögen[484] sowie drittens das nachweisbar freie persönliche Privatvermögen des Herrscherhauses. Das hofärarische und das gebundene Vermögen fielen, sofern sie sich auf deutschösterreichischem Staatsgebiete befanden, ins Eigentum der Republik Deutschösterreich (§ 5 HabsbG).[485] Dem Haus Habsburg-Lothringen verblieb das nachweisbar freie persönliche Privatvermögen (§ 5–7 HabsbG e contrario). Art. 208 respektive die Grenzbestimmungen des Friedensvertrages einerseits schränkten das Habsburgergesetz in seinem geographischen Anwendungsbereich ein, weil das Habsburgergesetz noch sämtliche deutschsprachigen Gebiete der österreichischen Reichshälfte zum österreichischen Staatsgebiet zählte. War etwa das hofärarische Vermögen im Südtirol gemäss Habsburgergesetz österreichisches Staatsvermögen, gehörte es gemäss Friedensvertrag nun dem italienischen Staat. Andererseits teilt Art. 208 St-Germain auch dasjenige habsburgische Vermögen der österreichischen Republik zu, das sich in Drittstaaten befindet, wogegen sich das Habsburgergesetz auf das Vermögen innerhalb Deutschösterreichs beschränkte. Schliesslich umfasst Art. 208 im Gegensatz zum Habsburgergesetz auch das ungebundene, persönliche Privatvermögen der Habsburger.

Damit fiel das hofärarische und fideikommissarische Vermögen der Dynastie, sofern es sich nicht im Gebiet der Nachfolgestaaten befand, an die Republik Österreich. Das sich in den Nachfolgestaaten befindende hofärarische, fideikommissarische und sonstige Privatvermögen hingegen fiel diesen zu. Der Herr-

---

480 Gesetz vom 3. April 1919 betreffend die Landesverweisung und die Übernahme des Vermögens des Hauses Habsburg-Lothringen (vgl. dazu vorne bei Fn. 245).

481 In Zeiten der Monarchie fehlte eine klare Unterscheidung.

482 Hofärar setzt sich aus den Begriffen «Hof» und «Ärar» zusammen, wobei «Ärar» für Staatsvermögen steht (vgl. hierzu Kadgien, S. 58 f.).

483 Dieses Vermögen diente der Nutzniessung durch den Hof und wurde zu Zeiten der Monarchie von Hofstäben und deren Ämtern verwaltet. Vgl. etwa Art. 7 des Gesetzes über die Staats- und Regierungsform von Deutschösterreich vom 12. November 1918 (StGBl 5/1918).

484 Es handelt sich um ein Familienfideikommiss, Familienfonds oder Stammgut, das dem Unterhalt der Mitglieder der kaiserlichen Familie diente.

485 Bezüglich des gebundenen Vermögens weicht das Habsburgergesetz von der damaligen Ansicht des Gesetzgebers ab, wonach es sich zumindest teilweise rechtlich nicht um Staatsvermögen handelte.

scherfamilie verblieb noch das ungebundene Privatvermögen, das sich auf dem Boden der Republik Österreich befand.[486]

In den Anwendungsbereich von Art. 208 fallen auch sämtliche beweglichen und unbeweglichen Kulturgüter, die der ehemaligen oder gegenwärtigen österreichischen Regierung gehören.[487] Die Bemerkung Italiens, dass Art. 208 sich nur auf Immobilien beziehe, dürfte auf taktisches Kalkül zurückzuführen sein, weil Italien Österreich noch vor Unterzeichnung des Friedensvertrages zu einem Sonderabkommen über Kulturgüter bewegen wollte.[488] Weder dem Wortlaut noch dem Sinn und Zweck von Art. 208 sind Anhaltspunkte für eine solche Auslegung zu entnehmen. Im Gegenteil, wird doch in Art. 192 Abs. 1 St-Germain im Zusammenhang mit der Rückgabe von beweglichen Kulturgütern ausdrücklich auf Art. 208 verwiesen.

Die Nachfolgestaaten erhielten das Vermögen gemäss Art. 208 nicht umsonst, sondern hatten hierfür der Republik Österreich eine Entschädigung zu leisten (Abs. 4).[489] Ausnahmen von der Entschädigungspflicht bestanden u. a. für Vermögenswerte der Länder, Gemeinden und anderen lokalen Selbstverwaltungskörper der ehemaligen österreichisch-ungarischen Monarchie (Abs. 7). Damit verneinte der Friedensvertrag die Frage, ob zum Staatsvermögen auch die Vermögensbestände selbständiger territorialer Untergliederungen wie etwa von Ländern oder Gemeinden zu zählen seien. Weil solche Verwaltungseinheiten in der Regel zwar öffentliche, nicht aber staatliche Zwecke verfolgen, gibt es für dieses Eigentum genau genommen keine Nachfolge. Es verbleibt den Verwaltungseinheiten und wird daher wie Privateigentum behandelt.[490] Ebenfalls nicht zu entschädigen sind Güter, die früher den Königreichen Böhmen, Polen, Kroatien-

---

[486] Auch nachdem das Habsburgergesetz am 30. Oktober 1919 rückwirkend auf den 3. April 1919 revidiert wurde (vgl. StGBl 501/1919), kam es zu keiner Anpassung an Art. 208 St-Germain (vgl. auch KADGIEN, S. 75).

[487] Vgl. die Bemerkungen der deutschösterreichischen Delegation zur Gesamtheit der «Friedensbedingungen» mit Deutschösterreich zu Art. 204 Entwurf St-Germain vom 20. Juli 1919, der Art. 208 des definitiven Vertrages entspricht (Bericht Friedensdelegation II, S. 151). Bezüglich der Archive ausdrücklich auch BITTNER, Zwischenstaatliche Verhandlungen, S. 59 Fn. 2.

[488] Vgl. Schreiben Bach an das Staatsamt für Äusseres vom 11. August 1919 (AdR, St-Germain, Karton 13, Fasz. III/6, Z. I-1004).

[489] Die Höhe der Entschädigung wurde vom Wiedergutmachungsausschuss festgelegt und der Republik Österreich unter Anrechnung auf die Wiedergutmachungsschuld dem Reparationskonto gutgeschrieben. Diese Entschädigungsleistung der Nachfolgestaaten markiert einen wirtschaftspolitischen Kompromiss der Hauptmächte zwischen Verteilung des Vermögens und der (Kriegs-)schulden der ehemaligen Monarchie (vgl. dazu TEMPERLEY, Vol. V, S. 11 ff. und 30 ff.; BANSLEBEN, S. 71).

[490] Vgl. SILAGI, Staatsuntergang und Staatennachfolge, S. 206; TURNER, S. 78; GUGGENHEIM, Lehrbuch des Völkerrechts, S. 429 f.

Slawonien-Dalmatien oder Bosnien-Herzegowina sowie den Republiken Ragusa oder Venedig oder den Fürstbistümern Trient oder Brixen gehörten, sofern ihr hauptsächlicher Wert in historischen Erinnerungen besteht, die sich an das Objekt knüpfen (Abs. 8). Sinn dieser Ausnahmeregelung dürfte gewesen sein, Österreich nicht für historisch wertvolle Objekte zu entschädigen, die bereits vor der österreichisch-habsburgischen Herrschaft über diese Gebiete existiert hatten und daher keine Leistung des Habsburgerhauses darstellten.

Die Regelung gemäss Art. 208 bildete die Basis für die Verteilung der aktiven Vermögenswerte der ehemaligen österreichisch-ungarischen Monarchie. Einziges Kriterium für die Zuordnung der Vermögenswerte ist gemäss Art. 208 deren Belegenheit in Gebieten der Nachfolgestaaten zum Zeitpunkt des Inkrafttretens des Vertrages. Dieses Kriterium mag insbesondere bei unbeweglichen Vermögensgegenständen zu befriedigenden Ergebnissen führen.[491] Für die Zuordnung von beweglichen Kulturgütern ist es jedoch nicht geeignet, da viele Fälle unberücksichtigt bleiben. Zu denken ist beispielsweise an ein Kunstwerk, das von einem Wiener Museum vorübergehend an eine Kulturstätte im Gebiet eines Nachfolgestaates ausgeliehen wurde. Oder an einen archäologischen Fund aus dem Gebiet eines Nachfolgestaates, der im Wiener Naturhistorischen Museum ausgestellt wurde, ebenso wie in abgetretenen Gebieten entstandene und nach Wien verschobene Archive. Unberücksichtigt bliebe zudem, dass einzelne Kulturgüter während des Krieges in das Gebiet der Republik Österreich gebracht wurden, obwohl sie keine Beziehung dazu hatten.

Würde es bei der Regelung gemäss Art. 208 bleiben, blieben damit berechtigte Interessen der das Kulturgut nichtbesitzenden Staaten unberücksichtigt. Der Friedensvertrag von St-Germain behandelte daher die Kulturgüter separat in Sonderbestimmungen, die im VIII. Teil des Vertrages, den «Réparations» («Wiedergutmachungen»), eingeordnet waren (Art. 191 bis 196 St-Germain mit Anlagen). Diese Bestimmungen gelten im Verhältnis zu Art. 208 als lex specialis.[492]

II. Artikel 93 St-Germain

Art. 93 Abs. 1 St-Germain sieht vor, dass Österreich den beteiligten alliierten oder assoziierten Regierungen unverzüglich die Archive, Register, Pläne, Titel und Urkunden jeder Art zu übergeben hat, die den Zivil-, Militär-, Finanz-,

---

491 Vgl. Turner, S. 81.

492 Ob die Hauptmächte diese besonderen Bestimmungen aufgrund der problematischen Zuordnung von beweglichen Kulturgütern einfügten oder ob dies aufgrund der einschlägigen Interessenlage der Nachfolgestaaten, inbesondere von Italien erfolgte, ist nicht bekannt. Belegt ist hingegen, dass diese Sonderbehandlung auch im Sinn einzelner österreichischer Verwaltungsstellen war (vgl. z.B. das Schreiben des Unterstaatssekretärs für Unterricht an das Staatsamt für Äusseres vom 16. Juni 1919 [AdR, St-Germain, Karton 8, Fasz. E I/1/c, Beil. zu Prot. Nr. 443]).

Gerichts- oder sonstigen Verwaltungen der abgetretenen Gebiete gehören. Weggeschaffte Papiere dieser Art hat Österreich auf Ersuchen der alliierten oder assoziierten Mächte zurückzustellen. Abs. 2 von Art. 93 relativiert Abs. 1 insofern, als Österreich diejenigen Registraturen behalten darf, die es gleichermassen wie die in den abgetretenen Gebieten tätigen Verwaltungen betreffen, und demzufolge ihre Übergabe nicht ohne Nachteil für sie wäre.[493] Über die derart zurückbehaltenen Registraturen muss Österreich den Nachfolgestaaten *«donner communication»*, d.h. auf Anfrage hin Auskünfte erteilen und Abschriften machen.[494] Eine Ausnahme bilden lediglich die Registraturen mit militärischem Charakter, die in jedem Fall herausgegeben werden müssen.[495]

Zweck dieser Bestimmung ist es, in den abgetretenen Gebieten eine funktionstüchtige Verwaltung und deren Kontinuität sicherzustellen.[496] Diese Zweckbestimmung wird in zeitlicher Hinsicht bestärkt durch den Begriff *«sans délai»* und die Eingliederung der Bestimmung innerhalb der «Politischen Bestimmungen über Europa» des III. Teiles des Vertrages.[497] Es geht daher nicht um Wiedergutmachung, sondern um die Übergabe von Dokumenten und Urkunden, die für die aktuelle Verwaltungstätigkeit der Nachfolgestaaten unabdinglich sind. Unklar ist jedoch, ob Art. 93 entsprechend dem Wortlaut *«archives»* auch historische Archivbestände zum Gegenstand hat oder lediglich lebende Registraturen umfasst.[498] In Anbetracht des Normzweckes zielt Art. 93 primär auf lebende Registraturen ab und nicht auf historische Archivbestände.[499] Letztere wurden, nachdem sie ihren Geschäftszweck erfüllt hatten, aus dem laufenden Geschäftsprozess ausgeschieden und in Zentralarchiven oder behördeneigenen Archiven aufbewahrt. Dort erfüllen sie in der Regel eine neue Funktion, die sich nicht

---

[493] Abs. 2 von Art. 93 wurde erst in den definitiven Vertragstext eingebracht, in den beiden Vertragsentwürfen war er noch nicht enthalten. Damit kamen die Siegermächte Österreich entgegegen.

[494] Vgl. BITTNER, Zwischenstaatliche Verhandlungen, S. 78 f, 91; MEYER-LANDRUT, S. 101 f.; FITSCHEN, Rechtliches Schicksal, S. 114.

[495] Dies entspricht der sicherheits- und militärpolitischen Linie der Alliierten und Assoziierten, wie sie im V. Teil des Friedensvertrags zum Ausdruck kommt. Ziel dieser Sicherheitspolitik ist es, eine zukünftige militärische Bedrohungslage durch Österreich um jeden Preis zu verhindern (vgl. auch BITTNER, Zwischenstaatliche Verhandlungen, S. 77 f.).

[496] Vgl. NECK, Kulturelle Bestimmungen, S. 353; MEYER-LANDRUT, S. 104.

[497] Vgl. RILL/SPRINGER/THOMAS, S. 303. Im Entwurf vom 20. Juli 1919 war Abs. 1 von Art. 93 (Abs. 2 existierte damals noch nicht) allerdings noch im VIII Teil, «Wiedergutmachungen», platziert.

[498] Die Verhandlungsdokumente beider Parteien scheinen zwischen Registraturen und Archiven nicht zu unterscheiden.

[499] Vgl. BITTNER, Zwischenstaatliche Verhandlungen, S. 72 f., 84; MEYER-LANDRUT, S. 104.

mehr auf die Verwaltungstätigkeit bezieht. Allerdings können sie betroffen sein, sofern sie tatsächlich für die Verwaltungstätigkeit von Bedeutung sind.[500]

In diesem Sinn spricht Art. 93 auch lediglich von Akten und dergleichen, die den Verwaltungen der abgetretenen Gebiete gehören. Damit fallen beispielsweise Bibliotheksmaterialien oder all jene Urkunden als Gegenstand von Art. 93 weg, die lediglich von historischem Wert sind und daher nicht in Verwaltungen, sondern vielmehr in Bibliotheken, Museen oder ähnlichen Anstalten aufbewahrt werden. Nur lebende Registraturen werden von der sie erstellenden Behörde aufbewahrt.

Diese Auslegung wird durch den zweiten Absatz von Art. 93 bestätigt. Der darin formulierte Vorbehalt soll verhindern, dass die österreichische Verwaltungstätigkeit durch die Abgabe benachteiligt wird, was bei der Abgabe von historischen Akten ohnehin nicht der Fall wäre. Ein weiterer Vorbehalt gemäss Abs. 2, diesmal zu Lasten Österreichs, lässt die Beschränkung auf lebende Registraturen ebenfalls einleuchtend erscheinen. Die Pflicht zur Herausgabe von Archiven mit militärischem Charakter ist nur dann von Nutzen, wenn es sich um aktuelle Registraturen von Militärakten handelt. Die Übergabe von militärhistorischen Archiven hingegen würde über das verfolgte Ziel hinausschiessen. Dass Art. 93 nur Akten umfasst, die für die Verwaltung notwendig sind, entspricht auch Art. 3 des Frankfurter Friedens zwischen Frankreich und Deutschland von 1871, der als Vorlage für Art. 38 Abs. 1, 52 und 158 Abs. 1 des Versailler Vertrages und damit auch für Art. 93 Abs. 1 St-Germain diente.[501]

Aus all diesen Gründen erfasst Art. 93 im Grundsatz weder Archivbestände noch andere historische Papiere, sondern lediglich Akten der laufenden Verwaltung. Diesen allein kommt aber kein Kulturcharakter zu,[502] weshalb Art. 93 nicht zum engeren Kreis der Kulturgüterbestimmungen gehört.

Dessen ungeachtet setzte sich bezüglich Archiven in Art. 93 ein Streit fort, der schon im Vorfeld der Vertragsverhandlungen zwischen Österreich und den Nachfolgestaaten entbrannt war. Strittig war die Frage, ob die österreichischen

---

[500] Zur rechtlich-administrativen Funktion von Archiven vgl. FITSCHEN, Rechtliches Schicksal, S. 39 f.

[501] Zur gleichlautenden Bestimmung im Vertrag von Frankfurt 1871 vgl. JACOB, S. 9, 99 f., 105–111 und insbesondere S. 18 f.: *«Autant il serait regrettable de disperser des documents anciens (...), autant il est juste que les documents administratifs modernes soient remis à l'annexant. L'habitant pour lequel ces administrations ont été instituées survit à l'annexion; son changement de nationalité n'affecte pas son état, sa famille, ses biens; c'est à lui assurer la continuité de l'exercice de ses droits que doit contribuer le fonctionnement ininterrompu des diverses administrations: pour lui, l'avenir est lié au passé et il convient que le nouvel occupant lui assure, au point de vue de sa vie civile, les mêmes garanties que l'ancien.»* Vgl. auch POSNER, Sovereignty on Archives, S. 175 ff.; FITSCHEN, Rechtliches Schicksal, S. 90.

[502] Vgl. v. SCHORLEMER, S. 319 f.

Archive nach dem Provenienz- oder dem Betreffsprinzip zuzuordnen seien.[503] Österreich war bestrebt, dem Wortlaut von Art. 93 unzweifelhaft den Stempel des Provenienzprinzips aufzudrücken. Im Ergebnis stellt der in Abs. 1 von Art. 93 gewählte Begriff *appartenant* einen Kompromiss dar, entstanden aus der Entwicklung der Vertragsbestimmung.

Entsprechend der Vorlage im Frankfurter Frieden von 1871 hiess es in Abs. 1 von Art. 93 des Vertragesentwurfes St-Germain vom 20. Juli 1919 zunächst *concernant*.[504] Die österreichische Delegation verlangte darauf, diesen Begriff mit *provenant de l'activité des administrations* zu ersetzen.[505] Sie befürchtete, dass der Begriff *concernant* die Anwendung des Betreffsprinzips und damit das Zerreissen von zusammenhängenden Akten in einzelne, wertlose Dokumente zur Folge hätte. Ein solches Vorgehen würde gemäss der Delegation Jahre benötigen, zum Teil wäre es überhaupt nicht durchführbar.[506] Mit Blick auf Art. 3 des Friedensvertrages von Frankfurt[507] wäre eine Änderung des Wortlautes für die Anwendung des Provenienzprinzips nicht zwingend erforderlich gewesen. Dort wurde *concernant* ohne Widerspruch des Gebietsnachfolgers Deutschland im Sinne des Provenienzprinzips ausgelegt.[508] Den Hauptmächten wiederum schien die For-

---

[503] Als einziger Nachfolgestaat nahm Italien den österreichischen Standpunkt ein (vgl. Erklärung vom 26. Mai 1919 [vgl. vorne bei Fn. 476]). Zum Inhalt dieser Prinzipien vgl. vorne S. 10 ff.

[504] Vgl. Bericht Friedensdelegation II, S. 23. Im Entwurf vom 20. Juli 1919 war Abs. 1 von Art. 93 noch Abs. 1 von 189. Abs. 2 und 3 von Art. 189 wurden im endgültigen Text zu Art. 193 Abs. 1 und Abs. 2. Im ersten Entwurf vom 2. Juni 1919 fehlte eine Bestimmung des Inhalts von Art. 93.

[505] Vgl. Bemerkungen der deutschösterreichischen Delegation zur Gesamtheit der «Friedensbedingungen» mit Deutschösterreich, überreicht am 6. August 1919, in: Bericht Friedensdelegation II, S. 153. Österreich verwies auf Anlage IV, lit. 2 nach Art. 196, wo der Begriff *provenant* im Zusammenhang mit der Restitution von Urkunden an die Tschechoslowakei bereits angewendet wurde.

[506] Vgl. Bemerkungen der deutschösterreichischen Delegation zur Gesamtheit der «Friedensbedingungen» mit Deutschösterreich, überreicht am 6. August 1919, in: Bericht über die Tätigkeit der deutschösterreichischen Friedensdelegation, II, S. 153. Diese Ausführungen und der Änderungsvorschlag entsprechen wörtlich dem Gutachten des Archivbevollmächtigten Redlich zu Artikel 189 des Friedensvertragsentwurfs (AdR, St-Germain, Karton 13, Fasz. III/6).

[507] Art. 3: *«Le Gouvernement français remettra au Gouvernement allemand les archives, documents et registres concernant l'administration civile, militaire, et judiciaire des territoires cédés.»* Dass die Archive in Colmar, Strassburg und Metz mit dem Gebiet auf Deutschland übergehen, war selbstverständlich, weshalb dies nicht explizit geregelt wurde (vgl. Posner, Sovereignty on Archives, S. 175 f.).

[508] Vgl. v. Löher, S. 152; Jacob, S. 98 f.; Bittner, Zwischenstaatliche Verhandlungen, S. 77 Fn. 1; Meyer-Landrut, S. 96; Engstler, S. 239; Fitschen, Rechtliches Schicksal, S. 90; Posner, Sovereignty on Archives, S. 175 f. Art. 3 sollte vor allem der Zerstörung der zentralen Archive in Nancy durch die Deutschen im Vorfeld der Vertragsverhandlungen Einhalt gebieten (vgl. Jacob, S. 99 f.). In der Tat bedeuten die Begriffe betreffend oder *concernant* nicht automatisch die Anwendung des Betreffsprinzips. Denn genauso wenig führt der

mulierung *«provenant de l'activité des administrations»* zu eng gefasst, weil damit die Herausgabe auf diejenigen Akten beschränkt sein könnte, die von den Behörden in den abgetretenen Gebieten produziert worden wären. Gleichwohl kamen die Hauptmächte Österreichs Wunsch nach einer Änderung der Formulierung entgegen und ersetzten im definitiven Vertragstext den Begriff *«concernant»* durch *«appartenant»*.[509]

Mit *«appartenant»* kam verstärkt zum Ausdruck, dass Österreich nicht jedes Dokument mit einem inhaltlichen Bezug zu den abgetretenen Gebieten herausgeben musste. Vielmehr waren nur diejenigen abzutreten, die den Verwaltungsstellen in den abgetretenen Gebieten gehörten, also insbesondere die bei ihnen im Original eingelaufenen Schriftstücke, die Konzepte der ausgegangenen und der innenbehördliche Schriftenumlauf.[510] Im Wesentlichen ging es um Registraturen von Landes-, Bezirks- und Ortsverwaltungen, die in den abgetretenen Gebieten arbeiteten. Eine Teilung der in Österreich gewachsenen Registratur- und Archivbestände, wie der Registraturen der Wiener Zentralstellen und der österreichischen Länder-, Bezirks- und Ortsbehörden, war mit Art. 93 Abs. 1 nicht gemeint.[511] Gemäss Art. 93 Abs. 1 mussten sämtliche Registraturen an die Nachfolgestaaten übergeben werden, die bei den Verwaltungen auf den abgetretenen Gebieten erwachsen waren, weil sie dort für die ordentliche Verwaltungstätigkeit notwendig waren.[512] Sollten solche Registraturen oder Teile davon auf das Gebiet der Republik Österreich gelangt sein, hat sie Österreich zurückzustellen (Abs. 1 Satz 2). Dieser Satz würde keinen Sinn machen, wenn auch Archive betroffen wären, die ursprünglich auf neuösterreichischem Boden entstanden sind. Zurückgestellt werden können nur Archive, die von ihrem ursprünglichen

---

Begriff *provenant* automatisch zur Anwendung des Provenienzprinzips. Im Vertrag von Versailles wurde ebenfalls *concernant* verwendet, jedoch mit weniger Konsequenzen, weil es sich faktisch auf die Rückabwicklung des Vertrages von Frankfurt von 1871 beschränkte.

509 Daneben wurden auch einige grammatikalische Änderungen vorgenommen, die inhaltlich aber ohne Bedeutung sind. Nicht eingegangen wurde auf das österreichische Begehren nach Streichung des Begriffs *«sans délai»*, ebensowenig wie nach einem Zusatzabkommen im Sinne des Prinzips des *respect des fonds* (vgl. dazu die Bemerkungen der deutschösterreichischen Delegation zur Gesamtheit der «Friedensbedingungen» mit Deutschösterreich, überreicht am 6. August 1919, in: Bericht Friedensdelegation II, S. 153). Die Friedenskonferenz wollte die Auseinandersetzung der Archive offensichtlich nicht hinausschieben. Auch war sie nicht gewillt, die deutschösterreichische Regierung in Gremien miteinzubeziehen und damit an Entscheidungen Teil haben zu lassen. Dass die Friedenskonferenz damit dem Prinzip des *respect des fonds* grundsätzlich eine Absage erteilt hat, kann daraus aber nicht abgeleitet werden (a. M. FITSCHEN, Rechtliches Schicksal, S. 114).

510 Vgl. BITTNER, Zwischenstaatliche Verhandlungen, S. 76; FITSCHEN, Rechtliches Schicksal, S. 114; MEYER-LANDRUT, S. 101.

511 Vgl. BITTNER, Zwischenstaatliche Verhandlungen, S. 68.

512 Vgl. FITSCHEN, Rechtliches Schicksal, S. 114; BITTNER, Zwischenstaatliche Verhandlungen, S. 68, 71 f.

Verwahrungsort innerhalb der abgetretenen Gebiete einmal weggeschafft worden sind.[513] Eigene, d. h. in Österreich entstandene Registraturen waren von Art. 93 nicht betroffen.

Wie erwähnt, will Abs. 2 verhindern, dass die österreichischen Verwaltungsbehörden Nachteile erfahren, sollten gemäss Abs. 1 Dokumente übergeben werden müssen, die die österreichischen Verwaltungen gleichermassen betreffen. In diesem Fall verpflichtet sich Österreich *«sous condition de réciprocité, à en donner communication aux Gouvernements alliés et associés intéressés»*, d. h. auf Anfrage hin Auskünfte zu erteilen und Abschriften zu machen.[514] Damit waren Fälle angesprochen, bei welchen Verwaltungskreise von lokalen, regionalen oder Landesbehörden durch die neue Grenzziehung zwischen Österreich und einem Nachfolgestaat durchschnitten wurden und der Verwaltungshauptort sich auf dem Gebiet des Nachfolgestaates befand.[515] Gehört der Verwaltungshauptort zum Territorium der österreichischen Republik, darf Österreich die Aktenbestände im Sinne des Provenienzprinzips ohnehin behalten. Ausnahmen bilden lediglich die Registraturen mit militärischem Charakter, die in jedem Fall herausgegeben werden müssen. Im Sinne der Gegenseitigkeit konnten die Nachfolgestaaten diejenigen Registraturen behalten, die zwar den österreichischen Verwaltungsbehörden gehören, aber die abgetretenen Gebiete gleichermassen betrafen.[516] Der Nachfolgestaat hat diesfalls seinerseits der österreichischen Regierung *«donner communication»*. Abs. 2 von Art. 93 sah damit zugunsten des Betreffsprinzips eine Abweichung vom Grundprinzip der Provenienz vor, um die Kontinuität der Verwaltung auf beiden Seiten der neu gezogenen Territorialgrenzen zu gewährleisten.

Zusammenfassend kann festgehalten werden, dass Österreich all jene Registraturen und Archive den Nachfolgestaaten übertragen bzw. zurückgeben musste, die den bestehenden Verwaltungsbehörden der abgetretenen Länder gehörten bzw. dort entstanden waren (Art. 93 Abs. 1). Wurde eine Verwaltungseinheit

---

513 Vgl. Bittner, Zwischenstaatliche Verhandlungen, S. 69 Fn. 1, wonach diese Auslegung dem Versailler und Frankfurter Friedensvertrag entspricht.

514 Vgl. Bittner, Zwischenstaatliche Verhandlungen, S. 78 f., 91; Meyer-Landrut, S. 101 f.; Fitschen, Rechtliches Schicksal, S. 114.

515 Vgl. Bittner, Zwischenstaatliche Verhandlungen, S. 78; Fitschen, Rechtliches Schicksal, S. 114. Vgl. ferner Jacob, S. 100, zu Art. 18 des Zusatzübereinkommens von Frankfurt von 1871, der vermutlich Vorlage von Abs. 2 war. Danach verpflichteten sich Deutschland und Frankreich, sich gegenseitig sämtliche Güter derjenigen Gebiete auszuliefern, die von der neuen Grenzziehung vom Verwaltungszentrum getrennt wurden. Sofern die Hauptorte selber einem Hoheitswechsel unterstanden, wie beispielsweise Metz (Dép. Moselle), Strassburg (Dép. Bas-Rhin) und Colmar (Dép. Haut-Rhin), folgten deren Archive mit der Stadt der neuen Staatshoheit. Dies sei selbstverständlich gewesen und habe nicht explizit zu regeln gebraucht werden. Vgl. auch Posner, Sovereignty on Archives, S. 175.

516 Vgl. wiederum Jacob, S. 18, zum Frankfurter Frieden.

durch die Staatensukzession geteilt und lag ihr Hauptort auf dem Gebiet des Nachfolgestaates, durfte Österreich (mit Ausnahme der militärischen) all jene Akten zurückbehalten, deren Abgabe einen Nachteil bedeutet hätte, da sie beide Staaten in gleicher Weise betrafen. Es musste dem Nachfolgestaat jedoch Auskunft über diese Bestäne erteilen. Umgekehrt durfte der Nachfolgestaat die sein Gebiet betreffenden Akten behalten und musste Österreich Mitteilung machen (Art. 93 Abs. 2), wenn der Hauptort auf österreichischem Gebiet lag.

Art. 93 Abs. 1 präzisiert Art. 208 insofern, als erstens bei der Übergabe der Registraturen Dringlichkeit verlangt wird, und zweitens nicht nur das in den abgetretenen Gebieten befindliche Material den Nachfolgestaaten gehört, sondern auch diejenigen Registraturen, die dort erwachsen, aber unterdessen auf das Gebiet der Republik Österreich gelangt sind.

III. Artikel 191 St-Germain

Art. 191 St-Germain verpflichtet Österreich, jeder einzelnen der alliierten und assoziierten Mächte alle Akten, Urkunden, Altertümer und Kunstgegenstände sowie alles wissenschaftliche und bibliographische Material, das aus besetzten Gebieten weggebracht wurde, ungeachtet der Eigentumsverhältnisse zurückzustellen. Sie ist eine echte Wiedergutmachungsklausel. Gemäss den Allgemeinen Bestimmungen der Wiedergutmachungsklauseln (Art. 177 bis 190 St-Germain) wurden Österreich und seine Verbündeten für den Krieg verantwortlich gemacht, weshalb sie für die Verluste und Schäden, die die alliierten und assoziierten Staaten und ihre Staatsangehörigen erlitten, verantwortlich gemacht und zur Wiedergutmachung verpflichtet wurden (Art. 177 und 178 St-Germain). In diesem Zusammenhang wurde Österreich auch zur entschädigungslosen Rückgabe sämtlicher Gegenstände verpflichtet, die weggeführt, beschlagnahmt oder sequestriert worden waren (Art. 184 und 189 Abs. 2 St-Germain). Damit knüpft die Bestimmung nicht an den Tatbestand der Staatensukzession an, sondern an den Ersten Weltkrieg und die kriegsbedingt verbrachten Kulturgüter. Art. 191 gehört daher dogmatisch zum Kulturgüterschutz im Kriegsvölkerrecht, genau genommen im bewaffneten Konflikt.[517] Bei der Rückgabeverpflichtung gemäss Art. 191 handelt es sich um Restitution im Sinne von Wiedergutmachung völkerrechtlichen Unrechts.[518] Art. 191 folgt daher dem Prinzip der Reparation.

---

[517] Vgl. auch MEYER-LANDRUT, S. 63. Allgemein zum Kulturgüterschutz im Kriegsrecht vgl. HERDEGEN, Kulturgüterschutz, S. 161; IRMSCHER, S. 65 ff. Zum völkerrechtlichen Rückgabeanspruch auf in Kriegszeiten widerrechtlich verbrachte Kulturgüter vgl. JENSCHKE, S. 1 ff.

[518] Vgl. HARTUNG, S. 59; BAUFELD, S. 87. Zur Abgrenzung von Raubkunst und Beutekunst vgl. SIEHR, Kulturgüterschutz, S. 139 Rz. 99 und 104.

Zweck von Art. 191 war die Wiederherstellung des *status quo ante*, nämlich die Besitzverhältnisse, wie sie vor Ausbruch des Krieges am 1. August 1914 waren. Schon damals bestand die allgemeine Überzeugung, dass Kulturgüter vor der Besetzungsmacht bzw. der Verbringung durch diese geschützt werden sollen. Art. 191 wiederholt denn auch die für Österreich damals schon verpflichtenden Normen des IV. Haager Kriegsabkommens von 1907.[519]

Dem Normzweck entsprechend besteht die Restitutionspflicht bedingungslos und bezüglich aller Gegenstände, unabhängig von ihrer Art und davon, ob sie im öffentlichen oder privaten Eigentum waren.[520] Obwohl nicht explizit erwähnt, betrifft Art. 191 nebst den aufgeführten Gegenständen im Sinne des *argumentum in minore ad maius* auch die Archive und Registraturen. Auch spielt es keine Rolle, auf welche Art die privaten oder öffentlichen Personen in Österreich Besitz an den Kulturgütern erlangt haben.[521] Der Handel mit Kulturgütern aus besetzten Gebieten ist grundsätzlich verpönt, weshalb Art. 191 auch den privaten Käufer nicht schützt. In territorialer Hinsicht betrifft Art. 191 nur Kulturgüter, die Österreich während des Ersten Weltkrieges aus besetzten Gebieten entfernt hatte. Damit scheiden diejenigen Kulturgüter aus, die sich bereits vor dem Krieg im Gebiet der österreichisch-ungarischen Monarchie befanden.

Österreich wollte Art. 191 dahingehend geändert haben, dass Österreich nur zur Restitution von Kulturgütern verpflichtet werden könne, die sich tatsächlich auf seinem neuen Staatsgebiet befänden. Über die Gebiete anderer ehemals österreichischer Länder fehle Österreich die Staatsgewalt. Sollte schliesslich die Herausgabe oder Rückstellung tatsächlich unmöglich sein, so dürfe kein Ent-

---

519 Vgl. Kowalski, S. 142. Vgl. auch Ziff. II des Haager Protokolls über den Schutz von Kulturgut bei bewaffneten Konflikten von 1954 (SR 0.520.32; vgl. <http://www.admin.ch/ch/d/sr/i5/0.520.32.de.pdf> (besucht am 14. Januar 2010; unter der SR-Nummer findet sich sowohl der französische Originaltext als auch eine deutsche Übersetzung des Protokolls). Vgl. zum Fall des bewaffneten Konfliktes auch Jenschke, S. 57 ff. Österreich hat in verschiedenen Erlassen, z.T. schon vor Abschluss des Friedensvertrages, der Bevölkerung Frist angesetzt, um aus besetzten Gebieten entfernte Kulturgüter abzugeben (vgl. auch vorne bei Fn. 420). Die von Art. 191 und 192 St-Germain betroffenen Kulturobjekte wurden als dem Staat verfallen erklärt. In bestimmten Fällen wurde der Erwerber dieser Güter entschädigt. Bei ordnungsgemässer Anzeige blieb sogar der rechtswidrige Erwerber straffrei. Vgl. dazu das Gesetz vom 11. Februar 1920 zur Durchführung der Artikel 191 und 192 des Staatsvertrages von Saint-Germain (StGBl 67/1920), die Verordnung vom 12. Juli 1921 zur Durchführung der Artikel 184, 191 und 192 des Staatsvertrages von Saint-Germain (BGBl 382/1921) und die Verordnung vom 20. Oktober 1921 betreffend die Festsetzung einer neuen Frist für die Anmeldung der auf Grund der Artikel 184, 191 und 192 des Staatsvertrages von Saint-Germain rückzustellenden Gegenstände (BGBl 585/1921).

520 Vgl. Bittner, Zwischenstaatliche Verhandlungen, S. 73; Neck, Kulturelle Bestimmungen, S. 353.

521 Vgl. dazu die Verordnung vom 12. Juli 1921 (BGBl 382/1921), wonach die in Art. 191 angeführten Gegenstände auch dann anzumelden sind, wenn sie in besetzten Gebieten durch Kauf erworben worden sind (§ 2 Abs. 1).

schädigungsanspruch an die Stelle des geschuldeten Objektes treten.[522] Die Friedenskonferenz macht jedoch klar, dass Art. 191 sich auf Art. 184 bezieht und darum, wie dort festgehalten, nur Gegenstände betrifft, die sich in Österreich oder in Gebieten seiner Verbündeten[523] befinden.[524] Der Wortlaut von Art. 191 blieb daher im Vertrag vom 2. bzw. 10. September 1919 unverändert.

IV. Artikel 192 St-Germain

Gemäss Art. 192 Abs. 1 St-Germain hat Österreich alle in Art. 191 bezeichneten Gegenstände, die nach dem 1. Juni 1914 aus den abgetretenen Gebieten weggebracht worden sind, zurückzugeben. Davon ausgenommen sind die von privaten Eigentümern gekauften Gegenstände. Der Wiedergutmachungsausschuss wird Österreich gegebenenfalls dafür entsprechend Art. 208 entschädigen (Abs. 2).

Art. 192 will die im unmittelbaren Zusammenhang mit dem Ersten Weltkrieg getätigten Verbringungen von Kulturgütern rückgängig machen. Er geht davon aus, dass jede Verschiebung nach dem 1. Juni 1914 mit den kriegerischen Ereignissen zusammenhänge und darum rückgängig zu machen ist.[525] Dieser Rechtsgedanke war bereits im Abkommen von Florenz zwischen Italien und Österreich vom 14. Juli 1868 verwirklicht worden.[526] Das Beiseiteschaffen von Kulturgütern, das in unmittelbarem Zusammenhang mit dem Krieg erfolgte, wurde nicht sanktioniert.[527]

---

[522] Vgl. die österreichischen Bemerkungen zu Art. 187 gemäss Entwurf vom 20. Juli 1919, der Art. 191 in der definitiven Fassung entspricht, in: Bericht Friedensdelegation II, S. 152 f.

[523] Soweit ersichtlich, war Österreich im späteren Verlauf der Ausführungsverhandlungen nie mit Restitutionsansprüchen von Staaten konfrontiert, deren verbrachte Kulturgüter sich auf dem Territorium von Verbündeten Österreichs befanden.

[524] Vgl. Antwort der alliierten und assoziierten Mächte zu den Bemerkungen der österreichischen Delegation über die Friedensbedingungen vom 20. Juli, in: Bericht Friedensdelegation II, S. 342 f. Im Gegensatz dazu hatten offenbar die Deutschen Schadenersatz für vernichtete Archive zu leisten, der auf das Reparationskonto gebucht wurde (vgl. MEYER-LANDRUT, S. 62).

[525] Vgl. Antwort der alliierten und assoziierten Mächte zu den Bemerkungen der österreichischen Delegation über die Friedensbedingungen vom 20. Juli, in: Bericht Friedensdelegation II, S. 342.

[526] Die Wegnahmen durch Österreich erfolgten im Juni und September 1866 (vgl. hinten Fn. 563). Laut Österreich handelte es sich bei den im Juni 1866 weggebrachten Objekten bloss um Bergungen (vgl. Bericht des österreichischen Staatsamtes für Inneres und Unterricht über die neuerlichen Forderungen der italienischen Waffenstillstandskommission an deutschösterreichischem Kunstbesitz, undatiert, S. 4 [AdR, St-Germain, Karton 13, Fasz. III/6, Prot. Nr. 780]). Zum Abkommen vgl. hinten, S. 112 f.

[527] Vgl. Artikel 5–7 des Abkommens von Florenz. Vgl. ferner TURNER, S. 88 und 90, der auf die vergleichbare Situation in den zivilrechtlichen Bestimmungen zur Anfechtung in Einzelzwangsvollstreckung und Konkurs hinweist.

Die österreichische Delegation opponierte nicht grundsätzlich gegen die Bestimmung, sondern kritisierte das angeblich früh angesetzte Stichdatum des 1. Juni 1914.[528] Der Krieg sei erst Ende Juli 1914 ausgebrochen und bis dahin hätten Staat und Private frei verfügen können. Zudem komme für Österreich ohnehin nur die italienische Besetzung in Frage, weshalb der Tag anzugeben sei, an dem der Krieg mit Italien ausgebrochen sei (24. Mai 1915). Die Siegermächte bestimmten jedoch bewusst ein Datum vor Kriegsausbruch. Sie wollten so berücksichtigen, dass gewisse Gegenstände kurz vor dem Krieg aus den abzutretenden Gebieten weggeschafft worden waren, insbesondere um sie vor potenziellen Kriegsschäden zu schützen.[529] Österreich sollte deshalb die Kulturgüter, die es angesichts des bevorstehenden Kriegsausbruches oder während des Krieges aus den eigenen, alsdann zedierten Gebieten weggeschafft hatte, wieder zurückstellen. Wie bei der Verbringung von Kulturgütern aus besetzten Gebieten gemäss Art. 191 sollte der status quo kurz vor Kriegsausbruch wiederhergestellt werden. In Bezug auf die von der Wegnahme betroffenen Gebiete ergänzen sich daher die Art. 191 und 192.[530] Anders als in Art. 191 wurde der Kauf von Kulturgütern aus abgetretenen Gebieten gebilligt. Diese Unterscheidung ist gerechtfertigt, weil die abgetretenen Gebiete ja nicht im Sinne des Kriegsrechts von Österreich besetzt waren, sondern noch gemeinsam unter der alten Staatssouveränität standen und sich ein besonderer Schutz aufgrund der Umstände nicht aufdrängte. Im Unterschied zu Ungarn störte sich Österreich nicht daran, dass sich die Ausnahmeregelung auf Käufe beschränkte.[531]

Soweit die in den abgetretenen Gebieten liegenden Gegenstände zum Staatsvermögen der österreichischen Monarchie gehörten, sollte Österreich für die Rück-

---

528 Vgl. zum Folgenden die Bemerkungen der deutschösterreichischen Delegation zur Gesamtheit der «Friedensbedingungen» mit Deutschösterreich, überreicht am 6. August 1919 (Bericht Friedensdelegation II, S. 152). Zu den österreichischen Gesetzen betreffend die Rückführung der Kulturgüter gemäss Art. 191 und 192 St-Germain vgl. vorne Fn. 519.

529 Vgl. Antwort der alliierten und assoziierten Mächte zu den Bemerkungen der österreichischen Delegation über die Friedensbedingungen vom 20. Juli, in: Bericht Friedensdelegation II, S. 342 f. In der deutschen Übersetzung heisst es irrtümlich 1. *Juli* 1914.

530 Ebenso wie bei Art. 191 hielten die Siegerstaaten in ihrer Antwortnote fest, dass sich Art. 192 auf Art. 184 beziehe und nur dann Anwendung finde, wenn die Gegenstände auf den Gebieten Österreichs oder seiner Verbündeten identifiziert werden könnten (Antwort der alliierten und assoziierten Mächte zu den Bemerkungen der österreichischen Delegation über die Friedensbedingungen vom 20. Juli, in: Bericht Friedensdelegation II, S. 342 f.).

531 Die ungarische Delegation verlangte von der Friedenskonferenz in Trianon eine Ergänzung von Art. 176, der Art. 192 St-Germain entsprach, wonach sämtliche Gegenstände ausgenommen werden sollten, die durch private Rechtstitel erworben waren, z. B. durch Erbschaft oder Schenkung (Note XXVIII, On the objects of Art, in: Hungarian Peace Negotiations II, S. 244 f.).

stellung entschädigt werden (Art. 208 i.V.m. Art. 192 Abs. 2).[532] Dies im Unterschied zu Art. 191, der keine Entschädigung vorsieht, weil die besetzten Gebiete nicht zum monarchischen Staatsgebiet gehörten. In Bezug auf Registraturen oder ausnahmsweise Archive, die nach dem 14. Juni 1914 aus den abgetretenen Gebieten weggebracht worden waren, deckt sich Art. 93 mit Art. 192.

Insgesamt hatte Österreich gemäss Art. 192 St-Germain alle Kulturgüter zurückzugeben, die es nach dem 14. Juni 1914 auf sein neues Territorium verschoben hatte, unabhängig davon, aus welchen Gründen dies geschah.

V. Artikel 193 St-Germain

Gemäss Art. 193 Abs. 1 St-Germain gibt Österreich jeder der in Betracht kommenden alliierten oder assoziierten Regierungen alle im Besitz eines seiner öffentlichen Institute befindlichen Akten, Urkunden und historischen Aufzeichnungen zurück, die in unmittelbarem Zusammenhang mit der Geschichte der abgetretenen Gebiete stehen und während der letzten zehn Jahre von dort entfernt wurden. Nur für Italien wurde die Frist bis zum Zeitpunkt der Proklamierung des Königreiches im Jahr 1861 ausgedehnt (Art. 193 Abs. 1 S. 2). Die Nachfolgestaaten werden gemäss Abs. 2 ihrerseits verpflichtet, Österreich sämtliche in den abgetretenen Gebieten befindlichen Akten, Urkunden und Schriftstücke zurückzugeben, die nicht weiter als 20 Jahre zurückreichen und in unmittelbarem Zusammenhang mit der Geschichte oder[533] der Verwaltung des neuen österreichischen Gebietes stehen.

Gegenstand von Art. 193 sind nur Schriftstücke, seien dies einzelne Dokumente oder ganze Archivregistraturen.[534] Kunstobjekte sind – im Unterschied zu Art. 192 – in der Regel davon ausgenommen, es sei denn, die Schriftstücke hätten künstlerischen Wert. Auch wird in Abweichung von Art. 192 nicht vorausgesetzt, dass die Wegnahme einen Zusammenhang mit dem Ersten Weltkrieg hat.

---

532 Davon ausgenommen waren Vermögenswerte, die den Ländern, Gemeinden und anderen lokalen Selbstverwaltungskörpern der ehemaligen österreichisch-ungarischen Monarchie gehörten (vgl. Art. 208 Abs. 7 St-Germain).

533 Statt der französischen Vorlage *«ou»* steht in der deutschen Übersetzung «und», wobei eine Kumulierung der beiden Voraussetzungen keinen Sinn ergibt. Überdies hat die französische Übersetzung Vorrang.

534 Abzulehnen ist eine zweite von Bittner, Zwischenstaatliche Verhandlungen, S. 74, erwogene Auslegung, die, wie er selber zugibt, etwas gewaltsam ist. Danach wäre unter «entfernt» bzw. *«éloigner»* die Absendung von Eingaben aus den abgetretenen Ländern an die auf österreichischem Gebiet befindlichen Stellen, hauptsächlich die Zentralstellen zu verstehen. Damit wäre kein Gewinn gemacht, wie Bittner zu Recht bemerkt, da nur der Schrifteneinlauf aus den abgetretenen Gebieten erfasst würde, von denen die abgetretenen Gebiete ohnehin die Vorlagen besitzen. Diese Auslegung wird auch von Meyer-Landrut, S. 102, abgelehnt.

Gefordert ist lediglich ein unmittelbarer Zusammenhang mit der Geschichte der abgetretenen Gebiete. Wurden jedoch Schriftstücke aus den abgetretenen Gebieten nach dem 1. Juni 1914 nach Österreich verbracht und weisen sie zudem einen geschichtlichen Bezug zu diesen Gebieten auf, fallen sie sowohl unter Art. 192 als auch unter Art. 193.[535] Stärker als Art. 192 verfolgt Art. 193 in erster Linie Kulturgüterschutzinteressen.

In Abgrenzung zu Art. 93 umfasst Art. 193 Abs. 1 bloss Objekte von historischer Bedeutung, weshalb die für die laufende Verwaltungstätigkeit erforderlichen Dokumente nicht Gegenstand dieser Bestimmung sind.[536] Im Übrigen sind die Registraturen gemäss Art. 93 unabhängig vom Datum ihrer Verbringung zurückzugeben, während bei Art. 193 Abs. 1 Österreich nur dann zur Rückgabe verpflichtet ist, wenn die Verbringung maximal zehn Jahre bzw. bei Italien bis 1861 zurückliegt.[537] Keine Rolle spielte dabei das Alter der Bestände, entscheidend war nur der Zeitpunkt der Wegnahme.

Wie bei Art. 93 war auch bei Art. 193 Abs. 1 ein Eingriff in den Archivkörper der in Wien gelagerten Zentralarchive nicht beabsichtigt. Die Zentralarchive in Wien waren ja nicht weggebracht worden, wie dies Art. 193 Abs. 1 voraussetzt, sondern dort selber gewachsen. Vielmehr sollten die in den Behörden der abgetretenen Gebiete erwachsenen Bestände von historischer Bedeutung entsprechend dem Grundsatz der Provenienz wieder zurückgeführt werden.[538] Damit sollten sie den Nachfolgestaaten für das Verständnis und die Erforschung der Geschichte der abgetretenen Gebiete zur Verfügung stehen. Dass diese Dokumente in den abgetretenen Gebieten entstanden sind, wird nicht explizit vorausgesetzt, wird aber die Regel darstellen, weil sie dort einst gelegen haben müssen.

---

535 Abzulehnen ist daher Bittners Auffassung, wonach Art. 193 eine Wiederholung von Art. 192 darstelle unter Zurückverlegung des in diesem Artikel festgesetzten terminus a quo vom 1. Juni 1914 auf 1909 bzw. 1861 für Italien (vgl. Bittner, Zwischenstaatliche Verhandlungen, S. 74). Art. 192 verlangt keinen historischen Bezug der Akten zum abgetretenen Gebiet.

536 Vgl. Fitschen, Rechtliches Schicksal, S. 114 f.; de Visscher, S. 275; Engstler, S. 245. Missverständlich Meyer-Landrut, S. 104, der von Registraturen spricht, aber wohl historische Archive meint. Gemäss Bittner, Zwischenstaatliche Verhandlungen, S. 73 f. und 79, umfasste Art. 193 Abs. 1 je nach Interpretationsvariante einmal historische Dokumente und solche lebender Registraturen, ein andermal bloss die historischen Archivalien. Der Umstand, dass die Verbringung bis zehn Jahre zurückliegen kann, spricht eher dafür, dass vorwiegend historische Dokumente Gegenstand von Art. 193 waren. Bei lebenden Registraturen würde dies keinen Sinn machen, weil die österreichische Verwaltung sie für den ordentlichen Geschäftszweck ja gebraucht hätte. Dazu passt, dass Art. 93 in den politischen Bestimmungen des Vertrages platziert ist, während Art. 193 bei den Wiedergutmachungen steht. A. M. Weilguni, S. 96, der den Zweck von Art. 193 darin erkennt, die Verwaltung der Nachfolgestaaten zu ermöglichen bzw. zu erleichtern.

537 So ausdrücklich Meyer-Landrut, S. 104.

538 Vgl. Silagi, Staatennachfolge und Archive, S. 26; Meyer-Landrut, S. 102.

Zu Recht wies die österreichische Friedensdelegation aber darauf hin, dass bestimmte Dokumente nicht bloss für das abgetretene Gebiet von Wichtigkeit seien, sondern ebenso für Österreich, namentlich was die Geschichte Wiens betreffe.[539] Es könne aber nicht sein, so die österreichische Friedensdelegation weiter, dass bei gleichbedeutenden Interessen stets Österreich benachteiligt werde. Um solche Konflikte möglichst zu vermeiden, sollte der ausschlaggebende Zeitpunkt, ab welchem die Gegenstände entfernt worden waren, weniger weit zurück liegen. Die alliierten und assoziierten Regierungen gingen auf Österreichs Begehren nicht weiter ein, sondern wiesen darauf hin, dass die durch Art. 193 aufgeworfenen Fragen Gegenstand von Zusatzabkommen bilden sollten.[540] Ausser im Spezialfall Italien verhinderte aber bereits die zeitliche Limite von zehn Jahren, dass weggenommene und ins Gebiet der Republik Österreich verbrachte Dokumente eine historische Bindung aufbauen konnten, sofern eine solche nicht schon früher bestand.

Das in Abs. 2 Österreich gewährte Gegenrecht geht weiter als die Österreich betreffende Pflicht.[541] Zwar beschränkt sich das Alter der Dokumente auf 20 Jahre, wogegen Abs. 1 keine Altersgrenze der Dokumente vorsieht, doch genügt ein unmittelbarer Zusammenhang entweder zu Österreichs Geschichte oder Verwaltung. Das Dokument kann daher von aktueller oder bloss historischer Bedeutung sein[542] und es braucht nicht in Österreich entstanden zu sein, sondern muss sich lediglich im abgetretenen Gebiet befinden.[543] Dies hat zur Folge, dass die Nachfolgestaaten auch historische Dokumente herauszugeben haben, die in ihrem Gebiet gewachsen sind. In diesem Fall wird das Provenienzprinzip zugunsten Österreichs durchbrochen.[544] Aufgrund der zeitlichen Limite von zwanzig Jahren dürften aber nur relativ wenige Dokumente betroffen gewesen sein. Auch bezüglich der lebenden Akten wiegt die Last der Nachfolge-

---

[539] Vgl. Bemerkungen der deutschösterreichischen Delegation zur Gesamtheit der «Friedensbedingungen» mit Deutschösterreich, überreicht am 6. August 1919, in: Bericht Friedensdelegation II, S. 154.

[540] Vgl. Antwort der alliierten und assoziierten Mächte zu den Bemerkungen der österreichischen Delegation über die Friedensbedingungen vom 20. Juli, in: Bericht Friedensdelegation II, S. 343. Allerdings verzichtete die Friedenskonferenz mit Verweis auf die hierfür zuständige Reparationskommission darauf, der Norm Verfahrensgrundsätze anzufügen.

[541] Vgl. Fitschen, Rechtliches Schicksal, S. 115; de Visscher, S. 275; im Ergebnis auch Bittner, Zwischenstaatliche Verhandlungen, S. 74 Fn. 1.

[542] Vgl. de Visscher, S. 275.

[543] Nur beim Recht der Nachfolgestaaten handelt es sich um Rückführung (vgl. Abs. 1). Die Österreich betreffenden Dokumente brauchen nicht vom neuösterreichischen Territorium entfernt worden zu sein, sondern können sich stets auf dem abgetretenen Gebiet befunden haben (vgl. Fitschen, Rechtliches Schicksal, S. 115).

[544] Vgl. Fitschen, Rechtliches Schicksal, S. 115; Meyer-Landrut, S. 102; Bittner, Zwischenstaatliche Verhandlungen, S. 74 Fn. 1 und S. 80.

staaten nicht schwer, weil Österreich die für seine Verwaltung notwendigen Akten bereits gemäss Art. 93 Abs. 2 St-Germain behalten darf. Art. 193 Abs. 2 verschafft Österreich jedoch zusätzlich Anspruch auf diejenigen Akten, die in den österreichischen Gebieten entstanden sind, während die Nachfolgestaaten bezüglich solcher Dokumente gemäss Art. 93 Abs. 2 nur eine Mitteilungspflicht haben *(«donner communication»)*.

VI. Artikel 194 St-Germain

Art. 194 St-Germain bestimmt keine neuen Pflichten zulasten Österreichs, sondern verlangt die volle Umsetzung der im 19. Jahrhundert mit Italien bezüglich Kulturgütern eingegangenen Verträge, sofern diese noch nicht vollständig erfüllt sind. Namentlich handelt sich um Artikel XV des Vertrages von Zürich vom 10. November 1859, Artikel XVIII des Vertrages von Wien vom 3. Oktober 1866 sowie um das Ausführungsabkommen von Florenz vom 14. Juli 1868. Vorausgesetzt wird allerdings, dass sich die in den genannten Artikeln bezeichneten Kulturgüter noch auf dem Gebiete Österreichs oder seiner Verbündeten befinden.

Auf die in Art. 194 angesprochenen historischen Abkommen berief sich die italienische Militärmission wiederholt, als sie nach dem Zusammenbruch der österreichisch-ungarischen Monarchie verschiedenste Kunstwerke und Archive von Österreich herausforderte und beschlagnahmte.[545] Wie schon gegenüber der italienischen Militärmission verwahrte sich Österreich auch anlässlich der Friedensverhandlungen gegen jegliche Ansprüche, die aus den in Art. 194 aufgeführten Verträgen entspringen könnten.[546] Es berief sich auf die These der Diskontinuität und lehnte Art. 194 ab. Mit dem damaligen Kaiserreich, das die Verträge von 1859, 1866 und 1868 unterzeichnet habe, habe die neue Republik keinen Zusammenhang.[547] In der Zwischenzeit sei ohnehin ein Bündnis zwischen den beiden Staaten entstanden, das alle früheren Rechnungen als beglichen voraussetze. Dies komme einer Rechtsverwirkung gleich. Zudem seien die Ansprüche verjährt.

---

[545] Zur italienischen Militärmission und ihren Aktivitäten in Österreich vgl. vorne S. 79 ff.

[546] Vgl. dazu die Ausführungen der deutschösterreichischen Friedensdelegation zum Entwurf von Art. 190 (Art. 194 in der definitiven Fassung), in: Bericht Friedensdelegation II, S. 154. Vgl. auch das österreichische Gutachten vom 24. Juli 1919 über die Artikel 187, 188, 190 bis 192 des Friedensvertrages (AdR, St-Germain, Karton 13, Fasz. III/6, Beil. zu Prot. Nr. 966).

[547] Österreich erklärte sich jedoch bereit, aus politischen Gründen in «laufende, lebendige und noch zu Recht bestehende Verbindlichkeiten» einzutreten; mit der ganzen Geschichte der früheren Monarchie wollte es sich aber nicht identifizieren (vgl. Bemerkungen der deutschösterreichischen Delegation zur Gesamtheit der «Friedensbedingungen» mit Deutschösterreich, überreicht am 6. August 1919, in: Bericht Friedensdelegation II, S. 154 f.).

In materieller Hinsicht bestritt Österreich, dass diese Verträge bezüglich der Kulturgüter nicht erfüllt worden seien. Dem Zürcher Vertrag von 1859, so die österreichische Friedensdelegation, muss auch deshalb entsprochen worden sein, weil er im Wiener Friedensvertrag von 1866 nicht erwähnt wird. Demgegenüber hätten die im Wiener Friedensvertrag bestimmten Objekte der Kunst und Wissenschaft zwar Anlass zu Verhandlungen gegeben. Doch seien diese im Abkommen von Florenz, das die beiderseitigen Leistungen im Einzelnen festsetzte, zu Ende gebracht worden. Italien selbst habe darauf die Pflichten Österreichs als erfüllt erklärt.[548] Art. 194 (Art. 190 im Entwurf vom 20. Juli 1919) sei auch wegen Erfüllung der entsprechenden historischen Verträge zu streichen.

Die Siegermächte trugen den österreichischen Einwänden zum Entwurf von Art. 194 Rechnung und fügten am Schluss der Bestimmung den Nachsatz an, dass Art. 194 nur insoweit gelte,

> *«als die bezeichneten Artikel tatsächlich noch nicht vollständig ausgeführt worden wären und als sich die Urkunden und Gegenstände, auf welche sie sich beziehen, auf dem Gebiete Österreichs oder seiner Verbündeten befinden.»*

Die historischen Abkommen standen im Zusammenhang mit den österreichischen Gebietsabtretungen an Italien im 19. Jahrhundert.[549] Wie gezeigt, musste Österreich nach verlorenen Kriegen 1859 die Lombardei an das Königreich Sardinien und 1866 Venetien an Italien abtreten.[550] In den damals abgeschlossenen Friedensverträgen von 1859 und 1866 wurde auch die Rückgabe bestimmter Archive, Dokumente und Kunstobjekte geregelt.[551]

---

[548] Die Delegation verwies auf ein amtliches Schreiben vom 3. September 1869 des italienischen Bevollmächtigten Tommaso Gar, wonach die italienische Regierung ihrer vollkommenen Zufriedenheit über die getreue Durchführung desjenigen Teiles der Konvention vom 14. Juli 1868 Ausdruck gegeben habe, der sich auf die Zurückstellung der wissenschaftlichen und künstlerischen Objekte bezog (vgl. Bemerkungen der deutschösterreichischen Delegation zur Gesamtheit der «Friedensbedingungen» mit Deutschösterreich, überreicht am 6. August 1919, in: Bericht Friedensdelegation II, S. 155 f.).

[549] Vgl. DE VISSCHER, S. 277.

[550] Vgl. dazu vorne S. 27 f. Nach ENGSTLER, S. 236; TURNER, S. 88; V. SCHORLEMER, S. 318, und ODENDAHL, Kulturgüterschutz, S. 152, hätte der Wiener Friede die Zession Venetiens und der Lombardei verankert. Richtig ist aber, dass die österreichische Monarchie im Jahr 1866 das 1815 gegründete Königreich Lombardo-Venetien an Italien abtrat. Es handelte sich lediglich um eine politische Bezeichnung, weil das Königreich nur noch aus Gebieten Venetiens bestand, nachdem die Lombardei bereits 1859 mit dem Zürcher Frieden an Frankreich bzw. Sardinien gegangen war.

[551] Vgl. auch DE VISSCHER, S. 277.

1. Vertrag von Zürich vom 10. November 1859

Abs. 2 von Art. 15 des Vertrages von Zürich vom 10. November 1859 zwischen Österreich und Frankreich[552] bestimmte, dass Österreich alle *«titres de propriété et documents administratifs et de justice civile concernant le territoire cédé»* auszufolgern habe. Umgekehrt erhielt Österreich Dokumente derselben Art, die sich auf die Österreich verbleibenden Gebiete bezogen (Art. 15 Abs. 1). Im Übrigen vereinbarten die Parteien, sich gegenseitig über diejenigen Dokumente zu informieren, die die Gebiete der Lombardei und Venetien betrafen (Art. 15 Abs. 3). Bezüglich des Vertragsgegenstandes beschränkten sich die Vertragsparteien auf solche Unterlagen, die die Herrschaft sicherten und für die Verwaltung des Landes notwendig waren; Dokumente von historischem Interesse blieben unberücksichtigt.[553] Zweck der Bestimmung war es, die ordentliche Tätigkeit der Verwaltung beidseits der neuen Grenzen zu gewährleisten.

2. Vertrag von Wien vom 3. Oktober 1866

Art. XVIII Abs. 1 des Vertrages von Wien vom 3. Oktober 1866[554] verpflichtete wiederum Österreich, sowohl die lebenden Akten *(«les archives des territoires cédés contenant les titres de propriété et documents administratifs et de justice civile»)*, als auch die historischen Archive *(«les documents politiques et historiques de l'ancienne République de Venise»)* zu übergeben, und zwar *«dans leur intégrité»*. Ebenfalls nach Abs. 1 sind auszuhändigen *«les objects d'art et de science spécialement affectés au territoire cédé»*.[555]

Bezüglich der lebenden Akten, die Italien und Österreich gleichzeitig betrafen, waren beide Vertragsstaaten zur Mitteilung verpflichtet (Abs. 3).[556] Zudem wurde den Vertragsparteien im gegenseitigen Recht erlaubt, Kopien von

---

552 Abgedruckt in: DE MARTENS, XVI, S. 516 ff. Formell wurden am 10. November 1859 in Zürich drei Friedensverträge abgeschlossen: Der soeben erwähnte zwischen Österreich und Frankreich, einer zwischen Frankreich und Sardinien (abgedruckt in: DE MARTENS, XVI, S. 525 ff.) und schliesslich einer zwischen allen drei Parteien (abgedruckt in: DE MARTENS, XVI, S. 531 ff.). Art. 15 des Vertrages zwischen Österreich und Frankreich wurde im Vertrag mit allen drei Parteien sinngemäss übernommen, Art. 2 des Vertrages zwischen Frankreich und Sardinien verwies lediglich darauf.

553 Vgl. FITSCHEN, Rechtliches Schicksal, S. 84 f.; v. SCHORLEMER, S. 318; MEYER-LANDRUT, S. 94 f.; JACOB, S. 76.

554 Der Vertrag ist abgedruckt in: DE MARTENS, XVIII, S. 405 ff.

555 Soweit ersichtlich, wurde damit erstmals in einem Friedensvertrag die Übergabe von historischen Archiven und Objekten von Kunst und Wissenschaft geregelt (vgl. ENGSTLER, S. 236 f.; MEYER-LANDRUT, S. 95; FITSCHEN, Rechtliches Schicksal, S. 88; ODENDAHL, Kulturgüterschutz, S. 152).

556 Im Sinne der Reziprozität war Italien verpflichtet, Österreich die lebenden Registraturen zu übergeben, die die österreichischen Gebiete betrafen (Abs. 2).

den historischen Archiven zu machen, die für die betroffenen Gebiete von Interesse sind, aber aus wissenschaftlichen Gründen nicht geteilt werden dürfen (Abs. 4).

Mit der Wendung *«Les archives des territoires cédés (...)»* waren nur solche Verwaltungsakten gemeint, die in den abgetretenen Gebieten entstanden waren und ihnen gehörten.[557] Mit dieser Bestimmung fand der für die moderne Archivwissenschaft bedeutsame Grundsatz des Provenienzprinzips erstmals Eingang in einen völkerrechtlichen Vertrag.[558]

Gemäss der österreichischen Friedensdelegation wurden bezüglich der Verwaltungsakten keine Beanstandungen gemacht. Strittig waren aber die künstlerischen und wissenschaftlichen Gegenstände.[559] Deshalb setzten Italien und Österreich im Anschluss an diesen Friedensvertrag eine Kommission ein, die die Umsetzung von Art. XVIII regeln sollte.[560] Als Ergebnis dieser Kommissionsarbeit wurde am 14. Juli 1868 das Abkommen von Florenz zwischen Italien und Österreich bezüglich der Restitution von bestimmten Dokumenten und Kunstobjekten unterzeichnet.

3. Abkommen von Florenz vom 14. Juli 1868

Das Abkommen von Florenz vom 14. Juli 1868[561] verpflichtete Österreich, diverse Archivbestände zurückzustellen (Art. 1 Abs. 1 1. Halbsatz und Abs. 2). Von dieser Rückgabepflicht wurden ausdrücklich die Depeschen von venetianischen Botschaftern in Deutschland ausgenommen. Allerdings hatte Österreich diese Italien im Original bedarfsweise zu Wissenschaftszwecken auszuleihen (Art. 1 Abs. 1 2. Halbsatz und Art. 2).[562]

---

[557] Vgl. Fitschen, Rechtliches Schicksal, S. 88; Meyer-Landrut, S. 95. Der Gedanke des Zusammenhalts der Registratur wurde auch auf die historischen Archive angewendet, indem diese wie die Verwaltungsakten *«dans leur intégrité»* zurückgegeben werden mussten und nicht auseinander genommen werden durften (vgl. Abs. 4).

[558] Vgl. Fitschen, Rechtliches Schicksal, S. 88 f.; v. Schorlemer, S. 325 ff.; Meyer-Landrut, S. 95; Engstler, S. 237; Jacob, S. 98 f.

[559] Vgl. Bemerkungen der deutschösterreichischen Delegation zur Gesamtheit der «Friedensbedingungen» mit Deutschösterreich, überreicht am 6. August 1919, in: Bericht Friedensdelegation II, S. 155. Vgl. auch Meyer-Landrut, S. 95; Engstler, S. 237.

[560] Vgl. dazu die Präambel des Übereinkommens vom 14. Juli 1868.

[561] Abgedruckt in: de Martens, XVIII, S. 428 ff.

[562] Gemäss dem Zusatzprotokoll im Anhang zum Abkommen wünschte die österreichische Delegation ausdrücklich, diese Depeschen behalten zu dürfen, weil sie ihrer Ansicht nach für Österreich von viel grösserem Wert waren.

Österreich musste auch die Kunstwerke an Italien zurückgeben, die im Juni und September 1866 aus Venedig exportiert worden waren (Art. 5 und 6).[563] Schliesslich wurde Österreich dazu verpflichtet, einen der Königin Theodolinde zugeschriebenen Becher an das Domkapitel von Monza zurückzugeben, der dort bis 1859 mit der Eisenkrone aufbewahrt wurde (Art. 7).[564]

Von Bedeutung – vor allem in Bezug auf die Forderungen der italienischen Militärmission im Vorfeld der Pariser Friedenskonferenz – war ferner Satz 2 von Art. 5. Danach durfte Österreich explizit die 1838 ausgeführten Bilder behalten, *«dont S. M. l'Empereur a disposé depuis longtemps en faveur de l'Académie des Beaux-Arts de Vienne et d'autres galeries de l'Empire»*.

Wie dem Zusatzprotokoll zum Florentiner Abkommen zu entnehmen ist, blieben trotz den erzielten Einigungen viele Fragen offen. Sowohl Österreich wie Italien machten Vorbehalte. Österreich lehnte verschiedene Forderungen Italiens ab oder erklärte, nichts zu wissen über den Verbleib bestimmter Gegenstände. Gegenstand der Auseinandersetzung waren zum Beispiel die Arazzi,[565] die Österreich Italien im Januar 1919 mehr oder weniger freiwillig herausgab.

Zusammenfassend ist festzuhalten, dass Österreich gemäss Art. 194 Verträge des 19. Jahrhunderts mit Italien zu erfüllen hatte, soweit dies noch nicht erfolgt war. Diese Verträge besiegelten das Ende der habsburgischen Herrschaft über einzelne italienische Gebiete und verpflichteten Österreich dazu, bestimmte Kulturgüter, die es während seiner Herrschaftszeit nach Österreich gebracht hatte, an Italien zurückgeben.

VII. Artikel 195 St-Germain

Art. 195 St-Germain ordnet die Einsetzung eines Komitees bestehend aus drei Juristen an, das die Umstände zu prüfen hat, unter welchen die im Gebiete von Österreich befindlichen und in Anlage I aufgezählten Kulturgüter vom Hause

---

[563] Die Wegnahme von Kulturgütern durch Österreich im September 1866 fiel zwischen den Vorfrieden von Nikolsburg (26. Juli 1866) und den Frieden von Wien (3. Oktober 1866), der den Krieg zwischen Italien und Österreich offiziell beendete. Mit Preussen war der Krieg schon am 23. August 1866 (Frieden von Prag) beendet worden.

[564] MEYER-LANDRUT, S. 95 f., hat Art. 8 wohl missverstanden, wenn er schreibt, dass diese Bestimmung weiter die Auslieferung zahlreicher Dokumente, Register, Urkunden und Kunstwerke aus Wien verlange. Art. 8 ist nur als Ausführungsbestimmung zu verstehen, die sich auf die in den vorangegangenen Artikeln aufgeführten Gegenstände bezieht *(«objets d'art, armes et armures mentionnés ci-dessus»)*. Zu weiteren Herausgaben wurde Österreich nicht verpflichtet.

[565] Österreich verneinte jeden Zusammenhang der Arazzi mit dem Wiener Frieden, weshalb es die Verhandlung darüber im Zusammenhang mit dem Wiener Frieden ablehnte (vgl. Zusatzprotokoll vom 14. Juli 1868 Ziff. 1).

Habsburg und von den anderen Häusern, die in Italien geherrscht haben, weggebracht wurden (Abs. 1 Satz 1).[566] Das Juristenkomitee wird vom Wiedergutmachungsausschuss ernannt und hat die Umstände innerhalb eines Jahres nach Inkrafttreten des Vertrages zu prüfen (Abs. 1). Ergibt die Prüfung, dass die genannten Gegenstände in Verletzung des Rechtes der Provinzen Italiens fortgebracht wurden, hat der Wiedergutmachungsausschuss, auf Grund des Berichtes des Juristenkomitees, ihre Rückstellung anzuordnen. Italien und Österreich verpflichten sich, die Entscheidungen des Ausschusses anzuerkennen (Abs. 1 Satz 2). Das Juristenkomitee prüft gemäss Abs. 2 in gleicher Weise die von Belgien, Polen und der Tschecho-Slowakei gegenüber Österreich geltend gemachten Kulturgüter, die in den Anlagen II–IV aufgeführt sind. Dem Wiedergutmachungsausschuss stand kein Ermessen zu. Stellte der Bericht des Juristenkomitees eine Verletzung der Rechtsnormen der klagenden Staaten fest, musste er die Rückführung anordnen, im gegenteiligen Fall durfte er keine Rückführung anordnen. Damit fiel in materieller Hinsicht dem Juristenkomitee der endgültige Entscheid zu; der Wiedergutmachungsausschuss hatte lediglich zu vollziehen.[567]

Österreich lehnte die Gleichstellung Polens und der Tschechoslowakei mit Italien und Belgien ab.[568] Österreich habe sich, so der österreichische Einwand, nur mit Italien und Belgien im Krieg befunden, weshalb nur diese Staaten zur Überprüfung der Erwerbstitel der in den Anlagen bezeichneten Gegenstände legitimiert seien. Polen und die Tschechoslowakei seien jedoch Nachfolgestaaten, deren Ansprüche im Rahmen der sukzessionsrechtlichen Auseinandersetzung zu beurteilen seien. Es gehe nicht an, dass einzelne Nachfolgestaaten gewisse Gegenstände aus der gemeinsamen Masse vorwegnähmen. Mit der Überprüfung der von Italien und Belgien geforderten Kulturgüter war Österreich grundsätzlich einverstanden, sofern die üblichen formellen Garantien eingehalten würden. Allerdings wollte es unter der Wendung «dem Rechte der italienischen Provinzen» nicht ein modernes Recht mit Ausfuhrverboten von Kunstgegenständen und ähnlichem verstanden haben, sondern lediglich die Rechtsgrundsätze zur Zeit des Erwerbes. Dies bestätigten die alliierten und assoziierten Mächte.[569] Weiteren Forderungen der österreichischen Delegation war hingegen kein Erfolg beschieden. Die alliierten und assoziierten Mächte behielten die Ansprüche

---

[566] Die in der Folge gewählten Juristen waren der Amerikaner Hugh A. Bayne, der Brite J. Fischer Williams und der Franzose M. Jaques Lyon (vgl. dazu «O.», S. 125). «O.» war ein Jurist des Juristenkomitees, der anonym bleiben wollte.

[567] Vgl. «O.», S. 125.

[568] Zu den Forderungen und Argumenten Österreichs vgl. Bericht Friedensdelegation II, S. 156 f.

[569] Diesen vertraglichen Auftrag des Juristenkomitees übersieht Vrdoljak, S. 83, wenn sie schreibt: *«Even though the dispute was between two States, the Committee resolved the claims by reviving internal constitutional arrangements between a sovereign and its subjects.»*

Polens und der Tschechoslowakei weiterhin bei und nahmen die Verfahrensvorschläge Österreichs nicht auf.[570]

Wie Art. 191 für besetzte Gebiete will auch Art. 195 die unrechtmässige Verbringung von Kulturgütern rückgängig machen. Betroffen sind diesmal jedoch Gebiete, die im Zeitpunkt der Wegnahme des Kulturgutes gemeinsam mit Österreich unter der Herrschaft der Habsburger standen. So sind die in den Anlagen I–IV aufgeführten Gegenstände nur dann zurückzustellen, wenn die Wegnahme durch die habsburgischen Herrscher *widerrechtlich* erfolgte. Eine zeitliche Frist bezüglich der Wegnahme wird nicht aufgeführt; etliche der in den Anlagen I–IV aufgelisteten Objekte wurden im 18. Jahrhundert oder gar zu Beginn des 17. Jahrhunderts von Habsburgerherrschern nach Österreich gebracht. Auch wenn zum Zeitpunkt der Verbringung kaum Ausfuhrbeschränkungen für Kulturgüter bestanden, wie die Schiedsverfahren im Anschluss der Pariser Konferenz zeigten, und die betroffenen Staaten sich daher auf anderweitige, nicht kulturgüterschutzspezifische Rechtsverletzungen berufen haben, dürfte die Zusammenbringung des nationalen Kulturerbes die eigentliche Motivation der betroffenen Staaten gewesen sein.[571]

Gegenstand von Art. 195 sind bedeutende Kunstgegenstände, meist Teil der Wiener Sammlungen, die zu verschiedenen Zeiten und unter unterschiedlichen Umständen nach Österreich gebracht worden waren.[572] Vorwiegend handelte es sich um Kunstgegenstände, teilweise um einzelne Urkunden; ganze Archivkörper dürften in Anbetracht der Anlagen nicht betroffen gewesen sein.[573] Die Anlage I umfasste im Wesentlichen Juwelen und das Mobiliar der Medici sowie wissenschaftliche Instrumente aus der Toskana, ferner Gemälde, Zeichnungen und wertvolle Handschriften aus Modena[574], aber auch Gegenstände, die die normannischen Könige im Laufe des 12. Jahrhunderts in Palermo verfertigen liessen. Zudem verlangten die Italiener die Überprüfung der Wegnahme der 1718 aus Neapel nach Wien gebrachten 98 Handschriften, die von der italienischen Waffenstillstandskontrollkommission im Februar 1919 in Wien beschlagnahmt wurden.[575] Endlich kamen verschiedene Urkunden hinzu, die zu verschiedenen

---

[570] Vgl. Antwort der alliierten und assoziierten Mächte zu den Bemerkungen der österreichischen Delegation über die Friedensbedingungen vom 20. Juli, in: Bericht Friedensdelegation II, S. 343.

[571] Vgl. Kowalski, S. 143. Zum Problem der Bereinigung der Vorkriegs-Vergangenheit der Vertragspartner mittels Friedensverträgen, vgl. Siehr, Kulturgüter in Friedens- und Freundschaftsverträgen, S. 707.

[572] Vgl. Turner, S. 90.

[573] So wohl auch Bittner, Zwischenstaatliche Verhandlungen, S. 79.

[574] Im Wesentlichen handelte es sich um Gegenstände, die der Herzog Franz V. 1859 aus Modena weggebracht hat (vgl. Anlage I).

[575] Vgl. vorne Fn. 452.

Zeitpunkten aus den Staatsarchiven von Mailand, Mantua, Venedig, Modena und Florenz weggenommen worden waren.[576] Aus italienischer Sicht stellt Art. 195 eine Ergänzung zu Art. 194 dar. Erhielt nämlich Italien gemäss Art. 194 die im 19. Jahrhundert aus der Lombardei und aus Venetien ausgeführten Kulturgüter zugesprochen, so kamen gemäss Anlage I von Art. 195 Kulturgüter hinzu, die widerrechtlich aus den von anderen Habsburgerlinien beherrschten italienischen Ländern Toskana, Modena, Palermo und Neapel nach Österreich verbracht worden waren.

Polen machte lediglich einen Gegenstand geltend, dessen Wegnahme nach der ersten Teilung Polens 1772 erfolgt war. Es handelte sich um die Goldschale des Königs Wladislaw IV. (Anlage III).

Die Tschechoslowakei, deren böhmische und mährische Gebiete knapp vierhundert Jahre mit Österreich unter derselben Hausmacht gestanden waren,[577] verlangte die Herausgabe von Urkunden, historischen Aufzeichnungen, Handschriften und Karten, die auf Anordnung Maria Theresias weggebracht worden waren, und von Urkunden und Kunstgegenständen, die noch früher aus der Böhmischen Hofkanzlei und Hofrechenkammer nach Österreich gebracht worden waren. Darunter befanden sich Zeichnungen, Gobelins, Edelsteine, Skulpturen, Waffen, über 8000 Bücher und mehr als 500 Gemälde, darunter grosse Werke von Michelangelo, Dürer, Correggio, Tizian, Tintoretto, Velasquez, Van Dyck und Holbein aus der berühmten, von Kaiser Rudolf II. in Prag geschaffenen Kunst- und Wunderkammer, die Kaiser Matthias gemeinsam mit der Verlegung der Kaiserresidenz nach Wien gebrachte hatte.[578] Gemäss Anlage IV befanden sich die Gegenstände in den Archiven, kaiserlichen Schlössern, Museen und anderen öffentlichen Zentralinstituten in Wien.

Ohne ein Nachfolgestaat der österreichisch-ungarischen Monarchie zu sein, verlangte Belgien ebenfalls die Rückführung diverser Gegenstände von Österreich. Wie bei den in Anlage I genannten italienischen Gebieten lag auch die Herrschaft der österreichischen Habsburgerlinie in Belgien weit zurück (1714–1797).[579] Trotzdem waren die von Belgien geltend gemachten Gegenstände nicht von geringer Bedeutung, wie etwa das Triptychon des heiligen Ildefons von Rubens oder der Schatz des Ordens vom Goldenen Vlies.

---

[576] Zu den dynastischen Verbindungen der italienischen Regionen mit Österreich vgl. vorne S. 27 f.

[577] Vgl. vorne S. 24.

[578] Vgl. Bericht des Juristenkomitees vom 23. August 1922 zu den Forderungen der Tschechoslowakei, in Auszügen abgedruckt in: Haselsteiner/Szávai, S. 87.

[579] Vgl. vorne S. 34.

Das Juristenkomitee musste sich nur mit den Ansprüchen Belgiens und der Tschechoslowakei befassen. Italien einigte sich mit Österreich bilateral, und Polen verzichtete auf Geltendmachung seines einzigen Gegenstandes. Die beiden Verfahren zwischen Österreich einerseits und Belgien und der Tschechoslowakei andererseits werden im Rahmen der bilateralen Verhandlungen besprochen.[580] Jedenfalls eröffnete Art. 195 Österreich die Möglichkeit, als gleichwertige Partei seine Argumente in formell geregelte sachliche Verhandlungen einzubringen und nicht, wie beim Friedensvertrag von St-Germain, die passive Rolle des Kriegsverlierers einzunehmen.[581]

VIII. Artikel 196 St-Germain

Art. 196 St-Germain bezog sich auf alle Gegenstände künstlerischen, archäologischen, wissenschaftlichen oder historischen Charakters, die Teil von Sammlungen waren, die einstmals der Regierung oder der Krone der österreichisch-ungarischen Monarchie[582] gehört hatten und nicht schon Gegenstand einer anderen Bestimmung des Staatsvertrages waren.[583] Österreich verpflichtete sich erstens, mit den interessierten Staaten ein gütliches Übereinkommen abzuschliessen, wonach all jene Kulturgüter *«qui devraient appartenir au patrimoine intellectuel des districts cédés, pourront être, à titre de réciprocité, rapatriés dans leurs districts d'origine»* (lit. a).

Zweitens hatte Österreich von den zur Diskussion stehenden Sammlungen während 20 Jahren nichts zu veräussern oder zu zerstreuen und keine Verfügung über irgendeinen der genannten Kunstgegenstände zu treffen, es sei denn, es würde vor Ablauf dieser Frist ein besonderes Übereinkommen abgeschlossen werden (lit. b 1. Halbsatz). Und drittens musste Österreich während dieser Frist die Sicherheit und den guten Erhalt der Gegenstände gewährleisten und diese wie auch die zu den genannten Sammlungen gehörigen Inventare, Kataloge und Verwaltungsschriften den Studierenden einer Siegermacht zur Verfügung stellen (lit. b 2. Halbsatz).

---

[580] Vgl. hinten S. 141 ff. bezüglich der Tschechoslowakei und S. 160 ff. bezüglich Belgiens.

[581] Vgl. LHOTSKY, Verteidigung der Wiener Sammlungen, S. 633. Grundlage des Verfahrens vor dem Juristenkomitee bildeten die üblichen Prozessregeln von internationalen Schiedsverfahren: Klagebegründung, Klageantwort, Replik, Duplik, möglicherweise ergänzt durch eine letzte Eingabe. Anschliessend folgte eine mündliche Anhörung in Paris, die zwei oder drei Tage dauerte. Danach erstellte das Komitee seinen Bericht (vgl. dazu «O.», S. 125).

[582] Die deutsche Übersetzung entspricht nicht genau dem französischen Originaltext. Dort heisst es *«(...) appartenaient au Gouvernement de la Monarchie austrio-hongroise ou à la Couronne (...)»*

[583] Art. 196 hatte somit nur subsidiären Charakter (vgl. ENGSTLER, S. 251).

Der Friedensvertrag vermied es, ähnlich wie bei Art. 195, den Nachfolgestaaten konkrete Kulturgüter aus österreichischen Sammlungen zuzuordnen.[584] Stattdessen verpflichtete er Österreich im Sinne eines *pactum de negotiando* einseitig dazu, Verhandlungen zwecks Abschluss eines gütlichen Übereinkommens zu führen.[585] Sieht Art. 195 eine unabhängige Drittinstanz in Form eines Juristenkomitees vor, das über mehr oder weniger genau umschriebene Kulturgüter zu entscheiden hatte, so überlässt Art. 196 die genaue Bestimmung des Verhandlungsgegenstandes dem interessierten Staat.

Nach Meinung der österreichischen Friedensdelegation war Art. 196 nicht ausreichend bestimmt, um den Inhalt eines Abkommens zu definieren. Sie befürchtete, dass die Nachfolgestaaten das Zustandekommen einer solchen Vereinbarung mit politischem, militärischem oder wirtschaftlichem Zwang erreichen könnten.[586] Angesichts der wirtschaftlich desolaten Versorgungslage in Österreich, der politisch sowie teilweise militärisch angespannten Lage zwischen den Nachfolgestaaten und Österreich, insbesondere nach den Beschlagnahmungen von Kulturgütern durch die italienische Waffenstillstandskontrollkommission im Vorfeld der Pariser Friedenskonferenz, waren die Voraussetzungen für gütliche Abkommen in der Tat schlecht. Die Siegermächte gingen in ihrer Antwort auf diese Bemerkungen aber nicht ein und hielten an der Formulierung von Art. 196 fest.

In kulturgüterrechtlicher Hinsicht war Art. 196 von besonderer Bedeutung, weil er Begriffe und Materien in die völkerrechtliche Kulturgüterdiskussion einführte, die bisher kaum je vorgekommen waren.[587] Die Rede ist einerseits von den Begriffen *patrimoine intellectuel* («Kulturbesitz») und *district d'origines* («Ursprungsland») und andererseits vom Zugänglichmachen von Sammelbeständen für ausländische Forscher.[588] Was war aber die Bedeutung dieser Begriffe in Art. 196 und in welchem Verhältnis standen sie zueinander? Der Friedensvertrag äussert sich hierzu nicht, und auch in ihrer Antwort zu den Bemerkungen der

---

[584] Ähnlich DE VISSCHER, S. 283; ENGSTLER, S. 251.

[585] Vgl. JENSCHKE, S. 143. Sollten allfällige Verhandlungen ergebnislos bleiben, greift kein unabhängiges Schlichtungs- oder Schiedsverfahren, sondern Art. 380 St-Germain, wonach die alliierten und assoziierten Hauptmächte die Entscheidung fällen, und zwar so lange, bis Österreich als Mitglied des Völkerbundes zugelassen wird. Zum Begriff *pactum de negotiando* vgl. VERDROSS/SIMMA, § 548; BEYERLIN, S. 407 ff.

[586] Vgl. hierzu die Bemerkungen der deutschösterreichischen Delegation zur Gesamtheit der «Friedensbedingungen» mit Deutschösterreich, überreicht am 6. August 1919, in: Bericht Friedensdelegation II, S. 158 f.

[587] Vgl. LHOTSKY, Verteidigung der Wiener Sammlungen, S. 639; TURNER, S. 85, 91; DE VISSCHER, S. 282.

[588] In der Literatur wurde der Begriff *patrimoine intellectuel* meist mit kulturellem Erbe und der Begriff *district d'origines* mit Ursprungsort übersetzt. Im Wiener Frieden von 1866 war noch von *«objects spécialement affectés au territoire cédé»* die Rede. Ob und inwiefern ein inhaltlicher Unterschied gewollt war, ist nicht erkennbar.

österreichischen Delegation über die Friedensbedingungen vom 20. Juli 1919 gingen die Siegerstaaten nicht auf Art. 196 ein. Es war deshalb den Vertragsparteien überlassen, im Rahmen der Ausführungsübereinkommen die Kulturgüter anhand der Begriffe *patrimoine intellectuel* und *district d'origines* zu bestimmen.[589]

In der Literatur wird zwischen den beiden Begriffen *patrimoine intellectuel* und *district d'origines* meist nicht unterschieden.[590] Anders hingegen TURNER, der *district d'origines* mit Ursprungs- oder Herkunftsland übersetzt. Seiner Meinung nach werde lediglich vorausgesetzt, dass die auszuliefernden Güter sich auf dem betreffenden Territorium befunden haben und dann unter habsburgischer Herrschaft von diesem weggeführt wurden. Eine darüber hinausgehende Bedeutung komme dem Begriff *district d'origines* in Art. 196 lit. a) nicht zu.[591]

Dem ist entgegenzuhalten, dass der Vertrag in den vorangegangen Artikeln den Begriff Ursprungsland nie erwähnt, obwohl dort Objekte behandelt werden, die TURNERS Definition entsprechen (z. B. Art. 191, 192, 195). Um das auszudrücken, was TURNER meint, wäre die Übersetzung von *district d'origines* mit Herkunftsgebiet nahe liegender. Dies wurde aber meines Erachtens bewusst nicht getan. Der Begriff Ursprungsland deutet vielmehr darauf hin, dass das Objekt im bezeichneten Gebiet entstanden ist oder eine andere innere Beziehung zu einem Gebiet aufweist. Dass damit die Abgrenzung zum Begriff «kulturelles Erbe» schwierig wird, ändert daran nichts. In den Vorakten zu Art. 196 ist jedenfalls eine Einschränkung des Begriffs *district d'origines* auf Herkunftsgebiet nicht auszumachen. Art. 196 setzt für eine Rückgabe somit voraus, dass das Kulturgut zum Kulturerbe eines abgetretenen Gebietes gehört und dort auch seinen Ursprung hat, mithin dort entstanden ist.

Ungeachtet der Abgrenzungsfragen der beiden Begriffe *patrimoine intellectuel* und *district d'origines* besteht in der Literatur weitgehend Einigkeit über das Ziel von Art. 196. Kulturelles Erbe der abgetretenen Gebiete, das aus diesen entfernt worden war, soll wieder in das Ursprungsgebiet zurückgestellt werden.[592] Auch

---

[589] Vgl. TURNER, S. 85 und 91. Gemäss «gelehrten Kreisen der Westmächte» sei der Begriff *patrimoine intellectuel* absichtlich elastisch gehalten worden, um die Abwehr zu erleichtern (TREUE, S. 308).

[590] Vgl. ODENDAHL, Kulturgüterschutz, S. 153; KOWALSKI, S. 145. DE VISSCHER, S. 282, bezeichnet den Begriff *district d'origines* als *«un terme assez vague»*, geht aber nicht weiter darauf ein. ENGSTLER, S. 250 f., scheint *district d'origines* mit Herkunftsboden gleichzustellen, ohne aber sich mit dem Verhältnis zum Begriff *patrimoine intellectuel* auseinanderzusetzen.

[591] TURNER, S. 85 und 91. TURNER kritisiert dabei ENGSTLER, der von der «Idee der Bindung von Kulturwerten an ihr Ursprungsgebiet, dessen Erbe sie bilden», und «der Bindung der Kulturgüter an ihren Herkunftsboden» spreche. Damit werde die Problematik der Bestimmung der als kulturelles Erbe der abgetretenen Gebiete anzusehenden Kulturgüter in den Begriff des Ursprungslandes gelegt. Dies sei abzulehnen.

[592] Vgl. TURNER, S. 85, 91; DE VISSCHER, S. 283; ENGSTLER, S. 250.

die österreichische Delegation bezeichnete den Grundgedanken von Art. 196 dahingehend, dass die Kulturgüter «von dem Land in Anspruch genommen werden, aus dessen Geist und Kultur sie geboren sind».[593]

Der Grundgedanke der Rückführung des Kulturerbes steht grundsätzlich dem Erhalt von gewachsenen Sammlungen entgegen.[594] Anders ist es, wenn die Sammlungen in ihrer Gesamtheit im Laufe der Zeit selber zu einem *patrimoine intellectuel* des sie aufbewahrenden Gebietes geworden sind. Die Sammlung als Kulturerbe tritt dann mit den einzelnen Objekten, die ihrerseits nach wie vor Kulturerbe der interessierenden Staaten sein können, in Konkurrenz. Diese Argumentation verfolgte Österreich einige Jahre später anlässlich der Auseinandersetzung mit Ungarn. Österreich behauptete, Art. 196 stelle die österreichischen Sammlungen unter besonderen Schutz, weil diese nunmehr selber österreichisches Kulturerbe geworden seien.[595]

Den Interessenkonflikt zwischen der Rückstellung von Kulturgütern und dem Schutz von Sammlungen haben auch die Siegerstaaten erkannt und darum Österreich nicht unmittelbar dazu verpflichtet, sämtliche Kulturgüter, die Kulturerbe der abgetretenen Gebiete sind, zurückzugeben. Vielmehr überliessen sie es den betroffenen Staaten, im Rahmen eines gütlichen Übereinkommens einen Ausgleich zwischen den entgegengesetzten Interessen zu finden.

Österreich lehnte den Grundgedanken von Art. 196 ab mit der Begründung, dass ein solches Prinzip bis anhin nicht anerkannt gewesen sei.[596] Es befürchtete, dass die Rückführung des *patrimoine intellectuel* zur völligen Zersplitterung seiner umfassenden und wertvollen Sammlungen führen würde, und verwies auf andere grosse Sammlungen mit Kulturgütern aus aller Welt. Gerade diese Vielseitigkeit sei befruchtend und verhelfe der nationalen Kunst zu mehr Anerkennung. Eine streng nationale Konzentration der Kulturgüter sei nicht erwünscht und der rechtmässige Erwerb von ausländischen Kulturgütern stets zulässig gewesen. Es sei darum nicht gerechtfertigt, ausgerechnet gegen Österreich hiervon abzuweichen, woran auch die Zusicherung der Gegenseitigkeit nichts mildere, denn Österreich habe nicht die Absicht, fremde Galerien und Bibliotheken in ihrem künstlerischen oder wissenschaftlichen Besitzstande zu stören.[597]

---

593 Vgl. die Bemerkungen der deutschösterreichischen Delegation zur Gesamtheit der «Friedensbedingungen» mit Deutschösterreich, überreicht am 6. August 1919, in: Bericht Friedensdelegation II, S. 157.

594 Aus diesem Grund haben die Italiener, die Österreich beim Erhalt seiner Sammlungen unterstützten, ihr Desinteresse an Art. 196 erklärt (vgl. dazu hinten bei Fn. 607).

595 Vgl. Klageantwort von Österreich vom 18. April 1931 im Schiedsgerichtsverfahren gegen Ungarn, S. 156 ff. (AdR, St-Germain, Karton 26).

596 Vgl. zum Folgenden Bericht Friedensdelegation II, S. 157 ff.

597 Vrdoljak, S. 82, qualifiziert die österreichische Argumentationsweise des Sammlungsschutzes pauschal als *«fundamentally reaffirming the dynamics of the colonial relationship»*.

Österreich verschloss sich aber nicht jeglicher Aushändigung von Sammlungsstücken, «wo berechtigte kultur-, nationale oder lokale Interessen für das Überlassen einzelner Sammlungsstücke sprechen».[598] Nur sei hierzu kein Art. 196 nötig. Im Sinne eines Kompromisses schlug Österreich auch vor, die Kulturgüter im Sinne von Art. 196 lit. b) sorgfältig zu bewahren, den Forschern ohne zeitliche Einschränkung zugänglich zu machen und den beteiligten Staaten ein Vorkaufsrecht einzuräumen.[599] Die alliierten und assoziierten Mächte gingen in ihrer Antwort auf die Kritikpunkte Österreichs an Art. 196 und auf dessen Vorschläge überhaupt nicht ein.[600]

IX. Zusammenfassung

Der Friedensvertrag von St-Germain regelt im Grundsatz die Zuordnung der Vermögensgüter und damit auch der beweglichen Kulturgüter nach dem Territorialprinzip. Die Nachfolgestaaten erhalten alle Aktiven der ehemaligen oder gegenwärtigen österreichischen Regierung, die auf ihren Gebieten gelegen sind (Art. 208). Das übrige Vermögen der ehemaligen oder gegenwärtigen österreichischen Regierung gehört der Republik Österreich. Hinsichtlich Kulturgütern sind verschiedene Abweichungen von dieser Grundsatzregelung festzustellen:

1. Österreich hat alle Kulturgüter zurückzugeben, die unmittelbar im Zusammenhang mit dem Ersten Weltkrieg auf österreichisches Territorium gelangten (Art. 191 und 192).

2. Österreich hat zum Zwecke der Aufrechterhaltung der Verwaltungstätigkeit den Nachfolgestaaten die notwendigen Archive und Registraturen zu übergeben bzw. zurückzugeben, die den bestehenden Verwaltungsbehörden der abgetretenen Länder gehören bzw. dort entstanden sind (Art. 93 Abs. 1). Diese Verpflichtung ergibt sich für die seit 1. Juni 1914 aus diesen Ländern fortgeschafften Archivalien auch nach Art. 192. Wurde durch die Staatensukzession der Amtskreis einer bisherigen Verwaltungseinheit geteilt und liegt der Hauptort dieser Verwaltungseinheit nicht auf österreichischem Territorium, darf Österreich diejenigen Bestände zurückbehalten, die seine Gebiete betreffen und für deren Verwaltungstätigkeit sie notwendig sind. Von diesen Beständen hat Österreich jedoch den gebieterwerbenden Staaten Aus-

---

[598] Bericht Friedensdelegation II, S. 159.

[599] Angesichts der Tatsache, dass Italien gegenüber Österreich zuweilen mit der Teilung der Sammlungen in Anwendung von Art. 273 (im Entwurf vom 20. Juli 1919 Art. 268) drohte (vgl. Gutachten [undatiert] im Zusammenhang mit dem italienischen Sonderabkommen, S. 8), wollte die österreichische Delegation ferner klargestellt haben, dass Art. 273 nicht auf die Wiener Sammlungen anwendbar sei (Bericht Friedensdelegation II, S. 162).

[600] Vgl. Antwort der alliierten und assoziierten Mächte zu den Bemerkungen der österreichischen Delegation über die Friedensbedingungen vom 20. Juli, in: Bericht Friedensdelegation II, S. 341 ff.

künfte zu erteilen und Abschriften anzufertigen. Aktenbestände mit militärischem Inhalt muss Österreich in jedem Fall herausgeben (Art. 93 Abs. 2).

3. Österreich hat mehr oder weniger genau umschriebene Kulturgüter zurückzugeben, die vor dem Ersten Weltkrieg illegal aus Italien, Belgien, Polen und der Tschechoslowakei ausgeführt wurden. Ob diese Objekte widerrechtlich ausgeführt wurden, hat ein unabhängiges Juristenkomitee festzustellen (Art. 195).

4. Österreich hat historische Archivbestände, die in unmittelbarem Zusammenhang mit der Geschichte der abgetretenen Gebiete stehen und von dort innerhalb der letzten zehn Jahre weggebracht wurden, zurückzustellen. Das Alter der Bestände spielt keine Rolle. Bezüglich der an Italien abgetretenen Gebiete müssen alle seit 1861 weggenommenen Archivalien zurückgegeben werden. Hat Österreich in Bezug auf ein solches Objekt gleichwertige Interessen, haben sich die Staaten in einem Zusatzabkommen zu einigen (Art. 193). Diese Verpflichtung ergibt sich für die seit 1. Juni 1914 aus diesen Ländern fortgeschafften historischen Archive auch nach Art. 192, ohne dass dabei ein historischer Zusammenhang gefordert ist.

5. Österreich wird verpflichtet, auf Wunsch der betroffenen Staaten Verhandlungen über Kulturgüter aufzunehmen, die Bestandteil der hofärarischen und fideikommissarischen Sammlungen sind, zum *patrimoine intellectuel* der abgetretenen Gebiete gehören und einst aus ihrem Ursprungsgebiet weggebracht wurden. Bis zu einer vertraglichen Lösung oder während maximal zwanzig Jahren muss Österreich diese Kulturgüter sorgfältig aufbewahren und darf nicht anderweitig darüber verfügen. Während dieser Zeit muss Österreich die Kulturgüter auch Forschern der betroffenen Staaten zur Verfügung halten. Ausgenommen sind diejenigen Kulturgüter, über die im Friedensvertrag von St-Germain bereits bestimmt wurde (Art. 196).

6. Schliesslich wird Österreich dazu angehalten, historische Verträge im Zusammenhang mit Italien vollständig zu erfüllen, soweit dies noch nicht geschehen ist und die im Vertrag geregelten Gegenstände sich auf dem Gebiete Österreichs oder seiner Verbündeten befinden (Art. 194).

Setzt man die Art. 93 und 191 bis 196 miteinander in Beziehung, so überschneiden sie sich teilweise in Gegenstand oder Zweck. Deckungsgleich sind sie aber nicht.[601]

---

[601] Zum Beispiel zielt Art. 192 darauf ab, sämtliche im Zusammenhang mit dem Ersten Weltkrieg vorgenommenen Verschiebungen von Kulturgütern nach Österreich rückgängig zu machen. Art. 193 dagegen will die historisch relevanten Dokumente, die während der letzten zehn Jahre verschoben wurden, den Nachfolgestaaten zurückgeben. Die während der letzten fünf Jahre verschobenen Schriftstücke, die einen historischen Betreff zu einem abgetretenen Gebiet haben, fallen damit unter beide Bestimmungen.

§ 3 Österreichisch-italienischer Ausgleich

I. Erste Konventionsentwürfe

Bereits im Sommer 1919, als die Friedensvertragsverhandlungen noch in vollem Gange waren, drängte Italien auf den Abschluss eines bilateralen Übereinkommens mit Österreich. Österreich vermutete die Gründe für dieses Vorgehen im moralischen Fiasko, das Italien durch den Friedensvertrag drohte. Wie dem Entwurf des Friedensvertrages vom 20. Juli 1919 zu entnehmen war, wurden die Beschlagnahmungen vom Februar 1919 nicht gebilligt und Italien keinerlei (Sonder-)Rechte zuerkannt. Offenbar erachtete Italien zudem den Zeitpunkt als günstig für den Abschluss von Sondergeschäften.[602] Im Wissen um die Absicht der Nachfolgestaaten, die bedeutenden österreichischen Sammlungen aufzuteilen, bot Italien Österreich an, für deren Erhalt einzutreten,[603] freilich im Abtausch mit umfangreichen Zugeständnissen.[604]

Im August 1919 lagen die Entwürfe für zwei Konventionen bereit. Gemäss der ersten Konvention hätte sich Österreich – ungeachtet der Art. 192 und 193 des Friedensvertrages und vorausgesetzt, die österreichischen Sammlungen würden nicht aufgeteilt – verpflichtet, sämtliche Kulturgüter aus den an Italien abgetretenen Gebieten zurückzugeben, wann auch immer die Wegschaffung geschehen sein mochte. Österreich würde auf eine allfällige Entschädigung durch die Wiederherstellungskommission gemäss Art. 192 verzichten. Zudem hätte Österreich

---

602 In St-Germain fanden unverbindliche Besprechungen einzelner Offiziere des italienischen Militärkommandos in St-Germain und dem Korrespondenten einer Wiener Tageszeitung, David Bach, statt. Diese Gespräche wurden von italienischer Seite aufgegriffen, in Wien mit dem Kunstexperten Tietze fortgeführt und zum Anlass von Verhandlungen durch eine eigens nach Wien entsendete Kommission unter der Leitung von Modigliani gemacht (vgl. die vertrauliche Korrespondenz zwischen David Bach und dem Staatsamt für Äusseres vom Juli und August 1919 über ein Sonderabkommen mit Italien sowie die Denkschrift [undatiert] betreffend die Anforderungen Italiens an den österreichischen Kunstbesitz [AdR, St-Germain, Karton 13, Fasz. III/6, Prot. Nr. 1004, 1005 und Teilfasz., ad Z. I-6845/2]).

603 Italien behauptete sinngemäss, dass es im Rahmen der Friedenskonferenz mässigend auf die umfangreichen Forderungen der Nachfolgestaaten eingewirkt hätte (vgl. Schreiben von David Bach an Staatskanzler Renner vom 28. Juli 1919, S. 3 [AdR, St-Germain, Karton 13, Fasz. III/6, Beil. zu Prot. Nr. 1004]). Dagegen spricht aber die Aussage der französischen Mission, dass Italien auf der Friedenskonferenz weit höhere Forderungen gestellt habe, aber dank der Intervention Frankreichs damit nicht durchgedrungen sei (vgl. Schreiben des Staatsamtes für Äusseres vom 2. August 1919 [AdR, St-Germain, Karton 13, Fasz. III/6, Beil. zu Prot. Nr. 1005]).

604 Dies nicht zuletzt, wie Italien betonte, um die öffentliche Meinung Italiens zu besänftigen, die nach einem siegreichen Krieg wenigstens den Ersatz für die Schäden forderte, die ihm durch den Krieg an Kunstwerken zugefügt worden seien (vgl. Schreiben von David Bach an Staatskanzler Renner vom 28. Juli 1919, S. 2 [AdR, St-Germain, Karton 13, Fasz. III/6, Beil. zu Prot. Nr. 1004]).

die Verpflichtungen aus den Verträgen von 1859, 1866 und 1868 erfüllen und gleichzeitig auf die dort festgehaltenen Einreden verzichten müssen.

Im Vergleich zu Art. 194 des Friedensvertrages hätte dies für Österreich eine Verschlechterung bedeutet. Völlig untragbar aus österreichischer Sicht war das in der Konvention statuierte Recht Italiens, sämtliche von der italienischen Militärmission entfernten Objekte behalten zu dürfen. Davon ausgenommen wären nur die drei Codices gewesen, die Italien als Pfand mitgenommen hatte. Auch die in Art. 195 Anlage I bezeichneten Kulturgüter, über deren Zuordnung gemäss Friedensvertrag ein neutrales Juristenkomitee zu befinden hatte, wären mit einer Ausnahme allesamt an Italien gegangen. Zuletzt wäre Österreich – ebenfalls ohne Vorbild im Friedensvertrag – die Pflicht auferlegt worden, Kulturgüter von angemessenem Werte als Kriegsentschädigung auszuliefern.

Hätten die Nachfolgestaaten das Ziel erreicht, die österreichischen Sammlungen zu zerschlagen, hätte Österreich sich dazu verpflichten müssen, Italien bei der Teilung bestmöglich zu unterstützen. Als Gegenleistung hätte Italien sich in einer zweiten, geheimen Konvention verpflichtet, der Zersplitterung der österreichischen Sammlungen entgegenzuwirken und hierzu seine guten Dienste bei den anderen Nachfolgestaaten einzusetzen.

Die österreichischen Reaktionen auf das vorgeschlagene Sonderabkommen machten die unterschiedlichen Interessen von Kunsthistorikern und Politikern deutlich. Während Erstere den Erhalt der Kunstsammlungen in den Vordergrund stellten, waren die Politiker gezwungen, die Interessen Österreichs im Blick auf den gesamten Friedensvertrag zu wahren. Angesichts der desolaten Wirtschaftslage war die Angelegenheit der Kulturgüter für sie von untergeordneter Bedeutung. Nach wochenlangen Verhandlungen lehnte Österreich das Sonderabkommen mit Italien schliesslich ab.[605] Die Regierung wollte dem Friedensvertrag nicht vorgreifen. Sie befürchtete, dass die Alliierten ein solches Sonderabkommen als Versuch werten könnten, ihre Entscheidung zu beeinflussen. In materieller Hinsicht gelangte sie zur Ansicht, dass das Sonderabkommen für die Interessen Österreichs und dessen Kunstbesitz keinerlei Vorteil biete.[606] Letzt-

---

[605] Vgl. zum Folgenden die Schreiben der Friedensdelegation an das Staatsamt für Äusseres vom 12. August 1919, von Staatskanzler Renner (undatiert) an den Hohen Kabinettsrat und von David Bach vom 13. August 1919 (AdR, St-Germain, Karton 13, Fasz. III/6, Prot. Nr. 1004, 1005 und 1027).

[606] Selbst bei der schlechtestmöglichen Auslegung des Friedensvertrages wäre dieser dem Sonderabkommen vorzuziehen (vgl. z. B. die Schreiben von David Bach vom 3. und 11. August 1919 mit weiteren Gründen, wie der fehlenden Sicherheit dafür, dass Italien mit seiner Unterstützung des österreichischen Standpunktes in dieser Kunstfrage gegenüber den anderen Nationalstaaten durchdringe [AdR, St-Germain, Karton 13, Fasz. III/6, Beil. zu Prot. Nr. 1004 und 1005]). Vgl. ferner das Schreiben von David Bach an das Staatsamt für Äusseres vom 11. August 1919, worin er die Normen der Sonderbestimmung mit den Kulturgüterartikeln des Friedensvertrages vergleicht (AdR, St-Germain, Karton 13, Fasz. III/6, Beil. zu Prot. Nr. 1004).

lich wollte die Regierung aber auch der öffentlichen Meinung Rechnung tragen, wonach man nicht daran interessiert sei, mit einer Nation über ein Sonderabkommen zu verhandeln, die österreichisches Land wegzunehmen beabsichtige. Die Absage hat Italien sehr verstimmt.

Erst nach Abschluss des Friedensvertrages, im November 1919, wurden die Verhandlungen zwischen Italien und Österreich auf italienischen Druck hin wieder aufgenommen. Wie bereits im Sommer desselben Jahres stand Österreich erneut vor dem Dilemma, mit einem bilateralen Sonderabkommen die vom Friedensvertrag vorbestimmten Verhandlungswege zu verlassen und damit die Gunst der alliierten Mächte zu verlieren, gleichzeitig aber Italien nicht zu verstimmen und dessen Unterstützung bezüglich der Erhaltung der Kunstsammlungen zu verlieren sowie Nachteile in der Lebensmittelversorgung zu erleiden.[607]

II. Österreichisch-italienische Ausführungskonvention vom 4. Mai 1920

Aus dem langen politischen Seilziehen zwischen Österreich und Italien ging schliesslich am 4. Mai 1920 die «Convention spéciale afin de résoudre les controverses relatives au patrimoine historique et artistique de l'ancienne Monarchie austro-hongroise» hervor, gelegentlich auch als (österreichisch-italienisches) Kunstabkommen bezeichnet.[608] Sie klärt alle auf Kulturgüter Bezug nehmenden Fragen in Ausführung des Friedensvertrages von St-Germain abschliessend (vgl. Art. 7) und ist in fünf Teile gegliedert. Der 1. Teil umfasst das Sonderabkommen, worin die eigentlichen Rechte und Pflichten der Parteien festgelegt sind. Die übrigen vier Teile geben je zwei Noten der österreichischen und italienischen Aussenministerien zum Sonderabkommen wieder.

---

[607] Anschaulich das Telegramm von Staatskanzler Renner an die Friedensdelegation vom 13. November 1919 (AdR, St-Germain, Karton 13, Fasz. III/6, Teilfasz. Kunstabkommen mit Italien, Beil. zu Prot. Nr. 1620). Für Österreich gestaltete sich die Wiederaufnahme der Verhandlungen zwecks Abschluss eines Sonderabkommens als äusserst delikat, weil die Italiener auf Vertraulichkeit pochten, die Friedenskonferenz dagegen jeden Schritt mitgeteilt haben wollte bzw. die formelle Einwilligung hierzu erteilen musste. Vor allem die amerikanische Mission war im höchsten Grad befremdet, als sie von den italienischen Absichten erfuhr (vgl. die Korrespondenz vom November 1919 und insbesondere das Schreiben der Friedensdelegation an das Staatsamt für Äusseres vom 07. November 1919 [AdR, St-Germain, Karton 13, Fasz. III/6, Teilfasz. Kunstabkommen mit Italien, Prot. Nr. 1563]).

[608] Abgedruckt in: DE MARTENS, 3ème Série, XIX, S. 682 ff. In Anbetracht der Entstehungsgeschichte der österreichisch-italienischen Ausführungskonvention kann nicht mehr von einem freundschaftlichen bilateralen Abkommen in Anwendung von Art. 196 St-Germain gesprochen werden (so aber z. B. ENGSTLER, S. 251).

1. Schutz der Integrität der österreichischen Sammlungen durch Italien

Zentraler Gedanke des Kunstabkommens ist der Erhalt der Integrität der österreichischen Sammlungen. In Art. 1 anerkennt Italien

> *«von einem höheren Kulturinteresse geleitet, die Zweckmässigkeit, die Zerstreuung der historischen, Kunst- und archäologischen Sammlungen Österreichs, welche gegenwärtig einen unteilbaren ästhetischen und historischen Organismus von Weltruf darstellen, zu vermeiden.»*

Zu diesem Zweck wollte Italien Art. 196 lit. a des Friedensvertrages *«die engste Auslegung»* geben und diese auch im Hinblick auf die anderen Nachfolgestaaten vertreten. Es verpflichtete sich überdies,

> *«mit allem Nachdrucke zu verhindern, dass andere im Friedensvertrage nicht vorgesehene Ansprüche dieser Staaten zum Schaden der Integrität der österreichischen Sammlungen, deren Erhaltung im Interesse der Wissenschaft liegt, Annahme finden.»*[609]

2. Zu Art. 194 St-Germain

Im Gegenzug verpflichtete sich Österreich, auf alle Einwendungen und Einschränkungen zu verzichten, die in den Art. 1 und 5 der Konvention vom 14. Juli 1868 zu Gunsten der österreichisch-ungarischen Monarchie enthalten waren (Art. 3 Abs. 1 Satz 1 1. HS). Das Sonderabkommen revidierte dadurch nicht nur Art. 1 und 5 des Florentiner Vertrages von 1868, sondern derogierte auch Art. 194 des Vertrages von St-Germain, der Österreich lediglich dazu anhielt, die früheren Verpflichtungen einzuhalten.[610] Damit musste Österreich die 1838 nach Wien gebrachten 140 Bilder sowie die Depeschen der venetianischen Botschaft in Deutschland, die bereits beschlagnahmt worden waren, Italien überlassen. Und genau mit diesen Beschlagnahmungen hängt Art. 3 des Sonderabkommens eng zusammen. Aus Sicht Italiens war eine Revision des Florentiner Vertrages dringend notwendig gewesen, um der Beschlagnahme dieser Gegenstände wenigstens nachträglich eine rechtliche Grundlage zu verschaffen. Dazu mussten die beiden Vertragsparteien von Art. 194 St-Germain abweichen.[611] Die Befürchtungen, dass die weggenommenen Bilder, Inkunabeln und Handschriften nicht mehr

---

[609] Italien hatte seine Pflichten nach Art. 1 über die in Art. 196 lit. b festgehaltene Frist von 20 Jahren zu übernehmen (Art. 2).

[610] Vgl. Engstler, S. 252, der darauf basierend die These aufstellt, dass auch Friedensverträge keinen endgültigen Titel gegenüber der faktischen Bindung von Kulturgütern an ein bestimmtes Territorium darstellen.

[611] Dessen ungeachtet heisst es in Art. 3 des Sonderabkommens: «In Anwendung des Artikels 194 des Friedensvertrages (...)».

zurückkämen, wurden dadurch bestätigt.[612] Von den einst beschlagnahmten Kulturgütern erhielt Österreich lediglich eine Marmorbüste des Kaisers Franz I. von Antonio Canova zurück. Die als Pfand gewaltsam weggenommenen Handschriften musste Italien zurückgeben, sollten die im Sonderabkommen zugunsten Italiens verbrieften Rechte wirksam werden (Art. 8 Abs. 2 Ziff. 1).[613]

Österreich hatte aber auch – diesmal in echter Anwendung von Art. 194 St-Germain – Gegenstände herauszugeben, die es Italien gemäss den Verträgen von Zürich (1859) und Wien (1866) schuldig geblieben war (Art. 3 Abs. 1).[614] Andererseits verzichtete Italien auf die 1866 aus venezianischen Arsenalen entnommenen Waffen und Rüstungen, die Österreich nach Art. 6 des Florentiner Abkommens von 1868 hätte ausliefern müssen (Art. 3 Abs. 2). Es waren aber nicht völkerrechtliche oder politische Überlegungen, die Italien zum Verzicht bewegten, sondern schlicht der Umstand, dass die Gegenstände nicht mehr aufgefunden und identifiziert werden konnten (Art. 3 Abs. 2). Den Verzicht auf ein deutsches Manuskript liess sich Italien allerdings mit der Rückgabe von anderen aus Italien stammenden Kulturgütern entschädigen (Art. 3 Abs. 3).

3. Zu Art. 195 St-Germain

Art. 4 Abs. 1 des Sonderabkommens teilt die in Anlagen zu Art. 195 St-Germain aufgelisteten Objekte Italien zu. Österreich darf lediglich die aus Palermo stammenden Gegenstände behalten.[615] Die Parteien verzichteten damit auf einen Entscheid durch das neutrale Juristenkomitee, wie dies Art. 195 vorsah. Begründet wurde die eigenhändige Zuordnung dieser Kulturgüter mit ihrem «spe-

---

612 Zu den Beschlagnahmungen vgl. vorne S. 86 ff.

613 Nach Erfüllung der Ausführungskonvention vom 4. Mai 1920 erhielt Österreich am 14. März 1921 die drei Handschriften von Italien zurück (vgl. FREISE, S. 23).

614 So etwa den von Napoleon I. herrührenden Originalorden der Eisernen Krone, die Krönungsinsignien Napoleons I. als König von Italien, das Reliquiar des Bessarion und das Kreuz des heiligen Theodor (Art. 3 Abs. 1). Italien hatte diese Gegenstände bereits im März 1919 gefordert, aber mangels schlüssiger Beweise nicht beschlagnahmt (vgl. Bericht des österreichischen Staatsamtes für Inneres und Unterricht über die neuerlichen Forderungen der italienischen Waffenstillstandskommission an deutschösterreichischem Kunstbesitz, undatiert [AdR, St-Germain, Karton 13, Fasz. III/6, Beil. zu Prot. Nr. 780]). Ein Teil dieser Kulturgüter war jedoch anlässlich der Abtretung Venetiens und der Lombardei Mitte des 19. Jahrhunderts gar nicht Gegenstand der Verhandlungen (vgl. RAINER, Rückführung italienischer Kulturgüter, S. 110).

615 Damit wurde das Auseinanderreissen zusammen gehörender Gegenstände von künstlerischem und historischem Interesse verhindert (vgl. SIEHR, Kulturgüter in Friedens- und Freundschaftsverträgen, S. 706). Neben den Gegenständen des Krönungsornates aus Palermo war Italien bereit, auf einige in Florenz aufbewahrte Gegenstände der Goldschmiedekunst zu verzichten, die nicht in Anlage I aufgeführt sind, falls Österreich bestimmte rechtsrelevante Tatbestände nachzuweisen vermochte (Art. 4 Abs. 2).

ziellen Charakter», der sie von den in den übrigen Anlagen zum gleichen Artikel aufgezählten Gegenständen unterscheide.[616]

4. Zu Art. 192, 193 und 196 lit. a St-Germain

«In Ausführung der Artikel 192, 193 und 196 a des Friedensvertrages» verpflichtete sich Österreich, alle Kulturgüter samt den Archiven zurückzuerstatten, die aus den an Italien abgetretenen Gebieten stammten und Teil des österreichischen Staatsvermögens waren (Art. 5 Abs. 1). Vorausgesetzt wurde allerdings, dass diese Gegenstände

1. nach dem 1. Januar 1790 von den abgetretenen Gebieten nach Österreich gelangt waren,
2. nicht von Privaten erkauft oder geschenkt wurden und
3. nach ihrem Ursprung *(«origine»)* zum historischen und kulturellen Besitz *(«patrimoine historique et intellectuel»)* Italiens oder der abgetretenen Gebiete gehörten (Art. 5 Abs. 2 Ziff. 3).

Nicht sämtliche Gegenstände, die zum historischen und kulturellen Besitz Italiens gehörten, mussten herausgegeben werden, sondern nur der dem Ursprung nach zu Italien gehörende historische und kulturelle Besitz. Mit dem Begriff Ursprung bzw. *origine* definierten die Vertragspartein das Kriterium des historischen und kulturellen Besitzes.[617] Inwieweit damit an den Begriff *district d'origine* gemäss Art. 196 lit. a Friedensvertrag angeknüpft wurde, ist nicht bekannt. Jedenfalls geht der Begriff *origine* aber über den Herkunftsort hinaus.[618] Damit bedeutete Art. 5 des Ausführungsabkommens keinen Rückfall in eine allgemeine Anwendung des Betreffsprinzips.

Das Ausführungsabkommen nennt keine einzelnen Gegenstände, sondern beauftragt Sachverständige beider Parteien, eine Liste der zu erfolgenden Rückstellungen einvernehmlich festzusetzen (Art. 5 Abs. 4).

Auch für Sammlungsobjekte bedeutete Art. 5 keine Verschlechterung aus Sicht von Österreich, sah doch Art. 196 lit. a St-Germain gar keine zeitliche Frist für die Entnahmen vor. Auch der Vorbehalt gemäss Art. 5 des Sonderabkommens, wonach die von Privaten gekauften oder geschenkten Gegenstände von der Rückgabe ausgenommen wurden, findet sich in den Art. 193 bis 196 St-Germain

---

[616] Vgl. auch die gleichentags abgegebene Note der königlich-italienischen diplomatischen Mission in Wien an das österreichische Staatsamt für Äusseres (vgl. DE MARTENS, 3ème Série, XIX, S. 689 f.).

[617] Vgl. TURNER, S. 92.

[618] Das gemäss Art. 5 Abs. 3 Österreich gewährte Gegenrecht war praktisch ohne Bedeutung.

nicht ausdrücklich.[619] Was die in Art. 193 St-Germain bezeichneten Akten betraf, war das Hintanstellen der zeitlichen Grenze für Österreich nicht gravierend, weil die Parteien im gleichen Abkommen das Provenienzprinzip als Massstab für die archivalische Auseinandersetzung bestätigten, wie es bereits in der Erklärung vom 26. Mai 1919 festgelegt worden war (Art. 6). Damit wurde das einst von den Direktoren der italienischen und österreichischen Archive als anwendbar erklärte Provenienzprinzip auch auf Regierungsstufe anerkannt.[620] Die Rückgabe der Schriftbestände erfolgte somit im Sinne Österreichs.

Es fällt aber auf, wie oft Italien und Österreich die Konformität der Ausführungskonvention vom 4. Mai 1920 mit dem Friedensvertrag von St-Germain hervorheben, obwohl dies gerade nicht zutrifft. Daran vermag auch die Aussage in der Präambel nichts zu ändern, wonach das Sonderabkommen seine Grundlage in Art. 196 lit. a St-Germain habe und die Auslegung und die Durchführung der Art. 191 bis 196 St-Germain regle. Desgleichen die Erklärung der beiden Staaten in Art. 8, wonach «der Inhalt der vorliegenden Abmachung in vollständigem Einklange mit den Bestimmungen des Staatsvertrages von Saint Germain und namentlich mit jenen des Artikels 196a ist». Dies mag darin begründet liegen, dass das Ausführungsabkommen ohne Zustimmung der anderen Grossmächte abgeschlossen wurde und man den Anschein vermeiden wollte, gegen den Willen der Grossmächte vom Friedensvertrag abgewichen zu sein.[621] Tatsache ist aber, dass das Sonderabkommen über die in Art. 196 St-Germain behandelten Sammlungsobjekte hinaus geht und die Rechte und Pflichten der Parteien weitgehend neu festlegt.

Obwohl das Sonderabkommen in vielen Fällen zulasten Österreichs vom Friedensvertrag von St-Germain abwich, verschlechterte sich die Lage Österreichs nicht dramatisch, wie dies anfänglich befürchtet wurde.[622] Der zeitgenössische Historiker Lhotsky schrieb denn auch, dass Österreich «nicht allzu schlecht gefahren» sei und

---

[619] Vgl. auch DE VISSCHER, S. 285.

[620] In einem Protokoll vom 19. November 1919 bekräftigen die Direktoren der österreichischen und italienischen Archivverwaltungen nochmals die Anwendung des Provenienzprinzips in Archivfragen (vgl. NECK, Archivverhandlungen, S. 438). Zur Erklärung vom 26. Mai 1919 vgl. vorne S. 92.

[621] Gemäss der oben erwähnten, gleichentags abgegebenen Note der königlich-italienischen diplomatischen Mission in Wien an das österreichische Staatsamt für Äusseres hat Italien die nötige Zustimmung der anderen Mächte einzuholen. Andernfalls seien Italien und Österreich von jeder Verantwortung für ein Nichtzustandekommen des Ausführungsabkommens befreit (vgl. DE MARTENS, 3ème Série, XIX, S. 689 f.). In der Antwort auf diese Note erklärte das österreichische Staatsamt für Äusseres, sich einem eventuellen Ansuchen Italiens zur Zustimmung anzuschliessen (vgl. DE MARTENS, 3ème Série, XIX, S. 690 f.).

[622] Vgl. z. B. NECK, Kulturelle Bestimmungen, S. 354 f.

«die Opferbereitschaft habe die sehr wichtige Folge gehabt, dass man ein grosses und schwieriges Kapitel dieser Auseinandersetzungen so beendigt sah, dass aus dem saturierten Gegner nunmehr ein erklärter aktiver Freund geworden war.»[623]

Italien vermochte viele seiner ursprünglichen Forderungen gegenüber Österreich durchzusetzen, und ein Vergleich des Sonderabkommens mit den Konventionsentwürfen vom August 1919 zeigt viele inhaltliche Gemeinsamkeiten auf. In zwei wesentlichen Punkten konnte Österreich aber seine Position verbessern. Zum einen hätte es gemäss der ersten Konvention von August 1919 sämtliche Kulturgüter zurückgeben müssen, unabhängig davon, wann diese aus den an Italien abgetretenen Gebieten weggeschafft worden waren. Das Ausführungsabkommen dagegen sah nur noch die Rückgabe von Kulturgütern vor, die nach 1790 nach Österreich gelangt waren. Auch bedurften sie einer qualifizierten Beziehung zu Italien oder zum abgetretenen Gebiet (Art. 5 Abs. 2 Ziff. 3 Sonderabkommen). Zum anderen gelang es Österreich, die Pflicht ersatzlos zu streichen, wonach es Kulturgüter von angemessenem Wert als Kriegsentschädigung abzutreten gehabt hätte.[624] Diese Verbesserungen gegenüber den Konventionsentwürfen vom August 1919 dürften – nebst politischen Veränderungen – dazu geführt haben, dass sich Österreich doch noch dazu bereit erklärte, ein Ausführungsabkommen mit Italien zu unterzeichnen.

§ 4 Österreichisch-tschechoslowakischer Ausgleich

I. Herausgabeforderungen der Tschechoslowakei

Die Regierung der Tschechoslowakei forderte die Rückgabe von Kulturgütern gestützt auf Art. 195 und 196 St-Germain. Sie argumentierte, dass die in Böhmen herrschenden Habsburger zwar Kunstwerke gekauft hätten, jedoch mit Einnahmen aus Böhmen. Aus diesem Grund seien die Gegenstände in Verletzung des böhmischen Rechts nach Österreich gelangt.[625]

Im Einzelnen ging es um Urkunden, historische Aufzeichnungen, Handschriften, Karten usw., die auf Anordnung Maria Theresias durch den kaiserlichen Hausarchivar Theodor Thaulow von Rosenthal weggebracht worden waren. Auch Urkunden aus der königlich-böhmischen Hofkanzlei und der böhmischen

---

[623] Lhotsky, Verteidigung der Wiener Sammlungen, S. 635.

[624] Im Übrigen erreichte Österreich, dass es bezüglich der historischen Gebietsabtretungen einige Gegenstände behalten konnte (das deutsche Manuskript, die Büste Kaiser Franz' I. von Canova und einige 1866 aus Venedig weggebrachte Rüstungsgegenstände). Wenige davon musste Österreich durch die Leistung anderer Kulturgüter entschädigen.

[625] Vgl. «O.», S. 126 f.; ferner Lhotsky, Verteidigung der Wiener Sammlungen, S. 638 f.

Hofrechenkammer wurden zurückverlangt sowie Kunstgegenstände, die Mitglieder der Habsburgerfamilie während ihrer Herrscherzeit aus Gebieten der Tschechoslowakei entfernt hatten.[626]

Was die österreichischen Sammlungen anging, stellte die tschechoslowakische Regierung die Existenz einheitlicher Ensembles in den Wiener Kunstinstituten in Abrede. Die Rückgabe einzelner Objekte würde den Sammlungen keinen Schaden zufügen, begründete sie die Forderungen nach Art. 196 St-Germain.

Weil die Tschechoslowakei ausschliesslich aus Gebieten der österreichisch-ungarischen Monarchie zusammengesetzt war, musste sie eine eigene Staatsverwaltung erst aufbauen. Vor diesem Hintergrund war die tschechoslowakische Regierung an einer möglichst raschen Abgabe aller Akten interessiert, die sich auf die in der Tschechoslowakei laufenden Geschäfte oder auf Personen der Tschechoslowakei bezogen.[627] Daneben forderte sie aber auch historische Aktenbestände.[628] Die Tschechoslowakei legte dabei Art. 93 und 193 St-Germain beharrlich im Sinne des Betreffprinzips aus und forderte auch eine Trennung der Archiv- und Registraturbestände der Zentralarchive Österreich-Ungarns. Österreich dagegen hielt am Provenienzprinzip fest und verwies auf die bereits erfolgte Anerkennung dieses Prinzips durch die Archivdelegationen Italiens und Jugoslawiens sowie auf die entsprechende Anpassung des Wortlautes von Art. 93 St-Germain.[629] Österreich war jedoch bereit, zugunsten einer geordneten Verwaltung der Tschechoslowakei auf eine strenge Auslegung zu verzichten.[630]

Einzelne Archivbestände hat Österreich schon vor Abschluss von bilateralen Ausführungsabkommen ausgehändigt.[631] Im Übrigen bestand die Hauptarbeit der delegierten Archivare in der systematischen Aufstellung von Verzeichnissen aller Archive, Registraturen, Bibliotheken, Sammlungen und Institute, aus denen die Republik Österreich Bestände an die Tschechoslowakei abgeben sollte. Diese umfangreichen Vorarbeiten bildeten eine solide Grundlage für die Verhandlungen mit der österreichischen Delegation, die Anfang Januar 1920 begannen, und für die Durchführung des Prager Übereinkommens.[632]

---

[626] Vgl. Ziff. 1 und Ziff. 2 der Anlage IV zu Art. 195 sowie dazu vorne bei Fn. 577.

[627] Vgl. HUMMELBERGER, S. 45; BITTNER, Zwischenstaatliche Verhandlungen, S. 82. Entsprechende Forderungen wurden bereits am 28. Februar 1919 gestellt (vgl. Schreiben von Redlich vom 17. März 1919 [AdR, St-Germain, Karton 13, Fasz. III/6, Teilfasz.]).

[628] Vgl. MEYER-LANDRUT, S. 103.

[629] Zur Anerkennung des Provenienzprinzips durch Jugoslawien vgl. hinten S. 150.

[630] Vgl. HUMMELBERGER, S. 48 ff.

[631] Z.B. das Archiv der Prager Burghauptmannschaft, dessen Übergabe am 2. Mai 1920 erfolgte (vgl. dazu HUMMELBERGER, S. 46, mit weiteren Beispielen).

[632] Ausführlich zu diesen Vorarbeiten und den nachfolgenden Vertragsverhandlungen zwischen Österreich und der Tschechoslowakei vgl. HUMMELBERGER, S. 46 ff.

II. Österreichisch-tschechoslowakisches Übereinkommen vom 18. Mai 1920 (Prager Übereinkommen)

Nur gerade zwei Wochen nachdem mit Italien das Sonderabkommen über Kulturgüter unterzeichnet worden war, einigte sich Österreich auch mit der Tschechoslowakei in Prag in einem bilateralen Abkommen über die Rückgabe strittiger Kulturgüter (sog. Prager Übereinkommen).[633] Das Übereinkommen führt die Art. 93, 192, 195 Abs. 2 und 196 des Friedensvertrages von St-Germain aus und gliedert sich in vier Teile.

1. Zu Art. 93, 193 und 195 Abs. 2 St-Germain

Teil I. des Übereinkommens bezieht sich ausdrücklich auf Art. 93 und 195 Abs. 2 St-Germain, mithin auf das Schriftenmaterial. Einleitend anerkennt die tschechoslowakische Regierung das archivalische Provenienzprinzip, wie es die österreichische Regierung aus Art. 93 St-Germain abgeleitet hat. Sie tut dies aber entgegen ihrer eigenen Ansicht und daher nur unpräjudiziell, nur im Verhältnis zu Österreich und unter der Bedingung, dass Österreich «den kulturellen Wünschen und den Verwaltungsbedürfnissen der tschechoslowakischen Republik» Rechnung trägt. Was das bedeutete, wurde in den Kapiteln A. bis M. von Teil I. ausführlich geregelt.

Materiell unterscheidet Teil I. des Übereinkommens zwischen Schriftenmaterial[634], das sich ausschliesslich auf die Tschechoslowakei bezog (Kapitel A.) und solchem, das neben der tschechoslowakischen Verwaltung auch diejenige Österreichs oder eines Drittstaates betraf (Kapitel B.).

Hinsichtlich des ausschliesslich die Tschechoslowakei betreffenden Schriftenmaterials erklärte sich Österreich bereit, der Tschechoslowakei zur Fortführung der Staatsverwaltung das gesamte Schriftenmaterial abzugeben,

> *«welches auf Angelegenheiten Bezug hat, die der Staatshoheit der tschechoslowakischen Republik, sei es aus dem Grunde der Personal-, sei es aus dem Grunde der Gebietshoheit, ausschliesslich unterstehen»* (Teil I. Kapitel A. Ziff. 1).

Die Gebietshoheit als Teil der Staatshoheit erstreckt sich auf das Staatsgebiet und auf die Sachen und Personen, die sich auf diesem Gebiet befinden. Die Personalhoheit dagegen stellt allein auf die Beziehung zwischen Staat und Staatsvolk ab und ist nicht an das Staatsterritorium gebunden.[635] Mit dieser Formulie-

---

[633] Convention concernant l'exécution de certaines dispositions du Traité de Saint-Germain (StGBl 479/1920 und abgedruckt in: DE MARTENS, 3ème Série, XIX, S. 694 ff.).

[634] Gemäss Ziff. 2 von Kapitel A. war der Begriff «Schriftenmaterial» sehr weit auszulegen und beinhaltete insbesondere sowohl Archiv- als auch Registraturakten.

[635] Vgl. IPSEN, S. 326 Rz. 1.

rung gingen die Parteien weiter als der Friedensvertrag St-Germain, in dem nur das Staatsgebiet betreffende Objekte Gegenstand der Herausgabepflicht waren. Theoretisch waren somit auch Schriftstücke umfasst, die tschechoslowakische Staatsangehörige ausserhalb des Staatsgebietes betrafen. Die Herausgabe umfasste die zentralen und andere auf neuösterreichischem Gebiet entstandenen Archiv- und Registraturbestände (Teil I. Kapitel A. Ziff. 1).

Damit weichen auch in diesem Übereinkommen die Vertragsparteien zugunsten einer intakten Staatsverwaltung vom Prinzip der Provenienz ab.[636] Anders als Art. 93 St-Germain, wonach nur diejenigen Registraturen betroffen waren, die *«aux administrations des territoires cédés»* gehörten, wurden durch das Übereinkommen ausdrücklich auch die Zentralarchive und andere auf neuösterreichischem Gebiet entstandene Registraturen und Archive beeinträchtigt, sofern die Registraturen ausschliesslich die tschechoslowakischen Gebiete betrafen. Damit wird Rücksicht genommen auf die spezielle Situation der Tschechoslowakei, die ihre Zentralverwaltung erst neu aufbauen musste. Dazu war sie, anders als Nachfolgestaaten, die nur Randgebiete ihrer Verwaltung einzugliedern hatten, auf Schriftenmaterial aus Österreich angewiesen.[637]

Eine wichtige zeitliche Einschränkung dieser ausgedehnten Herausgabepflicht Österreichs erfolgt unter Ziff. 3 des Kapitels A. Danach hatte Österreich nur die Archivbestände von 1888 bis 1918 herauszugeben. Um keine geschlossenen Geschäfte auseinander zu reissen, musste Österreich auch allfällige dazugehörige Vorakten herausgeben, die bis 1868 zurückreichten.[638] Für Akten bestimmter Verwaltungszweige setzten die Vertragsparteien die zeitliche Grenze auf den 1. Mai 1848 an.[639] Ältere Urkunden mussten nur dann herausgegeben werden, wenn es sich um solche von rechtskonstitutivem Charakter handelte und die entsprechenden Rechtsverhältnisse noch aktuell waren; die übrigen älteren Bestände durfte die Tschechoslowakei immerhin ausleihen (Kapitel A. Ziff. 3 lit. a bis c).

---

[636] Unklar ENGSTLER, S. 256, der in seinen Ausführungen zu den Regelungen des Übereinkommens zu Art. 93 St-Germain nicht zwischen laufenden Registraturen und Archiven unterscheidet. Unzutreffend ist jedenfalls seine Behauptung, dass die besonderen Archivabkommen nach dem Zusammenbruch Österreich-Ungarns und damit auch das Übereinkommen zwischen der Tschechoslowakei und Österreich vom 18. Mai 1920 das Provenienzprinzip «in konsequenter Weise» vollständig durchgeführt hätten (vgl. ENGSTLER, S. 259). Vgl. dazu auch FITSCHEN, Rechtliches Schicksal, S. 119 Fn. 47.

[637] Vgl. BITTNER, Zwischenstaatliche Verhandlungen, S. 82; FITSCHEN, Rechtliches Schicksal, S. 117.

[638] Zum Umfang dieser Vorakten vgl. BITTNER, Zwischenstaatliche Verhandlungen, S. 89 Fn. 2.

[639] Es handelte sich um die Bereiche Eisenbahn, Militär, Land- und Forstwirtschaft, innere Verwaltung, Post und Telegraph.

Neben diesen Schriftbeständen, die den Verwaltungsbedürfnissen der tschechoslowakischen Republik Rechnung trugen, musste Österreich, wie erwähnt, auch die kulturellen Wünsche der tschechoslowakischen Nation befriedigen. Mit dieser Formel bezog sich das Übereinkommen offenbar auf den im Untertitel zu Teil I. genannten Art. 195 Abs. 2 St-Germain, d.h. auf solche Dokumente, die für die laufende Verwaltung keine Bedeutung mehr hatten, sondern nur noch von historischem oder eben kulturellem Interesse waren.[640] Die einzelnen Gegenstände waren in Annex I aufgelistet und betrafen verschiedene zentrale Archive Wiens.[641] Darunter war Schriftenmaterial aus Anlage IV von Art. 195 St-Germain. Damit entzog die Tschechoslowakei diese Schriftbestände einer Überprüfung durch das Juristenkomitee gemäss Art. 195 St-Germain. Die Liste in Annex I des Übereinkommens umfasste weit mehr an Schriftstücken, als dies noch in Anlage IV zu Art. 195 St-Germain der Fall war. Doch ist hervorzuheben, dass es sich bei diesen historischen Schriftbeständen um Archivkörper handelte, die im tschechoslowakischen Gebiet, vornehmlich in Böhmen, Mähren und in Schlesien entstanden und im Laufe der Zeit in die Archive Wiens gebracht worden waren.[642] Die Herausgabe entsprach daher dem Provenienzprinzip.[643] Im Sinne des Provenienzprinzips hatte Österreich ganz allgemein sämtliche Bestände herauszugeben, die aus dem Geschäftsgang böhmisch-mährisch-schlesischer Behörden stammten (Kapitel A. Ziff. 3 Abs. 2 lit. a i.V.m. Annex I Kapitel I. Ziff. 7).[644]

Mit dieser allgemeinen Bestimmung zu den historischen Akten nahm das Übereinkommen, ohne dies ausdrücklich zu erwähnen, auch auf Art. 193 Abs. 1 St-Germain Bezug. Um das Provenienzprinzip konsequent durchzuführen, modifizierte es diesen Artikel, indem es die dort festgesetzte Frist von zehn

[640] Bemerkenswert ist die Aufnahme des Begriffs «kulturell» in einen damaligen Vertrag.

[641] Herauszugeben waren beispielsweise das böhmische Kronarchiv und Akten und Urkunden der aufgehobenen Jesuitenklöster der böhmischen Jesuitenprovinz aus dem Staatsarchiv oder böhmisch-mährisch-schlesische Urkunden, soweit sie aus dem Geschäftsgang böhmisch-mährisch-schlesischer Behörden, physischer und juristischer Personen stammen, aus dem Allgemeinen Archiv der Staatsämter des Innern und für Justiz (Annex I des Übereinkommens zwischen der Tschechoslowakei und Österreich; zu den in Annex I ausführlich aufgezählten Beständen vgl. Hummelberger, S. 56 ff.).

[642] Vgl. Meyer-Landrut, S. 105; Fitschen, Rechtliches Schicksal, S. 118. Engstler, S. 256, ordnet die Rückgabe des historischen Schriftenmaterials Art. 93 statt Art. 193 und 195 St-Germain zu.

[643] Vgl. Engstler, S. 259; v. Schorlemer, S. 327; a.M. Neck, Archivverhandlungen, S. 438.

[644] Explizit hatte Österreich Akten der böhmischen Kanzlei und Akten der königlich böhmischen Hofkanzlei und der Hofkammer bis zum Jahre 1749 herauszugeben (Kapitel A. Ziff. 3 Abs. 2 lit. b). Das Jahr 1749 geht auf die Gründung der obersten Justizstelle zurück. Vgl. auch Fitschen, Rechtliches Schicksal, S. 118, der irrtümlicherweise Ziff. 2 des Annexes zitiert.

Jahren seit der Wegbringung aus dem Nachfolgestaat ersatzlos strich. Aus archivwissenschaftlicher Sicht war diese Korrektur des Friedensvertrages von St-Germain nicht zu bemängeln. Denn damit wurde genau jenes Prinzip konsequent angewendet, das Österreich stets vorgebracht hatte.[645] Österreich war es darum leicht gefallen, gerade in diesem Punkt der Tschechoslowakei gegenüber Zugeständnisse zu machen und über Art. 193 bzw. 195 St-Germain hinauszugehen. Dass auch die Zentralarchive betroffen waren, ändert daran nichts.

Mit Ausnahme ganz weniger Bestände hatte die Rück- oder Herausgabe unentgeltlich zu erfolgen (Kapitel A. Ziff. 4).

Die Schriftenbestände, die nicht nur die Tschechoslowakei betrafen und von der österreichischen Regierung daher nicht ohne Nachteil abgegeben werden konnten, durfte Österreich behalten. Es musste aber der Tschechoslowakei freien Zutritt und die uneingeschränkte Benützung dieser Bestände und des Archivmaterials gewähren.[646] Auch wurde die Tschechoslowakei ermächtigt, Schriften dieser Art zu entlehnen (Kapitel B.).[647]

Eine grosse Herausforderung für die österreichischen Archive stellte die Einführung des Instituts der Archivdelegierten durch das Übereinkommen dar. Diese von der tschechoslowakischen Regierung beglaubigten Organe (Archivfachleute und sonstige Organe der Staatsverwaltung und Staatsbetriebe) hatten das ausschliesslich die Tschechoslowakei betreffende Schriftenmaterial gemäss Kapitel A. auszusondern (Kapitel D.). Ferner durften sie das in Österreich verbleibende, aber die Tschechoslowakei ebenso betreffende Material benutzen (Kapitel B. und D.). Den Archivdelegierten war während der Amtsstunden uneingeschränkt freier Zutritt und eine ungestörte Benützung zu gewähren. Kapitel E. bis K. enthielten Details zur persönlichen Stellung dieser Archivdelegierten sowie zur Organisation der Aussonderung. Namentlich ging es um die genaue Bestimmung des Schriftenmaterials, dessen Abtransport oder die Wahrung des Amtsgeheimnisses durch die tschechoslowakischen Organe.

Die Anerkennung dieser Archivdelegierten und ihrer Befugnisse wurden in der österreichischen Literatur als schwerwiegendes Zugeständnis der österreichischen Regierung kritisiert, die keine Stütze im Friedensvertrag von St-Germain gehabt hätten. Art. 93 Abs. 2 St-Germain habe mit dem Begriff *«en donner communication»* Österreich gegenüber den alliierten und assoziierten Mächten lediglich dazu verpflichtet, Auskunft zu erteilen oder höchstens Abschriften zu liefern, nicht aber ein beinah uneingeschränktes Benutzungsrecht der österreichi-

[645] Vgl. BITTNER, Zwischenstaatliche Verhandlungen, S. 95.

[646] U.a. zur Durchsicht und zur Anfertigung von Abschriften.

[647] Hierzu sollte Österreich das Schriftenmaterial ungeschmälert erhalten (Kapitel F.).

schen Dokumente zu gewähren.[648] Ferner bezog sich Art. 93 Abs. 2 St-Germain nur auf die laufenden Registraturen, während das Übereinkommen die Archivdelegierten auch für die historischen Archivbestände vorsah. Schliesslich beschränkte sich Art. 93 Abs. 2 St-Germain auf die in den abgetretenen Ländern entstandenen Archive.[649] Anders dagegen das Übereinkommen, das gerade auch die in Österreich erwachsenen Archiv- und Registraturbestände umfasste.

Obwohl die Archivdelegierten für die österreichische Regierung eine Arbeitsersparnis bedeuteten, waren der organisatorische Aufwand und die Kosten für Österreich insgesamt enorm.[650]

Österreich erhielt Gegenrecht bezüglich des Schriftenmaterials (Kapitel A. und B.), ungeachtet der in Art. 193 St-Germain vorgesehenen zeitlichen Einschränkungen (Kapitel C.).[651] Diese Bestimmung war für Österreich von geringem Wert, weil die Tschechoslowakei nur wenige derartige Bestände besass.[652]

Zuletzt regelte das Übereinkommen in Kapitel L. das Schriftenmaterial der militärischen Stellen. Kapitel M. schliesslich verweist auf die Annexe II und III, die besondere Vereinbarungen zum militärgeographischen Institut und zum Grundsteuerkataster beinhalten.

2. Zu Art. 192 St-Germain

Teil II. des Prager Übereinkommens konkretisiert Art. 192 des Friedensvertrages von St-Germain.[653] Österreich wird darin verpflichtet, historisch oder künstlerisch wertvolle Glocken zurückzugeben, die nachweislich anlässlich der Metallablieferungen während des Ersten Weltkriegs aus dem Gebiet der tschechoslowakischen Republik fortgebracht worden waren. Desgleichen gilt für sonstige historisch oder künstlerisch wertvolle Gegenstände der Kriegsmetallsammlung, sofern sie nicht von Privaten gekauft wurden. Wurden solche Gegenstände von Privaten gekauft, soll im Sinne von Art. 196 St-Germain verhandelt werden (Teil II., Abs. 2 i.V.m. Teil III.).

---

648 Vgl. dazu Bittner, Zwischenstaatliche Verhandlungen, S. 91 f., wonach es den Nachfolgestaaten ermöglicht wurde, die in Wien verbleibenden Bestände fast so bequem und uneingeschränkt zu benutzen wie die in ihrer eigenen Verwaltung befindlichen.

649 Vgl. Meyer-Landrut, S. 105.

650 Vgl. Bittner, Zwischenstaatliche Verhandlungen, S. 91 f., 94.

651 In Anwendung des Provenienzprinzips erhielt Österreich ausdrücklich alle Archivalien, die aus österreichischer Provenienz waren (Kapitel A. Ziff. 3 Abs. 3).

652 Vgl. Bittner, Zwischenstaatliche Verhandlungen, S. 94; Meyer-Landrut, S. 105.

653 Anders als im italienischen Kunstabkommen fehlt im Prager Übereinkommen ein Hinweis auf Art. 191 St-Germain, weil sich die Tschechoslowakei ausschliesslich aus Gebieten der ehemaligen österreichisch-ungarischen Monarchie zusammensetzte. Kein Gebietsteil der Tschechoslowakei konnte daher im Sinne von Art. 191 St-Germain besetzt werden.

Österreich musste ausserdem wissenschaftliche Apparate herausgeben, die ebenfalls nach dem 1. Juni 1914 aus dem tschechoslowakischen Territorium nach Österreich gebracht worden waren (Teil II. Abs. 3).

Im Gegensatz zur Regelung der Schriftbestände führte Teil II. des Übereinkommens die in Art. 192 St-Germain festgelegten Rechte und Pflichten aus, ohne neue zu schaffen oder sie wesentlich abzuändern. Abgewichen wurde von Art. 192 St-Germain nur insofern, als dass Österreich die Metallgegenstände der Tschechoslowakei unentgeltlich zurückzugeben hatte.

3. Zu Art. 196 St-Germain

Der Teil III. des Übereinkommens beschäftigt sich mit Art. 196 St-Germain und ist von der Erwägung geleitet, dass bei der Regelung der in Art. 196 St-Germain behandelten Fragen nicht nur materielle und finanzielle, sondern vor allem kulturelle und ethische Gesichtspunkte zu berücksichtigen sind. Die Vertragsparteien hatten aber nicht zum Ziel, eine abschliessende Regelung der in Art. 196 St-Germain behandelten Fragen zu vereinbaren, wie dies das Abkommen zwischen Österreich und Italien getan hatte.[654] Sie einigten sich in den Kapiteln A. bis D. lediglich auf detaillierte Vorkehrungen im Hinblick auf Verhandlungen, wie sie in Art. 196 lit. a St-Germain vorgesehen sind.[655] Dazu gingen sie «teilweise über die einschlägigen Bestimmungen des Staatsvertrages von Saint Germain» hinaus (Abs. 1 von Teil III.).

Die österreichische Regierung verpflichtete sich, während zwanzig Jahren keine Gegenstände ihrer Sammlungen, die von kulturellem Charakter sind, zu verkaufen, zu zerstreuen oder anderweitig darüber zu verfügen, es sei denn zu einem rein administrativen oder konservatorischen Zweck (Kapitel A. und B.). Wollte Österreich vorzeitig über Gegenstände von solchen Sammlungen verfügen, musste sie der Tschechoslowakei ein Vorkaufsrecht zu genau den gleichen Bedingungen gewähren. Erst wenn die Tschechoslowakei dieses Vorkaufsrecht nicht ausübte, konnte Österreich schon vor Ablauf der zwanzigjährigen Frist frei über den Gegenstand verfügen (Kapitel B.). Mit dieser Bestimmung wiederholten die Parteien im Wesentlichen den Inhalt von Art. 196 lit. b St-Germain. Des Weiteren verpflichteten sich beide Staaten gegenseitig, beglaubigten Organen des jeweils anderen Staates freien Zutritt zu den bezeichneten Gegenständen der Sammlungen und zu all den Hilfsmitteln zu gewähren (Kapitel C. und D.).[656]

---

[654] Vgl. zum österreichisch-italienischen Abkommen vorne S. 128 ff.

[655] Vgl. TURNER, S. 93.

[656] Vgl. LHOTSKY, Verteidigung der Wiener Sammlungen, S. 640. LHOTSKY nennt in diesem Zusammenhang auch die Archive, zu denen die Organe Zutritt hätten. Dies verwirrt jedoch, weil sich Art. 196 St-Germain nur auf Objekte bezieht, die Gegenstand von Sammlungen und nicht von Archiven sind. Nur im Zusammenhang mit Registraturen und Archiven, die

Bemerkenswert ist allerdings, wie weit die Vertragsstaaten den Begriff *«Kulturgut»* definierten. Von der zwangzigjährigen Wartefrist betroffen waren demnach alle Werke aus dem Bereich der Kunst, des Kunstgewerbes, der Technik oder der Wissenschaft. Ihre mögliche Beziehung zur Tschechoslowakei wurde in drei möglichen Kategorien eingeteilt:

Die Kulturgüter der ersten Kategorie definieren sich über ihren Autor und seine Beziehung zur Tschechoslowakei.[657] Es genügt, dass der Autor eine bestimmte Beziehung zum Land hat, unabhängig von seiner Nationalität. Nur in den Fällen, wo der Künstler sich nur vorübergehend im Gebiet der Tschechoslowakei aufgehalten hat, muss das Objekt «der Zeit dieses Aufenthaltes unmittelbar angehören» (Teil III. Kapitel A. Ziff. 1 a.E.).

Die zweite Kategorie beinhaltet Werke, die selber im Zusammenhang mit der tschechoslowakischen Kultur stehen.[658] Dies ist dann der Fall, wenn sie nach dem Ursprung (Urheber, Provenienz) einheimisch sind, sich einst auf dem tschechoslowakischen Gebiete befunden und zu dessen Kulturbesitz gehört haben oder mit der Kultur des tschechoslowakischen Gebietes eng zusammenhängen.[659]

Die dritte Kategorie schliesslich umfasst Werke, deren Inhalt sich auf die tschechoslowakische Kultur bezieht.[660]

Mittels der in den drei Kategorien aufgeführten Kriterien konnte die Tschechoslowakei praktisch sämtliche Kulturgüter, die irgendeinen Bezug zum tschechoslowakischen Territorium hatten, als Gegenstand der Verhandlungen gemäss

---

die Verwaltungen beider Staaten oder eines Drittstaates betreffen, verfügen die tschechoslowakischen Organe über Zutrittsrechte (vgl. Teil I. Kapitel B.).

657 Teil III. Kapitel A. Ziff. 1: «(...) deren Autor (ohne Unterschied der Nationalität) im Gebiete der tschechoslowakischen Republik entweder geboren wurde oder durch so lange Zeit oder mit einem so wichtigen Teil seines Schaffens in diesem Gebiete tätig war, dass seine künstlerische Persönlichkeit als Teil des tschechoslowakischen Kulturbesitzes zu gelten hat.»

658 Teil III. Kapitel A. Ziff. 2: «(...) sowie ferner mit der Kultur des tschechoslowakischen Gebietes eng zusammenhängen, indem sie entweder daselbst aus dem Erdinnern gewonnen worden sind (prähistorische Ausgrabungen und historische Funde), oder über Bestellung, beziehungsweise Anregung von tschechoslowakischer Seite entstanden sind, oder auf die kulturelle (technische, künstlerische oder wissenschaftliche) Entwicklung in den tschechoslowakischen Ländern tatsächlichen Einfluss geübt haben.»

659 Unklar ist, welche Bedeutung den Begriffen «einheimisch» und «fremd» zukommt (vgl. auch die dritte Kategorie).

660 Teil III. Kapitel A. Ziff. 3: «alle dem Ursprunge nach einheimischen oder solche fremde Gegenstände, die entweder Landschaften oder Baulichkeiten aus den tschechoslowakischen Ländern oder Persönlichkeiten und Szenen, die für die Geschichte oder Kulturentwicklung dieser Länder Bedeutung haben oder aber solche typische Gestalten darstellen, die vom Standpunkte der tschechoslowakischen Volkskunde Wichtigkeit besitzen.»

Art. 196 lit. a St-Germain erklären. Dass das Kulturgut in der Tschechoslowakei entstanden war oder je dort gelegen hatte, wird nicht vorausgesetzt. Namentlich reicht es aus, dass der Urheber in der Tschechoslowakei geboren oder das Werk aus der Tschechoslowakei bestellt worden ist. Eine territoriale Verbindung war also kein unabdingbares Kriterium.

Aufgrund dieser sehr weit gezogenen Vorauswahl von Kulturgütern, über die in Zukunft verhandelt werden soll, war die österreichische Regierung bemüht, die sie betreffenden Pflichten einzuschränken. Sie stellte darum ausdrücklich fest, dass sie neben der Einhaltung der Wartefrist keine weiteren daraus abgeleiteten Verpflichtungen übernahm. Insbesondere würde sie eine darüber hinausgehende Verbindlichkeit nur für jene Objekte anerkennen, die «wirklich Bohemica» sind, das heisst wenigstens unter zwei der Kategorien 1–3 fallen.[661] Zusätzlich durften diese Objekte laut Österreich nicht durch «die Länge der Zeit oder durch ihr organisches Verwachsen» zu österreichischem Kulturbesitz geworden sein, und sie durften auch nicht «Teile des Kulturbesitzes eines anderen Nationalstaates bilden» (Teil III. Kapitel A. Abs. 2).

Mit der beschriebenen Vorauswahl und der österreichischen Auffassung der Bezeichnung *Bohemica* wurde die Diskussion um den unbestimmten Begriff *patrimoine intellectuel*, wie er in Art. 196 St-Germain eingeführt wurde, aufgenommen. Im Gegensatz zum Prager Übereinkommen setzt Art. 196 lit. a St-Germain aber voraus, dass ein territorialer Bezug zum Nachfolgestaat besteht, sei dies, dass das Werk dort entstanden oder zumindest von dort entfernt worden ist *(«districts d'origine»)*.[662] Selbst bei Einhaltung von mehr als einer Kategorie war es der Tschechoslowakei möglich, Kulturgüter zurückzufordern, die sich nie in ihrem Staatsgebiet befunden hatten.[663]

4. Schlussbestimmungen

Zuletzt wurde in Teil IV. des Prager Übereinkommens festgehalten, dass besondere Vereinbarungen zu den im Zusammenhang mit den vorgenannten Kulturgüterbestimmungen des Vertrags von St-Germain stehenden Fragen vorbehalten blieben. Das Prager Übereinkommen regelt die kulturgüterrechtliche Auseinandersetzung zwischen Österreich und der Tschechoslowakei daher nicht end-

---

661 Dies gilt jedoch nicht für die Wartefrist. Sie ist gegenüber sämtlichen unter Kategorie 1–3 fallenden Sammlungsobjekten einzuhalten. A. M. LHOTSKY, Verteidigung der Wiener Sammlungen, S. 640.

662 Diese Abweichung dürften die Parteien bewusst in Kauf genommen haben, wie sie in der Einleitung zum Teil III. in allgemeiner Form ankündigten.

663 Ob und welche dieser Kulturgüter anlässlich späterer Verhandlungen schliesslich als «Bohemica» erklärt worden sind, ist jedoch nicht bekannt (vgl. TURNER, S. 93).

gültig (Teil IV. Kapitel A.).[664] Namentlich die Verhandlungen gemäss Art. 196 lit. a St-Germain sowie die Entscheidungen des Juristenkomitees bzw. Wiedergutmachungsausschusses gemäss Art. 195 St-Germain blieben offen.[665]

III. Nachtragsarchivabkommen vom 31. Mai 1922

Nachdem am 31. Juli 1920 zwei kleinere Gebiete des Bundeslandes Niederösterreich an die Tschechoslowakei übergeben worden waren,[666] schlossen Österreich und die Tschechoslowakei am 31. Mai 1922 ein Übereinkommen über das Schriftenmaterial betreffend diese Gebiete ab.[667] Mit diesem Übereinkommen machten die Parteien von der Möglichkeit gemäss Prager Übereinkommen Gebrauch, weitere Vereinbarungen zum Friedensvertrag von St-Germain abzuschliessen.[668]

Das Nachtragsarchivabkommen verpflichtet Österreich, aus den Archiv- und Registraturbeständen der damals aktiven autonomen Behörden des Bundeslandes Niederösterreich sowie aller ehemals autonomen Verwaltungsstellen dasjenige Schriftenmaterial abzugeben, das sich auf Angelegenheiten bezieht, die der Staatshoheit der tschechoslowakischen Republik, sei dies der Personal- oder Gebietshoheit, ausschliesslich unterstehen (Ziff. I Abs. 1).[669] Gegenstand des Abkommens waren damit primär lebende Akten.[670]

Das Schriftenmaterial mit gemeinsamem Charakter verblieb in Österreich, wobei der tschechoslowakischen Regierung ein Einsichts- und Abschriftsrecht gewährt wurde (Ziff. III Abs. 1). Weitere Schriftbestände, insbesondere solche, die kulturelle Wünsche zu befriedigen hatten, waren nicht Gegenstand des Abkommens.

---

664 Anders noch das österreichisch-italienische Kunstabkommen (Art. 7; vgl. dazu vorne S. 125). Ob damit, wie FITSCHEN schreibt, die Zuordnung der Archive und Registraturen endgültig erfolgt ist, bleibt fraglich (vgl. FITSCHEN, Rechtliches Schicksal, S. 117).

665 Lediglich das in Anlage IV zu Art. 195 St-Germain aufgelistete Schriftgut wurde durch die Parteien einvernehmlich geregelt. Die übrigen Streitobjekte sollten nach wie vor vom Juristenkomitee entschieden werden.

666 Es handelte sich um das Gebiet um Feldsberg und jenes nördlich von Weitra im Waldviertel.

667 Übereinkommen zwischen der Bundesregierung der Republik Österreich und der tschechoslowakischen Regierung vom 31. Mai 1922 über das Schriftenmaterial, betreffend die an die Tschechoslowakische Republik abgetretenen niederösterreichischen Gemeinden in Ergänzung des Prager Übereinkommens vom 18. Mai 1920 (BGBl 582/1922, sog. Nachtragsarchivabkommen). Das Übereinkommen trat am 1. Juli 1922 in Kraft.

668 Vgl. Kapitel A. von IV. des Prager Übereinkommens vom 18. Mai 1920 (vgl. Fn. 664).

669 Bezüglich des Schriftenmaterials von Religionsgemeinschaften wurden teilweise Sonderregelungen bestimmt (Ziff. I Abs. 2).

670 Vgl. auch BITTNER, Zwischenstaatliche Verhandlungen, S. 89 f.

Hinsichtlich der Auslegung des Begriffs Schriftenmaterial, der zeitlichen Begrenzung der Abgabeverpflichtung und der Modalitäten der Abgabe verwies das Abkommen ausdrücklich auf die entsprechenden Bestimmungen des Prager Übereinkommens (Ziff. II). Im Übrigen wurden die Bestimmungen des Prager Übereinkommens weitgehend übernommen (Ziff. IV bis XI).[671] Wie das Abkommen festhielt, kamen nur relativ geringfügige Bestände in Betracht (Ziff. XII Abs. 1).

Das Nachtragsarchivabkommen durchbricht wie schon das Prager Übereinkommen das Provenienzprinzip, wie es in Art. 93 St-Germain festgehalten wurde, zugunsten der autonomen Behörden und Anstalten. Im Vergleich zum Prager Übereinkommen greifen die Bestimmungen zu den Archivdelegierten weniger stark in die österreichische Souveränität ein. In der Meinung einiger österreichischer Autoren war aber auch das Nachtragsarchivabkommen keine Durchführungsbestimmung des Friedensvertrages von St-Germain, sondern ein neues, ergänzendes Abkommen.[672]

IV. Entscheid des Juristenkomitees

Ein neutrales Juristenkomitee war gemäss Art. 195 St-Germain dazu bestimmt worden, über die Zuordnung von strittigen, in Anlagen aufgelisteten Kulturgüter zu befinden. Die entscheidende Rechtsfrage war, ob die genannten Kunstgegenstände in Verletzung des Rechts der damaligen Gebiete fortgebracht worden waren.[673] War es Österreich gegenüber Italien nicht gelungen, die in Anlage I zu Art. 195 St-Germain aufgeführten Objekte dem neutralen Juristenkomitee vorzulegen, war ihm gegenüber der Tschechoslowakei mehr Erfolg beschieden. Im Prager Übereinkommen blieben diese Gegenstände ausgeklammert, sodass das Juristenkomitee über deren rechtliche Zuordnung entscheiden konnte. Das Verfahren wurde im Februar 1922 eingeleitet, am 27.–29. März 1922 folgten

---

[671] Anders als im Prager Übereinkommen war es der Tschechoslowakei angesichts der geringen Bestände nur erlaubt, die begehrten Akten an- bzw. nachzufordern. Die eigentliche Suche und Ausscheidung der Akten war den niederösterreichischen Organen überlassen. Nur in Ausnahmefällen war es den tschechoslowakischen Archivorganen erlaubt, die Schriftbestände allgemein und eigenhändig durchzusehen (Ziff. XII).

[672] Vgl. Meyer-Landrut, S. 104.

[673] Vgl. dazu vorne S. 113 ff. Über die in Anlage IV geforderten Urkunden, historischen Aufzeichnungen, Handschriften, Karten, usw., die auf Anordnung Maria Theresias weggebracht worden waren, sowie die aus der königlich-böhmischen Hofkanzlei und aus der böhmischen Hofrechenkammer stammenden Urkunden hatten sich die Parteien bereits am 1. Oktober 1920 gütlich geeinigt (vgl. Bericht des Juristenkomitees vom 23. August 1922 zu den Forderungen der Tschechoslowakei, in Auszügen abgedruckt in: Haselsteiner/Szávai, S. 85).

mündliche Verhandlungen und am 25. August 1922 überwies das Juristenkomitee seinen Bericht vom 23. August 1922 an den Wiedergutmachungsausschuss.[674]

Das Juristenkomitee hatte sich hauptsächlich mit der Frage auseinanderzusetzen,

> *«whether movables purchased by a reigning Habsburg sovereign out of revenues of which by law he had the free disposal, became in law his absolute property, so that he was legally entitled to remove his purchases out of the country whose revenues he had thus used, and so that further, on the dissolution of the Habsburg Monarchy, the modern States in which that country was incorporated or which had succeed to its rights had no legal claim to recover the articles purchased.»*[675]

Die tschechoslowakische Regierung bestritt nicht das Recht der Habsburgerherrscher, über ihre Einkünfte frei zu verfügen, solange sie Böhmische Könige waren. Sie war aber der Meinung, dass die systematische Sammlung der Kunstwerke in Wien durch die Habsburger eine Rechtsverletzung im Sinne von Art. 195 St-Germain darstellte. Weil die Käufe aus Mitteln der tschechoslowakischen Steuereinnahmen getätigt worden seien, hätten die Kunstwerke ihnen nur als Böhmische Könige gehört. Spätestens im Zeitpunkt der Auflösung der Doppelmonarchie und des Endes der Böhmischen Krone hätte die Tschechoslowakei als Rechtsnachfolgerin Anspruch auf denjenigen Teil der Wiener Sammlungen gehabt, der mit böhmischen Mittel angehäuft worden sei, weshalb diese Objekte der Tschechoslowakei als Erbe von Böhmen zurückgebracht werden müssten. Ferner seien die in der Anlage genannten Herrscher, die Kunstgegenstände weggebracht hätten, nicht abschliessend aufgezählt. Die von anderen Habsburgern weggebrachten Kunstgegenstände müssten ebenfalls geprüft werden. Um diese Fragen zu beantworten, so die tschechoslowakische Regierung weiter, müsse das Komitee nicht nur das tschechische Recht zur Anwendung bringen, sondern müsse sich auch von der Gerechtigkeit, der Billigkeit und von Treu und Glauben leiten lassen, wie es der Friedensvertrag von St-Germain für den Wiedergutmachungsausschuss bestimme.[676]

---

674 Im Dezember 1922 hiess die Wiederherstellungskommission diesen Bericht definitiv gut (vgl. «O.», S. 126). Zum Folgenden vgl. Bericht des Juristenkomitees vom 23. August 1922 zu den Forderungen der Tschechoslowakei, in Auszügen abgedruckt in: Haselsteiner/Szávai, S. 82 ff.; vgl. auch «O.», S. 125 ff.; de Visscher, S. 278 ff., und Lhotsky, Verteidigung der Wiener Sammlungen, S. 638 f.

675 «O.», S. 126.

676 § 11 der Anlage II der Allgemeinen Bestimmungen (Abteilung I) der Wiedergutmachungen (Teil VIII) verweist auf den «Wiedergutmachungsausschuss», der an keine Gesetzgebung, keine bestimmten Gesetzbücher, auch nicht an besondere Vorschriften über die Untersuchung und das Verfahren gebunden ist; er lässt sich von der Gerechtigkeit, der Billigkeit und von Treu und Glauben leiten. Der «Wiedergutmachungsausschuss» hat bei seinen Entscheidungen für gleichliegende Fälle einheitliche Gesichtspunkte und Regeln zugrunde zu

Das Juristenkomitee entschied sich gegen die tschechoslowakische Auffassung. In formeller Hinsicht befand das Juristenkomitee, dass es eine juristische Aufgabe zu erfüllen habe. Die von der Tschechoslowakei angeführten Entscheidungsgrundlagen Gerechtigkeit, Billigkeit und Treu und Glauben trafen nur für den Wiedergutmachungsausschuss zu, der jedoch kein juristisches Gremium darstellte, sondern primär ein administratives. Für komplexere Fragestellungen oder Fälle, die eine gründlichere historische oder rechtliche Untersuchung erfordern, war dieser Ausschuss nicht geeignet, weshalb der Vertrag von St-Germain an seine Stelle ein Komitee von drei Juristen einsetzte. Zudem stand, wie vorne ausgeführt, dem Wiedergutmachungsausschuss gemäss Art. 195 St-Germain kein Ermessen zu.[677]

Das Juristenkomitee wendete deshalb auf den ihm unterbreiteten Sachverhalt allein das öffentliche Recht Böhmens an, das zum Zeitpunkt der Ausfuhr der Gegenstände nach Wien Geltung hatte. In seinem Bericht kam das Juristenkomitee im Wesentlichen zu folgendem Schluss: Kulturgüter sind weder öffentliches Eigentum Böhmens noch Eigentum der Krone Böhmens, wenn sie aus böhmischen Steuereinnahmen bezahlt wurden. Zu keiner Zeit verbot es das böhmische Verfassungsrecht dem Monarchen, von ihm derart erstandene Kunstwerke dauerhaft aus Böhmen auszuführen. Die Kunstgegenstände waren Privateigentum oder zumindest Eigentum einer habsburgischen Familienfideikommisse. Des Weiteren anerkenne bei Auflösung einer staatlichen Union oder Dynastie weder der Friedensvertrag St-Germain noch das internationale Recht irgendeinen Anspruch eines Nachfolgestaates auf einen Anteil an Vermögensgegenständen, die mit Einkünften aus diesem Staat erworben worden seien. Auch andere Rechtstitel der Tschechoslowakei an den umstrittenen Kunstobjekten verneinte das Juristenkomitee.

Daraus folgerte das Juristenkomitee, dass die gekauften Gegenstände sich jederzeit im privaten und unbeschränkten Eigentum der Habsburgermonarchen oder des Habsburgerhauses befunden hatten. Österreich durfte die von der Tschechoslowakei geltend gemachten Kulturgüter behalten. Aufgrund dieses Ergebnisses brauchte das Juristenkomitee gar nicht mehr auf das Argument Österreichs eingehen, wonach die Integrität der Wiener Sammlungen im Interesse der Künste zu schützen sei.[678]

---

legen. Er regelt das Beweisverfahren für die Schadensersatzansprüche. Er kann jede ordnungsmässige Berechnungsart anwenden.

677 Vgl. dazu vorne bei Fn. 567.

678 Vgl. DE VISSCHER, S. 278 Fn. 93.

§ 5 Österreichisch-rumänisches Archivübereinkommen vom 5. Oktober 1921

Österreich einigte sich mit Rumänien am 5. Oktober 1921 auf das Übereinkommen betreffend die Durchführung der Bestimmungen des Staatsvertrages von Saint-Germain über archivalische Fragen.[679] Das Übereinkommen orientierte sich stark am Prager Übereinkommen zwischen der Tschechoslowakei und Österreich vom 18. Mai 1920, sah aber einige spezielle Regelungen vor, die vor allem im Zusammenhang mit der Geschichte der an Rumänien abgetretenen Gebiete zu tun hatten.

Das Übereinkommen beginnt mit der ungefähren Wiederholung der Art. 191, 192 Abs. 1, 93 Abs. 1 und 193 St-Germain[680] und fährt mit der Erklärung Österreichs fort, wonach es bereit sei,

> *«zur Fortführung der Staatsverwaltung sämtliche in ihrer Verwahrung befindlichen Archivalien ohne Rücksicht auf das Provenienzprinzip abzugeben, die die Bukowina vom Zeitpunkt der definitiven Einführung der selbständigen Verwaltung dieses Landes bis 1918 betreffen.» (Artikel V.)*

Mit dieser Lösung knüpfte die Bestimmung an die verwaltungsrechtliche Geschichte Österreich-Ungarns an, als die Bukowina im Jahr 1849 von Galizien getrennt und zu einem eigenen österreichischen Kronland gemacht wurde (Artikel V. Abs. 1).[681] Demzufolge hatte Österreich diejenigen Archivalien von 1849 bis 1918 auszuliefern, die die Bukowina betrafen und für die rumänische Verwaltungstätigkeit notwendig waren. Von der Abgabe ausgenommen waren Archivalien, die gemäss Art. 93 Abs. 2 St-Germain in Österreich verbleiben konnten, also die österreichischen Gebiete gleichermassen betrafen und für deren Verwaltungsbehörden notwendig waren. Im Hinblick auf den Verweis auf Art. 93 Abs. 2 St-Germain stellt sich die Frage, ob Österreich auch diejenigen Dokumente zurückbehalten darf, die in seinen Gebieten entstanden sind und die österreichische Verwaltungstätigkeit gleichermassen betreffen. Wie vorne gezeigt, liegt Art. 93 St-Germain das Provenienzprinzip zu Grunde, weshalb auch Abs. 2 sich nur auf Dokumente bezieht, die im abgetretenen Gebiet entstanden sind. Die Frage erübrigt sich aber, weil Österreich gemäss Artikel IX. sämtliche Dokumente, die die Verwaltungen beider Staaten betreffen, behalten darf.

---

679 BGBl 583/1922. Das Übereinkommen trat gleichentags in Kraft. Formell handelte es sich um gleichlautende Erklärungen der österreichischen und der rumänischen Regierung.

680 Artikel I. = Art. 191 St-Germain; Artikel II. = Art. 192 Abs. 1 St-Germain; Artikel III. = Art. 93 Abs. 1 St-Germain und Artikel IV. = Art. 193 St-Germain.

681 Im Prager Übereinkommen ging die Frist nur bis 1888 zurück (vgl. Teil I. Kapitel A. Ziff. 3). Zur dynastisch-territorialen Verbindung der Bukowina vgl. vorne bei Fn. 185.

Weil mit Siebenbürgen und dem Banat ein Grossteil von Rumäniens Gebietszuwachs aus der ungarischen Monarchiehälfte stammte, setzten die Parteien ihren Entscheid über die Archivalien von Siebenbürgen und dem Banat so lange aus, bis über mögliche Ansprüche auf das Eigentumsrecht an den ehemals k.u.k. österreichisch-ungarischen (gemeinsamen) Archiven entschieden würde (Artikel V. Abs. 2). Sollte Österreich Alleineigentümer bleiben oder innert 6 Jahren Ungarn nicht Miteigentümer werden, so sollten diese Archivalien analog den Beständen aus der Bukowina behandelt werden (Artikel V. Abs. 3).

Die Definition des Begriffs «Archivalien» bzw. «Schriftenmaterial» in Artikel VII. erfolgte nach Vorlage des Prager Übereinkommens.[682]

Hinsichtlich der historischen, für die laufende Verwaltungstätigkeit nicht relevanten Archivbestände aus der Zeit der gemeinsamen Verwaltung der Bukowina mit Galizien, es war dies von 1775 bis 1849, erfolgte die Abgabe grundsätzlich nach dem Provenienzprinzip (Artikel VI. Abs. 1). Die Abgabepflicht ging damit zeitlich über Artikel IV. (= Art. 193 St-Germain) hinaus, wonach nur die während der letzten zehn Jahre entfernten Bestände zurückzugeben waren. Weil Galizien an Polen abgetreten wurde, wurden spezielle Regelungen getroffen, um Rumänien gegenüber Polen nicht schlechter zu stellen. Sollte daher Österreich an Polen über das Provenienzprinzip hinaus irgendwelche, insbesondere Galizien betreffende, Archivalien abgeben, wurde Rumänien im Sinne einer Meistbegünstigungsklausel eine nachträgliche Übergabe zu denselben Bedingungen zugestanden (Artikel VI. Abs. 2). Material, das Galizien und die Bukowina gemeinsam betraf, war nicht auszufolgen, sondern zur gemeinsamen Benutzung am bisherigen Verwahrungsorte zu belassen (Artikel VI. Abs. 3). Mit dieser Bestimmung konnte Österreich verhindern, dass es Bestände herausgeben musste, auf die sowohl Polen als auch Rumänien im Sinne von Abs. 2 Anspruch hatten. Das Übereinkommen mit Polen enthält eine parallele Bestimmung.[683]

Österreich wurde, ähnlich wie im Prager Übereinkommen, ein Rückbehalterecht zugestanden für das Schriftenmaterial, das in gleicher Weise die österreichischen Verwaltungen oder die Verwaltungen eines Drittstaates betraf.[684] Rumänien durfte dieses in Österreich verbleibende Schriftenmaterial aber mittels Archivdelegierten mitbenützen oder in beschränktem Masse ausleihen (Artikel IX.).

---

[682] Während das Prager Übereinkommen nur den Begriff Schriftenmaterial definiert (Teil I. Kapitel A. Ziff. 2), setzt Artikel VII. des österreichisch-rumänischen Archivübereinkommens den Begriff «Schriftenmaterial» mit dem Begriff «Archivalien» gleich.

[683] Artikel II. Abs. 3 des Übereinkommens zwischen Österreich und Polen (vgl. hinten S. 164 ff.).

[684] Im Unterschied zum Prager Übereinkommen (Teil I. Kapitel B.) wird im Übereinkommen zwischen Österreich und Rumänien nicht verlangt, dass sich die Abgabe nachteilig für Österreich auswirken soll.

Diesbezügliche organisatorische Fragen wurden ähnlich wie im Prager Übereinkommen geregelt.[685]

Des Weiteren hielt auch Rumänien – über die ihm in Art. 193 St-Germain auferlegte Verpflichtung hinaus – gegenüber Österreich bezüglich der Artikel V. bis IX. Gegenrecht (Artikel X.).

Die Anerkennung des Provenienzprinzips, wie es die österreichische Regierung aus Art. 93 St-Germain ableitet, erfolgt erst in Artikel XX. und nur unter der Bedingung, dass Österreich seinen Verpflichtungen restlos nachkomme, ausschliesslich im Verhältnis zu Österreich und ohne Präjudiz. Auch hat Österreich keine besonderen kulturellen Wünsche zu erfüllen, wie dies noch die Tschechoslowakei verlangt hat (vgl. Teil I. Kapitel A. Ziff. 3 Abs. 2 lit. d)).

Insgesamt orientierte sich das Übereinkommen, das nur das Schriftenmaterial betraf, stark am Prager Übereinkommen. Als Vertragsbasis wurde wiederum das Provenienzprinzip bestimmt. Allerdings wurde es zugunsten der laufenden rumänischen Verwaltung für eine relativ lange Zeitperiode dem Betreffsprinzip nachgeordnet. Diese Sonderregelung wie auch die bis auf 1775 zurückführende Pflicht zur Herausgabe von historischem Schriftenmaterial weichen zulasten Österreichs von den Bestimmungen des Friedensvertrages von St-Germain ab. Trotzdem musste Österreich wohl nicht allzu viel Schriftenmaterial abgeben. Zum einen blieben jene österreichischen Registraturbestände unbehelligt, die nicht ausschliesslich die Bukowina betrafen, sowie jene Archivbestände, die zugleich auch die österreichischen oder andere Gebiete betrafen. Zum anderen war mit der Bukowina nur ein kleines und sowohl politisch, wirtschaftlich wie auch kulturell unbedeutendes Gebiet betroffen.

---

685 Artikel XI., XII., XIV. bis XVII. entsprechen Teil I. Kapitel D., E., F., G., H. und I. des Prager Übereinkommens. Die Bestimmung, wonach die Abgabe wie auch die leihweise Überlassung des Schriftenmaterials unentgeltlich und ohne irgendeine Zensurmassnahme zu erfolgen hat, wurde systematisch korrekt nach hinten verlegt (Artikel XI. Abs. 1; vgl. dagegen Teil I. Kapitel A. Ziff. 4 Abs. 1 des Prager Übereinkommens, wo bis zu dieser Ziffer von Leihe noch gar nicht die Rede war). Ohne Pendant im Prager Übereinkommen war die Regelung in Artikel XIII., die Österreich dazu verpflichtet, während zwanzig Jahren bestimmte Archivalien nur mit ausdrücklicher Zustimmung Rumäniens Benützern vorzulegen.

§ 6 Römer Übereinkommen der Nachfolgestaaten vom 6. April 1922

I. Zu den Archivbestimmungen von St-Germain

Am 6. April 1922 schlossen Österreich und Ungarn einerseits und sämtliche Nachfolgestaaten andererseits, nämlich Italien, Polen, Rumänien, Jugoslawien und die Tschechoslowakei, das Übereinkommen betreffend archivalische Fragen ab.[686] Einleitend verpflichten sich die Unterzeichnerstaaten – die Nachfolgestaaten auch untereinander –, alle Akten, Archive, Urkunden und Gegenstände jeder Art, wie sie in den Staatsverträgen von St-Germain und Trianon bezeichnet sind, mit allen Mitteln gemäss dem vorliegenden Übereinkommen zu fördern (Artikel 1. Abs. 1).[687] Nach dieser allgemeinen Absichtserklärung werden die für Österreich und Ungarn relevanten Bestimmungen in den Friedensverträgen zur Abgabe oder Rückstellung wiederholt;[688] darüber hinausgehende Abgabe- oder

---

686 BGBl 159/1924. Das Übereinkommen trat für Österreich etappenweise in Kraft, so gegenüber Polen, Rumänien und Jugoslawien am 8. März 1924, gegenüber Italien am 10. März 1924 und gegenüber der Tschechoslowakei am 1. Mai 1924 (vgl. BGBl 310/1924). Das Übereinkommen wurde in französischer und italienischer Sprache abgefasst (Artikel 7. Abs. 6).

687 Die Nachfolgestaaten schlossen ihrerseits schon am 10. August 1920 ein Übereinkommen ab «*afin de résoudre certaines questions soulevées par la dissolution de la Monarchie austro-hongroise*» (abgedruckt in: DE MARTENS, 3ème Série, XII, S. 808 ff.). Darin verpflichten sie sich zur Rückgabe von Archiven und allen anderen Dokumenten jedwelcher Verwaltungsbehörden der abgetretenen Gebiete, die sich auf ihrem Gebiet befinden. Sollten die bezeichneten Objekte Teil der Archive der Unterzeichnerstaaten sein und Behörden mehrerer Staaten betreffen, würden sie sich gegenseitig informieren (Article premier Nr. 1). Desgleichen hatten sie sämtliche historischen Archive und Gegenstände der Kunst und Wissenschaft zurückzugeben, die im öffentlichen oder privaten Eigentum standen und aus besetzten Gebieten weggebracht worden waren (Article premier Nr. 2). Waren solche Gegenstände ab dem 1. Juni 1914 aus abgetretenen Gebieten entfernt und nicht von Privaten gekauft worden, sind sie zurückzugeben (Article premier Nr. 3).

688 Aus dem Friedensvertrag von St-Germain waren dies: Art. 191, 192 Abs. 1, 93 Abs. 1, 193 und §§ 10 und 13 Anlage zu Art. 249 und 250 (Artikel 1. A. Römer Übereinkommen), 93 Abs. 2 (Artikel 2. Römer Übereinkommen), Art. 274 Abs. 2 (Artikel 4. Römer Übereinkommen) und Art. 196 (Artikel 5. I A. Römer Übereinkommen). Die Art. 249 und 250 St-Germain und die dazugehörige Anlage befassen sich mit Fragen der privaten Güter, Rechte und Interessen im Gebiete des ehemaligen Kaisertums Österreichs. Art. 274 Abs. 2 St-Germain verweist auf ein noch abzuschliessendes Sonderabkommen, das alle Fragen bezüglich des Schriftenmaterials über die Rechte des gewerblichen, literarischen und künstlerischen Eigentums in den abgetretenen Gebieten bestimmen soll. All diese Bestimmungen sind für die vorliegende Arbeit nicht von Interesse und werden nicht weiter ausgeführt. Aus dem Friedensvertrag von Trianon wurden die entsprechenden Bestimmungen zitiert, es waren dies: Art. 175, 176 Abs. 1, 77, 177 Abs. 1 und 178, §§ 10 und 13 Anlage zu Art. 232 und 233 (Artikel 1. B. Römer Übereinkommen), 275 Abs. 2 (Artikel 4. Römer Übereinkommen) und 177 Abs. 2 bis 5 (Artikel 5. I B. Römer Übereinkommen).

Rückstellungspflichten im materiellen Sinne bestimmt das Übereinkommen jedoch nicht.[689] Dagegen konkretisiert es Abs. 2 von Art. 93 St-Germain, wonach Österreich den Nachfolgestaaten über die Registraturen von gemeinsamem Charakter Einsicht zu gewähren hat *(«donner communication»)*. Unter der Bedingung der Gegenseitigkeit, und dass der laufende Dienst nicht in Mitleidenschaft gezogen werden darf, beinhaltet *«la communication»* namentlich den freien Zutritt zu den entsprechenden Archiven und Registraturen, deren Besichtigung und Durchforschung, die Herstellung von Abschriften, Auszügen, Lichtbildern oder Nachbildungen jeglicher Art und schliesslich in besonderen Fällen auch die befristete Entlehnung (Artikel 2. Abs. 1).[690] Diese Umschreibung ist von subsidiärem Charakter, weil sie nur für den Fall anwendbar ist, dass die Vertragspartner noch keine besonderen Übereinkommen hierzu abgeschlossen haben oder noch abschliessen werden.[691]

Ebenfalls ausgeführt haben die Parteien das Aussonderungsverfahren des Schriftenmaterials, das Österreich ab- bzw. zurückzugeben hat (Artikel 3. Ziff. 1). Demnach hatte jeder Staat einen oder mehrere Sachverständige zu bezeichnen und mit der Prüfung der in Artikel 1. genannten Schriftbestände zu betrauen. Die Vertragsstaaten hatten den Sachverständigen grundsätzlich freien Zutritt zu allen Verwahrungsstätten der in Betracht kommenden Bestände zu gewähren, ihnen auch Hilfsmittel zur Verfügung zu halten und ihre Arbeiten in jeder Weise zu erleichtern. Durchforschen durften sie die Inventare, Kataloge usw. sowie die Akten, die den betreffenden Verwaltungen gehören und administrativen Charakter haben (Artikel 3. Ziff. 6 Abs. 1). Der freie Zutritt wird allerdings auf *«actes qui ont été dressés sous l'ancien régime en Autriche et en Hongrie»* eingeschränkt (Artikel 3. Ziff. 6 Abs. 2). Damit waren wohl diejenigen Akten gemeint, die auf den abgetretenen Gebieten erwachsen waren, aber auf neuösterreichisches Territorium gelangt sind. Zu den in Österreich erwachsenen Beständen hatten die Sachverständigen damit keinen Zutritt, das galt in erster Linie für die Zentralarchive in Wien. Aus solchen Beständen hatten Österreich und Ungarn gemäss Art. 93 St-Germain denn auch nichts auszuliefern.[692]

---

[689] Vgl. auch Silagi, Internationale Regelungen, S. 318.

[690] Wohl der Klarheit halber wird der umschriebenen Einsichtgewährung angefügt, dass sie auf jene Schriftstücke nicht anzuwenden sei, die ausschliesslich die Verwaltung der (deutsch)-österreichischen Gebiete betreffen. Angesichts des Zweckes von Art. 93 St-Germain ist dies selbstverständlich.

[691] Unklar deshalb Winter, S. 446, wonach das Archivabkommen von Rom die Abwicklung der wechselseitigen Übergabe der Achivalien auf eine endgültige Basis stellte.

[692] Wenn Meyer-Landrut, S. 104, und Fitschen, Rechtliches Schicksal, S. 120, davon ausgehen, dass das Übereinkommen nichts zur Auslegung der Bestimmungen von St-Germain beitrage, so trifft dies nur hinsichtlich der Substanz der abzugebenden Archiv- und Registraturbestände zu. In Bezug auf den Begriff *«communiquer»* und auf die Durchführung der

II. Zu Art. 196 St-Germain

Das Übereinkommen setzt den Nachfolgestaaten eine Frist von einem Jahr nach Inkrafttreten des Übereinkommens von Rom, Österreich darüber zu verständigen, dass sie um Verhandlungen im Sinne von Art. 196 St-Germain ersuchen wollen. Dieses Ersuchen sodann müssen die Nachfolgestaaten innerhalb von zwanzig Jahren nach Inkrafttreten des Staatsvertrages von St-Germain Österreich vorlegen. Sie haben dabei die Sammlungen, Gegenstände und Dokumente, die sie zurückfordern, in den Einzelheiten anzugeben, ebenso wie die Umstände der Gegenseitigkeit, welche der zurückfordernde Staat anzubieten gedenkt (Artikel 5. Ziff. 2 Abs. 1).[693]

III. Zur Subsidiarität des Übereinkommens

Das Übereinkommen von Rom erklärt abschliessend, dass seine Bestimmungen keinen Einfluss auf den Staatsvertrag von St-Germain oder auf die zwischen Österreich und den Nachfolgestaaten bereits abgeschlossenen Übereinkommen, insbesondere das zwischen Österreich und Italien vom 4. Mai 1920 und das Prager Übereinkommen zwischen Österreich und der Tschechoslowakei vom 18. Mai 1920, ausüben. Auch will es anderen, in Zukunft noch abzuschliessenden Sonderabkommen nicht vorgreifen (Artikel 6.). Damit sicherten Italien und die Tschechoslowakei die Geltung der abgeschlossenen Übereinkommen, die mit den Rechten und Pflichten des Übereinkommens von Rom nicht vereinbar waren. Diejenigen Nachfolgestaaten, die noch kein Sonderabkommen mit Österreich abgeschlossen hatten, hielten sich mit Artikel 6. alle Möglichkeiten für die Zukunft offen.

Einsichtnahme und der Ausscheidung der Schriftbestände konkretisiert das Übereinkommen aber sehr wohl den Friedensvertrag von St-Germain. Ähnlich schon BITTNER, Zwischenstaatliche Verhandlungen, S. 83, wonach das Übereinkommen «einheitliche Gesichtspunkte hinsichtlich einzelner Fragen der Durchführung, jedoch keine Klärung hinsichtlich der Auslegung der Bestimmungen der Friedensverträge über die Substanz der Archive» bringe.

[693] In dieser Hinsicht konkretisiert das Übereinkommen Art. 196 St-Germain. Eigentliche Verhandlungen gemäss Art. 196 St-Germain wurden auf einer Konferenz in Rom eingeleitet, die am 6. April 1921 begann. Das Resultat war eine am 31. Mai 1921 getroffene Abmachung, die keinerlei Konzessionen bedeutete und Österreich lediglich zu weiteren Verhandlungen verpflichtete (vgl. dazu LHOTSKY, Verteidigung der Wiener Sammlungen, S. 639 f.).

§ 7 Österreichisch-jugoslawischer Ausgleich

I. Gemeinsame Erklärung vom 5./15. April 1920

Über die historischen Archive und die lebenden Registraturen konnten sich die Regierungen der Republik Österreich und Jugoslawiens in der gemeinsamen Erklärung vom 5./15. April 1920 einigen.[694] Wie schon im Archivabkommen mit Italien vom 26. Mai 1919 vereinbarte Österreich auch mit Jugoslawien, dass die Archive, die von Landes- und Zentralbehörden in Ausübung ihrer Funktion und die jugoslawische Region betreffend, nicht ausgefolgt würden. Österreich dagegen verpflichtete sich, alle in den abgetretenen Gebieten entstandenen Archive zu übergeben. Es handelte sich vorwiegend um die Archive von Ragusa (Dubrovnik) und Spalato (Split).[695]

II. Übereinkommen vom 26. Juni 1923

Als Jugoslawien am 22. September 1922 die Aufnahme von Verhandlungen über ein Durchführungsabkommen beantragte, hatte sich die Ausgangslage seit der gemeinsamen Erklärung über Archive vom 5./15. April 1920 verändert.[696] In der Zwischenzeit war Österreich den anderen Nachfolgestaaten Italien, der Tschechoslowakei und Rumänien in Sonderabkommen entgegengekommen, indem es Pflichten über den Friedensvertrag von St-Germain hinaus eingegangen war.[697] Erschwert wurde Österreichs Position auch dadurch, dass das allgemeine Archivabkommen von Rom vom 6. April 1922, das Jugoslawien ebenfalls ratifiziert hatte, nicht nur die zwischen Österreich und den Nachfolgestaaten bereits abgeschlossenen Sonderabkommen unberührt liess (Artikel 6. Satz 1 und 2). Es sollte auch zukünftigen Sonderübereinkünften zwischen den Vertragsstaaten nicht vorgreifen (Artikel 6. Satz 3). Dies dürfte dazu geführt haben, dass auch Jugoslawien seinen Forderungskatalog erweiterte, ungeachtet der gemeinsamen Erklärung über Archive vom 5./15. April 1920.[698]

Das im Wesentlichen auf dem Prager Übereinkommen von 1920 basierende Übereinkommen mit Jugoslawien widerspiegelte aber nicht die damaligen Ver-

---

694 Vgl. AUER/THOMAS, S. 170.

695 Vgl. AUER/THOMAS, S. 170. Österreich hat diese Bestände alsdann an Jugoslawien ausgeliefert (vgl. RILL/SPRINGER/THOMAS, S. 293).

696 Vgl. RILL/SPRINGER/THOMAS, S. 293. Vgl. zum Folgenden auch FITSCHEN, Rechtliches Schicksal, S. 121.

697 Vgl. insbesondere die Sonderabkommen mit Italien vom 4. Mai 1920 (vgl. vorne S. 125 ff.), der Tschechoslowakei vom 18. Mai 1920 (vgl. vorne S. 132 ff.) und Rumänien vom 5. Oktober 1921 (vgl. vorne S. 144 ff.).

698 Vgl. AUER/THOMAS, S. 170.

hältnisse zwischen den Staaten.[699] Zum einen hatte die Tschechoslowakei eine neue Zentralverwaltung ihres fast ausschliesslich aus ehemaligen Gebieten der österreichisch-ungarischen Monarchie entstandenen Staates aufzubauen und war darum dringender auf Archiv- und Registraturbestände angewiesen als Jugoslawien, das mit Serbien und Montenegro bereits über ein existierendes Staatswesen verfügte. Zum anderen bestand gegenüber Jugoslawien im Jahr 1923 nicht dieselbe wirtschaftlichte Not und Abhängigkeit Österreichs wie gegenüber der Tschechoslowakei anlässlich der Aushandlung des Prager Übereinkommens. Gleichwohl liess sich Jugoslawien nicht davon abbringen, die vorangehenden Sonderabkommen Österreichs mit anderen Nachfolgestaaten als Präzedenzfälle anzusehen und die dort gewährten Zugeständnisse auch für sich zu beanspruchen.

Am 26. Juni 1923 unterzeichneten Österreich und Jugoslawien das Übereinkommen betreffend die Durchführung der Artikel 93, 191 bis 196 des Staatsvertrages von St-Germain.[700] Der Titel ist irreführend, weil die Art. 194 und 195 St-Germain auf Jugoslawien gar nicht anwendbar und daher ohne Funktion sind.[701] Wie die Sonderabkommen mit Italien und der Tschechoslowakei wich auch dieses Übereinkommen in einigen Punkten vom Friedensvertrag St-Germain ab. Inhaltlich und stellenweise wörtlich lag das Prager Übereinkommen zwischen Österreich und der Tschechoslowakei vom 18. Mai 1920 zu Grunde.[702] Im Aufbau unterscheiden sich die Abkommen aber teilweise erheblich.[703] Von Interesse sind die ersten beiden Teile sowie Artikel XXIX der Schlussbestimmungen (Vierter Teil): Der erste Teil befasst sich mit Archiven (Artikel I bis XX), der zweite mit den österreichischen Kunstsammlungen (Artikel XXI bis XXIV).[704]

---

[699] Vgl. WEILGUNI, S. 96 f.; RILL/SPRINGER/THOMAS, S. 294 f. Vgl. zum Folgenden BITTNER, Zwischenstaatliche Verhandlungen, S. 82.

[700] BGBl 602/1923.

[701] Vgl. auch RILL/SPRINGER/THOMAS, S. 302; SUPPAN, Jugoslawien und Österreich, S. 365. Genau genommen hat das Übereinkommen nur die Art. 93 Abs. 1, 191, 192 Abs. 2, 193 und 196 St-Germain zum Inhalt.

[702] Vgl. auch LHOTSKY, Verteidigung der Wiener Sammlungen, S. 641; WEILGUNI, S. 97; KLASINC, S. 89.

[703] Beispielsweise wiederholt das Übereinkommen in den ersten vier Artikeln die Art. 191, 192 Abs. 1, 93 und 193 St-Germain und folgte damit im Aufbau dem Übereinkommen mit Rumänien vom 5. Oktober 1921 bzw. dem Römer Abkommen vom 6. April 1922 (vgl. auch FITSCHEN, Rechtliches Schicksal, S. 121). Weiter wird etwa die Restitution im Sinne des Artikels 192 St-Germain im Schlussprotokoll Ziff. 3 des Übereinkommens geregelt, während ihr im Prager Übereinkommen ein eigener Teil (der zweite) gewidmet ist. Allgemein kritisch zum Aufbau des Übereinkommens vgl. RILL/SPRINGER/THOMAS, S. 302.

[704] Der dritte Teil (Art. XXV bis XXVII) enthält besondere Vereinbarungen bezüglich Material des Grundsteuerkatasters (entspricht Annex III des Prager Übereinkommens). Im vierten Teil (Art. XXVIII bis XXX) sind die Schlussbestimmungen untergebracht.

I. Erster Teil: Archivbestimmungen

In Artikel V setzt das Übereinkommen die Begriffe «Archivalien» mit «Schriftenmaterial» gleich und führt detailliert aus, was es unter diesen Begriffen versteht.[705] Im Anschluss verpflichtete es Österreich, entsprechend dem Prager Übereinkommen, das in Artikel V näher bezeichnete Schriftenmaterial ab 1888, allfällige Vorakten ab 1868 und einzelne bestimmte Geschäfte bereits ab 1848 an Jugoslawien auszuliefern (Artikel VI Abs. 1). Über ältere Originalurkunden mit rechtskonstitutivem Charakter, bei denen die von ihnen geschaffenen Rechtsverhältnisse noch aktuell waren, sollte von Fall zu Fall eine Vereinbarung getroffen werden. Allfällige Kopien blieben in Österreich (Erster Teil Artikel VI Abs. 2 und 3).[706] Allerdings ist dem Übereinkommen nicht zu entnehmen, welche Behörden von den Archiv- bzw. Registraturrückgaben betroffen waren bzw. nach welchen Kriterien das Schriftenmaterial zurückgegeben werden musste. Eine entsprechende Regelung, wie sie im Prager Übereinkommen festgehalten wurde, fehlt.[707] Auch fehlt ein expliziter Verweis auf Artikel III des Übereinkommens, der Art. 93 St-Germain zitiert.

Wenn aber Artikel VI nicht explizit auf Artikel III (= Art. 93 St-Germain) Bezug nimmt, dann heisst dies noch nicht, dass Jugoslawien gestützt auf Artikel VI irgendwelche Forderungen hätte stellen können. Das Übereinkommen selber liefert genügend Indizien, die darauf hindeuten, dass Artikel VI ebenso wie Artikel III diejenigen Archiv- und Registraturbestände zum Gegenstand haben, die für die Fortführung der Verwaltung notwendig sind.[708] So umfasst Abs. 2 von Artikel VI ausdrücklich Dokumente von rechtskonstitutivem Charakter. Auch dürfte sich Artikel VI auf Dokumente beschränken, die auf Angelegenheiten Bezug nehmen, die der jugoslawischen Staatshoheit ausschliesslich unterstehen,

---

705 Diese Regelung entspricht im Wesentlichen Kapitel A. Ziff. 2 des Teils I. des Prager Übereinkommens.

706 Gegenüber der Tschechoslowakei hatte sich Österreich noch dazu verpflichtet, solche Urkunden vorbehaltlos abzugeben (Teil I. Kapitel A. Ziff. 3 lit. c).

707 Vgl. Teil I. A. Ziff. 1 des Prager Übereinkommens. Gemäss Klasinc, S. 89, hätten die Parteien das Provenienzprinzip angenommen, unter der Bedingung, dass Österreich einigen Ausnahmen zustimme.

708 Ähnlich Auer/Thomas, S. 170, die Artikel VI als Durchführungsbestimmung von Artikel III qualifizieren. Vgl. Suppan, Jugoslawien und Österreich, S. 365, wonach sich Artikel III und VI auf das für die Fortführung der Verwaltung erforderliche Schriftenmaterial beziehen. A.M. Rill/Springer/Thomas, S. 303, die einen Konnex zwischen Artikel VI und III verneinen, und Fitschen, Rechtliches Schicksal, S. 121, wonach die Vorschrift beziehungslos in der Luft hänge und «durch die ominöse Bezugnahme auf ‹alle Schriftstücke› zu einer nicht behebbaren Unklarheit bei der Auslegung» führe. Klasinc, S. 89 f., geht davon aus, dass Österreich ungeachtet des Provenienzprinzips verpflichtet gewesen sei, das gesamte Schriftgut, das sich auf die abgetretenen Gebiete bezog, bis zu einer bestimmten Zeit zurück auszuliefern.

wie dies das Prager Übereinkommen für die Tschechoslowakei vorsah (Teil I. Kapitel A. Ziff. 1). In Artikel IX wurde denn auch ausdrücklich das Schriftenmaterial von gemeinsamem Charakter geregelt, was nur dann Sinn macht, wenn zuvor von Beständen die Rede war, die ausschliesslich Jugoslawien betrafen. In diesem Sinne ist auch das Zusatzprotokoll des Übereinkommens zu verstehen, wonach von den in Artikel VI geregelten Abgaben die Archivalien ausgenommen sein sollen, «die sich in ihrem weiteren Zusammenhange über die ganze ehemalige österreichisch-ungarische Monarchie oder grössere Gebiete derselben erstreckten».[709] Artikel VII, der die nicht unter die Artikel I–VI fallenden Bestände umfasst, regelt alle Archivalien, die auf an Jugoslawien abgetretenen Gebieten entstanden waren. Daraus ist zu schliessen, dass Artikel VI sich auf Bestände bezieht, die auf neuösterreichischem Gebiet entstanden waren.

Schliesslich gilt es im Hinblick auf die Entstehungsgeschichte auch zu beachten, dass das Übereinkommen inhaltlich und in seinem Aufbau nicht neu ist, sondern vor allem Elemente des Prager Übereinkommens übernahm.[710] Dazu gehören insbesondere die zeitlich gestaffelten Herausgaberegelungen (vgl. Teil I. Kapitel A. Ziff. 3 des Prager Übereinkommens), wie sie in Artikel VI des Übereinkommens mit Jugoslawien fast wörtlich wieder auftauchen. Gleichzeitig stellt sich aber die Frage, weshalb die Parteien nicht den entsprechenden Abschnitt aus dem Prager Übereinkommen einfügten, wo sie dieses doch sonst fast zur Gänze übernommen haben.

Auch wenn das Resultat, wie es mit dem Übereinkommen vorliegt, zu schwierigen Interpretationsfragen führt, ist die Annahme berechtigt, dass die in Artikel VI des Übereinkommens zwischen Jugoslawien und Österreich festgesetzten Grundsätze sich auf diejenigen österreichischen Archiv- und Registraturbestände beziehen, die auf neuösterreichischem Gebiet entstanden waren, die jugoslawische Angelegenheiten ausschliesslich betrafen und für die jugoslawische Verwaltungstätigkeit notwendig waren. Dies wird durch eine zwischenstaatliche Vereinbarung von 1975 bestätigt, worin Österreich und Jugoslawien von der gemeinsamen Auslegung von Art. 93 St-Germain gemäss der Erklärung vom 5./15. April 1920 abgewichen sind und sich über den Anwendungsbereich von Artikel VI dahingehend einigten, dass nur jenes Material zu übergeben sei, das für die Fortführung der Verwaltung der abgetretenen Gebiete notwendig war.[711]

Wie schon das Prager Übereinkommen und das Übereinkommen mit Rumänien durchbricht daher auch das Übereinkommen mit Jugoslawien das Provenienz-

---

[709] Kritisch zum Inhalt des Zusatzprotokolls vgl. RILL/SPRINGER/THOMAS, S. 302 f.

[710] Vgl. auch BITTNER, Zwischenstaatliche Verhandlungen, S. 82.

[711] Vgl. RILL/SPRINGER/THOMAS, S. 322.

prinzip und geht in einer eigenen, die Verwaltungsbedürfnisse in den Vordergrund stellenden Weise über Art. 93 St-Germain hinaus.

Der nachstehende Artikel VII Abs. 1 verpflichtet Österreich zur Herausgabe von Archivalien, die nicht unter Artikel I–VI fallen und als archivalische Einheiten auf den abgetretenen Gebieten entstanden sind.[712] Österreich hat die auf den abgetretenen Gebieten erwachsenen Archive ohne zeitliche Einschränkung bezüglich der Wegnahme zurückzugeben. Die in Artikel IV (= Art. 193 St-Germain) gesetzte Frist von 10 Jahren wurde damit gestrichen. Damit gelang es Jugoslawien, das Provenienzprinzip in Abweichung von Art. 193 St-Germain konsequent auf historische Archive anzuwenden, wie dies schon die tschechoslowakische und die rumänische Regierung in den Sonderabkommen taten.[713] Soweit die betroffenen Archivbestände in den Zentralarchiven erwachsen waren, waren sie von dieser Bestimmung nicht betroffen.

Entsprechend dem Prager Übereinkommen musste Österreich neben den Verwaltungsbedürfnissen auch die «kulturellen Wünsche» Jugoslawiens berücksichtigen und sämtliche im Annex aufgezählten Archivalien herausgeben (Erster Teil Artikel VIII Abs. 1).[714] Der Annex enthielt ein Verzeichnis von Archivalien, die bei Behörden, physischen und juristischen Personen auf dem Gebiete von Jugoslawien *«erwachsen»* waren.[715] Bot eine entsprechende Formulierung im Prager Übereinkommen weder in der Literatur noch in der Praxis Anlass zu Kritik oder Missverständnissen, wurde sie im Übereinkommen mit Jugoslawien als verwirrend bezeichnet.[716] Ihr liege eine missverstandene Auslegung des Provenienzprinzips zu Grunde, wonach die jeweiligen Archivstücke und nicht die Registratur auf dem jugoslawischen Gebiet entstanden sein müssten, um sie Jugoslawien abzugeben.[717] Diese Auslegung erstaunt, weil der Begriff «stammen» im Prager Übereinkommen im Übereinkommen mit Jugoslawien durch «erwachsen» ersetzt wurde, was noch klarer auf eine Anwendung des Provenienzprinzips hindeutet. Doch offenbart gerade dieses Beispiel die Gefahr des scheinbar unge-

---

[712] Was mit Abs. 2 gemeint ist, wonach der in Abs. 1 genannte Grundsatz auch auf einzelne Archivstücke und Sammlungen Anwendung finde, ist unklar, weil die Zuordnung nach dem Entstehungsort der Zuordnung nach dem Provenienzprinzip, wie dies in Abs. 1 vorgesehen ist, widersprechen kann.

[713] Im Unterschied zur Tschechoslowakei (vgl. Einleitung zu Teil I. des Prager Übereinkommens) anerkannt Jugoslawien im Übereinkommen vom 26. Juni 1923 das Provenienzprinzip aber nicht ausdrücklich.

[714] Vgl. Prager Übereinkommen, Teil I. Kapitel A. Ziff. 3 lit. d.

[715] Kritisch zu den im Annex aufgeführten Beständen vgl. RILL/SPRINGER/THOMAS, S. 303; SUPPAN, Jugoslawien und Österreich, S. 366. Zur Bedeutung des Annexes für Slowenien vgl. KLASINC, S. 91.

[716] Vgl. Annex I Kapitel I. Ziff. 7 des Prager Übereinkommens.

[717] Vgl. RILL/SPRINGER/THOMAS, S. 303; AUER/THOMAS, S. 170.

prüften Kopierens von Textstellen von einem Abkommen in ein anderes. War die in der Verhandlung mit der Tschechoslowakei gewählte Formulierung offenbar unzweideutig und von einem Konsens getragen, erwies sie sich gegenüber einem anderen Vertragspartner als sprachlich ungenügend und unterschiedlich interpretiert.

Unabhängig davon enthielt der Annex im Übereinkommen zahlreiche Mängel und Widersprüche, die den jeweils zuständigen Expertengruppen und Subkommissionen Kopfzerbrechen verursachten.[718]

Des Weiteren behielt sich Jugoslawien vor, weitere Archivalien auf dem diplomatischen Weg zu behandeln, die nicht im Annex aufgeführt waren, weil genaue Angaben damals nicht vorhanden waren (Erster Teil Artikel VIII Abs. 2).

Was das Schriftenmaterial der ehemals k.k. österreichischen Stellen mit gemeinsamem Charakter betrifft und von der österreichischen Regierung nicht ohne Nachteil abgegeben werden kann, hat Österreich gemäss Artikel IX den jugoslawischen Archivdelegierten uneingeschränkten freien Zutritt, die ungestörte Benützung der Hilfsgegenstände und die Möglichkeit, Akten auszuleihen, zuzugestehen.[719] Dasselbe gilt für das Schriftenmaterial der k.u.k. österreichisch-ungarischen Stellen.

Die weiteren Artikel X bis XVIII haben Verfahrensregeln zum Inhalt, die zum Teil durch das Schlussprotokoll ergänzt werden;[720] Artikel XIX sieht besondere Regeln für bestimmte militärische Akten vor.

In der letzten Bestimmung des ersten Teils des Übereinkommens wird Österreich in Bezug auf alle vorstehenden Bestimmungen und damit ausdrücklich über Art. 193 St-Germain hinaus das volle Gegenrecht gewährt (Artikel XX). Österreich hat seine Ansprüche basierend auf Artikel XX in Ziff. 2 des Schlussprotokolls des Übereinkommens notieren lassen.

2. Zweiter Teil: Bestimmungen zu den Sammlungen

Im zweiten Teil nimmt das Übereinkommen auf Art. 196 St-Germain Bezug, ohne dies ausdrücklich zu erwähnen.[721] Abgesehen von der Einleitung, die ganz

---

[718] Exemplarisch die Beispiele bei RILL/SPRINGER/THOMAS, S. 303 f. und 319 f.

[719] Die Regeln zu den Archivdelegierten sind etwas ausführlicher als im Prager Übereinkommen (vgl. dort Teil I. Kapitel B.).

[720] Vgl. Ziff. 1 des Schlussprotokolls. Im Wesentlichen wurden die Verfahrensbestimmungen vom Prager Übereinkommen übernommen. Einzelne Fristen und Verfahrensbestimmungen wurden im Vergleich zum Prager Übereinkommen zu Gunsten Österreichs modifiziert (Artikel XIV im Vergleich zu Teil I. Kapitel I. Prager Übereinkommen).

[721] Anders noch Teil III. des Prager Übereinkommens. Unklar RILL/SPRINGER/THOMAS, S. 303, wonach Art. 196 lit. a die einzige Handhabe biete, älteres Archiv- oder Kulturgut zu fordern,

weggelassen wurde, kopierte das Übereinkommen zwischen Jugoslawien und Österreich die entsprechenden Bestimmungen des Prager Übereinkommens meist wörtlich.[722] Auch gegenüber Jugoslawien verpflichtete sich Österreich in Anlehnung an Art. 196 lit. b St-Germain zu einer zwanzigjährigen Wartefrist bezüglich Sammlungsgegenständen, die einen bestimmten Bezug zu Jugoslawien haben (Zweiter Teil Artikel XXI Abs. 1 Ziff. 1 bis 3). Weitere Pflichten hat Österreich nicht anerkannt (Zweiter Teil Artikel XXI Abs. 2).[723]

3. Schlussbestimmungen und Bestimmungen zu Art. 191 und 192 St-Germain

Im Vierten Teil des Übereinkommens, den Schlussbestimmungen, haben die Parteien in Artikel XXIX vermerkt, dass das Übereinkommen im Verhältnis der beiden Parteien an die Stelle aller früheren einschlägigen Vereinbarungen tritt. Ein Rückgriff Österreichs auf die gemeinsame Erklärung vom 5./15. April 1920 und das Römer Abkommen vom 6. April 1922 im Zusammenhang mit Jugoslawien ist damit verwehrt.[724]

Am Ende des Vertragswerkes, in Ziff. 3 des Schlussprotokolls, kamen die Vertragsparteien auf Art. 191 und 192 St-Germain zurück. Österreich wurde zur Rückgabe aller Glocken sowie der historisch oder künstlerisch wertvollen Gegenstände der Kriegsmetallsammlungen, die alle nachweislich anlässlich der Metalllieferungen auf dem jugoslawischen Gebiet fortgebracht worden sind, verpflichtet. Auch alle nach dem 14. Juni 1914 weggebrachten wissenschaftlichen

---

das für die Verwaltung nicht mehr unmittelbar gebraucht werde; die Artikel VII und VIII mit Annex seien unter diesem Aspekt zu sehen (vgl. auch S. 320). Dem ist entgegenzuhalten, dass sich die Artikel VII und VIII in erster Linie auf Archivalien beziehen, Art. 196 St-Germain dagegen Sammlungsobjekte zum Inhalt hat. Dass sich Abs. 2 von Artikel VII auch auf Sammlungen bezieht, bedeutet nicht gleichzeitig, dass Art. 196 St-Germain für die Rückgabe von historischen Archivalien eine rechtliche Grundlage bildet. Art. 196 lit. a St-Germain ist als Sonderbestimmung bezüglich der Sammlungen zu verstehen und will zwischen den entgegenlaufenden Interessen der Parteien einen Ausgleich schaffen. Was die historischen Archive angeht, so wurde ausdrücklich in Art. 193 St-Germain die Rückgabe von solchen Beständen vorgesehen, allerdings nur diejenigen, die seit 1909 entfernt worden waren. Artikel VII nimmt Art. 193 St-Germain auf, schafft jedoch die zeitliche Fristansetzung bezüglich der Wegnahme ab, sodass Artikel VIII weit über die rechtliche Grundlage hinausgeht und darum eine neue Bestimmung darstellt.

[722] Vgl. auch LHOTSKY, Verteidigung der Wiener Sammlungen, S. 641. Einige Änderungen erfolgten in formeller Hinsicht, z.B. Artikel XXII Abs. 1, der die Reaktionsfrist Jugoslawiens bei Wahrung des Vorkaufsrechts auf zwei Monate ansetzte, während die Tschechoslowakei gemäss Teil III. Kapitel B. innerhalb von vier Wochen zu reagieren hatte; oder die Möglichkeit Jugoslawiens, bei Drittansprüchen ein Schiedsgericht anzurufen.

[723] Das Übereinkommen mit Jugoslawien stellt daher kein gütliches Übereinkommen im Sinne von Art. 196 lit. a St-Germain dar.

[724] Vgl. RILL/SPRINGER/THOMAS, S. 294 f.

Apparate und wissenschaftlichen Sammlungen hatte Österreich zurückzugeben.[725]

4. Vollzug des Übereinkommens

Nachdem sich Österreich bereits 1922 mit Blick auf eine vermeintlich einfache Verhandlungsrunde mit Jugoslawien getäuscht hatte, erwies sich auch der Vollzug des Übereinkommens als äussert zäh und langwierig. Mit Abschluss des Übereinkommens war die Angelegenheit zwischen den Parteien keinesweg erledigt. Sein unklarer und zuweilen widersprüchlicher Wortlaut stand einem raschen und einfachen Vollzug im Weg.[726] Es entbrannte ein jahrzehntelanger Streit, der bis heute nicht vollständig beigelegt werden konnte,[727] wobei sich die Verhandlungen in drei Phasen unterteilen lassen: eine erste Phase bis zum Zweiten Weltkrieg, dann die Wiederaufnahme der Gespräche 1958 bis in die Sechzigerjahre, und schliesslich die Zeit seit 1975.[728]

Beide Parteien beschuldigten sich gegenseitig, ihren Pflichten, wie sie im Übereinkommen festgehalten waren, nicht nachzukommen. Erschwert wurden die Verhandlungen auch dadurch, dass die Fragen zum Übereinkommen von 1923 mit der Frage der Restitution des während des Zweiten Weltkrieges aus Jugoslawien verschleppten Archivgutes verknüpft wurden.[729] Jugoslawien versuchte

---

[725] Wie beim Prager Übereinkommen konnten die Gegenstände der Kriegsmetallsammlung behalten werden, wenn sie von Privaten gekauft worden waren. Gegenüber Jugoslawien musste Österreich aber sämtliche Glocken zurückgeben und nicht nur die historisch oder künstlerisch wertvollen, wie noch im Prager Übereinkommen vorgesehen (vgl. Teil II. Abs. 1).

[726] A.M. offenbar KLASINC, S. 91, der von einem relativ gut vorbereiteten Archivabkommen sprach. Möglicherweise waren sich die österreichischen Archivfachleute wie auch die jugoslawischen Vertreter über die mangelnde Qualität des Vertragstextes im Klaren und übernahmen die auslegungsbedürftigen Formulierungen bewusst, im Wissen, dass damit jeder den Vertrag in seinem Sinn interpretieren konnte (vgl. WEILGUNI, S. 97). Vgl. auch SUPPAN, Jugoslawien und Österreich, S. 364, der auf die ausgewiesene Kompetenz der unterzeichnenden Experten hinweist.

[727] Exemplarisch sei auf den publizistischen Schlagabtausch zwischen den jugoslawischen und österreichischen Archivfachleuten Mitte der siebziger Jahre verwiesen (vgl. den jugoslawischen Beitrag in Arhivist 23/1973, der in angeblich entstellter Weise in der Archivalischen Zeitschrift, 71. Band [1975], S. 228, zitiert worden sei, und die österreichische Replik, in: Mitteilungen des österreichischen Staatsarchivs 29 [1976], S. 32 f.). Zum österreichisch-jugoslawischen Archivübereinkommen von 1958 vgl. ENGSTLER, S. 270 ff.

[728] Vgl. OGRIS, S. 12.

[729] Nach dem Überfall der Achsenmächte auf Jugoslawien im Jahre 1941 wurde Archivmaterial aus Serbien nach Wien und Berlin, aus Slowenien nach Graz und Klagenfurt sowie solches aus Dalmatien nach Italien übergeführt (vgl. WEILGUNI, S. 98). Soweit diese gefunden und identifiziert werden konnten, wurden sie nach Ende des Zweiten Weltkrieges unabhängig von der Eigentümerfrage nach Jugoslawien zurückgebracht (vgl. AUER/THOMAS, S. 171;

ferner das Übereinkommen von 1923 auf Gebiete anzuwenden, die erst im Nachhinein, insbesondere nach den Abkommen von 1947 mit Italien, hinzugekommen waren (z. B. Fiume und Zara, Teile von Istrien, Görz).[730]

In seiner Analyse der Archivverhandlungen zwischen Österreich und Jugoslawien nach dem Zweiten Weltkrieg sichtet WEILGUNI Probleme in der ungenauen Formulierung des Textes des Übereinkommens von 1923 und beim fehlenden guten Willen beider Parteien.[731] Hinzu komme die Tatsache, dass die umstrittenen Archivbestände für Jugoslawien von grosser ideeller und nationaler Bedeutung seien. Aus Sicht von Österreich bilden die umstrittenen Archivbestände ebenfalls seit teilweise Jahrhunderten Teil der österreichischen Geschichte und Kultur.

Aufgrund dieser Umstände konnten die Vertragsstaaten bis zum Ausbruch des Bürgerkrieges in Jugoslawien im Jahre 1991 keine abschliessende Einigung über die Durchführung des Archivabkommens von 1923 erzielen. Gleichwohl hat Österreich infolge des Vertragsschlusses von 1923 zahlreiche Urkunden, Handschriften und Akten Jugoslawien ausgeliefert.[732]

Mit dem Zerfall Jugoslawiens betrachtete Österreich das Archivabkommen von 1923 als abgeschlossen.[733] Anders offenbar die Nachfolgestaaten Jugoslawiens, die es in ihrer Vereinbarung über die Sukzession vom 29. Juni 2001 den interessierten Staaten anheim stellten, die Rechte und Pflichten bestehender und noch nicht vollständig erfüllter bilateraler Verträge der ehemaligen Republik Jugoslawien betreffend die Rückgabe von Archiven zu übernehmen. Tatsächlich einigten sich in der Folge verschiedene Länder Österreichs direkt mit einzelnen Nachfolgestaaten Jugoslawiens über die Übergabe von Archivbeständen, ohne

RILL/SPRINGER/THOMAS, S. 297). Gemäss WEILGUNI, S. 104, seien die nach Wien gebrachten Archive aber nur mehr unvollständig und in Unordnung restituiert worden. Zur Abwicklung der Restitution von Kulturgütern zwischen Österreich und Jugoslawien nach dem Zweiten Weltkrieg, die offenbar nicht nur reibungslos ablief, vgl. KLASINC, S. 91 ff., und in diesem Zusammenhang seine Kritik an RILL/SPRINGER/THOMAS, wonach diese die historischen Tatsachen irreführend dargestellt hätten. Über den Zeitpunkt der abschliessenden Rückgaben bestehen in der Literatur unterschiedliche Auffassungen (vgl. RILL/SPRINGER/THOMAS, S. 297; AUER/THOMAS, S. 171; KLASINC, S. 92).

[730] Vgl. RILL/SPRINGER/THOMAS, S. 319.

[731] Vgl. WEILGUNI, S. 107, 111 f. Vgl. ferner RILL/SPRINGER/THOMAS, S. 331.

[732] Vgl. die Auflistung der bis Anfang der achtziger Jahre des letzten Jahrhunderts ausgehändigten Bestände sowie eine Gesamtübersicht bei RILL/SPRINGER/THOMAS, S. 305 ff. bzw. 328 ff. Für Übergaben nach 1982 vgl. WEILGUNI, S. 109 ff.

[733] Vgl. KLASINC, S. 93. In einem Notenwechsel zwischen Österreich und der Republik Slowenien im Jahr 1992 betreffend die Weiteranwendung bestimmter österreichisch-jugoslawischer Staatsverträge war das Übereinkommen von 1923 denn auch nicht aufgelistet (vgl. BGBl 715/1993).

dass ein internationales Übereinkommen vorhanden gewesen wäre.[734] Über die Rückgabe von Kulturgütern im Sinne des Zweiten Teils des Übereinkommens von 1923 betreffend Art. 196 St-Germain ist soweit ersichtlich nichts bekannt.

§ 8 Österreichisch-belgischer Ausgleich

I. Belgiens Status bei den Friedensverhandlungen und seine Rückforderungen

Belgien war der einzige Staat, der Kulturgüter von Österreich zurückforderte und nicht gleichzeitig Nachfolgestaat der österreichisch-ungarischen Monarchie war. Es hat jedoch den Staatsvertrag von St-Germain als alliierte und assoziierte Macht unterzeichnet, nachdem Österreich-Ungarn am 28. August 1914 Belgien den Krieg erklärt hatte. Die Rückgabeforderungen Belgiens bezogen sich ausschliesslich auf die habsburgischen Herrschaften über die Österreichischen Niederlande bis Ende des 18. Jahrhunderts.[735] Anlässlich der Friedensverhandlungen in St-Germain wurden die Forderungen Belgiens im Rahmen von Art. 195 St-Germain behandelt. Art. 195 St-Germain ermächtigt Belgien, dem Juristenkomitee einige bestimmte, in Anlage II aufgeführte Gegenstände vorzulegen.

Es handelte sich erstens um das Triptychon von St. Ildefons von Rubens, das aus der Abtei Saint-Jacques-sur-Coudenberg in Brüssel stammte und im Jahre 1777 gekauft und nach Wien gebracht worden war. Und zweitens um Objekte, welche im Jahre 1794 aus Belgien nach Österreich übergeführt worden waren, um dort in Sicherheit verwahrt zu werden.[736]

---

[734] Genannt sei beispielsweise die Übergabe der sog. Riedkarten aus dem steiermärkischen Landesarchiv an Slowenien im Jahr 1997 (vgl. SILAGI, Eigentumsproblematik, S. 158 f.). Kärnten und Slowenien regelten die verbleibenden Archivansprüche mit einer sog. «pragmatischen Lösung». Am 10./11. September 2001 tauschten die Parteien in Klagenfurt und Ljubljana umfangreiche Archivbestände, wobei sich die Akten im Sinne des Pertinenzprinzips jeweils ausschliesslich auf slowenisches bzw. Kärntner Gebiet bezogen (ausführlich dazu OGRIS, S. 11 ff.). Vgl. ferner SILAGI, Eigentumsproblematik, S. 158 f.

[735] Vgl. dazu vorne S. 34 f.

[736] Dazu gehörten Waffen, Rüstungen und andere aus dem ehemaligen Arsenal von Brüssel stammende Gegenstände, der Schatz des Ordens vom Goldenen Vlies, bestimmte Prägemünzen, Medaillen und Jetons, die einen wesentlichen Bestandteil der Archive der Chambre des Comptes in Brüssel bildeten, sowie handschriftliche Originalausfertigungen der «Carte chorographique» der Österreichischen Niederlande, in den Jahren 1770 bis 1777 durch den Generalleutnant Grafen Jas de Ferraris bearbeitet (Anlage II Ziff. 2 zu Art. 195 St-Germain).

II. Entscheid des Juristenkomitees

Was die Waffen, Rüstungen, Prägemünzen und die «Carte chorographique» betraf, einigten sich die beiden Staaten nach Durchführung der Beweisaufnahme am 30. März 1922 gütlich. Österreich behielt die aufgezählten Objekte und erklärte sich im Gegenzug bereit, Belgien unter anderem eine Rüstung des Erzherzogs Albrecht VII. und eine Dublette der Ferrariskarte abzugeben.[737]

Bei dem nach wie vor strittigen Ildefons-Altar von Rubens und dem Schatz des Ordens vom goldenen Vlies hatte das Juristenkomitee zu prüfen, ob die Habsburger sie seinerzeit rechtmässig aus Belgien weggebracht hatten, andernfalls Österreich sie Belgien zurückgeben musste. Für den Fall, dass die Wegnahme ohne Verletzung der lokalen Rechte erfolgte, musste das Juristenkomitee prüfen, ob die Objekte rechtmässig in Wien verbleiben durften, nachdem die Österreichischen Niederlande von der Habsburger Herrschaft getrennt worden waren.[738]

1. Ildefons-Altar von Rubens (Triptychon von St. Ildefons)

Das Triptychon von St. Ildefonse schuf Rubens 1630 bis 1632 im Auftrag der Infantin und Regentin der Spanischen Niederlande, Isabella Clara Eugenia.[739] Sie stiftete das Triptychon der Kirche der Ildefonsobruderschaft in Brüssel, St-Jacques-sur-le-Coudenberg. Im Jahr 1777 kaufte Maria Theresia das Altarbild und brachte es anschliessend nach Wien in die kaiserliche Gemäldegalerie.[740]

Belgien behauptete nun in rechtlicher Hinsicht, dass die Kaiserin mit dem Kauf des Altars 1777 kein Privateigentum erworben habe, weil das Kunstwerk aus niederländischen Mitteln bezahlt worden sei.[741] Mehr den Sachverhalt betref-

---

737 Vgl. Lhotsky, Verteidigung der Wiener Sammlungen, S. 637; «O.», S. 125.

738 Vgl. Bericht des Juristenkomitees vom 21. Oktober 1921 zu den Forderungen Belgiens, in Auszügen abgedruckt in: Haselsteiner/Szávai, S. 68. Nach schriftlichen Eingaben der Parteien und mündlichen Verhandlungen vom 11.–13. Juli 1921 sowie dem Studium weiterer Unterlagen und Argumente der Parteien überreichte das Juristenkomitee am 25. Oktober 1921 seinen Bericht vom 21. Oktober 1921 an den Wiedergutmachungsausschuss (vgl. Bericht des Juristenkomitees zu den Forderungen Belgiens vom 21. Oktober 1921, in Auszügen abgedruckt in: Haselsteiner/Szávai, S. 68).

739 Vgl. Journal du Droit International (Clunet) 49 (1922), S. 253 f.; «O.», S. 125 f.

740 Vgl. Lhotsky, Verteidigung der Wiener Sammlungen, S. 636. Zum detaillierten Sachverhalt vgl. Bericht des Juristenkomitees vom 21. Oktober 1921 zu den Forderungen Belgiens, in Auszügen abgedruckt in: Haselsteiner/Szávai, S. 69 ff.

741 Vgl. zum Folgenden Bericht des Juristenkomitees vom 21. Oktober 1921 zu den Forderungen Belgiens, in Auszügen abgedruckt in: Haselsteiner/Szávai, S. 71 f., sowie Journal du Droit International (Clunet) 49 (1922), S. 254 f.; «O.», S. 125 f.; Lhotsky, Verteidigung der Wiener Sammlungen, S. 635 f., und de Visscher, S. 277 ff.

fend argumentierte Belgien, dass Maria Theresia insbesondere vor dem Hintergrund eines älteren Eigentumstreites das Altarbild auf Rechnung und zu Gunsten der damaligen Niederlande gekauft habe. Es sei deshalb Eigentum von Belgien geblieben.

Österreich dagegen argumentierte, dass Maria Theresia über die ihr verfügbaren Mittel frei disponieren konnte und dass der Kaufvertrag gültig abgeschlossen und einwandfrei war.

Zunächst hielt das Juristenkomitee fest, dass dem Sachverhalt allein das zur Zeit des Kaufs gültige Recht zu Grunde zu legen sei. Weiter prüfte es die Absichten Maria Theresias, indem es die konkreten Umstände untersuchte, u.a. auch die Korrespondenz der Monarchin hinsichtlich des Kaufes. Es kam zum Schluss, dass Maria Theresia das Altarbild nach Wien bringen wollte mit der festen Absicht, die Kunstsammlungen des Hauses Habsburg zu bereichern. Das Juristenkomitee zog weiter in Betracht, dass nach der Transaktion nie eine Verletzung niederländischer Rechte geltend gemacht worden war. Es befand, dass Maria Theresia nach der damaligen Rechtslage nach Belieben über die Steuereinnahmen verfügen und beispielsweise Kunstwerke für sich selber oder für das Haus Habsburg kaufen konnte.[742] Allein aus der Tatsache, dass der Kauf mit öffentlichen Geldern der Niederlande bezahlt worden war, durfte nach damaligem Recht nicht abgeleitet werden, dass dieses Gut dann auch der öffentlichen Hand der belgischen Provinzen gehört hätte.

Belgiens Anspruch auf Rückgabe des Ildefons-Altars von Rubens wurde darum abgewiesen.

Obwohl der Bericht des Juristenkomitees einstimmig ausfiel, wurde er in der juristischen Literatur teilweise stark kritisiert. DE VISSCHER z.B. stört sich daran, dass die zentralisierenden Tendenzen der österreichischen Monarchie rechtlich den besonderen Status der belgischen Provinzen nicht aufheben konnten.[743] Auch wurde bemängelt, dass es durch die ausschliessliche Anwendung der damaligen Rechtsverhältnisse versäumt worden sei, die ungleichen Verhältnisse zwischen den Parteien zu berücksichtigen, was eine Privilegierung der imperialen Machthaber bedeute.[744] Zudem wurde den Juristen des Komitees vorgeworfen, als Westeuropäer bzw. Amerikaner nicht über genügend Kenntnisse der rechtlichen und historischen Feinheiten zu verfügen.[745]

---

[742] Zum gleichen Schluss kam das Juristenkomitee im Fall der Tschechoslowakei, vgl. vorne S. 143.

[743] DE VISSCHER, S. 280 f.

[744] Vgl. VRDOLJAK, S. 83.

[745] Vgl. KOWALSKI, S. 144.

2. Schatz des Ordens vom Goldenen Vlies

Ein wenig anders als beim Altarbild präsentierte sich die Ausgangslage zur belgischen Forderung nach dem Schatz des Ordens vom Goldenen Vlies.[746] Der Schatz wurde in Brüssel aufbewahrt und im Jahre 1794 vom letzten Statthalter in Brüssel, Erzherzog Karl von Österreich, über Deutschland nach Österreich übergeführt, um ihn vor der anrückenden französischen Revolutionsarmee in Sicherheit zu bringen.[747]

Die Herausgabeforderung Belgiens stützte sich vor allem auf die enge historische Verbindung des Schatzes mit dem belgischen Territorium.[748] Diese äussere sich zum einen im nationalen und politischen Charakter des Ordens, zum anderen in der Einrichtung und Aufrechterhaltung seines Sitzes in Brüssel. Belgien vertrat die Auffassung, dass der Herzog Philipp der Gute den Orden als nationale Institution der katholischen Niederlande und daher des modernen Belgiens gestiftet habe; mithin seien die ältesten Mitglieder «Belgier» gewesen. Auch sei der Schatz mit öffentlichen Geldern der Niederlande unterhalten worden. Als der Schatz im Jahr 1794 nach Österreich verlegt worden war, habe er eine politische Institution gebildet, die sich als Erbe der Burgunder fortgesetzt habe. Seine Aneignung durch die Habsburger habe belgisches Recht verletzt. Darüber hinaus sei der Schatz jahrhundertelang in Belgien aufbewahrt worden, und Österreich selbst habe noch im 18. Jahrhundert den spanischen Bourbonen gegenüber die Bindung des Ordens an die Niederlande hervorgehoben.

In einer historisch gut unterlegten Anwort bestritt Österreich erfolgreich die Ansicht Belgiens. Es handle sich beim Orden um eine dynastische Institution des Hauses Burgund, die das Schicksal dieses Hauses teile und nicht an einen bestimmten Staat gebunden sei.[749]

---

[746] Der Orden vom Goldenen Vlies ist ein mittelalterlicher Ritterorden, der von Herzog Philipp dem Guten von Burgund im Jahr 1429 gegründet wurde. Im Jahr 1477 ging der Orden (Würde des Souveräns) durch die Heirat der letzten Herzogin Maria mit Erzherzog Maximilian I., dem späteren Römischen Kaiser, an das Haus Habsburg. Am 23. Juli 1953 erkannte die Republik Österreich dem Vorstand des Hauses Habsburg das Verleihungsrecht des Ordens zu (vgl. BLOCKMANS, Sp. 1545 f.).

[747] Vgl. «O.», S. 127 ff.

[748] Vgl. DE VISSCHER, S. 281. Vgl. zum folgenden Bericht des Juristenkomitees vom 21. Oktober 1921 zu den Forderungen Belgiens, in Auszügen abgedruckt in: HASELSTEINER/SZÁVAI, S. 75 ff., sowie LHOTSKY, Verteidigung der Wiener Sammlungen, S. 635 f., und DE VISSCHER, S. 281.

[749] Vgl. «O.», S. 127 f.; DE VISSCHER, S. 281; LHOTSKY, Verteidigung der Wiener Sammlungen, S. 637. Auch Österreich behauptete nicht, Eigentümer des Schatzes zu sein. Österreich argumentierte, dass der Orden eine eigene Souveränität wie etwa der Deutsche Ritterorden oder der Malteser Orden besitze.

Im Kern der Sache ging es nicht um eine völkerrechtliche Angelegenheit zwischenstaatlicher Beziehungen im heutigen Sinne, sondern um verfassungsrechtliche Verhältnisse, die auf einem politischen Verständnis beruhten, das sich stark vom heutigen unterscheidet. Im Mittelpunkt der rechtlichen Abklärungen stand daher das Verhältnis der belgischen Staatsangehörigen zu ihren österreichischen Herrschern.[750]

Nach dem Studium der Geschichte des Ordens, seiner Statuten und seiner Entwicklung folgte das Juristenkomitee der Argumentationslinie Österreichs.[751] Gemäss seinem Bericht vom 21. Oktober 1921 war es der Ansicht, dass der Schatz weder belgisches noch österreichisches Staatseigentum darstelle, sondern ursprünglich ein Ritterorden der Dynastie gewesen sei und dies trotz einiger Modifikationen im Wesentlichen auch blieb. Im Bericht hielt das Juristenkomitee abschliessend fest:

> *«It was not a ‹national› Order in its origin, and it never evolved into a ‹national› or political institution of the Low Countries or of any other country. It never had any exclusive connection with the soil or population of the Low Countries; it never was irremovably established three [recte: there].»*[752]

Zur entscheidenden Frage, ob die Entgegennahme des Schatzes in Wien 1794 durch den damaligen Habsburgerherrscher rechtmässig war oder nicht, hielt das Komitee fest, dass er über die notwendigen Rechte verfügt und weder Rechte der Niederlande noch andere Rechte politischen oder nationalen Charakters oder solche des Ordens verletzt habe. Auch verwarf das Komitee das Argument der belgischen Regierung, dass der Orden – im Sinne einer privaten Institution – zur Zeit der französischen Eroberung der belgischen Gebiete seinen Sitz oder sein rechtliches Domizil in Belgien gehabt habe. Bereits zu dieser Zeit, so das Komitee, sei Belgien nicht mehr das Zentrum der Ordensaktivitäten und der Aufenthaltsort der leitenden Organe gewesen.

Auch gegen diesen Entscheid meldete die Lehre Vorbehalte an.[753] Gemäss DE VISSCHER übersah der Bericht, dass der Habsburgermonarch lediglich in seiner Rolle als Souverän der Niederlande über den Orden bestimmen konnte. Um den Orden beanspruchen zu können, sei jedoch eine territoriale Verbindung notwendig.[754]

---

750 Vgl. «O.», S. 129; vgl. ferner DE VISSCHER, S. 282.

751 Gestützt auf den Bericht fällte der Wiedergutmachungsausschuss im Januar 1922 die formelle Entscheidung (vgl. zum Folgenden «O.», S. 128 f.).

752 Bericht des Juristenkomitees vom 21. Oktober 1921 zu den Forderungen Belgiens, in Auszügen abgedruckt in: HASELSTEINER/SZÁVAI, S. 80.

753 Zufrieden mit den Urteil waren natürlich die österreichischen Fachkräfte (vgl. z.B. LHOTSKY, Verteidigung der Wiener Sammlungen, S. 636 ff.).

754 DE VISSCHER, La Protection, S. 281 f.

Nachdem der Wiedergutmachungsausschuss den Bericht des Juristenkomitees gutgeheissen hatte, war die Angelegenheit mit Belgien abgeschlossen. Der Schatz des Ordens vom Goldenen Vlies verblieb in Österreich.[755]

§ 9 Österreichisch-polnischer Ausgleich

I. Herausgabeforderungen Polens und deren gütliche Regelung

Im Vergleich zu den Herausgabeforderungen anderer Nachfolgestaaten erwiesen sich diejenigen Polens als bescheiden. Polen verlangte nur die Rückgabe zweier Kunstgegenstände, nämlich der Goldschale des Königs Wladislaw IV., die aus Gebietsteilen Polens nach Wien verbracht worden war, und des Gemäldes von Jan Matejko mit dem Titel «Der Reichstag zu Warschau» (1773).[756] Die Goldschale war der einzige Gegenstand, über dessen rechtliches Schicksal das Juristenkomitee hätte befinden sollen (vgl. Anlage III zu Art. 195 St-Germain). Allerdings verzichtete Polen auf diesen Anspruch. Nachdem Österreich das Gemälde von Jan Matejko Polen überreicht hatte, war die Angelegenheit zwischen Polen und Österreich erledigt.[757]

II. Archivabkommen vom 26. Oktober 1932

Österreich konnte am 26. Oktober 1932 mit Polen ein Archivabkommen vereinbaren, das am 20. Mai 1933 in Kraft trat.[758] Auch dieses Abkommen orientierte sich am Prager Übereinkommen zwischen Österreich und der Tschechoslowakei vom 18. Mai 1920. Anders als in der Vereinbarung zwischen Österreich und Jugoslawien von 1923, blieb diesmal die Systematik weitgehend unverändert. Zudem beschränkte sich das Übereinkommen auf Archivbestände. Andere Kul-

[755] Der Schatz wird heute in der weltlichen Schatzkammer des Kunsthistorischen Museums in Wien gezeigt.

[756] Weitere Forderungen stellte Polen nicht (vgl. LHOTSKY, Verteidigung der Wiener Sammlungen, S. 641).

[757] Vgl. «O.», S. 128.

[758] BGBl 165/1933. Die Verhandlungen mit Polen zogen sich deshalb so lange hin, weil Polen nach dem Muster des Vertrages von Riga zwischen Polen, Russland und der Ukraine vom 18. März 1921 den Grundsatz des territorialen Betreffs zur Grundlage seiner Abgabeforderung machte und Österreich auf dem Provenienzprinzip und seiner eigenen Auslegung des Friedensvertrages von St-Germain bestand (vgl. FITSCHEN, Rechtliches Schicksal, S. 132 m.w.H.).

turgüter, insbesondere im Sinne von Art. 196 St-Germain, waren nicht Gegenstand des Übereinkommens.[759]

Das Abkommen unterscheidet begrifflich zwischen historischen Archiven und lebenden Registraturakten und hält die österreichische Regierung an, nach dem archivalischen Provenienzprinzip alle Bestandteile historischer Archive, sonstige Archivalien und Bestandteile moderner Verwaltungsregistraturen, die im heute polnischen Staatsgebiet entstanden sind, an die polnische Regierung abzugeben (Artikel I. Abs. 1).[760]

In Bezug auf die modernen Registraturen hat Österreich ausserdem die zur Fortführung der Verwaltung der abgetretenen Gebiete notwendigen und diese Gebiete ausschliesslich betreffenden Akten der ehemaligen k.k. österreichischen Zentralbehörden aus der Zeit von 1888 bis 3. November 1918 sowie alle zu demselben Dossier gehörenden Vorakten bis einschliesslich 1848 an Polen abzugeben (Artikel II. Abs. 1). Ältere derartige Bestände, die nicht abgegeben wurden, durften polnische Archivdelegierte einsehen. Bestände, mit denen Rechte oder Rechtsverhältnisse bewiesen werden sollten, wurden bei besonderem Ansuchen nach Tunlichkeit abgegeben (Artikel II. Abs. 2).

Moderne Registraturen, die sowohl Galizien als auch die Bukowina betreffen, hatte Österreich nicht auszufolgen, sondern zur gemeinsamen Benutzung an dem bisherigen Verwahrungsorte zu belassen (Artikel II. Abs. 3). Wie im Abkommen mit Rumänien wird mit dieser Regelung der verwaltungsrechtliche Umstand berücksichtigt, dass das Kronland Galizien bis zum Jahr 1849 auch die Bukowina umfasste. Nach dem Zusammenbruch der österreichisch-ungarischen Monarchie wurde die Bukowina an Rumänien abgetreten.[761]

Die Akten, die der Fortführung der Verwaltungen dienen und neben den abgetretenen Gebieten auch Österreich oder einen Drittstaat betrafen, hatte Österreich nicht auszufolgen. Im Gegenzug wurde Polen dazu berechtigt, durch Entsendung von Archivdelegierten diese Akten zu benutzen oder zeitweise zu entlehnen (Artikel IV.). Artikel V. bis IX. haben organisatorische Vorschriften zum Inhalt, Artikel X. regelt die Militärakten.

---

759 Auf Art. 191 und 192 St-Germain ging das Abkommen ebenfalls nicht ein; Art. 194 St-Germain betraf ohnehin nur Italien, und auf die in Art. 195 St-Germain genannte Goldschale des Königs Wladislaw IV. hatte Polen, wie eben gezeigt, bereits verzichtet.

760 In Artikel III. erfolgte eine Begriffsdefinition, die genau gleich ausfiel wie in früheren Abkommen, doch wurde hier nicht «Schriftenmaterial» wie im Prager Übereinkommen und auch nicht «Archivalien» wie im Übereinkommen zwischen Österreich und Jugoslawien definiert, sondern, der Begriff «Akten».

761 Vgl. vorne bei Fn. 185.

Wie in den anderen Ausführungsabkommen auch wird Österreich Gegenseitigkeit der voranstehenden Bestimmungen zugesichert, allerdings mit einigen Einschränkungen. So gilt die Gegenseitigkeit nur hinsichtlich aller das Staatsgebiet der Republik Österreich betreffenden Akten (Artikel XI.). Damit dürften die gemäss dem Provenienzprinzip zu Österreich gehörenden und im Besitz von Polen befindlichen historischen Akten nicht herauszugeben sein. Weitere historische Akten waren von der Übergabe an Österreich ausgenommen (Artikel XI. a.E.).

Abschliessend kann festgehalten werden, dass auch das Archivabkommen vom 26. Oktober 1932, wie dessen Vorlage, das Prager Übereinkommen, die im Friedensvertrag von St-Germain vorgezeichneten Pfade verliess und Österreich neue Pflichten auferlegte. Doch auch in diesem Fall blieben die Herausgabepflichten von Österreich im Rahmen des archivalischen Provenienzprinzips, abgesehen von einigen bis 1888 bzw. 1848 zurückgehenden Akten, die mit den aktuellen polnischen Verwaltungsbedürfnissen begründet wurden. Auch in diesem Fall wurde das Provenienzprinzip in ähnlichem Rahmen wie im Prager Übereinkommen zugunsten der aktuellen Verwaltungstätigkeit eingeschränkt. Was die historischen Archive betrifft, gingen damit Österreichs Verpflichtungen über Art. 193 St-Germain hinaus, doch entsprach die vorliegende Regelung den Prinzipien, die Österreich stets verteidigte.

§ 10 Österreichisch-ungarischer Ausgleich

Als Verhandlungs- und Vertragspartner der Republik Österreich unterschied sich Ungarn von den anderen Nachfolgestaaten in zweifacher Hinsicht. Zum einen gehörte Ungarn wie Österreich zu den Verliererstaaten des Ersten Weltkrieges und konnte in seinen Forderungen nicht auf dieselbe Unterstützung durch die Hauptmächte zählen. Zudem war der Friedensvertrag von St-Germain schon unterzeichnet und die Österreich verpflichtenden Kulturgüterbestimmungen festgeschrieben, als die Alliierten und Assoziierten die Vertragsverhandlungen mit Ungarn aufnahmen.[762] Zum anderen standen die beiden Staaten seit dem Ausgleich von 1867 als gleichberechtigte und weitgehend unabhängige Reichshälften nebeneinander. Nur die Geschäfte der auswärtigen Angelegenheiten, des Kriegswesens und des Finanzwesens in diesen gemeinsamen Angelegenheiten unterstanden einer gemeinsamen Verwaltung. Dieser Umstand hatte zur Folge, dass Ungarn beim Zerfall der österreichisch-ungarischen Monarchie bereits im Besitz des ganz überwiegenden Teils der die Verwaltung des ungari-

---

[762] Die ungarische Friedensdelegation traf am 7. Januar 1920 in Paris ein. Weil Ungarn nicht Vertragspartner des Staatsvertrages von St-Germain ist, machte es seine Forderungen gegenüber Österreich anlässlich der eigenen Friedensverhandlungen in Trianon geltend. Zu den Friedensverhandlungen zwischen Ungarn und der Friedenskonferenz vgl. DEÁK, S. 173 ff.

schen Königreiches betreffenden Akten war. Ausserdem waren schon seit dem Ausgleich im Jahre 1867 systematisch Unterlagen auch aus Wiener Behörden und Archiven nach Budapest abgegeben worden.

I. Die Herausgabeforderungen Ungarns

In einer ausführlichen Note mitsamt 6 Anhängen an die alliierten und assoziierten Hauptmächte anlässlich der Friedensverhandlungen in Trianon sowie zehn Jahre später in Rechtsschriften im Rahmen des österreichisch-ungarischen Schiedsverfahrens machte Ungarn seine Ansprüche gegenüber Österreich geltend.[763] Im Ergebnis verlangte Ungarn eine Beteiligung von 50 Prozent des Wertes des gemeinsamen Staatsvermögens (Hofärar) wie des gebundenen Privatvermögens des ehemaligen Herrschaftshauses mitsamt dessen Sammlungen, die den wesentlichsten Teil des Familienvermögens bildeten. Ungarn verlangte den hälftigen Anteil an den habsburgischen Sammlungen in Natura, davon in erster Linie die widerrechtlich zum Nachteile Ungarns ausgeführten Kunstwerke.[764] Sollte diesem Anspruch Ungarns nicht entsprochen werden, verlangte es die Herausgabe des *patrimoine intellectuel*. Um diese Forderungen vor dem Hintergrund der geltenden Friedensverträge erfolgreich durchsetzen zu können, war es aus Sicht Ungarns notwendig, dass die Staaten Österreich und Ungarn nicht als Nachfolgestaaten gemäss Art. 208 St-Germain und Art. 191 Trianon interpretiert wurden.[765]

---

[763] Vgl. Note XXVIII. On the objects of Art vom 12. Februar 1920 mit Annexen 1–5 und A), in: Hungarian Peace Negotiations II, S. 238–243; die Klageschrift der königlich-ungarischen Regierung an das Hohe Schiedsgericht in Lausanne gegen die österreichische Bundesregierung, in welcher sie ihre aus der vermögenschaftlichen Liquidation der ehemaligen österreichisch-ungarischen Monarchie sich ergebenden Ansprüche geltend macht (Budapest, 27. Dezember 1930; nachfolgend Klageschrift), S. 73 ff. und Ziff. 6 bis 8 der Zusammenfassung auf S. 102, sowie die Replik der königlich-ungarischen Regierung auf die Klagebeantwortung der österreichischen Bundesregierung in der Angelegenheit der aus der vermögensrechtlichen Liquidation der österreichisch-ungarischen Monarchie sich ergebenden und geltend gemachten Ansprüche der königlich-ungarischen Regierung (Budapest, 31. Dezember 1931; nachfolgend Replik), S. 235 ff. (AdR, St-Germain, Karton 27, Rechtsschriften der königlich-ungarischen Regierung). Bereits am 30. Januar 1919 hat der ungarische Ministerpräsident Archivbestände gefordert (vgl. Schreiben von Redlich vom 17. März 1919 [AdR, St-Germain, Karton 13, Fasz. III/6, Teilfasz.]).

[764] Vgl. die Klageschrift Ungarns, S. 102 f. (AdR, St-Germain, Karton 27, Rechtsschriften der königlich-ungarischen Regierung).

[765] Gemäss Art. 208 Abs. 3 St-Germain können die Nachfolgestaaten auf das ausserhalb ihrer Gebiete befindliche Vermögen der ehemaligen oder gegenwärtigen österreichischen Regierung keinen Anspruch erheben, während Art. 191 Abs. 1 Trianon festhält, dass die Staaten, denen ein Gebiet der ehemaligen österreichisch-ungarischen Monarchie übertragen wurde oder die aus dem Zerfall dieser Monarchie entstanden sind, alles Vermögen erwerben, das der ehemaligen oder gegenwärtigen österreichischen Regierung gehört und auf ihren Gebieten gelegen ist. Zu Art. 208 St-Germain vgl. vorne S. 93 ff.

Ungarns Argumente für seine Forderungen lassen sich wie folgt zusammenfassen:

1. Ungarns hälftiger Anteil an den habsburgischen Sammlungen

Ungarn listete eine Reihe von historischen und rechtlichen Gründen auf, um seinen hälftigen Anspruch an den hofärarischen und fideikommissarischen Sammlungen der ehemaligen Herrscherdynastie zu untermauern.[766] Nach Auffassung Ungarns fällt die Entwicklung dieser Sammlungen in die Zeit, in der die Habsburgerdynastie sowohl in Österreich als auch in Ungarn regiert hat. Allerdings hätten sich Ungarns Könige in Ungarn aufgehalten, doch seinen permanenten Sitz habe das Haus Habsburg in Wien gehabt. Die Konsequenz sei gewesen, dass auch die höchsten Verwaltungsbehörden und die kulturellen Institutionen des kaiserlichen Hofes ihren Sitz in Wien gehabt hätten, mit der Folge, dass Archive und Sammlungen dieser Behörden und Institutionen ausschliesslich auf österreichischem Territorium gebildet worden seien. Gemeinsame Behörden oder Sammlungen der österreichisch-ungarischen Monarchie, die Archivbestände oder Kulturgüter besitzen, hätten in Ungarn keine existiert.

Doch habe Ungarn, wie deren Regierung weiter folgerte, ebenso wie Österreich zur Hofhaltung und damit auch zum Erwerb und zum Unterhalt dieser Sammlungen beigetragen, seitdem es von denselben Herrschern wie Österreich regiert worden sei.[767] Die aus diesen öffentlichen Abgaben erworbenen Güter sollten deshalb auf beide Staaten proportional zu ihren Ausgaben verteilt werden.[768]

Ungarn wies auch auf die besondere staatsrechtliche Lage hin, die es innerhalb der österreichisch-ungarischen Monarchie eingenommen hatte.[769] So sei Ungarn ein dem ehemaligen Kaisertum Österreich gleichgestellter Staat mit gemeinsamem Herrscherhaus gewesen, und auch das Verhältnis beider Staaten dem Herrscherhaus gegenüber sei gleich zu beurteilen. Daher sollten beide Staaten bei der Auflösung und Liquidierung der ehemaligen Monarchie an den Samm-

---

[766] Vgl. zum Folgenden die Klageschrift Ungarns S. 76 ff. (AdR, St-Germain, Karton 27, Rechtsschriften der königlich-ungarischen Regierung).

[767] Dies gelte sowohl für die kaiserlichen Hofsammlungen als auch für diejenigen von einzelnen Mitgliedern des Hauses Habsburg. Als Beispiel nannte Ungarn den Familien- und Avitikalfond, der 1756 von Maria Theresia gegründet worden sei und seinen Ursprung in Ungarn gehabt habe (vgl. Note XXVIII. On the objects of Art vom 12. Februar 1920, in: Hungarian Peace Negotiations II, S. 240 f.). Annex 2. von Note XXVIII. enthält eine Liste der sogenannten österreichischen Hofinstitutionen und Hofsammlungen, an deren Gründung und Unterhalt sich Ungarn beteiligt habe (vgl. Hungarian Peace Negotiations II, S. 252).

[768] Vgl. Klageschrift, S. 78 f; Replik, S. 237, 263 ff. (AdR, St-Germain, Karton 27, Rechtsschriften der königlich-ungarischen Regierung). Gemäss Lhotsky, Verteidigung der Wiener Sammlungen, S. 641, bemerkte ein ungarischer Vertreter gegenüber dem Hofrat und Direktor des Münzkabinetts August Loehr: «Wenn Vater stirbt, erben alle Kinder.»

[769] Vgl. Klageschrift, S. 79 f. (AdR, St-Germain, Karton 27, Rechtsschriften der königlich-ungarischen Regierung).

lungen, die im Besitze des ehemaligen gemeinsamen Herrscherhauses standen, beteiligt werden. In diesem Zusammenhang appelliert die ungarische Klageschrift explizit auch an ausser- bzw. überrechtliche Normen: «Es wäre eine rechtliche und moralische Unmöglichkeit, dass nach der Auflösung der dualistischen Monarchie der eine Staat diese wichtigen Güter allein für sich behalte.»[770]

Ungarn bestritt, dass die Sammlungen den Typus der systematisch ausgebauten und organischen Sammlungen darstellten.[771] Die wichtigsten Teile der fideikommissarischen Sammlungen der Dynastie seien ausserhalb Wiens entstanden und nach Wien bereits als fertige Sammlungen gelangt, in einem Stadium, in dem die Geistesarbeit des Sammelns bereits vollendet gewesen sei. Von einem Wiener *patrimoine intellectuel* könne keine Rede sein. Eine Aufteilung würde daher keine Einheit zerstören, weshalb ihnen keine Sonderrechte zustünden.[772]

Ungarns Forderungen nach den im Privatbesitz des ehemaligen Herrscherhauses stehenden Sammlungen bezogen sich auf das Kunsthistorische Museum, und zwar sowohl auf dessen Abteilungen in Wien[773] als auch auf die ausserhalb des Hofmuseums gelegenen Sammlungen[774], sowie auf die Hofbibliothek.[775]

2. Herausgabe des *patrimoine intellectuel* Ungarns

Für den Fall, dass Ungarns Anspruch auf 50 Prozent der fideikommissarischen Sammlungen nicht entsprochen würde, verlangte Ungarn die Herausgabe des *patrimoine intellectuel.*[776] Es verwies diesbezüglich auf die eifrige Sammeltätig-

---

[770] Klageschrift, S. 80 (AdR, St-Germain, Karton 27, Rechtsschriften der königlich-ungarischen Regierung).

[771] Vgl. Klageschrift, S. 80 f.; Replik, S. 239 f. (AdR, St-Germain, Karton 27, Rechtsschriften der königlich-ungarischen Regierung).

[772] Vgl. Klageschrift, S. 80 ff.; Replik, S. 238 (AdR, St-Germain, Karton 27, Rechtsschriften der königlich-ungarischen Regierung).

[773] Namentlich die Altertümersammlung, die Münzen- und Medaillensammlung, die Waffen- und Kunstgewerbesammlung, die Estensische Sammlung, die Gemäldegalerie und Museumsfachbibliothek (vgl. Klageschrift, S. 76 [AdR, St-Germain, Karton 27, Rechtsschriften der königlich-ungarischen Regierung]).

[774] Es sind dies die Schatzkammer, die Fideikommissbibliothek, die Mosaikbilder aus dem Zeremoniensaal der Hofburg, die Hof-Gewehrkammer, Hofsattelkammer und Hofwagenburg, die Sammlung in Laxenburg, das Schloss Ambras sowie die Tapetensammlung (vgl. Klageschrift, S. 76 f. [AdR, St-Germain, Karton 27, Rechtsschriften der königlich-ungarischen Regierung]).

[775] Ferner wurden auch Objekte aus der geistlichen Schatzkammer, aus der Hofwagenkammer und aus der Hofsilberkammer gefordert.

[776] Das Folgende nach Annex 1. von Note XXVIII. The part Hungary played in the formation of the collections of the court of the Habsburgs. A sketch of the deposits in these collections due to Hungary, in: Hungarian Peace Negotiations II, S. 249–251, sowie Klageschrift, S. 73 ff., und Replik, S. 235 ff. (AdR, St-Germain, Karton 27, Rechtsschriften der königlich-ungarischen Regierung).

keit, der die österreichischen Monarchen und andere Mitglieder des Hauses Habsburg, nicht zuletzt auch in Ungarn, während Jahrhunderten und ohne Rücksicht auf Herkunft und Erwerbstitel nachgegangen waren, um ihrer Herrschaft zusätzlichen Glanz zu verleihen. Aus Ungarn seien auf diese Weise viele Kunstschätze und andere Kulturgüter wie Archivbestände von nationaler Bedeutung nach Wien gelangt.[777] Nach ungarischer Auffassung war dieser Kulturgüterimport Folge eines österreichischen Mangels an eigener nationaler Kunst. Der Zugriff auf ungarische Kunstwerke sei auf Grund der Hoheitsrechte und Erbschaften der Könige von Ungarn erfolgt,[778] oft aber auch in Verletzung ungarischer Rechte[779] oder einfach durch Zwangsmassnahmen. Oft hätten die Kriege gegen die Türkei Gelegenheit dazu geboten, die ungarischen Kulturgüter zum Schutz nach Österreich zu verlegen[780] oder zurückerobertes ungarisches Kunst- und Kriegsmaterial nach Österreich zu bringen.[781] Auch die reichen Sammlungen der ungarischen religiösen Orden, nachdem sie im 18. Jahrhundert unter Joseph II. säkularisiert worden waren, seien nach Wien verlegt worden. Schliesslich seien auch Kulturgüter nach Wien gelangt, die den Habsburgern als Könige von Ungarn mehr oder weniger geschenkt[782] oder die bei ungarischen Widerstandskämpfern illegal konfisziert worden seien.[783]

All diese Gegenstände sind nach Auffassung der ungarischen Regierung stets Eigentum des Staates Ungarn oder der ungarischen Monarchie geblieben, da sie zum *patrimoine intellectuel* der ungarischen Nation gehören. Dass sie sich im Zeitpunkt des Zerfalls der österreichisch-ungarischen Monarchie auf dem Territorium der österreichischen Republik befänden, ändere an ihrem rechtlichen Status nichts.

---

[777] Vgl. auch KOWALSKI, S. 146, wonach *«numerous cultural heritage objects of great importance to the Hungarian national identity had been kept in museums in Vienna»*.

[778] Z.B. Attilas Schatzfund von 1791 und weitere im ungarischen Boden gemachten prähistorischen und römischen Funde.

[779] So etwa die Schatzfunde von Sînnicolaul Mare (ungarisch Nagyszentmiklós), Osztrópatak und Szilágysomlyó (rumänisch Simleul Silvaniei).

[780] Z.B. Teile des ungarischen Königsschatzes und bedeutende Handschriften der Corvinus-Bibliothek gelangten derart in die Wiener Hofbibliothek.

[781] So z.B. die Rüstung von Ludwig II., der im Krieg gegen die Türken bei Mohacs gefallen war.

[782] Beispielsweise die berühmte Krone von Stephen Bocskay. Als Beispiel für ein unfreiwilliges Geschenk nannte die ungarische Delegation in Trianon das Marmorrelief des Königs Mathias Corvinus und der Königin Beatrix (vgl. Annex 1. von Note XXVIII. The part Hungary played in the formation of the collections of the court of the Habsburgs. A sketch of the deposits in these collections due to Hungary, in: Hungarian Peace Negotiations II, S. 249, mit weiteren Beispielen).

[783] Nach dem ungarischen Aufstand 1848–49 seien selbst aus dem Nationalmuseum Gegenstände nach Wien gebracht worden.

Ein Standpunkt Ungarns in diesem Zusammenhang verdient aus kulturgüterrechtlicher Sicht besondere Beachtung. Ungarn war nämlich der Ansicht, dass die nationalitätsstiftende Beziehung des Kulturgutes nicht direkt vom Territorium stamme, sondern in erster Linie von der Bevölkerung, die auf diesem Territorium lebt oder gelebt hat. Ungarn beabsichtigte mit dieser Auffassung, auch diejenigen Kulturgüter von Österreich zu erhalten, die aus ehemals ungarischen, mittlerweile aber an seine Nachfolgestaaten abgetretenen Gebieten kamen.[784] Angesichts der Tatsache, dass Ungarn durch den Friedensvertrag von Trianon ungefähr zwei Drittel seines Staatsgebietes verloren hat, war dieses Argument bedeutend.

3. Archive

Die Ausgangslage für die Aufteilung der allgemeinen Archiv- und Registraturbestände war verhältnismässig einfach, weil Ungarn infolge des Ausgleichs mit Österreich im Jahr 1867 relativ unabhängig und selbständig von der österreichischen Reichshälfte funktionierte und dabei eine eigene Gesetzgebung, Verwaltung und Justiz betrieb.[785] Seit dem Ausgleich von 1867 waren auch systematisch Unterlagen aus Wiener Zentralbehörden und Archiven nach Budapest abgegeben worden.[786] Die Archive und Registraturen der österreichischen und ungarischen Behörden waren daher zum Zeitpunkt des Zusammenbruchs schon weitgehend getrennt. Ungarn bestritt zudem nicht, dass die Archive des ehemaligen Kaisertums Österreich (Cisleithanien), also aus der Zeit nach 1867, österreichisches Eigentum waren.[787] Streitpunkt und Anspruch Ungarns war vielmehr das Miteigentum am Schriftenmaterial der gemeinsamen österreichisch-ungarischen Staats- und Verwaltungsstellen.[788] Die Tätigkeit der Zentralbehörden der österreichisch-ungarischen Monarchie beschränkte sich zwar seit dem Ausgleich von

[784] So etwa die Schatzfunde von Sînnicolaul Mare (ungarisch Nagyszentmiklós, das nach dem Krieg und auch heute zu Rumänien gehört), Osztrópatak (das nach dem Krieg zur Tschechoslowakei und heute zur Slowakei gehört) und Szilágysomlyó (das heute Simleul Silvaniei genannt wird und ebenfalls zu Rumänien gehört).

[785] Vgl. vorne S. 15 ff.

[786] Wenigstens soweit es sich um lokale Archive handelte (vgl. FITSCHEN, Rechtliches Schicksal, S. 125, mit Verweis auf Paul Eder, Über Archivfragen in den Friedensverträgen des 19. und 20. Jahrhunderts, in: Korrespondenzblatt des Vereins für siebenbürgische Landeskunde, Bd. 47 [1924], S. 17).

[787] Vgl. BITTNER, Zwischenstaatliche Verhandlungen, S. 59 Fn. 2.

[788] Vgl. zum Folgenden die ungarische Note XXVIII. On the objects of Art vom 12. Februar 1920 und ausführlich im dazugehörigen Annex 3. The common (Austria and Hungarian) material in the archives of Vienna, beide in: Hungarian Peace Negotiations II, S. 238 ff. und S. 253 ff.; RESS, S. 265; SILAGI, Internationale Regelungen, S. 316; BITTNER, Zwischenstaatliche Verhandlungen, S. 59 Fn. 2.

1867 auf die den beiden Reichshälften gemeinsamen Angelegenheiten.[789] Doch davor, als Ungarn über dreihundertvierzig Jahre lang unter der Herrschaft der Habsburger war, bezogen sich die Aktivitäten der habsburgischen Zentralbehörden in Wien teilweise auch auf das ungarische Gebiet, weshalb sich diese Schriftbestände in den Wiener Archiven befanden.

All die geforderten Dokumente würden für Ungarn nicht nur authentische und wertvolle Quellen seiner Geschichte darstellen, ohne sie würden der Regierung viele wichtige Daten der Geschäfte des Äussern oder des Militärs fehlen.

Allerdings war Ungarn bereit, bei der Herausgabe das Prinzip *«respect du fonds»* möglichst zu respektieren. Soweit die Herausgabe von Akten, die Ungarn betreffen, den Zusammenhang zerstören würden, müssten diese Akten als gemeinsames Eigentum (Kondominium) von Ungarn und der Republik Österreich erklärt werden.[790] Dies betraf die Archive der ehemals gemeinsamen österreichisch-ungarischen Behörden.

II. Österreichs Gegenposition

Österreich wehrte sich dezidiert gegen die Ansprüche Ungarns.[791] Gestützt auf § 5 des Habsburgergesetzes vom 3. April 1919 und in Übereinstimmung mit Art. 208 Abs. 1 und 2 St-Germain gehöre sowohl der Teil der Sammlungen, der dem k.k. Hofärar, als auch derjenige Teil, der zum fideikommissarischen Privatvermögen der Familie Habsburg-Lothringen gehört habe, soweit er sich auf dem Gebiete der Republik Österreich befunden habe, zum Eigentum der Republik Österreich. Das Hofärar sei bereits vor dem Zusammenbruch der österreichisch-ungarischen Monarchie rein österreichisches Staatsvermögen, nicht aber Ver-

---

[789] Vgl. vorne S. 16 f.; Fitschen, Rechtliches Schicksal, S. 125.

[790] In Annex 3. der Note XXVIII The common (Austria and Hungarian) material in the archives of Vienna listet Ungarn das Archivmaterial in Wien auf, das gemeinsames Eigentum sein soll (Hungarian Peace Negotiations II, S. 243). Ungarn schlägt weiter vor, dass die Leitung und Verwaltung dieser Archive in einem separaten Abkommen zwischen Österreich und Ungarn geregelt werden soll. Zu weiteren Vorschlägen Ungarns zur Aussonderung und zur gemeinsamen Nutzung der Archive und gemeinsamen Sammlungen in Annex 3. vgl. Hungarian Peace Negotiations II, S. 243.

[791] Vgl. zum Folgenden die Klagebeantwortung der österreichischen Bundesregierung auf die Klageschrift der königlich-ungarischen Regierung, in welcher die königlich-ungarische Regierung «ihre aus der vermögensrechtlichen Liquidation der österreichisch-ungarischen Monarchie ergebenden Ansprüche geltend macht» (Wien, 18. April 1931; nachfolgend Klagebeantwortung), S. 155 ff., und Duplik der österreichischen Bundesregierung auf die Replik der königlich-ungarischen Regierung, betreffend die angeblichen Ansprüche der königlich-ungarischen Regierung aus der vermögensrechtlichen Liquidation der österreichisch-ungarischen Monarchie (Wien, 27. Mai 1932; nachfolgend Dublik), S. 225 ff. (AdR, St-Germain, Karton 26, Rechtsschriften der österreichischen Bundesregierung).

mögen der österreichisch-ungarischen Monarchie oder gemeinsames Vermögen gewesen. Beim gebundenen Privatvermögen des Herrscherhauses (Familienfideikommissen) habe es sich dagegen um Privatvermögen im Sinne des bürgerlichen Rechts gehandelt.

Schon gar nicht habe Ungarn für Hofzwecke in Österreich finanzielle Beiträge geleistet. Höchstens in vereinzelten Fällen seien Auslagen für die Anschaffung von Kunstobjekten mittels ungarischer Mittel beglichen worden. Doch existiere auf völkerrechtlicher Ebene keine Regel, wonach bei der Auflösung eines Staates oder einer Staatengemeinschaft die ehemaligen Teile dieser Gemeinschaft eine Beteiligung an den Gütern beanspruchen könnten, die durch gemeinsame finanzielle Beitragsleistungen entstanden seien.[792]

In Abgrenzung zum normalen Vermögen hob Österreich den besonderen kulturellen Charakter des Kulturbesitzes hervor, dessen Zuordnung Erwägungen höherer Art erfordere. Dies hätten auch die Siegermächte erkannt und das Eigentum an den Sammlungen nicht allein entsprechend dem Territorialprinzip gemäss Art. 208 St-Germain und Art. 191 Trianon geregelt, sondern mittels des Grundsatzes des *patrimoine intellectuel* korrigiert (vgl. Art. 196 St-Germain und Art. 177 Abs. 2 Trianon[793]). Den Wiener Sammlungen habe der Friedensvertrag von St-Germain, abgesehen von dieser Korrektur zugunsten des *patrimoine intellectuel*, Einheitlichkeit und Einzigartigkeit attestiert, sodass sie in gewissem Sinne der ganzen Welt gehörten. Das Eigentum daran könne darum nicht uneingeschränkt und willkürlich ausgeübt werden, weil das in den Sammlungen niedergelegte Kulturerbe einer Nation besonders empfindlich sei. Im Gegensatz zu den übrigen *«zusammengekauften Museen der Jetztzeit»*[794], seien die Wiener Sammlungen infolge ihrer Entstehung und Entwicklung in sich organisch geschlossen und darum selbst ein Geschichtsdenkmal. Die Sammlungen seien darum als Wiener *patrimoine intellectuel* zu qualifizieren.

Im Übrigen stelle der Vertrag von Trianon Ungarn den anderen Nachfolgestaaten hinsichtlich eventueller Ausfolgung von ungarischem *patrimoine intellectuel* gleich. Mehr als Verhandlungen über die Herausgabe seines *patrimoine intellectuel* könne Ungarn nach Aussagen der Alliierten nicht zugestanden werden. Dementsprechend erklärte sich Österreich bereit, in solche Verhandlungen über das ungarische *patrimoine intellectuel* aus den ehemals hofärarischen und fidei-

---

792 Vgl. Klagebeantwortung, S. 175 ff. (AdR, St-Germain, Karton 26, Rechtsschriften der österreichischen Bundesregierung), die in diesem Zusammenhang auf die Berichte des Juristenkomitees in Sachen Österreich gegen Tschechoslowakei bzw. Österreich gegen Belgien verwies.

793 Zu Art. 177 Trianon vgl. hinten S. 174 ff.

794 Klagebeantwortung, S. 158 (AdR, St-Germain, Karton 26, Rechtsschriften der österreichischen Bundesregierung).

kommissarischen Sammlungen auf Grundlage der Gegenseitigkeit einzutreten. Irgendwelche Ansprüche Ungarns, basierend auf moralischen oder kulturpolitischen Billigkeitserwägungen, lehnte Österreich jedoch ab. Nach Auffassung Österreichs waren Werke ungarischer Provenienz nur in ganz verschwindendem Masse in den Sammlungen vertreten, weil die Geschichte beider Staaten seit Jahrhunderten untrennbar war, was auch ihre kulturellen Äusserungen beeinflusste, so dass sich die Grenzen der intellektuellen Provenienz verwischten.[795] Ungarisches *patrimoine intellectuel* liesse sich daher fast nicht mehr ausmachen.[796] Auch lehnte Österreich die von Ungarn geforderte Herausgabe von Schatzfunden ab, die aus Territorien stammten, die nach dem Ersten Weltkrieg zu Rumänien oder zur Tschechoslowakei gehörten.

> *«Wie immer man den Begriff ‹patrimoine intellectuel› auslegt, die Beziehung eines Schatzfundes zu dem Boden, auf dem er gemacht wurde, steht unter allen Umständen ausser Zweifel.»*[797]

Bezüglich der Archive waren sich die ungarischen und österreichischen Fachleute einig, dass die archivalische Liquidation in Anwendung des Provenienzprinzips zu vollziehen sei. Unterschiedliche Auffassungen bestanden aber bezüglich der zukünftigen eigentumsrechtlichen Zugehörigkeit der Archive. Im Gegensatz zu Ungarn, das ein Miteigentumsrecht am Archiverbe der Monarchie forderte, beanspruchte Österreich das alleinige Eigentumsrecht.[798]

III. Der Vertrag von Trianon

Wichtige Grundlage für die Verhandlungen zwischen Österreich und Ungarn bot der am 4. Juni 1920 zwischen den alliierten und assoziierten Mächten und Ungarn geschlossene Friedensvertrag von Trianon.[799] Er basierte auf der These der Subjektidentität zwischen Ungarn und der ungarischen Reichshälfte (Transleithanien) der österreichisch-ungarischen Monarchie, sodass die beiden Staaten rechtlich einander gleichgesetzt wurden.

Die Kulturgüterbestimmungen wurden wie die meisten Vertragsbestimmungen im Vertrag von Trianon praktisch wörtlich von den Bestimmungen des Friedens-

---

[795] Im Detail vgl. die österreichische Klagebeantwortung, S. 171 ff. (AdR, St-Germain, Karton 26, Rechtsschriften der österreichischen Bundesregierung), worin zumeist schon der von Ungarn beschriebene historische Sachverhalt bestritten wird.

[796] Vgl. Lhotsky, Verteidigung der Wiener Sammlungen, S. 644.

[797] Klagebeantwortung, S. 172 (AdR, St-Germain, Karton 26, Rechtsschriften der österreichischen Bundesregierung).

[798] Vgl. Ress, S. 266.

[799] Abgedruckt in: de Martens, 3ème Série, XII, S. 423 ff., und Niemeyer, S. 471 ff.

vertrages von St-Germain übernommen. Folgende Konkordanztabelle vergleicht die beiden Friedensverträge bezüglich der Kulturgüterartikel.[800]

Friedensvertrag von St-Germain		Friedensvertrag von Trianon
Art. 93	=	Art. 77
Art. 191	=	Art. 175
Art. 192	=	Art. 176
Art. 193 Abs. 1 (Frist bis 1861 zurück)	≈	Art. 177 Abs. 1 (Frist bis 1868 zurück)
Art. 193 Abs. 2	=	Art. 178
Art. 194	=	Art. 179
Art. 195		–
Art. 196	≈	Art. 177 Abs. 2
–		Art. 177 Abs. 3
Art. 208	=	Art. 191

Zwischen den Kulturgüterartikeln der Verträge von Trianon und St-Germain sind nur wenige inhaltliche Unterschiede auszumachen. So wurde in Art. 193 Abs. 1 St-Germain festgelegt, dass Österreich die während der letzten zehn Jahre entfernten Kulturgüter zurückzugeben habe. Im entsprechenden Artikel 177 Abs. 1 des Vertrages von Trianon wurde das Stichdatum auf das Jahr 1868 gesetzt.[801] Gegenüber Italien waren Ungarn wie Österreich gehalten, die seit 1861 entfernten Kulturgüter zurückzugeben.

Zwei Kulturgüterbestimmungen sind jeweils ohne Entsprechung im anderen Vertrag. So fehlt im Vertrag von Trianon eine Art. 195 St-Germain entsprechende Anordnung, wonach ein Juristenkomitee prüfen sollte, ob bestimmte Kulturgüter widerrechtlich entfernt worden seien. Dies dürfte damit zusammenhängen, dass die Habsburger ihre Sammlungen vorwiegend in Wien aufbauten bzw. zusammentrugen. Die Kulturgüter, die in widerrechtlicher Weise aus habsburgisch-österreichisch beherrschten Gebieten weggebracht wurden, gelangten daher stets in das neuösterreichische Territorium und nicht nach Ungarn.

Umgekehrt gelang es Ungarn mit Art. 177 Abs. 3 Trianon, eine Sondernorm einzubringen, die seinem Verlangen nach Klärung des Verhältnisses zu Österreich

---

[800] Vgl. auch Fitschen, Rechtliches Schicksal, S. 124.

[801] Weshalb Ungarn während einer längeren Frist als Österreich zur Rückgabe verpflichtet wurde, ist nicht schlüssig. Nach ungarischer Auffassung handelte es sich schlicht um einen Irrtum. Bemerkenswert ist, dass im Gegensatz zum englischen und französischen Vertragsentwurf der italienische noch eine dem Vertrag von St-Germain entsprechende Frist von zehn Jahren enthielt (vgl. Note XXVIII. On the objects of Art vom 12. Februar 1920, in: Hungarian Peace Negotiations II, S. 245).

wenigstens ein Stück weit entgegenkam.[802] Während Absatz 2 von Art. 177 Trianon über weite Strecken Art. 196 St-Germain entspricht,[803] setzt Art. 177 Abs. 3 Trianon Ungarn den anderen Nachfolgestaaten Österreichs gleich und berechtigt es, unter denselben Bedingungen mit Österreich Verhandlungen aufzunehmen, um sein *patrimoine intellectuel* zurückzuerlangen.[804]

Während der jahrelangen Verhandlungen zwischen Österreich und Ungarn waren die Bedeutung von Art. 177 Abs. 2 und 3 Trianon bzw. Art. 196 St-Germain sowie das Verhältnis dieser Bestimmungen zueinander umstritten. Ungarn stellte sich auf den Standpunkt, dass mit Art. 177 Abs. 2 und 3 Trianon bzw. Art. 196 St-Germain die Ansprüche Ungarns an Österreich nicht abschliessend geregelt würden.[805] Ungarns Anspruch auf das Miteigentum an den Sammlungen würde durch diese Bestimmungen darum nicht tangiert. Nach Meinung der österreichischen Regierung regelten Art. 177 Abs. 2 und 3 Trianon bzw. Art. 196 St-Germain die Ansprüche Ungarns abschliessend. Ein Miteigentumsanspruch auf die Hälfte der Sammlungen sei darum ausgeschlossen.[806]

---

802 Vgl. FITSCHEN, Rechtliches Schicksal, S. 124. Im Übrigen scheiterte Ungarn bei den Siegermächten mit seinen Bemühungen, die Kulturgüterbestimmungen zu seinen Gunsten zu ergänzen. Vgl. die von der ungarischen Delegation vorgeschlagenen Anpassungen in der Note XXVIII. On the objects of Art vom 12. Februar 1920, in: Hungarian Peace Negotiations II, S. 242 ff.

803 Im Unterschied zu Art. 196 lit. a St-Germain, der sich lediglich auf das *«patrimoine intellectuel des districts cédés»* bezog, betraf Artikel 177 Abs. 2 lit. a Trianon das *«patrimoine intellectuel desdits Etats»*. Dem Wortlaut entsprechend hätte Ungarn also zusätzlich auch diejenigen Objekte zurückgeben müssen, die nicht zum *patrimoine intellectuel* der abgetretenen, sondern anderer Gebiete der Nachfolgestaaten gehörten.

804 Ungenau daher KOWALSKI, S. 147, der ungarisches *patrimoine intellectuel* mit solchem Kulturgut gleichsetzt, das einen Bezug zum ungarischen Territorium aufweist. Wie das Prager Übereinkommen zwischen Österreich und der Tschechoslowakei von 1920 gezeigt hat, konnte mit *patrimoine intellectuel* auch losgelöst vom Territorium eine Verbindung zum Staat bestehen (vgl. dazu vorne S. 138 f.). Gerade Ungarn verlangte als *patrimoine intellectuel* bezeichnete Fundgegenstände, die in Territorien gefunden worden waren, die nach dem Ersten Weltkrieg Drittstaaten zugeschlagen wurden (vgl. vorne S. 171).

805 Vgl. Klageschrift, S. 77 und 81, und Replik, S. 248 ff. (AdR, St-Germain, Karton 27, Rechtsschriften der königlich-ungarischen Regierung).

806 Vgl. Klagebeantwortung, S. 167 f.; Duplik, S. 228 (AdR, St-Germain, Karton 26, Rechtsschriften der österreichischen Bundesregierung). Österreich verwies hierzu auf eine einschlägige Antwortnote der Alliierten vom 6. Mai 1920 an Ungarn anlässlich der Friedensverhandlungen in Trianon, wonach die alliierten und assoziierten Mächte mit Abs. 3 von Art. 177 Trianon *«have granted Hungary the maximum of what they are able to do»* (Antwort der alliierten und assoziierten Mächte auf die Bemerkungen der ungarischen Delegation zu den Friedensbedingungen, in: Hungarian Peace Negotiations II, S. 557).

Ein erstes Verhandlungsergebnis erzielten Österreich und Ungarn betreffend das Burgenland.[807]

IV. Vergleich vom 26. Februar 1923 betreffend das Burgenland

Am 26. Februar 1923 schloss Österreich mit Ungarn im Rahmen eines Schiedsverfahrens betreffend das Burgenland einen Vergleich.[808] Obwohl die Friedensverträge von St-Germain und Trianon das Burgenland («Westungarn») Österreich zugesprochen hatten (vgl. je Art. 27), musste Österreich nach einer Volksabstimmung die Hauptstadt Ödenburg und acht weitere Gemeinden an Ungarn abtreten.[809]

In Artikel III. lit. c des Vergleichs einigten sich die Parteien darauf, dass Ungarn die zur geordneten Verwaltung im Burgenlande erforderlichen Akten und sonstigen Amtsbehelfe ohne Verzug an Österreich ausfolge.

Kurz darauf, im März 1923, begannen zwischen den beiden Staaten umfassende Verhandlungen über finanzielle und vermögensrechtliche Fragen. Trotz der bestehenden Meinungsverschiedenheiten über die Auslegung der Friedensverträge waren sich die beiden Regierungen einig, den ungarischen Wünschen hinsichtlich des kulturellen Erbes entgegenzukommen.[810] Bis zur Erledigung sämtlicher Archivfragen zwischen Österreich und Ungarn dauerte es nochmals rund drei Jahre.

V. Archivübereinkommen vom 28. Mai 1926

Am 28. Mai 1926 unterzeichneten Österreich und Ungarn in Baden bei Wien das Übereinkommen betreffend die Archive.[811] Gemäss Prolog bezweckte es, die Auseinandersetzung über die Archive und Registraturen der ehemals gemeinsamen k.u.k. österreichisch-ungarischen Behörden gemäss Art. 177 Trianon zu regeln. Das Übereinkommen regelte die Archivansprüche Ungarns endgültig (Ziff. XXIV. Abs. 1).

---

[807] Zu den provisorischen Übereinkommen 1921 und 1922 betreffend ungarische Archivdelegierte im Kriegsarchiv, Haus-, Hof- und Staatsarchiv und Hofkammerarchiv vgl. Ress, S. 267.

[808] Der Vergleich trat gleichentags in Kraft und ist publiziert in BGBl 133/1923.

[809] Neue Hauptstadt des jüngsten Bundeslandes Österreich wurde Eisenstadt.

[810] Vgl. Ress, S. 267.

[811] Abgedruckt bei Silagi, Internationale Regelungen, S. 324–333. Das Übereinkommen trat am 1. Januar 1927 in Kraft (vgl. Ziff. XXIV. Abs. 2).

Im Einzelnen verpflichtete es Österreich, die Schriftbestände, die zum *patrimoine intellectuel* Ungarns gehörten, an Ungarn herauszugeben (Ziff. I. Satz 1). Was ein Archiv als ungarisches *patrimoine intellectuel* auszeichnet, sagte das Übereinkommen allerdings nicht. Was die Vertragsparteien explizit nicht wollten, war die Aufteilung von in sich geschlossenen Archivbeständen. In Anerkennung des archivalischen Provenienzprinzips sollten daher diejenigen Bestände, die physisch nicht geteilt werden konnten, *«als kulturell gemeinsames Eigentum (patrimoine intellectuel) beider Staaten»* ungeteilt und unveräusserlich in Wien verbleiben (Ziff. I. Satz 2).[812] Im Interesse Österreichs wurde schliesslich betont, dass sich die Anerkennung als kulturell gemeinsames Eigentum *(patrimoine intellectuel)* ausschliesslich auf Archive und Registraturen der ehemals gemeinsamen Behörden vom Jahre 1526 bis zum 31. Oktober 1918[813] beziehe und vor allem kein Präjudiz für die Auseinandersetzung über das sonstige kulturelle Eigentum darstelle (Ziff. I. Satz 3).[814]

Mit der in Ziff. I. beschriebenen Formel wurde vermieden, dass sowohl die bei den ehemals gemeinsamen k.u.k. österreichisch-ungarischen Behörden erwachsenen Schriftbestände als auch die älteren Akten der Zentralbehörden, die Ungarn betrafen, in Verletzung des Provenienzprinzips auseinandergerissen wurden. Beim *patrimoine intellectuel* Ungarns im Sinne von Ziff. I. dürfte es sich daher nur noch um Schriftbestände handeln, die in den Zentralstellen der gemeinsamen Behörden entstanden waren und Ungarn ausschliesslich betrafen.[815] Obwohl das Übereinkommen von kulturell gemeinsamem Eigentum spricht, dürfte es sich nicht um Eigentum im zivilrechtlichen, sondern im geistigen oder kulturellen Sinne handeln. Ungarn gab damit seine Ansprüche auf ein

---

[812] In diesem Sinne wurden in Ziff. II. diejenigen Bestände aufgelistet, die *nicht* zum kulturell gemeinsamen Eigentum gehören, sondern zu Österreich, wie z.B. das Archiv der Reichskanzlei und des Reichshofrates.

[813] Der 31. Oktober 1918 wurde gewählt, weil am 1. November 1918 Kaiser und König Karl die ungarische Regierung von ihrem Treueeid entband (vgl. Lorenz Mikoletzky, Generaldirektor des Österreichischen Staatsarchivs und Präsident des Internationalen Archivrats [ICA], in seiner Begrüssungsrede am 2. März 2006 zum 250. Jubiläum des ungarischen Staatsarchivs).

[814] Aus diesem Grund soll das Übereinkommen auch nie publiziert worden sein (vgl. Silagi, Staatsuntergang und Staatennachfolge, S. 276). Der in der Präambel umschriebene Gegenstand des Übereinkommens, nämlich die Archive und Registraturen der ehemals gemeinsamen k.u.k. österreichisch-ungarischen Behörden, ist insofern unpräzis, als diese mit «k.u.k» umschriebenen Behörden erst seit dem Ausgleich 1867 bestanden, das Übereinkommen aber auch bereits die Schriftbestände der seit 1526 gemeinsamen Behörden umfasst.

[815] Vgl. Ress, S. 268. Entgegen der Auffassung von Silagi, Internationale Regelungen, S. 320, waren Bestände ungarischer Provenienz, die in Wien aufbewahrt wurden (wie z.B. die Archive des ungarischen Ministeriums von 1848/49), von Ziff. I. nicht betroffen, weil es sich nicht um Bestände gemeinsamer Behörden handelt. Die Rückgabe von in österreichischen staatlichen Archiven gelagerten, aber in Ungarn erwachsenen Archiven wurde vielmehr in Ziff. XIII. geregelt.

Kondominium im Sinne von zivilrechtlichem Miteigentum an diesen Schriftbeständen endgültig auf.[816]

Um aber gleichwohl die Interessen Ungarns an seinem geistigen Miteigentum angemessen zu berücksichtigen, wurde es dazu berechtigt, diese Archive und Registraturen durch die Entsendung von Archivdelegierten permanent zu benutzen und auszuleihen (vgl. Ziff. III. bis VII.).[817]

In Ziff. XIII. regelt das Übereinkommen die Herausgabe von Archivbeständen, die provenienzgemäss in ungarische bzw. österreichische Archive gehören, sich aber im jeweilig anderen Staat befinden. Damit sollten auch Schriftbestände übergeben werden, die nicht gemeinsamen Behörden entstammten.

Wie schon in den anderen Archivabkommen Österreichs wurde auch gegenüber Ungarn das Provenienzprinzip zugunsten der laufenden Verwaltungstätigkeit eingeschränkt. Zu diesem Zweck musste Österreich die Bestände abgeben, die für die ungarische Verwaltung notwendig waren, ausschliesslich Ungarn betrafen und aus der Zeit zwischen 1888 und 31. Oktober 1918 stammten bzw. bezüglich Vorakten schon ab 1868 (Ziff. XIV. Abs. 1).

Mit dieser Kompromisslösung wurde beiden Staaten die ursprünglich geforderte Benutzung der Archivbestände ermöglicht.[818] Sie erwies sich im Vergleich zu den damals gängigen Archivsperren für Ausländer und Archivzensurierungen im ostmitteleuropäischen Raum als bahnbrechend und zukunftsweisend.[819] Es gelang den Parteien zudem, den Begriff des *patrimoine intellectuel*, der sich auf Grund der Friedensverträge nicht eindeutig definieren liess, im Archivbereich in einer kooperationsfördernden Form auszulegen und zu konkretisieren. Wie Ress zu Recht hervorhebt, war der grosse Fortschritt in dieser Richtung die Lösung des *patrimoine intellectuel* von der starren territorialen Bindung, das heisst, die Akzeptanz des kulturellen Interesses eines Staates an den ausserhalb seines staatlichen Hoheitsgebietes befindlichen Archivalien.[820]

Zu Beginn wurde diese Einrichtung in Österreich heftig kritisiert, doch änderte sich dies mit den Jahren. In neuerer Zeit wurde die ungarische Archivdelegation, die bis heute in Wien tätig ist, als beispielhafte Institution bezeichnet, die auch die Tätigkeit der österreichischen Archivare, insbesondere im Bundeslandarchiv

---

[816] Vgl. Silagi, Internationale Regelungen, S. 320; Ress, S. 268.

[817] Bereits seit dem Ausgleich 1867 waren die Archive der gemeinsamen Ministerien verpflichtet, ungarische Archivare anzustellen (vgl. Ress, S. 264 f.).

[818] Vgl. Ress, S. 268.

[819] Vgl. zum Folgenden Ress, S. 268 f., der selber als ungarischer Archivdelegierter in Wien tätig war.

[820] Vgl. Ress, S. 269.

Burgenland, befruchtet und «in keiner Weise wegzudenken oder überhaupt wegzudiskutieren ist!»[821]

VI. Übereinkommen von Venedig vom 27. November 1932 betreffend museale und Bibliotheksbestände

Weit schwieriger als die Verhandlungen über die Archive und Registraturen gestaltete sich die Auseinandersetzung über die Sammlungsobjekte.[822] Rund zwölf Jahre nach Abschluss des Friedensvertrages von Trianon einigten sich Österreich und Ungarn im Rahmen eines Schiedsverfahrens schliesslich im Übereinkommen vom 27. November 1932 betreffend museale und Bibliotheksbestände.[823] In materieller Hinsicht einigten sich die Parteien auf folgende Regelung:

Österreich wurde verpflichtet, verschiedene, in den Beilagen I. und II. aufgelistete und genau bezeichnete Objekte auszufolgen, während Ungarn unter dem Titel der Reziprozität die in der Beilage III. aufgelisteten Objekte herauszugeben hatte (Artikel I. und II.).[824]

---

821 Vgl. Lorenz Mikoletzky, Generaldirektor des Österreichischen Staatsarchivs und Präsident des Internationalen Archivrats (ICA), in seiner Begrüssungsrede am 2. März 2006 zum 250-Jahr-Jubiläum des ungarischen Staatsarchivs. Die Ungarische Archivdelegation wurde 1945 unter dem Dachverband des Österreichischen Staatsarchivs vereinigt. Zu den administrativen und wissenschaftlichen Aufgaben und Zielen der Delegierten vgl. Ress, S. 269 ff., und die Informationen des Österreichischen Staatsarchivs auf <http://www.oesta.gv.at/site/4933/default.aspx> (besucht am 14. Januar 2010).

822 Vgl. zum Folgenden Tietze, L'accord austro-hongrois, S. 92; de Visscher, S. 286; Kowalski, S. 146 ff. Zu den schwierigen Verhandlungen mit Ungarn vgl. Lhotsky, Verteidigung der Wiener Sammlungen, S. 641 ff. Dass das Finanzministerium die Verhandlungsführung mit Ungarn übernahm, erschwerte die Wahrung der kulturgüterrechtlichen Interessen Österreichs. Es neigte nämlich dazu, sich durch die Herausgabe wertvoller Kulturgüter Verhandlungsvorteile zu erkaufen (vgl. Lhotsky, Verteidigung der Wiener Sammlungen, S. 642 f.).

823 Abgedruckt in: League of Nations Treaty Series, No. 3753 (1935), S. 396. Es wurde von beiden Staaten am 27. Februar 1933 ratifiziert und trat gleichentags in Kraft (vgl. Artikel VIII.). Der Vertrag wurde in deutscher und ungarischer Sprache ausgefertigt, wobei im Falle von Abweichungen zwischen den beiden Texten der deutsche Text massgebend ist. Zum Zeitpunkt des Vertragsschlusses waren die ungarische Klageschrift und Replik sowie die österreichische Klagebeantwortung und Duplik beim Schiedsgericht in Lausanne betreffend Ansprüche Ungarns aus der vermögenschaftlichen Liquidation der ehemaligen österreichisch-ungarischen Monarchie bereits eingereicht worden. Das österreichisch-ungarische Schiedsgericht mit Sitz in Lausanne hatte sich am 15. September 1930 konstituiert (vgl. Haselsteiner/Szávai, S. 8). Zum österreichisch-ungarischen Schiedsgerichtsverfahren allgemein vgl. Haselsteiner/Szávai, S. 7 ff.

824 Gemäss Lhotsky, Verteidigung der Wiener Sammlungen, S. 648, waren die von Ungarn herausgegebenen Objekte nicht allzu bedeutend. Österreich habe grundsätzlich nicht an Forderungen gegenüber Ungarn gedacht, sondern sei erst durch die Sachlage und Art. 196 St-Germain dazu genötigt worden. Vgl. ferner Treue, S. 311.

Die zu Ungarns *patrimoine intellectuel* gehörenden Gegenstände, die in den Beilagen I. und II. nicht aufgeführt waren und daher Ungarn nicht ausgefolgt werden mussten, wurden als gemeinsames österreichisch-ungarisches Kulturgut anerkannt (Artikel III. Absatz 1). Diese Gegenstände blieben fortan in den Wiener Sammlungen und durften von Österreich nicht an Dritte veräussert werden (Artikel III. Absatz 2). Was zu Ungarns *patrimoine intellectuel* gehört, wurde im Übereinkommen aber nicht weiter spezifiziert. Für den Fall einer diesbezüglichen Meinungsverschiedenheit wurde vorgesehen, dass ein von beiden Regierungen ausgewählter wissenschaftlicher Sachverständiger entscheiden soll (Artikel III. Absatz 3).

Die Herausgabe der in den Beilagen I. und II. aufgeführten Gegenstände beruhte auf zwei Gedanken, nämlich der Zugehörigkeit zum *patrimoine intellectuel* Ungarns und der Entschädigung durch Österreich. Zu diesen eng mit der ungarischen Geschichte verbundenen Objekten gehörten sämtliche in Beilage I. aufgeführten 36 Handschriften, darunter ein Drittel des berühmten Bestandes an Corvinus-Handschriften sowie viele der in Beilage II. aufgeführten 150 Musealgegenstände wie Waffen, Rüstungen, Reliquien und Kunstgegenstände.[825]

Österreich übergab aber auch einige Gegenstände, die als Entschädigung für Ungarns Verzicht auf weitere Kulturgüter gedacht waren.[826] Hervorgehoben seien zum Beispiel die zwei Altarflügel eines Triptychons von Hans Memling «Christus mit dem Kreuz» und «Die Auferstehung», deren Mittelteil sich seit längerer Zeit in der Gemäldegalerie in Budapest befand. Zum gleichen Zweck wurde etwa das Werk «Herkules, Omphale und Satyr» von Tintoretto oder die «Infantin Margaretha Theresia» von Carreño zurückgegeben sowie einige Waffen und Rüstungen, die die Sammlung des Ungarischen Nationalmuseums vervollständigen sollten.[827] Wirklich bedeutende Gegenstände, die die Wiener Sammlungen in ihrem Kern geschwächt hätten, fanden sich aber nicht darunter, weil Ungarn zugunsten der Sammlungen auf die Rückgabe der bedeutendsten Objekte seines Kulturerbes verzichtete.[828]

---

825 Vgl. TIETZE, L'accord austro-hongrois, S. 94 ff. Vgl. auch LHOTSKY, Verteidigung der Wiener Sammlungen, S. 648, und Annex 1. von Note XXVIII. The part Hungary played in the formation of the collections of the court of the Habsburgs. A sketch of the deposits in these collections due to Hungary, in: Hungarian Peace Negotiations II, S. 250. Vgl. auch TREUE, S. 311, sowie THOMAS, S. 223 f. und 230 ff., wonach die Rüstung in Innsbruck für den polnischen König geschaffen wurde. Trotzdem ist die Rüstung weiterhin im Nationalmuseum von Budapest ausgestellt.

826 Vgl. TIETZE, L'accord austro-hongrois, S. 95.

827 Vgl. TIETZE, L'accord austro-hongrois, S. 95; vgl. ferner ENGSTLER, S. 261; KOWALSKI, S. 147.

828 Beispiele für die letztlich erfolglosen Forderungen Ungarns waren die grossen frühmittelalterlichen Goldfunde, das Schwert von Attila (Säbel Karls des Grossen), die übrigen zwei Drittel der Corvinus-Handschriften, eine bronzene Büste der Königin Maria sowie eine Anzahl Objekte der Waffensammlung (vgl. TIETZE, L'accord austro-hongrois, S. 96; LHOTSKY, Verteidigung der Wiener Sammlungen, S. 642 und 645 ff.).

Doch Ungarns Interessen wurden auch anderweitig gewahrt. Hinsichtlich der ehemals hofärarischen und familienfideikommissarischen Sammlungen gewährte Österreich ungarischen Organen bevorzugte Benutzungsrechte (Artikel IV. Absatz 2)[829] und räumte sowohl ungarischen Besuchern wie Wissenschaftlern im Sinne einer Meistbegünstigungsklausel dieselben Vorzugsbedingungen ein, wie sie Österreichern zugestanden würden (Artikel IV. Absatz 6 und 7). Hinsichtlich des zum ungarischen *patrimoine intellectuel* gehörigen Bestandes wurden Ungarn besondere Leih- und Publikationsrechte zugesprochen (Artikel IV. Absatz 4 und 7, Artikel V.).

Mit diesem Übereinkommen wurden alle gegenseitigen Ansprüche auf museale und Bibliotheksbestände endgültig geregelt (Artikel VII.). Einzig die von Ungarn als *patrimoine intellectuel* herausverlangte Krone des Woiwoden Siebenbürgens Stephan Bocskay blieb in Wien, weil Rumänien ebenfalls seinen Anspruch darauf anmeldete. Bis die Angelegenheit zwischen Ungarn und Rumänien geklärt war, weigerte sich Österreich, die Krone herauszugeben (Schlussprotokoll I.).[830]

Das Übereinkommen wurde von beiden Seiten als gute freundschaftliche Lösung eines schwierigen und langjährigen Streites beurteilt.[831] LHOTSKY sieht die Basis eines solchen guten Übereinkommens im Faktor Zeit, der sehr wichtig sei, um vorschnelle, durch die politischen Ereignisse erregte Entscheide zu verhindern. Auch misst er der Bedeutung einer soliden, quellenkritisch fundierten Geschichtsforschung grosse Bedeutung zu.[832] In der Tat konnte eine pragmatische, die Interessen des Kulturgüterschutzes wahrende Lösung gefunden werden. Der in den Friedensverträgen von St-Germain und Trianon verwendete Begriff des *patrimoine intellectuel* war ein Kind des im 19. Jahrhundert entwickelten Nationalismus und entsprach dem Zeitgeist des nationalen Selbstbewusstseins

---

[829] Ungarn wurde zudem berechtigt, ein ständig delegiertes Amtsorgan einzusetzen (Artikel IV. Abs. 5).

[830] Die Krone befindet sich noch heute, 76 Jahre nach dem Abkommen mit Ungarn, in Wien und ist in der Schatzkammer des Kunsthistorischen Museums ausgestellt (SK Inv.-Nr. XIV 25). Zum Fall der Bocskay-Krone vgl. LHOTSKY, Verteidigung der Wiener Sammlungen, S. 645 f.

[831] Vgl. TIETZE, L'accord austro-hongrois, S. 92, 94, Mitglied der österreichischen Verhandlungsdelegation; etwas zurückhaltender noch Loehr, Hofrat und Direktor des Münzkabinetts, wonach das «abgeschlossene Übereinkommen ein Optimum ist, das überhaupt zu erreichen war», und der ungarische Vertreter Bálint: «Wir haben keinen Grund zu triumphieren, (…) können aber dennoch zufrieden sein, da das uns abgetretene Material die vom Gesichtspunkte der ungarischen Geschichte und Kultur aus wichtigsten und bekanntesten ungarischen Denkmäler umfasst.» Zitiert nach LHOTSKY, Verteidigung der Wiener Sammlungen, S. 648 f. Aus neutraler Position und mit einem zeitlichen Abstand von fast 70 Jahren sprach KOWALSKI, S. 146 f., gar von einem möglichen Modellvertrag.

[832] Vgl. LHOTSKY, Verteidigung der Wiener Sammlungen, S. 649.

unterdrückter Völker im 19. Jahrhundert. Auf ältere Kulturgüter war er aber kaum anwendbar, angesichts der engen kulturellen Verflechtungen in den vergangenen Jahrhunderten. Damals verfügte ein Kulturgut von einem bestimmten Wert zumeist über Beziehungen zu mehreren Nationen.[833] Dies galt in verschärftem Masse für die Staaten Österreich und Ungarn, die fast vierhundert Jahre lang eng verbunden waren. Im Laufe der Zeit wurden viele Kulturgüter mit einer engen ungarischen Beziehung auch zu österreichischem *patrimoine intellectuel.*[834] Deshalb wurden schliesslich nur relativ wenige Kulturgüter als rein ungarisches *patrimoine intellectuel* anerkannt und nach Ungarn zurückgebracht.

Darüber hinaus erwies sich die Übergabe von Kulturgütern als Ersatz dafür, dass Ungarn auf die Herausgabe von gemeinsamem *patrimoine intellectuel* verzichtete, als geglückt, weil damit auseinandergerissene Kunstwerke wieder zusammengebracht werden konnten. Laut ENGSTLER war dieses Anliegen vom kunstgeschichtlichen Standpunkt aus noch dringlicher als der Zusammenhalt von Kollektionen.[835]

§ 11 Beurteilung

Der Zusammenbruch der österreichisch-ungarischen Monarchie Ende des Ersten Weltkrieges stellte Österreich und die Siegermächte vor grosse Herausforderungen. Italien, die Tschechoslowakei, Rumänien, Jugoslawien, Polen, Ungarn und auch Belgien konfrontierten Österreich mit umfangreichen Kulturgüterforderungen. Nur ein Teil dieser Herausgabeansprüche war im eigentlichen Tatbestand der Staatensukzession begründet. Weil der Zerfall der Doppelmonarchie mit dem Ersten Weltkrieg zusammenfiel, verlangten die Nachfolgestaaten gleichzeitig auch Reparationen für die Zerstörung von Kunstwerken durch völkerrechtswidrige Handlungen und die Restitution von Kulturgütern, die während des Krieges aus besetzten Gebieten weggebracht worden waren. Schliesslich wurde auch die Restituierung von Kulturgütern verlangt, die angeblich in Verletzung (lokaler) Rechtsordnungen nach Österreich ausgeführt worden waren. Für die Bewältigung einer so grossen Liquidationsaufgabe im Rahmen einer Staatensukzession gab es damals keine Vergleichsbeispiele, weshalb diesbezüglich Erfahrungen fehlten.[836]

---

833 Vgl. TIETZE, L'accord austro-hongrois, S. 92; TURNER, S. 93.

834 Dies wurde auch in Artikel IV. so festgehalten: «Da die Geschichte mehrerer Jahrhunderte zwischen Österreich und Ungarn gemeinsame kulturelle Interessen begründet hat und die enge Verknüpfung dieser Interessen mit den ehemals hofärarischen und familienfideikommissarischen Sammlungen anerkannt wird, (...)».

835 Vgl. ENGSTLER, S. 261.

836 Vgl. RILL/SPRINGER/THOMAS, S. 291; SILAGI, Internationale Regelungen, S. 316.

Erste Weichen für eine Verteilung der Kulturgüter zwischen Österreich und den Nachfolgestaaten wurden mit dem Friedensvertrag von St-Germain vom 10. September 1919 zwischen den alliierten und assoziierten Siegermächten und Österreich gestellt. Die Einbettung der Kulturgüterbestimmungen in Abschnitt 2 des Teils VIII. *«Réparations»* (Wiedergutmachungen) des Friedensvertrages erfolgte allerdings aus dogmatischer Sicht systemwidrig. Während die *Dispositions générales* (Art. 177–190) der *Réparations* (Teil VIII.) an die Verantwortung Österreichs für die Verluste und Schäden anknüpfen, die die Alliierten und Assoziierten im Krieg erlitten haben, beziehen sich die *«Dispositions particulières»* (Art. 191–196) mehrheitlich auf den Tatbestand der Staatensukzession.[837] Nur Art. 191 weist einen Zusammenhang zum Krieg auf; eine Zwischenstellung nimmt Art. 192 ein. Anders jedoch die Artikel 193 bis 196. Sie betreffen ausschliesslich die Auseinandersetzung im Rahmen der Staatensukzession und haben keine Verbindung zum Krieg oder zur Kriegsschuld Österreichs.[838] Es handelt sich im technischen Sinne weder um Reparationen, die Österreich als Schadenersatz zu leisten hat, noch um Restitutionen kriegsbedingt verbrachter Kulturgüter.[839]

Der Friedensvertrag hat die in Art. 208 umschriebene Zuordnung des Staatsvermögens nach dem Territorialprinzip für die beweglichen Kulturgüter korrigiert und sie eigenen Zuordnungsregeln unterstellt. Damit berücksichtigt er die besonderen Interessen der beteiligten Staaten in Bezug auf die Kulturgüter. Den

---

[837] Der erste Abschnitt wird mit dem eigentlichen Kriegsschuldartikel eröffnet (Art. 177), der im Vertrag von Versailles in Art. 271 seine Vorlage hatte und die Wiedergutmachungen rechtfertigen sollte. Die Allgemeinen Bestimmungen verpflichten Österreich zur Zahlung von Kriegsschäden im engeren Sinne (dies sind die Schäden gegen die Zivilpersonen der alliierten und assoziierten Staaten und die Wiedergutmachung für verletztes Kriegsrecht [vgl. Art. 178 und Anlage I]), aber auch von weiteren Schäden infolge der Kriegshandlungen.

[838] Richtig daher die Kritik Österreichs hierzu während der Verhandlungen zum Friedensvertrag (Bemerkungen der deutschösterreichischen Delegation zur Gesamtheit der «Friedensbedingungen» mit Deutschösterreich, überreicht am 6. August 1919, in: Bericht Friedensdelegation II, S. 150). Vgl. ferner NECK, Kulturelle Bestimmungen, S. 353.

[839] Unter Reparation ist die im Friedensvertrag ausbedungene Schadenersatzpflicht zu verstehen, die mit Geld oder gattungsmässig oder individuell bestimmten Sachen geleistet werden kann. Gegenstand ist eine Ersatzleistung und nicht die Rückgabe weggenommener Objekte. Der Begriff Restitution dagegen beschreibt die Rückgabe einst weggenommener Kulturgüter, mit dem Ziel, den status quo ante wieder herzustellen. Gemeinhin wird darunter die Rückführung von Kulturgütern verstanden, die im Zusammenhang mit bewaffneten Konflikten entfernt wurden, aber auch von solchen Kulturgütern, die illegal bzw. aus Ursprungsländern (Kolonialstaaten) ausgeführt wurden. Sowohl bei der Reparation als auch bei der Restitution handelt es sich um eine Form der Wiedergutmachung (vgl. TURNER, S. 37; HARTUNG, S. 64 ff.; ODENDAHL, Kulturgüterschutz, S. 191 f.). Um den Unterschied zwischen diesen Sachverhalten mit unterschiedlichen Anspruchsgrundlagen und Rechtsfolgen auszudrücken, schlägt KOWALSKI, S. 162 f., vor, für die Rückführung von Kulturgütern nach Staatensukzession den Begriff Restitution zu meiden und stattdessen den Betriff *«repatriation»* zu verwenden. Bereits DE VISSCHER, S. 283, sprach im Zusammenhang mit Art. 196 St-Germain von *«repatriement»*.

Begehren einzelner Nachfolgestaaten nach Kulturgütern als Ersatz für Kriegsschäden haben die Siegermächte jedoch zu Recht nicht nachgegeben.

Inhaltlich waren die Kulturgüterbestimmungen des Friedensvertrages von St-Germain für Österreich nicht so ungünstig, wie es die österreichischen Delegierten und ihre Fachleute im ersten Moment wahrgenommen haben. Die während des Krieges aus besetzten Gebieten entfernten Kulturgüter hätte Österreich nach damals bereits geltendem Haager Kriegsrecht ohnehin zurückgeben müssen. Die während des Krieges aus den abgetretenen Gebieten entfernten Objekte mussten ebenfalls zurückgestellt werden (Art. 192). Damit wurden allfällige Versuche Österreichs verhindert, angesichts der bevorstehenden staatspolitischen Veränderungen durch innerstaatliche Verlegungen von Kulturgütern ein Fait accompli für die künftigen Liquidationsverhandlungen zu schaffen. Beide Bestimmungen blieben denn auch mehr oder weniger unbestritten.

Was die laufenden Behördenregistraturen betrifft, so fiel die in Art. 93 getroffene Regelung für Österreich ebenfalls günstig aus. Die in Österreich entstandenen Registraturen waren in Übereinstimmung mit dem Prinzip der Provenienz von der Regelung grundsätzlich nicht betroffen (Art. 93 Abs. 1). Selbst dort, wo davon abgewichen wurde, geschah dies nicht zum einseitigen Nachteil Österreichs, weil auch die Nachfolgestaaten bei gegebenem Sachverhalt verpflichtet waren, die für die Verwaltungstätigkeit notwendigen Dokumente herauszugeben (Art. 93 Abs. 2). Hinsichtlich der historischen Archive musste Österreich nur die während der letzten zehn Jahre entfernten Dokumente zurückstellen (Art. 193). Damit mussten selbst diejenigen Registraturen nicht zurückgestellt werden, die einst von Behörden der abgetretenen Gebiete begründet und im Zusammenhang mit der Archivierung unter Wahrung des Registraturzusammenhangs in die Wiener Zentralarchive eingeordnet worden waren. Eine solche Rückgabepflicht wäre durchaus in Übereinstimmung mit dem Provenienzgrundsatz gewesen. Angesichts der grossen Ausdehnung des einstmaligen Habsburgerreichs und der Tatsache, dass bereits im 18. Jahrhundert mit der Zentralisierung wichtiger Bestände aus den beherrschten Ländern in Wien begonnen worden war, mussten selbst österreichische Fachleute feststellen, dass die in Art. 193 niedergelegte Abgabepflicht Österreichs äusserst moderat ausfiel.[840]

Es war eine gute und vernünftige Lösung, dass ein Juristenkomitee darüber entschied, ob die Verlegung von Kulturgütern nach Österreich zulässig erfolgt war oder nicht (Art. 195). Das zwischenstaatliche Verhältnis der Parteien war nach dem Zerfall der Monarchie sehr angespannt und stellte für die anstehenden Verhandlungen keine günstige Ausgangslage dar. Kommt hinzu, dass die dem Komitee unterbreiteten Fragen nach rein rechtlichem Massstab zu beurteilen waren.

---

[840] Vgl. BITTNER, Zwischenstaatliche Verhandlungen, S. 80; RILL/SPRINGER/THOMAS, S. 292. Vgl. ferner FITSCHEN, Rechtliches Schicksal, S. 115.

Die Befürchtungen Österreichs, Art. 196 erlaube es den Nachfolgestaaten, die desolate politische und wirtschaftliche Situation, in der sich Österreich befand, auszunützen, weil die Bestimmung weder inhaltlich noch verfahrensmässig Vorgaben für ein Sonderabkommen machte, haben sich nur teilweise bestätigt. Es war richtig, den betroffenen Staaten Gelegenheit zu geben, mittels Sonderabkommen dem unbestimmten Begriff *patrimoine intellectuel* Konturen zu verleihen, und nicht einschränkend vorzugreifen. Mehr Klarheit zumindest aus dogmatischer Sicht wäre dagegen beim Begriff *district d'origine* erwünscht gewesen.

Nach Abschluss des Friedensvertrages hat sich das Blatt teilweise zu Ungunsten Österreichs gewendet. In den ersten bilateral geführten Verhandlungen zwischen Österreich einerseits und Italien sowie der Tschechoslowakei andererseits wurde das vorliegende Machtgefälle zwischen den siegreichen Nachfolgestaaten und dem politisch und wirtschaftlich stark geschwächten Österreich ausgenutzt, um in den Ausführungsabkommen die Zuordnungsregeln zum Teil neu und abweichend vom ursprünglichen Friedensvertrag festzulegen.[841] Indem die Ausführungsabkommen mehr oder weniger stark in die Rechte und Pflichten der Parteien gemäss Friedensvertrag eingriffen, handelte es sich nicht mehr um Ausführungsübereinkünfte zum Friedensvertrag von St-Germain im engeren Sinne, sondern materiell um neue Sonderabkommen.[842]

Bezüglich der Archivbestände unterscheiden die Ausführungsabkommen deutlicher noch als der Friedensvertrag von St-Germain zwischen für die Verwaltungstätigkeit notwendigen Archiv- und Registraturbeständen und historischen Archivbeständen. Sie zeichnen sich mehrheitlich durch zwei vom Friedensvertrag abweichende Grundsätze aus. Erstens wurde mit Ausnahme des Sonderabkommens mit Italien in allen Abkommen das Provenienzprinzip zwecks Aufbau und Fortführung der Verwaltungstätigkeit in den abgetretenen Gebieten durchbrochen. Österreich hatte die Registratur- und Archivbestände nach dem Betreffsprinzip abzugeben, wovon selbst das Schriftenmaterial der Zentralbehörden in Wien tangiert wurde. Der Eingriff in die Registraturordnung wurde damit begründet, dass dadurch die Verwaltungstätigkeit in den abgetretenen Gebieten aufrechterhalten werde. Meyer-Landrut kritisiert, dass sich diese Durchbrechung des Provenienzprinzips nur bedingt mit den Verwaltungsbedürfnissen

---

[841] So warf Österreich der Tschechoslowakei vor, es unmittelbar nach Unterzeichnung des Friedensvertrages von St-Germain zum Abschluss eines Sonderabkommens gedrängt und dabei starken wirtschaftlichen Druck ausgeübt zu haben (vgl. Neck, Kulturelle Bestimmungen, S. 355; Bittner, Zwischenstaatliche Verhandlungen, S. 82; Hummelberger, S. 61 ff.).

[842] Vgl. Fitschen, Rechtliches Schicksal, S. 119; Bittner, Zwischenstaatliche Verhandlungen, S. 82; Neck, Archivverhandlungen, S. 438; Rill/Springer/Thomas, S. 294; Meyer-Landrut, S. 104.

der Nachfolgestaaten rechtfertige, weil der administrative und wissenschaftliche Wert eines aus seinem organischen Zusammenhang gelösten einzelnen Aktenstückes ein sehr geringer sei.[843] Im Fall der Tschechoslowakei hält er aber die Abgaben für gerechtfertigt, weil sie fast ausschliesslich aus Gebieten der österreichisch-ungarischen Monarchie entstanden war und eine eigentliche Zentralverwaltung erst aufgebaut werden musste. Bedeutsam ist, dass die Abgabepflicht im Sinne des Betreffprinzips stets zeitlich und inhaltlich eingeschränkt wurde. So hatte Österreich nur Schriftenmaterial abzugeben, das ein bestimmtes Alter nicht überschritt. Erfahrungsgemäss war davon auszugehen, dass älteres Schriftenmaterial nur noch historischen Wert hatte und für die Verwaltung nicht mehr relevant war. Des Weiteren durfte das Schriftenmaterial neben der zeitlichen Beschränkung der Abgabepflicht die abgetretenen Gebiete nur ausschliesslich betreffen.

Andernfalls wurden, dies gemäss dem zweiten Grundsatz, die Nachfolgestaaten ermächtigt, eigene Archivdelegierte mit weitreichenden Kompetenzen in die österreichischen Archive, auch in die Zentralarchive Wiens, zu senden. Diese Duldungspflicht führte über die Pflicht Österreichs *donner communication* gemäss Art. 93 Abs. 2 St-Germain hinaus und verursachte viel Aufwand und Kosten[844]. Doch auch wenn der Institution der Archivdelegierten ausgesprochen viele Rechte eingeräumt wurden, sodass sie zwar nicht rechtlich, aber doch de facto diplomatischen Status erhielt,[845] erwies sie sich als fortschrittlich und zum Teil erfolgreich.

Was die historischen Archivbestände betrifft, musste Österreich in zeitlicher Hinsicht oft mehr zurückgeben, als in Art. 193 St-Germain bestimmt worden war. Doch konnte es gleichzeitig einen wichtigen Erfolg erzielen, indem Italien, die Tschechoslowakei (mit Vorbehalt), Rumänien (mit Vorbehalt), Jugoslawien, Polen und Ungarn das Provenienzprinzip als Grundlage der Zuordnung der historischen Archive anerkannten. Die Rückstellung erfolgte damit in Anwendung des von Österreich geforderten Provenienzprinzips, weshalb die in Wien befindlichen Zentralarchive nahezu unberührt blieben. Bezüglich Ungarn gingen die Parteien am weitesten und qualifizierten die aufgrund des Provenienzprinzips nicht teilbaren Archive der ehemals gemeinsamen Behörden gar als kulturell gemeinsames Eigentum. Die Durchsetzung des Provenienzprinzips als Grundsatz der Abkommen kann auch deshalb als Erfolg Österreichs bezeichnet werden, weil die Nachfolgestaaten mit Ausnahme von Italien selbst nach Unterzeichnung des Friedensvertrags von St-Germain und zu Beginn der Ver-

---

843 Vgl. Meyer-Landrut, S. 103.

844 Vgl. Bittner, Zwischenstaatliche Verhandlungen, S. 94.

845 Vgl. Hummelberger, S. 62.

handlungen über Ausführungsabkommen die Art. 93 und Art. 193 St-Germain im Sinne des Betreffsprinzip auslegten. Mit diesen zum Teil ausgefeilten Kompromisslösungen wurde sowohl den Interessen Österreichs als auch denjenigen der Nachfolgestaaten Rechnung getragen.

Im Bereich der übrigen Kulturgüter ist es schwieriger, einheitliche Tendenzen in den Verträgen auszumachen. Italien schränkte seine Ansprüche auf Eingriffe in die österreichischen Sammlungen im Sinne von Art. 196 lit. a St-Germain allgemein ein, indem nur solche Gegenstände herausgefordert werden durften, deren Entnahme nicht weiter als bis zu einem bestimmten Datum zurückreichte und die auf italienischem Gebiet entstanden waren. Auch verpflichtete sich Italien, Österreich bei der Verteidigung der Sammlungen gegenüber anderen Nachfolgestaaten zu unterstützen. Italien tat dies aber nur, nachdem es viele seiner konkreten Ansprüche durchzusetzen vermocht hatte. Namentlich hatte Österreich auf die Einsetzung des Juristenkomitees zu verzichten und die meisten in Anlage I zu Art. 195 St-Germain genannten Gegenstände herausgeben. Auch wurde ein mehr als fünfzig Jahre altes Abkommen zu Ungunsten von Österreich revidiert.

Auch im Prager Übereinkommen erklärten die Parteien ganz allgemein, vor allem kulturelle und ethische Gesichtspunkte bei der Aufteilung der Kulturgüter berücksichtigen zu wollen, und trafen in diesem Sinne eine Vorauswahl derjenigen Gegenstände, die zum Kulturerbe gehören könnten und Österreich möglicherweise abzugeben hatte. Wie bei den Archiven war vorgesehen, wenn auch nur vorübergehend, tschechoslowakischen Delegierten den Zugang zu diesen Objekten zu gewähren. Dieselben Grundsätze wurden mit Jugoslawien vereinbart. Rumänien und Polen hatten keine allgemeinen Ansprüche auf Kulturgüter in den österreichischen Sammlungen. Schliesslich konnte sich Österreich mit Ungarn zum Austausch bestimmter Objekte durchringen. Die übrigen zum *patrimoine intellectuel* Ungarns gehörenden Kulturgüter verblieben als gemeinsames Kulturgut in Österreich. Doch Österreich musste den ungarischen Delegierten den Zugang zu allen monarchischen Sammlungen gewähren, wie dies bereits bei den Archiven geschehen war.

Auf den Begriff *patrimoine intellectuel* wurde in unterschiedlicher Weise eingegangen. Im Abkommen mit Italien wurde er eingeschränkt, indem der Gegenstand zumindest auf dem Gebiet des Nachfolgestaates entstanden sein musste. Auch wenn dies in den meisten Fällen zutreffen dürfte, sind auch andere Beziehungen vorstellbar, die ein Kulturgut als *patrimoine intellectuel* qualifizieren, wie die Abkommen mit der Tschechoslowakei und Jugoslawien zeigen. Die territoriale Bindung kann damit auch nur indirekt, z.B. über den Urheber, bestehen. Das Kriterium des Entstehungsortes oder der Herkunft ist für die Bestimmung derjenigen Güter, die als kulturelles Erbe der betreffenden Territorien anzusehen sind, daher nicht zwingend. In eine ähnliche Richtung zielt das Argument Ungarns ab, wonach sich Geschichte und ihre Dokumentation nicht direkt auf das Territorium bezieht, sondern in erster Linie auf die Bevölkerung, die auf diesem Gebiet lebt oder gelebt hat.[846]

Was bleibt, ist die Forderung nach einer besonders engen Beziehung des fordernden Nachfolgestaates zum Kulturgut. Ein solches enges kulturelles Verhältnis kann sich aber, wie Österreich argumentierte, in der Zwischenzeit auch zu Österreich bzw. zu dessen Bevölkerung entwickelt haben. Überdies kann das einzelne Kulturgut Teil einer Sammlung sein, die insgesamt zum *patrimoine intellectuel* Österreichs geworden ist. Diesen Gedanken sind die Abkommen mit Ungarn gefolgt, indem Archive zum gemeinsamen Eigentum erklärt wurden und Kulturgüter, die zum *patrimoine intellectuel* Ungarns gehören, in Wien verbleiben konnten. Interessant ist, dass der Austausch von Kulturgütern zwecks Entschädigung für Kulturgüter, auf deren Rückgabe verzichtet worden war, nur im Fall Ungarns ausdrücklich erfolgte.

Bemerkenswert ist schliesslich das teilweise verankerte Prinzip des Schutzes organisch gewachsener Sammlungen von Kulturgütern. Hatte sich bis zum Ersten Weltkrieg der Gedanke der Integrität des einheitlichen Organismus vorwiegend auf den Erhalt von Archivbeständen bezogen, wurde er nun auch vermehrt in die Diskussion um die rechtliche Zuordnung von Kunstwerken eingeführt. Bereits im Zusammenhang mit dem Übereinkommen mit Ungarn wurde dieser Gedanke erstmals ausdrücklich mit dem Prinzip des Erbes der Menschheit in Verbindung gebracht.[847]

Allgemein kann festgehalten werden, dass sowohl der Friedensvertrag von St-Germain als auch die Ausführungsabkommen, die zwar teilweise zu Ungunsten Österreichs vom Friedensvertrag abwichen, aber keineswegs einseitig ausfielen, die Interessen der betroffenen Parteien bezüglich Kulturgüter im Grossen und Ganzen ausgeglichen berücksichtigen.[848] Von einer «grossangelegte[n] systematisch durchgeführte[n] Enteignung»[849] kann, was die Kulturgüter betrifft,

---

[846] Vgl. Note XXVIII. On the objects of Art vom 12. Februar 1920, in: Hungarian Peace Negotiations II, S. 246.

[847] Vgl. Turner, S. 94, mit Verweis auf Tietze, L'accord austro-hongrois, S. 94.

[848] Vgl. etwa Temperley, Vol. V, S. 11: *«Considering how the plunder of an Empire has been collected at Vienna over such a long period of time, the list of articles demanded by the various Allies does not appear anything but moderate and reasonable.»* A.M. Vrdoljak, S. 81, die die wenigen Rückgaben von Kulturgütern nach dem Zusammenbruch der österreichisch-ungarischen Monarchie kritisiert.

[849] Kleinwaechter, S. 296. Ähnlich auch Rill/Springer/Thomas, S. 294, wonach die Archivbestimmungen in den Ausführungsverträgen «nur mit den politischen und wirtschaftlichen Gegebenheiten dieser Zeit zu begründen sind». Vgl. auch Neck, Kulturelle Bestimmungen, S. 355, wonach mit schwersten Verstössen gegen das Provenienzprinzip die Wiener Archive gelichtet worden seien. Vgl. ferner die Völkerrechtskommission, die in ihrem Bericht zum Entwurf der Wiener Konvention über die Staatensukzession in Bezug auf Staatsvermögen, Staatsarchive und Staatsschulden grundsätzliche Vorbehalte gegenüber solchen Friedens-

nicht gesprochen werden. Der Erste Welkrieg richtete sich denn auch nicht auf die kulturelle Niederwerfung eines der Beteiligten.[850] Bei aller zum Teil berechtigten Kritik am Friedensvertrag von St-Germain darf nicht vergessen gehen, dass er unter äusserst schwierigen politischen Verhältnissen abgeschlossen wurde. Die Interessen der Sieger- und Hauptmächte waren keineswegs harmonisch abgestimmt, und dem Schicksal der Kulturgüter wurde unter all den zu regelnden Themen bei weitem kein so hoher Stellenwert beigemessen, wie dies die Fachleute gerne gehabt hätten. Der Friedensvertrag wie auch die daran anknüpfenden Ausführungsabkommen stellen daher nicht nur einen Kompromiss zwischen den Parteien dar, sondern auch zwischen wissenschaftlichen Interessen und allgemeinen Besitzbegehrlichkeiten, die unter anderem auch politisch motiviert waren. Gemäss einer Erklärung der Generaldirektion des österreichischen Staatsarchivs wurden die Verträge mit Italien, Polen, Rumänien, Tschechoslowakei und Ungarn denn auch vollständig umgesetzt.[851]

Die ersten Ausführungsabkommen mit Italien und der Tschechoslowakei wirkten zwar auf die nachfolgenden als Präzedenzfall.[852] Gleichwohl trugen sie der individuellen Geschichte und den unterschiedlichen Bedürfnissen der Nachfolgestaaten Rechnung. Ein Staat wie Ungarn, der über mehrere Jahrhunderte unter derselben Herrschaft stand wie Österreich und dessen kulturelle Geschichte deshalb eng mit derjenigen Österreichs verbunden war, stand vor einer anderen Ausgangslage als etwa Rumänien, das nur einen relativ kleinen Gebietsteil der ehemals österreichischen Reichshälfte zugesprochen erhielt. Die Tschechoslowakei war als junger Staat bezüglich Archiven mit anderen Problemen konfrontiert, als dies Italien war, das über Zentralbehörden mit eigenen Archiven verfügte.

Die bisher behandelten Verträge und Abkommen regelten nur einen individuell-konkreten Fall, nämlich den Zerfall der österreichisch-ungarischen Monarchie. Für die Frage, wie die Zuordnungsprobleme allgemein gelöst werden sollen, geben sie einzeln keine Antwort. Ob ihr Ansatz zukunftsweisend war und sich womöglich auf völkerrechtlicher Ebene verfestigen konnte, soll die anschliessende Untersuchung der heuten Rechtslage zeigen.

---

verträgen anbringt, die Territorialgewinne des Siegerstaates festlegen und gleichzeitig die Probleme der Staatensukzession regeln (UN Doc. A/36/10, S. 33 f. Ziff. 16).

850 Vgl. Fitschen, Rechtliches Schicksal, S. 137 m.w.H.

851 Zur publizistischen Auswertung des österreichisch-jugoslawischen Archivabkommens, vgl. Eine Erklärung der Generaldirektion des österreichischen Staatsarchivs, in: Mitteilungen des österreichischen Staatsarchivs 29 (1976), S. 500, Ziff. 2 lit. a).

852 Vgl. Rill/Springer/Thomas, S. 293; Neck, Kulturelle Bestimmungen, S. 355.

3. Kapitel
Kulturgüter im allgemeinen Recht der Staatensukzession

§ 1 Das Problem

Mit dem Tatbestand einer Staatensukzession stellt sich die Frage des Übergangs völkerrechtlicher Rechte und Pflichten vom Gebietsvorgänger auf den Gebietsnachfolger.[853] Die Staatensukzession wirkt sich auf den gesamten internationalen Status eines Staates aus, namentlich auf völkerrechtliche Verträge, die Staatenverantwortlichkeit, die Mitgliedschaft in internationalen Organisationen, die Staatsangehörigkeit der Bevölkerung des betroffenen Gebietes und die privaten Rechte. Betroffen sind aber auch die Staatsschulden und das Staatsvermögen im Allgemeinen und Kulturgüter und Archive im Besonderen. Diese Fragen zu regeln ist Aufgabe des Rechts der Staatensukzession.[854] Im Einzelfall herrscht aber bis heute eine grosse Unsicherheit darüber, welche Rechte und Pflichten bei Staatennachfolge übertragen werden.[855] Vor allem diejenigen Fälle, bei denen ein Staat untergeht, wie etwa bei der Dismembration, werfen erhebliche sukzessionsrechtliche Probleme auf, weil der ursprüngliche Träger aller staatlichen Rechten und Pflichten wegfällt und mit ihm die gesamte staatliche Rechtsordnung.[856] Hinzu kommt, dass gesicherte theoretische Erkenntnisse zum Recht der Staatensukzession fehlen.[857]

---

[853] Der Eintritt in die Rechte und Pflichten ist die Rechtsfolge, die sich aus der Staatennachfolge ergibt, nicht diese selbst (vgl. DAHM/DELBRÜCK/WOLFRUM, Bd. I/1, S. 158 Fn. 4). Gemäss BROWNLIE, S. 649 f., umschreibt der Begriff Staatensukzession ein Problemfeld und *«does not connote any principle or presumption that a transmission or succession of legal rights and duties occurs»*.

[854] Vgl. HAMMER, S. 21; LEHTO, S. 198 f.; IPSEN, S. 343 Rz. 1; VERDROSS/SIMMA, § 972. Zu weiteren Rechtsgebieten des Staatensukzessionsrechts, insbesondere zum IPR, vgl. EBENROTH, S. 235 ff.

[855] Vgl. ZIMMERMANN, Staatennachfolge, S. 67 f.; SCHACHTER, S. 253; MULLERSON, Continuity, S. 473; BERBER, Bd. 1, S. 254; BOTHE/SCHMIDT, S. 814 f.; WATTS, S. 397; NEUHOLD, S. 83; FIEDLER, State Succession, S. 642 f. Erschwerend wirkt sich aus, dass unterschiedliche Rechtsfolgen an eine Vielzahl von Tatbeständen der Staatensukzession anknüpfen, woraus sich eine Vielzahl von Konstellationen ergibt (vgl. DAHM/DELBRÜCK/WOLFRUM, Bd. I/1, S. 159; WATTS, S. 401; MALANCZUK, S. 161 zum Zusammenhang von Tatbestand und Auswirkungen der Staatensukzession).

[856] Vgl. HAMMER, S. 27; ZEMANEK, Gegenwärtige Fragen der Staatensukzession, S. 88 ff.; vgl. auch vorne bei Fn. 276.

[857] Der Mangel an rechtlich verbindlichen Normen offenbarte sich erneut, als sich die Staatenwelt in Zentral- und Osteuropa neu formierte, d.h. Deutschland sich vereinigte und die UdSSR, Jugoslawien und die Tschechoslowakei auseinander fielen (vgl. NEUHOLD, S. 84).

Dieser Rechtsunsicherheit entgegen steht das hohe Interesse der Völkergemeinschaft an stabilen Rechtsverhältnissen. Eine Staatensukzession soll durch möglichst geringe Veränderungen der bestehenden Rechtspositionen erleichtert und der Rechtsfrieden zwischen Nachfolger- und Vorgängerstaat gewahrt werden.[858]

Für die vorliegende Arbeit interessiert nun die Frage, welche Lösungen das allgemeine moderne Völkerrecht für die Zuordnung von Kulturgütern bei Staatensukzession bereithält. Gibt es eigene Zuordnungsregeln für Kulturgüter? Und wenn ja, inwieweit werden dabei die Interessen und Prinzipien des Kulturgüterschutzes berücksichtigt?

Mögliche Antworten sind als erstes in der Wiener Konvention über Staatensukzession in Staatsvermögen, Staatsarchive und Staatsschulden von 1983 zu suchen. Sie wurde mit dem Anspruch ausgearbeitet, bestehendes Gewohnheitsrecht sowie neu geschaffenes Recht zu kodifizieren und damit neues allgemeines Völkerrecht zu schaffen. Anschliessend soll geprüft werden, ob und allenfalls welche allgemeinverbindliche, d.h. gewohnheitsrechtliche Normen die Staatenpraxis geschaffen hat. Allgemeine Rechtsgrundsätze, wie sie Art. 38 Absatz 1 lit. c des Statuts des Internationalen Gerichtshofes nebst dem Völkergewohnheitsrecht und dem Vertragsrecht als dritte klassische Völkerrechtsquelle aufzählt, lassen sich ihrem Wesen entsprechend für die Staatensukzession nicht finden und können als Rechtsquellen allgemeiner Normen der Staatensukzession daher ausgeschlossen werden.[859]

Zuletzt sollen unverbindliche Normen des Völkerrechts dargestellt werden, die gleichwohl von rechtlicher Relevanz sind. Es sind dies Akte internationaler Organisationen oder Konferenzen und allgemeine Prinzipien, wie sie die Völkerrechtslehre aus der Sukzessionspraxis der Staaten ableitet.

---

[858] Vgl. FIEDLER, Konventionen, S. 38.

[859] So ODENDAHL, Kulturgüterschutz, S. 157 f., und v. SCHORLEMER, S. 346. Der Grund hierfür liegt im Begriff der allgemeinen Rechtsgrundsätze. Diese sind in den meisten nationalen Rechtsordnungen von grundlegender Bedeutung und werden aufgrund ihres Regelungsbereiches auf das Völkerrecht übertragen. In Bezug auf Rechtsmaterien der Staatensukzession sind kaum solche innerstaatliche Rechtsgrundsätze auszumachen. Im Übrigen sind die allgemeinen Rechtsgrundsätze nicht zu verwechseln mit den allgemeinen Grundsätzen des Völkerrechts, die im völkerrechtlichen Vertrags- oder Gewohnheitsrecht verkörperte Prinzipien sind und keinen eigenständigen Rechtsquellencharakter haben. Vgl. hierzu hinten S. 230 ff. sowie VERDROSS/SIMMA, § 605; SCHWEITZER, S. 390.

§ 2 Wiener Konvention über Staatennachfolge in Staatsvermögen, Staatsarchive und Staatsschulden vom 8. April 1983

Am 8. April 1983 wurde nach sechswöchiger Beratung die Wiener Konvention über die Staatensukzession in Bezug auf Staatsvermögen, Staatsarchive und Staatsschulden (nachfolgend WK 83) von der Staatenkonferenz verabschiedet.[860] Sie beruht auf den Vorarbeiten der Völkerrechtskommission der Vereinten Nationen (International Law Commission – ILC bzw. Commission du Droit International – CDI), deren Entwurfstext nur unwesentlich abgeändert wurde.[861] Ziel der Konvention war es, das Sukzessionsrecht zu kodifizieren und in der Entwicklung voranzutreiben, um in den internationalen Beziehungen grössere Rechtssicherheit garantieren zu können.[862] Nach der Wiener Konvention über Staatennachfolge in völkerrechtliche Verträge vom 23. August 1978 (nachfolgend WK 78)[863] war dies die zweite Konvention zur Problematik der Staatennachfolge.

---

860 UN Doc. A/CONF.117/14 vom 7. April 1983. Der englische Text ist abgedruckt in: ILM 22 (1983), S. 306–329. Eine deutsche Übersetzung ist abgedruckt bei Poeggel/Meissner, S. 156 ff. Im englischen und französischen Titel wird der Begriff «Staat» aus stilistischen Gründen nur einmal erwähnt; er gilt aber für alle Wörter (vgl. UN Doc. A/CONF.117/16, Vol. II, S. 5 Ziff. 3 zum ersten Artikel). Die Staatenkonferenz wurde vom Professor Ignaz Seidl-Hohenveldern präsidiert. Das Interesse an der Materie war gering; lediglich 76 von 157 Staaten nahmen an der Staatenkonferenz in Wien teil (vgl. Streinz, S. 202). Bei den 54 Staaten, die für die Annahme des Übereinkommens stimmten, handelte es sich ausschliesslich um Staaten der Dritten Welt, der osteuropäischen Staatengruppe sowie der Türkei. Elf westliche Staaten stimmten gegen die Konvention, und nochmals so viele enthielten sich der Stimme (vgl. Streinz, S. 202; Seidl-Hohenveldern, Wiener Übereinkommen, S. 173 f.; Ipsen, S. 347 Rz. 8; Verdross/Simma, § 974). Wichtige Rechtsfragen der Staatennachfolge blieben ausgeklammert. Für sie gilt die im letzten Absatz der Präambel getroffene Feststellung, dass «die Regeln und Grundsätze des allgemeinen Völkerrechts weiterhin für die Fragen gelten, die in diesem Übereinkommen nicht geregelt sind» (vgl. Seidl-Hohenveldern, Wiener Übereinkommen, S. 174 f.).

861 Es geschah dies unter der Leitung des Sonderberichterstatters Mohammed Bedjaoui. In der 33. Sitzung legte die ILC den definitiven Text ihres Entwurfes fest (vgl. Seidl-Hohenveldern, Wiener Übereinkommen, S. 183 f.). Zur Entstehung der Arbeiten der ILC vgl. die Einführung in UN Doc. A/36/10, S. 9–16; Streinz, S. 198 ff.; Monnier, S. 222 Fn. 2; Nathan, S. 489 f. Zur ILC vgl. ferner Ipsen, S. 229 Rz. 49 f.; Tomuschat, S. 180 f.

862 Vgl. Abs. 3 der Präambel der Konvention. Zu den Aufgaben der ILC vgl. Art. 1 Abs. 1 und Art. 15 des Statuts der ILC (UN Doc A/CN.4/4/Rev.2, <http://untreaty.un.org/ilc/texts/instruments/english/statute/statute_e.pdf> [besucht am 14. September 2008]).

863 UN-Doc. A/CONF.80/31 (1978) vom 22. August 1978. Der englische Text ist abgedruckt in: ILM, Vol. 17 (1978), S. 1488–1517. Poeggel/Meissner, S. 169 ff., haben Auszüge einer deutschen Übersetzung abgedruckt. Die ILC hat bei ihrer Arbeit darauf geachtet, dass die beiden Konventionen in Bezug auf Definitionen, angewendete Prinzipien, usw. soweit mög-

Im Gegensatz zu letzterer ist die Wiener Konvention von 1983 bis zum heutigen Datum nicht in Kraft getreten und wird es wohl auch in Zukunft nicht tun.[864] Trotzdem brachte sie Licht ins Sukzessionsrecht, nicht zuletzt, indem die Vorarbeiten zur Konvention dazu beitrugen, die Staatenpraxis und die damit verbundenen Probleme aufzuarbeiten und zu systematisieren. Die Tatsache, dass die Konvention als multilaterales Abkommen formell bisher keinen Erfolg verzeichnen konnte, schliesst nicht aus, dass einzelne Bestimmungen geltendes Völkerrecht wiedergeben und verfestigen. Die Konvention könnte auch künftigen gewohnheitsrechtlichen Normen den Weg bereiten. Doch gerade mit der vorangetriebenen Weiterentwicklung des Völkerrechts («progressive development of international law») hat die ILC den Bogen überspannt und wesentlich zum Misserfolg der Konvention beigetragen, wie bereits die Diskussionen anlässlich der Staatenkonferenz in Wien erkennen liessen. Dessen ungeachtet wird in Lehre und Praxis zum Sukzessionsrecht regelmässig auf die Konvention und ihre Bestimmungen verwiesen.

I. Allgemeines

Die Konvention widmet nach den «Allgemeinen Bestimmungen» (Teil I.) je einen Teil den drei Regelungsbereichen Staatsvermögen, Staatsarchive und Staatsschulden (Teil II. bis IV.). Auf den für die vorliegende Arbeit nicht relevanten Bereich der Staatsschulden (Teil IV.) wird nicht weiter eingegangen.

1. Begriffliches und Geltungsbereich der Konvention

Als Staatensukzession versteht das Übereinkommen die «Ersetzung eines Staates durch einen anderen in der Verantwortlichkeit für die internationalen Beziehungen eines Gebietes» (Art. 2 Abs. 1 lit. a).[865] Die Konvention bezieht sich daher nur auf Sukzessionen von Staaten; Regierungswechsel, Verfassungsände-

---

lich übereinstimmen (vgl. UN Doc. A/36/10, S. 18 Ziff. 74). Nach den Erfahrungen durch die Sukzessionen der UdSSR und Jugoslawien hat die ILC 1993 beschlossen, sich dem Thema Nationalität von natürlichen Personen in Bezug auf Staatensukzession zu widmen (vgl. Yearbook of the International Law Commission, 1999, Vol. II [Part Two], Ziff. 45). 1999 verabschiedete sie 23 Artikelentwürfe. Nachdem die Staaten dazu bzw. zur Machbarkeit eines entsprechenden Rechtsinstrumentes Stellung nehmen konnten (vgl. Resolution 55/153 vom 12. Dezember 2000 und 59/34 vom 2. Dezember 2004), wurde das Thema in die Agenda der 63. Session der UN-Generalversammlung im Jahr 2008 aufgenommen. Einen Überblick über die Arbeit gibt die ILC auf ihrer Homepage: <http://untreaty.un.org/ilc/summaries/3_4.htm> [besucht am 14. September 2008].

[864] Vgl. Seidl-Hohenveldern/Hummer, S. 159 Rz. 814; Koskenniemi, S. 90. Die Konvention über die Staatennachfolge in Verträge ist am 6. November 1996 in Kraft getreten, nachdem 15 Staaten diese ratifiziert haben (vgl. Art. 49 Abs. 1 WK 78).

[865] Zum Begriff vgl. vorne S. 48 ff.; ferner Zimmermann, Staatennachfolge, S. 11; Schulze, S. 109 f. Für Berber, Bd. 1, S. 253, ist der Begriff zu eng gefasst.

rungen sowie politische oder soziale Revolutionen werden durch die Konvention nicht erfasst.[866] Der Tatbestand der Staatensukzession wird aber durch die Konvention nicht geregelt. Vorausgesetzt wird einzig, dass die Staatensukzession völkerrechtskonform erfolgte und insbesondere mit den Völkerrechtsprinzipien, wie sie in der Charta der Vereinten Nationen festgelegt sind, übereinstimmt (vgl. Art. 3).[867] Gegenstand der Konvention sind vielmehr die rechtlichen Auswirkungen der Staatensukzession, und zwar in Bezug auf das Staatsvermögen, die Staatsarchive und die Staatsschulden (Art. 1).[868]

Der Begriff Staatsvermögen bezieht sich auf das Staatsvermögen des Vorgängerstaates und umfasst neben dem Vermögen auch die Rechte und Interessen, die im Zeitpunkt der Staatensukzession dem Vorgängerstaat nach dessen internem Recht gehörten (Art. 8).[869] Die Vermögensbestände von hierarchisch tieferen öffentlichen Rechtsträgern wie z.B. Gemeinden sind nicht betroffen.[870] Die Konvention unterscheidet nicht zwischen Verwaltungs- und Finanzvermö-

---

866 Vgl. UN Doc. A/36/10, S. 21 Ziff. 2 zu Art. 1; NATHAN, S. 498; STREINZ, S. 208; SCHACHTER, S. 254; so bereits zu Beginn des 20. Jahrhunderts SCHOENBORN, Handbuch, S. 13. Dies entspricht völkerrechtlichem Gewohnheitsrecht (vgl. FIEDLER, State Succession, S. 643; ders., Konventionen, S. 48 f.; DEGAN, State Succession, S. 137; STREINZ, S. 208). Zur Abgrenzung der Staatensukzession von verwandten Sachverhalten vgl. ZIMMERMANN, Staatennachfolge, S. 37 ff. Zur sozialistischen These, wonach der Prozess der sozialistischen Revolution die Kontinuität unterbreche und ein neuer Staat entstehe vgl. POEGGEL/MEISSNER, S. 32 f.; BERBER, Bd. 1, S. 252 f.

867 Insbesondere auf die Annexion findet die Konvention keine Anwendung, weil sie nicht in Einklang mit dem Völkerrecht und insbesondere mit den in der UN-Charta niedergelegten Prinzipien steht (vgl. IPSEN, S. 357 Rz. 30). Indem die Konvention nur die Rechtsfolgen der Staatensukzession behandelt, umgeht sie die in der Praxis wichtige, aber schwierige Frage, ob und wann gegebenenfalls eine Staatensukzession stattgefunden hat (vgl. FIEDLER, Konventionen, S. 27 und 29 f.; ders., State Succession, S. 642; NATHAN, S. 498 f.). Als (rechtliche) Vorfrage ist sie weiterhin anhand allgemeiner staats- und völkerrechtlicher Kriterien zu entscheiden (vgl. FITSCHEN, Rechtliches Schicksal, S. 281). Zur Frage, ob völkerrechtswidriger Gebietserwerb die Anwendung von Regeln und Prinzipien des allgemeinen Völkerrechts ausschliesst, vgl. ausführlich ZIMMERMANN, Staatennachfolge, S. 24 ff. Die Frage der Rechtmässigkeit bzw. der Rechtswirksamkeit der Gebietsübergänge ist Gegenstand des Rechts der Gebietserwerbs- bzw. Verlustgründe (vgl. IPSEN, S. 345 Rz. 5).

868 Vgl. UN Doc. A/36/10, S. 21 Ziff. 4; STREINZ, S. 208. Auf Materien, die nicht durch die Konvention geregelt sind, finden weiterhin die Regeln und Prinzipien des allgemeinen Völkerrechts Anwendung (vgl. Präambel und Art. 5 WK 83).

869 Die ILC griff auf das interne Recht des Vorgängerstaates (lex rei sitae) zurück, weil das Völkergewohnheitsrecht noch keinen einheitlichen Begriff des Staatsvermögens hervorgebracht hat (UN Doc. A/36/10, S. 25 Ziff. 4 m.w.H.; STREINZ, S. 209; FIEDLER, State Succession, S. 645). Zum Streit über den Vermögensbegriff im Fall Jugoslawien vgl. DEGAN, Disagreements, S. 33 ff.

870 Diese Einschränkung wurde bewusst vorgenommen, indem man vom ursprünglichen Begriff öffentliches Vermögen *(public property)* zum Staatsvermögen *(state property)* überging (UN Doc. A/36/10, S. 13 Ziff. 35 f.; vgl. auch SILAGI, Staatsuntergang und Staatennachfolge, S. 228; ders., Staatennachfolge und Archive, S. 57 Fn. 198).

gen (domaine public und domaine privé),[871] hingegen differenziert sie zwischen beweglichem und unbeweglichem Staatsvermögen (vgl. Art. 14 Abs. 2, Art. 18 Abs. 1 WK 83)[872]. Der Begriff Staatsvermögen schliesst die staatlichen Kulturgüter ein, weshalb sie keinen Sonderregeln der Konvention unterstehen.[873]

Auch die Staatsarchive sind Teil des Staatsvermögens. Die Konvention regelt sie aber aufgrund ihres besonderen Charakters und ihrer Funktion vom übrigen Staatsvermögen getrennt.[874] Die ILC stützte sich hierbei auch auf die umfassenden Bemühungen der UNESCO zum Schutz der Archive und des nationalen kulturellen Erbes. Danach sind die Archive für die Entwicklung eines Nationalbewusstseins und einer nationalen Identität unverzichtbar und daher integraler Teil des Kulturerbes eines Staates.[875] Nach der Legaldefinition von Art. 20 umfasst der Begriff *«State archives of the predecessor State»*

> *«all documents of whatever date and kind, produced or received by the predecessor State in the exercise of its functions which, at the date of the succession of States, belonged to the predecessor State according to its internal law and were preserved by it directly or under its control as archives for whatever purpose.»*[876]

Die laufenden Akten fallen daher ebenfalls unter den Begriff Staatsarchiv.[877] Ein kultureller Wert der Archive wird nach der Umschreibung weder vorausgesetzt,[878] noch schliesst die Definition des Begriffs Bibliotheksbestände und Kunstgüter grundsätzlich aus. Allerdings hängt es nach Aussage des Sonderberichterstatters von der staatsinternen Rechtsordnung ab, ob ein Staatsarchiv

---

[871] Auch wenn diese Unterscheidung bis Mitte des 20. Jahrhunderts in der Judikatur und Vertragspraxis vereinzelt noch vorkam, wurde sie schon im Friedensvertrag von St-Germain und den anschliessenden Abkommen nicht mehr vorgenommen (vgl. v. SCHORLEMER, S. 315 f.; GRUBER, S. 144 ff.; VERDROSS/SIMMA, § 999; IPSEN, S. 348 f. Rz. 10).

[872] Vgl. ODENDAHL, Kulturgüterschutz, S. 154.

[873] Vgl. DAHM/DELBRÜCK/WOLFRUM, Bd. I/1, S. 174; ODENDAHL, Kulturgüterschutz, S. 154; v. SCHORLEMER, S. 318.

[874] Vgl. UN Doc. A/36/10, S. 47 f. Ziff. 1 ff.; IPSEN, S. 351 Rz. 15; STREINZ, S. 211; SEIDL-HOHENVELDERN, Wiener Übereinkommen, S. 175. Gemäss FIEDLER, State Succession, S. 647, geht die separate Behandlung von Archiven in der Kodifikation auf den Einfluss des Konzepts der Selbstbestimmung zurück, das ebenfalls kulturelle Aspekte beinhaltet.

[875] Vgl. UNESCO Doc. 20 C/102, Ziff. 7.

[876] Im Völkerrecht existieren keine eigenständigen Kriterien zur Begriffsbestimmung «Staatsarchiv», weshalb hierzu auf das jeweilige innerstaatliche Recht zurückgegriffen werden muss (vgl. FITSCHEN, Rechtliches Schicksal, S. 38 Fn. 45; MENON, S. 37). Zum Archivbegriff vgl. vorne S. 8 ff.

[877] Vgl. UN Doc. A/36/10, S. 50 Ziff. 1. Einige Zuordnungsbestimmungen der Konvention beziehen sich sogar ausschliesslich auf die Verwaltungsarchive (vgl. Art. 27 Abs. 2 lit. a, Art. 28 Abs. 1 lit. b, Art. 30 Abs. 1 lit. a und Art. 31 Abs. 1 lit. a WK 83).

[878] Vgl. FIEDLER, State Succession, S. 647.

Kunstobjekte umfasst oder nicht. Wo dies nicht der Fall ist, fallen sie unter die Bestimmungen des Staatsvermögens.[879]

Was den zeitlichen Geltungsbereich betrifft, ist die Konvention grundsätzlich nur auf Staatensukzessionen anwendbar, die sich *nach Inkrafttreten der Konvention* ereignen (Art. 4 Abs. 1).[880] Um die Anwendbarkeit der Konvention trotz dogmatischer Hürden zu erleichtern, wurden Sonderregeln eingefügt, die eine Durchbrechung des Rückwirkungsverbots ermöglichen. Zum einen wurde den Parteien ermöglicht, die Konvention auch auf Staatensukzessionsfälle anwendbar zu machen, die sich vor Inkrafttreten der Konvention ereignet haben.[881] Zum anderen konnten die aus einer Sukzession hervorgegangenen Neustaaten, die im Zeitpunkt ihrer Entstehung nicht durch die Konvention gebunden waren, diese nachträglich auf ihre eigene Staatensukzession anwendbar machen.[882] Schliesslich konnten die Vertragspartner mittels Erklärung die Bestimmungen der Konvention auf ihren eigenen Sukzessionsfall erstrecken, bevor die Konvention in Bezug auf einen Nachfolgestaat in Kraft trat.[883]

---

[879] UN Doc. A/CN.4/345, S. 37 Ziff. 248. Vgl. auch UN Doc. A/36/10, S. 50 Ziff. 4 und S. 51 Ziff. 9 f. sowie UN Doc. A/CN.4/322, S. 76 Ziff. 6. Vgl. hierzu auch MENON, S. 37; SILAGI, Staatennachfolge und Archive, S. 45 f.; v. SCHORLEMER, S. 321.

[880] Die Konvention schliesst aber nicht aus, dass einzelne Normen, sollten diese geltendes internationales Recht wiedergeben, unabhängig von der Konvention anwendbar sind (Art. 4 Abs. 1). Vgl. UN Doc. A/36/10, S. 24 Ziff. 4; vgl. DAHM/DELBRÜCK/WOLFRUM, Bd. I/1, S. 172.

[881] Art. 4 Abs. 1 am Ende. Zielgruppe dieser Ausnahmeregelung waren die im Jahre 1983 bereits entkolonialisierten Staaten, also diejenige Staatengruppe, der eine zentrale Bedeutung im Vertragswerk zukam (vgl. STREINZ, S. 217; FIEDLER, Konventionen, S. 24). Als weitere Massnahme, um wenigstens noch rechtzeitig auf die ausstehenden Dekolonisationsfälle anwendbar zu sein, sah die Konvention vor, dass sie nach der Hinterlegung von bloss 15 Ratifikationen bereits in Kraft trat (Art. 49). Im Vergleich dazu waren beim Wiener Übereinkommen über diplomatische Beziehungen von 1961 22 (Art. 51 Abs. 1, in: UNTS Vol. 500 S. 95 und SR 0.191.01; <http://www.admin.ch/ch/d/sr/i1/0.191.01.de.pdf> [besucht am 14. Januar 2010]; unter der SR-Nummer findet sich sowohl der französische Originaltext als auch eine deutsche Übersetzung des Übereinkommens), beim Wiener Übereinkommen über das Recht der Verträge von 1969 35 (Art. 84 Abs. 1, in: UNTS Vol. 1155 S. 331 und SR 0.111; <http://www.admin.ch/ch/d/sr/i1/0.111.de.pdf> [besucht am 14. Januar 2010]; unter der SR-Nummer findet sich sowohl der französische Originaltext als auch eine deutsche Übersetzung des Übereinkommens) und beim Seerechtsübereinkommen der Vereinten Nationen von 1982 60 (Art. 308 Abs. 1, ILM 21 [1982], S. 1261) Ratifikationen notwendig.

[882] Unproblematisch ist daher nur der Fall der Gebietsabtretung, sofern beide Staaten die Konvention ratifiziert haben (vgl. SILAGI, Staatennachfolge und Archive, S. 40 f.; POEGGEL/MEISSNER, S. 83; STREINZ, S. 217; MONNIER, S. 227; NATHAN, S. 499 f.; vgl. auch UN Doc. A/36/10, S. 23 Ziff. 1).

[883] Diese begrenzte Rückwirkung brach den traditionellen und anerkannten Grundsatz des völkerrechtlichen Rückwirkungsverbots, wie es in der Wiener Konvention über Verträge für Konvention und Verträge vorgesehen war (vgl. Art. 4 und 28) und wurde darum scharf kritisiert (vgl. FIEDLER, Konventionen, S. 26; O'CONNELL, Reflections on the State Succession Convention, S. 726).

2. Sukzessionstatbestände

Die Konvention unterscheidet zwischen vier traditionellen Sukzessionstatbeständen, nämlich der Zession, der Fusion[884], der Sezession[885] und der Dismembration. Die Zession bezieht sich gemäss ILC und in Abweichung von der Lehre nur auf Fälle der *Abtretung.* Damit sind nur spärlich oder gar nicht bewohnte Gebiete gemeint oder solche, die in politischer, wirtschaftlicher oder strategischer Hinsicht von minderer Bedeutung sind.[886] Fälle, in denen bevölkerungsreiche Gebietsteile abgetreten werden und darum in der Regel ein Plebiszit über die Abtretung entscheidet, werden wie die eigentlichen Fälle der Sukzession als *Abtrennung* bezeichnet und fallen unter die Regeln der Sezession oder der *newly independent States.*[887]

Die vier traditionellen Sukzessionstatbestände ergänzt die Konvention um die sog. neuen unabhängigen Staaten *(newly independent States)*, die definiert werden als

> *«successor State the territory of which, immediately before the date of the succession of States, was a dependent territory for the international relations of which the predecessor State was responsible»* (Art. 2 Abs. 1 lit. e WK 83).

Entscheidendes Kriterium dieser Sukzessionskategorie ist die politische Komponente, dass das Gebiet *«dependent»* gewesen sein muss.[888] In erster Linie bezieht sie sich auf Staaten, die ihm Rahmen der Dekolonisation neu entstehen.[889] Gemäss ILC erfordert die wirtschaftliche und politische Schwäche dieser Staaten

---

884 Die Konvention kennt mit der Fusion nur eine Form von Vereinigung von Staaten. Hierbei ist der Nachfolgestaat mit keinem der beiden Vorgängerstaaten subjektsidentisch. Die Inkorporation, wonach das Territorium eines Staates in einem anderen vollständig auf- und der Staat als Völkerrechtssubjekt untergeht (z.B. die Deutsche Wiedervereinigung 1989), wird von der Konvention nicht erfasst (vgl. Zimmermann, Staatennachfolge, S. 18 ff.; Fitschen, Rechtliches Schicksal, S. 281; Fastenrath, Deutscher Einigungsvertrag, S. 37). A.M. Silagi, Staatennachfolge und Archive, S. 38; ders., Staatsuntergang und Staatennachfolge, S. 84 f.; Menon, S. 50.

885 Die Konvention unterscheidet nicht zwischen Separation, als Gebietsabtrennung im Einvernehmen mit dem Vorgängerstaat, und Sezession, als Gebietsabtrennung gegen den Willen des Vorgängerstaates (vgl. UN Doc. A/36/10, S. 32 Ziff. 9; vgl. auch Zimmermann, Staatennachfolge, S. 20 f.).

886 Vgl. UN Doc. A/36/10, S. 31 ff. Ziff. 6; UN Doc. A/CN.4/345, S. 42 Ziff. 280.

887 Vgl. UN Doc. A/36/10, S. 18 f. Ziff. 75, S. 31 Ziff. 5 und S. 42 Ziff. 25. Kritisch zu dieser Unterscheidung, die dem Wortlaut der Konvention nicht zu entnehmen ist, vgl. Nathan, S. 500 f.; Seidl-Hohenveldern, Wiener Übereinkommen, S. 184; Fitschen, Rechtliches Schicksal, S. 288 f.

888 Vgl. UN Doc. A/36/10, S. 37 Ziff. 4.

889 Darüber mag auch der neutrale Wortlaut *dependent territory* und die Erwähnung anderer Formen von *dependent territory* wie *trusteeships, mandates, protectorates* (vgl. z. B. UN Doc. A/36/10, S. 21 f. Ziff. 3) nicht hinwegtäuschen (vgl. Fiedler, Konventionen, S. 31 und 40; Fitschen, Rechtliches Schicksal, S. 282).

einen besonderen Schutz und entsprechende Regeln.[890] Dass die ILC besonderes Gewicht auf den Dekolonialisierungsprozess legte, hängt eng mit den internationalen politischen Bemühungen zusammen, wonach die Folgen der Kolonialzeit rückwirkend möglichst beseitigt werden sollten.[891] Dies betrifft unter anderem Resolutionen, die die Rückgabe von Kunstwerken an Länder forderten, die Opfer von Enteignungen geworden waren.

Für die Drittstaaten bedeutete die Sonderbehandlung der neuen unabhängigen Staaten einen grossen Fortschritt in der Kodifizierung des Völkerrechts, das ihre Bemühungen um «ausgleichende Ungleichheiten» widerspiegelt.[892] Damit sei so genannt «modernes» Völkerrecht gebildet worden.[893] Offenbar hofften diese Staaten aber auch, mit der Konvention zumindest moralischen Druck auf die westliche Staatengruppe ausüben zu können, indem sie die Konvention als fortschrittliche Regelung eines Staatennachfolgefalles den Vereinbarungen zwischen ihnen und den Mutterländern gegenüberstellten.[894]

3. Entschädigungsloser Übergang des Staatsvermögens und der Staatsarchive als Grundsatz

Für alle Nachfolgetatbestände gilt, dass im Interesse des Nachfolgestaates der Vermögens- und Archivübergang vom Vorgänger- auf den Nachfolgestaat ipso iure und grundsätzlich ohne Entschädigung erfolgt (Art. 11 und 23). Die Konvention sieht partiell Ausnahmen vor,[895] auch kann eine zuständige internationale Institution oder können die betroffenen Staaten mittels Vereinbarung davon abweichen.[896]

---

890 Vgl. UN Doc. A/36/10, S. 91 Ziff. 2 im Zusammenhang mit Staatsschulden.

891 Die UN-Generalversammlung betonte, dass die ILC die Erfahrungen der Staaten, die seit dem Zweiten Weltkrieg unabhängig geworden waren, angemessen zu berücksichtigen habe. Sie verwies hierzu auf zahlreiche Resolutionen der Generalversammlung im Allgemeinen und die Resolutionen zur Frage der Entkolonialisierung und zur Errichtung einer Neuen Wirtschaftsordnung im Besonderen (vgl. UN Doc. A/36/10, S. 37 Ziff. 3 und S. 42 Ziff. 26, sowie die in FIEDLER, State Succession, S. 645, zitierten Resolutionen). Die ILC stützt sich bei der Sonderbehandlung auch auf das in der UN-Charta formulierte Selbstbestimmungsrecht der Völker und auf die Charta über die wirtschaftlichen Rechte und Pflichten der Staaten. Kritisch zu dieser Kategorie vgl. FIEDLER, Konventionen, S. 13 f., 24 f., 32 f. und 42; STREINZ, S. 221.

892 Vgl. SEIDL-HOHENVELDERN, Wiener Übereinkommen, S. 184.

893 Vgl. dazu FIEDLER, Konventionen, S. 57 f. Allerdings bleibt unklar, was mit dem Begriff genau gemeint ist (vgl. DAHM/DELBRÜCK/WOLFRUM, Bd. I/1, S. 173; STREINZ, S. 228).

894 Vgl. SEIDL-HOHENVELDERN, Wiener Übereinkommen, S. 195 f.

895 Solche Ausnahmen bestehen z. B. beim Staatsvermögen im Fall der Sezession und Dismembration, wonach die Frage einer angemessenen Entschädigung ausdrücklich offen gelassen wird (Art. 17 Abs. 3 und Art. 18 Abs. 2).

896 Mit *«international body»* waren die Organe der Vereinten Nationen oder ein ordentlich konstituiertes Schiedsgericht gemeint (vgl. MENON, S. 39).

4. Schutzmassnahmen

Der Vorgängerstaat ist verpflichtet, alle Massnahmen zu ergreifen, um eine Beschädigung oder gar Zerstörung von Staatsvermögen und Staatsarchiven zu verhindern, die gemäss den Regelungen des Übereinkommens übergeben werden sollen (Art. 13 und 26). Umstritten ist, ob der Schutz bereits vor der Staatensukzession oder erst mit der Staatensukzession greifen soll.[897] Im Übrigen berührt eine Staatensukzession die Vermögenswerte und Archive auf dem Gebiet des Vorgängerstaates nicht, die nach dessen innerstaatlichem Recht im Zeitpunkt der Sukzession einem Drittstaat gehören (Art. 12 und 24).

5. Dispositives Konventionsrecht

Die materiellen Zuordnungsbestimmungen der Konvention sind nicht zwingender, sondern dispositiver Natur. Sie alle stehen unter dem Vorbehalt, dass sich die betroffenen Staaten nicht in einem separaten Abkommen auf eine andere Lösung einigen können oder wollen.[898] Die Konvention beschränkt die Regelungen daher auf ein Minimum.

Von der Konvention abweichende Vereinbarungen können beim Staatsvermögen voraussetzungslos abgeschlossen werden im Falle einer Zession, Sezession und Dismembration und bei den Staatsarchiven im Falle der Zession[899]. Dagegen dürfen die Vereinbarungen bei den Staatsarchiven im Falle von Sezession, Dismembration oder neuen unabhängigen Staaten *«not infringe the right of the people of those States to development, to information about their history and to their cultural heritage»* (Art. 28 Ziff. 7, 30 Ziff. 3 und Art. 31 Ziff. 4).

Laut ILC haben bei dieser rechtlich bindenden Formel die internationalen Bemühungen in kulturgüterrechtlicher Hinsicht im Zentrum gestanden.[900] Der

---

897 Eingehend dazu Silagi, Staatsuntergang und Staatennachfolge, S. 231 ff.; ders., Staatennachfolge und Archive S. 49. Einige Staaten kritisieren, dass der Inhalt der Norm bereits durch das allgemeine Gebot von Treu und Glauben gedeckt sei (vgl. Seidl-Hohenveldern, Wiener Übereinkommen, S. 179; Nathan, S. 502; Fitschen, Rechtliches Schicksal, S. 286 f.).

898 Bei der Fusion (Art. 16 bzw. 29) leitet die Konvention aus dem Willen zum Zusammenschluss stillschweigend ab, dass sich die betroffenen Staaten in jedem Fall vertraglich einigen werden (vgl. UN Doc. A/36/10, S. 44 Ziff. 3; Monnier, S. 225). Gemäss Silagi, Staatennachfolge und Archive, S. 65, ist es auch bei Anwendung der Konventionsbestimmungen mangels eines Abkommens für die Staaten unumgänglich, dass sie in einer Ausführungsvereinbarung die zu übertragenen Archivbestände verbindlich festhalten.

899 Weil bei der Zession im Sinne der Konvention nur kleinere Grenzstreitigkeiten betroffen sind, geht die ILC von der Hypothese aus, dass eine Vereinbarung auch bei den Archiven ausgeglichen ausfällt, und verzichtet darauf, explizit eine Bindung an das Prinzip der Billigkeit zu verlangen (UN Doc. A/CN.4/345, S. 42 Ziff. 280).

900 Die Rechte stehen in direktem Zusammenhang mit den internationalen Bestrebungen, insbesondere der UNESCO in den siebziger Jahren des 20. Jahrhunderts, zum Schutz und

Vorbehalt schaffe einen guten Interessenausgleich und trage zur Bildung des *progressive development of international law* bei.[901]

Ähnlich eingeschränkt wird die Vertragsfreiheit durch zwingendes Recht beim Staatsvermögen, diesmal ausschliesslich im Falle von neuen unabhängigen Staaten. Die Vereinbarung darf *«not infringe the principle of the permanent sovereignty of every people over its wealth and natural resources»* (Art. 15 Abs. 4 bzw. Art. 28 Abs. 7).

Diese Einschränkung entspricht dem Gesamtkonzept der Konvention, wonach den neuen unabhängigen Staaten eine Sonderstellung eingeräumt wird.[902] Sie basiert auf der Annahme, dass die neuen unabhängigen Staaten gegenüber dem Vorgängerstaat schutzbedürftig und in besonderer Weise davon abhängig sind, für den Aufbau ihrer Staatstätigkeit die bisher von der Kolonialmacht genutzten Vermögenswerte übernehmen zu können. Der ILC verweist hierzu auf die Überleitungsabkommen in der Vergangenheit zwischen dem neuen Staat und der Kolonialmacht, die in vielen Fällen ungerecht waren und in rechtlicher, politischer und wirtschaftlicher Hinsicht zu ungleichen und unausgewogenen Ergebnissen führten.[903] Die Erfüllung von Mindestanforderungen an eine Vereinbarung über die Vermögensnachfolge soll eine solche Übervorteilung verhindern.[904]

Der Rückgriff der ILC auf diese die Vertragsfreiheit einschränkenden Prinzipien gilt allgemein als verfehlt.[905] Beide sind entgegen der Ansicht einiger Vertreter der ILC weder Bestandteil eines dispositiven Völkerrechts noch eines neuen, allgemein für alle Staaten verbindliches ius cogens.[906] Vielmehr handelt es sich

---

zur Restitution des nationalen kulturellen Erbes und den Tendenzen zu einer neuen internationalen Kulturordnung (Neuen Weltkulturordnung bzw. *new international culture order*). Vgl. UN Doc. A/36/10, S. 65 Ziff. 30 mit Hinweisen auf entsprechende Dokumente der UNESCO. Vgl. auch UN Doc. A/CN.4/322, S. 83 ff., sowie Ipsen, S. 351 Rz. 15; Fiedler, Konventionen, S. 35 f.; Streinz, S. 211; Silagi, Staatennachfolge und Archive, S. 52, und ders., Staatsuntergang und Staatennachfolge, S. 19; Menon, S. 49.

901 Gemäss ILC handle es sich bei Art. 15 Abs. 4 und Art. 28 Abs. 7 um *«new international law»* (vgl. Fitschen, Rechtliches Schicksal, S. 296 f.).

902 Vgl. vorne Fn. 891.

903 Vgl. UN Doc. A/36/10, S. 37 Ziff. 3. Vgl. ferner Streinz, S. 225; Seidl-Hohenveldern, Wiener Übereinkommen, S. 187.

904 Vgl. Dahm/Delbrück/Wolfrum, Bd. I/1, S. 173; Seidl-Hohenveldern, Wiener Übereinkommen, S. 177.

905 Vgl. Seidl-Hohenveldern, Wiener Übereinkommen, S. 177 f.

906 Vgl. Streinz, S. 231 ff.; Seidl-Hohenveldern, Wiener Übereinkommen, S. 186 ff.; Nathan, S. 494, 512 ff., und Fiedler, Konventionen, S. 44 und 55, mit Ansätzen, wie in verschiedenen Regelungsbereichen sachgerechte Ergebnisse auf andere Weise hätten erzielen können.

dabei um allgemeine, rechtlich nicht bindende Prinzipien, die den einseitig zu Gunsten der neuen unabhängige Staaten ausgerichteten Resolutionen und Deklarationen der UNO entnommen wurden. Für die westlichen Staaten war die Einbindung dieser Prinzipien in die Konvention unannehmbar, weil damit unbestrittenermassen neues Recht hätte verbrieft werden sollen.[907] Inhaltlich sind sie ausserdem zu vage und schwer einzugrenzen, wodurch die Kodifikation erheblich an Durchschlagskraft verliert. Die Zuordnungsregeln werden damit in die schwer überschaubaren Interpretationen allgemeiner rechtlicher und politischer Prinzipien verlagert.[908] Als Leitlinie formuliert hätte die Klausel womöglich eine breite Akzeptanz gefunden, doch als rechtlich zwingende Zuordnungsregel ist sie ungeeignet.[909] Bemängelt wird ausserdem die fehlende Klarheit der Rechtsfolge bei einem Verstoss gegen die Rechte.[910] Was die Einschränkung der Vertragsfreiheit bezüglich des Staatsvermögens betrifft, wurde vor allem kritisiert, dass ein entsprechender Schutz des Nachfolgestaates bei anderen Sukzessionstypen häufig ebenfalls notwendig wäre.[911]

II. Zuordnungsbestimmungen für Staatsvermögen

Die Konvention regelt die Zuordnung des Staatsvermögens für die fünf Sukzessionstatbestände in separaten Teilen. Innerhalb jedes Sukzessionstatbestandes unterscheidet die Konvention jeweils zwischen Immobilien und beweglichen Vermögensgütern, wobei die Regeln für Immobilien im Folgenden nicht näher erläutert werden.[912] Unter dem Vorbehalt, dass die betroffenen Staaten kein Sonderabkommen abschliessen, gelten folgende Regelungen:

---

[907] Ausführlich zur Kritik dazu anlässlich der Wiener Staatenkonferenz vgl. FITSCHEN, Rechtliches Schicksal, S. 296 ff. Vgl. auch STREINZ, S. 224 Fn. 202, S. 232; NATHAN, S. 505, und SEIDL-HOHENVELDERN, Wiener Übereinkommen, S. 187.

[908] Vgl. SEIDL-HOHENVELDERN, Wiener Übereinkommen, S. 186 und 189. Vgl. auch SILAGI, Staatennachfolge und Archive, S. 53.

[909] Vgl. FITSCHEN, Rechtliches Schicksal, S. 296 ff.

[910] Vgl. NATHAN, S. 512.

[911] Vgl. FIEDLER, Konventionen, S. 36 f.; SEIDL-HOHENVELDERN, Wiener Übereinkommen, S. 177. STREINZ, S. 226, hingegen lehnt die normativen Einschränken grundsätzlich ab. Den *newly independent States* sei es möglich, ungerechte Übergangsverträge im Einklang mit dem internationalen Recht aufzulösen.

[912] Entsprechend dem in der Lehre und in der staatlichen Praxis allgemein anerkannten Grundsatz geht das unbewegliche Vermögen des Vorgängerstaates, das im abzutretenden Gebiet liegt, auf den Nachfolgestaat über (Art. 14 Ziff. 2 lit. a, Art. 15 Ziff. 1 lit. a, Art. 17 Ziff. 1 lit. a und Art. 18 Ziff. 1 lit. a). Vgl. UN Doc. A/36/10, S. 38 Ziff. 7.

1. Zession, Sezession und Dismembration

Bei Zession, Sezession sowie Dismembration sollen die beweglichen Vermögensgüter des Vorgängerstaates, die mit dessen Tätigkeit bezüglich des abgetretenen Gebietes in Verbindung stehen, auf den Nachfolgestaat übergehen (Art. 14 Ziff. 2 lit. b, Art. 17 Ziff. 1 lit. b bzw. Art. 18 Ziff. 1 lit. c).[913] An welchem Ort sich das bewegliche Vermögen zur Zeit der Staatensukzession befindet, ist nicht entscheidend, weil dieser zufällig oder im Hinblick auf die bevorstehende Sukzession bewusst verändert sein könnte.[914] Zusätzlich hat der Vorgängerstaat bei der Sezession und der Dismembration Vermögen, das nicht im Zusammenhang mit seiner Tätigkeit bezüglich des Nachfolgegebietes steht und sich im abzutrennenden Gebiet befindet[915], dem Nachfolgestaat bzw. den Nachfolgestaaten in gerechter Weise abzugeben *(«in an equitable proportion»)* (Art. 17 Ziff. 1 lit. c bzw. Art. 18 Ziff. 1 lit. d). Bei der Zession hat der Nachfolgestaat keinen entsprechenden Anspruch, weil dort das Sukzessionsgebiet unbedeutend und eine Bevölkerungsbefragung zur Abtretung mangels direktbetroffener Bewohner meist gar nicht möglich ist. Je nachdem also, ob im Sukzessionsgebiet, das sich einem Drittstaat anschliesst, das Selbstbestimmungsrecht zum Tragen kommt oder nicht, sind die Rechtsfolgen unterschiedlich.[916]

2. Fusion

Denkbar einfach gestaltet sich die Vermögenszuordnung bei einer Fusion zweier oder mehrerer Staaten, indem die Vermögenswerte der Vorgängerstaaten dem Nachfolgestaat übertragen werden (Art. 16). Die Konvention geht davon aus, dass die Fusion *«consists, essentially and basically, of a voluntary act»*[917], und dass die aus dieser Einigkeit hervorgehende Vereinbarung sämtliche Probleme im Zusammenhang mit der Fusion regelt. Diese Regelung dürfte Völkergewohnheitsrecht entsprechen und war anlässlich der Staatenkonferenz denn auch völlig unbestritten.

---

913 Gemäss ILC ist diese Zuordnung des mobilen Vermögens ähnlich gestaltet wie in der internationalen Rechtsprechung die Übergabe von beweglichem Vermögen lokaler Behörden, soweit dieses zur Ausübung ihrer Tätigkeit notwendig ist (vgl. UN Doc. A/36/10, S. 34 f. Ziff. 20 f.). Vgl. auch STREINZ, S. 226. Zur Kritik des vieldeutigen Begriffs «Tätigkeit» vgl. FIEDLER, Konventionen, S. 33 f.

914 Vgl. UN Doc. A/36/10, S. 29 f. Ziff. 8 ff.

915 Das ist dem Konventionstext zwar nicht direkt zu entnehmen, doch wäre es unlogisch, wenn der abzutrennende Gebietsteil einen entsprechenden Anspruch auf das im ganzen Vorgängerstaat gelegene bewegliche Vermögen hätte.

916 Vgl. UN Doc. A/36/10, S. 32 Ziff. 9 f.

917 Vgl. UN Doc. A/36/10, S. 66 Ziff. 1.

3. Gründung neuer unabhängiger Staaten

Im Fall von neuen unabhängigen Staaten geht das bewegliche Vermögen, das mit der Tätigkeit des Vorgängerstaates bezüglich des abgetretenen Gebietes in Verbindung steht, auf den Nachfolgestaat über (Art. 15 Ziff. 1 lit. d).[918] Dies entspricht den Regelungen bei der Zession, der Sezession und auch bei der Dismembration.[919] Zusätzlich erhält der *neue unabhängige Staat* das bewegliche Vermögen, das zum abgetretenen Gebiet gehört hat und während der Abhängigkeitsperiode ins Staatsvermögen des Vorgängerstaates gelangte (Art. 15 Ziff. 1 lit. e). Wo sich diese Gegenstände befinden, sei dies im Vorgänger- oder Nachfolgestaat oder in einem Drittstaat, ist unerheblich.[920] Mit dieser Bestimmung ermöglicht die Konvention den neuen unabhängigen Staaten einen viel weiteren Zugriff auf das Vermögen des Vorgängerstaates, als dies bei den konventionellen Sukzessionstatbeständen der Fall ist.[921] Konkret ging es darum, die ehemaligen Kolonialmächte zur Restitution kulturell oder historisch wichtiger Vermögensgegenstände zu verpflichten.[922] Um möglichst alle Kulturgüter, die einst zum abgetretenen Gebiet gehört haben, miteinzubeziehen, musste der Begriff des Staatsvermögens erweitert bzw. durch Vermögen ersetzt werden. Dies, weil das abgetretene Gebiet vor der Abhängigkeitsperiode in der Regel nicht einem unabhängigen Staat im modernen Sinn entsprach, sondern eine andere unabhängige Gemeinschaftsform, wie z.B. einen Volksstamm, darstellte.[923] Um diesen Zweck zu erfüllen, wählte der Sonderberichterstatter auch bewusst die Wendung *«having belonged to the territory»*, im Wissen, dass einem Territorium keine Rechtsfähigkeit zukommt und es demnach juristisch nicht Eigentümer eines Vermögensgegenstandes sein kann.[924]

Schliesslich soll in Anwendung des Prinzips der Billigkeit jenes bewegliche Vermögen des Vorgängerstaates, das von den vorerwähnten Bestimmungen nicht

---

918 Kritisch dazu vgl. FIEDLER, Konventionen, S. 33 f.

919 Vgl. vorne S. 203.

920 Vgl. UN Doc. A/36/10, S. 40 Ziff. 15.

921 Vgl. VERDROSS/SIMMA, § 1001.

922 Vgl. UN Doc. A/34/10, S. 31 Ziff. 6. Die Kommission ruft an dieser Stelle die Resolution 3391 (XXX) vom 19. November 1975 betr. «Restitution of works of art to countries victims of expropriation» (vgl. UN Doc. A/RES/3391 vom 19. November 1975, in: UN GAOR, 30th Sess. Suppl. No. 31 [A/10034], S. 4 f.) in Erinnerung, die wiederum auf das Übereinkommen über Massnahmen zum Verbot und zur Verhütung der rechtswidrigen Einfuhr, Ausfuhr und Übereignung von Kulturgut der UNESCO vom 14. November 1970 verweist. Vgl. auch UN Doc. A/CN.4/345, S. 17 Ziff. 103, und FIEDLER, Konventionen, S. 32; STREINZ, S. 228.

923 Vgl. UN Doc. A/36/10, S. 40 Ziff. 14.

924 Vgl. UN Doc. A/CN.4/345, S. 17 Ziff. 103. Vgl. STREINZ, S. 228; FIEDLER, Konventionen, S. 32 f., mit Hinweis auf die Hintergründe zur Entstehung dieses Passus. Zustimmend FITSCHEN, Rechtliches Schicksal, S. 294 Fn. 731.

erfasst wurde, in dem Verhältnis auf den neuen unabhängigen Staat übergehen, wie dieser zu dessen Entstehung beigetragen hat (Art. 15 Ziff. 1 lit. f).[925] Im Unterschied zur vorgenannten Regelung gemäss lit. e bestand das Vermögensobjekt vor der Kolonialzeit noch nicht, sondern wurde erst während dieser Zeit geschaffen.

Die entschädigungslose und absolute Restitutionspflicht aller völkerrechtlichen Vermögenswerte und insbesondere aller Kunstwerke an die ehemaligen Kolonialgebiete lässt die Art und Weise der Entfernung, die Zeitdauer oder die Bedeutung der Kulturgüter ausser Betracht.[926] Auch berücksichtigt die Konvention nicht, dass der Vorgängerstaat – insbesondere im Zusammenhang mit Kulturgütern – möglicherweise Aufwände für Unterhalt und Instandsetzungen und Konservierung gehabt hat, die ebenfalls unentschädigt bleiben. Eine solche undifferenzierte Lösung ist gemäss STREINZ *«inconsistent with the, at least, Western sense of justice and is, furthermore, unrealistic»*.[927]

In dieser Totalrestitution offenbart sich eine Vorzugsbehandlung der neuen unabhängigen Staaten, wie sie in der Praxis der Vereinten Nationen und der UNESCO schon überwunden ist und wie sie von den betroffenen Staaten nicht akzeptiert werden konnte.[928]

III. Zuordnungsbestimmungen für Staatsarchive

Wie beim Staatsvermögen haben die Parteien die Möglichkeit, sich unter bestimmten Voraussetzungen in Sonderabkommen abweichend von der Konvention zu einigen. Subsidiär kommen folgende Bestimmungen zur Anwendung:[929]

1. Grundsatz der Wahrung des Archivzusammenhangs

Bevor die einzelnen Zuordnungsbestimmungen erläutert werden, bedarf Art. 25 der Einführungsbestimmungen zu den Archiven einer Erklärung. Demgemäss soll keine Bestimmung im vorliegenden Teil über Staatsarchive

> *«be considered as prejudging in any respect any question that might arise by reason of the preservation of the integral character of groups of State archives of the predecessor State.»*

---

[925] An dieser Stelle kommt das von der ILC insgesamt in diesem Zusammenhang betonte Prinzip der Billigkeit als jeder rechtlichen Regelung immanenter Gehalt konkret zum Ausdruck (vgl. UN Doc. A/34/10, S. 31 Ziff. 6). Kritisch hierzu VERDROSS/SIMMA, § 1001; FIEDLER, Konventionen, S. 34; DAHM/DELBRÜCK/WOLFRUM, Bd. I/1, S. 173 m.w.H.

[926] Vgl. TURNER, S. 95 f. und 99; v. SCHORLEMER, S. 343 f.

[927] STREINZ, S. 233.

[928] Vgl. STREINZ, S. 233 f.; VERDROSS/SIMMA, § 1001.

[929] Zu den Archivbestimmungen vgl. auch POEGGEL/MEISSNER, S. 125 ff.

Mit dieser Umschreibung wollte der ILC den in der Wissenschaft etablierten archivalischen Provenienzgrundsatz berücksichtigen, wobei die Übersetzung des technischen Begriffs *«fonds d'archives»* mit *«groups of State archives»* missriet.[930] Welche Tragweite dieser Bestimmung im Verhältnis zu den konkreten Zuordnungsregeln zukommt, war aber schon während der Staatenkonferenz umstritten. Während ein Teil der Staaten die Respektierung des Archivzusammenhangs unterstrichen haben wollte, befürchteten vor allem die Entwicklungsstaaten, dass eine konsequente Befolgung dieses Grundsatzes jegliche Aufteilung und damit Rückgabe verhindern würde. Im Ergebnis ist die Formulierung in Art. 25 als allgemeine Leitlinie zu verstehen, die nicht generell vor anderen Zuordnungslösungen Vorrang hat.[931]

Ein Kompromissvorschlag der Schweiz anlässlich der Staatenkonferenz sah vor, dass für den Fall, bei dem die Archive zum nationalen Kulturerbe des Vorgängerstaates und gleichzeitig des Nachfolgestaates oder der Nachfolgestaaten gehören und sie darum nicht geteilt werden können, ohne ihren rechtlichen, administrativen oder historischen Wert zu gefährden, die Archive nach den Grundsätzen des *patrimoine commun* zu verwalten sind.[932] Mit diesem Vorschlag, der von der UNESCO begrüsst wurde, wäre der archivwissenschaftliche Grundsatz der Wahrung des Archivzusammenhangs betont worden. Der Antrag wurde, entgegen der Ansicht des International Council of Archives (ICA), abgelehnt, weil der Begriff nach Ansicht der Drittweltstaaten zu wenig präzis war.[933]

2. Prinzip der *pertinence fonctionnelle*

Bei allen Sukzessionstatbeständen der Konvention, mit Ausnahme der Fusion[934], hat der Vorgängerstaat diejenigen Teile seines Staatsarchivs zu übergeben, die für

---

[930] Vgl. die Stellungnahme einer Arbeitsgruppe des Internationalen Archivrats: Avis professionnel CIA, S. 249 Ziff. 2.4.

[931] Vgl. Fitschen, Rechtliches Schicksal, S. 284 ff.; Seidl-Hohenveldern, Wiener Übereinkommen, S. 179.

[932] Vgl. UN Doc. A/CONF.117/16, Vol. II, S. 108 Ziff. 136 (b). Österreich befürwortete diesen Vorschlag und verwies in diesem Zusammenhang auf das Badener Archivübereinkommen zwischen Österreich und Ungarn vom 28. Mai 1926 (vgl. Silagi, Staatennachfolge und Archive, S. 49 mit Verweis auf UN Doc. A/CONF.117/16, Vol. I, S. 158). Mit *patrimoine commun* war nicht ein gemeinschaftliches Eigentum nach zivilrechtlichem Muster gemeint, sondern dass das Archiv im Alleineigentum eines Staates bleibt, der es aufbewahrt und für die Sicherheit und Erhaltung der Bestände verantwortlich ist. Der andere Staat erhält ein kulturelles Miteigentum sowie besondere Zugangs- und Benutzungsrechte zugesprochen (vgl. Fitschen, Rechtliches Schicksal, S. 285 Fn. 691).

[933] Vgl. UNESCO Doc. 20 C/102, Ziff. 25. Vgl. auch Seidl-Hohenveldern, Wiener Übereinkommen, S. 194 m.w.H.

[934] Wie beim Staatsvermögen beschränkt sich die Konvention bei der Fusion auf eine einzige Bestimmung, wonach die Staatsarchive der Vorgängerstaaten auf den Nachfolgestaat über-

die normale Verwaltung des Nachfolgegebietes notwendig sind (Art. 27 Ziff. 2 lit. a; Art. 28 Ziff. 1 lit. b, Art. 30 Ziff. 1 lit. a, Art. 31 Ziff. 1 lit. a).[935] Mit dieser funktionalen Unterscheidung differenziert das Übereinkommen zwar nicht begrifflich, doch inhaltlich im Wesentlichen zwischen lebenden Registraturen und historischen Archiven.[936] Betroffen sind nämlich *«[s]tate archives of every kind which have a direct and necessary link with the management and administration of the part of the territory transferred»*.[937]

Mit dieser Bestimmung soll verhindert werden, dass die Verwaltungstätigkeit im Nachfolgegebiet gestört wird oder ganz abreisst.[938] Sie entspricht dem Prinzip der *pertinence fonctionnelle*, das von der UNESCO als einzige Ausnahme vom Provenienzprinzip akzeptiert wird und auch in der archivalischen internationalen Praxis anerkannt ist.[939]

3. Zession, Sezession und Dismembration

Zusätzlich zu diesen verwaltungsrelevanten Beständen hat der Vorgängerstaat auch historische Archive zu übertragen. Bei der Zession sind es Archive, die das abgetretene Gebiet ausschliesslich oder hauptsächlich betreffen (Art. 27 Ziff. 2 lit. b). Bei der Separation und bei der Dismembration hatte der Bezug zum abgetretenen Gebiet direkt statt ausschliesslich oder hauptsächlich zu sein (Art. 30 Ziff. 1 lit. b und 31 Ziff. 1 lit. b). Weshalb hier nicht derselbe Wortlaut angewendet wurde, und ob damit inhaltlich ein anderes Ergebnis angestrebt worden war, ist nicht bekannt.[940]

---

gehen (Art. 29). Die Einzelheiten zum Übergang dürften auch bei den Staatsarchiven zwischen den Parteien in einer freiwilligen Vereinbarung erfolgen (vgl. Fitschen, Rechtliches Schicksal, S. 300 f.).

935 Während bei der Zession die Unterlagen betroffen sind, die dem Staat «zur Verfügung stehen sollten» *(«should be at the disposal»)*, sollen es in den übrigen Fällen nur diejenigen sein, die sich «in diesem [abgetretenen] Gebiet befinden» *(«should be in that territory»)*. Weshalb die erste Formulierung, die gemäss ILC den zahlreichen Besonderheiten der Zession besser entsprechen soll, nicht auch bei den anderen Tatbeständen verwendet wurde, ist nicht klar (vgl. Fitschen, Rechtliches Schicksal, S. 301).

936 Unklar Fitschen, Rechtliches Schicksal, S. 290.

937 UN Doc. A/36/10, S. 60 Ziff. 22. Vgl. auch UN Doc. A/34/10, S. 78 Ziff. 4 mit Verweis auf UNESCO, «Final Report of Consultation Group to Prepare a Report on the Possibility of Transferring Documents from Archives Constituted within the Territory of other Countries. Paris, 16–18 March 1976» (CC. 76/WS/9).

938 Vgl. UN Doc. A/36/10, S. 60 Ziff. 22.

939 Vgl. UNESCO Doc. 20 C/102, Ziff. 24, sowie Avis professionnel CIA, S. 248 Ziff. 2.2 ad (i). Vgl. auch Fitschen, Rechtliches Schicksal, S. 290. Zum Prinzip der *pertinence fonctionnelle* vgl. hinten S. 263 f.

940 Vgl. Menon, S. 51; Fitschen, Rechtliches Schicksal, S. 301 f.

Allerdings spezifiziert die Konvention diesen Bezug zum abgetretenen Gebiet nicht näher. Gemäss ILC könne der Nachfolgestaat nur diejenigen Bestände verlangen *«qui appartiennent au territoire».*[941] Der Begriff *appartenir* wiederum kann gemäss ILC zwei Bedeutungen haben. In einer ersten Annäherung handelt es um Archive, die vor der Sukzession vom oder für das Territorium erworben worden sind. Hierzu sei nicht notwendig, dass sich die Archive auf das Territorium beziehen. In einer zweiten und hier relevanten Umschreibung *«c'est le lien organique rattachant le territoire aux archives le concernant qui est pris en considération».*[942]

Als *lien organique* zwischen Archiv und Territorium erachtet die ILC aber nicht etwa den Entstehungsort des Archivkörpers, wie dies dem völkerrechtlichen Provenienzprinzip entsprechen würde, sondern sie sucht die Lösung im Begriff des kulturellen Erbes. Aus ihren Ausführungen geht weiter aber nicht klar hervor, ob es um die Beziehung eines einzelnen Dokumentes oder um die des ganzen Archivkörpers zum Territorium geht.[943]

Trotz der Ablehnung des Betreffsprinzips durch die Archivwissenschaft[944] bekannte sich die ILC nicht klar zum Provenienzprinzip.[945] Entsprechend wurde die Formulierung in der Konvention von vielen Staaten anlässlich der Staatenkonferenz kritisiert.[946] Auch in der Fachwelt wurden die Bestimmungen der Konvention mehrheitlich als Ausdruck des Betreffsprinzips in Reinkultur verstanden und mehrheitlich abgelehnt.[947]

---

941 UN Doc. A/CN.4/322 S. 112 Ziff. 123. Vgl. auch UN Doc. A/34/10 S. 58 Ziff. 15.

942 UN Doc. A/34/10 S. 112 f. Ziff. 125.

943 Vgl. UN Doc. A/34/10 S. 112 f. Ziff. 125 ff.

944 Vgl. etwa UNESCO Doc. 20 C/102 Ziff. 23 f. Vgl. auch die Résolution adoptée lors de la XVIIe Conférence internationale de la Table ronde des archives (Cagliari 1977), in: CITRA 1993–95, S. 239 f., sowie die Studie von KECSKEMETI, Les contentieux archivistiques, S. 27.

945 Gemäss ILC ist das Provenienzprinzip bei historischen Archiven nur theoretischer Art und durch die Praxis widerlegt (vgl. UN Doc. A/36/10, S. 55 Ziff. 7 f.). Im Zusammenhang mit Archiven bei Dismembration wurde der Inhalt des Ausführungsabkommens zwischen Österreich und Jugoslawien vom 26. Juni 1923 nur selektiv wiedergegeben (UN Doc. A/36/10 S. 69 Ziff. 7).

946 Vgl. FITSCHEN, Rechtliches Schicksal, S. 291; a.M. POEGGEL/MEISSNER, S. 125 ff. Am archivalischen Betreffprinzip haben sich insbesondere Österreich und Ungarn gestört (vgl. SEIDL-HOHENVELDERN, Wiener Übereinkommen, S. 193 f.; SILAGI, Staatennachfolge und Archive, S. 63 ff.).

947 Vgl. etwa die unmissverständliche Kritik einer Arbeitsgruppe des Internationalen Archivrats: *«(…) le texte de la Convention adoptée à Vienne ne constitue pas une base adéquate pour régler les successions d'États en matière d'archives.»* (Avis professionnel CIA, S. 246 Ziff. 1.4). Vgl. die Kritik in der völkerrechtlichen Literatur bei v. SCHORLEMER, S. 325; FITSCHEN, Rechtliches Schicksal, S. 290 ff.; AUER, Staatennachfolge, S. 63 ff.

SILAGI relativiert die Auswirkung des Betreffsgrundsatzes in den betreffenden Bestimmungen, da sie sich nicht auf einzelne Archivstücke, sondern auf ganze Registraturen oder Archivgruppen bezögen.[948] Er beruft sich hierzu auf Art. 25 der Konvention, die den Grundsatz der Wahrung des Archivzusammenhangs wiedergibt. Eine solche einschränkende und gleichzeitig verbindliche Auslegung ist aber weder dem Wortlaut noch dem ILC-Kommentar zu entnehmen. Auch widerspricht diese Auffassung Art. 20, wonach der Begriff Staatsarchiv mit *«all documents of whatever date and kind»* definiert wird. Endlich ist angesichts der Diskussionen um die Tragweite von Art. 25 anlässlich der Staatenkonferenz fraglich, ob ein solch einschränkendes Verständnis des Betreffsprinzips von den Entwicklungsstaaten akzeptiert worden wäre.

Für den Sukzessionstatbestand der Dismembration sieht die Konvention eine weitere Zuordnungsregel vor. Wenn nämlich ein Staat in mindestens zwei Nachfolgestaaten auseinander fällt und dabei als Völkerrechtssubjekt aufhört zu existieren, müssen den Nachfolgestaaten auch diejenigen Archivbestände zugeordnet werden, die weder für deren normale Verwaltungstätigkeit von Bedeutung sind, noch einen direkten Bezug zum Gebiet des Nachfolgestaates aufweisen. Gemäss Art. 31 Ziff. 2 sollen sie in billiger Weise, unter Berücksichtigung aller relevanten Umstände, auf die verschiedenen Nachfolgestaaten aufgeteilt werden. Im Vergleich zum Staatsvermögen, das in *«equitable proportions»* auf die Nachfolgestaaten verteilt werden soll (Art. 18 Ziff. 1 lit. d), wurde die Formulierung in Art. 31 Abs. 2 bewusst offener gehalten. Damit kann theoretisch der in Art. 25 festgehaltene Grundsatz der Wahrung des Archivzusammenhangs in die Auseinandersetzung miteinbezogen werden.[949] In der Lehre wird kritisiert, dass die Formulierung zu unbestimmt sei, um ein praktisch handhabbares Kriterium für eine Aufteilung herzugeben.[950]

Abgerundet werden die Herausgabepflichten des Vorgängerstaates durch Leistungspflichten, die nicht den definitiven Übergang von Archivbeständen zum Inhalt haben, aber den Nachfolgestaat, ausnahmsweise auch den Vorgängerstaat, in seinem Interesse nach Informationen unterstützen. Konkret geht es um das Zurverfügungstellen von Reproduktionen. Bei der Zession soll der Vorgängerstaat auf Ersuchen des Nachfolgestaates und auf dessen Kosten adäquate Reproduktionen derjenigen Staatsarchive zur Verfügung stellen, die im Zusammenhang mit dem abgetretenen Gebiet von Interesse sind (Art. 27 Ziff. 4). Der

---

948 Vgl. SILAGI, Eigentumsproblematik, S. 165; ders., Staatennachfolge und Archive, S. 65. Gleicher Ansicht offenbar auch STAHN, S. 393 f. und 397.

949 Vgl. FITSCHEN, Rechtliches Schicksal, S. 303, wonach sich Archive nicht wie andere Vermögensgüter nach Mass und Zahl oder Wert in gerechte «Anteile» stückeln lassen.

950 Vgl. v. SCHORLEMER, S. 330; FITSCHEN, Rechtliches Schicksal, S. 303; SEIDL-HOHENVELDERN, Staatennachfolge, S. 733.

Nachfolgestaat seinerseits muss auf Anfrage und Kosten des Vorgängerstaates angemessene Reproduktionen von Archiven zur Verfügung halten, die er vom Vorgängerstaat erhalten hat (Art. 27 Ziff. 5). Hinter diesem Gegenrecht liegt der Gedanke, dass im Fall der Abtretung auch Verschiebungen bei der Bevölkerung vorkommen könnten. Deshalb soll der Vorgängerstaat über die entsprechenden Staatsarchive, namentlich die Verwaltungsakten, verfügen können. Die Auswirkungen des Betreffsprinzips werden dadurch zugunsten des Vorgängerstaates gemildert.[951]

Das Recht auf Reproduktionen haben bei der Dismembration alle Nachfolgestaaten einander einzuräumen (Art. 31 Ziff. 5). Bei der Sezession wird dieses Recht sowohl dem Nachfolgestaat als auch dem Vorgängerstaat zuerkannt (Art. 30 Ziff. 4). Für den Fall, dass sich der abspaltende Gebietsteil einem bestehenden Drittstaat anschliesst (vgl. Art. 30 Ziff. 5), ginge das Gegenrecht wohl zu weit, wenn es sich auf sämtliche Archive dieses Drittstaates beziehen würde. Wie bei der Zession dürften darum von der Reproduktionspflicht nur diejenigen Archive betroffen sein, die der Nachfolgestaat gemäss den vorangegangenen Bestimmungen erhalten hat.[952]

Schliesslich soll der Vorgängerstaat den Nachfolgestaat, bei der Dismembration die Nachfolgestaaten untereinander, mit den besten verfügbaren Belegen *(«best available evidence»)* aus seinen bzw. ihren Staatsarchiven versorgen, die sich auf die Rechte am abgetretenen Gebiet oder auf dessen Grenzen beziehen oder zur Erläuterung der übertragenen Archivdokumente notwendig sind (Art. 27 Abs. 3, Art. 30 Abs. 2 und Art. 31 Abs. 3).[953] Diese Bestimmung soll die Ausübung der Staatshoheit durch den Nachfolgestaat erleichtern.[954]

4. Gründung neuer unabhängiger Staaten

Auch bei der Verteilung der Staatsarchive kommt die bevorzugte Behandlung der neuen unabhängigen Staaten zum Tragen. Im Grundsatz wird ihnen dasselbe zugesprochen wie den anderen Nachfolgestaaten bei den klassischen Sukzessionstatbeständen. Es sind dies neben den verwaltungsrelevanten Beständen die-

---

951 Vgl. UN Doc. A/34/10, S. 60 Ziff. 22.

952 Vgl. Fitschen, Rechtliches Schicksal, S. 302.

953 Ob die Nachweise im Original übergeben werden müssen oder ob Kopien ausreichend sind, hängt von den Umständen ab (vgl. UN Doc. A/34/10, S. 64 Ziff. 21). Vgl. auch Fitschen, Rechtliches Schicksal, S. 292 f.

954 Die ILC hatte mit dieser Bestimmung offenbar vor allem den afrikanischen Kontinent im Auge, weil dort noch viele Grenzen der genauen Bestimmung harren. Hierzu benötigen die Staaten die entsprechenden Dokumentationen (ILC Summary record of the 1689th meeting, UN Doc A/CN.4/SR.1689, in: Extract from the Yearbook of the International Law Commission, 1981, Vol. I, S. 242 Ziff. 24).

jenigen Archive, die das abgetretene Gebiet ausschliesslich oder doch hauptsächlich betreffen (Art. 28 Ziff. 1 lit. b und c).

Hinzu kommt aber die Bestimmung, wonach der Vorgängerstaat auch diejenigen Archive abzugeben hat, die zum Nachfolgegebiet gehört haben und während der Abhängigkeitsperiode zu Staatsarchiven des Vorgängerstaates geworden sind (Art. 28 Ziff. 1 lit. a).[955] Wie bei der entsprechenden Zuordnungsregel über das Vermögen (vgl. Art. 15 Ziff. 1 lit. e) geht es den ehemaligen Kolonialstaaten auch bei dieser Bestimmung darum, mittels der Formulierungen *«archives»* statt *«State archives»* und *«belonged to the territory»* möglichst viele Archivbestände unabhängig von ihrem politischen und eigentumsrechtlichen Status zurückzuerlangen.[956] Die Rück- bzw. Übergabe wurde damit begründet, dass Archive aus der Vorkolonialzeit das Produkt ihres Herkunftsortes sind und zum *patrimoine culturel* dieses Gebietes gehören.[957] Als einzige Bestimmung der Konvention entspricht sie dem Provenienzprinzip, wenn auch insoweit modifiziert, als die betreffenden Archive nicht notwendig bei einer staatlichen Institution erwachsen sein müssen.[958] Auf der Konferenz wurde dieser Bestimmung trotz einiger dogmatischer Mängel auch von den ehemaligen Kolonialmächten nicht widersprochen.[959] Vielmehr stellt sich die Frage, weshalb sie nur für die Zeit *vor* der Kolonialisierung und nur im Zusammenhang mit neuen unabhängigen Staaten zur Anwendung kommen soll und nicht auch bei den anderen Sukzessionstatbeständen.[960]

Auch bezüglich der Nebenbestimmungen sollen die *neuen unabhängigen Staaten* ihrer Vorgeschichte entsprechend bevorzugt werden. Sie sollen nicht nur Reproduktionen von Archiven, sondern auch leihweise Archivoriginale erhalten, die von den vorangehenden Bestimmungen nicht erfasst und für das abgetretene Gebiet von Interesse sind. Meist handelte es sich um politische Dokumente, die

---

955 Dies übersieht v. SCHORLEMER, S. 338, wenn sie schreibt, dass die Ausdehnung auf den Begriff Archive aus kulturgüterrechtlicher Perspektive zu begrüssen sei, weil während der Kolonialzeit viele private Archive angelegt worden seien, etwa von religiösen Missionen, Forschungseinrichtungen oder privaten Unternehmen. Die Bestimmung bezieht sich jedoch nur auf Archive, die *vor der Kolonialisierung* angelegt bzw. begründet wurden (vgl. auch Art. 6).

956 Vgl. UN Doc. A/36/10, S. 62 Ziff. 4–6. Vgl. auch UN Doc. A/CN.4/322, S. 120 Ziff. 163. Zum Problem, dass den Kolonialstaaten vor der Abhängigkeit in der Regel keine Staatenqualität zukam vgl. v. SCHORLEMER, S. 339 f. Vgl. ferner SILAGI, Staatennachfolge und Archive, S. 57 f.; FIEDLER, Konventionen, S. 32 f.; STREINZ, S. 228 und Avis professionnel CIA, S. 249 Ziff. 2.2 ad (iii), wonach die Formulierung *«archives ayant appartenu au territoire»* zu unbestimmt sei und durch *«constituées sur le territoire»* ersetzt werden sollte.

957 Vgl. UN Doc. A/36/10, S. 63 Ziff. 10; UN Doc. A/CN.4/322, S. 120 Ziff. 162.

958 Vgl. FITSCHEN, Rechtliches Schicksal, S. 294; SILAGI, Staatsuntergang und Staatennachfolge, S. 281.

959 Vgl. FITSCHEN, Rechtliches Schicksal, S. 294.

960 Vgl. FITSCHEN, Rechtliches Schicksal, S. 294 f.

die Kolonialmacht bei ihrem Abzug stets mitgenommen und aus politischen Gründen nicht an den unabhängigen Staat übergeben haben.[961] Trotz ihres Bezuges zum abgetretenen Gebiet müssen sie nicht nach Abs. 1 lit. c übergeben werden, weil sie die Kolonialmacht in gleicher Weise betreffen.[962]

Die leihweise Übergabe sollen der Vorgängerstaat und der *neue unabhängige Staat* in einer separaten Vereinbarung regeln, die sicherstellt, dass letzterer soweit wie möglich und nach billigstem Ermessen von den Archiven des Vorgängerstaates profitieren kann (Art. 28 Abs. 2). Eine separate Vereinbarung soll nicht zuletzt auch das Prinzip der Einheit der Archivbestände und die modernen technischen Reproduktionsmethoden angemessen berücksichtigen können.[963] Diese Lösung wurde in der Literatur als mustergültig bezeichnet, weil sie die legitimen Interessen beider Staaten berücksichtigt und es diesen überlässt, die Angelegenheit in einer Vereinbarung zu regeln.[964]

IV. Würdigung

Die Kodifikation ist bis zum heutigen Datum nicht in Kraft getreten und wird es aller Voraussicht nach auch in Zukunft nicht, obwohl dazu nur 15 Ratifikationen notwendig wären.[965] Sie gilt denn auch gemeinhin als praktisch gescheiterter Versuch einer Kodifikation und fortschreitenden Entwicklung des Völkerrechts auf diesem Gebiet. In der Tat waren die Voraussetzungen für die ILC sehr schwierig, weil auf dem Gebiet der Staatensukzession ein einheitliches dogmatisches Fundament fehlt und auch eine kohärente Staatenpraxis bislang ausblieb.[966] Zum Misserfolg beigetragen haben aber auch die politischen und ideologischen Gegensätze zwischen der westlichen Staatengruppe und den Entwicklungsstaaten bei der Diskussion der Konvention an der Staatenkonferenz in Wien. Anstelle eines gerechten Interessenausgleiches zwischen den unterschiedlichen Standpunkten setzten die Entwicklungsstaaten, die sich überwiegend

---

961 Vgl. UN Doc. A/36/10, S. 63 Ziff. 15 f. mit Verweis auf Conférence internationale de la Table ronde des archives. Als Beispiele werden im Kommentar genannt: Akten über Verträge der Kolonialmacht über das Gebiet oder über ihre diplomatischen Beziehungen in Bezug auf das Territorium. Vgl. hierzu MENON, S. 47 f.

962 Vgl. UN Doc. A/36/10, S. 63 f. Ziff. 17. Vgl. auch FITSCHEN, Rechtliches Schicksal, S. 296.

963 Vgl. UN Doc. A/36/10, S. 64 Ziff. 18. Vgl. auch FITSCHEN, Rechtliches Schicksal, S. 296.

964 So ausdrücklich FITSCHEN, Rechtliches Schicksal, S. 296.

965 Vgl. POEGGEL/MEISSNER, S. 14 f.; O'CONNELL, Reflections on the State Succession Convention, S. 726. Sieben Staaten haben die Konvention unterzeichnet, aber noch nicht ratifiziert (Ägypten, Algerien, Argentinien, Nigeria, Peru, Serbien und Montenegro); weitere sieben Staaten haben sie bis heute ratifiziert (Estland, Mazedonien, Georgien, Kroatien, Liberia, Slowenien und die Ukraine).

966 Vgl. zum Folgenden FIEDLER, Konventionen, S. 38 f. und 47 ff. Zur Dogmatik und Staatenpraxis vgl. hinten S. 217 ff.

mit den *neuen unabhängigen Staaten* identifizierten, ihre maximalen Forderungen im Wesentlichen um.[967] Einzelnen Delegierten der anwesenden Drittweltstaaten werden zudem mangelnde juristische und archivwissenschaftliche Kenntnisse vorgeworfen.[968]

Hauptansatzpunkt der Kritik war die Aufnahme des zusätzlichen, anachronistischen Sukzessionstatbestandes der *neuen unabhängigen Staaten* und dessen einseitige und kompromisslose Bevorzugung gegenüber den klassischen Sukzessionstatbeständen.[969] Die Konvention weicht mit diesem Sondertatbestand der Staatensukzession nicht nur von der Doktrin, sondern auch von ihrer eigenen, bezüglich des Territoriums neutralen Definition der Staatensukzession ab (vgl. Art. 2 Abs. 1 lit. a), wonach einzig auf den Wechsel des Territoriums Bezug genommen wird.[970] Die Kategorie der neuen unabhängigen Staaten führt jedoch das Kriterium der Abhängigkeit *(«dependent territories»)* ein und fordert damit eine politische oder juristische Charakterisierung des Territoriums. Dadurch wird die internationale Gemeinschaft qualitativ in verschiedene Kategorien von Staaten aufgeteilt, die verschiedene Regelungen erfahren.[971] Die Begründung der Sonderkategorie wurde daher als methodische Fehlleistung bezeichnet. Doch auch der Umstand, dass die Konvention noch zu einem Zeitpunkt auf die neuen unabhängigen Staaten zugeschnitten wurde, als der Dekolonisierungsprozess im Wesentlichen bereits abgeschlossen war,[972] wurde

---

967 Die für die Verabschiedung der Konvention erforderliche Zweidrittelmehrheit setzte sich aus den 54 Stimmen der auf der Konferenz vertretenen Staaten der Dritten Welt («Gruppe der 77»), der osteuropäischen Staatengruppe sowie der Türkei zusammen (vgl. SEIDL-HOHENVELDERN, Wiener Übereinkommen, S. 173, 197, und vorne Fn. 860). Vgl. ferner STREINZ, S. 234.

968 Vgl. SEIDL-HOHENVELDERN, Wiener Übereinkommen, S. 184 f.; AUER, Staatennachfolge, S. 65; FITSCHEN, Rechtliches Schicksal, S. 282; O'CONNELL, Reflections on the State Succession Convention, S. 727; NATHAN, S. 511 ff.; STREINZ, S. 233, wonach *«[t]he one-sided content of the provisions in substance suggests the preponderance of sentiment at work rather than objective considerations»*. Einen Einfluss auf die Bevorzugung der Kolonialstaaten hatte sicher auch die Person des Sonderberichterstatters Mohammed Bedjaoui, der als algerischer Justizminister und Botschafter in Paris direkt mit der Archivproblematik aus Sicht eines neuen unabhängigen Staates zu tun hatte (vgl. hierzu SILAGI, Staatsuntergang und Staatennachfolge, S. 36 f.).

969 Vgl. dazu FIEDLER, Konventionen, S. 54 f.; SEIDL-HOHENVELDERN, Wiener Übereinkommen, S. 184 f.; DAHM/DELBRÜCK/WOLFRUM, Bd. I/1, S. 171.

970 Vgl. FIEDLER, Konventionen, S. 31 f. und 55; FITSCHEN, Rechtliches Schicksal, S. 282.

971 Die Frage, ob der neue Staat die aus dem Konventionstext nicht zu entnehmenden Kriterien für Abhängigkeit erfüllt, ist nur schwer zu beantworten und dürfte eher zu einer umstrittenen denn zu einer einheitlichen Staatenpraxis führen (vgl. FIEDLER, Konventionen, S. 54).

972 Seit der Verabschiedung der Konvention über Staatensukzession in Verträge von 1978 hatten zehn Staaten ihre Unabhängigkeit erlangt (vgl. ZIMMERMANN, Staatennachfolge, S. 24, 837).

vor allem von der westlichen Staatengruppe und in der völkerrechtlichen Literatur nicht verstanden.[973]

Mit der Sonderbehandlung stellt die Konvention den Grundsatz der Gleichheit der Staaten in Frage, wie er im Prinzip der souveränen Gleichheit (Art. 2 Abs. 1 UN-Charta) und dem Prinzip der gleichen Rechte aller Völker (Art. 1 Abs. 2 UN-Charta) zum Ausdruck kommt.[974] Des Weiteren übersieht die kategorische Besserstellung der *neuen unabhängigen Staaten*, dass auch zwischen ihnen erhebliche Unterschiede bestehen können, die im Einzelfall zu rechtlichen Konsequenzen führen müssten. Gleichzeitig werden mit der Vorzugsbehandlung von entkolonialisierten Staaten vergleichbare Fälle von neuen Staaten ausgeschlossen, die gleichermassen schutzbedürftig, aber nicht *«dependent»* im Sinne der Konvention sind.[975] Anlass zu Kritik bildeten aber auch andere Punkte der Konvention.[976]

Auch der sachliche Geltungsbereich befriedigt aus kulturgüterrechtlicher Sicht nur halbwegs. Die besondere, vom Staatsvermögen und damit auch vom übrigen Kulturgut getrennte Regelung der Staatsarchive ist zwar zu begrüssen.[977] Doch weitgehend dieselben Argumente, die zur Sonderbehandlung der Archive angeführt werden, würden auch eine Sonderbehandlung der Kulturgüter rechtfertigen. Jedenfalls sind die auf das normale Vermögen zugeschnittenen Zuordnungs- bzw. Teilungsregeln für Kulturgüter nicht sachgerecht.

Kritisiert wird überdies die häufige Bezugnahme der Konvention auf das Prinzip der Billigkeit. Aus kulturgüterrechtlicher Sicht sind die Bestimmungen, die eine Teilung der Vermögensgüter gemäss dem Prinzip der Billigkeit vorsehen (z.B. Art. 15 Ziff. 1 lit. f WK 83), grundsätzlich ungeeignet, weil sich Kulturgüter kaum nach solchen Erwägungen teilen lassen.[978] Andererseits offenbart der häufige Rückgriff der Konvention auf das Prinzip der Billigkeit die Grenzen der

---

973 Nach tradierter Auffassung sollen Kodifikationen auch im Völkerrecht in erster Linie die Zukunft gestalten (vgl. FIEDLER, Konventionen, S. 23 f.; ZIMMERMANN, Staatennachfolge, S. 837).

974 Vgl. FIEDLER, Konventionen, S. 38. MENON, S. 48 ff., stimmt Abs. 7 von Art. 28 zu.

975 Vgl. FIEDLER, Konventionen, S. 40 f. und 56; STREINZ, S. 222 f.

976 So etwa der Aufbau der Konvention, die Unterscheidung zwischen Abtretung und Abtrennung von Staatsgebiet, der Zeitpunkt des Übergangs (vgl. TURNER, S. 100; SEIDL-HOHENVELDERN, Wiener Übereinkommen, S. 184 f. und 191 ff.). Die Bestimmungen bezüglich des dritten, in dieser Arbeit nicht besprochenen Sachbereichs der Konvention, der Staatsschulden, stellen für die westliche Staatengruppe ebenfalls eine unakzeptable Lösungsvariante dar (vgl. STREINZ, S. 233 f.).

977 Bemängelt wird jedoch das Fehlen von Bestimmungen bezüglich Aufbewahrung und Zugang der Archive nach deren Übergabe (vgl. FIEDLER, State Succession, S. 648).

978 Vgl. SIEHR, International Art Trade, S. 126.

Kodifizierbarkeit dieses Bereichs.[979] Auch die Tatsache, dass die Konvention vertragliche Einigungen zwischen den betroffenen Staaten den eigenen Regeln vorzieht oder zumindest zulässt, unterstreicht die Tatsache, dass in diesem Bereich generelle, allgemeinverbindliche Rechtsregeln nur von beschränktem Wert sind.[980] Es mangelt an Stimmen denn auch nicht, die das Recht der Staatensukzession für die Kodifikation als grundsätzlich ungeeignet qualifizieren, so etwa der Australier O'CONNELL, der zu den schärfsten Kritikern der Kodifikationsvorhaben gilt: *«State succession is a subject altogether unsuited to the process of codification, let alone of progressive development.»*[981]

Infolge des starken Widerstandes der westlichen Staaten gegen zentrale Bestimmungen der Konvention und im Hinblick auf die geringe Zahl von Unterzeichnern müssen die Bemühungen um die Kodifizierung des Rechts der Staatensukzession im Bereich des Staatsvermögens, der Staatsarchive und der Staatsschulden insgesamt als gescheitert bezeichnet werden.[982] Die ILC hat im Ergebnis kein progressives, auf die gegenwärtige Staatenpraxis basierendes Recht hervorgebracht.[983] Nach fast einhelliger Meinung der Völkerrechtslehre geben die Bestimmungen der Konvention insgesamt auch kein allgemein verbindliches Völkergewohnheitsrecht wieder.[984] Als Völkerrechtsquelle kommt der Konvention daher höchstens eine Hilfsfunktion zu.[985]

Trotzdem zeitigt sie durchaus Wirkung auf das Recht der Staatensukzession,[986] indem einige ihrer Bestimmungen allgemein anerkannte Prinzipien wieder-

---

979 Vgl. NATHAN, S. 497; FIEDLER, Konventionen, S. 34 f.; SEIDL-HOHENVELDERN, Staatennachfolge, S. 733; KOSKENNIEMI, S. 125 ff.; CZAPLINSKI, Equity, S. 61 ff. Vgl. ferner ROSENNE, S. 424.

980 Vgl. FIEDLER, State Succession, S. 645.

981 O'CONNELL, Reflections on the State Succession Convention, S. 726 ff. Vgl. auch ders., Vol. I, Vorwort (V); ZIMMERMANN, Staatennachfolge, S. 837 ff.; DEGAN, State Succession, S. 137 f.; OETER, S. 74; FITSCHEN, Rechtliches Schicksal, S. 332 f.; WILLIAMSON/OSBORN, S. 267: *«[T]he best way of dealing with the ongoing questions was to rely on common sense and to try to find agreement among the parties concerned.»* Kritisch dazu vgl. KOSKENNIEMI, S. 126 ff.

982 Vgl. NATHAN, S. 492 f.; STREINZ, S. 201 f., 234 f.; VERDROSS/SIMMA, § 997; FIEDLER, State Succession, S. 648; MALANCZUK, S. 161; FITSCHEN, Rechtliches Schicksal, S. 303 f.; FASTENRATH, Recht der Staatensukzession, S. 9 f.; SEIDL-HOHENVELDERN, Wiener Übereinkommen, S. 194 ff.; IPSEN, S. 347 Rz. 8; SEIDL-HOHENVELDERN/HUMMER, S. 159 Rz. 814; DAILLIER/PELLET, S. 542.

983 Vgl. STREINZ, S. 234 f.; SEIDL-HOHENVELDERN, Wiener Übereinkommen, S. 195 f.; MULLERSON, New Developments, S. 301; ders., Continuity, S. 473; SCHWEITZER, S. 390. Vgl. ferner FIEDLER, Konventionen, S. 57 ff.

984 Vgl. z.B. WATTS, S. 398 f.; MULLERSON, Continuity, S. 473; SEIDL-HOHENVELDERN, Wiener Übereinkommen, S. 196. A.M. Shaw, S. 863 f., wonach viele Bestimmungen der WK 78 und WK 83 geltendes Recht widergeben.

985 Vgl. FIEDLER, State Succession, S. 643.

986 Vgl. FIEDLER, State Succession, S. 649; FITSCHEN, Rechtliches Schicksal, S. 304 ff.

geben.[987] Dies wurde auch in den Staatensukzessionen nach 1989 deutlich, anlässlich von deren rechtlicher Auseinandersetzung einzelne Bestimmungen der Konvention in unverbindlicher Weise herangezogen wurden.[988] Namentlich haben acht Nachfolgestaaten der UdSSR in der Präambel des unveröffentlichten und nie in Kraft getretenen Vertrages über die Rechtsnachfolge in Bezug auf die staatlichen Auslandsschulden und die Aktiva der UdSSR vom 4. Dezember 1991 vermerkt, dass dieser Vertrag unter Berücksichtigung der Wiener Konvention von 1983 formuliert worden sei.[989] Hinsichtlich des beweglichen Eigentums haben es die Nachfolgestaaten der UdSSR zumindest versucht, sich entsprechend der Aufteilungsregel des Art. 18 Abs. 1 lit. d WK 83 (Dismembration) zu verhalten.[990] Die jugoslawischen Nachfolgestaaten erklärten, dass die beiden Wiener Konventionen *«should be the foundation for discussions between them on the succession of States»*.[991] Im Ergebnis entspricht aber die jüngste Praxis jedoch nur teilweise den Archivbestimmungen der Konvention.[992]

Nachdem die Konvention in der Staatengemeinschaft keine Akzeptanz gefunden hat und nicht in Kraft getreten ist, kommt bezüglich Staatensukzession in Kulturgüter und Archive den anderen Völkerrechtsquellen umso mehr Bedeutung zu.[993]

---

987 Hierzu zählen beispielsweise der Grundsatz des entschädigungslosen Übergangs oder die Bestimmungen zum Schutz des Staatsvermögens und der Staatsarchive vor Beschädigung oder Vernichtung vor Übergabe sowie das Prinzip, wonach die beteiligten Staaten die Einzelheiten vorrangig im Wege entsprechender Vereinbarung selbst festlegen müssen (vgl. v. Schorlemer, S. 333 ff.; Bothe/Schmidt, S. 839). Im Hinblick auf das Staatsvermögen vgl. Ipsen, S. 348 Rz. 10. Vgl. auch Stanič, S. 754. Auch der entschädigungslose Übergang des Staatsvermögens und der Staatsarchive gelten als gefestigte Praxis (vgl. UN Doc. A/36/10, S. 27 Ziff. 2; Menon, S. 39; Fitschen, Rechtliches Schicksal, S. 283; Fiedler, Konventionen, S. 33; vgl. dazu hinten S. 272).

988 Vgl. Fiedler, State Succession, S. 652; Watts, S. 417 ff.; Schweisfurth, Recht der Staatensukzession, S. 191 ff.; Degan, Disagreements, S. 113 ff.; Stanič, S. 756 f.

989 Vgl. dazu Schweisfurth, Recht der Staatensukzession, S. 147 f.

990 Vgl. Ipsen, S. 350 Rz. 12; Schweisfurth, Recht der Staatensukzession, S. 213 ff.

991 Vgl. die Stellungnahme der Badinter-Kommission Nr. 9 vom 4. Juli 1992, abgedruckt in: Trifunovska, S. 637 ff., und ILM 31 (1992), S. 1524. Vgl. dazu Schweisfurth, Recht der Staatensukzession, S. 192. Zur Badinter-Kommission vgl. hinten S. 239 ff.

992 Vgl. Schweisfurth, Recht der Staatensukzession, S. 213 ff. Vgl. auch hinten S. 220 ff.

993 Vgl. Odendahl, Kulturgüterschutz, S. 152; Fastenrath, Recht der Staatensukzession, S. 9; Siehr, International Art Trade, S. 127.

§ 3 Völkergewohnheitsrecht

I. Allgemeines

Die wichtigste Quelle des Völkerrechts ist das Völkergewohnheitsrecht. Damit Völkergewohnheitsrecht entsteht, sind zwei Voraussetzungen erforderlich. Erstens muss eine einheitliche, über eine längere Zeit andauernde Übung bestehen (objektives Element). Zweitens muss diese Übung durch Rechtsüberzeugung getragen sein (subjektives Element).[994] Der Nachweis von Völkergewohnheitsrecht erweist sich im konkreten Fall indes als schwierig.[995] Nicht selten ist unklar, ob eine bestimmte Übung auch von der notwendigen Rechtsüberzeugung getragen wird.[996] Letztere kann meist nur über Indizien nachgewiesen werden. Zu beachten ist in diesem Zusammenhang auch, dass die Regeln des Völkergewohnheitsrechts nur dispositiv sind, weshalb die betreffenden Staaten im Einzelfall davon abweichen können.[997]

Im Recht der Staatensukzession verschärft sich der schwierige Nachweis von gewohnheitsrechtlichen Normen, weil es nur relativ wenige, zeitlich begrenzte praktische Fälle gibt.[998] Kommt hinzu, dass die Fälle der Staatensukzessionen sehr vielfältig und komplex sind, was in der pragmatischen, vielgestaltigen und teilweise widersprüchlichen Staatenpraxis erkennbar wird.[999] Bei einer Staatensukzession geht es meist um politisch brisante Grundsatzfragen, um nationale Identität und grosse Vermögenswerte.[1000] Dies führt dazu, dass die Praxis der Staatensukzession regelmässig von politischen Überlegungen, von wirtschaft-

---

[994] Vgl. Verdross/Simma, § 551; Dahm/Delbrück/Wolfrum, Bd. I/1, S. 56 ff. Gemäss Simma, Völkergewohnheitsrecht, S. 33 Rz. 177, ist die Formulierung in Art. 38 Abs. 1 lit. b des Statuts des Internationalen Gerichtshofes nicht gelungen. Zur Frage der Staatenpraxis allgemein vgl. Zemanek, What is «State practice», S. 289 ff.

[995] Auch aus diesem Grund ist das Völkergewohnheitsrecht als Quelle des Völkerrechts in den letzten Jahrzehnten immer wieder hinterfragt und kritisiert worden (vgl. etwa Simma, Erzeugung ungeschriebenen Völkerrechts, S. 95; Silagi, Staatsuntergang und Staatennachfolge, S. 4 ff.).

[996] Vgl. Simma, Erzeugung ungeschriebenen Völkerrechts, S. 95; Reinisch/Hafner, S. 35.

[997] Vgl. Verdross/Simma, § 973; Menzel, Staatensukzession, S. 308.

[998] Vgl. Verdross/Simma, § 973; Schweisfurth, Recht der Staatensukzession, S. 218. Als Gegenbeispiel sei z.B. auf die täglich ausgeübte Praxis im diplomatischen Verkehr hingewiesen. Eine Zusammenstellung der Sukzessionsverträge bezüglich Archiven bei Kecskeméti, Les contentieux archivistiques, S. 12 ff., und in UN Doc. A/CN.4/322, S. 88 ff.

[999] Gemäss Mullerson, Continuity, S. 473, ist jede Sukzessionswelle in ihrer Art einmalig. Problematisch ist die Aussage von Oeter, S. 77, wonach unstrittige Fälle, wie die Dismembration der Tschechoslowakei, als Ausgangslage für allgemeingültige Prinzipien ungeeignet sind, weil gerade im Konsens atypische Lösungen gefunden werden.

[1000] Vgl. hierzu Stanič, S. 754 ff.

lichen Interessen sowie von militärischen Machtverhältnissen geleitet wird.[1001] Gerade bei Kulturgütern und Archiven spielen Prestigegründe bzw. Fragen der Macht eine grosse Rolle.[1002] Juristische Überlegungen sind meist weniger zentral.[1003] Ausserdem werden die Sukzessionsverhandlungen durch die aktuelle Belegenheit der Objekte im Sinne des Effektivitätsgrundsatzes beeinflusst.

Die fehlende Konstanz in der Staatenpraxis hängt aber auch damit zusammen, dass sich die Lehre bis heute nicht auf eine einheitliche, kohärente Theorie hat einigen können, auf die sie im Einzelfall zurückgreifen könnte.[1004] Die wissenschaftliche Diskussion bewegt sich zwischen zwei Extremen, nämlich der sog. Theorie der Universalsukzession (Gesamtnachfolge) und der sog. *Clean-slate*-Theorie (*Tabula-rasa*-Theorie). Bei ersterer tritt der Nachfolgestaat ipso iure in sämtliche Rechtspositionen des Vorgängers ein. Nach der *Clean-slate*-Theorie hingegen kann der Nachfolgestaat aus den Rechten und Pflichten des Vorgängerstaates frei auswählen. Damit verneint sie jegliche Staatensukzession.[1005] Die jüngsten Sukzessionsfälle in Mittel- und Osteuropa offenbarten die nach wie vor ungelösten theoretischen Grundlagen.[1006] Ursache für die fehlenden theore-

---

[1001] Vgl. NATHAN, S. 490 f.; TURNER, S. 86; CZAPLINSKI, Equity, S. 61; OETER, S. 74 f.; MARTYNENKO, S. 41, bezüglich der Rechtsnachfolge der GUS-Staaten. Im Zusammenhang mit ehemaligen Kolonialstaaten vgl. UN Doc. A/36/10, S. 39 Ziff. 5, sowie mit Archiven S. 54 Ziff. 1; MULLERSON, New Developments, S. 300; ders., Continuity, S. 473.

[1002] Im zwölften Bericht über die Staatensukzession in anderen Bereichen als Verträge von 1980 bezeichnet der Sonderberichterstaater Mohammed Bedjaoui Archive als *«une des clefs du pouvoir»* (vgl. UN Doc. A/CN.4/333, S. 12 Ziff. 73); desgleichen MENON, S. 35. Vgl. auch UN Doc. A/36/10, S. 54 Ziff. 1.

[1003] Vgl. SCHWEISFURTH, Recht der Staatensukzession, S. 218 ff.; POULOSE, S. 8; FASTENRATH, Recht der Staatensukzession, S. 10; POEGGEL/MEISSNER, S. 14; STREINZ, S. 202 f.; NATHAN, S. 492; TURNER, S. 86; SIMMA, Neues europäisches Völkerrecht, S. 20 f.; ders., Erzeugung ungeschriebenen Völkerrechts, S. 95; SCHOENBORN, Wörterbuch, S. 578 f. und 582; SCHWEITZER, S. 387.

[1004] Vgl. O'CONNELL, Law of State Succession, S. 10; STREINZ, S. 202 f.; SCHACHTER, S. 253; MULLERSON, Continuity, S. 473; GUGGENHEIM, Beiträge zur völkerrechtlichen Lehre, S. 156; TURNER, S. 75, 86; POEGGEL/MEISSNER, S. 14; FIEDLER, Konventionen, S. 10 f.; ders., Kontinuitätsproblem, S. 12; ders., Staatskontinuität, S. 19 ff.; HUMMER, Probleme der Staatennachfolge, S. 425; WATTS, S. 399. Eingehend zur Theorie der Staatensukzession vgl. O'CONNELL, Vol. I, 3–35, insb. 4; BERBER, Bd. 1, S. 253 f.; HAMMER, S. 39 ff.; MULLERSON, New Developments, S. 300; NEUHOLD, S. 83; DAHM/DELBRÜCK/WOLFRUM, Bd. I/1, S. 169; CAFLISCH, S. 352: *«There are almost as many theories on the succession of States as there are authors who have written on that topic.»*

[1005] Einen Überblick über die Theorien gibt O'CONNELL, Vol. I, S. 9 ff.; CAFLISCH, S. 351 ff.; REINISCH/HAFNER, S. 35 ff. Zum Stand der Theorie im Zeitpunkt der vorletzten Jahrhundertwende vgl. HUBER, S. 6 ff.; GUGGENHEIM, Beiträge zur völkerrechtlichen Lehre, S. 29 ff. und 42 ff.; POULOSE, S. 7 f.

[1006] Vgl. SEIDL-HOHENVELDERN, Staatennachfolge, S. 740; VAGTS, S. 295 f. Immerhin haben die Sukzessionsfälle UdSSR und Jugoslawien gewisse Probleme geklärt (vgl. MULLERSON, New Developments, S. 321; SCHWEISFURTH, Völkerrecht, S. 340; ders., Archiv des Völkerrechts, tischen Erkenntnisse ist die enge Verknüpfung der Theorie der Staatensukzession mit dem jeweiligen Staats- und Rechtsverständnis.[1007] Die Staatennachfolge gehört folglich, wie es die Literatur zu betonen pflegt, zu den schwierigsten, unübersichtlichsten und umstrittensten Problemen des Völkerrechts.[1008] Die ungesicherte völkerrechtliche Rechtslage und die Orientierungslosigkeit der Praxis bedingen sich somit gegenseitig.[1009]

Unter diesen Umständen erstaunt es nicht, dass das Völkergewohnheitsrecht im Bereich der Staatensukzession wenig entwickelt und sein Vorhandensein in vielen Fällen noch immer sehr umstritten ist.[1010] Bei den wenigen gesicherten gewohnheitsrechtlichen Normen handelt es sich unbestrittenermassen meist nur

---

S. 129). Indem die Sukzessionsfälle innert kurzer Zeit 23 neue Staaten entstehen liessen, wird heute dem Problem im völkerrechtlichen Schrifttum ein wichtigerer Stellenwert eingeräumt, als dies zuvor der Fall war (vgl. NEUHOLD, S. 84; LÅNGSTRÖM, Transformation in Russia, S. 181 f.). In der Tat beschäftigten sich bis in die achtziger Jahre des 20. Jahrhunderts nur wenige Spezialisten mit dem Recht der Staatensukzession. Noch 1987 schrieb das American Law Institute: *«A comparable wave of emerging states in the years ahead is unlikely»* (Restatement of the Law Third, The Foreign Relations Law of the United States, Vol. 1 [1986], § 208 reporters' note 4). Vgl. hierzu auch MALANCZUK, S. 162; WATTS, S. 397; FIEDLER, State Succession, S. 644; ZEMANEK, Gegenwärtige Fragen der Staatensukzession, S. 56.

[1007] Vgl. O'CONNELL, Vol. I, Vorwort (V); ders., Law of State Succession, S. 266; ders., Recent Problems of State Succession, S. 101 ff. und 104 ff.; FASTENRATH, Recht der Staatensukzession, S. 9 und 45; CAFLISCH, S. 337 f.; WATTS, S. 399; KOSKENNIEMI, S. 96 ff.; FIEDLER, Konventionen, S. 29; TURNER, S. 75; HAMMER, S. 93 f.

[1008] Vgl. JELLINEK, Allgemeine Staatslehre, S. 278 Fn. 2; CRAVEN, S. 143; STREINZ, S. 202; VERDROSS/SIMMA, § 973; TURNER, S. 75; O'CONNELL, Vol. I, S. 3, 8 ff.; FIEDLER, Konventionen, S. 9; ders., State Succession, S. 641 f.; BROWNLIE, S. 650; DAHM/DELBRÜCK/WOLFRUM, Bd. I/1, S. 158; KORDT, S. 1; JENNINGS/WATTS, S. 209 f.; SCHOENBORN, Wörterbuch, S. 578 f.; BERBER, Bd. 1, S. 253 f.; ZIMMERMANN, Staatennachfolge, S. 1; DÖRR, S. 21; OETER, S. 352; HAMMER, S. 17 ff.; HUMMER, Probleme der Staatennachfolge, S. 425.

[1009] Vgl. DÖRR, S. 22; O'CONNELL, Vol. I, Preface, V; ders., Law of State Succession, S. 266; MULLERSON, New Developments, S. 299. Gemäss WATTS, S. 398, sind deshalb Sondervereinbarungen *«a cause of, and a consquence of, the uncertainty of much of international law in this area»*.

[1010] Vgl. POEGGEL/MEISSNER, S. 14; DAHM/DELBRÜCK/WOLFRUM, Bd. I/1, S. 169; GUGGENHEIM, Lehrbuch des Völkerrechts, S. 428 f.; SCHACHTER, S. 253; BERBER, Bd. 1, S. 254; BROWNLIE, S. 650; BINDSCHEDLER, S. 109; JENNINGS/WATTS, S. 236; SCHWEISFURTH, Recht der Staatensukzession, S. 219 f.; NATHAN, S. 490 ff.; DÖRR, S. 21; NEUHOLD, S. 83; WALTER, S. 120. STREINZ, S. 202 f. verneint das Bestehen von Gewohnheitsrecht in diesem Bereich gänzlich. A.M. DOEHRING, S. 74 Rz. 168. Differenzierend OETER, S. 73; KIMMINICH/HOBE, S. 104; VERDROSS/SIMMA, § 973, 997; MULLERSON, Continuity, S. 473 f. Die Differenzen in der Lehre sind teilweise auch auf die unterschiedlichen methodischen Auswertungen der Staatenpraxis zurückzuführen, insbesondere auf die unterschiedlichen Anforderungen an die Voraussetzungen gewohnheitsrechtsbildender Kraft konkreter Verträge (vgl. SCHULZE, S. 112 mit Verweis auf O'CONNELL, Vol. I, S. 199 ff.; BERBER, Bd. 1, S. 254). Zum Völkergewohnheitsrecht bei Sukzession in Verträge vgl. FIEDLER, State Succession, S. 643.

um allgemeingültige Prinzipien und nicht um im Einzelfall anzuwendende verbindliche Regeln.[1011] Watts fasst die Rechtslage zum allgemeinen Sukzessionsrecht treffend zusammen:

> *«The rules of international law as to the various issues which arise in the context of State succession are not at all precise, clear, comprehensive or well-established. Some can safely be regarded as generally accepted rules of customary international law, but many can not; and of those which can be regarded as rules of customary international law some are of such generality that they are of little practical help in the solution of particular problems.»* [1012]

II. Kulturgüter

1. Die Staatenpraxis im Überblick

Bei Kulturgütern wird die Suche nach einer einheitlichen Staatenpraxis zusätzlich erschwert, weil die Sukzessionsverträge die Kulturgüter nur sporadisch erwähnen.[1013] Zumeist fallen sie unter die Vertragsbestimmungen, die das allgemeine Vermögen regeln.[1014]

Die erste Erwähnung von Kulturgütergegenständen in Sukzessionsverträgen erfolgte in der Mitte des 19. Jahrhunderts und steht in engem Zusammenhang mit der Entstehung des Nationalstaates.[1015] Die Sukzessionsgeschichte der Archive ist älter, jedoch wurden die Archive während langer Zeit nur für die staatliche Administration benötigt. Ihr kultureller oder historischer Wert wurde

---

1011 Vgl. SCHWEITZER, S. 390. Mangels gewohnheitsrechtlicher Normen im Bereich der Staatensukzession verweist die Lehre regelmässig auf die Wiener Konvention über Staatensukzession in Staatsvermögen, Staatsarchive und Staatsschulden und fasst deren Normen zusammen (so etwa VERDROSS/SIMMA, § 997, und KIMMINICH/HOBE, S. 104 ff.). Zu den Begriffen Prinzip und Regeln vgl. hinten S. 230 ff.

1012 WATTS, S. 397.

1013 Vgl. TURNER, S. 85 f.

1014 Vgl. v. SCHORLEMER, S. 314 f.

1015 Es war dies im Wiener Frieden von 1866 (vgl. vorne S. 111 f.). Vgl. dazu TURNER, S. 84. Der Kulturgüterschutz fand im Gegensatz zum Kriegsrecht erst später Eingang ins Friedensvölkerrecht und so auch ins Recht der Staatensukzession. KOWALSKI, S. 140 ff., teilt die Geschichte der Staatensukzession in Kulturgüter seit Mitte des 19. Jahrhunderts in vier Phasen ein. Als erste Phase bezeichnet er die Staatsbildung von Italien mit den damit verbundenen Auseinandersetzungen mit Österreich. Die Staatensukzessionen nach den beiden Weltkriegen bilden die zweite und dritte Phase, während er die politischen Veränderungen in Ost- und Zentraleuropa als vierte Phase bezeichnet. Ähnlich MULLERSON, Continuity, S. 473, und CZAPLINSKI, Equity, S. 61. Einen summarischen Überblick über die Staatenpraxis zur Staatensukzession geben VAGTS, S. 277 ff., und FIEDLER, State Succession, S. 642. Zur Aufnahme von Kulturgütern in Vereinbarungen der neueren Völkerrechtsgeschichte allgemein vgl. SIEHR, Kulturgüter in Friedens- und Freundschaftsverträgen, S. 695 ff.

erst in der zweiten Hälfte des 19. Jahrhunderts erkannt.[1016] Von grosser Bedeutung für das Schicksal von Kulturgütern und Archiven war der Zusammenbruch von Österreich-Ungarn am Ende des Ersten Weltkrieges. Das Auseinanderbrechen eines Staatsgebildes von vorher ungekannter Dimension stellte die betroffenen Staaten vor neue Herausforderungen. Nach dem Zweiten Weltkrieg dann begannen die Kolonialstaaten sich zunehmend von den Kolonialmächten zu lösen.[1017] Als dieser Dekolonisierungsprozess Ende der siebziger Jahre des letzten Jahrhunderts weitgehend abgeschlossen war, waren über 100 neue Staaten entstanden.[1018] Die Rückgabe ausgeführter Kulturgüter forderten die ehemaligen Kolonialstaaten zumeist aber erst nach erlangter Souveränität von den Mutterstaaten. Nur in wenigen Fällen kamen die ehemaligen Kolonialmächte den Forderungen nach, wobei sie betonten, die Rückstellung nicht aus einer rechtlichen Pflicht, sondern nur aus freien Stücken vorgenommen zu haben.[1019]

Mit dem Ende des Kalten Krieges rückte die Problematik der Staatensukzession jüngst erneut ins Blickfeld der völkerrechtlichen Diskussion. Im Fall der Dismembration der Tschechoslowakei Ende 1992 regelte ein Verfassungsgesetz die Aufteilung des Vermögens der ČSFR zwischen der Tschechischen Republik und

---

[1016] Vgl. Meyer-Landrut, S. 94 f. Vgl. auch Siehr, Kulturgüter in Friedens- und Freundschaftsverträgen, S. 696 f. Einen Überblick über die Behandlung von Archiven in der älteren Staatenpraxis der Staatensukzession gibt Engstler, S. 229 ff.; Fitschen, Rechtliches Schicksal, S. 47 ff.; Posner, Sovereignty on Archives, S. 169 ff. Zur nicht abschliessenden Liste von Verträgen bei Staatensukzession mit Bestimmungen betreffend Archive vgl. vorne Fn. 998.

[1017] Vgl. La position de la communauté archivistique sur le règlement des contentieux, in: CITRA, 1993–95, S. 251; Degan, State Succession, S. 142. Fiedler, Konventionen, S. 28, geht von einer neuen Periode des Rechts der Staatensukzession nach 1945 aus.

[1018] Die Lehre ist sich weitgehend darüber einig, dass die Loslösungen der Kolonialstaaten von den Kolonialmächten unter die Regeln der Staatensukzession und nicht unter diejenigen der kriegerischen Besetzung fallen (vgl. z.B. Schulze, S. 110). Dagegen ist umstritten, ob die Erlangung ihrer staatlichen Souveränität einen eigenen Tatbestand der Staatensukzession bildet oder ob sie in die herkömmlichen Typenkategorien der Staatensukzession einzuordnen sind (vgl. Kowalski, S. 162 Fn. 64). Fastenrath, Deutscher Einigungsvertrag, S. 1, bezeichnet die Epoche als Sonderfall; vgl. auch Prott/O'Keefe, S. 805, sowie die Diskussion im Zusammenhang mit der WK 83 vorne S. 198 f. und 212 f.). Angesichts der Tatsache, dass heute praktisch keine Kolonialverhältnisse mehr bestehen, kann die Frage hier offen gelassen werden. Auf jeden Fall muss bei der Analyse der Staatenpraxis darauf geachtet werden, dass die Dekolonialisierung zum Teil unter anderen Bedingungen stattfand als die Praxis davor oder danach.

[1019] Vgl. Turner, S. 95. Zu den Restitutionsbemühungen der ehemaligen Kolonialstaaten vgl. Vrdoljak, S. 197 ff. In seinem elften Bericht über die Staatensukzession in anderen Bereichen als Verträge von 1979 stellt der Sonderberichterstaater Mohammed Bedjaoui in der Auswertung der Staatenpraxis fest, dass Archivklauseln in Sukzessionsverträgen zwischen europäischen Mächten gebräuchlich waren, während sie in Fällen der Dekolonisation fast gänzlich fehlten (UN Doc. A/CN.4/322, S. 100 Ziff. 60 a). Vgl. Auer, Staatennachfolge, S. 57, mit einigen Beispielen.

der Slowakischen Republik.[1020] Im Sinne des Territorialprinzips gingen das unbewegliche Staatsvermögen und dessen mobiles Zubehör auf denjenigen Nachfolgestaat über, auf dessen Gebiet es sich befand (Art. 3). Das übrige bewegliche Staatsvermögen wurde entsprechend der Bevölkerungszahl im Verhältnis (2:1) aufgeteilt (Art. 3). Kulturgüter wurden darin nicht separat behandelt. Bezüglich einiger Gemälde haben die Parteien am 26. September 1994 jedoch ein weiteres Abkommen vereinbart, das deren Austausch regelte.[1021] Dagegen normierte das genannte Verfassungsgesetz von 1992 die Archive, und zwar insofern, als diese mit dem Vermögen, dem sie jeweils dienten, übergingen (Art. 7). Für Archive zur inneren Sicherheit wurde ein Sonderabkommen unterzeichnet.[1022] Teile von ihnen gingen an einen gemeinsamen Archivfonds, die übrigen wurden zwischen den Nachfolgestaaten aufgeteilt.

Nach dem Zusammenbruch der Sowjetunion[1023] unterzeichneten die neuen Staaten, Mitglieder der Gemeinschaft Unabhängiger Staaten (GUS), das nur sieben Artikel umfassende Abkommen über die Rückführung von Gütern kulturellen und historischen Wertes an ihr Ursprungsland vom 14. Februar 1992.[1024] Gemäss der Prämbel sind sich die Staaten der Bedeutung bewusst, *«which the countries of origin attach to the return of the cultural property, being an inseparable part of their historic, cultural and spiritual heritage»*. In diesem Sinn berufen sie sich, ebenfalls in der Präambel, auf die Bestimmungen in den Resolutionen der UN-Generalversammlung zur Rückgabe oder Restitution von Gegenständen mit kulturellem Wert für deren Ursprungsländer sowie auf das UNESCO-Über-

---

[1020] Verfassungsgesetz über die Aufteilung des Vermögens der ČSFR zwischen der Tschechischen Republik und der Slowakischen Republik und seinen Übergang auf die Tschechische Republik und die Slowakische Republik vom 13. November 1992 (Sb. ČSFR 1992, Pos. 541). Ausführlich zur Dismembration der Tschechoslowakei vgl. Hošková, S. 689 ff.

[1021] Vgl. Schweisfurth, Recht der Staatensukzession, S. 163.

[1022] Vgl. Abkommen zwischen den Teilrepubliken vom 29. Oktober 1992 (Sb. ČR 1993, Pos. 156) und Ergänzungsabkommen vom 6. Juni 1994 (Sb. ČR 1994, Pos. 176).

[1023] Strittig ist, ob die UdSSR durch Dismembration untergegangen ist (vgl. Schweisfurth, Einheitsstaat, S. 669 ff.; ders., Völkerrecht, S. 338; ders., Recht der Staatensukzession, S. 170 ff.; Reinisch/Hafner, S. 90 ff.; Kreuzer, S. 56 ff.; Silagi, Staatsuntergang und Staatennachfolge, S. 59 ff.; Malanczuk, S. 166), oder ob eine Serie von Sezessionen stattfand und Russland mit der UdSSR subjektidentisch ist (vgl. Lehto, S. 208 ff.; Bothe/Schmidt, S. 823 f.; Hammer, S. 151 f.; Zimmermann, Staatennachfolge, S. 85). Ausführlich dazu Långström, Transformation in Russia, S. 184 ff. Zum russischen Konstrukt der sog. mediatisierten Völkerrechtssubjektivität (Nachfolger der Sowjetunion und des Unionsstaates Russland) vgl. ausführlich Schweisfurth, Recht der Staatensukzession, S. 170 ff., und zum sog. Fortsetzerstaat vgl. Schweisfurth, Einheitsstaat, S. 688 ff.; Fastenrath, in: Neuhold/Simma, S. 68 f. Vgl. ferner Långström, Dissolution of the Soviet Union, S. 728 ff. Zu den Sukzessionsverhandlungen nach dem Zusammenbruch der UdSSR vgl. Oeter, S. 77 ff.

[1024] Agreement on the return of items of cultural and historical value to their states of origin, abgedruckt in: Summary of World Broadcasts (SWB), Third series SU/1307, C.2./1, 18. Februar 1992.

einkommen über Massnahmen zum Verbot und zur Verhütung der rechtswidrigen Einfuhr, Ausfuhr und Übereignung von Kulturgut von 1970. Mit der Erklärung, die Rückgabe der kulturell und historisch wertvollen Gegenstände unterstützen zu wollen (Art. 1), orientierte sich das Abkommen entsprechend der Präambel an diejenigen Grundsätzen, die für die Rückgabe von Kulturgütern an die ehemaligen Kolonialstaaten entwickelt wurden.[1025] Eine zwischenstaatliche Kommission soll unter anderem die Kategorien von kulturell und historisch wertvollen Gegenständen definieren, die zurückzugeben waren (Art. 2).[1026] Das Parlament der Russischen Föderation versagte jedoch seine Zustimmung zum Abkommen, weil es darin einen Verstoss sowohl gegen die Gesetze der Russischen Föderation als auch gegen die völkerrechtlichen Regeln zum Schutz des Weltkulturerbes sah.[1027]

In Kraft getreten ist dagegen das Abkommen über die Rechtsnachfolge in Bezug auf Staatsarchive der ehemaligen UdSSR vom 6. Juli 1992.[1028] Darin schreiben die Parteien das Prinzip der Integrität und Unteilbarkeit derjenigen Archive fest, die aus der Tätigkeit der höchsten Staatsinstitutionen des Russischen Reiches und der UdSSR entstanden sind (Art. 1 1. HS). Die Vertragsstaaten verzichteten auf die Gesamtheit dieser Archive (Art. 1 2. HS). Diese Regelung nach dem Territorialprinzip entsprach ganz der russischen Regierung, die damit sämtliche in Moskau befindlichen Zentralarchive der UdSSR auch gemäss internationaler Regelung erbte.[1029] Nur diejenigen, die auf einem anderen Staatsgebiet als dem aktuellen Standort entstanden sind oder sich einst dort befunden haben, sind zurückzugeben (Art. 3). Sollten die Archivbestände physisch nicht teilbar sein, erhält diejenige Vertragspartei, die Ansprüche auf diese Bestände erhebt, Zu-

---

1025 Vgl. Boguslavsky, Legal Problems, S. 253.

1026 In den übrigen Bestimmungen (Art. 3–7) wurden Regelungen zur Inventarisierung, über den Zugang und die Erhaltung der Kulturgüter sowie über Kooperationen in kulturellen Angelegenheiten formuliert.

1027 Vgl. Boguslavsky, Legal Problems, S. 253; Dronova, S. 817 f.; Kowalski, S. 159 ff. Zu den ukrainischen Bemühungen, an Russland verlorene Kulturgüter zu identifizieren, vgl. Grimsted, S. 51 und insbesondere 58.

1028 Der authentische russische Text sowie eine englische Übersetzung finden sich bei Grimsted, S. 549–554. Eine französische Übersetzung des Abkommens ist abgedruckt bei Entine, S. 631 ff.

1029 Nach dem gescheiterten Augustputsch in Moskau 1991 erliess der russische Präsident Boris Jelzin am 24. August 1991 ein Dekret, wonach die Archive der Kommunistischen Partei der Sowjetunion und des KGB dem Russischen Komitee für Archivangelegenheiten unterstellt wurden. Wenig später übernahm es die Kontrolle über alle Archive der UdSSR (vgl. Karasik, S. 3; Silagi, Staatennachfolge und Archive, S. 68 f.; Fitschen, Rechtliches Schicksal, S. 307).

gangs- und Kopierrechte (Art. 4).[1030] Die damit verbundenen Fragen sollen jeweils in bilateralen Abkommen bereinigt werden (Art. 9).

Die fünf Nachfolgestaaten des ehemaligen Jugoslawien[1031] unterzeichneten am 29. Juni 2001 eine Sukzessionsvereinbarung.[1032] Während für Archive sowie für militärisches, diplomatisches und konsularisches Vermögen besondere Regeln vorgesehen sind bzw. auf spezielle Vereinbarungen verwiesen wird (Art. 4 und 9), fallen die Kulturgüter unter die allgemeinen Bestimmungen zum beweglichen und unbeweglichen Vermögen (Annex A). Danach erhält der Nachfolgestaat im Sinne des Territorialprinzips diejenigen beweglichen Vermögenswerte zugesprochen, die sich im Zeitpunkt seiner Unabhängigkeitserklärung in seinem Gebiet befinden (Abs. 1 von Art. 3 Annex A). Für den Fall, dass diese Vermögenswerte widerrechtlich *(«without autorisation»)* in das Gebiet eines Nachfolgestaates verbracht worden sind, hat letzterer diese zurückzugeben oder mit einer Zahlung vollumfänglich zu kompensieren (Art. 3 Abs. 3 Annex A). Eine Ausnahme vom Territorialprinzip gilt für bewegliche Vermögenswerte, die für das Kulturerbe eines Nachfolgestaates von grosser Bedeutung sind und aus dessen Gebiet stammen *(«originated»)*. Der Nachfolgestaat soll die für ihn bedeutenden Kulturgüter so bald wie möglich, spätestens innerhalb von zwei Jahren nach Inkrafttreten dieses Abkommens, bezeichnen (Art. 3 Abs. 2 Annex A).[1033] Als Kulturgüter können gemäss Vereinbarung auch Archive gelten. Damit unterscheidet die Vereinbarung mittelbar zwischen historischen, für das Kulturerbe eines Nachfolgestaates bedeutsamen Archiven und anderen, vor allem laufenden Registraturen.[1034] Zwar wird die Systematik des Vertragskonstruktes, nämlich die Regelung der Archive in Annex D und des übrigen Vermögens in Annex A, mit dieser Differenzierung unterlaufen. Doch rechtfertigt die Tatsache, dass

---

1030 Im Übrigen wurden auch regelmässige Konsultationen zwischen den Staatsarchiven im Hinblick auf mögliche Kooperationen, gegenseitige Forschungsrechte sowie Schutzgarantien bestimmter Archivbestände vereinbart (Art. 5, 6 und 8).

1031 Die Frage, ob die Sozialistische Föderative Republik Jugoslawien durch Dismembration unterging oder ob Serbien und Montenegro als Rumpfstaat die Kontinuität bewahrten, war unter den betroffenen Staaten umstritten (vgl. dazu SCHWEISFURTH, Völkerrecht, S. 338 f.; ORTEGA/JUAN, S. 889 ff.). Die Haltung der verschiedenen UN-Organe der Vereinten Nationen war teilweise widersprüchlich. Erst im Jahr 2000 gab die neue Bundesrepublik Jugoslawien ihren Identitätsanspruch auf, und in der Präambel des Sukzessionsabkommens vom 29. Juni 2001 erklärten sich alle Vertragsparteien zu Sukzessionsstaaten und hielten den Untergang der Sozialistischen Föderativen Republik Jugoslawien durch Dismembration fest (zum Abkommen vgl. nachfolgende Fn.).

1032 ILM 41 (2002), S. 3–36. Zum Abkommen vgl. STAHN, S. 379 ff.

1033 Eine Kompensationszahlung anstelle einer Rückgabe, wie dies Abs. 3 von Art. 3 vorsieht, ist für die in Abs. 2 genannten Kulturgüter nicht möglich (vgl. STAHN, S. 389).

1034 Ausdrücklich dann in Annex D ist im Zusammenhang mit Archiven, die für die Verwaltungstätigkeit von Bedeutung sind, von *«administrative, current und archival records»* die Rede (Art. 3).

Archive verschiedene Funktionen erfüllen können, deren unterschiedliche Behandlung.[1035] Schliesslich soll ein gemeinsames Komitee die korrekte Ausführung des Abkommens bezüglich Vermögen sichern (Art. 5 Annex A).

Die Vereinbarung über Archive unterscheidet zwischen den Staatsarchiven Jugoslawiens einerseits und Republik- und anderen Archiven andererseits (Art. 1 lit. a und b Annex D).[1036] Sind Republik- und andere Archive aus dem Gebiet der Republik entfernt, oder sind jugoslawische Staatsarchive von ihrem angestammten Ort weggebracht worden, sind sie entsprechend dem Provenienzprinzip wieder zurückzubringen (Art. 2 Annex D). In bestimmten Fällen sind jugoslawische Staatsarchivkörper einem anderen Nachfolgestaat auszuhändigen (Art. 4 lit. a Annex D).[1037] Die Staatsarchive Jugoslawiens, die für die Verwaltung eines oder mehrerer Staaten notwendig sind, sollen entsprechend dem Prinzip der funktionalen Pertinenz auf diese Staaten übergehen, unabhängig davon, wo sie sich befinden (Art. 3 Annex D). Sofern mehrere Nachfolgestaaten gemäss Art. 3 und 4 gleichzeitig Anspruch auf Bestände der Staatsarchive Jugoslawiens haben, sollen sie unter sich ausmachen, welche Partei die Originale erhält und der anderen ermöglicht, Kopien anzufertigen (Art. 5 Annex D). Die übrigen Staatsarchive Jugoslawiens sollen nach einer abzuschliessenden Vereinbarung gerecht unter den Nachfolgestaaten aufgeteilt oder zum gemeinsamen Erbe bestimmt werden. Im Falle eines gemeinsamen Erbes haben alle Staaten freien und ungehinderten Zutritt (Art. 6 lit. a Annex D). In beiden Fällen soll die Integrität des Archivzusammenhangs berücksichtigt werden, um den Zugang und die Forschung zu erleichtern. Dabei wird – das ist besonders erwähnenswert – der Ort der Aufbewahrung nicht präjudiziert (Art. 6 lit. b Annex D).[1038]

[1035] Schwierig wird jedoch die Abgrenzung zu den in Annex D, der Sonderbestimmungen über die Archive enthält, genannten *«documents which constitute cultural property»* (Art. 1 lit. c Annex D). Wie die beiden Bestimmungen abzugrenzen sind, ist dem Abkommen nicht zu entnehmen. Silagi, Eigentumsproblematik, S. 139, lässt offen, ob die Aufnahme «wichtiger» historischer Archiv-Sammlungen in eine Bestimmung des Annexes A ein Redaktionsversehen ist oder nicht. Jedenfalls sei Annex D die speziellere Regelung, die für weniger wichtige historische Archive anwendbar sei.

[1036] Zu einem Vergleich des Archivabkommens mit der Wiener Konvention 1983 vgl. Fitschen, Rechtliches Schicksal, S. 314 f. Zu den Entwicklungen der Verhandlungen in Jugoslawien bezüglich der Archive bis 1999 vgl. Oblak-Čarni/Bohte, S. 178 ff.

[1037] Unter anderem sollen sie demjenigen Nachfolgestaat ausgefolgt werden, *«which relates directly to the territory of one or more of the States»* (Art. 4 lit. a i Annex D). Weil es sich aber um Archivkörper handelt, wird der Grundsatz des Archivzusammenhangs nicht gestört (vgl. Fitschen, Rechtliches Schicksal, S. 315).

[1038] Weitere Vorschriften beziehen sich auf den Zugang zu den Archiven während der Umsetzung des Abkommens (Art. 7 Annex D) und auf die Durchführung des Abkommens (Art. 11 und 12 Annex D).

2. Völkergewohnheitsrecht in Bezug auf Kulturgüter

Die Frage, ob im Bereich der beweglichen Kulturgüter bei Staatensukzession gewohnheitsrechtliche Regeln bestehen, wird in der Lehre unterschiedlich beantwortet, soweit sie hierzu überhaupt Stellung bezieht.[1039] In der Literatur zum völkerrechtlichen Kulturgüterschutz steht die Problematik der Staatensukzession nach wie vor im Schatten des Themas der bewaffneten Konflikte.[1040] Und in der Literatur zur Staatensukzession werden die Kulturgüter, entsprechend der Sukzessionspraxis, selten als *sui generis* wahrgenommen.[1041]

ODENDAHL geht davon aus, dass aktuell keine Normen des Völkergewohnheitsrechts bestehen, die die Zuordnung von Kulturgütern regeln.[1042] Die Staatenpraxis sei hierzu zu uneinheitlich. Zwar seien Kulturgüter in Vereinbarungen immer wieder geregelt worden, genauso häufig fehlten sie aber auch. Die Wiener Konvention von 1983 erwähne die Kulturgüter nicht einmal ausdrücklich. Dort wie auch in den einzelnen Verträgen würden die Kulturgüter in der Regel wie sonstiges Staatsvermögen behandelt und würden keine Sonderbehandlung erfahren. Allerdings zeichne sich angesichts der jüngsten Praxis eine deutliche Tendenz ab, wonach der Übergang gemäss dem Belegenheitsprinzip erfolge. Die Bedeutung des Gegenstandes für das kulturelle Erbe eines Nachfolgestaates könne den Grundsatz jedoch durchbrechen.

Zu einem negativen Ergebnis kommen auch Autoren, deren Studien vor dem Zusammenbruch der Sowjetunion, der Tschechoslowakei und Jugoslawiens bzw. deren juristischer Bewältigung publiziert wurden. ENGSTLER gelangt am Schluss seiner Untersuchungen der Staatenpraxis bis 1958 zur Erkenntnis, dass die von ihm herausgearbeiteten Grundsätze im Zusammenhang mit Kulturgütern keine allgemeine völkerrechtliche Verbindlichkeit in Anspruch nehmen können.[1043] Die Bildung einer diesbezüglichen allgemeinen Rechtsüberzeugung, so ENGSTLER weiter, setze ein «intensiveres kulturelles Bewusstsein der Menschheit voraus, als es heute erreicht ist».[1044] Infolgedessen liege bei Staatensukzessionen das

---

1039 Zu den Kulturgütern im Allgemeinen vgl. SIEHR, International Art Trade, S. 127 f.; v. SCHORLEMER, S. 334 f., 344 und 346, wonach der Nachweis einer völkergewohnheitsrechtlichen Norm zur Übergabe staatlicher Archive Schwierigkeiten bereitet. In Bezug auf *newly independent States* vgl. v. SCHORLEMER, S. 336. Vgl. auch SCHOENBORN, Handbuch, S. 55 ff., 80, 96 ff., 117 f.

1040 Vgl. z. B. FIEDLER, Entwicklung des Völkergewohnheitsrechts, S. 199 ff.

1041 Gemäss PROTT/O'KEEFE, S. 922, verhindern die Verwirrung bei den Begriffen und die entsprechenden rechtlichen Konzepte die Entwicklung des Sukzessionsrechts bei Kulturgütern.

1042 Vgl. zum Folgenden ODENDAHL, Kulturgüterschutz, S. 157 ff. und 161.

1043 Vgl. zum Folgenden ENGSTLER, S. 282.

1044 ENGSTLER, S. 282.

Schicksal der Kulturgüter weiterhin in der Hand zwischenstaatlicher Verträge und Vereinbarungen.

SCHULZE nimmt zwar nicht direkt auf Völkergewohnheitsrecht bei Kulturgütern Bezug.[1045] Sie verneint aber dessen Existenz indirekt, indem sie einen Mangel an Staatenpraxis in diesem Bereich feststellt. Bezüglich der Kulturgüter verweist SCHULZE deshalb auf die Regeln über die Zuordnung von Staatsvermögen allgemein.

WALTER ist in Anbetracht der Staatenpraxis bis Mitte des 20. Jahrhunderts der Ansicht, dass bei Staatensukzession keine allgemeine Provenienzregel existiere, wonach die Kulturgüter entsprechend ihrer Herkunft bzw. Bindung zur jeweiligen Bevölkerung zugeordnet würden.[1046] Daran hätten auch der Dekolonisierungsprozess und die darauf folgende Zeit nichts geändert. Es liege keine allgemeine gewohnheitsrechtliche Sukzessionsregel vor, die den ehemals kolonialisierten Staaten einen Anspruch auf Rückführung von Kulturgut gäbe.[1047] Rückführungsvereinbarungen zwischen ehemaligen Kolonialstaaten und -mächten bzw. Drittstaaten bildeten eher die Ausnahme und erfolgten oft auf der Museumsebene. Ob in solchen Fällen überhaupt von Staatenpraxis gesprochen werden könne, müsse bezweifelt werden. Ein Völkergewohnheitsrecht, das die Rückführung von Kulturgut an ehemals kolonialisierte Staaten gebietet, gebe es mangels Staatenpraxis darum nicht.

Gegen das Bestehen von Völkergewohnheitsrecht hat sich auch TURNER ausgesprochen.[1048] Er begründet dies mit der fehlenden konstanten Staatenpraxis, die meist pragmatisch sei und insbesondere bezüglich der Dekolonisierung auf den gegebenen Machtverhältnissen aufbaue. Bei der Dekolonisierung würden zudem Übergangsregelungen zu Kulturgütern weitgehend fehlen. In Abkommen selten angesprochen würden auch die auf die umstrittenen Gegenstände bezogenen Rechte und Pflichten, wie beispielsweise Zugangs- oder Nutzungsrechte des Anspruchstellers oder ein Anspruch auf Eintritt in Vertragsverhandlungen über die Zuordnung. Zwingende generelle Normen existierten in diesem Bereich keine.

1045 Vgl. zum Folgenden SCHULZE, S. 116 f.

1046 Vgl. zum Folgenden WALTER, S. 119 ff. und 122 ff. Er verweist in diesem Zusammenhang auf die Darstellung der Friedensverträge bei Stephan Rolfes, Die Forderungen der Deutschen Demokratischen Republik auf Übertragung des ehemaligen Preussischen Kulturbesitzes, Gelsenkirchen 1986, S. 176 ff. Die Abkommen im Zusammenhang mit dem Zweiten Weltkrieg zieht WALTER, S. 122 f., nicht in Betracht, weil die darin festgelegten Rückführungspflichten nicht auf sukzessionsrechtlichen Überlegungen basierten, sondern vielmehr im Kriegsrecht begründet seien.

1047 Vgl. WALTER, S. 122 ff. und 125 f.

1048 Vgl. zum Folgenden TURNER, S. 84 ff.

VON SCHORLEMER stellt bezüglich der Kulturgüter ganz allgemein fest, dass der Bestand an gesichertem Völkergewohnheitsrecht insgesamt gering ist.[1049] Es fehle an einer einheitlichen Staatenpraxis und einer entsprechenden *opinio iuris*, die den Schluss auf völkergewohnheitsrechtliche Geltung zuliessen. Das gelte auch für Kulturgüter bei Staatensukzession.

KOWALSKI dagegen erkennt durchaus eine dauerhafte und konsistente Repatriierungspraxis von Kulturgütern im Sinne des Prinzips der territorialen Bindung und der Rekonstitution des kulturellen Erbes.[1050] Dank dieser Staatenpraxis in den letzten 150 Jahren hätten praktisch alle Kulturgüterstreitigkeiten bei Zession und Dismembration von multinationalen Staaten früher oder später beigelegt werden können. Die Repatriierungspflicht beruht gemäss KOWALSKI auf allgemeinen Prinzipien, die im Einzelfall durch andere Interessen eingeschränkt werden oder ganz wegfallen können. Zweifel an der für das Vorliegen von Völkergewohnheitsrecht notwendigen *opinio iuris sive necessitatis* seien nicht angebracht. Erstens sei die Wiener Konvention über Staatennachfolge in Staatsvermögen, Staatsarchive und Staatsschulden vom 8. April 1983 verabschiedet worden. Die Konvention ordne das bewegliche Vermögen in Übereinstimmung mit dem Prinzip der territorialen Bindung zu, was den Repatriierungsprinzipien entspreche. Auch wenn die Konvention noch nicht in Kraft getreten sei, so sei das Prinzip der territorialen Bindung international anerkannt. Zweitens ergebe sich die Verbindlichkeit der Repatriierungspflicht indirekt aus dem allgemein anerkannten Recht jedes Staates, die Integrität seines Kulturerbes zu sichern. Dieses Recht werde bei Zession und Dismembration multinationaler Staaten mit dem Institut der Repatriierung durchgesetzt. Doch abschliessend mag auch KOWALSKI die Repatriierung im heutigen Zeitpunkt nicht als Völkergewohnheitsrecht bezeichnen.

Die Argumente, auf die sich KOWALSKI beruft, um die *opinio iuris* zu belegen, sind jedoch nicht haltbar. Die Wiener Konvention von 1983 ist kein Vertragswerk, das die verschiedenen Interessen der an der Konferenz teilnehmenden Staaten harmonisiert hat. Die Kernbestimmungen der Konvention wurden gegen den Willen der westlichen Staatengruppe durchgesetzt, weshalb sich diese Staatengruppe von Anfang an klar von der Konvention distanziert hat. Doch ohne Zustimmung der westlichen Staaten kann sich kein universales Völkergewohnheitsrecht bilden.[1051] Kommt hinzu, dass die Bestimmungen der Konvention nicht eine territoriale Verbindung zwischen dem beweglichen Vermögen und dem abgetretenen Gebiet vorsehen, sondern nur diejenigen Vermögensobjekte auf den Nachfolgestaat übergehen, die einen Bezug zu den Tätigkeiten des Vor-

---

1049 Vgl. zum Folgenden v. SCHORLEMER, S. 344, 346 und 585.

1050 Vgl. zum Folgenden KOWALSKI, S. 165 f.

1051 Vgl. SEIDL-HOHENVELDERN, Wiener Übereinkommen, S. 196.

gängerstaates in den abgetretenen Gebieten haben (vgl. Art. 14 Ziff. 2 lit. b, Art. 15 Ziff. 1 lit. d, Art. 17 Ziff. 1 lit. b bzw. Art. 18 Ziff. 1 lit. c WK 83). Ob damit die Kulturgüter, die in Kulturinstituten des Vorgängerstaates aufbewahrt werden, umfasst werden, ist fraglich. Bei Sezession und Dismembration sollen zudem die Vermögensgegenstände, die nicht im Zusammenhang mit den Aktivitäten des Vorgängerstaates im Nachfolgegebiet stehen, dem Nachfolgestaat bzw. den Nachfolgestaaten in gerechter Weise abgegeben werden *(«in an equitable proportion»)*. Diese Teilungsvorschrift widerspricht den Prinzipien zur Repatriierung. Was das angebliche Recht betrifft, das die Integrität des Kulturerbes eines Staates sichern würde, so handelt es sich um allgemeine Deklarationen der Staatengemeinschaft, die keinen rechtlich bindenden Charakter haben, wie auch die Diskussionen anlässlich der Staatenkonferenz in Wien 1983 gezeigt haben. Schliesslich setzt die Idee der Repatriierung voraus, dass ein Gegenstand einem einzigen Staat zugeordnet werden kann. Gerade die Auflösung des multinationalen österreichisch-ungarischen Reiches hat aber gezeigt, dass eine solche Zuordnung nicht eindeutig vorgenommen werden kann, weil die einzelnen Kulturgüter im Laufe der Zeit zu mehreren Gebieten eine enge Beziehung entwickelt haben können.

3. Völkergewohnheitsrecht in Bezug auf Archive

Während staatliche Kulturgüter nur gelegentlich Gegenstand von Sukzessionsverträgen sind, werden Archive häufig explizit und separat vom übrigen Vermögen abgehandelt.[1052] Trotzdem wird die Existenz von gewohnheitsrechtlichen Regeln, mit Ausnahme des allgemeinen entschädigungslosen Übergangs,[1053] bei der Zuordnung von Staatsarchiven mehrheitlich verneint.[1054] Die relativ reiche Praxis zu den Archivübergängen wird als komplex und nicht einheitlich bewertet.[1055] Die im Einzelfall vor einem bestimmten historischen Hintergrund gefundenen Regeln werden für eine Verallgemeinerung als nicht tauglich erachtet.[1056] Auch den im Zusammenhang mit der Archivzuordnung verbundenen allgemeinen Prinzipien wird in der Regel kein gewohnheitsrechtlicher Charakter zugespro-

---

[1052] Vgl. FITSCHEN, Rechtliches Schicksal, S. 333 Ziff. 11. In seinem Bericht von 1977 gibt KECSKEMETI, Les contentieux archivistiques, S. 12 ff., einen Überblick über Archivklauseln in 85 internationalen Verträgen (vgl. auch die Liste in UN Doc. A/CN.4/322, S. 88 ff.). Zu den Archiven als besondere Kulturgüter vgl. vorne S. 8 f.

[1053] Vgl. UN Doc. A/36/10, S. 27 Ziff. 2; MENON, S. 39; FITSCHEN, Rechtliches Schicksal, S. 283.

[1054] Vgl. v. SCHORLEMER, S. 333 ff.; ENGSTLER, S. 282; DAHM/DELBRÜCK/WOLFRUM, Bd. I/1, S. 174. SCHWEISFURTH, Recht der Staatensukzession, S. 220, bestätigt jedoch die gewohnheitsrechtliche Regel, wonach den Nachfolgestaaten Kopien von Archivmaterial zu überlassen sind.

[1055] Vgl. FITSCHEN, Rechtliches Schicksal, S. 332 Ziff. 9; UNESCO Doc. 20 C/102, Ziff. 16 nach einer Auswertung von über 200 Verträgen und anderen Regelungen zum Übergang von Archiven bei Gebietsabtretungen.

[1056] Vgl. FITSCHEN, Rechtliches Schicksal, S. 336.

chen. Zuweilen wird das Prinzip, wonach Archivbestände, die zur Verwaltungstätigkeit des Nachfolgegebietes notwendig sind, abzugeben sind (Prinzip der funktionalen Pertinenz), als gewohnheitsrechtlich qualifiziert.[1057] Andere Autoren sind vorsichtiger und erkennen ein allenfalls im Entstehen begriffenes gewohnheitsrechtliches Prinzip.[1058]

Die Schwierigkeit, den Bestand an Völkergewohnheitsrecht nachzuweisen, zeigt sich auch anhand der historischen Archive, wo die Lehre ebenfalls in der Praxis regelmässig angewandte Prinzipien nur zurückhaltend als Völkergewohnheitsrecht bezeichnet. Dies gilt beispielsweise für das allgemein abgelehnte Betreffsprinzip[1059], für die Zuordnung nach dem Entstehungsort eines Archivkörpers und damit nach seiner territorialen Beziehung als Ganzes,[1060] sowie für den Grundsatz der Wahrung des Archivzusammenhangs (Provenienzprinzip)[1061].

§ 4 Unverbindliche Normen des Völkerrechts *(soft law)*

I. Unverbindliche Normen und ihre Bedeutung im Völkerrecht

Im Bereich der Zuordnung von Kulturgütern bei Staatensukzession existieren neben dem individuellen Vertragsrecht wie gezeigt kaum verbindliche Normen des Völkerrechts. Jedoch schafft das internationale Handeln – auch in Bezug auf

---

1057 Vgl. WALTER, S. 121 ff., bezüglich der Staaten, die durch die Dekolonialisierung ihre Unabhängigkeit erlangt haben. Vgl. auch ENGSTLER, S. 273; SCHULZE, S. 117; OBLAK-ČARNI/BOHTE, S. 176; a. M. DAHM/DELBRÜCK/WOLFRUM, Bd. I/1, S. 174.

1058 Z. B. FITSCHEN, Rechtliches Schicksal, bezeichnet die Regel als «bereits völkergewohnheitsrechtlich geboten» (S. 316) bzw. (nur) durch die Staatenpraxis belegt (S. 333 Ziff. 12). Das Archivabkommen der Nachfolgestaaten der UdSSR vom 6. Juli 1992, das einen solchen Übergang von lebenden Registraturen nicht vorsah, kann Beleg dafür sein, dass ein solches Prinzip rechtlich eben nicht anerkannt ist. Zur Ablehnung der Archivteilung im genannten Archivabkommen vgl. SCHWEISFURTH, Recht der Staatensukzession, S. 217, und IPSEN, S. 352 Rz. 17. Vgl. auch v. SCHORLEMER, S. 334.

1059 Vgl. FITSCHEN, Rechtliches Schicksal, S. 334 Ziff. 15. Gegen die Annahme von Völkergewohnheitsrecht spricht aber, dass die WK 83 die Teilung der Archive gemäss dem Betreffsprinzip festgeschrieben hat.

1060 Vgl. TURNER, S. 82; ENGSTLER, S. 273 f. Im Hinblick auf die jüngste Staatenpraxis in Europa schätzt ODENDAHL, Kulturgüterschutz, S. 157, dieses Prinzip als auf dem Weg zu einer gewohnheitsrechtlichen Geltung ein. Vgl. SILAGI, Staatennachfolge und Archive, S. 24, mit Bezug auf MEYER-LANDRUT, S. 110. Kritisch SCHWEISFURTH, Recht der Staatensukzession, S. 217 und 227, in Anbetracht des Archivabkommens zwischen den Nachfolgestaaten der UdSSR.

1061 Vgl. FITSCHEN, Rechtliches Schicksal, S. 316 und 335 Ziff. 18; ENGSTLER, S. 273.

das Recht der Staatennachfolge – Akte, die zwar rechtlich nicht bindend, doch gleichwohl von rechtlicher Relevanz sind.[1062] Hierzu gehören vor allem Akte internationaler Organisationen oder Konferenzen. Diese widerspiegeln über weite Strecken allgemeine Prinzipien, wie sie die Völkerrechtslehre aus der Sukzessionspraxis der Staaten, d.h. aus den zwischenstaatlichen Verträgen ableitet.[1063] Sie spricht von *allgemeinen Prinzipien*[1064], *Leit- oder Grundprinzipien*[1065], *(leitenden) Grundsätzen*[1066], *Kriterien*[1067] oder *idées générales*[1068]. Im Unterschied zu Regeln, die unmittelbar handlungsleitende Normen sind, gebieten Prinzipien oder Grundsätze[1069] die Realisierung eines Ideals.[1070] Ihre Rechtsanwendung erfolgt im Einzelfall, im Gegensatz zur Subsumtion bei den Regeln, durch Abwägung mit kollidierenden Prinzipien.[1071] Dadurch können Prinzipien in unterschiedlichem Grad erfüllt werden, weshalb eine Mindererfüllung keinen Normenverstoss darstellt.[1072]

Mit dieser Differenzierung ist aber noch nicht entschieden, ob und welche Prinzipien den Status von verbindlichem Völkerrecht haben.[1073] Ebenso wie Regeln

---

[1062] Vgl. SHAW, S. 110 ff.; IPSEN, S. 251 Rz. 21; STEIN/VON BUTTLAR, S. 46 Rz. 133. In der Literatur werden die Akte zum Teil als eigenständige Rechtsquelle aufgeführt (vgl. SCHREUER, S. 86 Rz. 457 f., der sie als eine eigenständige Form der Fortbildung des Völkerrechts bezeichnet). Vgl. ferner ZEMANEK, Term «Soft Law», S. 844; SIMMA, Erzeugung ungeschriebenen Völkerrechts, S. 99; MONACO, S. 476.

[1063] Zu den verschiedenen Bedeutungen von Prinzipien im Völkerrecht vgl. MOSLER, S. 511 ff.

[1064] Vgl. KOWALSKI, S. 163 ff.; MARTYNENKO, S. 34.

[1065] Vgl. SCHWEITZER, S. 390; FITSCHEN, Rechtliches Schicksal, S. 335; WALTER, S. 120; STREINZ, S. 203.

[1066] Vgl. KIMMINICH/HOBE, S. 104; FISCHER/KÖCK, Rz. 305 und 315; MENZEL, Staatensukzession, S. 312; SCHOENBORN, Wörterbuch, S. 582; VERDROSS/SIMMA, § 997; v. SCHORLEMER, S. 314. Gemäss HERDEGEN, Völkerrecht, S. 197 Rz. 1, handelt es sich um gewohnheitsrechtliche Grundsätze.

[1067] Vgl. FITSCHEN, Rechtliches Schicksal, S. 333; KOWALSKI, S. 163 ff.

[1068] Vgl. DE VISSCHER, S. 288.

[1069] Im Folgenden wird der Terminus (Rechts-)Prinzip mit (Rechts-)Grundsatz gleichgesetzt.

[1070] Vgl. PENSKI, S. 110. Nach ALEXY, Theorie der Grundrechte, S. 75 f., handelt es sich bei den Prinzipien darum um «Optimierungsgebote». Basis der Unterscheidung zwischen Prinzipien und Regeln bildet die Prinzipientheorie, die ihre Grundlage in den Arbeiten von Josef Esser (Grundsatz und Norm in der richterlichen Fortbildung des Privatrechts, Tübingen 1956), Ronald Dworkin (Taking Rights Seriously, Cambridge/Mass. 1977) und Robert Alexy (Theorie der Grundrechte, Baden-Baden 1985) hat. Einen Überblick hierzu gibt PENSKI, S. 105 ff. Vgl. auch die Diskussion über Alexys Prinzipientheorie der Grundrechte bei Jan-R. Sieckmann (Hrsg.), Die Prinzipientheorie der Grundrechte, Baden-Baden 2007. Kritisch zur Prinzipientheorie vgl. POSCHER, S. 59 ff.

[1071] Vgl. ALEXY, Theorie der Grundrechte, S. 78 f.

[1072] Vgl. KOCH, S. 243; ALEXY, Theorie der Grundrechte, S. 79; ders., Rechtsregeln und Rechtsprinzipien, S. 224.

[1073] Vgl. KALTENBORN, S. 122.

können sie in den klassischen Rechtsquellenkatalog eingeordnet werden;[1074] gemeinhin ordnet die Literatur verbindliche Prinzipien dem Völkergewohnheitsrecht zu.[1075] Sind die Prinzipien allerdings in der Staatengemeinschaft derart verfestigt und allgemein anerkannt, dass ein gesonderter (gewohnheitsrechtlicher) Nachweis durch die Praxis nicht mehr nötig ist, spricht man von *allgemeinen Völkerrechtsprinzipien*, *allgemeinen Grundsätzen des Völkerrechts* oder *general principles of international law*.[1076] Solange Prinzipien aber weder gewohnheitsrechtlich anerkannt noch in allgemeinen Verträgen festgeschrieben sind, ist deren Anwendung durch die Staaten im konkreten Fall nicht verbindlich.[1077] Sie dienen den Staaten bei der Lösung einzelner Konfliktfälle wie bei der Ausarbeitung von allgemeinen Verträgen lediglich als unverbindliche Orientierungshilfen.[1078] Dies gilt vor allem für die Prinzipien in Bezug auf Kulturgüter bei Staatensukzession, die, wie gezeigt, in der Regel nicht gewohnheitsrechtlich sind.[1079]

Unverbindliche Prinzipien sowie Akte internationaler Organisationen werden gemeinhin als *soft law* bezeichnet.[1080] Die rechtliche Bedeutung des *soft law* liegt darin, dass es einen internationalen Konsens oder ein staatliches Verhalten wiedergibt, der oder das zwar unverbindlich ist, aber an der Schwelle zum geltenden Völkerrecht stehen kann (Recht im Sinne von *in statu nascendi*).[1081] Als mate-

---

1074 Vgl. KALTENBORN, S. 122. Eine Ausnahme bilden die allgemeinen Rechtsgrundsätze, die die dritte in Art. 38 Abs. 1 lit. c des Statuts des internationalen Gerichtshofes genannte Rechtsquelle bilden. Sie sind allen oder den meisten nationalen Rechtsordnungen gemeinsam und sind damit nicht in einem völkerrechtlichen Rechtserzeugungsverfahren entstanden. Im Gegensatz dazu haben die Rechtsprinzipien ihren Ursprung unmittelbar in den internationalen Beziehungen (vgl. IPSEN, S. 231 Rz. 1). Den Prinzipien kommt aber kein eigenständiger Rechtsquellencharakter zu (vgl. VERDROSS/SIMMA, § 605; DOEHRING, S. 179).

1075 So ausdrücklich STREINZ, S. 203, wonach bestimmte *«guiding principles which lie behind the treaty provisions on State sucession in assets and liabilities, (...) customary international»* seien.

1076 Vgl. BERNHARDT, S. 52; IPSEN, S. 227 Rz. 43; FASTENRATH, Lücken im Völkerrecht, S. 125, der unter demselben Begriff auch die aus den Verträgen gewonnenen Verallgemeinerungen versteht.

1077 Vgl. KALTENBORN, S. 113 und 122. Vgl. ferner ENGSTLER, S. 282.

1078 Vgl. KALTENBORN, S. 123 f. und 130. Demgegenüber verpflichten verbindliche Prinzipien die Staaten im Wesentlichen dazu, in konstruktive Verhandlungen über eine rechtliche Konkretisierung des Prinzips einzutreten (vgl. KALTENBORN, S. 123 f.). Vgl. auch STANIČ, S. 754, wonach Prinzipien des Völkergewohnheitsrechts den Rahmen für die Verhandlungen bilden.

1079 Vgl. v. SCHORLEMER, S. 587; MENZEL, Staatensukzession, S. 308, und vorne S. 226 ff.

1080 Vgl. THÜRER, S. 454; SEIDL-HOHENVELDERN, «Soft Law», S. 169 ff.; VERDROSS/SIMMA, § 654. Kritisch zum Begriff *soft law* vgl. ZEMANEK, Term «Soft Law», S. 862. Zum *soft law* im Zusammenhang mit dem präventiven Kulturgüterschutz vgl. v. SCHORLEMER, S. 586 f.

1081 Vgl. VERDROSS/SIMMA, § 655; KIMMINICH/HOBE, S. 198 f.; IPSEN, S. 251 Rz. 21. Zur Bildung von Völkergewohnheitsrecht durch allmähliche Rezeption ausserrechtlicher Normen vgl. VERDROSS/SIMMA, § 582 ff. Zu solchen Akten gehören beispielsweise staatliche Erklärungen, rielle Rechtsquelle spielt *soft law* bei der Entwicklung des Völkerrechts eine wichtige Rolle, indem es die Bildung entsprechenden Völkergewohnheitsrechts fördert und dessen Kodifizierung vorbereitet.[1082] In seiner Vorreiterrolle fungiert *soft law* häufig als Indikator künftiger völkerrechtlicher Entwicklungen.[1083] Allerdings enthält das *soft law* vor dem Hintergrund der Unverbindlichkeit seiner Bestimmungen im Vergleich zu den verbindlichen Rechtsnormen oft strengere Pflichten und geht auch hinsichtlich der erfassten Bereiche häufig weiter.[1084] Daher wird nur sein «harter Kern» zur verbindlichen Völkerrechtsnorm.[1085]

II. Akte internationaler Organisationen

Akte Internationaler Organisationen, die die Zuordnung von Kulturgütern und Archiven bei Staatensukzessionen zum Gegenstand haben, gibt es nur wenige. Deren Tätigkeiten fokussierten sich vielmehr auf andere Bereiche des Kulturgüterschutzes, insbesondere auf die Dekolonisation. Lange Zeit fanden die sukzessionsrechtliche Problematik und die damit zusammenhängenden Fragen bezüglich Zuordnung von Kulturgütern und Archiven nur im Fahrwasser der Dekolonisation Beachtung. Dies gilt beispielsweise für die zahlreichen Resolutionen der UN-Generalversammlung,[1086] des UN-Sicherheitsrats,[1087] der von

---

Resolutionen internationaler Organisationen oder Abschlusserklärungen internationaler Konferenzen, Gentleman's Agreements, Memoranda of Understanding (vgl. KARL, Quellen des Völkerrechts, S. 105 f. Rz. 540 ff.).

1082 Vgl. KALTENBORN, Entwicklungsvölkerrecht und Neugestaltung der internationalen Ordnung, S. 99; HERDEGEN, Völkerrecht, S. 102 Rz. 5.

1083 Vgl. KIMMINICH/HOBE, S. 199 f.; ODENDAHL, Kulturgüterschutz, S. 127.

1084 Vgl. ODENDAHL, Kulturgüterschutz, S. 127.

1085 Vgl. VERDROSS/SIMMA, § 655.

1086 Z.B. Resolutionen 3187 (XXVIII) vom 18. Dezember 1973 («Restitution of works of art to countries victims of expropriation»), 3391 (XXX) vom 19. November 1975 («Restitution of works of arts to countries victims of expropriation»), 32/18 vom 11. November 1977 («Restitution of works of art to victims of expropriation»), 34/64 vom 29. November 1979 («Return or restitution of cultural property to the countries of origin»), 35/128 vom 11. Dezember 1980 («Return or restitution of cultural and artistic property to its countries of origin»), folgende Resolutionen, alle unter dem Titel «Return or restitution of cultural property to the countries of origin»: 36/64 vom 27. November 1981, 38/34 vom 25. November 1983, 40/19 vom 21. November 1985, 42/7 vom 22. Oktober 1987, 44/18 vom 6. November 1989, 46/10 vom 22. Oktober 1991, 48/15 vom 2. November 1993, 50/56 vom 11. Dezember 1995, 52/24 vom 25. November 1997, 54/190 vom 17. Dezember 1999, 56/97 vom 14. Dezember 2001, 58/17 vom 3. Dezember 2003. Vgl. auch die Resolution 58/124 vom 17. Dezember 2003 («United Nations Year for Cultural Heritage, 2002») sowie die Resolution 61/52 vom 4. Dezember 2006 («Return or restitution of cultural property to the countries of origin»). Ausgelöst wurden die kontinuierlichen Bemühungen der ehemaligen Kolonialstaaten durch das ehemalige Zaire (Kongo) im Jahre 1973 (vgl. UN-Resolution 3187 [XXVIII] vom 18. Dezember 1973 [«Restitution of works of art to countries victims of expropriation»]) (vgl. FITSCHEN, Rechtliches Schicksal, S. 266). Zu den der UNESCO verabschiedeten Erklärungen[1088] oder für den International Council on Archives (ICA).[1089] Erst mit den jüngsten Sukzessionsfällen in Mittel- und Osteuropa gelangte sie vermehrt auf die Agenda internationaler Organisationen.

I. Richtlinien und archivalische Grundsätze der UNESCO und des ICA zur Beilegung von internationalen Archivstreitigkeiten

Im Jahre 1974 beauftragte die UNESCO-Generalkonferenz ihren Generaldirektor, gemeinsam mit geeigneten Nichtregierungsorganisationen eine Studie über verlagerte Archivdokumente auszuarbeiten.[1090] Auslöser für diesen Auftrag war die Tatsache, dass Kolonialmächte Archive, die auf den kolonisierten Gebieten entstandenen waren, nach der Dekolonisation ins Mutterland geschafft hatten.[1091] Nach verschiedenen Abklärungen und Studien in enger Zusammenarbeit mit dem ICA und seinen Mitgliedern verfasste der Generaldirektor der UNESCO am 25. August 1978 den *Report on the Study regarding Problems involved in the transfer of Documents from archives in the Territory of certain Countries to the Country of their origin,*[1092] der noch im selben Jahr von der 20. Generalkonferenz der UNESCO verabschiedet wurde.[1093] Wichtiger Bestandteil dieses Berichtes bilden die Richtlinien und archivalische Grundsätze zur Beilegung von internationalen Konflikten um Archivalien.[1094]

Resolutionen der UN-Generalversammlung betreffend Restitution von Kunstwerken vgl. SCHULZE, S. 1 ff.

[1087] Z. B. Resolution 1483 vom 22. Mai 2003, namentlich Ziffer 7 betreffend die Rückerstattung von Kulturgut Iraks.

[1088] Z. B. die Erklärung der Generalkonferenz der UNESCO vom 17. Oktober 2003 zur absichtlichen Zerstörung von Kulturerbe (abgedruckt in: Records of the General Conference, 32nd Session Paris, 29 September to 17 October 2003, Vol. 1, Resolutions, S. 62 ff.).

[1089] Vgl. Resolutions of the Annual General Meeting of the International Council on Archives, Curaçâo 24 November 2006, verabschiedet am 24. November 2006 in Curaçâo anlässlich der «39th International Conference of the Round Table on Archives (CITRA)».

[1090] Vgl. Resolution 4.212 der UNESCO von 1974, verabschiedet anlässlich der 18. Generalkonferenz in Paris, abgedruckt in: CITRA 1993–1995, S. 230.

[1091] Vgl. Resolution 4.212 der UNESCO von 1974, abgedruckt in: CITRA 1993–1995, S. 230.

[1092] UNESCO Doc. 20 C/102. Zur Entstehungsgeschichte dieses Berichts vgl. FITSCHEN, Rechtliches Schicksal, S. 270 f.; AUER, Staatennachfolge, S. 59 f.

[1093] Resolution 5/10.1/1 der UNESCO von 1978: *«(...) 7. Invites Member States to take into consideration the Guidelines and Archival Principles in matters relating to such archival claims».* Zur Entstehungsgeschichte des Berichtes vgl. das Vorwort bei KECSKEMETI, Les contentieux archivistiques, S. 2, und die Einführung zu UNESCO Doc. 20 C/102, Ziff. 1–6. Vgl. auch FITSCHEN, Rechtliches Schicksal, S. 270 f., und ODENDAHL, Kulturgüterschutz, S. 158.

[1094] Eine nicht offizielle deutsche Übersetzung der Richtlinien und archivalischen Grundsätze findet sich bei OLDENHAGE, S. 173 ff. Die Richtlinien und Grundsätze gehen auf eine Vorstudie des Sekretärs des ICA, Charles Kecskemeti (KECSKEMETI, Les contentieux archivistiques), zurück.

Was als Archiv zu gelten hat und demnach von den Richtlinien und archivalischen Grundsätzen erfasst wird, ist nach dem zum Zeitpunkt der Verlagerung oder Übertragung von Archivbeständen geltenden Gesetz und den Vorschriften der betroffenen Staaten zu beachten (Ziff. 21[1095]).

An erster Stelle der Zuordnungsgrundsätze steht das Provenienzprinzip, also der Grundsatz der Integrität von Archivbeständen. Wenn immer möglich, sollen *«all archives accumulated by an administrative authority (...) be maintained as a single, indivisible, and organic unity (...)»* (Ziff. 23).

Die einzig bedeutsame Ausnahme vom Provenienzprinzip leitet sich aus der Anwendung des Konzepts der funktionalen Pertinenz ab (Ziff. 24). Sie dient dem betroffenen Staat dazu, die administrative Kontinuität zu wahren. Gehören die Archivbestände zum nationalen Erbe verschiedener Staaten und können nicht aufgeteilt werden, ohne dass ihr rechtlicher, administrativer und historischer Wert zerstört wird, dann sollte als realistische Lösung auf das Konzept des *«joint heritage»* zurückgegriffen werden (Ziff. 25). Damit wird erreicht, dass der Archivbestand nicht geteilt und in einem der betroffenen Staaten zwecks Sicherung und Verwaltung verwahrt wird. Den nichtbesitzenden Staaten sollen dieselben Rechte zukommen, wie sie der Verwahrerstaat geniesst. Darüber hinaus erwähnt das Dokument das Recht auf historische Kontinuität (Ziff. 26). Danach soll jede nationale Gesellschaft das Recht auf eine aus ihrer Geschichte abgeleitete Identität haben, wozu der Zugang zu Archiven unerlässlich ist.

Diesen materiellen Zuordnungsprinzipien stellen die Richtlinien und archivalischen Grundsätze zwei wesentliche Grundsätze voran: Erstens haben sich die Parteien primär vertraglich zu einigen (Ziff. 19). Und zweitens soll bei diesen Verhandlungen auf die einschlägigen Prinzipien des Völkerrechts und die im Rahmen des Völkerrechts entwickelten Grundsätze und Verfahren zurückgegriffen werden, besonders insoweit sie sich auf die Staatennachfolge in anderen als vertraglich geregelten Angelegenheiten[1096] beziehen (Ziff. 20).

Es entspricht dem Konzept des Dokumentes, dass es – sein Titel verrät es bereits – «nur» Richtlinien und Grundsätze und keine direkt anwendbaren völkerrechtlichen Regeln enthält, die Zuordnungsprobleme unmittelbar zu lösen imstande

---

[1095] Die nachfolgend zitierten Ziffern sind dem Bericht des UNESCO-Generaldirektors vom 25. August 1978 entnommen (UNESCO Doc. 20 C/102).

[1096] Die Bezeichnung *«especially those relating to succession of States in respect of matters other than treaties»* geht auf die Terminologie des ILC zurück. Nachdem in einer ersten Konvention das rechtliche Schicksal der internationalen Verträge bei Staatensukzession normiert wurde (vgl. Wiener Konvention von 1978), sollten in einer zweiten Konvention alle übrigen Themenkomplexe bei Staatensukzessionen geregelt werden. Das ehrgeizige Vorhaben wurde später auf Vermögen, Archive und Schulden bei Staatensukzessionen (Wiener Konvention 1983) beschränkt.

wären.[1097] Die Richtlinien und archivalischen Grundsätze wollen auch nicht neues oder – in Anspielung auf die Wiener Konvention 1983 – gar «modernes» Völkerrecht schaffen. Die Lösung der Zuordnungsprobleme soll vielmehr von den betroffenen Staaten in auszuhandelnden Verträgen definiert werden. Dabei sollen die Staaten jedoch nicht in einem rechts- oder normfreien Raum verhandeln, sondern sich an den Richtlinien und archivalischen Grundsätzen des Dokumentes orientieren.[1098] Ihnen kommt eine Hilfsfunktion für die Staaten bei den einschlägigen Vertragsverhandlungen zu, insbesondere im Rahmen von Entkolonialisierungsprozessen, aber auch bei Staatensukzessionen (vgl. Ziff. 18). Schliesslich ruft das Dokument auch über- oder ausserrechtliche Normen an, indem die Parteien aufgefordert werden, bei der Anwendung der genannten Grundsätze einen *«background of a spirit of international co-operation and a recognition of moral principles and obligation»* einzuhalten (Ziff. 27).

Damit unterscheiden sich die Richtlinien und archivalischen Grundsätze und deren Vorarbeiten[1099] grundsätzlich von der parallel erarbeiteten und 1983 von der UN-Generalversammlung verabschiedeten Wiener Konvention über Staatennachfolge in Staatsvermögen, Staatsarchive und Staatsschulden vom 8. April 1983. Gemäss Wiener Konvention sollen deren Bestimmungen subsidiär, d.h. erst dann Geltung haben, wenn die Staaten keinen Konsens erzielen. Für diesen Fall sieht sie aber eine einseitige und kompromisslose Bevorzugung der *newly independent States* vor. Auch ist die Stellung des Provenienzprinzips, im Unterschied zum UNESCO-Dokument, in der Wiener Konvention 1983 unklar. Ungeachtet der konzeptionellen Unterschiede zwischen den beiden Arbeiten sind die inhaltlichen Widersprüche auffällig.[1100] Wie oben gezeigt, gründen die Diskrepanzen zwischen den beiden Dokumenten in den unterschiedlichen Interessen, die ihre Verfasser verfolgten. Anders als die Wiener Konvention 1983, die im Zeichen der internationalen politischen Bemühungen stand, die rechtlichen und tatsächlichen Folgen der Kolonialzeit rückwirkend möglichst zu beseitigen,[1101] stellten

---

[1097] Dem Titel nach handelt es sich nur um archivalische und nicht um rechtliche Grundsätze (vgl. auch S. 5 der Vorstudie von Kecskemeti, Les contentieux archivistiques, wonach es sich um einen *«approche archivistique»* handelt). Dies dürfte vor allem in Bezug auf das formulierte Provenienzprinzip (Ziff. 23) und das Prinzip der funktionalen Pertinenz (Ziff. 24) zutreffen (vgl. Fitschen, Rechtliches Schicksal, S. 273). Zur rechtlich zweifelhaften Rechtsfigur der *«retroactive sovereignity»* der ehemals abhängigen Staaten (Ziff. 22) vgl. Fitschen, Rechtliches Schicksal, S. 273; Oldenhage, S. 175.

[1098] Vgl. UNESCO Doc. 20 C/102, Ziff. 28.

[1099] Vgl. insbesondere die Studie von Kecskemeti, Les contentieux archivistiques.

[1100] In seiner Vorstudie 1977 hielt Kecskemeti noch fest, dass das ILC dieselben Ziele verfolge, weshalb UNESCO und ILC baldmöglichst kooperieren sollten, um übereinstimmende Richtlinien zu erreichen (Einführung der Studie von Kecskemeti, Les contentieux archivistiques, S. 5).

[1101] Vgl. vorne S. 212 ff.

die UNESCO und der ICA die archivwissenschaftlichen Erkenntnisse in den Vordergrund.[1102] Trotz einiger Vorbehalte sind die Richtlinien und archivalischen Grundsätze in der völkerrechtlichen Literatur denn auch mit Genugtuung aufgenommen worden.[1103]

2. Musterverträge der UNESCO zur Beilegung von internationalen Konflikten um Archivalien

In seinem Bericht vom 25. August 1978 beschrieb der UNESCO-Generaldirektor nicht nur Prinzipien und archivalische Grundsätze als Hilfsmittel für erfolgreiche Archivverhandlungen, sondern schlug auch vor, den betroffenen Staaten mit Musterverträgen die bilateralen oder multilateralen Vertragsverhandlungen zu vereinfachen.[1104] In der Folge veröffentlichte der ICA einen Bericht im Auftrag der UNESCO, der eine Reihe von Musterverträgen enthält.[1105] Mit diesen Musterverträgen und begleitenden Informationen dürfte die UNESCO auch den Forderungen der Staaten und teilweise der Literatur[1106] nachgekommen sein, konkrete und in der Praxis anwendbare Vorschläge zur Lösung von Archivstreitigkeiten zur Verfügung zu stellen.

Die Musterverträge regeln unter anderem die Abgabe von Archiven und Kopien bei Staatensukzessionen, die Abgabe von Archiven nach (militärischer) Verbringung, den unbefristeten Austausch oder die befristete Lieferung von Mikrofilmen, die Bildung von *patrimoine commun* sowie die Durchführung von Forschungs- und Mikrofilmprogrammen.[1107] Zu jedem dieser Vertragstypen umschreibt der Bericht die sachlichen Voraussetzungen und listet die Punkte auf, die im Vertrag geregelt werden sollen (Ziff. 1.2). Darüber hinaus enthält er ausführliche Hinweise zur Gliederung der Verträge, zum Verhandlungsverfahren, zum Schiedsgerichtsverfahren und zur Identifikation von Archivbeständen (Ziff. 1.3–1.7, 2.1). Ausführlich beschreibt der Bericht auch die Voraussetzungen

---

1102 Vgl. Studie von Kecskemeti, Les contentieux archivistiques, S. 5. Zur Kritik an der Wiener Konvention 1983 vgl. Avis professionnel CIA, S. 245 ff. Gemäss Auer haben aber bei beiden Dokumenten konkrete Archivstreitigkeiten eine Rolle gespielt (Auer, Staatennachfolge, S. 58 f.).

1103 Vgl. Oldenhage, S. 175 f.; Fitschen, Rechtliches Schicksal, S. 272 f.

1104 Vgl. V. Teil *«A Plan of Action»*, UNESCO Doc. 20 C/102, Ziff. 30–35, insbesondere Ziff. 32.

1105 Vgl. Kecskeméti/van Laar, Modeles Bilateraux et Multilateraux, S. 1 ff.

1106 Vgl. zum Beispiel Oldenhage, S. 176.

1107 Vgl. Verträge A–K mit den entsprechenden Erläuterungen (Kecskeméti/van Laar, Modeles Bilateraux et Multilateraux, S. 3–8). Je nachdem, ob es sich um technische Fragen handelt oder um solche, die auf diplomatischer Ebene ausgehandelt werden müssen, unterscheidet der Bericht zwischen Vereinbarungen *(agreements)* und Konventionen *(conventions)*. Im ersten Fall unterzeichnen Vertreter der Verwaltungsbehörden, im zweiten die diplomatischen Vertreter des Staates (Kecskeméti/van Laar, Modeles Bilateraux et Multilateraux, S. 3 und 9 [Ziff. 1.3]).

zur Abgabe von Originaldokumenten bzw. von Kopien und Mikrofilmen (Ziff. 2.2 und 2.5). Des Weiteren beschäftigt sich der Bericht mit der Regelung des Zugangs zu Archivbeständen im Ausland (Ziff. 2.3), der Finanzierung von Kopien (2.4) und deren Abgabe (Ziff. 2.6). Bemerkenswert ist ferner, dass der Bericht nicht nur die Abgabekonditionen, sondern auch die Voraussetzungen zur Entgegennahme von Original- und Mikrofilmbeständen beschreibt, so etwa die Qualität des Archivgebäudes, eine genügende Anzahl des Archivpersonals und dessen Ausbildung sowie die Gewährleistung der vertraglichen Zugangsmöglichkeiten (Ziff. 2.7.1).[1108] Damit kommt der Bericht vor allem den westlichen Staaten entgegen, die bei der Abgabe von Archiven an ehemalige Kolonialstaaten häufig die dortigen Aufbewahrungskonditionen beanstandeten. Sodann erläutert der Bericht ausführlich die Schaffung von *patrimoines communs* (Ziff. 3).[1109] Es bleibt aber nicht bei Anordnungen materieller Art. Der Bericht enthält – neben dem Schiedsgerichtsverfahren – auch Vorschläge, wie die internationale Gemeinschaft zur Durchsetzung der Verträge Hilfe leisten könnte, z. B. mittels archivalischer oder juristischer Gutachten oder mittels Finanzierung von Forschungsprojekten oder Mikrofilmen (Ziff. 4). Auf jeden Fall sollen die Verhandlungen durch die «Richtlinien und archivalischen Grundsätze», die mit Hilfe des ICA erarbeitet worden waren und im Bericht nochmals zitiert werden (Seite 1), geleitet sein.

Im Anhang I wird für jeden Mustervertrag eine Disposition aufgeführt. Den Abschluss des Berichtes bilden Beispiele von Vereinbarungen und Konventionen betreffend Archive aus der völkervertragsrechtlichen Praxis (Anhang II). Darunter finden sich auch der Vertrag von Wien zwischen Österreich und Italien vom 3. Oktober 1866, der Friedensvertrag St-Germain vom 10. September 1919 sowie das Römer Übereinkommen betreffend archivalische Fragen vom 6. April 1922 zwischen Österreich und Ungarn einerseits und sämtlichen Nachfolgestaaten andererseits (Italien, Polen, Rumänien, Jugoslawien und der Tschecho-Slowakei).

Unbekannt ist, ob diese Musterverträge und Anregungen in der Praxis angewendet wurden.[1110] Dass die Musterverträge, die auf den Richtlinien und archivalischen Grundsätzen basieren, in der Literatur relativ wenig Widerhall ge-

---

[1108] Die Voraussetzungen zur Abgabe von Mikrofilmen sind im Gegensatz zu Originaldokumenten einfacher; sie werden deshalb in Ziff. 2.7.2 separat aufgeführt.

[1109] Laut Bericht sind theoretisch zwei Varianten von *patrimoines communs* zu unterscheiden. Während *«des archives en copropriété»* im gemeinschaftlichen Eigentum der betroffenen Staaten stünden, sei *«le patrimoine archivistique commun proprement»* im alleinigen Eigentum eines Staates, wobei die anderen Staaten bestimmte Zugangs- und Nutzungsrechte hätten. Der Bericht geht im Folgenden bloss auf die zweite Variante ein.

[1110] Vgl. auch FITSCHEN, Rechtliches Schicksal, S. 273.

funden haben, dürfte damit zusammenhängen, dass in der Zwischenzeit die ILC mit der Ausarbeitung der Wiener Konvention über die Staatensukzession in Staatsvermögen, Staatsarchive und Staatsschulden bereits weit vorangeschritten war.[1111]

3. Gutachten der EG-Schiedskommission («Badinter-Kommission»)

Eine weitere Form von unverbindlichem Völkerrecht stellen die 15 Stellungnahmen oder Rechtsgutachten (sog. *opinions*) der EG-Schiedskommission, nach ihrem Vorsitzenden Badinter-Kommission genannt, für das ehemalige Jugoslawien dar.[1112] Die Badinter-Kommission wurde am 27. August 1991 auf der Haager Jugoslawienkonferenz eingesetzt und nahm bis 1993 zu verschiedenen Fragen der Staatensukzession Stellung.[1113] Zwar waren diese Stellungnahmen für die Nachfolgestaaten der SFRJ formell ausdrücklich unverbindlich.[1114] Gleichwohl bringen sie gewichtige Meinungen zur Lösung sukzessionsrechtlicher Fragen im Jugoslawienkonflikt und zur Konfliktlösung bei Staatensukzession ganz allgemein zum Ausdruck.[1115] Die Rechtsmeinungen der Kommission werden als Hilfsmittel zur Feststellung von Rechtsnormen im Sinne von Art. 38 Abs. 1 lit. d IGHSt betrachtet und sind dazu geeignet, zu einer Vorstufe im Prozess der Gewohnheitsrechtsbildung zu werden. Dies dann, wenn die Rechtsmeinungen der Kommission von den jugoslawischen Nachfolgestaaten und Drittstaaten übernommen werden und zur *opinio iuris* dieser Staaten avancieren.[1116]

[1111] Nur Fitschen, Rechtliches Schicksal, S. 273, hat soweit ersichtlich die Musterverträge beschrieben.

[1112] Zur Zusammensetzung und Satzung der Schiedskommission («Arbitration Commission in the framework of the Conference on the former Yugoslavia») vgl. die Mitteilung der beiden Ko-Vorsitzenden der Internationalen Konferenz über das ehemalige Jugoslawien vom 27. Januar 1993 (ILM 32 [1993], S. 1573–1574). Die Verfahrensordnung der Kommission vom 26. April 1993 ist abgedruckt in: ILM 32 (1993), S. 1575–1578. Allgemein zur Badinter-Kommission vgl. Ragazzi, Introductory Note (ILM 31 [1992], S. 1488–1490); Degan, State Succession, S. 162 ff., insbesondere 170 ff.; Pellet, Note sur la Commission d'Arbitrage, S. 332 ff.; Schweisfurth, Recht der Staatensukzession, S. 77 ff.

[1113] Alle Texte abgedruckt bei Trifunovska, S. 342, und Opinions 1–10 in: ILM 31 (1992), S. 1494–1526, Opinions 11–15 in: ILM 32 (1993), S. 1586–1598. Zu den Opinions vgl. Pellet, Opinions of the Arbitration Committee, S. 178; Hummer, Probleme der Staatennachfolge, S. 440.

[1114] Vgl. Art. 3 lit der Satzung von 1993: *«The Arbitration Commission shall be competent to: (b) give its advice as to any legal question submitted to it by the Co-Chairmen of the Steering Committee of the Conference.»* Vgl. dazu auch Schweisfurth, Recht der Staatensukzession, S. 78 und 218.

[1115] Vgl. Fiedler, Zeitfaktor im Recht, S. 224; Odendahl, Kulturgüterschutz, S. 158.

[1116] Vgl. Schweisfurth, Recht der Staatensukzession, S. 78 und 218 f.

Die Stellungnahmen der Badinter-Kommission befassten sich nicht oder nur am Rande mit Kulturgütern.[1117] Indirekt enthalten sie aber auch für die Zuordnung von Kulturgütern bedeutende Antworten. In Opinion Nr. 1 vom 29. November 1991[1118] und nochmals in Opinion Nr. 9 vom 4. Juli 1992[1119] hält die Kommission beispielsweise fest, dass der Bereich der Staatensukzession durch Prinzipien des Völkerrechts geleitet werde, wie sie in die beiden Wiener Konventionen zur Staatensukzession eingeflossen seien (vgl. Ziff. 1 lit. e der Opinion Nr. 1 bzw. Ziff. 2 Abs. 1 der Opinion Nr. 9).[1120] In Übereinstimmung mit diesen Prinzipien müsse das Ergebnis der Sukzession *«equitable»* sein und den zwingenden Normen des allgemeinen Völkerrechts entsprechen; im Übrigen könnten die Staaten die Bedingungen frei festlegen (Ziff. 1 lit. e der Opinion Nr. 1 bzw. Ziff. 2 Abs. 1 der Opinion Nr. 9). Dies vorausgesetzt, kommt die Badinter-Kommission in Opinion Nr. 9 zum Schluss, dass die Nachfolgestaaten der ehemaligen SFRJ sämtliche Aspekte der Sukzession mittels Vereinbarung zu regeln hätten (Ziff. 4 Lemma 1) und dabei versuchen müssten, eine gerechte Lösung zu erreichen, indem sie die Prinzipien der beiden Wiener Konventionen zur Staatensukzession und, falls angebracht, allgemeines Völkerrecht heranzögen (Ziff. 4 Lemma 2). Die Rechte und Pflichten zwischen den betroffenen Staaten müssten ausgeglichen sein (Ziff. 4 Lemma 3), insbesondere müssten das Vermögen und die Schulden der SFRJ gerecht verteilt werden (Ziff. 4 Lemma 6). Sollten sich die Nachfolgestaaten nicht auf ein Abkommen einigen können, müssten sie den Konflikt mit friedlichen Mitteln lösen (Ziff. 4 Lemma 7).

In Opinion Nr. 12 vom 16. Juli 1993[1121] erinnert die Kommission an die wenigen etablierten Prinzipien des Völkerrechts bezüglich Staatensukzession, wie sie in Opinion Nr. 9 genannt werden (Ziff. 1). Sollte ein Nachfolgestaat gegen die Verhandlungspflicht verstossen, könne der kooperationswillige Nachfolgestaat im Rahmen des Völkerrechts nichtgewaltsame Gegenmassnahmen ergreifen (Ziff. 2 und 6 Lemma 4). Dessen ungeachtet sollten die übrigen Staaten eine Vereinbarung abschliessen, die für Drittstaaten allerdings nicht bindend sei (Ziff. 6 Lemma 2 und 3). Damit unterscheidet sich die Stellungnahme von der Wiener Konvention 1983, deren Regeln gerade dann zur Anwendung gelangen sollten, wenn sich die Parteien nicht einigen können. Dass die Badinter-Kommission im Falle der fehlenden Verhandlungsbereitschaft eines Nachfolgestaates nicht auf

---

[1117] Schwerpunkt der Stellungnahmen bildeten die Fragen des Zeitpunkts der Nachfolge, der Bestimmung der Nachfolgestaaten, der Übergabe von Aktiva und Passiva sowie der Nachfolge in Verträge (vgl. ODENDAHL, Kulturgüterschutz, S. 158 f.).

[1118] ILM 31 (1992), S. 1494–1497.

[1119] ILM 31 (1992), S. 1523–1525.

[1120] Vgl. FITSCHEN, Rechtliches Schicksal, S. 311 ff., zum unterschiedlichen Akzent in den beiden Opinions.

[1121] ILM 32 (1993), S. 1589–1591.

die subsidiären Regeln der Wiener Konvention 1983 verwiesen hat, untermauert zum einen die Einschätzung in der Literatur, dass eben diese Regeln kein Völkergewohnheitsrecht sind.[1122] Zum anderen ist der Verzicht der Kommission, auf konkrete Zuordnungsregeln hinzuweisen, die logische Konsequenz des geäusserten Verhandlungsimperativs.

In Opinion Nr. 13, ebenfalls vom 16. Juli 1993,[1123] äusserte sich die Kommission zu wichtigen Punkten, was die Kulturgüter betrifft. Erstens präzisiert sie die Anwendung des Prinzips «equity», wie es in den Zuordnungsregeln der Wiener Konvention 1983 enthalten ist, in dem Sinne, dass

> *«these articles [Art. 18, 31 und 41 der Wiener Konvention 1983] do not require that each category of assets or liabilities be divided in equitable proportions but only that the overall outcome be an equitable division»* (Ziff. 2).[1124]

Dies vorausgesetzt, ist eine gerechte Verteilung auch dann möglich, wenn Kulturgüter und Archive in Anwendung von anderen kulturgüterrechtlichen Prinzipien, wie Integrität der Sammlung oder des Archivzusammenhangs, einem einzelnen Nachfolgestaat zugeordnet werden.[1125]

Zweitens haben nach Meinung der Badinter-Kommission und vorbehältlich anderweitiger vertraglicher Regelung Ersatzansprüche aus Kriegsschäden keinen direkten Einfluss auf die Verteilung des Staatseigentums, der Staatsschulden und der Archive (Ziff. 6).[1126] Die Kommission begründet dies damit, dass die auf die Staatensukzession anwendbaren Regeln von denjenigen, die die Verantwortung der Staaten für Kriegsschäden bestimmen, zu unterscheiden seien, weil sie zwei verschiedene Bereiche des Völkerrechts beträfen (Ziff. 3). Damit erteilte die Kommission einer gerade nach dem Ersten und vor allem nach dem Zweiten Weltkrieg oft genannten Forderung, Kulturgüter seien als Entschädigung für Kriegsschäden herauszugeben, eine klare Absage.

Schliesslich hat die Badinter-Kommission in Opinion Nr. 14 vom 13. August 1993[1127] das Prinzip festgehalten, wonach bei der Zuordnung von Vermögen, Schulden und Archiven die Frage der Herkunft oder der Finanzierung irrelevant sei (Ziff. 4). Im Hinblick auf Kulturgüter wäre die Aussage, dass der Ursprung als Kriterium für die Aufteilung unerheblich sein soll, verfehlt. Doch dürfte sie

---

1122 Vgl. FITSCHEN, Rechtliches Schicksal, S. 313, der in diesem Zusammenhang irrtümlicherweise von Opinion Nr. 10 spricht.

1123 ILM 32 (1993), S. 1591–1592.

1124 Bestätigt in Opinion Nr. 14 vom 13. August 1993 (ILM, 32 [1993], S. 1595).

1125 Vgl. FITSCHEN, Rechtliches Schicksal, S. 313.

1126 Kritisch zur Leistung von Reparationen vgl. SEIDL-HOHENVELDERN, Staatennachfolge, S. 732.

1127 ILM 32 (1993), S. 1593–1595.

sich kaum auf Kulturgüter beziehen, weil sich die Kommission auf die Wiener Konvention 1983 beruft, die ihrerseits, wie gezeigt, keine eigenen Normen für Kulturgüter enthält.

4. Resolution des Institut de Droit International betreffend Staatensukzession in Vermögen und Schulden

Nachdem es aussichtslos geworden war, dass die Wiener Konvention 1983 in der Staatengemeinschaft Anklang finden würde, die rechtlichen Fragen zur Staatensukzession aber mit der Staatenpraxis in Europa im ausgehenden 20. Jahrhundert aktuell blieben, bemühte sich das Institut de Droit International (IDI) um eine neue Kodifikation. An einer Tagung vom 21. bis 24. September 2000 in Trier nahm sich die VII. Kommission des IDI des Themas Staatensukzession im Hinblick auf Vermögen und Schulden an.[1128] Die von ihr entworfene Resolution zur Staatensukzession bezüglich des Vermögens und der Schulden wurde auf der 70. Tagung des IDI in Vancouver vom 19. bis 26. August 2001 beraten und am letzten Tag der Konferenz unter dem Titel «La succession d'Etats en matière de biens et de dettes» verabschiedet (nachfolgend Resolution 2001).[1129] Die Resolution 2001 beruft sich in ihrer Präambel ausdrücklich auf die neuere, nach Abschluss der Wiener Konvention von 1983 erfolgte Staatenpraxis, insbesondere in Folge des Zusammenbruchs der UdSSR und Jugoslawiens, der Aufteilung der Tschechoslowakei und der Vereinigung Deutschlands. Die dort angewendeten Regelungen und Prinzipien bezüglich Vermögen und Schulden sollen bestätigt und die Entwicklungstendenzen einer solchen Ordnung herausgearbeitet werden.[1130]

Die Resolution 2001 gliedert sich in vier Teile[1131] und ist übersichtlich gestaltet. Im ersten Teil werden die Sukzessionskategorien behandelt, im zweiten Teil die für Vermögen und Schulden gemeinsamen Regeln, und Teil drei und vier widmen sich je der Nachfolge in Vermögen bzw. in Schulden. Im Folgenden werden nur die Regeln zum Vermögen näher erläutert.

1128 Eine Auflistung der Mitglieder findet sich bei Hammer, S. 179 Fn. 865.

1129 Der französische und gleichzeitig authentische Text der Resolution ist abgedruckt in: Archiv des Völkerrechts (AVR) 40 (2002), S. 355–364, und publiziert auf <http://www.idi-iil.org/idiF/resolutionsF/2001_van_01_fr.PDF> (besucht am 14. Januar 2010). Sowohl der französische Text als auch eine englische Übersetzung finden sich in: Annuaire de l'Institut de Droit International 69 (2000–2001), S. 712–741. Eine englische Übersetzung ist auch abgedruckt in: IPRax, 2004, S. 367–370.

1130 Die Resolution bezeichnet ihre Regeln als *«principes directeurs suivants concernant la succession d'Etats en matière de biens et de dettes»* (letzter Absatz der Präambel).

1131 Wenn Hammer, S. 180, von fünf Teilen spricht, so bezieht er sich offenbar auf den Entwurf der Resolution vom Juli 2001 (abgedruckt in: Annuaire de l'Institut de Droit International 69 [2000–2001], S. 289–303). Die Bestimmungen des fünften Teils des Entwurfs wurden im definitiven Resolutionstext unter den zweiten Titel eingefügt.

Die Resolution 2001 definiert den Begriff Staatensukzession gleich, wie dies in Art. 2 Ziff. 1 lit. a der Wiener Konvention 1983 getan wurde, nämlich als *«substitution d'un Etat à un autre dans la responsabilité des relations internationales d'un territoire»* (Art. 1). Als Sukzessionskategorien führt die Resolution 2001 die Dismembration, Zession, Sezession und – in Abweichung von der Wiener Konvention 1983 – beide bekannten Formen der Fusion auf (Art. 2).[1132] Lediglich die Sonderkategorie der *newly independent States*, wie sie in der Wiener Konvention 1983 Aufnahme gefunden hat, wurde weggelassen.[1133]

Als Vermögen kommen alle Güter, Rechte und Interessen in Betracht, die im Zeitpunkt der Staatensukzession zum betroffenen Staat gemäss seinem internen, völkerrechtskonformen Recht gehören (Art. 12 Abs. 1).[1134] Darunter fallen auch Kulturgüter, nicht aber Archive. Archive fallen nur dann unter die Bestimmungen der Resolution 2001, wenn sie zu den Gegenständen gehören, die von grosser Bedeutung für das Kulturerbe eines Sukzessionsstaates sind.[1135] Damit unterscheidet die Resolution 2001 faktisch zwischen laufenden Registraturen und historischen Archiven, denn die laufenden Registraturen kommen als bedeutsames Kulturerbe kaum in Frage. Eine solche Differenzierung fehlt in der Wiener Konvention 1983. Diese umfasst sowohl historische Archive als auch laufende Registraturen, die sie als Vermögenswerte sui generis definiert und eigenen Regeln unterwirft.[1136] Dagegen wird in der Sukzessionsvereinbarung der Nachfolgestaaten Jugoslawiens vom 29. Juni 2001 ebenfalls zwischen kulturell bedeutsamen und weniger bedeutsamen Archiven unterschieden.[1137] Die Sukzessionsvereinbarung hält aber, im Unterschied zur Resolution 2001, für die Archive, die kulturell nicht von besonderer Bedeutung sind, in Annex D seperate Zuordnungsbestimmungen bereit.

Was die sachliche Zuordnung des Vermögens und der Schulden betrifft, geht auch die Resolution 2001 von der Notwendigkeit einer Vereinbarung aus (Art. 6

1132 Vgl. hierzu Rapport définitif, S. 250. Interessant ist der Hinweis in Art. 4 Resolution 2001, wonach die Unterscheidung zwischen Sezession (Kontinuität des Altstaates) und Dismembration (Untergang des Altstaates) in der Theorie klar, bei bestimmten komplexen Sachverhalten jedoch schwierig sei. Die Qualifizierung hänge von der Entwicklung von verschiedenen zeitabhängigen Faktoren ab. Die Resolution 2001 sieht in Art. 5 Ziff. 1 deshalb ausdrücklich vor, dass während der Zeit, in der die Qualifikation noch unklar bzw. bestritten ist, das anwendbare Recht die Interessen der betroffenen Staaten sowie die Grundsätze des guten Glaubens und der Billigkeit *(«équité»)* berücksichtigen sollte.

1133 Vgl. die einleitenden Ausführungen hierzu anlässlich der Zusammenkunft der 7. Kommission in Lissabon, in: Annuaire de l'Institut de Droit International, 69 (2001), S. 121 f.

1134 Davon ausgenommen sind Institute des Privatrechts, auch wenn sie mit öffentlichen Geldern dotiert wurden (Art. 12 Abs. 2).

1135 Vgl. Art. 16 Ziff 6 i.V.m. Ziff. 5.

1136 Vgl. vorne S. 196 f.

1137 Vgl. Art. 3 Abs. 2 Annex A der Sukzessionsvereinbarung (vgl. dazu vorne S. 224 ff.).

Abs. 1).[1138] Die Nachfolgestaaten haben sich dabei in guten Treuen zu verhalten und sich an den Kriterien zu orientieren, die die Resolution 2001 über die Aufteilung vorgibt (Art. 6 Abs. 1 und Art. 10 Abs. 3). So haben die Nachfolgestaaten zum Zwecke der Erstellung eines Vermögensinventars bestimmte Kooperations- und Informationspflichten zu befolgen (Art. 10 Abs. 4 und Art. 14). Können sich die Staaten hierzu nicht einigen, sollen sie ein Schlichtungsverfahren mit einer Kommission unabhängiger Experten entwerfen. Diese Kommission soll ein Vermögens- und Schuldeninventar erstellen und die einzelnen Werte den betroffenen Staaten zuordnen (Art. 10 Abs. 6). Unabhängig davon, ob ein Schiedsverfahren angestrengt wird oder nicht, haben die Staaten in jedem Fall Schutzmassnahmen zugunsten der Vermögenswerte vorzusehen, die von einer Aufteilung betroffen sind oder möglicherweise betroffen sein könnten (Art. 18).

Wie in der Wiener Konvention 1983 ist die Vermögens- und Schuldenaufteilung grundsätzlich entschädigungsfrei. Kompensationen sind aber dann geschuldet, wenn die Aufteilung des Vermögens oder der Schulden nach der Resolution 2001 zu bedeutenden Ungleichheiten führen würde (Art. 7 und 8 Abs. 2).[1139] Entscheidend ist in diesem Zusammenhang, dass die Verteilung von Vermögen und Schulden zueinander insgesamt in Korrelation stehen muss. Der Begriff *«équité»* verlangt, dass keine substantiellen Differenzen zwischen den Ergebnissen der Verteilung des Vermögens und der Schulden bestehen (Art. 9). Dies entspricht der Opinion Nr. 13 vom 16. Juli 1993[1140] der Badinter-Kommission, wonach die Aufteilung des Vermögens und der Schulden nach Billigkeit global zu beurteilen ist.[1141]

Die Aufteilung des Vermögens soll in erster Linie nach dem Territorialprinzip erfolgen und darüber hinaus das Prinzip berücksichtigen, wonach kein Staat ungerechtfertigt bereichert werden soll (Art. 11 Abs. 1). Diejenigen Vermögensobjekte, die nicht nach dem Territorialprinzip aufgeteilt werden, sollen *«équitablement»* aufgeteilt werden unter Berücksichtigung des Ergebnisses der bereits aufgeteilten Vermögens- oder Schuldbestände (Art. 11 Abs. 2). Auf den Begriff Territorialprinzip geht die Resolution 2001 in Art. 16 unter dem Titel «Répartition des biens conformément au principe de territorialité» näher ein. In Abs. 1 von Art. 16 heisst es, dass nur Vermögensobjekte des Staates auf den Nachfolge-

---

1138 Im Entwurf war dies mit dem Normtitel *«Priorité d'un accord des Etats concernés en cas de succession»* noch klarer betont worden (vgl. Art. 8 Rapport définitif, S. 257).

1139 Die Vermögens- oder Schuldenaufteilung soll ausdrücklich die Existenz von Staaten nicht gefährden (Art. 8 Abs. 4). Vgl. auch Art. 13 Abs. 1 bezüglich der finanziellen Kompensation von Vermögenszuordnungen.

1140 ILM 32 (1993), S. 1591–1592.

1141 Vgl. dazu vorne S. 241 und Rapport définitif, S. 259, mit Bezug auf Opinion Nr. 14 der Badinter-Kommission; Seidl-Hohenveldern, Staatennachfolge, S. 733.

staat übergehen, *«qui sont étroitement liés à un territoire»*. Die übrigen Objekte sollen, entsprechend dem Grundsatz in Art. 11 Abs. 2, *«équitablement»* aufgeteilt werden (Art. 16 Abs. 2). Die Verbindung zum Territorium wird demnach nicht durch die Belegenheit des Objektes im abzutretenden Gebiet im Zeitpunkt der Staatensukzession hergestellt.[1142] Vielmehr definiert sich die enge Verbindung eines Objektes zum Territorium durch seine Funktion.[1143] Wo sich der Gegenstand im Zeitpunkt der Sukzession befindet, darf keine Rolle spielen.[1144] Gleichzeitig werden Vermögenswerte, die keine enge Verbundenheit zum abzutretenden Territorium aufweisen und sich nur zufälligerweise im Zeitpunkt der Staatensukzession darauf befinden, nicht automatisch diesem Gebiet zugeordnet.[1145] Nur bei der Verteilung von Immobilien wird explizit die Belegenheit auf dem betroffenen Gebiet gefordert (Art. 19 Ziff. 1).

Die Resolution enthält aber auch eine auf Kulturgüter zugeschnittene Bestimmung: *«Les biens ayant une importance majeure pour l'héritage culturel d'un Etat successeur sur le territoire duquel ils ont trouvé leur origine doivent passer à cet Etat»* (Art. 16 Ziff. 5).

Gefordert wird also nicht nur, dass das Kulturobjekt einen wichtigen Platz im kulturellen Erbe des Sukzessionsstaates einnimmt, sondern auch, dass es seinen Ursprung in diesem Sukzessionsstaat hat.[1146] Damit lehnt sich die Resolution offenbar an den Sukzessionsvertrag zwischen den Nachfolgestaaten des ehemaligen Jugoslawiens von 2001 an, wonach bewegliches Vermögen, das für das kulturelle Erbe des Nachfolgestaates von grosser Bedeutung ist und aus dessen Gebiet stammt, auf diesen übergehen soll.[1147] Im Gegensatz zum Sukzessionsvertrag umfasst Art. 16 Ziff. 5 der Resolution auch unbewegliche Kulturgüter.[1148] Unklar bleibt aber, was mit *«originated»* gemeint ist.

1142 A.M. Jayme, Institut de Droit International, S. 150, wonach der Lageort des Vermögens entscheidend sein soll; Odendahl, Kulturgüterschutz, S. 158.

1143 Vgl. Rapport définitif, S. 268.

1144 Unwahrscheinlich scheint die Auslegung, wonach für eine Zuordnung vorausgesetzt wäre, dass sich das Gut sowohl im betreffenden Gebiet befindet als auch eine enge Verbundenheit mit diesem aufweist. Damit bestünde für den Sukzessionsstaat gerade keine Möglichkeit, auf andere Güter zuzugreifen, die eng mit seinem Territorium verbunden sind, sich jedoch im Zeitpunkt der Sukzession nicht darauf befinden.

1145 Vgl. auch Rapport définitif, S. 268.

1146 Im Gegensatz dazu wird bei der Aufteilung nach Billigkeit *«l'origine physique»* als Kriterium ausgeschlossen (vgl. Art. 16 Ziff. 4).

1147 *«Paragraph (1) of this Article does not apply to tangible movable State property of great importance to the cultural heritage of one of the successor States and which originated from the territory of that State (…)»* (Art. 3 Abs. 2 Annex D).

1148 Vgl. Jayme, Institut de Droit International, S. 150.

Zusammenfassend kann festgestellt werden, dass die Resolution 2001 grundlegende Prinzipien zur Zuordnung von Vermögen bereithält, die den betroffenen Parteien als Orientierungshilfen bei den Vertragsverhandlungen dienen sollen. Dieser Ansatz unterscheidet sich elementar von demjenigen der Wiener Konvention 1983, wonach die Parteien sich in separaten Abkommen frei über die Zuordnung der Objekte einigen konnten. Die Bestimmungen der Wiener Konvention 1983 sollen nur dann zur Anwendung gelangen, wenn eine solche Einigung nicht zustande kommen sollte. Ebenfalls in Abweichung von der Konvention werden in der Resolution 2001 die besonderen Interessen bei der Zuordnung von Kulturgütern berücksichtigt. Dagegen bilden Archive nur dann Gegenstand der Resolution, wenn sie zum bedeutenden Kulturerbe des Nachfolgestaates gehören und aus dem abgetretenen Gebiet stammen.

III. Prinzipien bei Staatensukzession

In der Literatur bestehen zwar Ansätze zu einer gesamtheitlichen Darstellung der Prinzipien, jedoch sind sie uneinheitlich, teilweise undeutlich formuliert und nicht klar voneinander abgegrenzt. Dies dürfte auch darauf zurückzuführen sein, dass die aus der Staatenpraxis abgeleiteten allgemeinen Prinzipien je nach ihrer methodischen Verwertung unterschiedlich gedeutet werden.[1149] Darauf basierend wird im Folgenden versucht, einen Überblick über die für die Zuordnung von Kulturgütern relevanten Prinzipien zu bieten.

1. Kulturgüterspezifische Prinzipien

a. Prinzip der territorialen Herkunft

Das Prinzip der territorialen Herkunft weist das Kulturgut demjenigen Territorium zu, von dem es während der Herrschaft des Vorgängerstaates weggebracht wurde. Eine Schwierigkeit im Umgang mit diesem Prinzip bietet die Verwendung des Begriffs «Herkunft» und dessen Abgrenzung zum Kriterium einer kulturellen Bindung an ein Gebiet. Tatsächlich verwendet die Lehre *Herkunft* und sinnverwandte Ausdrücke wie *Ursprung* oder *stammen aus* sowie ihre Übersetzungen *district d'origine*, *country of origin* oder *originaires* unterschiedlich, was sich auf das Verständnis des Prinzips auswirkt und Unklarheiten schafft. Grund dafür sind die Formulierungen in den Sukzessionsverträgen, die ihrerseits interpretationsbedürftig sind bzw. nicht erkennen lassen, wie sie von ihren Verfassern gemeint waren.[1150] Kommt hinzu, dass die entsprechenden Begriffe im inter-

---

1149 Vgl. Berber, Bd. 1, S. 254.

1150 So versteht Engstler, S. 250 f., ausgehend von Art. 196 St-Germain, den Begriff Herkunft einmal im Sinne von *patrimoine intellectuel*, ein andermal, S. 274 f., als Ort der früheren Belegenheit und damit als Kriterium einer territorialen Bindung. Turner, S. 85 und 91, nationalen Kulturgüterrecht ganz allgemein unterschiedlich verwendet werden.[1151] Jedes Verständnis aber, das über die reine Belegenheit des Kulturgutes hinausgeht, sprengt das vorliegende territoriale Prinzip, weil es eine kulturelle Bindung zu einem Territorium impliziert und damit ein Kriterium des nachfolgenden Prinzips des Erhalts des kulturellen Erbes anwendet.

Die Rückgabe von Kulturgütern gemäss dem Prinzip der territorialen Herkunft wird häufig zeitlich dahingehend eingeschränkt, dass nur Kulturgüter herausgegeben werden müssen, die ab einem festgesetzten Datum oder während einer bestimmten Zeitperiode entfernt wurden.[1152] Solche zeitlichen Schranken variieren in der Praxis stark und können sowohl wenige Jahre als auch mehrere Jahrhunderte umfassen.[1153] In einigen Verträgen wurden auch keine zeitlichen Schranken gesetzt, wie etwa in der Auseinandersetzung zwischen Österreich und Ungarn nach dem Ersten Weltkrieg.[1154]

Stark ausgeprägt findet sich das Prinzip der territorialen Herkunft im Friedensvertrag von Riga von 1921.[1155] Der Vertrag legt fest, dass sämtliche Kulturgüter an Polen herauszugeben sind, die seit der ersten polnischen Teilung am 1. Januar 1772 aus dem polnischen Gebiet nach Russland und der Ukraine verbracht wurden, und zwar unabhängig von den Eigentumsverhältnissen und Umständen

---

dagegen interpretiert den Terminus *district d'origine* in Art. 196 St-Germain als Territorium, aus dem die Güter während der Beherrschung durch Österreich weggebracht wurden. In Art. 5 Abs. 2 Ziff. 3 des österreichisch-italienischen Ausführungsabkommens vom 20. Mai 1920 wiederum ist der Begriff *origine* das Kriterium für den historischen und kulturellen Besitz und damit den Entstehungsort (vgl. ENGSTLER, S. 280; TURNER, S. 92).

1151 So hat das Institut de Droit international 1991 den Begriff *«pays d'origine»* mit *«celui auquel, du point de vue culturel, l'objet en question se trouve rattaché par le lien le plus étroit»* definiert (Résolution sur La vente internationale d'objets d'art sous l'angle de la protection du patrimoine culturel [1991], in: IPRax 11 [1991], S. 432). Vgl. ODENDAHL, Kulturgüterschutz, S. 408, zum allgemeinen Herkunftsprinzip als Begründung kultureller Bindung. Im Zusammenhang mit der Rückgabe von Kulturgütern an ehemalige Kolonialstaaten werden letztere gemeinhin als «Ursprungsländer» bzw. «Ursprungsgebiete» *(«country of origin»)* bezeichnet, um die kulturelle Verbundenheit eines Gegenstandes zu diesen Gebieten wiederzugeben (vgl. WALTER, S. 16; SCHULZE, S. 9 ff., 27 f.). Auch GORNIG, S. 41, erkennt in den Begriffen Herkunft oder Ursprung *(«district d'origine»)* Kriterien für die nationale Zugehörigkeit. Anders wiederum das UNESCO-Übereinkommen von 1970, wonach mit *«country of origin»* der Staat gemeint ist, auf dessen Gebiet das Kulturgut zuvor gelegen hat (Art. 4 lit. c und e und Art. 7). Zum UNESCO-Übereinkommen vgl. hinten Fn. 1195. Vgl. dazu auch FIEDLER, Völkerrechtliche Ansätze, S. 74.

1152 Vgl. ENGSTLER, S. 275.

1153 Nur 10 Jahre beispielsweise waren es grundsätzlich gemäss Art. 193 St-Germain.

1154 Vgl. vorne S. 180 ff. sowie KOWALSKI, S. 164.

1155 Vgl. Vertrag von Riga vom 18. Mai 1921 zwischen Polen, der Sowjetunion und der Ukraine (abgedruckt in: League of Nations Treaty Series, No. 3753 [1921], S. 119 ff.). Zu den Ausnahmen vgl. KOWALSKI, S. 152. Neben sukzessionsrechtlichen Herausgabebestimmungen regelte der Vertrag auch die Restitution von Kriegsbeute (vgl. ENGSTLER, S. 262 f.).

ihrer Verbringung (Art. 11 § 1).[1156] Gleichzeitig zeigt dieser Vertrag auch, dass das Prinzip kaum ausschliesslich angewendet wird. Es wird eingeschränkt durch die parallele Anwendung anderer Prinzipien, wie die Erhaltung des kulturellen Erbes (§ 2) oder die Integrität von Sammlungen von internationaler Bedeutung (§ 7).[1157]

Ein weiteres Beispiel für die Anwendung des Prinzips der territorialen Herkunft findet sich im Wiener Frieden von 1866, wo Österreich verpflichtet wurde, bestimmte Kulturgüter an Italien herauszugeben, die einst weggebracht wurden.[1158]

Auch in der österreichisch-italienischen Ausführungskonvention vom 4. Mai 1920 hatte Österreich Italien alle Kulturgüter zurückzuerstatten, die aus den an Italien abgetretenen Gebieten nach Österreich verlegt worden waren (Art. 5 Abs. 1). Diese Rückgabepflicht war zeitlich eingeschränkt: Ausgenommen waren die *«nach Österreich vor dem 1. Jänner 1790, dem Todesjahr Kaiser Josefs II., enttragenen Gegenstände»*.[1159]

Schliesslich kam das Prinzip auch nach dem Zweiten Weltkrieg zur Anwendung, so etwa im Friedensvertrag mit Ungarn von 1947[1160] oder kürzlich im jugoslawischen Sukzessionsvertrag von 2001.[1161]

Wie erwähnt, wird das Prinzip der territorialen Herkunft meist gegenüber anderen Prinzipien abgewägt und erhält kaum je oder nur unter bestimmten Bedingungen unbedingten Vorrang gegenüber anderen Prinzipien des Kulturgüterschutzes. Solche Bedingungen sind in der Regel aber dann gegeben, wenn der Vorgängerstaat kurz vor oder während des Sukzessionsprozesses Kulturgüter

---

1156 Vgl. ENGSTLER, S. 263 f. KOWALSKI, S. 151, führt dieses für Polen äusserst günstige Vertragsergebnis darauf zurück, dass Russland als Kriegsverlierer 1920 eine schlechte Verhandlungsposition hatte.

1157 Zu diesen Prinzipien vgl. hinten S. 251 ff. und 256 ff.

1158 Art. 18 des Wiener Friedens von 1866 (vgl. dazu vorne S. 111 f.).

1159 Vgl. auch ENGSTLER, S. 252 i.V.m. 274.

1160 Gemäss Art. 11 hatte Ungarn u.a. die Kulturgüter an Jugoslawien und die Tschechoslowakei zurückzugeben, die zwischen 1848 und 1919 aus diesen Gebieten entfernt worden waren. Vgl. hierzu KOWALSKI, S. 154 f.; vgl. ferner SIEHR, Kulturgüter in Friedens- und Freundschaftsverträgen, S. 709. Der von KOWALSKI, S. 154, angeführte Friedensvertrag mit Italien von 1947 stellt zwar teilweise ausschliesslich auf das Prinzip der territorialen Herkunft ab, doch betrifft dies Kulturgüter, die von Italien während seiner Besetzungszeit entfernt wurden. Es handelt sich damit nicht um ein Problem der Staatensukzession, sondern des Kriegsrechts.

1161 Die Kulturgüter werden hier zwar nicht separat behandelt, doch sieht eine Ausnahmeregelung vor, dass bestimmte Kulturgüter dem Nachfolgestaat auszuhändigen sind, aus dessen Gebiet sie stammen (Art. 3 Abs. 1 und 2 des Annexes A des Agreement on Succession Issues between the Five Successor States of the Former State of Yugoslavia vom 29. Juni 2001).

verschoben hat. Die Motivation für solche Verschiebungen ist es, (kriegs-)gefährdete Kulturgüter zu evakuieren, mitunter aber auch, ein Fait accompli zu schaffen.[1162] Durch die ausschliessliche Anwendung wird eine Abwägung der Interessen der beteiligten Staaten verhindert. Dahinter steht die Überlegung, dass kunst- bzw. kulturhistorische Einwände gegen eine Rückführung praktisch ausgeschlossen werden können, weil weder das Prinzip des Erhalts des kulturellen Erbes noch das Prinzip des Erhalts von Sammlungen von internationalem Rang greifen.[1163]

Geht mit einer Sukzession ein bewaffneter Konflikt einher, erhält das Prinzip der territorialen Herkunft zusätzliches Gewicht. Vor allem beim Sukzessionstypus der Sezession oder Dismembration besteht zwischen den betroffenen Parteien zuweilen ein äusserst gespanntes Verhältnis, das nicht selten in einen bewaffneten Konflikt übergehen kann.[1164] Bewaffnete Konflikte im Zuge der Staatensukzession sind zumindest anfänglich bürgerkriegsähnliche Zustände, bei denen die Kulturgüter weit weniger umfassend geschützt sind, als dies bei internationalen bewaffneten Konflikten der Fall ist.[1165] Bei internationalen bewaffneten Konflikten dagegen ist die Ausfuhr von Kulturgütern aus besetzten Gebieten eines anderen Staates durch die beiden Haager Protokolle von 1954 und 1999 untersagt.[1166]

[1162] Auf die Rückgabepflicht sollten die Gründe der Verbringung keinen Einfluss haben, zumal es im Einzelfall ohnehin schwierig sein dürfte, die wahre Motivation nachzuweisen. So kann auch die Absicht, Kulturgüter vorübergehend zu sichern, im Laufe der Zeit zu einem dauerhaften Besitzanspruch werden (vgl. SCHOEN, S. 32 f.).

[1163] Zu diesen Prinzipien vgl. hinten S. 251 ff. und 256 ff. In dieser Konstellation erinnert das Prinzip der territorialen Herkunft an die betreibungsrechtliche Absichtsanfechtung (Deliktspauliana). Wie bei der Wegnahme von Kulturgütern unmittelbar oder während der Staatensukzession sollen auch dort die Interessen an einer fairen Auseinandersetzung nicht durch Handlungen erschwert werden, die erst in Anbetracht des Konkurs- bzw. Betreibungsverfahrens vorgenommen wurden. Man könnte in solchen Fällen auch von einer *praesumptio iuris et de iure*, d.h. einer nicht widerlegbaren Fiktion der absichtlichen Schädigung des ablösenden Gebietes sprechen. In Bezug auf Archive vgl. KECSKEMETI, Les contentieux archivistiques, S. 22.

[1164] Jüngstes Beispiel bildet die Dismembration Jugoslawiens (vgl. vorne S. 224). Vgl. auch ODENDAHL, Kulturgüterschutz, S. 152.

[1165] Vgl. Art. 19 des Haager Abkommens für den Schutz von Kulturgut bei bewaffneten Konflikten vom 14. Mai 1954 zur Anwendbarkeit bezüglich nichtinternationaler bewaffneter Konflikte (SR 0.520.3; <http://www.admin.ch/ch/d/sr/i5/0.520.3.de.pdf> [besucht am 14. Januar 2010]). Unter der SR-Nummer findet sich sowohl der französische Originaltext als auch eine deutsche Übersetzung des Abkommens.

[1166] Ziff. 1 Haager Protokoll über den Schutz von Kulturgut bei bewaffneten Konflikten vom 14. Mai 1954 (SR 0.520.32; <http://www.admin.ch/ch/d/sr/i5/0.520.32.de.pdf> [besucht am 14. Januar 2010]) und Art. 9 Zweites Haager Protokoll zum Haager Abkommen von 1954 für den Schutz von Kulturgut bei bewaffneten Konflikten vom 26. März 1999 (SR 0.520.33; <http://www.admin.ch/ch/d/sr/i5/0.520.33.de.pdf> [besucht am 14. Januar 2010]). Unter der jeweiligen SR-Nummer finden sich sowohl der französische Originaltext als auch eine deutsche Übersetzung der Protokolle.

Sind entgegen diesem Verbot Kulturgüter trotzdem ausgeführt worden, verpflichtet das Haager Protokoll von 1954 die Vertragspartei, bei Beendigung der Feindseligkeiten die auf ihrem Hoheitsgebiet befindlichen Kulturgüter den zuständigen Behörden des früher besetzten Hoheitsgebiets zu übergeben.[1167] Im Fall von Staatensukzessionen kommen die beiden Haager Protokolle aber so lange nicht zur Anwendung, als es sich nicht um einen internationalen Konflikt handelt. Aus diesem Grund kommt dem Prinzip der territorialen Herkunft eine der im Haager Protokoll von 1954 statuierten Rückgabepflicht vergleichbare Funktion zu, nämlich die Rückgängigmachung jeglicher Ausfuhr von Kulturgütern aus einem besetzten Gebiet und Wiederherstellung des status quo.[1168]

Die Staatenpraxis hat den unbedingten Vorrang des Prinzips der territorialen Herkunft für solche Konstellationen verschiedentlich bestätigt. Ein Beispiel bietet bereits das erwähnte österreichisch-italienische Abkommen vom 14. Juli 1868, das Österreich verpflichtet hat, alle Kunstgegenstände und Antiquitäten auszuhändigen, die zwischen Juni und September 1866 aus dem venezianischen Arsenal entfernt worden waren. Die Wegnahme dieser Gegenstände fand in unmittelbarem Zusammenhang mit der absehbaren militärischen Niederlage und den Gebietsverlusten in Norditalien statt.[1169]

Auch im Zusammenhang mit dem Ersten Weltkrieg finden sich entsprechende Regelungen, so etwa im Friedensvertrag von St-Germain, der in Art. 192 Österreich dazu verpflichtete, alle Kulturgüter zurückstellen, die nach dem 1. Juni 1914 aus den abgetretenen Gebieten weggebracht worden waren.[1170] Österreich hatte beispielsweise nach der italienischen Kriegserklärung im Mai 1915 unzählige Kulturgüter aus den österreichischen Gebieten, die nach Ende des Krieges an Italien abgetreten werden mussten, nach Wien gebracht.[1171]

1167 Abschnitt I Ziff. 3 Haager Protokoll 1954.

1168 Vgl. RUDOLF, S. 861.

1169 Art. 6 des Abkommens (vgl. hierzu den Vorfrieden von Nikolsburg vom 26. Juli 1866, Frieden von Prag vom 23. August 1866 und Frieden von Wien vom 3. Oktober 1866). Österreich seinerseits bezeichnete die betreffenden Massnahmen als Bergungen (vgl. Bericht des österreichischen Staatsamtes für Inneres und Unterricht über die neuerlichen Forderungen der italienischen Waffenstillstandskommission an deutschösterreichischem Kunstbesitz, undatiert, S. 4 [AdR, St-Germain, Karton 13, Fasz. III/6, Prot. Nr. 780]). Art. 7 des Abkommens bezieht sich auf einen Becher, der 1859 kurz vor dem Verlust der Lombardei aus Monza entfernt wurde (vgl. Frieden von Villafranca [Waffenstillstand am 8. und Vorfriede am 15. Juli 1859] und Friede von Zürich [10. November 1859]).

1170 Dieselbe Pflicht wurde Ungarn in Art. 176 des Friedensvertrages von Trianon auferlegt.

1171 Zu den Verbringungen während des Ersten Weltkrieges vgl. vorne S. 31 ff.

b. Prinzip des Erhalts des kulturellen Erbes

Gemäss dem Prinzip des Erhalts des kulturellen Erbes ist ein Kulturgut demjenigen Staat zuzuordnen, auf dessen Territorium das Gebiet liegt, zu dem das Kulturerbe gehört.[1172] Ziel ist es, das Kulturerbe eines Staats bzw. eines seiner Gebiete vor Ort zu erhalten und wo nötig wieder dort zusammenzuführen. Aus kulturgüterrechtlicher Sicht ist es das bedeutendste Zuordnungsprinzip, weil es an der «kulturellen Eigenschaft» des Objektes ansetzt.

Der Begriff *kulturelles Erbe* oder *Kulturerbe (patrimoine intellectuel, patrimoine culturel* oder *culture heritage)* wird in der Praxis zum Sukzessionsrecht nicht definiert.[1173] Die Lehre setzt ihn zum Teil mit dem Begriff Kulturgut gleich, zum Teil definiert sie ihn als Überbegriff, zu dessen Gegenstand neben Kulturgütern auch immaterielle kulturelle Werte gehören.[1174]

In kultureller Hinsicht «gehört» ein Kulturgut dem Kulturerbe einer Gesellschaft.[1175] Es ist die Gesellschaft und nicht der Staat, die einem Kulturgut den kulturellen Wert verleiht und es damit zu ihrem kulturellen Erbe macht.[1176] Die Gesellschaft ist aber für die juristische Anknüpfung ungeeignet, weil ihr keine Rechtssubjektivität zukommt. An ihrer Stelle wird daher im Völkerrecht der Staat eingesetzt, was zur Folge hat, dass das Kulturgut einem Staat zugeordnet wird. Dies rechtfertigt sich dadurch, dass eine sesshafte Gesellschaft und damit «ihre» Kulturgüter immer auch eine enge Bindung zu einem bestimmten Territorium haben.[1177] Im geltenden Völkerrecht stellt sich diese als Bindung an einen Staat dar.[1178] Konsequenz ist, dass die Kulturgüter, die zum Kulturerbe eines im Rahmen einer Staatensukzession abgetretenen Gebietes gehören, an denjenigen Staat übergeben werden müssen, zu dessen Territorium das Gebiet neu gehört. Es bleibt dann diesem Staat überlassen, im Rahmen der völkerrechtlichen Normen des Selbstbestimmungsrechts der Völker und Minderheiten mit dem Kulturgut zu verfahren. Versuche, die kulturelle Bindung eines Kulturgutes an eine Ge-

---

1172 Ähnlich DE VISSCHER, S. 272, 274 f. und 288; ENGSTLER, S. 274, 279; TURNER, S. 85; KOWALSKI, S. 163 f.

1173 Dies gilt neben dem Sukzessionsrecht zumeist auch für andere Völkerrechtsbereiche. Vgl. dazu ODENDAHL, Kulturgüterschutz, S. 391 ff.; PALLAS, S. 125.

1174 Vgl. ODENDAHL, Kulturgüterschutz, S. 392 m.w.H.; PALLAS, S. 122 ff.

1175 Vgl. zum Folgenden ODENDAHL, Kulturgüterschutz, S. 407 ff. und 411 ff.

1176 Vgl. hierzu auch TURNER, S. 101. FIEDLER, Völkerrechtliche Ansätze, S. 74, spricht von der menschlichen Komponente, die ebenso wie die territoriale Komponente den Kulturzusammenhang bestimmt. Vgl. auch FASTENRATH, Deutscher Einigungsvertrag, S. 5.

1177 ENGSTLER, S. 272 ff., spricht daher von der territorialen Bindung der Kulturgüter. KOWALSKI, S. 163 f., dagegen versteht unter *«territorial ties»* ein Kriterium des Kulturerbes. Vgl. auch STREINZ, S. 226; FIEDLER, Konventionen, S. 35 ff.

1178 ODENDAHL, Kulturgüterschutz, S. 416 f., 433 und 629, spricht von einer staatlich-territorialen Bindung, der die Fiktion der Einheit von Kulturträger und Staat zugrunde liege.

sellschaft bzw. ein Volk auch als rechtlichen Anknüpfungspunkt für die Zuordnung wahrzunehmen, konnten sich bis heute nicht durchsetzen, obgleich den Menschenrechten und dem Selbstbestimmungsrecht der Völker im Völkerrecht zunehmendes Gewicht zukommt.[1179]

Solange der Kulturträger (geographisch) stabil bleibt, ist es völkerrechtlich korrekt, sein Kulturgut dem Staat zuzuordnen, in dem es sich befindet. Ergeben sich jedoch Veränderungen entweder beim Kulturträger selbst (z.B. Vertreibung, Abwanderung) oder beim staatlichen Territorium, lässt sich die Fiktion der Gleichordnung von Kulturträger und Staat nicht mehr aufrechterhalten. Bei einer Staatensukzession ist letzteres der Fall: Ein Gebiet wird mitsamt dem dort lebenden Kulturträger vom Altstaat getrennt. Dadurch manifestiert sich die kulturelle Bindung im Sukzessionsrecht als territoriale Bindung.[1180] Daraus folgt, dass es im Sukzessionsrecht um das Kulturerbe eines Gebietes geht und also zu unterscheiden ist zwischen dem Staat als Zuordnungssubjekt des Kulturguts einerseits und dem abzutretenden Gebiet als territoriale Bezugsgrösse des kulturellen Erbes andererseits.[1181] Dies zeigt sich in den Formulierungen der sukzessionsrechtlichen Praxis wie Kulturerbe eines Territoriums[1182], einer Provinz[1183], eines Gebietes[1184] oder eines Staates[1185]. Die Lehre spricht entsprechend vom

---

[1179] Vgl. Fiedler, Völkerrechtliche Ansätze, S. 74 f.; ders., State Succession, S. 653 f.; Prott, S. 93 ff. Zu möglichen rechtlichen Anknüpfungspunkten von Kulturgütern allgemein vgl. die Übersicht bei Odendahl, Kulturgüterschutz, S. 411 ff. Zum kulturellen Selbstbestimmungsrecht der Völker vgl. Fiedler, Rückführung und Schutz, S. 29 ff.

[1180] Die territoriale Bindung ist nur das Vehikel, um ein Kulturgut dem richtigen Staat zuordnen zu können. Die kulturelle Bindung bleibt davon unberührt. Anders der Akzent bei Odendahl, Kulturgüterschutz, S. 413, wonach es bei der Staatensukzession schwerpunktmässig um die Bindung von Kulturgütern an ein Territorium und nicht an ein Volk gehe.

[1181] Das Kulturerbe dieses Gebietes wird auch in einem späteren Sukzessionsfall dem Gebiet folgen. Dies, sofern inzwischen nicht, etwa durch eine lange Zeitdauer, eine kulturelle Bindung zum ganzen staatlichen Territorium entstanden ist. Vgl. dazu auch Kowalski, S. 164, der in diesem Zusammenhang von *«consistent repatriation-rule»* spricht: *«(...) the heritage ‹follows› the territory (...)»*. Das abzutretende Gebiet ist als Bezugsgrösse jedoch dann nicht tauglich, wenn die Gesellschaft als Kulturträger dieses Gebietes im Falle einer Zession beispielsweise vertrieben wird oder abwandert. Die kulturelle Basis zum Gebiet geht dann verloren, weshalb die territoriale Bindung des Kulturgutes zum Gebiet wegfällt. Zu den Problemen bei Umsiedelung oder Vertreibungen vgl. Turner, S. 103 ff.; Odendahl, Kulturgüterschutz, S. 159 ff.

[1182] Vgl. Ziff. 4 von Annex XIV des Friedensvertrages mit Italien von 1947, abgedruckt in englischer Originalsprache und in deutscher Übersetzung, in: Menzel, Friedensverträge, S. 65 ff.

[1183] Vgl. Art. 5 Abs. 2 Ziff. 3 der österreichisch-italienischen Ausführungskonvention vom 4. Mai 1920.

[1184] Vgl. Art. 196 lit. a des Friedensvertrages von St-Germain.

[1185] Z.B. Art. 5 Abs. 2 Ziff. 3 der österreichisch-italienischen Ausführungskonvention vom 4. Mai 1920 oder Art. 3 § 2 Annex A des jugoslawischen Sukzessionsvertrages von 2001.

kulturellen Erbe einer Region[1186], eines Gebietes[1187], einer Nation[1188], eines Landes[1189] oder der auf dem Territorium lebenden Bevölkerung[1190].

Die entscheidende Frage lautet nun, unter welchen Voraussetzungen ein Kulturgut Teil des kulturellen Erbes des von der Sukzession betroffenen Gebietes ist. Allgemein kann gesagt werden, dass ein Kulturgut dann zum Kulturerbe eines Gebietes gehört, wenn es eine besondere Beziehung oder Verbindung zu diesem Gebiet aufweist.[1191] Diese besondere Bindung gründet auf dem Wesen des Kulturgutes, nämlich dem kulturellen Wert, der ihm von der Gesellschaft dieses Gebietes zugesprochen wird.[1192] In der Lehre ist gemeinhin von einer kulturellen Bindung die Rede.[1193] Die oben gestellte Frage muss damit heissen: Wann besteht zwischen einem Kulturgut und einem von der Sukzession betroffenen Gebiet eine kulturelle Bindung, so dass dieses als zu dessen Kulturerbe gehörig qualifiziert werden kann? Zu ihrer Beantwortung werden in der allgemeinen kulturgüterrechtlichen Diskussion verschiedene Kriterien herangezogen.[1194] Das UNESCO-Übereinkommen von 1970 zum Beispiel enthält einen Kriterienkatalog.[1195] Die sukzessionsrechtliche Lehre, soweit sie dazu überhaupt Stellung nimmt[1196], leitet solche Kriterien aus der Staatenpraxis ab. Genannt werden zum Beispiel der Entstehungsort (Ursprungsland), der Ort der früheren Belegenheit, der Wille des Urhebers oder dessen Nationalität bzw. Herkunft,

---

[1186] Vgl. DE VISSCHER, S. 288.

[1187] Vgl. ENGSTLER, S. 274; TURNER, S. 101.

[1188] Vgl. ENGSTLER, S. 280. KOWALSKI, S. 162 und 164, spricht von *«nation»* bzw. *«nation traditions»*.

[1189] Vgl. ENGSTLER, S. 280.

[1190] Vgl. TURNER, S. 80 und 82.

[1191] Vgl. z.B. PALLAS, S. 125; WYSS, S. 149 ff.; SIEHR, Kulturgüter in Friedens- und Freundschaftsverträgen, S. 710 Ziff. 8.

[1192] Vgl. z.B. PALLAS, S. 125; WYSS, S. 149 ff. Vgl. auch ROELLECKE, S. 33: «Kultur ist also Wertschätzung, und Wertschätzung hängt vom sozialen Kontext ab.»

[1193] Vgl. ODENDAHL, Kulturgüterschutz, S. 407 ff.

[1194] Vgl. GORNIG, S. 41 f.; PROTT/O'KEEFE, S. 26 ff.; BLUME, S. 65 ff.; JAYME, Nationalität des Kunstwerkes, S. 7 ff.; DE VISSCHER, S. 288. Vgl. insbesondere die systematische Aufstellung von sechs Prinzipien zur Begründung kultureller Bindungen von Kulturgut bei ODENDAHL, Kulturgüterschutz, S. 407 ff. i.V.m. 273.

[1195] Art. 4 des UNESCO-Übereinkommens vom 14. November 1970 über die Massnahmen zum Verbot und zur Verhütung der rechtswidrigen Einfuhr, Ausfuhr und Übereignung von Kulturgut (SR 0.444.1; <http://www.admin.ch/ch/d/sr/i4/0.444.1.de.pdf> [besucht am 14. Januar 2010]; unter der SR-Nummer findet sich sowohl der französische Originaltext als auch eine deutsche Übersetzung des Übereinkommens; abgedruckt ferner in: ILM 10 [1971], S. 289 ff.).

[1196] Z.B. DE VISSCHER, S. 288, der sich zum Begriff *patrimoine intellectuel* kritisch gibt und ihn als *«notion vague»* bezeichnet.

langjährige Verknüpfung mit der nationalen Geschichte[1197], seine Zweckbestimmung oder die kulturelle Tradition, die auf die Entstehung des Kulturgutes einwirkte.[1198] Nicht selten erfüllt ein Kulturgut mehrere Kriterien, die eine Beziehung zu verschiedenen Staaten gleichzeitig herstellen. Aber nicht jedes erfüllte Kriterium bedeutet automatisch auch eine kulturelle Bindung. Eine solche besteht eben nur zu jenem Staat bzw. zu dem von der Sukzession betroffenen Gebiet, der bzw. das dem Kulturgut auch die entsprechende Wertschätzung entgegenbringt.[1199] Letzteres muss im Einzelfall nachgewiesen werden.

Zusammenfassend kann gesagt werden: Ein Kulturgut gehört zum Kulturerbe desjenigen Gebietes, das ihm kulturellen Wert und damit eine kulturelle Bindung verleiht.

Tatsache ist, dass die Sukzessionsverträge in der Vergangenheit diese Kriterien im Normalfall nicht aufgeführt haben, sondern die Zuordnung zum kulturellen Erbe den jeweiligen Ausführungsabkommen zu den Sukzessionsverträgen delegierten oder durch hierzu eigens ernannte Kommissionen oder Sachverständige aushandeln liessen.[1200] Aus diesem Vorgehen wurden dann nachträglich Kriterien erschlossen.[1201]

Nur in wenigen Beispielen haben die von einer Sukzession betroffenen Staaten die Kriterien vertraglich festgehalten, über die sie ein Kulturgut als zu ihrem kulturellen Erbe gehörig qualifizierten. Ein Beispiel ist das österreichisch-tschechoslowakische Übereinkommen vom 18. Mai 1920. Auch hier findet sich zwar keine Definition des Begriffs *«patrimoine intellectuel des districts cédés»*, wie er in Art. 196 lit. a des Friedensvertrages von St-Germain vorgegeben war, aber in Teil III. Kapitel A. des Übereinkommens werden diverse Kriterien aufgeführt.

1197 Je länger ein Gegenstand an einem Ort gelegen hat, sei dies am Ort vor oder nach der Verbringung, desto wahrscheinlicher ist es, dass er zum kulturellen Erbe dieses Ortes gehört. Liegt die Verbringung nur kurze Zeit zurück, kann in der Regel davon ausgegangen werden, dass der Gegenstand noch keine kulturelle Bindung zum neuen Ort aufbauen konnte (vgl. hierzu KOWALSKI, S. 164).

1198 Vgl. ENGSTLER, S. 280 f.; DE VISSCHER, S. 288; ODENDAHL, Kulturgüterschutz, S. 407 ff. i.V.m. 273. Gemäss KOWALSKI, S. 164, ist das Kriterium der territorialen Bindung *«often applied for practical reasons, as it is a very simple indication, assuming that the relevant documentation exists»*. Allerdings ist damit die Frage der Qualifizierung als kulturelles Erbe nur teilweise beantwortet, denn, wie KOWALSKI sagt: *«The territorial ties have a purely ‹technical› nature, in fact, they constitute only one of the criteria for resolving the ties of the object in question to a given cultural heritage.»*

1199 So geht beispielsweise jedes Kunstwerk auf einen Urheber zurück, der zwangsläufig eine nationale Zugehörigkeit zu einem Staat hat. Nicht in jedem Fall jedoch besteht zu diesem Staat auch eine kulturelle Bindung.

1200 Z. B. die von Italien und Österreich zum Vollzug von Art. 18 des Wiener Friedens von 1866 eingesetzte Kommission, die sich aus Delegierten der beiden Vertragsstaaten zusammensetzte (vgl. Präambel zum österreichisch-italienischen Übereinkommen vom 14. Juli 1868).

1201 Vgl. TURNER, S. 91.

Nur wenn ein Objekt mindestens zwei dieser Kriterien erfüllte, anerkannte Österreich sie als *«wirkliche Bohemica»*.[1202] Die drei Kategorien definieren neben der Beziehung über den Urheber einen äusseren und einen inneren Bezug zur Tschechoslowakei. Demnach gehört jeder Gegenstand, der entweder in der Tschechoslowakei entstanden ist oder der, bzw. dessen Urheber, eine Verbindung zu ihrer Kultur aufweist, zu ihrem kulturellen Erbe. Nicht verlangt wird hingegen, dass das Objekt in der Tschechoslowakei entstanden ist oder je dort gelegen hat. Es genügt, dass der Urheber in der Tschechoslowakei geboren ist oder das Werk aus der Tschechoslowakei bestellt worden war.[1203]

Ein weiteres Beispiel für Ausführungen zum Begriff des Kulturerbes ist der Friedensvertrag der Alliierten mit Ungarn von 1947.[1204] Demgemäss hatte Ungarn diejenigen Objekte an Jugoslawien und die Tschechoslowakei auszuhändigen, die im Besitz von Einrichtungen auf jugoslawischem oder tschechoslowakischem Gebiet oder von historischen Persönlichkeiten des jugoslawischen und tschechoslowakischen Volkes waren sowie Originalwerke jugoslawischer oder tschechoslowakischer Kulturschaffender (Art. 11 Abs. 1 Ziff. b und c). Neben der Zugehörigkeit des Kulturgutes zum Kulturerbe Jugoslawiens oder der Tschechoslowakei wurde gleichzeitig gefordert, dass die auszuhändigenden Objekte aus Jugoslawien und der Tschechoslowakei stammten und zwischen 1848 und 1919 nach Ungarn geschafft worden waren (Art. 11 Abs. 1). Diese Bestimmung kombinierte das Prinzip der Erhaltung des kulturellen Erbes mit dem zeitlich eingeschränkten Prinzip der territorialen Herkunft.

Wie die Praxis zeigt, kann ein Kulturgut gleichzeitig zu mehreren Staaten kulturelle Bindungen aufweisen und damit zum Kulturerbe mehrerer Staaten gehören. Dies kommt häufig vor bei älteren Kulturgütern oder bei solchen von überregionaler oder internationaler Bedeutung.[1205] Dort, wo die Nachfolgegebiete Jahrzehnte oder gar Jahrhunderte lang unter einem Staat vereint waren, wird die Zuweisung an ein einziges Kulturerbe geradezu unmöglich.[1206] Weil sich aber das

---

1202 Die Kulturgüter, für die anhand dieser Kriterien ein Bezug zur Tschechoslowakei nachgewiesen werden konnte, dienten als Vorauswahl, über die in einem späteren Zeitpunkt zwecks Zuordnung an die Tschechoslowakei gemäss Artikel 196 lit. a des Friedensvertrages St-Germain verhandelt werden sollte. Vgl. dazu vorne S. 138 f.

1203 Vgl. vorne S. 138 f.

1204 Friedensvertrag mit Ungarn vom 10. Februar 1947, abgedruckt in englischer Originalsprache und deutscher Übersetzung, in: Menzel, Friedensverträge, S. 146 ff. Zum Vertrag vgl. Turner, S. 94 f.; Kowalski, S. 154 f.

1205 Vgl. Kowalski, S. 164 f.; Boguslavsky, Legal Problems, S. 253.

1206 Eine solche Multinationalität liegt beispielsweise beim sog. Scythia-Gold vor (vgl. Boguslavsky, Legal Problems, S. 253 f.; Kowalski, S. 164 f.). Dieselbe Ausgangslage entsteht, wenn durch eine Staatensukzession eine Gesellschaft auf zwei oder mehrere Staaten aufgeteilt wird. Weitere Beispiele von Kulturgütern mit übernationaler Bedeutung bei Siehr, International Art Trade, S. 126 f.

Kulturgut nicht ohne Wertverlust teilen lässt, muss es gleichwohl physisch einem Staat zugeordnet werden. Hierzu ist demjenigen Staat der Vorzug zu geben, zu dessen Gebiet die engste kulturelle Bindung besteht. Dabei sind die Interessen der betroffenen Staaten bzw. des von der Sukzession betroffenen Gebietes gegeneinander abzuwägen.[1207] In der Praxis wurden dem anderen Staat als Ausgleich gelegentlich bevorzugte Besuchs- und Nutzungsrechte zugestanden.[1208] In wenigen Fällen wurde das Kulturgut zum gemeinsamen Kulturerbe der betroffenen Staaten erklärt.[1209] Es «gehört» dann beiden Staaten gemeinsam. Ein Beispiel sind Teile der ehemals hofärarischen und familienfideikommissarischen Sammlungen der österreichisch-ungarischen Monarchie, die zum gemeinsamen Kulturerbe Österreichs und Ungarns erklärt wurden.[1210] Sie wurden in den Wiener Museen belassen und mit einem Veräusserungsverbot belegt, während Ungarn bevorzugte Benutzungs-, Publikations- und Leihrechte gewährt wurden.[1211]

c. Prinzip des Erhalts kultureller Sammlungen von internationalem Rang

Die Zuordnung eines Kulturgutes nach dem Prinzip des Erhalts des kulturellen Erbes wird unter Umständen dadurch verhindert, dass das Kulturgut Bestandteil einer kulturellen Sammlung von internationalem Rang ist, die als schützenswerter eingestuft wird.[1212] Dies ist das Prinzip des Erhalts kultureller Sammlungen von internationalem Rang.[1213] Eine Sammlung bildet dann ein organisches Ganzes, wenn die sie auszeichnenden Kulturgüter inhaltlich zusammengehören. Sie stellt in ihrer Gesamtheit einen eigenen kulturellen Wert dar. Diesen zu erhalten ist ein Anliegen des Kulturgüterschutzes.[1214] Das einzelne Kulturgut ist daher

---

1207 Vgl. Turner, S. 75.

1208 Vgl. das Übereinkommen betreffend die Archive zwischen Österreich und Ungarn vom 28. Mai 1926 (vgl. vorne S. 177 ff.).

1209 Kowalski, S. 164 f., spricht vom *«principle of reciprocity»*.

1210 Artikel III. Abs. 1 des ungarisch-österreichischen Abkommens vom 27. November 1932; vgl. hierzu vorne S. 181 f.

1211 Auch durfte Ungarn hierzu ein ständig delegiertes Amtsorgan einsetzen (Artikel IV. des ungarisch-österreichischen Abkommens vom 27. November 1932; vgl. hierzu vorne S. 182).

1212 Vgl. hierzu Kowalski, S. 164 f.; Turner, S. 80; Engstler, S. 276 f., 281; de Visscher, S. 288; Boguslavsky, Legal Problems, S. 245.

1213 In der Literatur wird das Prinzip auch als «Prinzip der Integrität geschlossener Einheiten» (vgl. Engstler, S. 281) oder «Prinzip des Zusammenhaltens gewachsener Sammlungen von universellem Rang» (vgl. Turner, S. 80, 85) bezeichnet. Zur Anwendung des Prinzips bei im Krieg weggenommenen Kulturgütern vgl. Jenschke, S. 300 f. m.w.H.

1214 So ausdrücklich de Visscher, S. 288. Zum Ensembleschutz allgemein vgl. auch v. Schorlemer, S. 38 ff. m.w.H. Wenn sie den Gedanken des einheitlichen Organismus auch auf einen einzelnen Archivkörper überträgt, übersieht sie, dass ein einzelnes Dokument noch nicht unbedingt Kulturgütercharakter aufweist. In diesem Zusammenhang ist deshalb das Provenienzprinzip vorzuziehen (vgl. vorne S. 10 ff. und hinten S. 260 ff.).

am Aufbewahrungsort der Sammlung zu belassen und wird demjenigen Staat zugeordnet, in dessen Gebiet sich die Sammlung befindet. Dabei ist die Frage, wo das Kulturgut vor seinem Eingang in die Sammlung gelegen hat und welchem Kulturerbe es zugehörig ist, unerheblich.[1215]

Gegenstand des Prinzips des Erhalts kultureller Sammlungen von internationalem Rang sind nicht beliebige Sammlungen, sondern solche von «Weltruf» bzw. universeller oder internationaler Bedeutung.[1216] Gelegentlich wird das Prinzip daher mit dem Bestreben, Kulturgüter als Erbe der Menschheit zu schützen, in Verbindung gebracht.[1217]

Das Prinzip kann, wie erwähnt, dasjenige des Erhalts des kulturellen Erbes einschränken. Eine solche Einschränkung kann im Grundsatz auch hinsichtlich des Prinzips der territorialen Herkunft erfolgen. Je kürzer die Zeitdauer, während welcher das Kulturgut Teil einer Sammlung ist, desto geringer ist das Prinzip des Erhalts kultureller Sammlungen gegenüber dem Prinzip der territorialen Herkunft zu gewichten. Bei unmittelbar im Zusammenhang mit dem Sukzessionsprozess weggebrachten Kulturgütern dürfte die inhaltliche Zugehörigkeit zu einer Sammlung in der Regel fehlen.

Beim Zerfall der österreichisch-ungarischen Monarchie berief sich die Republik Österreich erfolgreich auf dieses Prinzip, um ihre wertvollen Habsburgerkunstsammlungen auf neuösterreichischem Boden zusammenzuhalten. Rechtlicher Ausgangspunkt für die österreichische Argumentation war Art. 196 des Friedensvertrages St-Germain, der die Parteien indirekt dazu anhielt, bei der Rückgabe von kulturellem Erbe die Einheit der Sammlungen zu berücksichtigen.

In Art. 1 der österreichisch-italienischen Ausführungskonvention vom 4. Mai 1920 erkennt Italien

> *«von einem höheren Kulturinteresse geleitet, (...) die Zweckmässigkeit, die Zerstreuung der historischen, Kunst- und archäologischen Sammlungen Österreichs, welche gegenwärtig einen unteilbaren ästhetischen und historischen Organismus von Weltruf darstellen, zu vermeiden».*[1218]

Erfolgreich war Österreich auch in der Auseinandersetzung mit Ungarn; es durfte in Anwendung dieses Prinzips viele der strittigen Kulturgüter behalten.[1219]

Auch im Vertrag von Riga von 1921 zogen die Vertragsparteien Russland und Polen in Betracht, «que des collections systématiques, élaborées scientifiquement

---

1215 Vgl. ENGSTLER, S. 276; DE VISSCHER, S. 288.

1216 Vgl. ENGSTLER, S. 276; KOWALSKI, S. 164.

1217 Vgl. TURNER, S. 85, 94; JENSCHKE, S. 301, im Zusammenhang mit bewaffneten Konflikten.

1218 Vgl. vorne S. 126.

1219 Vgl. vorne S. 181.

et complètes, constituant la base de collections d'une importance universelle, ne sauraient être endommagées» (Artikel II. § 7). Demnach konnte Russland von den Polen zukommenden Kulturgütern diejenigen Objekte zurückbehalten, die Bestandteil solcher russischen Sammlungen waren.

Gerade letzteres Beispiel zeigt exemplarisch auch die Grenzen dieses Prinzips auf. Russland musste nämlich Sammlungsstücke, die mit der Geschichte und Kultur Polens eng verbunden waren (Art. II. § 7 a.E.), trotzdem herausgeben. Das Prinzip wurde demnach nicht absolut, sondern unter Abwägung der Interessen der Gegenpartei angewendet.[1220]

d. Prinzip des billigen Ausgleichs als Korrektiv

Dem Prinzip des billigen Ausgleichs[1221], das sich aus dem allgemeinen völkerrechtlichen Prinzip der Billigkeit *(equity)* ergibt,[1222] wird im Zusammenhang mit der Verteilung von Kulturgütern keine bedeutende Rolle zugeschrieben, weil mit den bereits beschriebenen Prinzipien die Zuordnung von Kulturgütern in der Regel sachgerechter erfolgt.[1223]

Es kann jedoch dann, wenn die Zuordnung gemäss den anderen Prinzipien zu ungerechten oder unbefriedigenden Ergebnissen führt, als Korrektiv fungieren und die Ergebnisse mildern.[1224]

Nach dem Prinzip des billigen Ausgleichs erhält ein Staat in Situationen, wo er ein ihm zustehendes Kulturgut nicht bekommt, adäquaten Ersatz. Dies ist zum Beispiel der Fall, wenn einem Staat ein Kulturgut aus seinem Kulturerbe vorenthalten wird, weil es gleichzeitig zum Kulturerbe eines anderen Staates oder Teil einer kulturell bedeutenderen Sammlung ist.

So erhielt Ungarn, das bei der Auflösung der österreichisch-ungarischen Monarchie auf viele Kunstwerke aus seinem Kulturerbe verzichten musste, weil sie Teil der Habsburger Kunstsammlungen waren und als gemeinsames Kulturerbe galten, von Österreich verschiedene Kunstwerke, etwa die Gemälde «Herkules,

---

1220 Vgl. auch Kowalski, S. 164.

1221 Kowalski, S. 164, spricht von *«rule of Similar Artistic Value»*.

1222 Vgl. Turner, S. 86.

1223 Vgl. Turner, S. 86 f. So hatte Österreich nach dem Zerfall der österreichisch-ungarischen Monarchie Ungarns Forderung abgewiesen, aus Gründen der Gerechtigkeit die Hälfte der während der gemeinsamen Herrschaft zusammengetragen Kunstsammlungen an Ungarn abzugeben. Auch die Normen der Wiener Konvention 1983, die sich auf das Prinzip des billigen Ausgleichs stützen, wurden – nicht nur im Zusammenhang mit Kulturgütern – wegen ihrer Allgemeingültigkeit als unbrauchbar abgelehnt (vgl. Fiedler, Konventionen, S. 34 f.; Nathan, S. 496 ff.; Koskenniemi, S. 91, 95 f.; vorne bei Fn. 950).

1224 Im Zusammenhang mit dem jugoslawischen Sukzessionsvertrag von 2001 vgl. Stahn, S. 383, mit Bezug auf Czaplinski, Equity, S. 61 ff.

Omphale und Satyr» von Tintoretto oder die «Infantin Margaretha Theresia» von Carreño.[1225]

Die ausgleichshalber an Ungarn abgegebenen Kulturgüter zeigen, wie bei der Anwendung des Prinzips versucht wurde, Ungarns spezielle Interessen und Bedürfnisse kultureller Art zu berücksichtigen. So wurden Ungarn als Ersatzleistung auch zwei Flügel eines Triptychons von Hans Memling («Christus mit dem Kreuz» und «Die Auferstehung») ausgehändigt, dessen Zentralteil sich seit langem in der Budapester Gemäldegalerie befand.[1226] Hinzu kamen einige Waffen und Rüstungen, die die Sammlung des Ungarischen Nationalmuseums vervollständigten.[1227] Indem ausgleichshalber Kulturgüter übergeben werden, die ein auseinandergerissenes Werk wieder vervollständigen oder den kulturellen Wert einer bestehenden Sammlung erhöhen, wird ein wichtiges Anliegen des Kulturgüterschutzes befolgt.[1228]

Das Prinzip des billigen Ausgleichs weist Parallelen zur Institution des «restitution in kind» auf, die einen gleichwertigen Ersatz für im Krieg untergegangene, im Krieg zerstörte oder geraubte Kulturgüter bezweckt.[1229] In beiden Fällen wird

---

1225 Vgl. vorne bei Fn. 827.

1226 Vgl. vorne bei Fn. 827.

1227 Vgl. TIETZE, L'accord austro-hongrois, S. 95; vgl. ferner ENGSTLER, S. 261; KOWALSKI, S. 147 m.w.H.; vorne Fn. 827.

1228 Vgl. DE VISSCHER, S. 288, wonach die Wiederherstellung eines Kunstwerkes wie der Schutz der Integrität von Sammlungen Ausdruck einer modernen Praxis sei, die sich am echten Kunst- oder Wissenschaftsinteresse inspiriere. Zur Wiederherstellung zerlegter Kunstwerke als Kriegsentschädigung vgl. SIEHR, Kulturgüter in Friedens- und Freundschaftsverträgen, S. 700 f. Zur Wiederherstellung im Krieg beschädigter Kunstwerke durch Reparationsleistungen vgl. JENSCHKE, S. 141.

1229 Entgegen der wörtlichen Bedeutung handelt es sich allerdings nicht um eine Rückgabe (Restitution oder Repatriierung), da nicht «eigene» Kulturgüter zurückgewonnen werden, sondern um eine Entschädigung (Reparation) in Form von «fremden» Kulturgütern (vgl. TURNER, S. 37; SCHOEN, S. 32; HARTUNG, S. 20 unten und 67), weshalb *replacement in kind* oder *restitution by replacement* als treffendere Bezeichnungen vorgeschlagen wurden (vgl. GATTINI, S. 71 Fn. 16). So mag es vielleicht die einzige Art von Reparation von Kulturgütern sein, die den Bedürfnissen des Opferstaates gerecht wird, auch wenn bei diesem Institut ein *«vague scent of vengeance»* (GATTINI, S. 72) mitspielt. Die *restitution in kind* gilt als Spezialfall der Reparation, die den Ausgleich allgemeiner Kriegsschäden zum Ziele hat. Während Kulturgüter nicht als Reparationsobjekte zur Entschädigung für allgemeine Kriegsschäden herangezogen werden dürfen, dienten sie im Rahmen der *restitution in kind* immer wieder als Ersatz für andere, weggebrachte und zerstörte Kulturgüter, beispielsweise im Friedensvertrag von Versailles 1919 (Art. 247) oder im Friedensvertrag mit Italien 1947 (Art. 75 Ziff. 9) (vgl. TURNER, S. 19, 37; ferner SIEHR, Kulturgüter in Friedens- und Freundschaftsverträgen, S. 707 f.). A.M. JENSCHKE, S. 225 f., der eine *restitution in kind* nur dort angewendet haben will, wo Kulturgüter der Restitution unterliegen, diese aber unmöglich geworden ist. Zur sog. «kompensatorischen Restitution» Russlands gegenüber Deutschland im Streit um Beutekunst vgl. GATTINI, S. 78; JENSCHKE, S. 233 ff.; SYSSOEVA, S. 67 ff., und SIEHR, Kulturgüter in Friedens- und Freundschaftsverträgen, S. 703 f.

ein «verlorenes» Kulturgut durch ein anderes ersetzt, was aus Sicht des Kulturgüterschutzes problematisch ist, da ein Kulturgut meist einmalig und unersetzlich ist. Anderseits wird so immerhin versucht, über den finanziellen Wert hinaus auch den kulturellen Wert zu ersetzen, wobei sich immer die schwierige Frage der Gleichwertigkeit stellt. Im Unterschied zur *restitution in kind* existieren die fraglichen Kulturgüter beim vorliegenden Prinzip des billigen Ausgleichs nach wie vor, bloss sind sie im Besitz eines anderen Staates. Es geht also hier nicht um Wiedergutmachung einer unrechtmässigen Zerstörung, sondern um das Abfedern einer an sich rechtlich korrekten Zuordnung.

2. Archivspezifische Prinzipien

Im Unterschied zu den Kulturgütern werden die Archive in den Sukzessionsverträgen meist als Kategorie sui generis der Vermögenswerte erkannt.[1230] Sie erfahren dadurch eine eigene, vom übrigen Vermögen verschiedene rechtliche Behandlung. Diese Sonderbehandlung rechtfertigt sich durch den besonderen Charakter von Archiven und basiert auf Prinzipien, die diese berücksichtigen.[1231] Die jüngste Praxis in Europa Ende des letzten Jahrhunderts bestätigt die Unterscheidung zwischen Kulturgütern im engeren Sinne und Archiven. Im Falle der Auflösung der Tschechoslowakei wie bei der Sukzession der Sowjetunion und von Jugoslawien wurden die Archive in gesonderten Normen oder eigenen Verträgen behandelt.[1232]

Die Lehre hat aus der Praxis mehr oder weniger einheitlich folgende archivspezifische Prinzipien entwickelt:

a. Provenienzprinzip

Das völkerrechtliche Provenienzprinzip[1233] bezieht sich auf die Zuordnung historischer Archive und basiert auf dem gleichnamigen archivalischen Ordnungsprinzip, wonach Archivkörper derselben Herkunft nicht mit denen einer anderen

---

[1230] Vgl. vorne bei Fn. 1052.

[1231] Vgl. Fitschen, Rechtliches Schicksal, S. 333 Ziff. 10; Silagi, Staatsuntergang und Staatennachfolge, S. 287; Poeggel/Meissner, S. 126 ff. Vgl. hierzu auch UNESCO Doc. 20 C/102, S. Ziff. 9 und 12, und Kecskemeti, Les contentieux archivistiques, S. 7 ff.

[1232] Vgl. das «Abkommen über die Rechtsnachfolge in bezug auf Staatsarchive der ehemaligen UdSSR» vom 6. Juli 1992 sowie Annex D des Sukzessionsabkommens vom 29. Juni 2001 der fünf Nachfolgestaaten des ehemaligen Jugoslawien. Vgl. dazu vorne, S. 221 ff.

[1233] Das Provenienzprinzip wird in der völkerrechtlichen Literatur und Praxis auch «Grundsatz der Respektierung des Gesamtzusammenhangs», *«respect des fonds»*, «Prinzip der Archiveinheit» oder «Prinzip der Integrität und Unteilbarkeit» genannt (vgl. vorne bei Fn. 39).

Herkunft vermengt werden, sondern in dem Zusammenhang verbleiben, in dem sie «erwachsen» sind.[1234]

Die sukzessionsrechtliche Praxis hat diesen Archivgrundsatz bereits im Wiener Frieden von 1866 aufgenommen und immer wieder verwendet, um die sich bei der Staatensukzession stellenden Zuordnungsfragen zu lösen. Allerdings ist sich die sukzessionsrechtliche Lehre über den genauen Inhalt des Provenienzprinzips nicht einig.[1235] Unbestritten ist, dass gemäss dem sukzessionsrechtlichen Provenienzprinzip Archivkörper derselben Behörde nicht auseinander gerissen werden sollen.[1236] Der Archivkörper soll in seiner Gesamtheit entweder dem Abtretungsgebiet oder dem Altstaat zugeschlagen und nicht zwischen ihnen aufgeteilt werden.[1237] Das Teilungsverbot betrifft aber nur den Archivkörper als Einheit einer bestimmten Herkunft. Werden in sich geschlossene Archive in Zentralarchiven aufbewahrt, sind aber nicht dort, sondern bei anderen Behörden erwachsen, so gehören sie provenienzmässig nicht zu den Zentralarchiven.[1238] Sie sind deshalb dem Nachfolgestaat auszuliefern, sofern ihr Entstehungsort auf diesen übergeht. Kommt dem Zentralarchiv im Sinne einer Sammlung kultureller Güter schützenswerte Bedeutung zu, bedarf es anderer kulturgüterspezifischer Grundsätze, um deren Gesamtzusammenhang zu bewahren. Das Provenienzprinzip ist dazu nicht geeignet.[1239]

Damit wird heute eine Aufteilung der geschlossenen Archivbestände auf die von der Staatensukzession betroffenen Staaten nach dem territorialen Betreff übereinstimmend abgelehnt.[1240] Danach werden Dokumente, die inhaltlich auf ein bestimmtes Territorium Bezug nehmen, diesem als Pertinenzen zugerechnet und ohne Rücksicht auf den inneren Registraturzusammenhang aus dem Archiv herausgelöst, um dem betreffenden Gebietsnachfolger übertragen zu werden. Dabei geht nicht nur der Wert eines geschlossenen Archivkörpers, sondern auch der Wert der einzelnen Dokumente verloren, da sie häufig zusammenhanglos zurückbleiben und nicht mehr aussagekräftig sind. Gegen eine Anwendung des

---

1234 Zum archivalischen Provenienzprinzip vgl. vorne S. 10 ff.

1235 Vgl. dazu vorne bei Fn. 48. Zur Entwicklung der archivspezifischen völkerrechtlichen Vertragsnormen vgl. POSNER, Sovereignty on Archives, S. 168 ff.

1236 Vgl. ENGSTLER, S. 234 f.; MEYER-LANDRUT, S. 92 f.; FITSCHEN, Rechtliches Schicksal, S. 335 Ziff. 18.

1237 Vgl. vorne bei Fn. 47.

1238 Vgl. MEYER-LANDRUT, S. 112 f.; TURNER, S. 83.

1239 Etwa damit, dass der Sammlung universaler Rang als Menschheitserbe zukommt und sie vor der Zerstückelung bewahrt bleiben muss (vgl. vorne S. 256 ff.).

1240 Vgl. ENGSTLER, S. 234, 273; FITSCHEN, Rechtliches Schicksal, S. 334 Ziff. 15. Auch das archivalische Betreffsprinzip, auf dem das sukzessionsrechtliche Betreffs- oder Pertinenzprinzip basiert (vgl. dazu vorne S. 10 ff.), gilt als überholt (vgl. ENDERS, S. 98 f.).

Betreffsprinzips spricht auch, dass viele Archivalien nicht nur das abgetretene Gebiete allein betreffen und die Lagerungssysteme territoriale Gesichtspunkte ausser Acht lassen.[1241] Auch ist die Aufteilung der Archivalien nach dem territorialen Betreff praktisch unausführbar, weil die Nachschlagebehelfe den Lagerungssystemen angepasst sind.[1242]

Unproblematisch gestaltet sich die Anwendung des Provenienzprinzips in der Praxis, wenn der Zuständigkeitsbereich von regionalen oder kommunalen Archiven sich mit dem abgetretenen Gebiet deckt. Das Archiv folgt dem abgetretenen Gebiet. Dies gilt auch dann, wenn das Archiv im Zentralarchiv aufbewahrt, jedoch bei den Lokalbehörden gebildet wurde.[1243] Doch was geschieht, wenn im Zuge einer Staatensukzession eine Provinz und damit der Zuständigkeitsbereich eines regionalen Archivs aufgeteilt wird? Wie werden die bei zentralen Behörden erwachsenen Archive verteilt, die das gesamte und damit auch ein abgetretenes Staatsgebiet umfassen? Gemäss dem Provenienzprinzip werden auch sie nicht auseinander gerissen, sondern teilen in ihrer Gesamtheit das rechtliche Schicksal des Provinzhauptortes bzw. verbleiben in den Zentralarchiven des Altstaates.[1244]

Auch wenn das Provenienzprinzip heute gemeinhin als Leitgedanke für die sukzessionsrechtliche Nachfolge in Archive gilt,[1245] konnte es sich in der völkerrechtlichen Praxis nicht vollumfänglich durchsetzen.[1246] Auch hat die Wiener Konvention über Staatsvermögen, Staatsschulden und Staatsarchive bei Staatensukzession von 1983 das Provenienzprinzip nicht aufgenommen, was in der Fachwelt zu starker Kritik geführt hat.[1247] Hingegen wurde es in der neueren Staatenpraxis wieder vermehrt beachtet. So beruft sich das «Abkommen über die Rechtsnachfolge in bezug auf Staatsarchive der ehemaligen UdSSR» vom

---

[1241] Die Lagerung erfolgt vielmehr nach chronologischer oder arithmetischer Folge der Geschäftszahlen, nach Korrespondenten, Materien oder Verhandlungen (vgl. BITTNER, Zwischenstaatliche Verhandlungen, S. 87 f.). Vgl. hierzu auch das Gutachten des Archivbevollmächtigten des deutschösterreichischen Staates zu Artikel 189 des Friedensvertragsentwurfs (AdR, St-Germain, Karton 13, Fasz. III/6).

[1242] Die rigorose Trennung der Archivkörper nach dem Betreffsprinzip war in der Praxis derart zeitintensiv, dass – im Falle der Abtretung von Gebieten Sachsens an Preussen – die Arbeit noch immer nicht abgeschlossen war, als die Gebiete Jahrzehnte später wieder zusammengeführt wurden (anschaulich dazu POSNER, Sovereignty on Archives, S. 172 f.).

[1243] Vgl. vorne bei Fn. 1238.

[1244] Vgl. MEYER-LANDRUT, S. 112; v. SCHORLEMER, S. 328 f.

[1245] Vgl. FITSCHEN, Rechtliches Schicksal, S. 335 Ziff. 18; UNESCO Doc. 20 C/102, Ziff. 23; ENGSTLER, S. 273.

[1246] Zu den Diskussionen anlässlich der Archivzuordnungen nach dem Ersten Weltkrieg vgl. vorne S. 98 ff. Auch die Staatenpraxis im Zusammenhang mit dem Dekolonisationsprozess stützte sich in der Regel nicht auf das Provenienzprinzip ab (vgl. dazu IPSEN, S. 352 Rz. 17).

[1247] Vgl. hierzu vorne bei Fn. 945. Relativierend Silagi, Staatennachfolge und Archive, S. 65.

6. Juli 1992 auf das Prinzip der Integrität und Unteilbarkeit der Staatsarchive des Russischen Reiches und der UdSSR.[1248] Auch beim Abkommen der Nachfolgestaaten des ehemaligen Jugoslawien vom 6. Juli 2001 kam das Provenienzprinzip grundsätzlich zur Anwendung.[1249]

b. Prinzip der funktionellen Pertinenz

Gemäss dem Prinzip der funktionellen Pertinenz sind dem Nachfolgestaat dasjenige Schriftgut zu überlassen,

> *«welches funktional für die Fortführung der Verwaltung des abgetrennten Gebietes notwendig* ist, *damit diese lebensfähig bleibt, die Rechte seiner Bürger schützen und weiter am internationalen Verkehr teilnehmen kann».*[1250]

Die entsprechenden Rechtstitel, Urkunden, Register und andere für die Verwaltungstätigkeit notwendigen Akten sind funktionale Pertinenzen zum abzutretenden Gebiet. Werden im Zuge einer Staatensukzession Gebietsteile eines regionalen oder kommunalen Verwaltungsbereichs vom Hauptort getrennt, gehen daher diejenigen Aktenstücke mit dem abzutretenden Gebiet auf den Nachfolgestaat über, die dieses ausschliesslich oder überwiegend betreffen und für die Aufrechterhaltung der Rechts- und Verwaltungsordnung unumgänglich oder zumindest von praktischer Bedeutung sind.[1251] Bei den überregionalen Archivbeständen und solchen der Zentralbehörden werden möglichst nur Kopien an das abgetretene Gebiet übergeben, um die Integrität dieser Archivbestände nicht zu tangieren.[1252] Im Einzelfall hängt aber der ausgelieferte Archivbestand von den rechtlich-administrativen Gegebenheiten des Altstaates und des betroffenen Gebietes ab.[1253] Auch spielt die Art der Staatensukzession eine Rolle. Im Falle der Abtretung eines wenig bedeutsamen Gebietes wird die Aussonderung notwendiger Verwaltungsakten einfacher zu handhaben sein, als wenn das abgetretene Gebiet einen neuen Staat bildet, der noch über keine Zentralverwaltung verfügt.

1248 Vgl. zum Abkommen vorne bei Fn. 1028.

1249 Vgl. hierzu vorne S. 225.

1250 FITSCHEN, Rechtliches Schicksal, S. 332 f. Ziff. 9. Vgl. auch MEYER-LANDRUT, S. 114; KECSKEMETI, Les contentieux archivistiques, S. 22 und 26 f.

1251 Vgl. DE VISSCHER, S. 271; MEYER-LANDRUT, S. 113 ff.; POSNER, Sovereignty on Archives, S. 171.

1252 Vgl. KECSKEMETI, Les contentieux archivistiques, S. 26. Gemäss FITSCHEN, Rechtliches Schicksal, S. 333 Ziff. 13, sind die Verwaltungsakten dieser Behörden nur dann auszuliefern, wenn deren Tätigkeit territorial entsprechend der neuen Grenzziehung untergliedert war und deren Schriftgut dementsprechend separierbar ist. Anders MEYER-LANDRUT, S. 115, wonach auch die Akten überregionaler und zentraler Behörden herauszugeben sind.

1253 Vgl. zum Folgenden FITSCHEN, Rechtliches Schicksal, S. 334 Ziff. 14, und MEYER-LANDRUT, S. 114.

Gegenstand des Prinzips der funktionalen Pertinenz sind in erster Linie lebende Registraturen. Im Einzelnen können aber auch historische Archive betroffen sein.[1254]

Beim Prinzip der funktionellen Pertinenz handelt es sich um die in Lehre und oftmals auch in der Praxis einzige anerkannte Archivzuordnung nach dem territorialen Betreffprinzip.[1255] Hier wird das Provenienzprinzip von Zweckmässigkeitsgedanken verdrängt. Kulturgüterschutzinteressen werden durch das Prinzip aber in der Regel nicht berührt, weil die lebenden Registraturen, um die es vorliegend ja hauptsächlich geht, genau genommen nicht unter den Begriff «Kulturgut» fallen.[1256]

Praxisbeispiele für die Berücksichtigung des Prinzips der funktionalen Pertinenz gibt es viele, etwa fast alle bilateralen Verträge Österreichs nach dem Ersten Weltkrieg,[1257] die Vereinbarung zwischen Frankreich und Indien von 1954[1258] oder die Sukzessionsvereinbarung der fünf Nachfolgestaaten des ehemaligen Jugoslawien von 2001[1259]. Auch die Wiener Konvention 1983[1260] sowie die Richtlinien und archivalische Grundsätze zur Beilegung von internationalen Konflikten um Archivalien[1261] sehen die Abgabe von Archiven gemäss dem Prinzip der funktionalen Pertinenz vor. Gemäss FITSCHEN gehört das Prinzip zum gesicherten Bestand des Völkergewohnheitsrechts.[1262]

[1254] Das Abkommen der Nachfolgestaaten des ehemaligen Jugoslawien von 2001 sieht beispielsweise ausdrücklich vor, dass *«current and archival records»* aufgeteilt werden müssen (Art. 3 Annex D; vgl. vorne S. 225).

[1255] Im Übrigen gilt auch für die lebenden Registraturkörper das Provenienzprinzip (vgl. MEYER-LANDRUT, S. 113 f.).

[1256] Vgl. vorne S. 9 f.

[1257] Z.B. das Prager Übereinkommen vom 18. Mai 1920 zwischen Österreich und der Tschechoslowakei (Teil I. Kapitel A. Ziff. 1; vgl. vorne S. 133). Die zur Fortführung der Administration notwendigen und daher abzugebenden Bestände wurden vielfach nicht im Detail ausgehandelt. Stattdessen wurden der Einfachheit halber und für den Nachfolgestaat in einer grosszügigen Weise sämtliche Archive bis zu einem bestimmten Zeitpunkt zurück berücksichtigt.

[1258] Agreement Between India and France for the Settlement of the Question of the Future of the French Establishments in India vom 21. Oktober 1954. Der französische Text ist abgedruckt in: AFDI 2 (1955), S. 703 ff. Der englische Text findet sich in United Nations, Materials on Succession of States, UN Doc. ST/LEG/SER.B/17, S. 80 ff. Vgl. dazu FITSCHEN, Rechtliches Schicksal, S. 254 f.; v. SCHORLEMER, S. 331.

[1259] Art. 3 Annex D. Vgl. dazu vorne S. 225.

[1260] Art. 27 Ziff. 2 lit. a, Art. 28 Ziff. 1 lit. b, Art. 30 Ziff. 1 lit. a, Art. 31 Ziff. 1 lit. a WK 83. Vgl. dazu vorne S. 206 f.

[1261] Ziff. 24. Vgl. dazu vorne S. 235.

[1262] Vgl. FITSCHEN, Rechtliches Schicksal, S. 290. Vgl. ferner MENON, S. 47.

c. Prinzip der gemeinsamen Beteiligung und Prinzip des gemeinsamen Kulturerbes

Bei einer Staatensukzession sehen sich die betroffenen Staaten häufig mit der Tatsache konfrontiert, dass die historischen Archive zwar einem Staat zugeordnet werden müssen, um den wissenschaftlich-historischen Wert des Archivs nicht durch Teilung zu beeinträchtigen, sich sein Inhalt aber nicht auf die Geschichte dieses Staates beschränkt, sondern Zeugnis einer gemeinsamen Geschichte ist.[1263] Dabei handelt es sich meist um Archivgruppen, die zugleich Teil des nationalen Erbes mehrerer betroffener Staaten sind. Ein Beispiel sind die Archivbestände der österreichisch-ungarischen Zentralbehörden in Wien, die eine jahrhundertelange gemeinsame Geschichte der beiden Staaten dokumentieren. Aber auch dort, wo die historischen Archive in das Kulturerbe nur eines Staates fallen, kann ein anderer betroffener Staat berechtigte Interesses an diesen Beständen haben.

Die Staatenpraxis berücksichtigt das legitime Interesse des anderen Staates regelmässig in unterschiedlicher Form. So wurden ihnen mehr oder weniger umfangreiche und privilegierte Zugangs-, Nutzungs- und Kopierrechte an diesen Archiven eingeräumt.[1264] Zum Beispiel hatte die Tschechoslowakei nicht nur freien Zutritt zu den Wiener Zentralarchiven und durfte diese uneingeschränkt benützen und ausleihen, sondern war auch dazu berechtigt worden, Archivdelegierte zu entsenden, um das die Tschechoslowakei ebenso betreffende Archivmaterial zu benutzen.[1265]

Solche Beteiligungsmodelle sind dazu geeignet, die Eigentumsfrage an den Archiven zu entschärfen. Gerade die technische Entwicklung der Reproduktionsmöglichkeiten wie zum Beispiel die Mikroverfilmung hat den Austausch von Archiven erleichtert.[1266]

Eine noch stärkere Form, den anderen Staat an den «gemeinsamen» Archivbeständen partizipieren zu lassen, ist deren Deklaration als gemeinsames Kulturerbe *(patrimoine commun)*.[1267] Auch wenn es sich de iure nicht um Miteigentum handelt, wird den Interessen des nichtbesitzenden Staates in Form dieses kulturellen oder geistigen «Miteigentums» Rechnung getragen. Die besondere

---

1263 Vgl. FITSCHEN, Rechtliches Schicksal, S. 334 Ziff. 17 f.

1264 Darunter fallen sämtliche Reproduktionsmöglichkeiten, von der einfachen Abschrift bis zu den Mikroverfilmungen. Vgl. SCHWEISFURTH, Recht der Staatensukzession, S. 227; FITSCHEN, Rechtliches Schicksal, S. 335 f. Ziff. 20; POSNER, Sovereignty on Archives, S. 171. Vgl. auch die Vorschläge bei KECSKEMETI, Les contentieux archivistiques, S. 29 f.

1265 Vgl. Kapitel B. und D. des Prager Übereinkommens vom 18. Mai 1920 zwischen Österreich und der Tschechoslowakei. Vgl. dazu vorne bei Fn. 646.

1266 Zur Einschätzung des technischen Fortschritts für die Archivzuordnung in der Literatur vgl. vorne Fn. 16.

1267 Vgl. KECSKEMETI, Les contentieux archivistiques, S. 27.

Leistung dieses Prinzips besteht einerseits in der Anerkennung eines überstaatlichen bzw. übernationalen Kulturerbes und andererseits in der Akzeptanz des kulturellen Interesses und Informationsbedürfnisses eines Staates an den ausserhalb seines staatlichen Hoheitsgebietes befindlichen Archivalien.[1268]

Österreich und Ungarn, um auf das obige Beispiel der ehemaligen Reichshälften der Habsburgermonarchie zurückzukommen, erklärten in Anerkennung des archivalischen Provenienzprinzips die nicht teilbaren Archivbestände der ehemals gemeinsamen Behörden vom Jahre 1526 bis 1918 zum kulturell gemeinsamen Eigentum beider Staaten. Diese Bestände sind bis heute ungeteilt in Wien geblieben und dürfen nicht veräussert werden.[1269] Ansonsten wurde das Prinzip in der Staatenpraxis ausgesprochen selten angewandt.[1270]

Die UNESCO hat das Prinzip des gemeinsamen Kulturerbes in die von ihr ausgearbeiteten Richtlinien und archivalischen Grundsätze zur Beilegung von internationalen Konflikten um Archivalien aufgenommen.[1271] Auch sind sie knapp vier Jahre später in den ebenfalls von der UNESCO erstellten Bericht über Musterverträge eingeflossen.[1272]

Wenig später wurde anlässlich der Staatenkonferenz zur Wiener Konvention 1983 das Konzept des gemeinsamen Kulturerbes auf Vorschlag der Schweizer Delegation diskutiert. In der Abstimmung blieb der Vorschlag aufgrund des Widerstandes der Entwicklungsländer jedoch ohne Chance.[1273]

Trotzdem haben die Nachfolgestaaten Jugoslawiens das Institut des gemeinsamen Kulturerbes in ihrem Sukzessionsvertrag von 2001 miteingeschlossen, wenn auch nur für den Fall, dass sie sich über eine angemessene Aufteilung von bestimmten Archiven nicht einigen können.[1274]

[1268] Vgl. Ress, S. 269; Silagi, Internationale Regelungen, S. 320. Vgl. ferner Fitschen, Rechtliches Schicksal, S. 334 f. Ziff. 17.

[1269] Vgl. Ziffer I. Satz 2 des österreichisch-ungarischen Archivübereinkommens von Baden vom 28. Mai 1926 (vgl. vorne bei Fn. 812). Entsprechend seinem Eigentumsanteil ist Ungarn dazu berechtigt worden, diese Archive und Registraturen mittels Archivdelegierter permanent zu benutzen und auszuleihen (vgl. Ziffer III. bis VII.).

[1270] Vgl. Fitschen, Rechtliches Schicksal, S. 336 Ziff. 20, und Ress, S. 266.

[1271] Vgl. UNESCO Doc. 20 C/102, Ziff. 25. Vgl. hierzu vorne S. 235.

[1272] Kecskeméti/van Laar, Modèles Bilatéraux et Multilatéraux. Das Dokument differenziert zwischen *«archives en copropriété»*, die im gemeinschaftlichen Eigentum der betroffenen Staaten stehen, und dem *«patrimoine archivistique commun proprement»*, die im alleinigen Eigentum eines Staates sind, wogegen die anderen Staaten bestimmte Zugangs- und Nutzungsrechte (Kecskeméti/van Laar, Modèles Bilatéraux et Multilatéraux, S. 16 Ziff. 3.1.1). Vgl. auch vorne S. 237 ff.

[1273] Vgl. dazu vorne bei Fn. 932.

[1274] Vgl. Art. 6 (a) Annex D des Sukzessionsvertrages von 2001. Vgl. vorne S. 225.

3. Gemeinsame Prinzipien

Die folgenden Prinzipien sind nicht spezifisch auf Kulturgüter und Archive ausgerichtet, haben sich aber grundsätzlich im Sukzessionsrecht etabliert und wirken sich daher auch auf Kulturgüter und Archive aus.

a. Prinzip des präventiven Schutzes

Die Staatenpraxis zeigt, dass die juristische Aufarbeitung einer Staatensukzession oft erst Jahre nach der effektiven Staatensukzession erfolgt.[1275] Bis zur definitiven Klärung der Rechtsverhältnisse ist darum ein von der Sukzession betroffener Staat gehalten, die in seinem Besitz befindlichen Kulturgüter und Archive, an denen der Vorgängerstaat bzw. die Nachfolgestaaten ein Interesse haben könnten, im gegenwärtigen Zustand zu belassen und nicht zu verschieben, zu beschädigen, zu zerstören oder anderswie in ihrem Wert zu mindern.[1276] Diese Pflicht ist Inhalt des Prinzips des präventiven Schutzes. Anders als beim verwandten Prinzip der territorialen Herkunft geht es hier um den Schutz der Substanz und nicht um denjenigen der kulturellen Bindung.[1277] Auch wahrt es nicht die besonderen Interessen des Kulturgüterschutzes, sondern hat die Aufrechterhaltung des gesamten von der Staatensukzession tangierten Staatsvermögens zugunsten aller Nachfolgestaaten zum Zweck. Es handelt sich darum auch nicht um ein kulturgüterspezifisches Prinzip.

Allgemeine völkerrechtliche Normen, die die Staaten zur Einhaltung dieses Prinzips verpflichten würden, gibt es heute nur bedingt. So kommt die Schutzklausel von Art. 18 des Wiener Übereinkommens über das Recht der Verträge von 1969 nur dann zur Anwendung, wenn der Vertragstext bereits festgelegt, aber noch nicht in Kraft getreten ist.[1278] Die Wiener Konvention 1983, die in Art. 13 und 26 für Staatsvermögen und Staatsarchive je eine entsprechende Schutzpflicht des Altstaates vorgesehen hat, ist nicht in Kraft getreten.[1279] Auch der Hinweis auf

---

1275 So etwa der jugoslawische Sukzessionsvertrag, der erst im Jahre 2001 unterzeichnet wurde, nachdem der Prozess der Dismembration des ehemaligen Jugoslawiens bereits am 27. April 1992 abgeschlossen war. Vgl. dazu Opinion Nr. 11 der Badinter-Kommission (ILM 32 [1993], S. 1589) und die Sukzessionsdatentabelle bei Stanič, S. 756.

1276 Vgl. Silagi, Staatsuntergang und Staatennachfolge, S. 231 ff., der die Zeit um das Datum der Staatensukzession *«période suspecte»* bezeichnet.

1277 Vgl. v. Schorlemer, S. 332.

1278 Vgl. Fitschen, Rechtliches Schicksal, S. 286; v. Schorlemer, S. 335. Zum Wiener Übereinkommen 1969 vgl. vorne Fn. 881.

1279 Der Zeitpunkt, von dem an der Schutz gelten sollte, war anlässlich der Staatenkonferenz in Wien umstritten. Zur Debatte standen der Zeitpunkt der Staatensukzession, die Zeit davor oder erst der Zeitpunkt des Abschlusses eines Sukzessionsvertrages (vgl. Silagi, Staatsuntergang und Staatennachfolge, S. 235 f.; Fitschen, Rechtliches Schicksal, S. 286 f.). Zu Art. 13 und 26 vgl. auch Seidl-Hohenveldern, Wiener Übereinkommen, S. 179, und Nathan, S. 502.

den allgemeinen völkerrechtlichen Grundsatz von Treu und Glauben *(bona fide)*, von dem sich das Prinzip des präventiven Schutzes ableiten dürfte,[1280] führt nicht weiter. Denn solange keine allgemeine sukzessionsrechtliche Pflicht besteht, Kulturgüter oder Archive auf den Nachfolgestaat zu übergeben, ist auch die Anwendung des Prinzips für die Staaten nicht verbindlich.[1281]

Dagegen haben einzelne Staaten in ihren Sukzessionsverträgen eine Schutzpflicht aufgenommen, um wenigstens vom Vertragsabschluss an bis zur Übergabe das Vermögen vor Verlust oder Schaden zu schützen. Ein Beispiel aus der jüngeren Staatenpraxis findet sich in Art. 2 des Sukzessionsvertrages der fünf Nachfolgestaaten des ehemaligen Jugoslawiens von 2001.[1282]

b. Prinzip des Anspruchs auf Eintritt in Vertragsverhandlungen

Das Prinzip beschreibt die Pflicht und das Recht eines Staates, im Falle einer Staatensukzession mit den anderen betroffenen Staaten über die Zuordnung von Vermögensgütern in guten Treuen zu verhandeln und eine gerechte Einigung herbeizuführen.[1283] Im Hinblick auf Kulturgüter und Archive bezweckt das Prinzip, die kulturellen Bindungen zu den abgetretenen Gebieten zu schützen und wiederherzustellen und die entsprechenden Interessen der betroffenen Staaten zu befriedigen. Das auf den ersten Blick bescheidene Gebot der Verhandlung erscheint in einem ganz anderen Licht, hält man sich die erheblichen politischen Spannungen oder militärischen Aggressionen vor Augen, die Sukzessionen häufig hervorrufen und einen für einvernehmliche Lösungen schwer fruchtbaren Boden bilden.[1284] Die weitgehend unproblematisch und einvernehmlich gelöste Dismembration der Tschechoslowakei stellt daher nach wie vor eine Ausnahme dar. Demgegenüber ist es wichtig, dass schnell eine Lösung gefunden wird, an-

---

1280 Vgl. v. SCHORLEMER, S. 333; SEIDL-HOHENVELDERN, Wiener Übereinkommen, S. 179; FITSCHEN, Rechtliches Schicksal, S. 286 f. Andere Theorien vor allem in Anlehnung an das Privatrecht werden ebenfalls immer wieder zur Begründung der Schutzpflicht ins Feld geführt (vgl. z. B. FIEDLER, Entwicklungslinien, S. 153 f., zur Übernahme des privatrechtlichen Instituts der *communio incidens* in das Völkerrecht mit Bezug auf zwei Beschlüsse des Obersten Gerichtshofes Österreichs im Zusammenhang mit der Aufteilung von Vermögenswerten, die die Nationalbank des ehemaligen Jugoslawien durch Banken in Österreich angelegt hatte). Weitere Theorien bei TURNER, S. 87.

1281 Vgl. v. SCHORLEMER, S. 333; SILAGI, Staatsuntergang und Staatennachfolge, S. 236.

1282 Vgl. dazu STAHN, S. 384, wonach diese allgemeine Regel besonders im Hinblick auf den Schutz des Kulturerbes der einzelnen Nachfolgestaaten vereinbart wurde. Vgl. auch die Bemühungen des Institut de Droit International, das mit Art. 5 der Resolution 2001 über die Sukzession in Bezug auf Vermögen und Schulden das Prinzip ebenfalls aufgenommen hat (zur Resolution 2001 vgl. vorne S. 242 ff.).

1283 Vgl. SCHWEISFURTH, Recht der Staatensukzession, S. 224, im Zusammenhang mit dem Schicksal bilateraler Verträge.

1284 Vgl. FIEDLER, Entwicklungslinien, S. 152; OETER, S. 75.

sonsten die Streitfragen als Konfliktherde die zwischenstaatlichen Beziehungen nachhaltig stören.[1285]

Seitdem klar geworden ist, dass die Wiener Konvention 1983 wohl nie in Kraft treten wird und die Entstehung und Formulierung verbindlicher generell-abstrakter Regeln für Fragen der Staatensukzession von vielen Autoren als unwahrscheinlich erachtet wird, hat die Stellung des Prinzips in der völkerrechtlichen Diskussion an Bedeutung gewonnen.[1286] Die Staaten kommen nicht darum herum, einen Konsens in diesen Fragen zu erzielen. Auch internationale Organisationen sowie Fach- und Beratungskommissionen heben wiederholt die Tatsache hervor, dass die Fragen im Zusammenhang mit der Staatensukzession nur über den Weg eines Vertragsabschlusses gelöst werden können. Beispielsweise wurde im UNESCO-Bericht von 1978 über Archive bei Staatensukzession vermerkt, dass die Zuordnungsfragen im Wesentlichen mittels Verhandlungen und bi- oder multilateraler Verträge zwischen den beteiligten Staaten gelöst werden müssen.[1287] Die Badinter-Kommission hat wohl in Anbetracht dessen, dass Serbien und Montenegro anfänglich ihre Kooperation für die Lösung der Sukzessionsfragen verweigerten, in Opinion Nr. 9 als *«fundamental rule»* festgehalten, dass die Nachfolgestaaten Jugoslawiens alle Aspekte der Sukzession mittels Vereinbarung zu regeln hätten und dabei versuchen müssten, ein gerechtes Verhandlungsergebnis zu erzielen.[1288] Auch das Institut de Droit International hat in Art. 6 und 10 seiner Resolution 2001 festgelegt, dass die betroffenen Staaten das Vermögen und die Schulden nach Treu und Glauben und auf dem Weg einer Vereinbarung unter sich aufteilen sollen.[1289] Das Prinzip des Anspruchs auf Eintritt in Vertragsverhandlungen dürfte zu denjenigen Prinzipien gehören, die, zumindest in Bezug auf Archive, nahe an der Schwelle zum Völkergewohnheitsrecht stehen.

Haben sich die Staaten über die Grundsätze der Zuordnung geeinigt, werden häufig gemeinsame Fachkommissionen, Experten oder andere Kompetenz-

---

[1285] Ein Beispiel für gescheiterte Verhandlungs- bzw. Einigungsversuche in Archivfragen ist der bis zum Untergang von Jugoslawien ungelöst gebliebene Konflikt zwischen Österreich und Jugoslawien im Anschluss nach dem Ersten Weltkrieg.

[1286] Vgl. z. B. Reinisch/Hafner, S. 47 ff.; Stahn, S. 383 f. Kritisch de Visscher, S. 288, wonach es nicht zu empfehlen sei, solche Verhandlungen aufzuzwingen bzw. ihren konkreten Inhalt vorzuschreiben.

[1287] Vgl. UNESCO Doc. 20 C/102, Ziff. 19. Vgl. auch Kecskeméti/van Laar, Modèles Bilatéraux et Multilatéraux Ziff. 1.3–1.7, 2.1 (vgl. hierzu oben bei Fn. 1105).

[1288] Vgl. Opinion Nr. 9 (ILM 31 [1992], S. 1525). Die Kommission hat diese Aussage in Nr. 12 (ILM 32 [1993], S. 1589–1591) und Nr. 14 (ILM 32 [1993], S. 1593–1595) wiederholt. Zur Badinter-Kommission vgl. vorne S. 239 ff.

[1289] Zur Resolution 2001 vgl. vorne S. 242 ff.

zentren für den Vollzug des Abkommens hinzugezogen.[1290] Auch sehen die Vereinbarungen häufig in Schiedsklauseln ein geregeltes Streitbeilegungsverfahren (Eskalation) vor.[1291]

Die Badinter-Kommission wie auch das Institut de Droit International haben sich aber auch mit der Frage beschäftigt, was geschehen soll, wenn eine Vereinbarung nicht erzielt werden kann, weil ein Staat nicht kooperiert und nicht bereit ist, Sukzessionsverhandlungen nach guten Treuen zu führen.[1292] Wiederum in Opinion Nr. 9 hielt die Badinter-Kommission für diesen Fall fest, dass die betroffenen Staaten alle Konflikte friedlich lösen mussen, für die keine Vereinbarung *«in line with the principle laid down in the United Nations Charter»* erzielt werden konnte. Die Kommission zählt darüber hinaus auch die möglichen Verfahren auf, wie sie in Art. 33 der UN-Charta aufgeführt sind[1293]: Untersuchung, Vermittlung, Vergleich, Schiedsspruch oder gerichtliche Entscheidung.[1294] Konkreter noch schreibt das Institut de Droit International in seiner Resolution von 2001 vor, dass die Staaten ein Schlichtungsverfahren mit einer Kommission unabhängiger Experten entwerfen sollen (Art. 10 Abs. 6). Widersetzt sich ein Staat der Kooperation, so die Badinter-Kommission weiter in Opinion Nr. 12, stellt dies einen Verstoss gegen die Mitwirkungspflichten dar, und zwar mit allen völker-

---

[1290] Z.B. verweist Artikel 4 des Sukzessionsvertrages der Nachfolgestaaten Jugoslawiens von 2001 auf ein *«Standing Joint Committee of Senior representatives of each successor State, who may be assisted by experts»*. Die Mitglieder der Gemeinschaft Unabhängiger Staaten (GUS) mussten gemäss Artikel 2 des Abkommens über die Rückführung von Gütern kulturellen und historischen Wertes an ihr Ursprungsland vom 14. Februar 1992 eine *«intergovernmental commission»* gründen.

[1291] Vgl. wiederum den Sukzessionsvertrag der Nachfolgestaaten Jugoslawiens von 2001 (Art. 5). Bereits nach dem Ersten Weltkrieg griffen Österreich und die Alliierten mehrmals auf Schiedsinstanzen zurück. So beispielsweise das Justizkomittee gemäss Art. 195 St-Germain (vgl. vorne S. 113 ff.); die Schiedsvereinbarungen von 1923 und 1930 zwischen Österreich und Ungarn sowie das im Rahmen eines solchen Schiedsverfahrens vereinbarte Übereinkommen vom 27. November 1932 betreffend museale und Bibliotheksbestände und dessen Artikel III. Abs. 3, wonach ein von beiden Regierungen ausgewählter wissenschaftlicher Sachverständiger über die Zugehörigkeit zu Ungarns *patrimoine intellectuel* entscheiden soll, sofern sich die Parteien nicht einigen können (zu den einzelnen Abkommen zwischen Österreich und Ungarn vgl. vorne S. 177 ff.).

[1292] Vgl. dazu auch DEGAN, State Succession, S. 185 ff.

[1293] Vgl. DEGAN, State Succession, S. 186.

[1294] Vgl. Opinion Nr. 9 Ziff. 4 (ILM 31 [1992], S. 1524 f.). Beispielsweise war die durch die Europäische Gemeinschaft eingesetzte Badinter-Kommission eine Schlichtungskommission. Sie hatte keine Entscheidungskompetenz, doch wurde ihren Stellungnahmen gemeinhin grosse Bedeutung beigemessen. Schliesslich war das jugoslawische Sukzessionsübereinkommen von 2001 unter der Schirmherrschaft des Sondervermittlers, Sir Arthur Watts, verhandelt worden (vgl. Introduction Note to Agreement on Succession Issues between the Five Successor States of the Former State of Yugoslavia, abgedruckt in: ILM 41 [2002], S. 1).

rechtlichen Konsequenzen.[1295] Dies setzt aber voraus, dass das Prinzip des Anspruchs auf Eintritt in Verhandlungen rechtsverbindlich ist, was jedoch umstritten ist.[1296] Auch hier gilt, dass, solange keine verbindlichen Zuordnungsnormen bestehen, keine Partei zur Verhandlung verpflichtet werden kann.[1297] Die genannten Kooperationsmöglichkeiten verlangen darum stets einvernehmliches Handeln aller betroffenen Staaten.[1298]

Unabhängig davon, ob Verbindlichkeit besteht oder nicht, ist jedoch die Ansicht der Badinter-Kommission zu teilen, wonach die übrigen, kooperationswilligen Staaten ein Abkommen unter sich erzielen sollen. Auch wenn dieses Abkommen für den nicht kooperierenden Staat keine Wirkung erzielt, sind Drittstaaten gehalten, Massnahmen zum Schutz der in ihrem Territorium befindlichen Vermögensgüter zu treffen.[1299]

Die Vergangenheit hat aber gezeigt, dass zumeist kein Weg an einer einvernehmlichen Lösung der Sukzession vorbeiführt. Die Bereitschaft der Staaten, sich mit den anderen Sukzessionsstaaten an einen Tisch zu setzen, variiert jedoch erheblich und ist stark von den politischen Rahmenbedingungen abhängig, wie etwa das Beispiel von Serbien und Montenegro zeigt, die nur unter hohem internationalem und militärischem Druck ihre Obstruktionspolitik aufgegeben haben.[1300] Dass die Staaten in der Praxis über die Sukzession zu verhandeln bereit sind, heisst aber nicht, dass sie auch jedes Mal kulturgüter- bzw. archivspezifische Regelungen treffen bzw. über diese Gegenstände überhaupt verhandeln. Die Übergangsabkommen zwischen Kolonialstaat und -macht hatten nur selten Archive und fast nie Kulturgüter zum Inhalt.[1301] Auch kann der Abschluss eines Übereinkommens lediglich die rechtliche Sanktionierung einer faktischen Herrschaft über Gegenstände bedeuten, wie dies etwa dem Archivabkommen der GUS-Staaten nachgesagt wird.[1302] Ähnlich unbefriedigend, weil ungelöst, ist die Situation bezüglich Kulturgüter nach dem Untergang der Sowjetunion. Das Agreement on the return of items of cultural and historical value to their states of

---

1295 Namentlich *«non-forcible countermeasures»*, Opinion Nr. 12 Ziff. 2 (ILM 32 [1993], S. 1590). Kritisch dazu FIEDLER, Entwicklungslinien, S. 152 f.

1296 Vgl. CZAPLINSKI, Equity, S. 70. FITSCHEN, Rechtliches Schicksal, S. 333 Ziff. 10, bejaht eine solche Rechtspflicht bezüglich Archiven.

1297 Vgl. hierzu CZAPLINSKI, Equity, S. 70; OETER, S. 75.

1298 Vgl. FIEDLER, Entwicklungslinien, S. 151.

1299 Vgl. Opinion Nr. 12 (ILM 32 [1993], S. 1591). Vgl. auch DEGAN, State Succession, S. 187 f.

1300 Vgl. OETER, S. 74 f.; STAHN, S. 379 f.

1301 Vgl. WALTER, S. 123 f.; TURNER, S. 95; v. SCHORLEMER, S. 334 und 336.

1302 Vgl. dazu SILAGI, Eigentumsproblematik, S. 166 f.

origin from 14th February 1992 hat das Parlament der Russischen Föderation nicht genehmigt.[1303]

c. Prinzip des entschädigungslosen Übergangs

Basierend auf der Staatenpraxis geht die Literatur mehrheitlich vom entschädigungslosen Übergang des Vermögens auf die Nachfolgestaaten aus.[1304] Es besteht aber die Tendenz, das Prinzip im Fall von bedeutenden Ungleichheiten einzuschränken und dem das Vermögen erhaltenden Staat Kompensationen aufzuerlegen. Hierzu passt die Empfehlung der Badinter-Kommission, die Aufteilung des Vermögens und der Schulden insgesamt nach Billigkeit zu beurteilen.[1305]

§ 5 Fazit

Nach dieser Darstellung des modernen allgemeinen Sukzessionsrechts mag das Ergebnis auf den ersten Blick ernüchternd ausfallen. Verbindliche allgemein-abstrakte völkerrechtliche Zuordnungsregeln zu beweglichen Kulturgütern und Archiven bei Staatensukzession gibt es so gut wie keine. Die Wiener Konvention von 1983 als sog. *multilateral ‹law-making›-treaty* fand überwiegend keine Akzeptanz in der Staatengemeinschaft und dient höchstens als Steinbruch für neue bilaterale oder multilaterale Lösungen. Und für die Bildung von gewohnheitsrechtlichen Regeln fehlt eine einheitliche Praxis und zumeist auch die notwendige *opinio iuris* der Staaten.

Was bleibt, ist ein Fundus an Einzellösungen unter Berücksichtigung der je konkreten Bedürfnisse und Interessen, aus denen die Lehre und internationale Organisationen Prinzipien ableiten.[1306] Letztere gebieten, die unterschiedlichen, insbe-

---

1303 Abkommen über die Rückführung von Gütern kulturellen und historischen Wertes an ihr Ursprungsland vom 14. Februar 1992 (vgl. dazu vorne S. 222 f.).

1304 Vgl. Fischer/Köck, Rz. 315; Menon, S. 39; Fitschen, Rechtliches Schicksal, S. 283. Dailier/Pellet, S. 548 f., bezeichnen das Prinzip als völkergewohnheitsrechtlich, solange *«qu'il n'en soit autrement convenu par les Etats concernés ou décidé par un organe international approprié»*. Vgl. auch UN Doc. A/36/10, S. 27 Ziff. 2, und Art. 11 und 23 der WK 83. Der Entscheid des ILC, das Vermögen bzw. die Archive gemäss WK 83 entschädigungslos übergehen zu lassen, stehen in engem Zusammenhang mit den umfassenden Bemühungen in den Vereinten Nationen, die rechtlichen Wirkungen des Kolonialstatus rückwirkend möglichst zu beseitigen (vgl. Fiedler, Konventionen, S. 33).

1305 Vgl. Opinion Nr. 13 vom 16. Juli 1993 (ILM 32 [1993], S. 1591–1592). Zum Wert des Billigkeitsgebots bei Staatensukzession vgl. Maljean-Dubois, S. 137 ff.

1306 Vgl. auch Fiedler, Rückführung und Schutz, S. 19, wonach der Hinweis darauf, dass es auf den Einzelfall ankomme, nicht die Suche nach generellen rechtlichen Kriterien erspart.

sondere auch kulturgüterrechtlichen Interessen der Sukzessionsparteien bei der Zuordnung eines Kulturgutes gegeneinander abzuwägen. Es ist aber davon auszugehen, dass auch diese Prinzipien für die Staaten unverbindlich sind, auch wenn einige darunter im Begriff sind, zu Völkergewohnheitsrecht zu werden.[1307] Gleichwohl bieten sie eine gute Orientierungshilfe für die Lösung von Einzelfällen, weil sie genügend Spielraum lassen, um den speziellen Umständen eines Falles und insbesondere auch der Eigenart des betreffenden Kulturguts gerecht zu werden. Allerdings passen sie nicht auf jede Situation und bedürfen in der Anwendung meist einer näheren Ausführung durch konkrete Normen.[1308] Welche rechtliche Bedeutung man den kulturgüterrechtlichen Prinzipien bei Staatensukzession auch geben mag, ein Patentrezept zur Lösung des Zuordnungsproblems ist bis heute nicht greifbar. Den Staaten, die von einer Sukzession betroffen sind, bleibt bis auf weiteres nichts anderes übrig, als sich über strittige Fälle in Form von völkerrechtlichen Verträgen zu einigen.[1309]

Diese Feststellung ist per se nicht zu beklagen, doch birgt die Unverbindlichkeit der Prinzipien die Gefahr, dass kulturgüterrechtliche Interessen zu wenig berücksichtigt werden. Bei einer Umbruchsituation, wie sie die Staatensukzession darstellt, müssen politische Entscheidungsträger Kompromisse eingehen, die sich zu Ungunsten von Kulturgütern und Archiven auswirken können.[1310] Es wäre daher wünschbar, dass sich die bestehenden Instrumente zu verbindlichen Normen verdichten würden, um Willkür und Zufall zu verhindern.[1311] Voraussetzung dafür ist, dass die Kulturgüter bei Staatensukzession vermehrt rechtlich als *sui generis* wahrgenommen werden.[1312]

1307 Vgl. ENGSTLER, S. 282.

1308 Vgl. VERDROSS/SIMMA, § 997.

1309 Vgl. FIEDLER, State Succession, S. 648; FITSCHEN, Rechtliches Schicksal, S. 332 f. Ziff. 9.

1310 Vgl. v. SCHORLEMER, S. 313.

1311 Vgl. auch FECHNER, S. 14; ODENDAHL, Kulturgüterschutz, S. 151; BERBER, Bd. 1, S. 254; SCHULZE, S. 113 (v.a. zu den Vorbehalten betreffend die Devolutionsabkommen, d.h. die Übergangsabkommen zwischen Kolonialstaat und -macht).

1312 Vgl. hierzu vorne bei Fn. 1041.

4. Kapitel
Gegenüberstellung

Abschliessend sollen die Ergebnisse der vorangegangenen Untersuchungen einander gegenübergestellt werden. Wie verhält sich die kulturgüterrechtliche Bewältigung des Zerfalls der österreichisch-ungarischen Monarchie in Bezug auf das aktuelle Sukzessionsrecht? Welche Entwicklungen sind seither festzustellen, und in welchem Zusammenhang stehen sie mit den nach dem Ersten Weltkrieg gefundenen Lösungen?

§ 1 Schwierige Rechtslage

Das rechtliche Instrumentarium für die Bewältigung einer Staatensukzession war zu Beginn des 20. Jahrhunderts knapp und kaum ausgelotet. Der ohnehin schon schwierige Fragenkomplex rund um die Staatensukzession wurde durch den Zerfall der österreichisch-ungarischen Monarchie nach dem Ersten Weltkrieg «ins Ungemessene vermehrt»[1313].

Auch knapp hundert Jahre später hat die Rechtslage bei einer Staatensukzession kaum an Klarheit gewonnen. Nach wie vor besteht kein übergeordnetes, allgemeinverbindliches Sukzessionsrecht. Immerhin hat man heute mehr Erfahrung mit konkreten Fällen als zur Zeit des Ersten Weltkrieges, als nur wenige Anwendungsbeispiele bekannt waren, die überdies – abgesehen von Annexionen – nur kleinere Gebietsabtretungen betrafen. Der Natur des Sukzessionsrechts entsprechend wird das Rechtsgebiet dennoch nie zum Tagesgeschäft der Staatenwelt werden. Dies bringt mit sich, dass die Rechtsdogmatik bis heute nicht klar ausgearbeitet ist.

Dieses dünne rechtliche Fundament erschwert die Verhandlungen zwischen den betroffenen Staaten, die heute wie damals dazu gezwungen sind, über sämtliche durch die Sukzession aufgeworfenen Fragen einen Konsens zu finden. Es herrscht ein eigentliches Einigungs- oder zumindest ein Verhandlungsgebot, das im aktuellen Völkerrecht widerspiegelt wird im Prinzip des Anspruchs auf Eintritt in Vertragsverhandlungen. Ein Blick auf die Staatenpraxis zeigt jedoch, dass Staatensukzessionen häufig mit politischen Spannungen und bewaffneten Konflikten einhergehen, was die Lösungsfindung erschwert.

[1313] Vgl. LISZT, S. 273.

Unter diesen Bedingungen sind konstruktive Verhandlungen über Kulturgüter besonders schwierig. Vor allem diejenigen Staaten, auf deren Territorium sich die wertvollsten Kulturgüter des Vorgängerstaates befinden, dürften dazu geneigt sein, die Vertragsverhandlungen zu verweigern und die Vermittlung durch einen Dritten grundsätzlich abzulehnen.

Es konnte sich daher bis heute kein verbindliches Völkerrecht in Bezug auf die Zuordnung von Kulturgütern bei Staatensukzession herausbilden. Lediglich unverbindliche Prinzipien stehen den Staaten zur Verfügung. Es handelt sich dabei um Gebote, die als Richtschnur für die Zuordnung von Kulturgütern und Archiven dienen können und die es im Einzelfall gegen andere, kollidierende Prinzipien abzuwägen gilt. Die im Einzelfall gefundene Lösung ist das Resultat einer Interessenabwägung.

Im Zeitpunkt des Zusammenbruchs der österreichisch-ungarischen Monarchie konnten die betroffenen Staaten auf nichts Vergleichbares zurückgreifen. Auch waren die Rahmenbedingungen der Verhandlungen über den Friedensvertrag von St-Germain komplex und schwierig. Österreich hatte auf die Gestaltung der Normen kaum Einfluss und war bei den anschliessenden, mehrheitlich bilateral abgeschlossenen Ausführungsabkommen zum Teil politischen und wirtschaftlichen Druckversuchen der Verhandlungspartner ausgesetzt. Dennoch sind die Ausführungsabkommen in stärkerem Mass als der Friedensvertrag das Resultat von Kompromissen, die die besonderen Umstände und die Beziehungen zwischen den Staaten berücksichtigen. Sie weichen deswegen verschiedentlich vom Friedensvertrag von St-Germain ab. Von einem einheitlichen, kohärenten Lösungsmodell der sukzessionsrechtlichen Verträge Österreichs mit den Nachfolgestaaten kann also nicht gesprochen werden. Dies muss bei einer Gegenüberstellung damaliger Lösungen mit heutigen Prinzipien mitbedacht werden.

§ 2 Regelungen nach dem Ersten Weltkrieg und die Prinzipien des heutigen Völkerrechts

Die Begriffe Kulturgut wie Archiv werden in der völkerrechtlichen Praxis unterschiedlich benutzt; ein allgemein anerkannter völkervertragsrechtlicher Kulturgut- oder Archivbegriff fehlt. Archivgut gilt dann als Kulturgut, wenn ihm historischer, künstlerischer, wissenschaftlicher oder sonstiger kultureller Wert zukommt. Sein ursprünglicher administrativer Gebrauchszweck tritt dann in den Hintergrund. Dies trifft auf die sog. historischen Archive zu, nicht aber auf Registraturen oder sog. laufende Akten. Die Unterscheidung von Registratur- und Archivgut ist daher aus kulturgüterrechtlicher Sicht von Bedeutung.

Bis zum Ersten Weltkrieg hatte die Zuordnung von laufenden Akten eine lange Tradition, weshalb die Vertragsparteien für deren Zuordnung bereits bestehende archivwissenschaftliche Grundsätze heranziehen konnten. Dagegen gab es noch kaum eine Staatenpraxis, die Kulturgüter bei Staatensukzession als eigene Rechtsmaterie den betroffenen Staaten zugeordnet hätte. Auch historische Archive wurden nur wenige Jahre zuvor erstmals explizit in einer zwischenstaatlichen Vereinbarung erwähnt.

Anders die Sukzessionsbestimmungen nach dem Zusammenbruch der österreichisch-ungarischen Monarchie. Während der Friedensvertrag von St-Germain das Vermögen grundsätzlich nach dem Territorialprinzip zuordnet, wird dieses im Hinblick auf Kulturgüter und Archive durch Sonderbestimmungen aufgehoben. Sowohl im Friedensvertrag von St-Germain als auch in zahlreichen Ausführungsabkommen wurden Kulturgüter und Archive vom übrigen Vermögen gesondert und teilweise objektgenau behandelt. Ihre geographische Belegenheit zum Zeitpunkt der Staatensukzession war für die Zuordnung nicht ausschlaggebend. Vielmehr berücksichtigen die Vertragsbestimmungen andere, insbesondere kulturgüter- und archivspezifische Interessen der betroffenen Staaten. Aus Sicht des Kulturgüterschutzes ist dieses Vorgehen zu begrüssen, weil nur so ihrem speziellen Charakter Rechnung getragen wird.

Während damals eine Vielzahl von kulturgüterspezifischen Regelungen Eingang in die Verträge fand, fehlen solche heute weitgehend. In den bestehenden sukzessionsrechtlichen Vereinbarungen werden Kulturgüter nicht separat, sondern meist als Teil des beweglichen Vermögens behandelt. Lediglich Archive sind regelmässig Gegenstand von eigenen Sukzessionsbestimmungen bzw. -vereinbarungen.

I. Kulturgüter

Im aktuellen Sukzessionsrecht wird das bewegliche Vermögen, und mit ihm die Kulturgüter, regelmässig proportional, zum Beispiel nach Bevölkerungszahl, oder dann nach dem Territorialprinzip zugeordnet, sodass derjenige Staat das Kulturgut erhält, auf dessen Gebiet es sich im Zeitpunkt der Sukzession befindet. Kulturgüterspezifische Interessen werden so nicht berücksichtigt.

Im Friedensvertrag von St-Germain sowie in den zugehörigen Ausführungsbestimmungen wurden unterschiedliche Kriterien zur Verteilung von Kulturgütern zwischen Österreich und den Nachfolgestaaten herangezogen. So wurden die Kulturgüter demjenigen Territorium zugeordnet, aus dem sie während der Herrschaft des Vorgängerstaates weggebracht worden waren. Dies betraf einerseits Objekte, die während des Ersten Weltkrieges aus den abgetretenen Gebieten entfernt worden waren. Die Alliierten wollten damit Verbringungen von Kulturgütern durch Österreich, die im Zusammenhang mit dem Krieg standen, rückgängig machen. Andererseits waren Objekte betroffen, deren Verbringung weiter zurück lag. In der Regel berücksichtigen die Verträge aber nur Verbringungen ab einem bestimmten Zeitpunkt. Nur selten waren Objekte zurückzuführen, die ganz zu Beginn der gemeinsamen Herrschaft verschoben worden waren.

Die beschriebenen Regelungen entsprechen dem heutigen Prinzip der territorialen Herkunft, wonach das Kulturgut demjenigen Territorium zugeordnet wird, von wo es während der Herrschaft des Vorgängerstaates weggebracht wurde. Es wird meist gegenüber anderen Prinzipien abgewogen und erhält nur selten unbedingten Vorrang gegenüber anderen Prinzipien des Kulturgüterschutzes. Eskaliert eine Staatensukzession zu einem bewaffneten Konflikt, sind die Kulturgüter, da es sich zumindest in der Anfangsphase um bürgerkriegsähnliche Zustände handelt, rechtlich weniger gut vor Wegnahme aus «besetzten» Gebieten geschützt, als dies bei internationalen bewaffneten Konflikten der Fall ist. In solchen Fällen bedeutet die Anwendung des Prinzips der territorialen Herkunft, dass Kulturgüter, die aus einem «besetzten» Gebiet entfernt wurden, zurückgebracht werden müssen.

Als neuen technischen Begriff führte der Friedensvertrag von St-Germain die Bezeichnung *patrimoine intellectuel* ein, der in den bilateralen Rückgabeverhandlungen zentrale Bedeutung erhielt. Allerdings wurde er nirgends definiert und in der Umsetzung unterschiedlich verstanden. Nur in wenigen Beispielen haben die von einer Sukzession betroffenen Staaten die Kriterien vertraglich festgehalten, über die sie ein Kulturgut als zu ihrem kulturellen Erbe gehörig qualifizierten. Kernpunkt ist die Forderung nach einem besonders engen Verhältnis des fordernden Staates zum betreffenden Kulturgut. Dieses muss aber nicht zwingend über Entstehungsort oder Herkunft entstanden sein, wie es das enge Verständnis des Abkommens zwischen Österreich und Italien vom 4. Mai 1920 verlangt. Vielmehr kann eine territoriale Bindung auch indirekt bestehen, z.B. über den Urheber des Kulturguts.

Dem *patrimoine intellectuel* entspricht im Wesentlichen der heute übliche Begriff Kulturerbe bzw. *culture heritage*. Gemäss der Literatur gehört ein Kulturgut zum Kulturerbe desjenigen Gebietes, das bzw. dessen Bevölkerung ihm kulturellen Wert und damit eine kulturelle Bindung verleiht. Damals wie heute muss aus völkerrechtlicher Sicht das Subjekt der Zuordnung ein Staat sein. Wird nun ein Gebiet mitsamt dem dort lebenden Kulturträger, also der Bevölkerung, vom Altstaat getrennt, lässt sich jedoch die Fiktion einer Gleichordnung von Kulturträger und Staat nicht mehr aufrechterhalten. Weil die Zuordnung zu einem Staat aber zwingend ist, erhält in diesem Fall derjenige Staat das Kulturgut, auf dessen Territorium das betreffende Gebiet liegt. Daraus folgt, dass es im Sukzessionsrecht um das Kulturerbe eines Gebietes und nicht primär um dasjenige eines Staates geht. Im Sukzessionsrecht ist daher zwischen dem Staat als Zuordnungssubjekt des Kulturguts einerseits und dem abzutretenden Gebiet als territorialer Bezugsgrösse des kulturellen Erbes andererseits zu unterscheiden.

Der Erhalt des kulturellen Erbes eines Gebietes vor Ort bei einer Sukzession gehört zu den aktuellen Anliegen des Kulturgüterschutzes. Anhand verschiedener Kriterien versucht die Literatur, kulturelle Bindungen zwischen einem Kulturgut und einem von der Sukzession betroffenen Gebiet zu umschreiben. Die Sukzessionsverträge führen die Kriterien im Normalfall nicht auf, sondern delegieren die Zuordnung zum kulturellen Erbe den jeweiligen Ausführungsabkommen oder lassen sie durch hierzu eigens ernannte Kommissionen oder Sachverständige aushandeln.

Ein Kulturgut kann gleichzeitig zu mehreren Staaten eine kulturelle Bindung aufweisen und damit zum Kulturerbe mehrerer Staaten gehören. Dies kommt bei älteren Kulturgütern oder bei solchen von überregionaler oder internationaler Bedeutung vor. Geradezu unmöglich wird die Zuweisung an ein einziges Kulturerbe dort, wo die Nachfolgegebiete jahrzehnte- oder gar jahrhundertelang unter einem Staat vereint waren. Während in der aktuellen Staatenpraxis kaum Beispiele von gemeinsamem Kulturerbe zweier Staaten bekannt sind, gehörten bestimmte Kulturgüter der Habsburgersammlungen gleichzeitig zum *patrimoine intellectuel* Österreichs und Ungarns, wie dies die beiden Staaten im Übereinkommen von Venedig vom 27. November 1932 betreffend museale und Bibliotheksbestände festlegten. Sie gehören kulturell beiden Staaten, verblieben als Teil der Wiener Sammlungen in Österreich und wurden mit einem Veräusserungsverbot belegt. So konnte man der langen gemeinsamen Geschichte unter habsburgischer Herrschaft Rechnung tragen. Ungarn erhielt neben diesbezüglichen Sonderrechten auch andere Kunstwerke, die seinen kulturellen Bedürfnissen entgegenkamen. Letzteres Vorgehen entspricht dem heutigen Prinzip des billigen Ausgleichs, das als Korrektiv fungieren kann, wenn die Zuordnung gemäss den anderen Prinzipien zu ungerechten oder unbefriedigenden Ergebnissen führt.

Das Prinzip des Erhalts des kulturellen Erbes wird dann durchbrochen, wenn ein Kulturgut zu einer Sammlung von internationalem Rang gehört, die ihrerseits einen eigenen hohen kulturellen Wert darstellt. Man spricht dann vom Prinzip des Erhalts kultureller Sammlungen von internationalem Rang. Das betroffene Kulturgut verbleibt am Aufbewahrungsort der Sammlung und wird demjenigen Staat zugeordnet, in dessen Gebiet sich diese befindet. Dabei spielt es keine Rolle, wo das Kulturgut vor seiner Aufnahme in die Sammlung gelegen hat und zu welchem Kulturerbe es gehört. Die Regelungen im Hinblick auf die Habsburgerkunstsammlungen entsprechen diesem Prinzip: Sie wurden grösstenteils auf neuösterreichischem Boden zusammengehalten.

II. Archive

Die Zuordnung der Archive der österreichisch-ungarischen Monarchie war kompliziert angesichts von Grösse und Dauer der Doppelmonarchie, aber auch deshalb, weil die Nachfolgeabkommen teilweise abwichen vom Friedensvertrag von St-Germain.

Historische Archive blieben im Allgemeinen als Gesamtbestand erhalten, was dem damals schon geltenden archivwissenschaftlichen Provenienzprinzip entspricht. Österreich adaptierte dieses aber für seine Bedürfnisse und verlangte, dass die historischen Archive darüber hinaus dort verblieben, wo sie entstanden waren. Die Nachfolgestaaten akzeptierten diese sukzessionsrechtliche Erweiterung des Provenienzprinzips, wodurch die Wiener Archivbestände der Zentralbehörden der ehemaligen Monarchie erhalten bleiben konnten.

In der Literatur herrscht jedoch nach wie vor Unklarheit darüber, welche Bedeutung dem Provenienzprinzip im Zusammenhang mit der Staatensukzession zukommt. Vielfach wird es so verstanden, dass es über die streng archivwissenschaftliche Auffassung hinausgeht und den Entstehungsort als Aufbewahrungsort festlegt. Diese Lesart ist zu befürworten, weil nur sie die Interessen der betroffenen Staaten und ihrer Bevölkerung berücksichtigt. Das sukzessionsrechtliche Provenienzprinzip ist daher vom gleichnamigen Prinzip der Archivwissenschaft abzugrenzen. Obwohl Fachkreise das Provenienzprinzip mehrheitlich befürworten, konnte es sich in der völkerrechtlichen Praxis nicht vollumfänglich durchsetzen. Immer wieder kommt auch das Betreffsprinzip zur Anwendung, das eine Zuordnung nach inhaltlichen Kriterien vornimmt und einzelne Dokumente aus ihrem Zusammenhang herausreisst. Geschlossene Archivbestände werden dann ohne Rücksicht auf ihre Herkunft und ihre Registraturordnung auf die von der Staatensukzession betroffenen Staaten aufgeteilt.

Gleichzeitig bemühen sich internationale Organisationen, Formen der gemeinsamen Beteiligung an Archiven, die aufgrund des Provenienzprinzips nicht geteilt werden, zu institutionalisieren. Sie versuchen so, das Problem des Besitzes an den Archiven zu entschärfen, das auch moderne Reproduktionsmöglichkeiten nur teilweise lösen können.

Eine Vorreiterrolle nahm in diesem Punkt die beim Zerfall von Österreich-Ungarn gefundene Lösung ein: Historische Archivbestände, die die gemeinsame Geschichte von Österreich und Ungarn über Jahrhunderte dokumentierten und dadurch zum nationalen Kulturerbe beider Staaten wurden, wurden weder geteilt noch einseitig einem Staat zugewiesen, sondern als kulturell gemeinsames Eigentum qualifiziert. Ungarn wurden umfangreiche und privilegierte Rechte an diesen Archiven eingeräumt, insbesondere die Entsendung von eigenen Archivdelegierten. Diese Regelung ist darum bemerkenswert, weil sie einem Drittstaat berechtigtes kulturelles Interesse an Archiven ausserhalb seines Hoheitsgebietes einräumt.

In Bezug auf die lebenden Registraturen, die andere als die österreichische Verwaltung betrafen, wichen die Ausführungsabkommen vom Provenienzprinzip ab, um Aufbau und Fortführung der Verwaltungstätigkeit in den abgetretenen Gebieten sicherzustellen. Archive, die ausschliesslich Nachfolgegebiete betrafen und für deren Verwaltungstätigkeit von Bedeutung waren, musste Österreich herausgeben, auch wenn sie in Österreich entstanden waren. Damit der Bedarf an Akten nicht in jedem Einzelfall nachgewiesen werden musste, wurde jeweils ein Datum in der jüngeren Vergangenheit festgesetzt, ab dem die Akten generell herauszugeben waren.

Diese Regelungen entsprachen dem Prinzip der funktionellen Pertinenz, wie es heute von Fachleuten als einzige Archivzuordnung gemäss dem territorialen Betreffsprinzip und damit als Ausnahme vom Provenienzprinzip anerkannt wird. Im Wesentlichen betrifft es die lebenden Akten, weshalb Kulturgüterschutzinteressen dadurch nicht verletzt werden. Um die Integrität der Archivbestände nicht zu tangieren, sollte die Anwendung nach dem Prinzip der funktionellen Pertinenz restriktiv ausgeübt und sollten andere Lösungen wie z.B. Reproduktionen gewählt werden, insbesondere bei überregionalen Archivbeständen und solchen der Zentralbehörden.

III. Schutz und Entschädigung

Nach wie vor ist zum Zeitpunkt einer Staatensukzession oder unmittelbar davor ein betroffener Staat nicht rechtsverbindlich verpflichtet, die auf seinem Territorium liegenden Kulturgüter und Archive in ihrer Integrität zu schützen. Dies ergibt sich aus dem erwähnten Fehlen einer völkerrechtlichen Pflicht, bei Staatensukzession Kulturgüter und Archive nach besonderen Regeln oder Prinzipien zuzuordnen. Um das Vermögen wenigstens vom Zeitpunkt einer Einigung bis zur konkreten Aufteilung aufrecht zu erhalten, wurden solche Pflichten in jüngste Sukzessionsverträge aufgenommen.

In diesem Sinn verpflichteten auch der Friedensvertrag von St-Germain und die Ausführungsabkommen Österreich explizit, seine Sammlungen intakt zu halten, bis über deren Aufteilung eine Einigung erzielt wurde. In den Ausführungsabkommen wurden die Nachfolgestaaten zudem berechtigt, Fachkräfte zur Aussonderung der Objekte an Ort und Stelle zu delegieren.

Im Hinblick auf die Entschädigung für übergegangenes Vermögen und damit auch für Kulturgüter besteht ein wesentlicher Unterschied zwischen den Sukzessionsverträgen nach dem Zerfall der österreichisch-ungarischen Monarchie und der aktuellen, mehrheitlich anerkannten Auffassung. Österreich wurde von den Nachfolgestaaten gemäss Friedensvertrag von St-Germain in Form von sog. Liberationsbeiträgen für das abgegebene Vermögen entschädigt. Allerdings bedeutete das nicht mehr als eine Gutschrift im Gesamtwert aller übergebenen Kulturgüter auf das Wiedergutmachungskonto Österreichs. Diese Entschädigungspflicht der Nachfolgestaaten hing eng mit dem politischen Willen der Hauptmächte zusammen, den Nachfolgestaaten eine Mitverantwortung am Krieg anzulasten.

Im Gegensatz dazu werden heute Vermögensübertragungen grundsätzlich nicht entschädigt. Nur wenn insgesamt eine besondere Ungleichheit bestehen sollte, sind Kompensationszahlungen als Ausgleich in Betracht zu ziehen.

§ 3 Fazit: Keine neuen Ansätze

Die Zuordnung der Kulturgüter und Archive nach dem Zerfall der österreichisch-ungarischen Monarchie erfolgte im Friedensvertrag von St-Germain und noch stärker in den Ausführungsabkommen gemäss den konkreten kulturellen und politisch-historischen Verhältnissen, wobei die Ausführungsabkommen teilweise von den Bestimmungen des Friedensvertrages abwichen. Auch wenn es sich um einzelfallgerechte und damit einzigartige Kompromisslösungen handelte, enthalten sie bereits die wesentlichen Elemente der heute anerkannten Prinzipien. Neue Ansätze sind nicht erkennbar.

Auch das Wiener Übereinkommen 1983 als einziger und erfolgloser Versuch, die Zuordnung von Vermögen und Archiven bei Staatensukzession verbindlich festzuschreiben, brachte keine Neuerungen. Für Kulturgüter enthielt es gar keine besonderen Bestimmungen, und die Zuordnungsregeln für Archive waren von Anfang an umstritten. Dies überrascht nicht, wenn man bedenkt, dass sie auf das längst überholte und in Fachkreisen abgelehnte Betreffsprinzip zurückgreifen.

Andererseits lieferte die juristische Aufarbeitung des Zerfalls der österreichisch-ungarischen Monarchie eine Vielzahl von kulturgüter- und archivspezifischen Regelungen, die der Lehre als Fundus für sukzessionsrechtliche Fragen dienen kann und in die Entstehung der geltenden Prinzipien miteingeflossen ist. Damit dürften der Friedensvertrag von St-Germain und die anschliessenden Ausführungsabkommen wesentlich zur Bildung der Prinzipien beigetragen haben.

Ausgehend von der dürftigen Rechtslage ist der Rückgriff auf Prinzipien der richtige und notwendige Weg, um einzelfallgerechte Lösungen für die Zuordnung von Kulturgütern bei Staatensukzession zu finden. Indem die Prinzipien gegeneinander abgewogen werden, erlauben sie es, dem Kulturgut unter Berücksichtigung der unterschiedlichen Interessen der betroffenen Staaten gerecht zu werden.

Es ist deshalb darauf hinzuarbeiten, dass die genannten Prinzipien zu Völkergewohnheitsrecht heranreifen. Nur so wären die betroffenen Staaten verpflichtet, sie in ihren Verhandlungen anzuwenden und sie als konkrete Zuordnungsbestimmungen umzusetzen. Unter diesen Voraussetzungen wären kulturgüter- und archivspezifische Regelungen bei einer Staatensukzession jederzeit gewährleistet.

Summary

The central theme of this work deals with the problem of the allocation of moveable state cultural assets under cultural property law after state succession. What happens to the cultural assets of a state if it has lost parts of its territory, or if this state no longer exists? Where do they belong and under what conditions must they be given back?

The work presented answers these questions by reference to a major historic example of state succession, the collapse of the Austro-Hungarian Empire after the First World War. At the same time the current legal situation for cultural assets after state succession is also presented.

In the following summary the results of the foregoing research will be compared. The leading questions are the following: What effect did the collapse of the Austro-Hungarian Empire have on cultural property law with respect to current succession law? What developments have occurred since that time, and how are these connected to the solutions found after the First World War?

I. Difficult Legal Position

At the beginning of the 20th century the legal instruments for coping with a state succession were restricted and barely investigated. The complexity of questions about state succession, already difficult enough, "increased immeasurably"[1] through the collapse of the Austro-Hungarian Empire.

Hardly a hundred years later, the legal situation with regards to state succession is scarcely any clearer either. As was the case previously, there is no higher-ranking, all-binding succession law in existence. Nevertheless there has been more experience of practical examples than at the time of the First World War, as only a few applicable instances existed besides which – apart from annexation – affected small territorial cessions alone. Nevertheless the field of law with regard to the character of succession law can never become routine state business. The consequence is that legal dogma has not been clearly worked out to this very day.

This meagre legal foundation makes negotiations between affected states all the more difficult, which now just as then are forced to find a consensus on all questions thrown up by succession. Actual agreement or at least negotiation is of paramount importance, which again is reflected in current international law through the principal obligation to enter into treaty negotiation. But a glance at state practice, however, reveals that state succession is frequently accompanied

---

1 Cf. Liszt, p. 273.

by political tension and armed conflict, creating further difficulties in achieving a solution.

Under these conditions constructive negotiations over cultural property are particularly difficult. Especially those states, on whose territory the most valuable cultural assets belonging to the former states can be found, could moreover be inclined to refuse treaty negotiations and to reject mediation by a third party at all.

It has therefore been impossible to date for binding international law to evolve with respect to the allocation of cultural property in state succession. Only non-binding principles are available to states. Here this concerns commands that can act as guiding principles for allocating cultural property and archives, which must be weighed up against other conflicting principles on a case by case basis. The solution thus found in a single case is the result of a balance of interests.

At the time of the collapse of the Austro-Hungarian Empire the affected states had nothing comparable to refer to. The framework of the negotiations for the Treaty of Saint-Germain-en-Laye of 10 September 1919 (hereinafter "Treaty of Saint-Germain") was also complex and difficult. Austria had hardly any influence on the creation of norms, and was confronted with political and economic pressure in the consequent effectuation agreements that were mostly bilateral. Yet the effectuation agreements were to a greater extent more the result of compromise than the Treaty itself, which gave consideration to the particular circumstances and relationships between the states. Because of this they deviated in various ways from the Treaty of Saint-Germain. One cannot therefore speak of a unified and coherent solution to Austria's treaties with the successor states under succession law. This must be considered together with today's principles when comparing those solutions sought at the time.

II. Regulations after the First World War and the principles of today's international law

Terms such as cultural property and archive are used differently in international legal practice; there is no generally accepted term for cultural property or archive with respect to international treaty law. Archive collections will count as cultural property if historic, artistic, scientific or other cultural value can be ascribed to them. Their original administrative purpose then assumes a background role. This applies to so-called "historic" archives, but not to registries or "current" records. The difference between the contents of registries and archives is thus significant from the point of view of cultural property law.

Up to the First World War the allocation of current records had a long history, which is why the parties to the treaty were already able to call on existing principles of archive science for their allocation. In contrast there was hardly any state practice, which after state succession could have assigned cultural property into its own legal subject matter. Even historic archives just a few years previously were explicitly mentioned for the first time in an inter-state agreement.

Succession regulations were different after the collapse of the Austro-Hungarian Empire. Whilst the Treaty of Saint-Germain fundamentally allocated property according to the principle of territoriality, with respect to cultural property and archives this was addressed by special regulations. In the Treaty of Saint-Germain as well as various effectuation agreements, cultural property and archives were differentiated from other property and in part treated object by object. Their geographic location at the time of state succession was not a deciding factor in their allocation. It was much more that the treaty regulations took account of other particular interests of the affected states, especially those specific to cultural property and archives. From the point of view of the protection of cultural property this conduct is to be welcomed in principle, because only in this way can consideration be given to its special character.

Whilst there were once numerous regulations specifically relating to cultural property finding their way into treaties, such regulations are widely conspicuous by their absence today. In the existing agreements under succession law, cultural property is not treated separately, but mostly as part of moveable assets. Only archives are regularly the object of their own succession regulations and agreements.

I. Cultural property

Under current succession law moveable assets including cultural property are usually proportionally allocated, for example according to population or under the principle of territoriality, so that cultural property is held by that state on whose territory it was found at the time of the succession. Interests specifically relating to cultural property are not considered in this way.

In the Treaty of Saint-Germain as well as in the accompanying effectuation regulations, different criteria were used to distribute cultural property between Austria and the successor states. Thus the cultural property was allocated to that territory from which it had been brought during the governance by the former state. This affected on the one hand those objects removed from the cessated territories during the First World War. The Allies thus wanted the transfer through Austria of cultural property connected to the war to be reversed. On the other hand this affected objects whose transfer occurred further back. But normally the treaties only considered transfers from a particular moment in time. It was rare for objects relocated right at the start of the dual monarchy to be transferred back.

The depicted regulations conform with today's principle of territorial provenance, whereby the cultural asset is allocated to that territory from which it was removed during the governance of the former state. This is usually weighed up against other principles and rarely takes unconditional preference over principles concerning the protection of cultural property. If a state succession escalates to armed conflict, because this concerns conditions similar to civil war at least in the starting phases, then cultural property is legally less well protected from being removed from "occupied" territory than is the case with international armed conflicts. In such cases the application of the principle of territorial provenance means that cultural property removed from an occupied territory must be brought back.

The Treaty of Saint-Germain led to a new technical term in the expression *patrimoine intellectuel*, which was of major cultural significance in bilateral restitution negotiations. But it was never defined and its implementation was understood in different ways. There are only a few examples where states affected by succession have contractually named the criteria by which they qualified a cultural asset as belonging to their cultural heritage. A crucial factor is a demand made in line with a particularly close bond between the demanding state and the specific cultural asset. This does not necessarily need to have occurred because of the place of origin or provenance, as was demanded by the narrow interpretation of the agreement with Italy of 4 May 1920. It is much more the case that a territorial connection can exist indirectly, as for example with the producer of the cultural asset.

Patrimoine intellectuel accords in essence with today's common expression of cultural heritage *(Kulturerbe)*. According to literature on the subject a cultural asset belongs to the cultural heritage of that territory on which respectively that population accords it cultural value and thus a cultural bond. Then as now, from the point of view of international law the subject of an allocation must be a state. Now if a territory is separated from the old state together with the producer of the cultural object living there, in other words the population, the fiction of an equal placing of producer of culture and state cannot however be maintained any longer. But because allocation to a state is mandatory, that state keeps the cultural asset on whose territory the affected region can be found. From this it follows that in succession law this concerns the cultural heritage of a particular region and not primarily that of a state. In succession law therefore a difference must be drawn between a state as the subject of the allocation of the cultural asset on the one hand, and the region to be conceded as the territorial reference value of the cultural heritage on the other.

The local preservation of the cultural heritage of a region during a succession is one of the modern issues of protection of cultural heritage. By means of various criteria, literature on the subject attempts to describe cultural bonds between a cultural asset and a region affected by succession. Succession treaties did not normally enumerate these criteria, but delegated the allocation to the cultural heritage under the effectuation agreements concerned, or let these be negotiated by commissions or experts specifically appointed for this purpose.

A cultural asset can present a cultural bond to several states simultaneously and thus belongs to the cultural heritage of several states. This occurs with old cultural assets or with those of supra-regional or international significance. It would be almost impossible to allocate a single item to a cultural heritage, where the successor territories had been united under one state for decades or even centuries. Whilst in current succession practice there are hardly any examples of combined cultural heritage between two states, certain cultural assets of the Habsburg collections belong at the same time to the *patrimoine intellectuel* of Austria and Hungary, as established by the two states in the Convention of Venice of 27 November 1932, concerning objects from museums and libraries. They belong culturally to both states, part of them remaining in the Viennese collections in Austria and for which a ban on deaccessioning was imposed. Thus consideration could be given to the lengthy common history under the rule of the Habsburgs. Apart from its respective special rights, Hungary retained other artworks as well in compliance with its cultural requirements. This latter conduct accorded with today's principle of equitable compensation, which can function as a corrective if allocation according to other principles leads to unfair or unsatisfactory outcomes.

The principle of preserving cultural heritage will then be infringed if the cultural asset belongs to an internationally ranked collection, which for its part presents its own high cultural value. One can then speak of the principle of preserving internationally ranked cultural collections. The cultural asset concerned is retained at the collection's place of storage and will be allocated to that state in whose territory the collection can be found. Hereby it is of no consequence where the cultural asset was stored before being received into the collection, and to which cultural heritage it belonged. The regulations concerning the Habsburg collections comply with this principle: for the most part they were maintained together on the territory of the new Austria.

2. Archives

Allocating the archives of the Austro-Hungarian Empire was complicated with regard to the extent and duration of the dual monarchy, but also because the succession agreements deviated in part from the Treaty of Saint-Germain.

For the most part historic archives remained in their entirety, which complies with the principle of provenance in terms of archive science that was already in existence at the time. But Austria adapted this to its own requirements and demanded that historic archives should remain where they originated. The successor states accepted this extension of the principle of provenance under succession law, enabling the Viennese Archives to be retained by the central authorities of the former Empire.

Yet now as then literature on the subject is dominated by a lack of clarity about what significance should be accorded to the principle of provenance in connection with state succession. Often it is understood that this is different from a strictly archival interpretation, and establishes the place of origin as the place of storage. This version is to be preferred because only in this way can the interests of the affected states and their populations be considered. The principle of provenance in succession law is thus to be distinguished from the synonymous principle of archive science. Although expert circles frequently advocate the principle of provenance, under international practice this could not be completely enforced. Again and again the principle of pertinence is applied, which assigns an allocation in accordance with factors relating to content and pulls individual documents out of their context. Closed archive collections are then apportioned, without regard to their provenance and their order in the registry, amongst the states affected by state succession.

At the same time international organisations have concerned themselves with institutionalising models for the combined apportioning of archives, which will not be distributed because of the principle of provenance. In this way they tried to diffuse the question of the possession of the archives, a problem that can hardly be solved by modern techniques of reproduction.

A vanguard position on this point was taken up by a solution found at the time of the collapse of the Austro-Hungarian Empire: historic archive collections documenting the combined histories of Austria and Hungary over centuries, thus forming part of the national cultural heritage of both states, were neither apportioned nor allocated to an individual state, but qualified as combined cultural property. Hungary was accorded extensive and privileged rights to the archives, especially in the dispatch of their own archival delegates. This regulation is thus noteworthy because it accords justified cultural interest in archives to a third state.

With respect to current records affecting others than the Austrian administration, the effectuation agreements differentiated from the principle of provenance in order to secure the construction and continuation of administrative activity in the cessated territories. Archives exclusively concerning the successor territories, and that were of considerable interest for their administrative activity, had to be surrendered by Austria, even if they had originated in Austria. So that the demand for files did not have to be proven in every single case, on each occasion a date was fixed from the recent past from which point the files were generally to be released.

This regulation complied with the principle of functional pertinence, as recognised today by professionals as the only archive allocation according to the principle of territorial pertinence and thus in exception to the principle of provenance. In essence this concerns current records, whereby interests in the protection of cultural heritage cannot thus be violated. In order not to infringe the integrity of archive collections, this principle of functional pertinence should be restrictively applied, even if other solutions such as reproductions should be chosen, especially with supra-regional archive collections and those belonging to central authorities.

3. Protection and compensation

At the moment of a state succession or immediately before, an affected state is still not legally obliged to protect in their integrity the cultural property and archives on their territory. This occurs because of the above-mentioned lack of obligation under public international law to allocate cultural property and archives in accordance with special regulations or principles. In order to maintain the assets in proper order at least from the moment of an accord until actual distribution, such obligations have been taken up in the most recent succession treaties.

In this sense the Treaty of Saint-Germain and Austria's effectuation agreements explicitly committed to maintaining their collections intact until accord had been reached about their distribution. In the effectuation agreements the successor states were entitled moreover to delegate specialists to sort the objects out on the spot.

With reference to compensation for transferred assets and thus also for cultural property, there is a considerable difference between the succession treaties after the collapse of the Austro-Hungarian Empire and today's approach recognised by the majority. Austria was compensated by the successor states in accordance with the Treaty of Saint-Germain in the form of so-called "contributions of liberation" for the transferred assets. But this meant nothing more than a credit note for the total value of all transferred cultural property into Austria's reparations account. This obligation for the successor states to compensate was closely connected to the political will of the main powers in accusing the successor states of equal blame for the war.

In contrast to this, today's transfers of assets are not compensated in principle. Only if a particular imbalance should exist will payments in compensation ever be considered.

III. Conclusion: no new approaches

The allocation of cultural property and archives after the collapse of the Austro-Hungarian Empire resulted from the Treaty of Saint-Germain and more strongly in the effectuation agreements, in accordance with the current cultural and political-historic attitudes in existence at the time, whereby the effectuation agreements deviated in part from the regulations of the Treaty. Even if this concerned individually justified and thus unprecedented compromises, they already contain the essential elements of the principles recognised today. Since then no new approaches have occurred.

Even the Convention of Vienna 1983, as the only but unsuccessful attempt to make the allocation of cultural property and archives binding, brought nothing new to the situation. It contained no special regulations for cultural property at all, and the rules of allocation for archives were disputed from the very start. This should be of no surprise, if one considers that it refers back to the principle of pertinence long superseded and rejected by specialist circles.

On the other hand after the collapse of the Austro-Hungarian Empire all the legal redrafting brought in a raft of rules relating specifically to cultural assets and archives, serving scholars as a fund for questions about succession law and which could have some influence on the creation of valid principles. Thus the Treaty of Saint-Germain and the accompanying effectuation agreements could be said to have made an essential contribution to the formation of the principles.

Originating from the meagre legal situation, recourse to principles is the right and essential way forward, in order to find justified solutions on a case by case basis for the allocation of cultural property in state succession. Inasmuch as the principles will be weighed up one against the other, this allows fairness to the cultural asset with consideration for the various interests of the affected states.

The objective is thus for the named principles to mature into international customary law. Only in this way would the affected states be obliged to apply them in their negotiations and to implement them as tangible allocation regulations. Under these conditions rules specifically relating to cultural property and archives in a state succession would be guaranteed every time.

Résumé

Ce travail se concentre sur la problématique de l'attribution juridique de biens culturels faisant partie du patrimoine meuble d'États concernés par une succession. Quel est le sort des biens culturels appartenant à un État qui perd une partie de son territoire, ou même, qui cesse d'exister ? A qui appartiennent ces biens, à qui sont-ils attribués et selon quelles conditions ?

Par le biais d'un exemple historique significatif, la chute de l'Empire austro-hongrois à la fin de la Première guerre mondiale, cette étude propose d'une part de répondre à ces questions, d'autre part de présenter la situation juridique contemporaine qui prévaut, pour les biens culturels, lors de successions d'États.

Ce résumé présente de manière synchronique les résultats de cette analyse. Il répond plus particulièrement à la question de savoir où se situe la gestion juridique des biens culturels choisie lors de la chute de l'Empire austro-hongrois face au droit contemporain des successions d'États, mais aussi de souligner quels progrès et développement ont eu lieu depuis, en observant leur position par rapport aux solutions développées à la fin de la Première guerre mondiale.

I. Un contexte juridique complexe

Les instruments juridiques destinés à la gestion de successions d'États étaient, au début du XXe siècle, succincts et peu traités. La multiplicité des questions entourant une succession d'États, toutes plus complexes les unes que les autres, fut, du fait de la chute de l'Empire austro-hongrois à l'issue de la Première guerre mondiale, « augmentée sans commune mesure »[1].

Presque cent ans après, la situation juridique en matière de succession d'États n'a que peu gagné en clarté. Il n'existe toujours aucun droit des successions d'États supranational et contraignant. La situation a néanmoins changé depuis la Première guerre mondiale ; peu d'exemples d'application d'un droit de la succession d'États existaient à l'époque, d'autant que cela ne concernait – hormis les annexions – que de petites cessions de territoire. Le champ juridique lié à la nature du droit des successions d'États n'a pour autant pas gagné beaucoup plus de place dans les préoccupations politiques quotidiennes. Par conséquent, la doctrine est demeurée jusqu'à aujourd'hui peu claire.

Ce mince fondement juridique ne facilite guère les négociations et les échanges entre les États concernés, qui sont, aujourd'hui autant que par le passé, forcés de trouver un compromis pour l'ensemble des questions soulevées lors d'une

[1] V. Liszt, p. 273.

succession. Un impératif d'accord ou tout du moins de négociation domine, impératif illustré dans le droit international public contemporain par le principe de nécessité d'entrer en négociation en vue d'un traité. L'expérience des successions d'États montre cependant qu'elles s'accompagnent généralement de tensions politiques et de conflits armés qui compliquent la recherche de solutions.

Dans de telles conditions, des négociations constructives en matière de biens culturels paraissent particulièrement délicates. D'où l'inclination des États successeurs sur le territoire desquels se trouvent les biens culturels les plus précieux de l'État prédécesseur à refuser les négociations et à repousser toute médiation par un tiers.

Aucun principe contraignant de droit international public en matière de répartition des biens culturels lors de succession d'États ne s'est imposé jusqu'à aujourd'hui. Les États concernés ne peuvent donc se référer qu'à des principes non-contraignants. Ceux-ci peuvent servir de ligne directrice pour la répartition de biens culturels et d'archives et, dans certains cas, contrebalancer d'autres principes contradictoires. Aussi les solutions trouvées au cas par cas résultent d'une pesée des intérêts de chacune des parties.

A l'époque de la chute de l'Empire austro-hongrois, les États concernés n'avaient aucun exemple d'une situation comparable à laquelle se référer. De plus, les conditions encadrant les négociations pour le traité de Saint-Germain-en-Laye du 10 septembre 1919 (ci-après traité de Saint-Germain) étaient fort complexes. L'Autriche n'eut guère d'influence sur l'établissement des normes et fut mise à l'écart des négociations qui conduisirent aux nombreuses conventions bilatérales d'application, notamment par des tentatives de pressions politiques et économiques exercées par les parties aux pourparlers. Pourtant ces conventions d'application sont, pour une grande part et comme le traité de paix lui-même, le résultat de compromis prenant en considération les circonstances ainsi que les relations particulières entre les États concernés. Les conventions d'application divergent d'ailleurs à plusieurs reprises du traité de Saint-Germain. On ne peut donc, en observant les traités de succession d'États entre l'Autriche et les États successeurs, parler d'un modèle unifié et cohérent de solutions. Cela doit être pris en compte lorsque sont comparées les solutions développées à l'époque avec les principes actuels.

II. Règlement à la fin de la Première guerre mondiale et principes de droit international public contemporain

Les termes de « bien culturel » et d'« archive » sont utilisés de manière variée dans l'application du droit international public. Il manque de surcroît une définition communément admise de ces termes et applicable aux questions de droit des traités. Lorsqu'une valeur historique, artistique, scientifique ou culturelle est reconnue à des archives, celles-ci sont considérées comme des biens culturels.

Leur état originel de bien administratif passe alors au second plan. Ceci est valable pour les archives dites « historiques » mais non pour celles souvent nommées archives « courantes ». Or cette distinction entre archives historiques et archives courantes est d'une grande importance en matière de droit des biens culturels.

Le classement des archives courantes jouissait, jusqu'à la Première guerre mondiale, d'une grande tradition. Les parties purent ainsi invoquer des principes archivistiques existants pour leur attribution. En revanche, il n'existait presque aucune pratique étatique permettant d'attribuer les biens culturels, lors d'une succession d'États, comme des objets de droit des États concernés. Les archives historiques n'avaient par ailleurs été évoquées explicitement dans un traité interétatique que quelques années auparavant.

Les conditions de succession furent toutes autres à la suite de la chute de l'Empire austro-hongrois. Alors que le traité de Saint-Germain attribua les biens d'une manière générale selon le principe de territorialité, celui-ci fut contourné par des dispositions particulières concernant les biens culturels et les archives. Aussi bien dans le traité de Saint-Germain que dans de nombreuses conventions d'application, les biens culturels et les archives furent différenciés des autres biens et considérés parfois en tant qu'ensemble, parfois individuellement. Leur emplacement géographique au moment de la succession ne fut pas prépondérant dans le processus d'attribution. Bien au contraire, les dispositions du Traité prirent en considération d'autres intérêts exprimés par les États concernés, et en particulier ceux touchant aux biens culturels et aux archives. Cet aspect est fondamental d'un point de vue de la protection du patrimoine : le caractère particulier des biens culturels et des archives ne peut être pris en compte que de cette manière.

Alors qu'à l'époque un grand nombre de dispositions consacrées à ces biens apparaissaient dans les traités internationaux, ce n'est plus aujourd'hui que rarement le cas. Dans les accords récents de succession d'États, les biens culturels ne sont presque jamais différenciés des autres biens meubles. Seules les archives font régulièrement l'objet de dispositions ou d'accords particuliers.

1. Biens culturels

Le droit contemporain de la succession d'États prévoit une attribution des biens meubles, et par là celle des biens culturels, généralement proportionnelle, basée par exemple sur la taille de la population ou établie selon le principe de territorialité. L'État qui obtient le bien culturel est celui sur le territoire duquel se trouvait l'objet au moment de la succession. Les intérêts culturels spécifiques ne sont ainsi pas pris en considération.

Il fut fait appel, dans le traité de Saint-Germain comme dans les dispositions des conventions d'application correspondantes, à des critères différents de répartition des biens culturels entre l'Autriche et les États successeurs. Ainsi, les biens culturels furent attribués au territoire d'où ils avaient été déplacés durant la domination exercée par l'État prédécesseur. Ceci concerna d'une part les objets qui avaient été soustraits à des territoires cédés durant la Première guerre mondiale. Les Alliés voulurent par cela annuler les effets du déplacement d'objets commis par l'Autriche en raison du conflit. D'autre part, les objets dont le transfert remontait à une époque plus ancienne furent également concernés par ces dispositions. Les traités ne prirent cependant en considération, en règle générale, que les mouvements ayant eu lieu à partir d'une date définie. Seuls quelques rares objets ayant été déplacés au tout début de la monarchie bicéphale furent restitués.

Les règlements décrits rejoignent le principe de territorialité actuellement appliqué, principe selon lequel le bien culturel est attribué au territoire d'où il a été déplacé durant la période de domination de l'État prédécesseur. Le principe de territorialité est cependant la plupart du temps opposé à d'autres principes. Et face à d'autres principes de protection des biens culturels, la primauté ne lui est que rarement accordée. Ainsi, lorsqu'une succession d'États dégénère en un conflit armé qui, du moins au début, ressemble à un état de guerre civile, les biens culturels sont juridiquement moins bien protégés d'un déplacement hors des zones « occupées » que lors d'un conflit international. Dans ce cas en effet s'applique le principe de territorialité, selon lequel les biens culturels ayant été déplacés d'un territoire occupé doivent être rendus.

Un nouveau concept technique, le « patrimoine intellectuel », fit son apparition dans le traité de Saint-Germain. Cette qualification prit une importance capitale dans les négociations bilatérales de restitution. Ce terme ne fut cependant jamais défini et compris de manière différente dans sa transposition. Il n'existe que quelques exemples illustrant une définition contractuelle, établie par les États concernés par une succession, de critères selon lesquels un bien culturel appartient au patrimoine culturel de l'un ou de l'autre. Le point central est l'exigence d'une relation particulièrement étroite de l'État revendicateur avec le bien culturel concerné. Ce critère n'est pas uniquement rempli, bien que des exemples d'une compréhension stricte se trouvent dans la convention avec l'Italie du 4 mai 1920, par le lieu de production ou la provenance. La relation avec un territoire donné peut aussi se faire de manière indirecte, comme par exemple par le créateur du bien culturel.

Le terme de « patrimoine intellectuel » recoupe pour l'essentiel le concept aujourd'hui courant de « patrimoine culturel », de *cultural heritage*. Selon la doctrine, un bien culturel appartient au patrimoine culturel d'un territoire lorsque la population de celui-ci attribue à l'objet une valeur culturelle et par là une attache. Aussi bien aujourd'hui qu'autrefois, l'attribution d'un bien ne peut, selon les principes du droit international public, être concédée qu'à un État. Si une région dans laquelle vivent les représentants d'une culture, donc une population, est séparée de l'ancien État, la fiction d'une égalité entre État et population ne peut pas être défendue. Puisque l'attribution du bien ne peut être effectuée qu'exclusivement en faveur d'un État, le bien culturel serait dans ce cas attribué à l'État sur le territoire duquel se trouve la région concernée. Il en découle que l'attribution de biens culturels lors de successions ne dépend pas en premier lieu de l'État mais peut également dépendre de régions particulières. Il s'agit donc de différencier d'une part l'État comme sujet de l'attribution du bien culturel, et d'autre part la région cédée, qui acquiert le rôle de référent du patrimoine culturel.

Le maintien sur place du patrimoine culturel d'une région lors d'une succession d'États constitue l'une des préoccupations actuelles de la protection du patrimoine. Par le biais de critères variés, la doctrine tente de circonscrire et de définir les liens culturels existants entre un bien culturel et un territoire touché par une succession d'États. Les traités de succession n'énumèrent en règle générale pas les critères selon lesquels les biens culturels sont attribués à telle ou à telle partie. Ces éléments d'attribution apparaissent dans les différentes conventions d'application ou sont traités par des commissions ou des experts spécialement nommés dans ce but.

Un bien culturel peut présenter un lien culturel avec différents États, et par là appartenir au patrimoine culturel de plusieurs États. Ce cas se présente dans le cas de biens culturels anciens, ou pour ceux de valeur suprarégionale ou internationale. L'attribution à un patrimoine culturel unique est d'autant plus compliquée – si ce n'est impossible – lorsque les États successeurs ont été durant des décennies ou mêmes des centaines d'années rassemblés au sein d'un même État. Alors qu'il n'existe dans les décisions récentes presque aucun exemple de patrimoine culturel commun entre deux États, certains biens culturels conservés dans les collections des Habsbourg appartenaient aussi bien au « patrimoine intellectuel » de l'Autriche qu'à celui de la Hongrie. Les deux États l'ont reconnu dans l'accord de Venise du 27 novembre 1932 relatif aux collections muséales et aux bibliothèques. Ces collections appartenaient d'un point de vue culturel aux deux États, mais elles restèrent en Autriche dans les collections viennoises et furent revêtues d'une interdiction d'aliénation. La longue histoire commune sous la domination des Habsbourg était ainsi prise en compte. La Hongrie obtint, en complément de ces droits particuliers, d'autres œuvres d'art qui répondaient à ses exigences culturelles. Cette approche recoupe le principe actuel de la compensation équitable qui peut faire office de correctif lorsque l'attribution faite selon d'autres principes paraît injuste ou conduit à des solutions insatisfaisantes.

Le principe de préservation du bien culturel est toutefois ébranlé lorsqu'un bien culturel fait partie d'une collection de rang international, et que celle-ci possède en elle-même une importante valeur culturelle. On se réfère dans ce cas au principe de conservation des collections d'importance internationale. Le bien culturel concerné est maintenu dans le lieu de conservation de la collection et est attribué à l'État dans lequel cette collection se situe. Le lieu de provenance ainsi que l'appartenance patrimoniale antérieurs à l'arrivée de l'objet dans la collection ne jouent alors aucun rôle. Les conventions concernant les collections d'art des Habsbourg satisfont à ce principe : la majeure partie des collections furent maintenues sur le territoire de la nouvelle Autriche.

2. Archives

L'attribution des archives de l'Empire austro-hongrois fut compliquée en raison de la taille et de la durée de la monarchie bicéphale au sein de l'Empire, mais aussi parce que les conventions découlant du traité de Saint-Germain en différaient partiellement.

Les archives historiques demeurèrent généralement conservées par ensembles, ce qui correspondait au principe déjà en vigueur de provenance. L'Autriche adapta toutefois ce principe à ses besoins et réclama que les archives historiques demeurent là où elles avaient été produites. Les États successeurs acceptèrent cet élargissement du principe de provenance et ainsi les archives déposées à l'administration centrale de l'ancien Empire à Vienne y demeurèrent conservées dans leur intégralité.

La doctrine est toutefois ponctuée d'imprécisions autour de la question de la signification du principe de provenance en matière de successions d'États. Cette question est, à de multiples reprises, comprise comme allant au-delà de la stricte conception archivistique. Cela confère donc au lieu de production le statut de lieu de conservation. Cette conception doit être préconisée, parce qu'elle est la seule qui prenne en considération les intérêts des États concernés et de leur population. Le principe de provenance dans les successions d'États doit par conséquent être différencié de celui retenu par l'archivistique et dont le nom prête à confusion, alors que les principes sont distincts. Bien que les milieux spécialisés soutiennent majoritairement le principe de provenance, celui-ci ne peut être transposé *in extenso* dans la pratique. Le principe de pertinence qui procède à une attribution selon les qualités de l'objet apparaît de temps en temps, ce qui conduit à soustraire de leur contexte certains documents. Les dépôts d'archives clos sont, pour leur part – sans considération de leur provenance et de leur classement –, remis aux États impliqués dans la succession.

Parallèlement à ce mouvement, des organisations internationales s'efforcent d'instituer des modèles de gestion commune des archives n'ayant pas, en raison du principe de provenance, été réparties. Ce mouvement tente ainsi d'atténuer les problèmes liés à la possession ou à l'absence d'archives, ce que ne peuvent que partiellement résoudre les possibilités de reproduction modernes.

La solution trouvée à ce sujet lors de la chute de l'Empire austro-hongrois joue un rôle précurseur. En effet, les dépôts d'archives historiques, qui documentent l'histoire commune de l'Autriche et de la Hongrie durant plusieurs siècles, appartiennent en cette qualité au patrimoine culturel national des deux États. Ces dépôts ne furent ni répartis ni attribués à un seul État, mais furent qualifiés de biens culturels communs. La Hongrie obtint des droits étendus et privilégiés sur ces archives, notamment sur la question de l'envoi d'archivistes délégués. Cette solution est ainsi particulièrement remarquable, puisqu'elle reconnaît à un État tiers un intérêt culturel pour des archives se situant hors de son territoire national.

La question des archives courantes qui ne relevaient pas de l'administration autrichienne sont réglées dans les conventions d'application selon un principe qui diverge du principe de provenance. Le but recherché est la poursuite et le développement de l'activité administrative dans les zones cédées. Les archives qui concernaient exclusivement les territoires cédés et dont la signification était intimement liée à ces zones durent être remises par l'Autriche, même si elles avaient été produites en Autriche. Une date fut fixée au cas par cas dans le passé proche, délimitant la limite temporelle à partir de laquelle les documents devaient être restitués, ce qui permettait d'éviter que les besoins liés aux documents établis postérieurement à cette limite dussent être prouvés individuellement.

Cette solution correspond au principe de la pertinence fonctionnelle. Celui-ci est aujourd'hui reconnu par les spécialistes comme la seule attribution d'archives conforme au principe de pertinence territoriale et est admis comme exception au principe de provenance. Cette solution concerne essentiellement les archives courantes et n'interfère donc pas avec la protection des biens culturels. Néanmoins, pour ne pas affecter l'intégrité des dépôts d'archives, le principe de pertinence fonctionnelle ne devrait pas être utilisé de manière extensive et d'autres solutions, comme par exemple les reproductions, devraient être choisies. Cette question se pose en particulier pour les dépôts d'archives suprarégionaux et ceux des administrations centrales.

3. Protection et contrepartie

Un État concerné par une succession n'est et n'a jamais été, au moment de la succession ou peu de temps auparavant, obligé de protéger l'intégrité des biens culturels et des archives se trouvant sur son territoire. Ce fait découle de l'absence de toute obligation juridique, en cas de succession d'États, d'attribuer les biens culturels et les archives selon des règles ou des principes particuliers. Les plus récents traités de succession prennent en considération ce devoir d'en préserver l'intégrité, afin que les biens soient au moins protégés dès l'accord trouvé et jusqu'à la fin de leur répartition.

Le traité de Saint-Germain et les conventions d'application obligèrent de manière explicite l'Autriche à maintenir ses collections intactes jusqu'à ce que fût trouvé un accord concernant leur répartition. Les conventions d'application contiennent de surcroît des dispositions accordant aux États successeurs le droit de déléguer des experts afin de procéder à la sélection des objets sur place.

Une différence notable existe entre les traités de succession conclus à la suite de la chute de l'Empire austro-hongrois et ceux établis récemment. Elle concerne la question du dédommagement ou de la contrepartie concédée en rapport avec les biens cédés, ce qui inclut également les biens culturels. L'Autriche fut dédommagée par les États successeurs par des versements définis dans le traité de Saint-Germain et appelés « versements libératoires » (*Liberationsbeiträge*). Ceux-ci devaient compenser les biens cédés. Cela ne représentait toutefois guère plus qu'un crédit correspondant à la valeur cumulée de l'ensemble des biens culturels remis et versé sur le compte de réparation autrichien. Cette exigence de dédommagement par les États successeurs était étroitement liée à la volonté politique des Puissances alliées de leur faire porter une responsabilité commune de cette guerre.

Les transferts de propriété sont en principe aujourd'hui dépourvus de compensations. Celles-ci n'interviennent que dans les cas d'inégalité notoire.

III. Conclusion : Pas de nouvelle approche

L'attribution des biens culturels et des archives à la suite de la chute de l'Empire austro-hongrois s'effectua lors de l'établissement du traité de Saint-Germain, mais surtout lors des négociations ayant conduit aux conventions d'application dudit Traité. Les relations culturelles, politiques et historiques des États-parties furent prises en considération dans le processus d'attribution. Les dispositions figurant au Traité subirent toutefois quelques modifications dans les conventions d'application ; les solutions trouvées furent adaptées au cas par cas et firent l'objet de compromis. Elles sont donc uniques mais contiennent déjà les éléments essentiels des principes aujourd'hui reconnus. Aucun élément nouveau n'est apparu depuis.

La Convention de Vienne sur la succession d'États en matière de biens, archives et dettes d'État du 8 avril 1983, seule et infructueuse tentative de déterminer les obligations fixants les critères d'attribution des biens et des archives lors de succession d'États, n'apporta par ailleurs aucune nouveauté. La question des biens culturels ne fut pas abordée, tandis que les critères d'attribution pour les archives furent immédiatement controversés. En effet, alors que les spécialistes avaient depuis longtemps révisé puis rejeté le principe de pertinence, ce principe refait son apparition dans cette convention.

Le traitement juridique de la chute de l'Empire austro-hongrois fournit un grand nombre de règles spécifiques aux biens culturels et aux archives. Un tel traitement constitue donc une source réelle d'inspiration pour le règlement de questions liées aux successions d'États et confirme l'existence d'influences qui se retrouvent dans les principes actuels. Les dispositions du traité de Saint-Germain et de ses conventions d'application ont ainsi grandement contribué à la formation des principes contemporains.

En raison de l'insuffisance de la situation juridique, le recours aux principes existants constitue une manière correcte mais aussi nécessaire pour parvenir à des solutions individualisées en matière d'attribution des biens culturels lors de successions d'États. La possibilité de comparaison mutuelle des différents principes doit permettre de satisfaire les besoins des biens culturels tout en prenant en compte les intérêts des États concernés.

Il s'agit donc de travailler à ce que les principes évoqués mûrissent et atteignent le statut de droit coutumier international. Les États concernés seraient alors contraints de les appliquer lors des négociations et de les transposer dans des dispositions d'attribution concrètes. Ce progrès garantirait alors à tout moment le recours à des règles particulières en matière de biens culturels et d'archives lors de succession d'États.

Anhang

Traité de Saint-Germain-en-Laye du 10 septembre 1919 (extraits)

Préambule.

[3] Considérant que l'ancienne monarchie austro-hongroise a aujourd'hui cessé d'exister et a fait place, en Autriche, à un Gouvernement républicain ;

[6] Considérant qu'il est nécessaire en rétablissant la paix, de régler la situation issue de la dissolution de ladite monarchie et l'établissement desdits États, et de donner au Gouvernement de ces pays des fondements durables, conforme à la justice et à l'équité ;

Partie III. **Clauses politiques européennes.**
Section VIII. **Dispositions Générales.**

(...)

Article 93.

[1] L'Autriche remettra sans délai aux Gouvernements alliés ou associés intéressés les archives, registres, plans, titres et documents de toute nature appartenant aux administrations civile, militaire, financière, judiciaire ou autres des territoires cédés. Si quelques-uns de ces documents, archives, registres, titres ou plans avaient été déplacés, ils seront restitués par l'Autriche sur la demande des Gouvernements alliés ou associés intéressé.

[2] Dans le cas où les archives, registres, plans, titres ou documents visés à l'alinéa 1er et n'ayant pas un caractère militaire

Staatsvertrag von Saint-Germain-en-Laye vom 10. September 1919 (Auszüge)

Präambel.

[3] in Anbetracht, daß die ehemalige Österreichisch-ungarische Monarchie heute aufgehört hat zu existieren und daß an ihre Stelle in Österreich eine republikanische Regierung getreten ist;

[6] in Anbetracht der Notwendigkeit, bei der Wiederherstellung des Friedens die Lage, die sich aus der Auflösung der erwähnten Monarchie und aus der Errichtung der erwähnten Staaten ergeben hat, zu regeln und der Regierung dieser Länder dauerhafte Grundlagen zu geben, welche der Gerechtigkeit und Billigkeit entsprechen;

III. Teil. **Politische Bestimmungen über Europa.**
Abschnitt VIII. **Allgemeine Bestimmungen.**

(...)

Artikel 93.

[1] Österreich hat den beteiligten alliierten oder assoziierten Regierungen unverzüglich die Archive, Register, Pläne, Titel und Urkunden jeder Art zu übergeben, die den Zivil-, Militär-, Finanz-, Gerichts- oder sonstigen Verwaltungen der abgetretenen Gebieten gehören. Falls einzelne dieser Urkunden, Archive, Register, Titel oder Pläne weggeschafft worden wären, werden sie von Österreich auf Ersuchen der in Betracht kommenden alliierten und assoziierten Regierungen zurückgestellt.

[2] Falls die in Absatz 1 erwähnten, einen militärischen Charakter nicht aufweisenden Archive, Register, Pläne, Titel

concerneraient également les administrations autrichiennes et où, en conséquence, leur remise ne pourrait avoir lieu sans préjudice pour ces dernières, l'Autriche s'engage, sous condition de réciprocité, à en donner communication aux Gouvernements alliés et associés intéressés.

Partie VIII. **Réparations.**
Section I. **Dispositions générales.**

(...)

Article 184.

En sus des payements ci-dessus prévus, l'Autriche effectuera, en se conformant à la procédure établie par la Commission des réparations, la restitution en espèces des espèces enlevées, saisies ou séquestrées ainsi que la restitution des animaux, des objets de toute sorte et des valeurs enlevés, saisis ou séquestrés, dans les cas où il sera possible de les identifier soit sur les territoires appartenant à l'Autriche ou à ses alliés, soit sur les territoires restés en possession de l'Autriche ou de ses alliés jusqu'à la complète exécution du présent Traité.

Section II. **Dispositions particulières.**

Article 191.

Par application des dispositions de l'article 184 l'Autriche s'engage à rendre respectivement à chacune des Puissances, alliées et associées tous les actes, documents, objets d'antiquité et d'art, et tout matériel scientifique et bibliographique enlevés des territoires envahis, qu'ils appartiennent à l'État ou aux administrations provinciales, communales, hospitalières ou ecclésiastiques ou à d'autres institutions publiques ou privées.

oder Dokumente gleicherweise die österreichischen Verwaltungen betreffen würden und falls demzufolge ihre Übergabe nicht ohne Nachteil für letztere erfolgen könnte, verpflichtet sich Österreich unter der Bedingung der Gegenseitigkeit, hiervon den in Betracht kommenden alliierten und assoziierten Regierungen Mitteilung zu machen.

VIII. Teil. **Wiedergutmachungen.**
Abschnitt I. **Allgemeine Bestimmungen.**

(...)

Artikel 184.

Außer den oben vorgesehenen Zahlungen bewirkt Österreich gemäß dem vom Wiedergutmachungsausschuß bestimmten Verfahren die Rücklieferung in bar des weggeführten, beschlagnahmten oder sequestrierten Bargeldes, wie auch die Rücklieferung der weggeführten, beschlagnahmten oder sequestrierten Tiere, Gegenstände aller Art und Wertpapiere, falls es möglich ist, sie, sei es auf dem Gebiete Österreichs oder seiner Verbündeten, sei es auf den Gebieten, welche Österreich oder seinen Verbündeten bis zur vollständigen Durchführung des gegenwärtigen Vertrages verbleiben, festzustellen.

Abschnitt II. **Besondere Bestimmungen.**

Artikel 191.

In Anwendung der Bestimmungen des Artikels 184 verpflichtet sich Österreich, jeder einzelnen der alliierten und assoziierten Mächte alle Akten, Urkunden, Altertümer und Kunstgegenstände, sowie alles wissenschaftliche und bibliographische Material, das aus besetzten Gebieten weggebracht wurde, zurückzustellen, unbekümmert, ob es dem Staat, Provinz- oder Gemeindeverwaltungen, Spitälern, der Kirche oder anderen öffentlichen oder privaten Institutionen gehört.

Article 192.

[1] L'Autriche restituera également les choses de même nature que celles visées à l'article précédent, qui auront été enlevées, depuis le 1er juin 1914, des territoires cédés, exception faite des choses achetées à des propriétaires privés.

[2] La commission des réparations appliquera, s'il y a lieu, à ces choses les dispositions de l'article 208 de la Partie IX (Clauses financières) du présent Traité.

Article 193.

[1] L'Autriche rendra respectivement à chacun des Gouvernements alliés ou associés intéressés tous les actes, documents et mémoires historiques possédés par ses établissements publics, qui ont un rapport direct avec l'histoire des territoires cédés et qui en ont été éloignés pendant les dix dernières années. Cette dernière période, en ce qui concerne l'Italie, remontera à la date de la proclamation du Royaume (1861).

[2] Les nouveaux États nés de l'ancienne monarchie austro-hongroise et les États qui reçoivent une partie du territoire de cette monarchie, s'engagent, de leur côté, à rendre à l'Autriche les actes, documents et mémoires ne remontant pas à plus de vingt années, qui ont un rapport direct avec l'histoire ou l'administration du territoire autrichien et qui éventuellement se trouveront dans les territoires transférés.

Article 194.

L'Autriche reconnaît qu'elle reste tenue vis-à-vis de l'Italie à exécuter les obligations prévues par l'article XV du Traité de Zurich du 10 novembre 1859,

Artikel 192.

[1] Österreich stellt desgleichen alle Gegenstände der im vorigen Artikel bezeichneten Art zurück, die nach dem 1. Juni 1914 aus den abgetretenen Gebieten weggebracht worden sind, ausgenommen jedoch die von privaten Eigentümern gekauften Gegenstände.

[2] Der Wiedergutmachungsausschuß wird gegebenenfalls für diese Gegenstände die Bestimmungen des Artikels 208 des IX. Teiles des gegenwärtigen Vertrages (Finanzielle Bestimmungen) anwenden.

Artikel 193.

[1] Österreich stellt jeder der in Betracht kommenden alliierten oder assoziierten Regierungen alle im Besitz eines seiner öffentlichen Institute befindlichen Akten, Urkunden und historischen Aufzeichnungen zurück, die im unmittelbaren Zusammenhang mit der Geschichte der abgetretenen Gebiete stehen und während der letzten zehn Jahre von dort entfernt wurden. Die letzterwähnte Frist reicht, soweit Italien in Betracht kommt, bis zum Zeitpunkt der Proklamierung des Königreiches (1861) zurück.

[2] Die aus der ehemaligen österreich-ungarischen Monarchie entstandenen Staaten und jene Staaten, welche einen Teil des Gebietes dieser Monarchie erhalten, verpflichten sich ihrerseits, Österreich alle etwa in den den alliierten oder assoziierten Mächten abgetretenen Gebieten befindlichen Akten, Urkunden und Schriftstücke, die nicht weiter als 20 Jahre zurückreichen und in unmittelbarem Zusammenhang mit der Geschichte und der Verwaltung des neuen österreichischen Gebietes stehen, zurückzustellen.

Artikel 194.

Österreich erkennt an, daß es gegenüber Italien an die volle Durchführung der Verpflichtungen gebunden bleibt, die in den folgenden zwischen Italien und par l'article XVIII du Traité de Vienne du 3 octobre 1866 et par la Convention de Florence du 14 juillet 1868, conclus entre l'Italie et l'Autriche-Hongrie, en tant que les articles ainsi visés n'auraient pas encore, en fait, reçu exécution intégrale et en tant que les documents et objets auxquels ils se réfèrent se trouvent sur le territoire de l'Autriche ou de ses alliés.

Österreich-Ungarn geschlossenen Verträgen vorgesehen sind, und zwar im Artikel XV des Vertrages von Zürich vom 10. November 1859, im Artikel XVIII des Vertrages von Wien vom 3. Oktober 1866 und in dem Abkommen von Florenz vom 14. Juli 1868, insoweit, als die bezeichneten Artikel tatsächlich noch nicht vollständig ausgeführt worden wären und als sich die Urkunden und Gegenstände, auf welche sie sich beziehen, auf dem Gebiete Österreichs oder seiner Verbündeten befinden.

Article 195.

[1] Dans le délai de douze mois à dater de la mise en vigueur du présent Traité, un Comité de trois juristes, nommé par la Commission des réparations, examinera les conditions dans lesquelles ont été emportés, par la Maison de Habsbourg et par les autres Maisons ayant régné en Italie, les objets ou manuscrits en possession de l'Autriche et énumérés à l'Annexe I ci-jointe.

[2] Dans le cas où lesdits objets ou manuscrits auront été emportés en violation du droit des provinces italiennes, la Commission des réparations, sur le rapport du Comité susvisé, ordonnera leur restitution. L'Italie et l'Autriche s'engagent à reconnaître les décisions de la Commission.

[3] La Belgique, la Pologne et la Tchéco-Slovaquie seront également admises à présenter des demandes de restitution, qui seront examinées par le même Comité de trois juristes, en ce qui concerne les objets et documents énumérés respectivement aux Annexes II, III et IV ci-jointes. La Belgique, la Pologne, la Tchéco-Slovaquie et l'Autriche s'engagent à reconnaître

Artikel 195.

[1] Innerhalb eines Zeitraumes von zwölf Monaten nach Inkrafttreten des gegenwärtigen Vertrages hat ein Komitee von drei Juristen, das vom Wiedergutmachungsausschuß ernannt wird, die Umstände zu prüfen, unter welchen die im Besitze von Österreich befindlichen und im hier angeschlossenen Anhang I aufgezählten Gegenstände oder Handschriften vom Hause Habsburg und von den anderen Häusern, die in Italien geherrscht haben, weggebracht worden sind.

[2] Falls die genannten Gegenstände oder Handschriften in Verletzung des Rechtes der Provinzen Italiens fortgebracht worden sind, hat der Wiedergutmachungsausschuß, auf Grund des Berichtes des obgedachten Komitees, ihre Rückstellung anzuordnen. Italien und Österreich verpflichten sich, die Entscheidungen des Ausschusses anzuerkennen.

[3] Belgien, Polen und der Tschecho-Slowakei steht es gleicherweise frei, Ansprüche auf Rückstellung anzumelden, welche dasselbe Komitee von drei Juristen prüfen wird, und zwar bezüglich der in den hier angeschlossenen Anhängen II, III und IV aufgezählten Gegenstände und Urkunden. Belgien, Polen, die Tschecho-Slowakei und Österreich verpflichten

les décisions qui seront prises, sur le rapport dudit Comité, par la Commission des réparations.

Article 196.

En ce qui concerne tous objets ayant un caractère artistique, archéologique, scientifique ou historique et faisant partie de collections qui appartenaient anciennement au Gouvernement de la Monarchie austro-hongroise ou à la Couronne, lorsqu'ils ne font pas l'objet d'autres dispositions du présent Traité, l'Autriche s'engage :

a) à·négocier avec les États intéressés, lorsqu'elle en sera requise, un arrangement amiable en vertu duquel toutes parties desdites collections ou tous ceux des objets ci-dessus visés, qui devraient appartenir au patrimoine intellectuel des districts cédés, pourront être, à titre de réciprocité, rapatriés dans leurs districts d'origine, – et

b) à ne rien aliéner ou disperser desdites collections et à ne disposer d'aucun desdits objets pendant vingt années, à moins qu'un arrangement spécial ne soit intervenu avant l'expiration de ce délai, mais à assurer leur sécurité et leur bonne conservation et à les tenir, ainsi que les inventaires, catalogues et documents administratifs relatifs auxdites collections, à la disposition des étudiants ressortissants de chacune des Puissances alliées et associées.

sich, die Entscheidungen, die vom Wiedergutmachungsausschuß auf Grund des Berichtes des gedachten Komitees gefällt werden, anzuerkennen.

Artikel 196.

Was alle Gegenstände künstlerischen, archäologischen, wissenschaftlichen oder historischen Charakters anbelangt, welche einen Teil von Sammlungen bilden, die einstmals der Regierung oder der Krone der österreichisch-ungarischen Monarchie gehörten, und zwar insofern sie nicht etwa Gegenstand einer anderen Verfügung des gegenwärtigen Vertrages bilden, verpflichtet sich Österreich:

a) mit den beteiligten Staaten, sobald es darum ersucht wird, Verhandlungen wegen Abschlusses eines gütlichen Übereinkommens zu führen, kraft dessen alle jene Teile der genannten Sammlungen oder alle diejenigen unter den oberwähnten Gegenständen, die etwa zum Kulturbesitz der abgetretenen Gebiete gehören sollten – auf Grund der Gegenseitigkeit – in ihr Ursprungsland zurückgebracht werden können, und

b) von den in Rede stehenden Sammlungen während 20 Jahren nichts zu veräußern oder zu zerstreuen und keine Verfügung über irgendeinen der genannten Kunstgegenstände zu treffen, es würde denn vor Ablauf dieser Frist ein besonderes Übereinkommen abgeschlossen werden; dagegen deren Sicherheit und gute Erhaltung zu gewährleisten und dieselben ebenso wie die zu den genannten Sammlungen gehörigen Inventare, Kataloge und Verwaltungsschriften zur Verfügung der Studierenden irgendeiner der verbündeten und assoziierten Mächte zu halten.

Annexe I.

Toscane.

[1] Les bijoux de la Couronne (la partie qui en est restée après leur dispersion), les bijoux privés de la Princesse Électrice de Médicis, les médailles faisant partie de l'héritage des Médicis et d'autres objets précieux – tous de propriété domaniale selon des arrangements contractuels et dispositions testamentaires – transportées à Vienne pendant le XVIIIe siècle.

[2] Mobilier et vaisselle d'argent des Médicis et la gemme d'Aspasios en payement de dettes de la Maison d'Autriche envers la couronne de Toscane.

[3] Les anciens instruments d'astronomie et de physique de l'Académie del Cimento enlevés par la Maison de Lorraine et envoyés comme cadeau aux cousins de la Maison Impériale à Vienne.

Modène.

[1] Une „Vierge" par Andréa del Sarto et quatre dessins par le Corrège appartenant à la Pinacothèque de Modène, emportés en 1859 par le duc François V.

[2] Les trois manuscrits de la Bibliothèque de Modène : *Biblia Vulgata* (cod. lat. 422–23), *Breviarium romanum* (cod. lat. 424) et l'*Officium Beatae Virginis* (cod. lat. 262), emportés par le duc François V en 1859.

[3] Les bronzes emportés dans les mêmes conditions en 1859.

[4] Quelques objets, parmi lesquels deux tableaux par Salvator Rosa et un portrait par Dosso Dossi, revendiqués par le duc de Modène en 1868 comme condition d'exécution de la Convention du 20 juin 1868, et d'autres objets livrés en 1872 dans les mêmes circonstances.

Anlage I.

Toskana.

[1] Die Kronjuwelen (d. h. der nach ihrer Zerstreuung verbliebene Rest).

Die Privatjuwelen der Kurprinzessin von Medici, die zur Erbschaft des Hauses Medici gehörigen Medaillen und andere Wertgegenstände – alles Hauseigentum kraft vertragsmäßiger Übereinkommen und testamentarischer Bestimmungen – die im Verlaufe des XVIII. Jahrhunderts nach Wien gebracht worden sind.

[2] Das Mobiliar und Silbergerät der Medici und die Gemme des Aspasios (auf Rechnung von Schulden des Hauses Österreich an die Krone Toskana).

[3] Die alten astronomischen und physikalischen Instrumente der *Academia del Cimento*, die vom Hause Lothringen weggebracht und als Geschenk für die Vettern der kaiserlichen Familie nach Wien geschickt wurden.

Modena.

[1] Eine „Jungfrau" von Andrea del Sarto und vier Zeichnungen von Correggio, aus der Pinatothek von Modena, die 1859 vom Herzog Franz V. weggebracht wurden.

[2] Die drei Handschriften der Bibliothek von Modena: *Biblia Vulgata* (cod. lat. 422–23), *Brevarium Romanum* (cod. lat. 424) und das *Officium Beatae Virginis* (cod. lat. 262), die 1859 von Franz V. weggebracht wurden.

[3] Die unter den gleichen Umständen 1859 weggebrachten Bronzen.

[4] Einige Gegenstände, darunter zwei Bilder von Salvatore Rosa und ein Bildnis von Dosso Dossi, die 1868 von Herzog von Modena als Bedingung für die Durchführung der Konvention vom 20. Juni 1868 beansprucht wurden, und andere Gegenstände, die 1872 unter den gleichen Umständen ausgeliefert worden sind.

Palerme.

Les objets exécutés au XIIe siècle à Palerme par les Rois Normands, et qui étaient employés au couronnement des Empereurs; lesdits objets emportés de Palerme et se trouvant maintenant à Vienne.

Palermo.

Die Gegenstände, welche die normannischen Könige im Laufe des XII. Jahrhunderts in Palermo verfertigen ließen und welche bei den Kaiserkrönungen verwendet wurden; die genannten Gegenstände wurden aus Palermo weggebracht und befinden sich gegenwärtig in Wien.

Naples.

[1] 98 manuscrits enlevés de la bibliothèque de S. Giovanni à Carbonara et d'autres bibliothèques de Naples, en 1718, par ordre de l'Autriche, et transportés à Vienne.

[2] Divers documents emportés à différentes époques des Archives d'État de Milan, Mantoue, Venise, Modène et Florence.

Neapel.

[1] Achtundneunzig Handschriften, die 1718 auf österreichische Anordnung aus der Bibliothek von San Giovanni in Carbonara und aus andern Bibliotheken Neapels weggeschafft und nach Wien gebracht wurden.

[2] Einige zu verschiedentlichen Zeitpunkten aus den Staatsarchiven von Mailand, Mantua, Venedig, Modena und Florenz weggebrachte Urkunden.

Annexe II.

I. Le triptyque de Saint-Ildephonse, par Rubens, provenant de l'Abbaye de Saint Jacques-sur-Coudenberg, à Bruxelles, acheté en 1777 et transporté à Vienne.

II. Objets et documents enlevés de Belgique et transportés en Autriche, pour y être mis en sûreté, en 1794 :

a) Les armes, armures et autres objets provenant de l'ancien Arsenal de Bruxelles ;

b) Le Trésor de la Toison d'Or, jadis conservé à la Chapelle de la Cour de Bruxelles ;

c) Les coins des monnaies, médailles et jetons exécutés par Théodore Van Berckel, qui faisaient partie intégrante des archives de la Chambre des comptes établie à Bruxelles ;

Anlage II.

I. Das Triptychon des heiligen Ildefons von Rubens, das aus der Abtei *Saint Jacques sur Coudenberg* in Brüssel stammt und im Jahre 1777 gekauft und nach Wien gebracht wurde.

II. Gegenstände und Urkunden, welche im Jahre 1794 aus Belgien nach Österreich überführt wurden, um dort in Sicherheit verwahrt zu werden:

a) Die Waffen, Rüstungen und anderen aus dem ehemaligen Arsenal von Brüssel stammenden Gegenstände;

b) der Schatz des Goldenen Vließes, der ehemals in der Hofkapelle zu Brüssel aufbewahrt war;

c) die von Theodor van Berckel verfertigten Stempel von Münzen, Medaillen und Jetons, die einen wesentlichen Bestandteil des Archives der in Brüssel bestandenen Rechenkammer bildeten;

d) Les exemplaires manuscrits originaux de la „Carte chorographique" des Pays-Bas autrichiens, dressée de 1770 à 1777 par le Lieutenant-général Comte Jas de Ferraris et les documents relatifs à ladite carte.

d) Die handschriftlichen Originalausfertigungen der *„Carte chorographique"* der österreichischen Niederlande, die in den Jahren 1770 bis 1777 durch den Generalleutnant Grafen Jas de Ferraris bearbeitet wurden.

Annexe III.

[1] Objet enlevé des territoires faisant partie de la Pologne, depuis le premier démembrement de 1772 :

[2] La coupe en or du roi Ladislas IV, n° 1.114 du Musée de la Cour à Vienne.

Anlage III.

[1] Ein Gegenstand, der aus Gebietsteilen Polens (seit der ersten Teilung von 1772) weggeführt wurde:

[2] Die Goldschale des Königs Wladislaw IV., Nr. 1.114 des Hofmuseums zu Wien.

Annexe IV.

1° Documents, mémoires historiques, manuscrits, cartes, etc., revendiqués par l'État tchéco-slovaque et qui, par ordre de Marie-Thérèse, ont été emportés par Thaulow de Rosenthal.

2° Les documents provenant de la Chancellerie royale aulique et de la Chambre des Comptes aulique de Bohême, et objets d'art qui, faisant partie de l'installation du château royal de Prague et autres châteaux royaux de Bohême, ont été enlevés par les empereurs Mathias, Ferdinand II, Charles VI (vers 1718, 1723 et 1737) et François-Joseph 1er, et qui se trouvent actuellement dans les archives, châteaux impériaux, musées et autres établissements publics centraux à Vienne.

Anlage IV.

1. Die von dem tschecho-slowakischen Staat beanspruchten Urkunden, historischen Aufzeichnungen, Handschriften, Karten usw., die auf Anordnung Maria Theresias durch Taulow von Rosenthal weggebracht worden sind.

2. Die aus der königlich böhmischen Hofkanzlei und aus der böhmischen Hofrechenkammer stammenden Urkunden sowie Kunstgegenstände, welche einen Teil der Einrichtung des königlichen Schlosses zu Prag und anderer königlicher Schlösser in Böhmen bildeten, durch die Kaiser Matthias, Ferdinand II., Karl VI. (um 1718, 1723 und 1737) und Franz Joseph I. weggebracht wurden und sich gegenwärtig in den Archiven, kaiserlichen Schlössern, Museen und anderen öffentlichen Zentralinstituten in Wien befinden.

Partie IX. **Clauses Financières.**

(…)

Article 208.

[1] Les États auxquels un territoire de l'ancienne monarchie austro-hongroise a été transféré ou qui sont nés du démembrement de cette monarchie, acquerront tous biens et propriétés appartenant au

IX. Teil. **Finanzielle Bestimmungen.**

(…)

Artikel 208.

[1] Die Staaten, denen ein Gebiet der ehemaligen österreichisch-ungarischen Monarchie übertragen wurde oder die aus dem Zerfall dieser Monarchie entstanden sind, erwerben alles Gut und

Gouvernement autrichien, ancien ou actuel, et situés sur leurs territoires respectifs.

[2] Au sens du présent article, les biens et propriétés du Gouvernement autrichien, ancien ou actuel, seront considérés comme comprenant les biens appartenant à l'ancien Empire d'Autriche et les intérêts de cet Empire dans les biens qui appartenaient en commun à la monarchie austro-hongroise ainsi que toutes les propriétés de la Couronne, et que les biens privés de l'ancienne famille souveraine d'Autriche-Hongrie.

[3] Ces États ne pourront toutefois élever aucune prétention sur les biens et propriétés du Gouvernement, ancien ou actuel, de l'Autriche, situés en dehors de leurs territoires respectifs.

[4] La valeur des biens et propriétés acquis par les différents États, l'Autriche exceptée, sera fixée par la Commission des réparations pour être portée au débit de l'État acquéreur et au crédit de l'Autriche, à valoir sur les sommes dues au titre des réparations. La Commission des réparations devra également déduire de la valeur des propriétés publiques ainsi acquises une somme proportionnée à la contribution en espèces, en terre ou en matériel, fournie directement à l'occasion de ces propriétés par des provinces, communes ou autres autorités locales autonomes.

[7] Par exception aux dispositions ci-dessus, seront transférés sans payement :

1° Les biens et propriétés des provinces, communes et autres institutions locales autonomes de l'ancienne monarchie austro-hongroise, ainsi que les biens et pro-

alles Eigentum das der ehemaligen oder der gegenwärtigen österreichischen Regierung gehörte und auf ihren Gebieten gelegen ist.

[2] Im Sinne des gegenwärtigen Artikels gehören zum Besitz und Eigentum der ehemaligen oder gegenwärtigen österreichischen Regierung: das Vermögen des ehemaligen österreichischen Kaiserreiches, der Anteil dieses Reiches an dem gemeinsamen Besitz der österreichisch-ungarischen Monarchie, alle Krongüter sowie das Privatvermögen der ehemaligen österreichisch-ungarischen Herrscherfamilie.

[3] Auf die außerhalb ihrer Gebiete befindlichen Vermögenschaften und Eigentumsobjekte der ehemaligen oder gegenwärtigen österreichischen Regierung können jedoch diese Staaten keinerlei Anspruch erheben.

[4] Der Wiedergutmachungsausschuß bestimmt den Wert des seitens der verschiedenen Staaten, ausschließlich Österreichs, erworbenen Besitzes und Eigentums; diese Werte werden dem übernehmenden Staate angelastet und der Republik Österreich in Anrechnung auf die Wiedergutmachungsschuld gutgeschrieben. Vom Werte des solcherart erworbenen öffentlichen Besitzes hat der Wiedergutmachungsausschuß weiters einen Betrag abzuziehen, welcher dem Beitrag entspricht, den Provinzen, Gemeinden oder andere lokale Selbstverwaltungskörper für diesen Besitz in Geld, Grund und Boden oder Materialien unmittelbar geleistet haben.

[7] Abweichend von obigen Bestimmungen sind ohne Bezahlung zu übertragen:

1. Besitz und Eigentum der Länder, Gemeinden und anderen lokalen Selbstverwaltungskörper der ehemaligen österreichisch-ungarischen Monarchie sowie der Besitz und

priétés en Bosnie-Herzégovine qui n'appartenaient pas à l'ancienne monarchie austro-hongroise ;

2° Les écoles et les hôpitaux, propriétés de l'ancienne monarchie austro-hongroise ;

3° Les forêts qui appartenaient à l'ancien royaume de Pologne.

[8] En outre et après autorisation de la Commission des réparations, les États visés à l'alinéa premier et auxquels des territoires ont été transférés pourront acquérir sans payement, tous les immeubles ou autres biens situés sur les territoires respectifs et ayant précédemment appartenu aux Royaumes de Bohème, de Pologne ou de Croatie-Slavonie-Dalmatie ou à la Bosnie-Herzégovine ou aux Républiques de Raguse, de Venise ou aux Principautés épiscopales de Trente et de Bressanone et dont la principale valeur consiste dans les souvenirs historiques qui s'y rattachent.

das Eigentum in Bosnien-Herzegowina, die nicht dieser Monarchie gehörten.

2. Die der ehemaligen österreichisch-ungarischen Monarchie gehörenden Schulen und Spitäler.

3. Die dem ehemaligen Königreich Polen gehörenden Waldungen.

[8] Außerdem können mit Ermächtigung des Wiedergutmachungsausschusses die im ersten Absatz bezeichneten Staaten, denen Gebiete übertragen wurden, alle Immobilien oder andere in den betreffenden Gebieten gelegene Güter, welche früher den Königreichen Böhmen, Polen oder Kroatien-Slawonien-Dalmatien oder Bosnien-Herzegowina oder den Republiken Ragusa oder Venedig oder den Fürstbistümern Trient oder Brixen gehörten, ohne Zahlung erwerben, sofern ihr hauptsächlicher Wert in historischen Erinnerungen besteht, die sich an das Objekt knüpfen.

Partie X. **Clauses économiques.**
Section VIII. **Dispositions spéciales aux territoires transférés.**

(...)

Article 273.

Des conventions particulières règleront la répartition des biens qui appartiennent à des collectivités ou à des personnes morales publiques exerçant leur activité sur des territoires divisés par suite du présent Traité.

X. Teil. **Wirtschaftliche Bestimmungen.**
Abschnitt VIII. **Sonderbestimmungen für übertragene Gebiete.**

(...)

Artikel 273.

Die Verteilung von Gütern, die Vereinigungen oder öffentlich-rechtlichen juristischen Personen gehören, welche ihre Tätigkeit auf Gebieten, die durch den gegenwärtigen Vertrag zerschnitten werden, ausgeübt haben, wird durch Sonderabkommen geregelt werden.

Literaturverzeichnis

ADAMOVICH, LUDWIG, Grundriss des Tschechoslowakischen Staatsrechtes, Wien 1929.

ADAMOVICH, LUDWIG K./FUNK, BERND-CHRISTIAN, Österreichisches Verfassungsrecht, 3. Aufl., Wien/New York 1985.

ALEXY, ROBERT, Theorie der Grundrechte, Frankfurt 1985 (zit.: ALEXY, Theorie der Grundrechte).

ALEXY, ROBERT, Rechtsregeln und Rechtsprinzipien, in: Alexy, Robert/Koch, Hans-Joachim/Kuhlen, Lothar/Rüssmann, Helmut (Hrsg.), Elemente einer juristischen Begründungslehre, Baden-Baden 2003, S. 217–233 (zit.: ALEXY, Rechtsregeln und Rechtsprinzipien).

ANDRÁSSY, JULIUS GRAF, Ungarns Ausgleich mit Österreich vom Jahre 1867, Leipzig 1897.

ANZILOTTI, DIONISIO, Lehrbuch des Völkerrechts, Bd. 1, 3. Aufl. (Übersetzung), Berlin/Leipzig 1929.

APPONYI, ALBERT GRAF, Die verfassungsrechtliche Entwicklung Ungarns, Drei Vorträge, Budapest 1927.

AUER, LEOPOLD, Staatennachfolge bei Archiven, Archives et Bibliothèques de Belgique 57 (1987), S. 51–68 (zit.: AUER, Staatennachfolge).

AUER, LEOPOLD, Standardizing Archival Terminology, Beitrag zum 12. Internationalen Archivkongress (Montreal, 6.–11. September 1992), Archivum 39 (1994), S. 180–186 (zit.: AUER, Standardizing Archival Terminology).

AUER, LEOPOLD/THOMAS, CHRISTIANE, The Austro-Yugoslavian Convention on Archives, A Case Study in State Succession, Information Development 1/3 (1985), S. 169–175.

BAER, STEPHANIE, Der Zerfall Jugoslawiens im Lichte des Völkerrechts, Frankfurt 1995.

BALTL, HERMANN/KOCHER, GERNOT, Österreichische Rechtsgeschichte, Von den Anfängen bis zur Gegenwart, 10. Aufl., Graz 2004.

BANSLEBEN, MANFRED, Das österreichische Reparationsproblem auf der Pariser Friedenskonferenz, Wien/Köln/Graz 1988.

BAUFELD, STEFAN, Kulturgutbeschlagnahmen in bewaffneten Konflikten, ihre Rückabwicklung und der deutsch-russische Streit um die so genannte Beutekunst, Dresden 2004.

BECK, FRIEDRICH, Provenienz und Bestandsbildung bei Urkundenbeständen im Brandenburgischen Landeshauptarchiv, in: Oldenhage, Klaus/Schreyer, Hermann/Wolfram Werner (Hrsg), Archiv und Geschichte, Festschrift für Friedrich P. Kahlenberg, Düsseldorf 2000, S. 76–94.

BERBER, FRIEDRICH, Lehrbuch des Völkerrechts, Bd. 1, Allgemeines Friedensrecht, 2. Aufl., München 1975 (zit.: BERBER, Bd. 1).

BERBER, FRIEDRICH, Lehrbuch des Völkerrechts, Bd. 2, Kriegsrecht, 2. Aufl., München 1969 (zit.: BERBER, Bd. 2).

BERCHTOLD, KLAUS, Verfassungsgeschichte der Republik Österreich, Band I, 1918–1933, Fünfzehn Jahre Verfassungskampf, Wien 1998.

BÉRENGER, JEAN, L'histoire de l'empire des Habsbourg, Paris 1990.

BERNATZIK, EDMUND (Hrsg.), Die österreichischen Verfassungsgesetze mit Erläuterungen, 2. Aufl., Wien 1911.

BERNHARDT, RUDOLF, Ungeschriebenes Völkerrecht, Zeitschrift für ausländisches öffentliches Recht und Völkerrecht 36 (1976), S. 50–76.

BEYERLIN, ULRICH, Pactum de contrahendo und pactum de negotiando im Völkerrecht, Zeitschrift für ausländisches öffentliches Recht und Völkerrecht 36 (1976), S. 407–443.

BIHL, WOLFDIETER, Von der Donaumonarchie zur zweiten Republik, Daten zur österreichischen Geschichte seit 1867, Wien/Köln 1989.

BINDSCHEDLER, RUDOLF, Diskussionsbeitrag zu KORDT und ZEMANEK, Gegenwärtige Fragen der Staatensukzession, in: Kordt, Erich/Zemanek, Karl (Hrsg.), Gegenwärtige Fragen der Staatensukzession, Verhandlungen der 8. Tagung der Deutschen Gesellschaft für Völkerrecht in Würzburg vom 28. bis 30. April 1963, Karlsruhe 1964, S. 109–112.

BITTNER, LUDWIG, Die zwischenstaatlichen Verhandlungen über das Schicksal der österreichischen Archive nach dem Zusammenbruch Österreich-Ungarns, Archiv für Politik und Geschichte IV (1925), S. 58–96 (zit.: BITTNER, Zwischenstaatliche Verhandlungen).

BITTNER, LUDWIG, Das Wiener Haus-, Hof- und Staatsarchiv in der Nachkriegszeit, Archivalische Zeitschrift 35 (1925), S. 141–203 (zit.: BITTNER, Haus-, Hof- und Staatsarchiv).

BLEIBER, FRITZ, Der Völkerbund, Die Entstehung der Völkerbundsatzung, Stuttgart 1939.

BLOCKMANS, WILLEM P., Goldenes Vlies, Orden vom, in: Lexikon des Mittelalters, Bd. 4., München/Zürich 1989, Sp. 1545–1546.

BLUME, ARVID, Nationalität von Kulturgut, eine internationale Betrachtung, Hamburg 2007.

BOCCHI, FRANCESCA, d'Este, in: Lexikon des Mittelalters, Bd. 4., München/Zürich 1989, Sp. 27–32.

BOGUSLAVSKY, MARK M., Der Begriff des Kulturguts und seine rechtliche Relevanz, in: Dolzer, Rudolf/Jayme, Erik/Mußgnug, Reinhard (Hrsg.), Rechtsfragen des internationalen Kulturgüterschutzes, Symposium vom 22./23. Juni 1990 im Internationalen Wissenschaftsforum Heidelberg, Heidelberg 1994, S. 3–12 (zit.: BOGUSLAVSKY, Begriff des Kulturguts).

BOGUSLAVSKY, MARK M., Contemporary Legal Problems of Return of Cultural Property to its Country of Origin in Russia and the Confederation of Independent States, International Journal of Cultural Property 1 (1994), S. 243–256 (zit.: BOGUSLAVSKY, Legal Problems).

BOKOR-SZEGÕ, HANNA, Questions of State Identity and State Succession in Eastern and Central Europe, in: Mrak, Mojmir (Hrsg.), Succession of States, Den Haag 1999, S. 95–107.

BOTHE, MICHAEL/SCHMIDT, CHRISTIAN, Sur quelques questions des successions posées par la dissolution de l'URSS et celle de la Yougoslavie, Revue Générale de Droit International Public 96 (1992) 4, S. 811–842.

BRANDES, DETLEF, Die Tschechoslowakei und die Pariser Vororteverträge, in: Krumeich, Gerd (Hrsg.), Versailles 1919, Ziele–Wirkung–Wahrnehmung, Essen 2001, S. 174–192.

VON BRANDT, AHASVER, Werkzeug des Historikers, Eine Einführung in die Historischen Hilfswissenschaften, 17. Aufl., Stuttgart 2007.

BRAUNE, HEINZ, Denkmalpflege im besetzten Gebiet von Rumänien, in: Clemen, Paul (Hrsg.), Kunstschutz im Kriege, Berichte über den Zustand der Kunstdenkmäler auf den verschiedenen Kriegsschauplätzen und über die deutschen und österreichischen Massnahmen zu ihrer Erhaltung, Rettung, Erforschung, Zweiter Band, Die Kriegsschauplätze in Italien, im Osten und Südosten, Leipzig 1919, S. 137–145.

BRAUNEDER, WILHELM, Österreichische Verfassungsgeschichte, 10. Aufl., Wien 2005.

BRENNEKE, ADOLF, Archivkunde, Ein Beitrag zur Theorie und Geschichte des europäischen Archivwesens, bearbeitet von Leesch, Wolfgang, Leipzig 1953, Nachdruck München/New York/London/Paris 1988.

BRIDGE, FRANCIS ROY, Österreich (-Ungarn) unter den Grossmächten, in: Wandruszka, Adam/Urbanitsch, Peter (Hrsg.), Die Habsburgermonarchie 1848–1918, Band VI/1, Die Habsburgermonarchie im System der internationalen Beziehungen, Wien 1989, S. 196–373.

BROWNLIE, IAN, Principles of Public International Law, 7. Aufl., Oxford 2008.

BUHSE, KARL HEINRICH, Der Schutz von Kulturgut im Krieg, Unter besonderer Berücksichtigung der Konvention zum Schutze des Kulturgutes im Falle eines bewaffneten Konfliktes vom 14. Mai 1954, Hamburg 1959.

CAFLISCH, LUCIUS, The Law of State Succession, Theoretical Observations, Netherlands International Law Review X (1963), S. 337–366.

CANSACCHI, GIORGIO, Identité et Continuité des Sujets Internationaux, in: Receuil des Cours 130 (1970) II, S. 1–94.

CITRA 1993–1995, International Council on Archives/Conseil International des Archives, L'Interdépendance des archives/Interdependence of archives, actes des vingt-neuvième, trentième et trente et unième conférences internationales de la table ronde des archives, XXIX Mexico 1993, XXX Thessaloniki 1994, XXXI Washington 1995/proceedings of the twenty-nineth, thirtieth and thirty first International Conferences of the Round Table on Archives, XXIX Mexico 1993, XXX Thessaloniki 1994, XXXI Washington 1995, Washington 1995/Dordrecht 1998 (zit.: CITRA 1993–1995).

CRAVEN, MATTHEW C.R., The Problem of State Succession and the Identity under International Law, European Journal of International Law 9 (1998), S. 142–162.

CURATO, FEDERICO, Die österreichisch-italienischen Beziehungen auf der Pariser Friedenskonferenz 1919, in: Wandruszka Adam/Jedlicka Ludwig (Hrsg.), Innsbruck-Venedig, österreichisch-italienisches Historikertreffen 1971 und 1972, Wien 1975, S. 119–147.

CZAPLINSKI, WLADYSLAW, La continuité, l'identité et la succession d'Etats, évaluation de cas récents, Revue Belge de Droit International 26 (1993), S. 374–392 (zit.: CZAPLINSKI, Continuité).

CZAPLINSKI, WLADYSLAW, Equity und Equitable Principles in the Law of State Succession, in: Mrak, Mojmir (Hrsg.), Succession of States, Den Haag 1999, S. 61–73 (zit.: CZAPLINSKI, Equity).

DAHLMANN, DITTMAR, Die Bedeutung der Pariser Friedensverträge für Jugoslawien und Ungarn, in: Krumeich, Gerd (Hrsg), Versailles 1919, Ziele–Wirkung–Wahrnehmung, Essen 2001, S. 193–201.

DAHM, GEORG, Völkerrecht, Bd. II, Stuttgart 1961.

DAHM, GEORG/DELBRÜCK, JOST/WOLFRUM, RÜDIGER, Völkerrecht, Bd. I/1, Die Grundlagen, Die Völkerrechtssubjekte, 2. Aufl., Berlin 1989 (zit.: DAHM/DELBRÜCK/WOLFRUM, Bd. I/1).

DAHM, GEORG/DELBRÜCK, JOST/WOLFRUM, RÜDIGER, Völkerrecht, Bd. I/3, Die Formen des völkerrechtlichen Handelns, Die inhaltliche Ordnung der internationalen Gemeinschaft, 2. Aufl., Berlin 2002 (zit.: DAHM/DELBRÜCK/WOLFRUM, Bd. I/3).

DAILLIER, PATRICK/PELLET, ALAIN, Droit International Public, 7. Aufl., Paris 1992.

DEÁK, FRANCIS, Hungary at the Paris Peace Conference, The Diplomatic History of the Treaty of Trianon, New York 1942.

DEÉR, JOSEF, Die heilige Krone Ungarns, Graz/Wien/Köln 1966.

DEGAN, VLADIMIR-DJURO, State Succession, Especially in Respect of State Property and Debts, Finnish Yearbook of International Law IV (1993), S. 130–192 (zit.: DEGAN, State Succession).

DEGAN, VLADIMIR-DJURO, Disagreements over the Definition of State Property in the Process of State Succession of the Former Yugoslavia, in: Mrak, Mojmir (Hrsg.), Succession of States, Den Haag 1999, S. 33–60 (zit.: DEGAN, Disagreements).

DOEHRING, KARL, Völkerrecht, Ein Lehrbuch, 2. Aufl., Heidelberg 2004.

DÖRR, OLIVER, Die Inkorporation als Tatbestand der Staatensukzession, Berlin 1995.

DRONOVA, NATALIA V., The Division of State Property in the Case of State Succession in the Former Soviet Union, in: Eisemann, Pierre Michel/Koskenniemi, Martti (Hrsg.), La succession d'Etats, la codification à l'épreuve des faits = State succession, codification tested against the facts, Den Haag 2000, S. 781–826.

DVOŘÁK, MAX, Einrichtungen des Kunstschutzes in Österreich, in: Clemen, Paul (Hrsg.), Kunstschutz im Kriege, Berichte über den Zustand der Kunstdenkmäler auf den verschiedenen Kriegsschauplätzen und über die deutschen und österreichischen Massnahmen zu ihrer Erhaltung, Rettung, Erforschung, Zweiter Band, Die Kriegsschauplätze in Italien, im Osten und Südosten, Leipzig 1919, S. 1–10.

EBENROTH, CARSTEN THOMAS, Staatensukzession und Internationales Privatrecht, in: Fastenrath, Ulrich/Schweisfurth, Theodor/Ebenroth, Carsten Thomas, Das Recht der Staatensukzession, Referate und Thesen mit Diskussion der 24. Tagung der Deutschen Gesellschaft für Völkerrecht in Leipzig im April 1995, Heidelberg 1996, S. 235–345.

EISENMANN, LOUIS, Le compromis austro-hongrois de 1867, étude sur le dualisme, Paris 1904.

ENDERS, GERHART, Archivverwaltungslehre, 3. Aufl., Berlin 1968, Nachdruck, Leipzig 2004.

ENGSTLER, LUDWIG, Die Territoriale Bindung von Kulturgütern im Rahmen des Völkerrechts, Köln/Berlin/Bonn/München 1964.

ENTINE, LEV, La Communauté des Etats Indépendants (CEI), Chronique de sa Création et de son Evolution, Revue Belge de Droit International 26 (1993), S. 614–633.

ERBE, MICHAEL, Die Habsburger 1493–1918, Eine Dynastie im Reich und in Europa, Stuttgart 2000.

EVANS, ROBERT J. W., Rudolf II., Prag und Europa um 1600, in: Prag um 1600, Kunst und Kultur am Hofe Rudolfs II., Freren 1988, S. 27–37.

FASTENRATH, ULRICH, Lücken im Völkerrecht, Zu Rechtscharakter, Quellen, Systemzusammenhang, Methodenlehre und Funktionen des Völkerrechts, Berlin 1991 (zit.: FASTENRATH, Lücken im Völkerrecht).

FASTENRATH, ULRICH, Der deutsche Einigungsvertrag im Lichte des Rechts der Staatennachfolge, Austrian Journal of Public International Law 44 (1992), S. 1–54 (zit.: FASTENRATH, Deutscher Einigungsvertrag).

FASTENRATH, ULRICH, Das Recht der Staatensukzession, in: Fastenrath, Ulrich/Schweisfurth, Theodor/Ebenroth, Carsten Thomas, Das Recht der Staatensukzession, Referate und Thesen mit Diskussion der 24. Tagung der Deutschen Gesellschaft für Völkerrecht in Leipzig im April 1995, Heidelberg 1996, S. 9–48 (zit.: FASTENRATH, Recht der Staatensukzession).

FASTENRATH, ULRICH, Das Recht der Staatennachfolge, in: Neuhold, Hanspeter/Simma, Bruno (Hrsg), Neues europäisches Völkerrecht nach dem Ende des Ost-West-Konfliktes?, Baden Baden 1996, S. 65–81 (FASTENRATH, in: Neuhold/Simma).

FECHNER, FRANK, Prinzipien des Kulturgüterschutzes, in: Fechner, Frank/Oppermann, Thomas/Prott, Lyndel V. (Hrsg.), Prinzipien des Kulturgüterschutzes, Ansätze im deutschen, europäischen und internationalen Recht, Berlin 1996, S. 11–46.

FELLNER, FRITZ, Die Pariser Vororteverträge von 1919/1920, in: Bosl, Karl (Hrsg.), Versailles–St-Germain–Trianon, Umbruch in Europa vor fünfzig Jahren, Wien 1971, S. 7–24 und Diskussionsbeitrag S. 167–174 (zit.: FELLNER, Vororteverträge).

FELLNER, FRITZ, Der Vertrag von St-Germain, in: Weinzierl, Erika/Skalnik, Kurt (Hrsg.), Österreich 1918–1938, Geschichte der Ersten Republik, Bd. 1, Graz/Wien/Köln 1983, S. 85–106 (zit.: FELLNER, Vertrag von St-Germain).

FIEDLER, WILFRIED, Staatskontinuität und Verfassungsrechtsprechung, Zum Begriff der Kontinuität des deutschen Staatswesens, unter besonderer Berücksichtigung der Rechtsprechung des Bundesverfassungsgerichts, Freiburg i.B. 1970 (zit.: FIEDLER, Staatskontinuität).

FIEDLER, WILFRIED, Das Kontinuitätsproblem im Völkerrecht, Zum funktionalen Zusammenhang zwischen Völkerrecht, Staatsrecht und Politik, Freiburg/München 1978 (zit.: FIEDLER, Kontinuitätsproblem).

FIEDLER, WILFRIED, Die Konventionen zum Recht der Staatensukzession, Ein Beitrag der ILC zur Entwicklung eines «modern international law»?, German Yearbook of International Law 24 (1981), S. 9–62 (zit.: FIEDLER, Konventionen).

FIEDLER, WILFRIED, Rückführung und Schutz von Kulturgütern im geltenden Völkerrecht, Politik und Kultur 5 (1987), S. 19–38 (zit.: FIEDLER, Rückführung und Schutz).

FIEDLER, WILFRIED, Zur Entwicklung des Völkergewohnheitsrechts im Bereich des internationalen Kulturgüterschutzes, in: Hailbronner, Kay/Ress, Georg/Stein, Torsten (Hrsg.), Staat und Völkerrechtsordnung, Festschrift für Karl Doehring, Berlin/Heidelberg/New York 1989, S. 199–218 (zit.: FIEDLER, Entwicklung des Völkergewohnheitsrechts).

FIEDLER, WILFRIED, Neue völkerrechtliche Ansätze des Kulturgüterschutzes, in: Reichelt, Gerte (Hrsg.), Internationaler Kulturgüterschutz, Wiener Symposium 1990, Wien 1992, S. 69–79 (zit.: FIEDLER, Völkerrechtliche Ansätze).

FIEDLER, WILFRIED, Die Kontinuität des deutschen Staatswesens im Jahr 1990, Zur Einwirkung des Völkerrechts auf Verfassungslagen, AVR 31 (1993), S. 333–352 (zit.: FIEDLER, Kontinuität).

FIEDLER, WILFRIED, Der Zeitfaktor im Recht der Staatensukzession, in: Haller, Herbert/Kopetzki, Christian/Novak, Richard/Paulson, Stanley L./Raschauer, Bernhard/Ress, Georg/Wiederin, Ewald (Hrsg.), Staat und Recht, Festschrift für Günther Winkler, Wien 1997, S. 217–235 (zit.: FIEDLER, Zeitfaktor im Recht).

FIEDLER, WILFRIED, Entwicklungslinien im Recht der Staatensukzession, in: Hafner, Gerhard/Loibl, Gerhard/Rest, Alfred/Sucharipa-Behrmann, Lilly/Zemanek, Karl (Hrsg.), Liber amicorum Professor Ignaz Seidl-Hohenveldern in honour of his 80th birthday, Den Haag 1998, S. 133–155 (zit.: FIEDLER, Entwicklungslinien).

FIEDLER, WILFRIED, State Succession, in: Bernhardt, Rudolf (Hrsg.), Encylopedia of Public International Law, Vol. IV, Amsterdam/London/New York/Oxford/Paris/Shannon/Tokyo 2000, S. 641–656 (zit.: FIEDLER, State Succession).

FILLITZ, HERMANN, Katalog der Weltlichen und der Geistlichen Schatzkammer, 5. Aufl., Wien 1971 (zit.: FILLITZ, Katalog der Schatzkammer).

FILLITZ, HERMANN, Weltliche und Geistliche Schatzkammer, in: Führer durch die Sammlungen des Kunsthistorischen Museums, 5. Aufl., Wien 1975, S. 111–120 (zit.: FILLITZ, Weltliche und Geistliche Schatzkammer).

FISCHER, PETER/KÖCK, HERIBERT FRANZ, Völkerrecht, Das Recht der universellen Staatengemeinschaft, 6. Aufl., Wien 2004.

FITSCHEN, THOMAS, Das rechtliche Schicksal von staatlichen Akten und Archiven bei einem Wechsel der Herrschaft über Staatsgebiet, Saarbrücken 2003 (zit.: FITSCHEN, Rechtliches Schicksal).

FITSCHEN, THOMAS, «Archive» im modernen Völkervertragsrecht – ein problematischer (Rechts-)Begriff, Der Archivar 58 (2005), S. 255–259 (zit.: FITSCHEN, «Archive» im modernen Völkervertragsrecht).

FITZMAURICE, G.G., The Juridical Clauses of the Peace Treaties, Recueil des Cours 73 (1948) II, S. 259–367.

FRANZ, ECKHART G., Einführung in die Archivkunde, 7. Auflage, Darmstadt 2007.

FREISE, URSULA, Die Tätigkeit der alliierten Kommissionen in Wien nach dem Ersten Weltkrieg, Wien 1963.

FROEHLICH, GEORG, Die Wirkungen des Staatsvertrages von St-Germain auf unsere Verfassung, Zeitschrift für öffentliches Recht I (1968), S. 403–432.

FUNK, BERND-CHRISTIAN, Einführung in das österreichische Verfassungsrecht, 12. Aufl., Graz 2006.

GALÁNTAI, JÓZSEF, Die Österreichisch-Ungarische Monarchie und der Weltkrieg, Budapest 1979.

GARAMVÖLGYI, JUDIT, Quellen zur Genesis des ungarischen Ausgleichsgesetzes von 1867, Der «österreichisch-ungarische Ausgleich» von 1867, München 1979.

GATTINI, ANDREA, Restitution by Russia of Works of Art Removed from German Territory at the End of the Second World War, European Journal of International Law 7 (1996), S. 1–88.

GEROLA, GIUSEPPE, Per la reintegrazione delle raccolte trentine spogliate dall' Austria, Estratto dalla Rivista, Florenz 1918.

GNIRS, ANTON, Die Denkmalpflege an der österreichischen Isonzofront in der Zeit des italienischen Feldzuges 1915–18, in: Clemen, Paul (Hrsg.), Kunstschutz im Kriege, Berichte über den Zustand der Kunstdenkmäler auf den verschiedenen Kriegsschauplätzen und über die deutschen und österreichischen Massnahmen zu ihrer Erhaltung, Rettung, Erforschung, Zweiter Band, Die Kriegsschauplätze in Italien, im Osten und Südosten, Leipzig 1919, S. 11–22.

GOLDINGER, WALTER/BINDER, DIETER A., Geschichte der Republik Österreich 1918–1938, Wien 1992.

GORNIG, GILBERT H., Der internationale Kulturgüterschutz, in: Gornig, Gilbert H./Horn, Hans-Detlef/Murswiek, Dietrich (Hrsg.), Kulturgüterschutz – internationale und nationale Aspekte, Berlin 2007, S. 17–63.

GOSEWINKEL, DIETER/MASING, JOHANNES, Die Verfassungen in Europa 1789–1949, Wissenschaftliche Textedition unter Einschluss sämtlicher Änderungen und Ergänzungen sowie mit Dokumenten aus der englischen und amerikanischen Verfassungsgeschichte, München 2006.

GRAUTOFF, OTTO, Die Denkmalpflege im Urteil des Auslandes, in: Clemen, Paul (Hrsg.), Kunstschutz im Kriege, Berichte über den Zustand der Kunstdenkmäler auf den verschiedenen Kriegsschauplätzen und über die deutschen und österreichischen Massnahmen zu ihrer Erhaltung, Rettung, Erforschung, Erster Band, Die Westfront, Leipzig 1919, S. 111–140.

GRIMSTED, PATRICIA KENNEDY, Trophies of war and empire, The Archival Heritage of Ukraine, World War II and the International Politics of Restitution, Cambridge (Mass.) 2001.

GRUBER, ANNIE, Le droit international de la succession d'états, Paris 1986.

GUGGENHEIM, PAUL, Beiträge zur völkerrechtlichen Lehre vom Staatenwechsel (Staatensukzession), Versuch theoretischer Grundlegung unter Hinzuziehung neuerer Staatenpraxis, Berlin 1925 (zit.: GUGGENHEIM, Beiträge zur völkerrechtlichen Lehre).

GUGGENHEIM, PAUL, Der Völkerbund, Systematische Darstellung seiner Gestaltung in der politischen und rechtlichen Wirklichkeit, Leipzig/Berlin 1932 (zit.: GUGGENHEIM, Völkerbund).

GUGGENHEIM, PAUL, Lehrbuch des Völkerrechts, Bd. I, Basel 1948 (zit.: GUGGENHEIM, Lehrbuch des Völkerrechts).

GUGGENHEIM, PAUL, Répertoire suisse de droit international public, Documentation concernant la pratique de la Confédération en matière de droit international public 1914–1939, Bd. 3, Basel 1975 (zit.: GUGGENHEIM, Répertoire suisse).

HAAS, HANNS, Österreich-Ungarn als Friedensproblem, Aspekte der Friedensregelung auf dem Gebiet der Habsburgermonarchie in den Jahren 1918–1919, 2 Bde., Salzburg 1968 (zit.: HAAS, Österreich-Ungarn als Friedensproblem).

HAAS, HANNS, Das Ende der Habsburgermonarchie, in: Embacher, Helga/Haas, Hanns/Natmessnig, Charlotte (Hrsg.), Vom Zerfall der Grossreiche zur Europäischen Union, Integrationsmodelle im 20. Jahrhundert, Mitteilungen des Österreichischen Staatsarchivs, Sonderband 5, Wien 2000 (zit.: HAAS, Ende der Habsburgermonarchie).

HADLER, FRANK, Tschechoslowakei, in: Hirschfeld, Gerhard/Krumeich, Gerd/Renz, Irina (Hrsg.), Enzyklopädie Erster Weltkrieg, Zürich 2003, S. 929–930.

HAMMER, ANDREAS, Staatenfolge und Staatennachfolge, Theorie und Praxis der Nachfolge in öffentliche Schulden, Baden-Baden 2006.

HANÁK, PÉTER, Die bürgerliche Umgestaltung der Habsburger Monarchie und der Ausgleich, in: Holotík, l'Udovít (Hrsg.), Der österreich-ungarische Ausgleich 1867, Materialien (Referate und Diskussion) der internationalen Konferenz in Bratislava 28.8.–1.9.1967, Bratislava 1971, S. 323–352 (zit.: HANÁK, Bürgerliche Umgestaltung).

HANÁK, PÉTER, Das Zeitalter des Dualismus (1867–1919), in: Barta, István/Berend, Iván T./Hanák, Péter/Lackó, Miklós/Makkai, Lászlo/Nagy, Zsuzsa L./Ránki, György (Hrsg.), Die Geschichte Ungarns, Budapest 1971, S. 379–495 (zit.: HANÁK, Zeitalter des Dualismus).

HANÁK, PÉTER, Ungarn in der Donau-Monarchie, Probleme der bürgerlichen Umgestaltung eines Vielvölkerstaates, aus dem Ungarischen übertragen von Galambosi, Agnes, Wien 1984 (zit.: HANÁK, Ungarn in der Donau-Monarchie).

HARTUNG, HANNES, Kunstraub in Krieg und Verfolgung, Die Restitution der Beute- und Raubkunst im Kollisions- und Völkerrecht, Zürich 2004.

HASELSTEINER, HORST/SZÁVAI, FERENC (Hrsg.), Dokumente des österreichisch-ungarischen Schiedsgerichtes von Lausanne 1930–1938, Frankfurt a.M./Berlin/Bern/Bruxelles/New York/Oxford/Wien 2001.

HAUPT, HERBERT, Das Kunsthistorische Museum, Die Geschichte des Hauses am Ring, Hundert Jahre im Spiegel historischer Ereignisse, Wien 1991.

HEADLAM-MORLEY, JAMES, A Memoir of the Paris Peace Conference 1919, Headlam-Morley, Agnes/Bryant, Russell/Cienciala, Anna (Hrsg.), London 1972.

HECKER, HANS, Polen, in: Hirschfeld, Gerhard/Krumeich, Gerd/Renz, Irina (Hrsg.), Enzyklopädie Erster Weltkrieg, Zürich 2003, S. 777–779.

HEFEL, ERNST, Die estensischen Sammlungen des Hauses Oesterreich-Este, Zur Abwehr der italienischen Ansprüche, Zürich/Leipzig/Wien 1919.

Hellbling, Ernst C., Das österreichische Gesetz vom Jahre 1867 über die gemeinsamen Angelegenheiten der Monarchie, in: Berger, Peter (Gesamtredaktion), Der österreichisch-ungarische Ausgleich von 1867, Vorgeschichte und Wirkungen, Wien/München 1967, S. 64–87 (zit.: Hellbling, Österreichisches Gesetz).

Hellbling, Ernst C., Österreichische Verfassungs- und Verwaltungsgeschichte, Ein Lehrbuch für Studierende, 2. Aufl., Wien/New York 1974 (zit.: Hellbling, Österreichische Verfassungs- und Verwaltungsgeschichte).

Hense, Ansgar, Das Schicksal der Kirchenglocken im Ersten und Zweiten Weltkrieg, in: Muckel, Stefan (Hrsg.), Kirche und Religion im sozialen Rechtsstaat, Festschrift für Wolfgang Rüfner zum 70. Geburtstag, Berlin 2003, S. 227–296.

Herdegen, Matthias, Der Kulturgüterschutz im Kriegsvölkerrecht, in: Dolzer, Rudolf/Jayme, Erik/Mußgnug, Reinhard (Hrsg.), Rechtsfragen des internationalen Kulturgüterschutzes, Symposium vom 22./23. Juni 1990 im Internationalen Wissenschaftsforum Heidelberg, Heidelberg 1994, S. 161–173 (zit: Herdegen, Kulturgüterschutz).

Herdegen, Matthias, Völkerrecht, 6. Aufl., München 2007 (zit.: Herdegen, Völkerrecht).

Hirschfeld, Gerhard, Serbien, in: Hirschfeld, Gerhard/Krumeich, Gerd/Renz, Irina (Hrsg.), Enzyklopädie Erster Weltkrieg, Zürich 2003, S. 833–836.

Hofmannsthal, Emil, Der deutsche und der österreichische Friedensvertrag, Wien/Prag/Leipzig 1920.

Hoke, Rudolf, Österreichische und Deutsche Rechtsgeschichte, 2. Aufl., Wien/Köln/Weimar 1996.

Hošková, Mahulena, Die Selbstauflösung der ČSFR, ausgewählte rechtliche Aspekte, Zeitschrift für ausländisches öffentliches Recht und Völkerrecht 53 (1993), S. 689–733.

Huber, Hans Max, Staatensuccession, Berlin 1897.

Hummelberger, Walter, Das österreichisch-tschechoslowakische Archivübereinkommen vom 18. Mai 1920, Scrinium: Zeitschrift des Verbandes österreichischer Archivare 32 (1985), S. 43–65.

Hummer, Waldemar, Probleme der Staatennachfolge am Beispiel Jugoslawien, Schweizerische Zeitschrift für internationales und europäisches Recht 1993, S. 425–459 (Hummer, Probleme der Staatennachfolge).

Hummer, Waldemar, Der internationale Status und die völkerrechtliche Stellung Österreichs seit dem Ersten Weltkrieg, in: Neuhold, Hanspeter/Hummer, Waldemar/Schreuer, Christoph (Hrsg.), Österreichisches Handbuch des Völkerrechts, Bd. 1, 4. Aufl., Wien 2004, S. 562–615 (zit: Hummer, Internationaler Status).

Ipsen, Knut, Völkerrecht, 5. Aufl., München 2004.

Irmscher, Tobias H., Kulturgüterschutz im humanitären Völkerrecht, in: Gornig, Gilbert H./Horn, Hans-Detlef/Murswiek, Dietrich (Hrsg.), Kulturgüterschutz – internationale und nationale Aspekte, Berlin 2007, S. 65–92.

Jacob, Louis, La clause de livraison des archives publiques dans les traités d'annexion, Paris 1915.

Jayme, Erik, Die Nationalität des Kunstwerkes als Rechtsfrage, in: Mussgnug, Reinhard/Roellecke, Gerd (Hrsg.), Aktuelle Fragen des Kulturgüterschutzes, Beiträge zur Reform des deutschen Kulturgüterschutzgesetzes 1955 und seiner Angleichung an den europäischen Kulturgüterschutz, Heidelberg 1998, S. 7–29 (zit.: Jayme, Nationalität des Kunstwerkes).

Jayme, Erik, Institut de Droit International: Tagung in Vancouver, in: Praxis des Internationalen Privat- und Verfahrensrechts 22 (2002), S. 149–151 (zit.: Jayme, Institut de Droit International).

JELLINEK, GEORG, Die Lehre von den Staatenverbindungen, Wien 1882, Neudruck Goldbach 1996 (zit.: JELLINEK, Lehre von den Staatenverbindungen).

JELLINEK, GEORG, Allgemeine Staatslehre, 3. Aufl., Berlin 1914 (1922 postum ergänzt von Walter Jellinek) (zit.: JELLINEK, Allgemeine Staatslehre).

JENNINGS, ROBERT/WATTS, ARTHUR, Oppenheim's International Law, Vol. 1, Peace, 9. Aufl., London 1992.

JENSCHKE, CHRISTOFF, Der völkerrechtliche Rückgabeanspruch auf in Kriegszeiten widerrechtlich verbrachte Kulturgüter, Berlin 2005.

KADGIEN, MICHAEL, Das Habsburgergesetz, Frankfurt a.M. 2005.

KALTENBORN, MARKUS, Entwicklungsvölkerrecht und Neugestaltung der internationalen Ordnung, Rechtstheoretische und rechtspolitische Aspekte des Nord-Süd-Konfliks, Berlin 1998.

KANN, ROBERT ADOLF, Das Nationalitätenproblem der Habsburgermonarchie, Geschichte und Ideengehalt der nationalen Bestrebungen vom Vormärz bis zur Auflösung des Reiches im Jahre 1918, Bd. 1, Das Reich und die Völker, 2. Aufl., Graz 1964 (zit.: KANN, Nationalitätenproblem).

KANN, ROBERT ADOLF, Geschichte des Habsburgerreiches 1526–1918, 3. Aufl., Wien 1993 (zit.: KANN, Geschichte des Habsburgerreiches).

KARASIK, THEODORE, The Post-Soviet Archives, Organization, Access, and Declassification, Santa Monica 1993.

KARL, WOLFRAM, Sonstige Quellen des Völkerrechts, in: Neuhold, Hanspeter/Hummer, Waldemar/Schreuer, Christoph (Hrsg.), Österreichisches Handbuch des Völkerrechts, Bd. 1, 4. Aufl., Wien 2004, S. 101–108 (zit: KARL, Quellen des Völkerrechts).

KAUFMANN, ERICH, Der serbisch-kroatisch-slovenische Staat – ein neuer Staat, Niemeyers Zeitschrift für internationales Recht 31 (1921), S. 220–251.

KELSEN, HANS, Österreichisches Staatsrecht, Tübingen 1970, unveränderter Neudruck von 1923 (zit.: KELSEN, Österreichisches Staatsrecht).

KELSEN, HANS, La naissance de l'Etat et la formation de sa nationalité, Les principes et leur application au cas de la Tchécoslovaquie, Revue de Droit International 3 (1929), S. 613–641 (zit.: KELSEN, Naissance de l'Etat).

KIMMINICH, OTTO/HOBE, STEPHAN, Einführung in das Völkerrecht, 8. Aufl., Tübingen 2004.

KLASINC, PETER PAVEL, Rückgabe von Archivgut von Österreich an Slowenien, Archives et Bibliothèques de Belgique 69 (1998), S. 85–94.

KLAUNER, FRIDERIKE, Vorwort zum Katalog der Gemäldegalerie, Holländische Meister des 15., 16. und 17. Jahrhunderts, Wien 1972, S. VII–XII.

KLEINWAECHTER, FRIEDRICH F.G., Von Schönbrunn bis St. Germain, Die Entstehung der Republik Österreich, Graz/Wien/Köln 1964.

KOCH, HANS-JOACHIM, Die normtheoretische Basis der Abwägung, in: Alexy, Robert/Koch, Hans-Joachim/Kuhlen, Lothar/Rüssmann, Helmut (Hrsg.), Elemente einer juristischen Begründungslehre, Baden-Baden 2003, S. 235–249.

KOCH, KLAUS/RAUSCHER, WALTER/SUPPAN, ARNOLD (Hrsg.), Aussenpolitische Dokumente der Republik Österreich 1918–1938, Bd. 2, Im Schatten von Saint-Germain, Wien 1994.

KÖCK, HERIBERT FRANZ, Saint-Germain Peace Treaty (1919), in: Bernhardt, Rudolf (Hrsg.), Encylopedia of Public International Law, Vol. IV, Amsterdam/London/New York/Oxford/Paris/Shannon/Tokyo 2000, S. 289–290.

KORDT, ERICH, Gegenwärtige Fragen der Staatensukzession, in: Kordt, Erich/Zemanek, Karl (Hrsg.), Gegenwärtige Fragen der Staatensukzession, Verhandlungen der

8. Tagung der Deutschen Gesellschaft für Völkerrecht in Würzburg vom 28. bis 30. April 1963, Karlsruhe 1964, S. 1–55.

Koskenniemi, Martti, Report of the director of studies of the english-speaking section of the centre, in: Eisemann, Pierre Michel/Koskenniemi, Martti (Hrsg.), La succession d'Etats: la codification à l'épreuve des faits = State succession: codification tested against the facts, Den Haag 2000, S. 65–132.

Kowalski, Wojciech W., Repatriation of Cultural Property following a Cession of Territory or Dissolution of Multinational States, Art Antiquity and Law 6 (2001), S. 139–166.

Kownatzki, Hermann, Archivbegriff und Archivwissenschaft, Archivalische Zeitschrift 59 (1963), S. 147–158.

Kreuzer, Christine, Staatsangehörigkeit und Staatensukzession, Die Bedeutung der Staatensukzession für die staatsangehörigkeitsrechtlichen Regelungen in den Staaten der ehemaligen Sowjetunion, Jugoslawien und der Tschechoslowakei, Berlin 1998.

Kugler, Georg, Die Habsburger des 16. Jahrhunderts als Sammler, in: Renaissance in Österreich, Geschichte–Wissenschaft–Kunst, Horn 1974, S. 57–62 (zit.: Kugler, Habsburger).

Kugler, Georg, Rudolf II. als Sammler, in: Prag um 1600, Kunst und Kultur am Hofe Rudolfs II., Freren 1988, S. 9–21 (zit.: Kugler, Rudolf II.).

Kunz, Josef L., Die Staatenverbindungen, Stuttgart 1929.

Küpper, Herbert, Einführung in die Rechtsgeschichte Osteuropas, Frankfurt a.M. 2005.

Långström, Tarja, The dissolution of the Soviet Union in the light of the 1978 Vienna convention on succession of states in respect of treaties, in: Eisemann, Pierre Michel/Koskenniemi, Martti (Hrsg.), La succession d'Etats, la codification à l'épreuve des faits = State succession, codification tested against the facts, Den Haag 2000, S. 723–780 (zit.: Långström, Dissolution of the Soviet Union).

Långström Tarja, Transformation in Russia and International Law, Leiden 2003 (zit.: Långström, Transformation in Russia).

Lehner, Oskar, The identity of Austria 1918/19 as a problem of state succession, in: Austrian Journal of Public International Law 44 (1992), S. 63–84 (zit.: Lehner, Identity of Austria).

Lehner, Oskar, Österreichische Verfassungs- und Verwaltungsgeschichte, Mit Grundzügen der Wirtschafts- und Sozialgeschichte, 4. Aufl., Linz 2007 (zit.: Lehner, Verfassungs- und Verwaltungsgeschichte).

Lehto, Marja, Succession of States in the Former Soviet Union, Arrangements Concerning the Bilateral Treaties of Finland and the USSR, Finnish Yearbook of International Law IV (1993), S. 194–228.

Lhotsky, Alphons, Die Geschichte der Sammlungen, 1. Hälfte, Von den Anfängen bis zum Tode Kaiser Karls VI. 1740, in: Festschrift des Kunsthistorischen Museums zur Feier des fünfzigjährigen Bestandes, 2. Teil, Wien 1941–1945 (zit.: Lhotsky, Geschichte der Sammlungen).

Lhotsky, Alphons, Die Verteidigung der Wiener Sammlungen kultur- und naturhistorischer Denkmäler durch die Erste Republik, Mitteilungen des Österreichischen Staatsarchivs 58 (1955), S. 614–649; ebenso abgedruckt in: Wagner, Hans/Koller, Heinrich (Hrsg.), Alphons Lhotsky, Aufsätze und Vorträge, Band IV, Die Haupt- und Residenzstadt Wien, Sammelwesen und Ikonographie, Der österreichische Mensch, München 1974, S. 164–211 (zit. nach Mitteilungen des Österreichischen Staatsarchivs: Lhotsky, Verteidigung der Wiener Sammlungen).

LHOTSKY, ALPHONS, Ostarrîchi, in: Wagner, Hans/Koller, Heinrich (Hrsg.), Alphons Lhotsky, Aufsätze und Vorträge, Band I, Europäisches Mittelalter, Das Land Österreich, München 1970, S. 221–244 (zit.: LHOTSKY, Ostarrîchi).

LHOTSKY, ALPHONS, Was heisst «Haus Österreich»?, in: Wagner, Hans/Koller, Heinrich (Hrsg.), Alphons Lhotsky, Aufsätze und Vorträge, Band I, Europäisches Mittelalter, Das Land Österreich, München 1970, S. 344–366 (zit.: LHOTSKY, Haus Österreich).

VON LISZT, FRANZ, Das Völkerrecht, 12. Aufl., Berlin 1925.

VON LÖHER, FRANZ, Archivlehre, Paderborn 1890.

LUDWIG, G. (Hrsg.), Documente über Bildersendungen von Venedig nach Wien in den Jahren 1816 und 1838, Aus dem Archivio di Stato zu Venedig, Jahrbuch der Kunsthistorischen Sammlungen des Allerhöchsten Kaiserhauses XXIII/2 (1901), S. I–XXIX.

MALANCZUK, PETER, Akehurst's Modern Introduction to International Law, 7. Aufl., London 1997.

MALJEAN-DUBOIS, SANDRINE, Le rôle de l'équité dans le droit de la succession d'états, in: Eisemann, Pierre Michel/Koskenniemi, Martti (Hrsg.), La succession d'Etats, la codification à l'épreuve des faits = State succession, codification tested against the facts, Den Haag 2000, S. 137–184.

MANNOWSKY, WALTER, Deutscher Kunst- und Denkmalschutz im besetzten Gebiet Italiens 1917–1918, in: Clemen, Paul (Hrsg.), Kunstschutz im Kriege, Berichte über den Zustand der Kunstdenkmäler auf den verschiedenen Kriegsschauplätzen und über die deutschen und österreichischen Massnahmen zu ihrer Erhaltung, Rettung, Erforschung, Zweiter Band, Die Kriegsschauplätze in Italien, im Osten und Südosten, Leipzig 1919, S. 39–49.

MANTOUX, PAUL, Les Délibérations du Conseil des Quatre (24 mars–28 juin 1919), notes de l'officier interprête Paul Mantoux, 2 Vol., Paris 1955.

MAREK, KRYSTYNA, Identity and Continuity of States in Public International Law, Genf 1968.

DE MARTENS, GEORGES-FREDERIC (Hrsg.), Nouveau Recueil Général de Traités, Conventions et autres Transactions remarquables, Tome XVI, Partie II, Göttingen 1860 (zit.: DE MARTENS, XVI).

DE MARTENS, GEORGES-FREDERIC (Hrsg.), Nouveau Recueil Général de Traités, Conventions et autres Transactions remarquables, Tome XVIII, Göttingen 1873 (zit.: DE MARTENS, XVIII).

DE MARTENS, GEORGES-FREDERIC (Hrsg.), Nouveau Recueil Général de Traités et autres Actes relatifs aux Rapports de Droit International, Troisième Série, Tome XI, Leipzig 1922 (zit.: DE MARTENS, 3ème Série, XI).

DE MARTENS, GEORGES-FREDERIC (Hrsg.), Nouveau Recueil Général de Traités et autres Actes relatifs aux Rapports de Droit International, Troisième Série, Tome XII, Leipzig 1923 (zit.: DE MARTENS, 3ème Série, XII).

DE MARTENS, GEORGES-FREDERIC (Hrsg.), Nouveau Recueil Général de Traités et autres Actes relatifs aux Rapports de Droit International, Troisième Série, Tome XIII, Leipzig 1924 (zit.: DE MARTENS, 3ème Série, XIII).

DE MARTENS, GEORGES-FREDERIC (Hrsg.), Nouveau Recueil Général de Traités et autres Actes relatifs aux Rapports de Droit International, Troisième Série, Tome XIX, Leipzig 1928 (zit.: DE MARTENS, 3ème Série, XIX).

MARTYNENKO, EVENIJ VLADIMIROVIČ, Theorie und Praxis der Rechtsnachfolge der Mitgliedstaaten der Gemeinschaft Unabhängiger Staaten, Osteuropa-Recht 39 (1993), S. 34–41.

MAYR-HARTING, ANTON, Der Untergang, Österreich-Ungarn 1848–1922, Wien/München 1988.

MEISNER, HEINRICH OTTO, Archivalienkunde vom 16. Jahrhundert bis 1918, Leipzig 1969.

MENON, PHILIPP K., Succession of States in Respect of State Archives with Particular Reference to the 1983 Vienna Convention, Revue de Droit International de Sciences Diplomatiques et Politiques (The International Law Review) 65 (1987), S. 35–56.

MENZEL, EBERHARD, Die Friedensverträge von 1947 mit Italien, Ungarn, Bulgarien, Rumänien und Finnland, Oberursel 1948 (zit.: MENZEL, Friedensverträge).

MENZEL, EBERHARD, Staatensukzession, in: Strupp, Karl/Schlochauer, Hans-Jürgen (Hrsg.), Wörterbuch des Völkerrechts, 3. Bd., 2. Aufl., Berlin 1962, S. 306–313 (zit.: MENZEL, Staatensukzession).

MEYER-LANDRUT, JOACHIM, Die Behandlung von staatlichen Archiven und Registraturen nach Völkerrecht, Archivalische Zeitschrift 48 (1953), S. 45–120.

MONACO, RICCARDO, Sources of International Law, in: Bernhardt, Rudolf (Hrsg.), Encylopedia of Public International Law, Vol. IV, Amsterdam/London/New York/Oxford/Paris/Shannon/Tokyo 2000, S. 467–477.

MONNIER, JEAN, La Convention de Vienne sur la succession d'Etats en matière de biens, archives et dettes d'Etats, Annuaire Français de Droit International XXX (1984), S. 221–229.

MOSLER, HERMANN, General Principles of Law, in: Bernhardt, Rudolf (Hrsg.), Encyclopedia of Public International Law, Vol. II, Amsterdam/Lausanne/New York/Oxford/Shannon/Tokyo 1995, S. 511–527.

MULLER, S./FEITH, J. A./FRUIN, TH., Anleitung zum Ordnen und Beschreiben von Archiven, Für deutsche Archivare bearbeitet von Hans Kaiser, Leipzig 1905.

MÜLLER, MARKUS, Kulturgüterschutz, Mittel nationaler Repräsentation oder Wahrung des Gemeinsamen Erbes der Menschheit?, in: Fechner, Frank/Oppermann, Thomas/Prott, Lyndel V. (Hrsg.), Prinzipien des Kulturgüterschutzes, Ansätze im deutschen, europäischen und internationalen Recht, Berlin 1996, S. 257–275.

MULLERSON, REIN, The Continuity and Succession of States by Reference to the Former USSR and Yugoslavia, International and Comparative Law Quarterly 42 (1993), S. 473–493 (zit.: MULLERSON, Continuity).

MULLERSON, REIN, New Developments in the Former USSR and Yugoslavia, Virginia Journal of International Law 33 (1993), S. 299–322 (zit.: MULLERSON, New Developments).

NATHAN, ELI, The Vienna Convention on Succession of States in Respect of State Property, Archives and Debts, in: Dinstein, Yoram (Hrsg.), International Law at a Time of Perplexity, Essays in Honour of Shabtai Rosenne, Dordrecht/Boston/London 1989, S. 489–518.

NAWIASKY, HANS, Staatenverbindungen, in: Strupp, Karl/Schlochauer, Hans-Jürgen (Hrsg.), Wörterbuch des Völkerrechts, 3. Bd., 2. Aufl., Berlin 1962, S. 313–317.

NECK, RUDOLF, Zu den österreichisch-italienischen Archivverhandlungen nach dem Ersten Weltkrieg, Mitteilungen des österreichischen Staatsarchivs 31 (1978), S. 434–441 (zit.: NECK, Archivverhandlungen).

NECK, RUDOLF, Kulturelle Bestimmungen des Staatsvertrages von Saint-Germain 1919, in: Ackerl, Isabella/Neck, Rudolf (Hrsg.), Saint-Germain 1919, Protokoll des Symposiums am 29. und 30. Mai 1979 in Wien, Wien 1989, S. 350–356 und Diskussionsbeitrag S. 472–475 (zit.: NECK, Kulturelle Bestimmungen).

NEUHOLD, HANSPETER, Das Recht der Staatensukzession nach der «Wende», Verdichtung oder weitere Zersplitterung?, Bemerkungen zum Beitrag von Ulrich Fastenrath, in: Neuhold, Hanspeter/Simma, Bruno (Hrsg), Neues europäisches Völkerrecht nach dem Ende des Ost-West-Konfliktes?, Baden Baden 1996, S. 83–87.

NIEĆ, HALINA, Ojczyzna dziela sztuki, Miedzynarodowa ochrona integralności narodowaj spuścizny kulturalnej (Der Heimatstaat von Kunstwerken, Internationaler Schutz des nationalen Kulturerbes), mit englischer Zusammenfassung, Warschau/Krakau 1980.

NIEMEYER, THEODOR (Hrsg), Die Friedensschlüsse 1918–1921, VI. Band, in: Niemeyer, Theodor/Strupp, Karl (Hrsg.), Die völkerrechtlichen Urkunden des Weltkrieges, München/Leipzig 1922.

«O.» (anonym), International Arbitrations under the Treaty of St-Germain, The British Year Book of International Law IV (1923–24), S. 124–130.

OBLAK-ČARNI, MARIJA/BOHTE, BORUT, Succession to the Archives of the Former SFR Yugoslavia, in: Mrak, Mojmir (Hrsg.), Succession of States, Den Haag/London/Boston 1999, S. 171–185.

O'CONNELL, DANIEL PATRICK, The Law of State Succession, Cambridge 1956 (zit.: O'CONNELL, Law of State Succession).

O'CONNELL, DANIEL PATRICK, State Succession in municipal law and international law, Vol. I, Internal relations, Cambridge 1967 (zit.: O'CONNELL, Vol. I).

O'CONNELL, DANIEL PATRICK, State Succession in municipal law and international law, Vol. II, International relations, Cambridge 1967 (zit.: O'CONNELL, Vol. II).

O'CONNELL, DANIEL PATRICK, Recent Problems of State Succession in Relation to New States, Receuil des Cours 130 (1970) II, S. 95–206 (zit.: O'CONNELL, Recent Problems of State Succession).

O'CONNELL, DANIEL PATRICK, Reflections on the State Succession Convention, in: Zeitschrift für ausländisches öffentliches Recht und Völkerrecht 39 (1979), S. 725–739 (zit.: O'CONNELL, Reflections on the State Succession Convention).

ODENDAHL, KERSTIN, Kulturgüterschutz, Entwicklung, Struktur und Dogmatik eines ebenenübergreifenden Normensystems, Tübingen 2005 (zit.: ODENDAHL, Kulturgüterschutz).

ODENDAHL, KERSTIN, Das Normensystem zum Schutz von Kulturgütern in Deutschland – unter besonderer Berücksichtigung von Archivgütern, Der Archivar 59 (2006) (zit.: ODENDAHL, Das Normensystem).

OETER, STEFAN, State Succession and the Struggle over Equity, Some Observations on the Laws of State Succession with Respect to State Property and Debts in Cases of Separation and Dissolution of States, in: German Yearbook of International Law 38 (1995), S. 73–102.

OGRIS, ALFRED, Der Archivalienaustausch zwischen Kärnten und Slowenien, Von den österreichisch-jugoslawischen Archivverhandlungen zur pragmatischen Lösung, in: Carinthia I 192 (2002), S. 11–45.

OLDENHAGE, KLAUS, Richtlinien und archivische Grundsätze der UNESCO zur Beilegung von internationalen Konflikten um Archivalien, Der Archivar 36 (1983), S. 173–176.

ORTEGA, TEROL/JUAN, MIGUEL, The bursting of Yugoslavia: an approach to practic regarding state succession, in: Eisemann, Pierre Michel/Koskenniemi, Martti (Hrsg.), La succession d'Etats, la codification à l'épreuve des faits = State succession, codification tested against the facts, Den Haag 2000, S. 889–926.

PALLAS, NADINE CHRISTINA, Maritimer Kulturgüterschutz, Berlin 2004.

PELINKA, ANTON, Intentionen und Konsequenzen der Zerschlagung Österreich-Ungarns, in: Krumeich, Gerd (Hrsg), Versailles 1919, Ziele–Wirkung–Wahrnehmung, Essen 2001, S. 202–210.

PELLET, ALAIN, Note sur la Commission d'Arbitrage de la Conference Europeene pour la Paix en Yougoslavie, Annuaire Français de Droit Internationale 37 (1991), S. 329–348 (zit.: PELLET, Note sur la Commission d'Arbitrage).

PELLET, ALAIN, The Opinions of the Arbitration Committee, A Second Breath for the Self-Determination of Peoples, European Journal of International Law 3 (1992), S. 178–185 (zit.: PELLET, Opinions of the Arbitration Committee).

PENSKI, ULRICH, Rechtsgrundsätze und Rechtsregeln, Juristen Zeitung 44 (1989), S. 105–114.

POEGGEL, WALTER/MEISSNER, ROLF, Staatennachfolge im Völkerrecht, Berlin 1986.

POSCHER, RALF, Einsichten, Irrtümer und Selbstmissverständnis der Prinzipientheorie, in: Sieckmann, Jan-R. (Hrsg.), Die Prinzipientheorie der Grundrechte, Studien zur Grundrechtstheorie Robert Alexys, Baden-Baden 2007, S. 17–38.

POSNER, ERNST, Some Aspects of Archival Development Since the French Revolution, in: Munden, Ken (Hrsg.), Archives & the Public Interest, Selected Essays by Ernst Posner, Washington 1967, S. 23–35 (zit.: POSNER, Archival Development).

POSNER, ERNST, Max Lehmann and the Genesis of the Principle of Provenance, in: Munden, Ken (Hrsg.), Archives & the Public Interest, Selected Essays by Ernst Posner, Washington 1967, S. 36–44 (zit.: POSNER, Principle of Provenance).

POSNER, ERNST, Effects of Changes of Sovereignty on Archives, in: Munden, Ken (Hrsg.), Archives & the Public Interest, Selected Essays by Ernst Posner, Washington 1967, S. 168–181 (zit.: POSNER, Sovereignty on Archives).

POULOSE, T.T., Succession in International Law, A Study of India, Pakistan, Ceylon and Burma, New Delhi 1974.

PROHASKA, WOLFGANG, Geschichte der Gemäldegalerie, in: Die Gemäldegalerie des Kunsthistorischen Museums in Wien, Wien 1991, S. 11–13.

PROTT, LYNDEL V., Cultural Rights as Peoples's Rights in international Law, in: Crawford, James (Hrsg.), The Rights of Peoples, Oxford 1988, S. 93–106.

PROTT, LYNDEL V./O'KEEFE, PATRICK J., Law and the Cultural Heritage, Vol. 3, Movement, London/Edinburgh 1989.

VON PUTTKAMER, ELLINOR, Versailler Friede von 1919, in: Strupp, Karl/Schlochauer, Hans-Jürgen (Hrsg.), Wörterbuch des Völkerrechts, 3. Bd., 2. Aufl., Berlin 1962, S. 516–522.

RADVÁNSZKY, ANTON, Grundzüge der Verfassungs- und Staatsgeschichte Ungarns, München 1990.

RAINER, JOHANN, Die italienische Militärmission in Wien 1918–1920, in: Novotny, Alexander/Pickl, Othmar (Hrsg.), Festschrift Hermann Wiesflecker zum 60. Geburtstag, Graz 1973, S. 267–280 (zit.: RAINER, Italienische Militärmission).

RAINER, JOHANN, Die Rückführung italienischer Kulturgüter aus Österreich nach dem Ersten Weltkrieg, in: Alpenregion und Österreich, Geschichtliche Spezialitäten, Innsbruck 1976, S. 105–116 (zit.: RAINER, Rückführung italienischer Kulturgüter).

RAUCHENSTEINER, MANFRIED, Österreich-Ungarn, in: Hirschfeld, Gerhard/Krumeich, Gerd/Renz, Irina (Hrsg.), Enzyklopädie Erster Weltkrieg, Zürich 2003, S. 64–86.

REINISCH, AUGUST/HAFNER, GERHARD, Staatensukzession und Schuldenübernahme beim «Zerfall» der Sowjetunion, Wien 1995.

RESS, IMRE, Die ungarische Archivdelegation in Wien als eine Institution zur Lösung von grenzüberschreitenden Archivproblemen, Scrinium: Zeitschrift des Verbandes österreichischer Archivare 36/37 (1987), S. 264–272.

RHODE, GOTTHOLD, Geschichte Polens, Ein Überblick, 3. Aufl., Darmstadt 1980.

RILL, GERHARD/SPRINGER, ELISABETH/THOMAS, CHRISTIANE, 60 Jahre österreichischjugoslawisches Archivübereinkommen, Eine Zwischenbilanz, Mitteilungen des Österreichischen Staatsarchivs 35 (1982), S. 288–347.

ROELLECKE, GERD, Warum schützen wir Kulturgüter?, in: Mussgnug, Reinhard/Roellecke, Gerd (Hrsg.), Aktuelle Fragen des Kulturgüterschutzes, Beiträge zur Reform des deutschen Kulturgüterschutzgesetzes 1955 und seiner Angleichung an den europäischen Kulturgüterschutz, Heidelberg 1998, S. 31–49.

ROSENNE, SHABTAI, Equitable Principles and the Compulsory Jurisdiction of International Tribunals, in: Diez, Emanuel/Monnier, Jean/Müller, Jörg Paul/Reimann, Heinrich/Wildhaber, Luzius (Hrsg.), Festschrift für Rudolf Bindschedler zum 65. Geburtstag am 8. Juli 1980, Bern 1980, S. 407–425.

ROSS, ALF, Lehrbuch des Völkerrechts, Stuttgart/Köln 1951.

RUDOLF, WALTER, Über den internationalen Schutz von Kulturgütern, in: Hailbronner, Kay/Ress, Georg/Stein, Torsten (Hrsg.), Staat und Völkerrechtsordnung, Festschrift für Karl Doehring, Berlin/Heidelberg/New York 1989, S. 853–871.

RUFFERT, MATTHIAS, Probleme der Staatensukzession im Hinblick auf Vermögen und Schulden, Tagung der VII. Kommission des Instituts de Droit International vom 21.–24.9.2000 in Trier, Neue Juristische Wochenschrift 54 (2001), S. 2235.

SCHACHTER, OSCAR, State Succession, The Once and Future Law, Virginia Journal of International Law 33 (1993), S. 253–260.

SCHEICHER, ELISABETH, Die Kunstkammer, Kunsthistorisches Museum, Sammlungen Schloss Ambras, Führer durch das Kunsthistorische Museum Nr. 24, Innsbruck 1977, S. 13–156.

SCHELLENBERG, THEODORE R., The Management of Archives, New York/London 1965.

SCHEUBA-LISCHKA, HELENE, Saint Germain-Friede von 1919, in: Strupp, Karl/Schlochauer, Hans-Jürgen (Hrsg.), Wörterbuch des Völkerrechts, 3. Bd., 2. Aufl., Berlin 1962, S. 152.

SCHIEDERMAIR, HARTMUT, Kunst im Völkerrecht, Das Eigentum am Krönungsschatz des Heiligen Römischen Reiches, in: Klein, Eckart (Hrsg.), Grundrechte, soziale Ordnung und Verfassungsgerichtsbarkeit, Festschrift für Ernst Benda zum 70. Geburtstag, Heidelberg 1995, S. 235–263.

SCHOEN, SUSANNE, Der rechtliche Status von Beutekunst, eine Untersuchung am Beispiel der aufgrund des Zweiten Weltkrieges nach Russland verbrachten deutschen Kulturgüter, Berlin 2004.

SCHOENBORN, WALTHER, Staatensukzessionen, Berlin 1913 (zit.: SCHOENBORN, Handbuch).

SCHOENBORN, WALTHER, Staatensukzession, in: Strupp, Karl (Hrsg.), Wörterbuch des Völkerrechts und der Diplomatie, 2. Bd., Berlin 1925, S. 578–588 (zit.: SCHOENBORN, Wörterbuch).

SCHOLZ, FRANZ, Privateigentum im besetzten und unbesetzten Feindesland, unter besonderer Berücksichtigung der Praxis des Weltkrieges, Berlin 1919.

VON SCHORLEMER, SABINE, Internationaler Kulturgüterschutz, Ansätze zur Prävention im Frieden sowie im bewaffneten Konflikt, Berlin 1992.

SCHRECKENBACH, HANS JOACHIM, Archivgesetze und Archivterminologie, in: Oldenhage, Klaus/Schreyer, Hermann/Wolfram, Werner (Hrsg), Archiv und Geschichte, Festschrift für Friedrich P. Kahlenberg, Düsseldorf 2000, S. 157–181.

SCHREUER, CHRISTOPH, Die Beschlüsse Internationaler Organisationen, in: Neuhold, Hanspeter/Hummer, Waldemar/Schreuer, Christoph (Hrsg.), Österreichisches Handbuch des Völkerrechts, Bd. 1, 4. Aufl., Wien 2004, S. 86–92.

VON SCHUBERT-SOLDERN, FORTUNAT, Kunstdenkmäler und Denkmalpflege im Generalgouvernement Lublin und Galizien, in: Clemen, Paul (Hrsg.), Kunstschutz im

Kriege, Berichte über den Zustand der Kunstdenkmäler auf den verschiedenen Kriegsschauplätzen und über die deutschen und österreichischen Massnahmen zu ihrer Erhaltung, Rettung, Erforschung, Zweiter Band, Die Kriegsschauplätze in Italien, im Osten und Südosten, Leipzig 1919, S. 127–136 (zit.: v. SCHUBERT-SOLDERN, Kunstdenkmäler und Denkmalpflege).

VON SCHUBERT-SOLDERN, FORTUNAT, Metallbeschlagnahme in Österreich, in: Clemen, Paul (Hrsg.), Kunstschutz im Kriege, Berichte über den Zustand der Kunstdenkmäler auf den verschiedenen Kriegsschauplätzen und über die deutschen und österreichischen Massnahmen zu ihrer Erhaltung, Rettung, Erforschung, Zweiter Band, Die Kriegsschauplätze in Italien, im Osten und Südosten, Leipzig 1919, S. 215–221 (zit.: v. SCHUBERT-SOLDERN, Metallbeschlagnahme in Österreich).

SCHULZE, DOROTHÉE, Die Restitution von Kunstwerken, Zur völkerrechtlichen Dimension der Restitutionsresolutionen der Generalversammlung der Vereinten Nationen, Bremen 1983.

SCHÜTZ, KARL, Gemäldegalerie, in: Führer durch die Sammlungen des Kunsthistorischen Museums, 5. Aufl., Wien 1975, S. 53–74 (zit.: SCHÜTZ, Gemäldegalerie).

SCHÜTZ, KARL, Die Gemäldegalerie des Kunsthistorischen Museums in Wien, Vorwort, Verzeichnis der Gemälde, Wien 1991, S. 9–10 (zit.: SCHÜTZ, Vorwort).

SCHWEISFURTH, THEODOR, Vom Einheitsstaat (UdSSR) zum Staatenbund (GUS), Juristische Stationen eines Staatszerfalls und einer Staatenbundentstehung, Zeitschrift für ausländisches öffentliches Recht und Völkerrecht 52 (1992), S. 541–702 (zit.: SCHWEISFURTH, Einheitsstaat).

SCHWEISFURTH, THEODOR, Das Recht der Staatensukzession, Die Staatenpraxis der Nachfolge in völkerrechtliche Verträge, Staatsvermögen, Staatsschulden und Archive in den Teilungsfällen Sowjetunion, Tschechoslowakei und Jugoslawien, in: Fastenrath, Ulrich/Schweisfurth, Theodor/Ebenroth, Carsten Thomas, Das Recht der Staatensukzession, Referate und Thesen mit Diskussion der 24. Tagung der Deutschen Gesellschaft für Völkerrecht in Leipzig im April 1995, Heidelberg 1996, S. 49–234 (zit.: SCHWEISFURTH, Recht der Staatensukzession).

SCHWEISFURTH, THEODOR, Völkerrecht, Tübingen 2006 (zit.: SCHWEISFURTH, Völkerrecht).

SCHWEITZER, MICHAEL, Staatennachfolge, in: Seidl-Hohenveldern, Ignaz (Hrsg.), Lexikon des Rechts, Völkerrecht, 3. Aufl., Wien 2001, S. 387–392.

SEIDL-HOHENVELDERN, IGNAZ, International Economic «Soft Law», Receuil des Cours 163 (1979) II, S. 165–246 (zit.: SEIDL-HOHENVELDERN, «Soft Law»).

SEIDL-HOHENVELDERN, IGNAZ, Die Überleitung von Herrschaftsverhältnissen am Beispiel Österreichs, Österreichische Zeitschrift für öffentliches Recht und Völkerrecht 1982, Supplementum 5 (zit.: SEIDL-HOHENVELDERN, Überleitung von Herrschaftsverhältnissen).

SEIDL-HOHENVELDERN, IGNAZ, Das Wiener Übereinkommen über Staatennachfolge in Vermögen, Archive und Schulden von Staaten, Österreichische Zeitschrift für öffentliches Recht und Völkerrecht 34 (1983), S. 173–199 (zit.: SEIDL-HOHENVELDERN, Wiener Übereinkommen).

SEIDL-HOHENVELDERN, IGNAZ, Staatennachfolge in Vermögen, Archive und Schulden des früheren Jugoslawien, in: Briner, Robert/Fortier, Yves L./Berger, Klaus Peter/Bredow Jens (Hrsg.), Law of International Business and Dispute Settlement in the 21st Century = Recht der Internationalen Wirtschaft und Streiterledigung im 21. Jahrhundert, Liber Amicorum Karl-Heinz Böckstiegel, Köln 2001, S. 727–740 (zit.: SEIDL-HOHENVELDERN, Staatennachfolge).

SEIDL-HOHENVELDERN, IGNAZ/HUMMER, WALDEMAR, Die Staaten, in: Neuhold, Hanspeter/Hummer, Waldemar/Schreuer, Christoph (Hrsg.), Österreichisches Handbuch des Völkerrechts, Bd. 1, 4. Aufl., Wien 2004, S. 135–172.

SHAW, MALCOLM NATHAN, International Law, 5. Aufl., Cambridge 2003.

SIEHR, KURT, International Art Trade and the Law, Recueil des Cours 243 (1993) VI, S. 9–292 (zit.: SIEHR, International Art Trade).

SIEHR, KURT, Kulturgüter in Friedens- und Freundschaftsverträgen, in: Dicke, Klaus/ Hobe, Stephan/Meyn, Karl-Ulrich/Peters, Anne/Riedel, Eibe/Schütz, Hans-Joachim/ Tietje, Christian (Hrsg.), Liber amicorum Jost Delbrück, Berlin 2005, S. 695–710 (zit.: SIEHR, Kulturgüter in Friedens- und Freundschaftsverträgen).

SIEHR, KURT, Kulturgüterschutz, in: Ebling, Klaus/Schulze, Marcel (Hrsg.), Kunstrecht, München 2007, S. 104–150 (zit.: SIEHR, Kulturgüterschutz).

SILAGI, MICHAEL, Die internationalen Regelungen zum Archivgut der Habsburgermonarchie nach 1918, zum Schicksal von Archiven beim Staatszerfall, Südost-Forschungen 55 (1996), S. 311–333 (zit.: SILAGI, Internationale Regelungen).

SILAGI, MICHAEL, Staatsuntergang und Staatennachfolge, mit besonderer Berücksichtigung des Endes der DDR, Frankfurt a.M./Berlin/Bern/New York/Paris/Wien 1996 (zit.: SILAGI, Staatsuntergang und Staatennachfolge).

SILAGI, MICHAEL, Staatennachfolge und Archive, mit besonderer Berücksichtigung der archivbezogenen Regelungen der Wiener Konvention vom 8. April 1983 über Staatennachfolge in Vermögen, Archive und Schulden von Staaten, Archivalische Zeitschrift 85 (2003), S. 11–84 (zit.: SILAGI, Staatennachfolge und Archive).

SILAGI, MICHAEL, Zur Eigentumsproblematik staatlicher und nicht-staatlicher Archive insbesondere nach dem Zweiten Weltkrieg, in: Gornig, Gilbert H./Horn, Hans-Detlef/Murswiek, Dietrich (Hrsg.), Eigentumsrecht und Enteignungsunrecht, Analysen und Beiträge zur Vergangenheitsbewältigung, Teil 1, Berlin 2008 (zit.: SILAGI, Eigentumsproblematik).

SIMMA, BRUNO, Die Erzeugung ungeschriebenen Völkerrechts, Allgemeine Verunsicherung – klärende Beiträge Karl Zemaneks, in: Ginther, Konrad/Hafner, Gerhard/ Lang, Winfried/Neuhold, Hanspeter/Sucharipa-Behrmann, Lilly (Hrsg.), Völkerrecht zwischen normativem Anspruch und politischer Realität, Festschrift für Karl Zemanek zum 65. Geburtstag, Berlin 1994, S. 95–114 (zit.: SIMMA, Erzeugung ungeschriebenen Völkerrechts).

SIMMA, BRUNO, Neues europäisches Völkerrecht?, in: Neuhold, Hanspeter/Simma, Bruno (Hrsg), Neues europäisches Völkerrecht nach dem Ende des Ost-West-Konfliktes?, Baden Baden 1996, S. 13–41 (zit.: SIMMA, Neues europäisches Völkerrecht).

SIMMA, BRUNO, Das Völkergewohnheitsrecht, in: Neuhold, Hanspeter/Hummer, Waldemar/Schreuer, Christoph (Hrsg.), Österreichisches Handbuch des Völkerrechts, Bd. 1, 4. Aufl., Wien 2004, S. 33–44 (zit.: SIMMA, Völkergewohnheitsrecht).

SPEITKAMP, WINFRIED, «Ein dauerndes und ehrenvolles Denkmal deutscher Kulturtätigkeit», Denkmalpflege im Kaiserreich 1871–1918, Die Alte Stadt, Zeitschrift für Stadtgeschichte, Stadtsoziologie und Denkmalpflege 18 (1991), S. 173–197.

STAHN, CARSTEN, The Agreement on Succession Issues of the Former Socialist Federal Republic of Yugoslavia, American Journal of International Law 96 (2002), S. 379–397.

STANIČ, ANA, Financial Aspects of State Succession, The Case of Yugoslavia, European Journal of International Law 12 (2001), S. 751–779.

STEIGER, HEINHARD, Peace treaties from Paris to Versailles, in: Lesaffer, Randall (Hrsg.), Peace Treaties and International Law in European History, From the Late Middle Ages to World War One, Cambridge 2004, S. 59–99.

STEIN, TORSTEN/VON BUTTLAR, CHRISTIAN, Völkerrecht, 11. Aufl., Köln 2005.

STEINACKER, HAROLD, Zur Frage nach der rechtlichen Natur der österreichisch-ungarischen Gesamtmonarchie, in: Steinacker, Harold (Hrsg.), Austro-Hungarica, Ausgewählte Aufsätze und Vorträge zur Geschichte Ungarns und der österreichisch-ungarischen Monarchie, München 1963, S. 75–109.

STREINZ, RUDOLF, Succession of States in Assets and Liabilities – a New Régime?, The 1983 Vienna Convention on Succession of States in Respect of State Property, Archives and Debts, German Yearbook of International Law 26 (1983), S. 198–237.

SUPPAN, ARNOLD, Jugoslawien und Österreich 1918–1938, bilaterale Aussenpolitik im europäischen Umfeld, Wien 1996 (zit.: SUPPAN, Jugoslawien und Österreich).

SUPPAN, ARNOLD, Die Nationalitäten Österreich-Ungarns und ihre Selbstbestimmung im 20. Jahrhundert, Mitteilungen des Österreichischen Staatsarchivs (2000), Sonderband 5, S. 75–87 (zit.: SUPPAN, Nationalitäten).

SYSSOEVA, ELENA, Kunst im Krieg, Eine völkerrechtliche Betrachtung der deutsch-russischen Kontroverse um kriegsbedingt verbrachte Kulturgüter, Berlin 2004.

TADDEY, GERHARD (Hrsg.), Lexikon der Deutschen Geschichte, Ereignisse, Institutionen, Personen, Band 1, Von den Anfängen bis zur Kapitulation 1945, 3. Aufl., Stuttgart 1998.

TEMPERLEY, HAROLD W.V. (Hrsg.), A History of the Peace Conference of Paris, Vol. I, London 1920, Nachdruck 1969 (zit.: TEMPERLEY, Vol. I).

TEMPERLEY, HAROLD W. V. (Hrsg.), A History of the Peace Conference of Paris, Vol. IV, London 1921, Nachdruck 1969 (zit.: TEMPERLEY, Vol. IV).

TEMPERLEY, HAROLD W.V. (Hrsg.), A History of the Peace Conference of Paris, Vol. V: Economic Reconstruction and Protection of Minorities, London 1924, Nachdruck 1969 (zit.: TEMPERLEY, Vol. V).

THOMAS, BRUNO, Der Knabenharnisch Jörg Seusenhofers für Sigmund II. August von Polen, Zeitschrift des Deutschen Vereins für Kunstwissenschaft 6 (1939), S. 221–234.

THÜRER, DANIEL, Soft Law, in: Bernhardt, Rudolf (Hrsg.), Encyclopedia of Public International Law, Vol. IV, Amsterdam/London/New York/Oxford/Paris/Shannon/Tokyo 2000, S. 452–460.

TIETZE, HANS, Die Entführung von Wiener Kunstwerken nach Italien, Wien 1919 (zit.: TIETZE, Entführung).

TIETZE, HANS, Österreichischer Kunstschutz in Italien, in: Clemen, Paul (Hrsg.), Kunstschutz im Kriege, Berichte über den Zustand der Kunstdenkmäler auf den verschiedenen Kriegsschauplätzen und über die deutschen und österreichischen Massnahmen zu ihrer Erhaltung, Rettung, Erforschung, Zweiter Band, Die Kriegsschauplätze in Italien, im Osten und Südosten, Leipzig 1919, S. 50–70 (zit.: TIETZE, Österreichischer Kunstschutz).

TIETZE, HANS, L'accord austro-hongrois sur la répartition des collections de la Maison de Habsbourg, Mouseion 23–24 (1933), S. 92–97 (zit.: TIETZE, L'accord austro-hongrois).

TOMUSCHAT, CHRISTIAN, Die Völkerrechtskommission der Vereinten Nationen, Zeitschrift für die Vereinten Nationen 36 (1988), S. 180–186.

TREUE, WILHELM, Kunstraub, Über die Schicksale von Kunstwerken in Krieg, Revolution und Frieden, Düsseldorf 1957.

TRIFUNOVSKA, SNEŽANA (Hrsg.), Yugoslavia Through Documents, From its creation to its dissolution, Dordrecht/Boston/London 1994.

TRUNZ, ERICH, Späthumanismus und Manierismus im Kreise Kaiser Rudolfs II., in: Prag um 1600, Kunst und Kultur am Hofe Rudolfs II., Freren 1988, S. 57–60.

TURNER, STEFAN, Die Zuordnung beweglicher Kulturgüter im Völkerrecht, in: Fiedler, Wilfried (Hrsg.), Internationaler Kulturgüterschutz und deutsche Frage, Berlin 1991, S. 19–108.

UDINA, MANLIO, L'estinzione dell'Impero austro-ungarico nel diritto internazionale, 2. Aufl., Triest 1933.

UHL, BODO, Die Bedeutung des Provenienzprinzips für Archivwissenschaft und Geschichtsforschung, Zeitschrift für Bayerische Landesgeschichte 96 (1998), S. 97–121.

ULBRICH, JOSEPH, Lehrbuch des Oesterreichischen Staatsrechts, Berlin 1883 (zit.: ULBRICH, Lehrbuch des Oesterreichischen Staatsrechts).

ULBRICH, JOSEPH, Das Staatsrecht der österreichisch-ungarischen Monarchie, Freiburg i.B./ Tübingen 1884 (zit.: ULBRICH, Staatsrecht der österreichisch-ungarischen Monarchie).

ULBRICH, JOSEPH, Das österreichische Staatsrecht, 4. Aufl., Tübingen 1909 (zit.: ULBRICH, Das österreichische Staatsrecht).

VAGTS, DETLEV F., State Succession, The Codifiers' View, Virginia Journal of International Law 33 (1993), S. 274–297.

VERDROSS, ALFRED, Der Friedensvertrag von St-Germain-en-Laye, Jahrbuch des öffentlichen Rechts der Gegenwart X (1921), S. 474–485.

VERDROSS, ALFRED/SIMMA, BRUNO, Universelles Völkerrecht, 3. Aufl., Berlin 1984.

VEROSTA, STEFAN, Theorie und Realität von Bündnissen, Heinrich Lammasch, Karl Renner und der Zweibund (1897–1914), Wien 1971.

VEROSTA, STEFAN/SEIDL-HOHENVELDERN, IGNAZ (Hrsg.), Die völkerrechtliche Praxis der Donaumonarchie von 1859 bis 1918, Eine Auswahl von Dokumenten, Band I, Wien 1996.

DE VISSCHER, CHARLES, La protection internationale des objets d'art et des monuments historiques, Revue de Droit International et de Législation Comparée XVI (1935), S. 32–74 und 246–288.

VRDOLJAK, ANA FILIPA, International Law, Museums and the Return of Cultural Objects, Cambridge 2006.

WALNE, PETER (Hrsg.), Dictionary of Archival Terminology, English and French with equivalents in Dutch, German, Italian, Russian and Spanish, 2. Aufl., München/ New York/London/Paris 1988.

WALTER, BERNHARD, Rückführung von Kulturgut im internationalen Recht, Bremen 1988.

WALTER, ROBERT/MAYER, HEINZ, Grundriss des österreichischen Bundesverfassungsrechts, 9. Aufl., Wien 2000.

WANDRUSZKA, ADAM, Das Haus Habsburg, Die Geschichte einer europäischen Dynastie, 7. Aufl., Basel 1989.

WATTS, SIR ARTHUR, State Succession, Some Recent Practical Legal Problems, in: Götz, Volkmar/Selmer, Peter/Wolfrum, Rüdiger (Hrsg.), Liber amicorum Günther Jaenicke – Zum 85. Geburtstag, Berlin 1998, S. 397–426.

WEILGUNI, WERNER, Österreichisch-Jugoslawische Kulturbeziehungen 1945–1989, Wien/ München 1990.

VON WIESER, FRANZ, Massnahmen zum Schutze der Kunstdenkmäler in Tirol gegen Kriegsgefahr, in: Clemen, Paul (Hrsg.), Kunstschutz im Kriege, Berichte über den Zustand der Kunstdenkmäler auf den verschiedenen Kriegsschauplätzen und über die deutschen und österreichischen Massnahmen zu ihrer Erhaltung, Rettung, Erforschung, Zweiter Band, Die Kriegsschauplätze in Italien, im Osten und Südosten, Leipzig 1919, S. 23–38.

WILLIAMSON, EDWIN D./OSBORN, JOHN E., A U.S. Perspective on Treaty Succession and Related Issues in the Wake of the Breakup of the USSR and Yugoslavia, Virginia Journal of International Law 33 (1993), S. 261–274.

WINTER, OTTO F., Die italienische Kriegsarchivdelegation nach dem ersten Weltkrieg, Festschrift Richard Blaas, Mitteilungen des Österreichischen Staatsarchivs 31 (1978), S. 442–450.

WYSS, MARTIN PHILIPP, Kultur als eine Dimension der Völkerrechtsordnung, Zürich 1992.

ZEMAN, ZYBNEK A., The Break-Up of the Habsburg Empire 1914–1918, A Study in National and Social Revolution, London 1961.

ZEMANEK, KARL, Gegenwärtige Fragen der Staatensukzession, in: Kordt, Erich/Zemanek, Karl (Hrsg.), Gegenwärtige Fragen der Staatensukzession, Verhandlungen der 8. Tagung der Deutschen Gesellschaft für Völkerrecht in Würzburg vom 28. bis 30. April 1963, Karlsruhe 1964, S. 56–100 (zit.: ZEMANEK, Gegenwärtige Fragen der Staatensukzession).

ZEMANEK, KARL, What is «State practice» and who makes it?, in: Beyerlin, Ulrich/Bothe, Michael/Hofmann, Rainer/Petersmann, Ernst-Ulrich (Hrsg.), Recht zwischen Umbruch und Bewahrung, Festschrift für Rudolf Bernhardt, Berlin/Heidelberg/New York 1995, S. 289–306 (zit.: ZEMANEK, What is «State practice»).

ZEMANEK, KARL, Is the Term «Soft Law» Convenient?, in: Hafner, Gerhard/Loibl, Gerhard/Rest, Alfred/Sucharipa-Behrmann, Lilly/Zemanek, Karl (Hrsg.), Liber amicorum Professor Ignaz Seidl-Hohenveldern in honour of his 80th birthday, Den Haag 1998, S. 844–862 (zit.: ZEMANEK, Term «Soft Law»).

ZIMMERMANN, ANDREAS, Staatennachfolge in völkerrechtliche Verträge, Berlin (u.a.) 2000 (zit.: ZIMMERMANN, Staatennachfolge).

ZIMMERMANN, HEINRICH, Das Kunsthistorische Museum und die Kunstsammlungen des ehemaligen Hofes, in: Zimmermann, Heinrich/Handlirsch, Anton/Smital, Ottokar (Hrsg.), Die beiden Hofmuseen und die Hofbibliothek, Der Werdegang der Sammlungen, ihre Eigenart und Bedeutung, Wien/Leipzig 1920, S. 11–29 (zit.: ZIMMERMANN, Kunsthistorisches Museum).

ZÖLLNER, ERICH, Perioden der österreichischen Geschichte und Wandlungen des Österreichbegriffes bis zum Ende der Habsburgmonarchie, in: Dienst, Heide/Heiss, Gernot (Hrsg.), Erich Zöllner, Probleme und Aufgaben der österreichischen Geschichtsforschung: ausgewählte Aufsätze, München 1984, S. 55–86; ebenfalls in: Wandruszka, Adam/Urbanitsch, Peter (Hrsg.), Die Habsburgmonarchie (1848–1918), Band 3/1: Die Völker des Reiches, Wien 1980, S. 1–32 (zit. nach Dienst/Heiss (Hrsg.): ZÖLLNER, Perioden der österreichischen Geschichte).

ZÖLLNER, ERICH, Formen und Wandlungen des Österreichbegriffes, in: Dienst, Heide/Heiss, Gernot (Hrsg.), Erich Zöllner, Probleme und Aufgaben der österreichischen Geschichtsforschung: ausgewählte Aufsätze, München 1984, S. 13–38; ebenfalls in: Hantsch, Hugo/Voegelin Eric/Valsecchi, Franco (Hrsg.), Historica, Studien zum geschichtlichen Denken und Forschen, Festschrift für Friedrich Engel-Janosi, Wien/Freiburg i.B./Basel 1965, S. 63–89 (zit. nach Dienst/Heiss (Hrsg.): ZÖLLNER, Formen und Wandlungen).

ZÖLLNER, ERICH, Geschichte Österreichs, Von den Anfängen bis zur Gegenwart, 8. Aufl., Wien 1990 (zit.: ZÖLLNER, Geschichte Österreichs).

Quellenverzeichnis

1. Arbeitsgruppe des Internationalen Archivrats
   - Avis professionnel formulé en 1983 sur la troisième partie (articles 19 à 31) de la Convention de Vienne sur la succession d'Etats en matière de biens, archives et dettes d'Etat, in: CITRA 1993–1995, S. 245–250 (zit.: Avis professionnel CIA).

2. Pariser Friedenskonferenz
   - Bericht über die Tätigkeit der deutschösterreichischen Friedensdelegation in St-Germain-en-Laye, Nr. 379 der Beilagen der Stenographischen Protokolle der Konstituierenden Nationalversammlung der Republik Österreich, 2 Bde., Wien 1919 (zit.: Bericht Friedensdelegation I/II).
   - Royal Hungarian Ministry of foreign Affairs (Hrsg.), The Hungarian Peace Negotiations, An Account of the Work of the Hungarian Peace Delegation at Neuilly s/S, from January to March, 1920, Volume I/II, Budapest 1921/1922 (zit.: Hungarian Peace Negotiations I/II).

3. Institut de Droit International

   La succession d'Etats en matière de biens et d'obligation / State Succession in Matters of Property and Obligation:
   - Rapport définitif (juillet 2001) de la Septième Commission, Rapporteur M. Georg Ress, Annuaire de l'Institut de Droit international 69 (2000–2001), S. 241–288 (zit.: Rapport définitif).
   - La succession d'Etats en matière de biens et de dettes, Resolution adoptée lors de la Session de Vancouver Août 2001, Septième Commission, Rapporteur M. Georg Ress, Archiv des Völkerrechts 40 (2002), S. 355–364 (zit.: Resolution 2001).

4. Österreichisches Staatsarchiv
   - Österreichisches Staatsarchiv – Archiv der Republik – Auswärtige Angelegenheiten – Friedensdelegation St-Germain, 1918–1919 (zit.: AdR, St-Germain).

   Nach Auskunft des Staatsarchivs von September 2008 können sich die jeweils in den Zitaten angeführten Kartonnummern ändern.

5. UNESCO
   - Les contentieux archivistiques, Etude préliminaire sur les principes et les critères à retenir lors des négociations, von Kecskemeti, Charles, Paris 30. Juni 1977, Dok. PGI–77/WS/1, <http://unesdoc.unesco.org/images/0002/000298/029879fb.pdf>, die englische Übersetzung unter <http://unesdoc.unesco.org/images/0002/000298/029879eb.pdf> (beide besucht am 27. Juni 2008) (zit.: Kecskemeti, Les contentieux archivistiques).
   - Accords et Conventions: Modèles Bilatéraux et Multilatéraux relatifs aux Transferts d'Archives, von Kecskeméti, Charles/Van Laar, Evert, Paris 4. Mai 1981, Dok. PGI–81/WS/3, <http://unesdoc.unesco.org/images/0004/000469/046909fo.pdf> (besucht am 27.06.2008) (zit.: Kecskeméti/Van Laar, Modeles Bilatéraux et Multilatéraux).

– Report of the Director-General on the Study Regarding Problems Involved in the Transfer of Documents from Archives in the Territory of Certain Countries to the Country of their Origin, UNESCO Dok. 20 C/102 vom 25. August 1978; in: CITRA 1993–1995, S. 231–238, sowie in: Grimsted, S. 499–510 (zit: UNESCO Doc. 20 C/102).

6. Vereinte Nationen

Official Records of the United Nations Conference on Succession of States in Respect of State Property, Archives and Debts, Vienna, 1 March–8 April 1983:

– Vol. I, Summary records of the plenary meetings and of the meetings of the Committee of the Whole, document A/CONF.117/16, New York 1995 (zit.: UN Doc. A/CONF.117/16, Vol. I).

– Vol. II, Documents of the Conference, document A/CONF.117/16, New York 1995 (zit.: UN Doc. A/CONF.117/16, Vol. II).

7. Völkerrechtskommission der Vereinten Nationen

Succession d'Etats dans les matières autres que les traités:

– Onzième rapport sur la succession d'Etats dans les matières autres que les traités, par M. Mohammed Bedjaoui, rapporteur spécial, Projets d'articles sur la succession en matière d'archives d'Etat, accompagnés de commentaires, Extrait de l'Annuaire de la Commission du droit international, UN Doc. A/CN.4/322 et Add.1 et 2, in: Annuaire de la Commission du droit international, 1979, vol. II/1, S. 73–132 (zit.: UN Doc. A/CN.4/322).

– Report of the International Law Commission on the work of its Thirty-first session (14 May–3 August 1979), Official Records of the General Assembly, Thirty-fourth session, Supplement No. 10, Extract from the Yearbook of the International Law Commission, 1979, vol. II (2), UN Doc. A/34/10 (zit.: UN Doc. A/34/10).

– Douzième rapport sur la succession d'Etats dans des matières autres que les traités, par M. Mohammed Bedjaoui, rapporteur spécial, Projets d'articles sur la succession en matière d'archives d'Etat, accompagnés de commentaires (suite), Extrait de l'Annuaire de la Commission du droit international, UN Doc. A/CN.4/333, in: Annuaire de la Commission du droit international, 1980, vol. II/1, S. 1–12 (zit.: UN Doc. A/CN.4/333).

– Treizième rapport sur la succession d'Etats dans des matières autres que les traités, par M. Mohammed Bedjaoui, rapporteur spécial, UN Doc. A/CN.4/345 et Add.1 à 3, in: Annuaire de la Commission du Droit International, 1981, II/1, 33. session, S. 3–44 (zit.: UN Doc. A/CN.4/345).

– Report of the International Law Commission on the work of its Thirty-third session (4 May–24 July 1981), Official Records of the General Assembly, Thirty-sixth session, Supplement No. 10, Extract from the Yearbook of the International Law Commission, 1981, vol. II (2), UN Doc. A/36/10 (zit.: UN Doc. A/36/10).

Stichwortverzeichnis

Bei Fragen zur Produktsicherheit wenden Sie sich bitte an:
If you have any questions regarding product safety,
please contact:

Walter de Gruyter GmbH
Genthiner Straße 13
10785 Berlin
productsafety@degruyterbrill.com